Population Economics

人口经济学

（第三版）

李通屏　朱雅丽　邵红梅　等◎编著

清华大学出版社

北京

图书在版编目(CIP)数据

人口经济学/李通屏等编著. —3 版. —北京：清华大学出版社，2023.4

ISBN 978-7-302-63220-7

Ⅰ.①人… Ⅱ.①李… Ⅲ.①人口经济学 Ⅳ.①C92-05

中国国家版本馆 CIP 数据核字(2023)第 052440 号

责任编辑：梁云慈
封面设计：李召霞
责任校对：王凤芝
责任印制：沈　露

出版发行：清华大学出版社
　　　网　　　址：http://www.tup.com.cn，http://www.wqbook.com
　　　地　　　址：北京清华大学学研大厦 A 座　　　邮　　编：100084
　　　社 总 机：010-83470000　　　邮　　购：010-62786544
　　　投稿与读者服务：010-62776969，c-service@tup.tsinghua.edu.cn
　　　质量反馈：010-62772015，zhiliang@tup.tsinghua.edu.cn
印 装 者：北京同文印刷有限责任公司
经　　销：全国新华书店
开　　本：185mm×260mm　　　印　张：23.5　　　字　数：540 千字
版　　次：2008 年 6 月第 1 版　　2023 年 4 月第 3 版　　印　次：2023 年 4 月第 1 次印刷
定　　价：69.00 元

产品编号：098010-01

前　言（第三版）

2008 年 6 月，我和孔令锋、向志强、朱雅丽等编著的《人口经济学》出版。15 年来，我国经历了具有重大现实意义和深远历史意义的人口经济大事：一是中国经济实现历史性跃升。GDP 由 31.9 万亿元增长到 121 万亿元，经济总量占世界的比重超过 18%，提高 11.3 个百分点，由第三位到稳居世界第二；人均 GDP 由 24100 元增加到 85698 元，已突破 12000 美元。二是人口大逆转，人口数量指标由正增长转向负增长。2012 年，我国 15～59 岁（含不满 60 周岁）劳动年龄人口比上年末减少 345 万人；2015 年，就业人员数比上年减少 29 万人；2022 年总人口比上年减少 85 万人。三是经济由高速增长转入高质量发展阶段。GDP 增长速度由 2008 年的 9.7% 下降到 2019 年的 6.0%，疫情爆发后的 2020 年和 2021 年两年平均为 5.3%，一些关键核心技术实现突破，战略性新兴产业发展壮大，进入创新型国家行列。四是人口政策大转变。2008 年，我们在转变发展方式、扩大内需的过程中仍然实施世界上最严格的人口控制政策，党的十八届三中全会以后，我们先后启动"单独二孩""全面二孩"和"三孩"生育政策及其配套支持措施。我国人口工作的主要任务由降低生育率和稳定低生育水平转向鼓励生育和提升生育水平。五是中国人口结构发生深刻变化。人口老龄化成为基本国情，2021 年，65 岁及以上人口比重 14.2%，比 2001 年增加 1 倍，达到中度老龄化社会标准；城镇人口比重 2011 年首次超过 50%，2021 年达 64.7%，城镇人口规模稳定在 9 亿以上；初中及以上人口占 65%，其中大学文化程度人口 15.5%。六是完成脱贫攻坚、全面建成小康社会的历史任务，实现第一个百年奋斗目标。

从全球看，人口也有许多新特点。一是增长量很大，但增长率在明显下降。全球人口由 2008 年年中的 67 亿人增加到 2022 年 11 月 15 日的 80 亿人，增加 10 亿人的耗时是历史上最短的一次，但增长率自 1950 年以来首次下降到 1% 以下。二是生育率下降。目前，全球生育率下降到 2.3，略高于更替水平；妇女终身生育率在 2.1 以下的国家和地区占 2/3。由于持续低生育率和移民率的上升，人口负增长的国家和地区越来越多。预计 2022—2050 年，61 个国家或地区的人口将下降 1% 以上，有些国家可能下降 20%。三是人口老龄化水平提高。2022 年 65 岁及以上人口比重上升到 9.7%，比 2000 年上升 2.7 个百分点，2018 年 65 岁及以上人口数量首次超过 5 岁以下人口。四是在城镇居住的人口越来越多，2007 年超过半数，2020 年达到 56.2%。这些特点和经济社会变动紧密交织，成为影响当前和未来发展的重要因素。

面对人口大逆转，我们牢牢把握经济学的发展趋势，从人口学与经济学的综合视角，基于人口经济学的基本理论和人口经济的基本规律，对人口经济转变做出研判，对事关经济社会发展的重大问题做出符合常识、切合实际的分析。一定程度上讲，本书既是重大变迁的见证者，也是重大变迁的参与者、推动者。

当前，世界处于百年未有之大变局，中国特色社会主义进入新时代。中国社会的主要矛盾已由人民日益增长的物质文化需要与落后的社会生产之间的矛盾转化为人民日益增长的美好生活需要和发展的不平衡、不充分之间的矛盾。团结带领全国各族人民全面建成社会主义现代化强国、实现第二个百年奋斗目标，以中国式现代化全面推进中华民族伟大复兴成为中心任务。

本书第二版已出版8年多,得到很多同仁好评,一些院校将其作为研究生、本科生的教材、教辅甚至考研、考博参考书,并得到市场的认可。但它的局限性我们心中有数,譬如,经济社会数据是2012年及以前的,人口数据主要基于2010年第六次全国人口普查。同时,社会各界对人口的态度发生反转。此前把人口多、增长快看成中国最大的麻烦,而目前的主要忧虑是人口增长慢、婚育水平低,对人口问题由违背计划生育的一票否决转为"抢人大战"和实实在在的配套支持。长期冷淡人口的经济学家也加入"人口研究"行列,"言必称人口"似乎成为时尚——中国经济向何处去?中国经济的远虑和近忧是什么?企业有什么机会和挑战?如何实现经济发展的动能转换、质量转换和效率转换?人口成了解锁的钥匙和密码。

承蒙中国地质大学精品教材建设项目的支持,承蒙中国人口学会人口经济专业委员会的鼓励和指导,在清华大学出版社的鼎力支持下,站在新的历史起点,我们自信自强、守正创新,重启修订再版工作。通过总结新材料、发现新问题、做出新概括、推动新发展,在二版教材定位的基础上追求卓越、打造精品、更上层楼。

第三版的结构

导言:介绍了人口经济学的缘起、对象、性质、研究方法以及人口经济研究的资料来源。

上篇:人口与经济的一般理论(第一章和第二章)。包括人口与经济的古典理论与新古典理论、马克思主义人口经济理论及其当代发展。人口与经济的古典理论经历了三个阶段:以配第为代表的产生阶段,以魁奈、亚当·斯密为代表的发展阶段以及以李嘉图为代表的完成阶段。本书运用马克思主义的观点和方法对这些古典经济学家的人口经济理论进行了介绍,对马尔萨斯的人口经济理论进行了评介。马歇尔开启了古典经济学的新时代、凯恩斯及其学派论述了萧条时期的人口经济理论。第二章对马克思主义人口经济理论及其当代发展进行了梳理,包括马克思主义人口经济理论、提高人口素质与建设人力资源强国的理论、人口科学发展观和新时代关于人口经济的重要思想四节。

中篇:人口对经济发展的影响(第三章到第十章)。主要包括:人口、制度与经济增长,人口变动对投资与消费的影响,人口自然结构的经济分析,人口城市化与经济发展,人口产业、行业结构与经济发展,人口质量的经济分析,人口压力转化为人力资源优势和人口与市场分析等。主要分析人口变动影响经济发展的机制,同时也提供了相关案例。

下篇:经济条件对人口变动的影响(第十一章到第十三章)。人口变动包括人口自然变动、人口社会变动和人口机械变动(又称人口迁移变动),主要分析了经济条件影响人口变动的机理、人口变动中的经济因素,同时也分析了经济条件和人口之间的互动与关联。

第三版中的变化

借鉴国内外优秀教材、"马工程"教材,每一章都增加了1～2个专栏;每章的参考文献通过二维码展现;根据第七次全国人口普查、《中华人民共和国2021年国民经济和社会发展统计公报》、《世界人口展望2022》,每一章尽可能采用最新数据,同第二版相比,数据由2012年更新到2020年或2021年。除此之外的一些变化还有:

第一,在上篇,人口与经济的理论表述更加精准、精练;对凯恩斯学派的人口经济理论做了新概括;在马克思主义人口经济理论及其当代发展一章中增加了新时代关于人口经济的重要思想一节。

第二,在中篇,第五章人口自然结构的经济分析,结构有明显调整,由第二版的六节调整为四节,新版的二、三、四节分别为人口性别比及经济意义、人口年龄结构变化的经济分析和我国人口年龄结构变化与人口老龄化。第六章人口城市化与经济发展,更加强调城市化的新特点、新场景和问题导向,关于城市社会的城市化与中国道路是突出亮点。第七章人口产业、行业结构与经济发展,结构有明显调整,最明显的变化是将人口产业结构转变的经济效应单列一节。第八章人口质量的经济分析在细节上有很多变化,增加了重要代表人物的说明和注释。第九章人口压力转化为人力资源优势,转化模式和案例有深化和更新。第十章人口与市场分析立足新发展阶段、形成强大国内市场、促进高质量发展深入分析人口动向的市场含义,总结提炼出一些重要的结论和启示。

第三,在下篇,基于人口大逆转,适当增加了死亡率变动的分析和生育率经济学的政策含义;完善了人口社会变动的新材料;跟踪人口迁移的前沿问题,概括中国人口流动与迁移的新特点。

第四,突出对重要概念、重要理论和重要人物介绍的规范和准确。

第三版的作者

李通屏:导言、第一章、第二章、第三章、第四章、第六章、第七章、第十章,各章节的通改定稿;

李通屏、刘汉辉:第八章;

李通屏、邵红梅:第十一章;

朱雅丽:第五章;

邵红梅:第九章;

王兆萍:第十二章;

向华丽:第十三章。

鸣谢

在经历人口迅速转变和经济高速发展之后,中国人口国情已经发生了根本性变化,人口与发展的关系出现了重大转折。在第三版付梓之际,我们感谢这个时代,这个时代成就了《人口经济学》。

许多同仁曾在他们的课堂上采用或推介本书第一版和第二版,并提出了友善的反馈和建议。为此特别向以下同行致以由衷的感谢和敬意:西南财经大学杨成钢教授、张俊良教授、王学义教授;中山大学何新发教授;河南大学张玮教授;济南大学杨风教授;天津财经大学罗丽艳教授;陕西师范大学王兆萍教授;云南财经大学杨润高教授;中国地质大学(武汉)王来峰副教授。感谢复旦大学彭希哲教授、任远教授,武汉大学郭熙保教授、刘传江教授,厦门大学叶文振教授,浙江大学米红教授,中南财经政法大学杨云彦教授,河北大学王金营教授、吕红平教授,中原工学院周纪昌教授,国家卫健委于学军副主任、周美林司长、周恭伟副司长,湖北省人口学会江中三会长,河南省人口学会张原震会长的长期关注和支持。感谢我硕士阶段的老师西南财经大学 吴忠观 教授、 周君玉 教授、陈明立教授、李永胜教授的鼓励和建议；感谢中国地质大学的资助，感谢很多同事和经济学专业广大同学的长期支持及不同形式的帮助；感谢历届研究生同学的支持和建议。

感谢第九届中国人口学会人口经济专业委员会主任委员陈卫民教授、副主任委员王晓峰教授、周祝平副教授、侯佳伟教授应邀出席《人口经济学》修订研讨会及所提宝贵建议；感谢王金营教授、杨风教授、张玮教授、魏下海教授、李辉教授、侯建明教授、何新发教授、王兆萍教授和李旭洋博士等对《人口经济学》修订的宝贵建议。

感谢为第一版、第二版做出贡献的向志强、孔令锋、段平忠、万能等作者。

感谢中国人口学会副会长李建民教授、王金营教授对书稿的审读和评议。

感谢清华大学出版社。感谢龙海峰、王巧珍老师的辛勤劳动和敬业精神使得本书初战告捷，感谢梁云慈老师的辛勤、高效和长期贡献。

李通屏

2023 年 1 月 3 日晨

目　录

下篇　经济条件对人口变动的影响

导　言

一、人口经济学的缘起

20 世纪 30 年代后期,在反思"大萧条"(Great Depression)和凯恩斯革命(Keynesian revolution)的过程中,人口经济思想日趋活跃。其后,经过 30 多年的酝酿和二战以后人口爆炸的洗礼,20 世纪 70 年代初期,人口经济学逐渐形成。人口经济学的思想渊源可以追溯到古代。如中国古代的思想家孔子、墨子、孟子、韩非子,古希腊的思想家色诺芬(Xenophon)、柏拉图(Plato)和亚里士多德(Aristole)等,都探讨过人口与土地、人口与国家兴衰、人口与社会治乱的关系等,这些实际上是研究人口与经济关系的萌芽。

经济学产生以后,经济学家大都重视人口经济问题的研究。亚当·斯密(A. Smith)、大卫·李嘉图(D. Ricardo)、马尔萨斯(T. R. Malthus)、萨伊(Jean-Baptiste Say)、约翰·穆勒(J. Mill)一直到马歇尔(A. Marshall)都从经济角度研究过人口问题,都把人口看作经济运行中的一个内在因素,人口与土地及其他生产资料的关系、人口与财富增长的关系、人口增长与资本积累的关系、人口增长与生活资料增长的关系等都在他们的研究范围之内。马尔萨斯是最早正式开展人口研究的经济学家,在《人口论》(1798 年)中,他在"两个公理"(食物为人类生存所必需;两性间的情欲是必然的,且几乎会保持现状)的基础上,把人口与经济的关系归结为人口与生活资料之间的关系,提出生活资料按算术级数增长,而人口按几何级数增长,因而生活资料增长赶不上人口增长,生活资料增加,人口必增加,但人口的增加要受到生活资料的限制,主张对人口增长进行抑制。《人口论》在人类思想史上产生了广泛影响。

马克思、恩格斯的人口理论是以批判马尔萨斯为开端的。马克思在《剩余价值学说史 1861—1863》《资本论》、恩格斯在《家庭、私有制和国家的起源》中形成了"相对过剩人口理论"和"两种生产"理论。但是,在当时,这些问题还是作为政治经济学的一部分。

19 世纪末 20 世纪初,剑桥学派的创始人马歇尔关于人口增长、人口健康与强壮、人口增加与共同效率关系的研究,颇引人注目,并将人口因素纳入报酬递增与报酬递减倾向的分析框架。随后,现代经济学的代表人物凯恩斯(Keynes,J. M.)和汉森(A. Hansen)也很重视人口问题的研究,他们把人口因素纳入有效需求理论之中,分析了人口增长、资本投资、生活水平和经济增长之间的关系。尽管如此，无论是早期的经济学家，还是现代经济学家，他们研究人口与经济的关系，都还只是将其作为经济学的一部分。

把人口经济学作为专门课题和独立学科提出来加以研究，是 20 世纪 30 年代和 40 年代的事情。1939 年英国经济学家雷德韦（W. B. Reddway）出版了《减少人口经济学》一书，首先使用了"人口经济学"这个命题。在书中他对人口增长率下降的后果进行了分析。随后，穆克奇（Mukerjee,1943）出版了《人口政治经济学》，探讨了人口与经济福利的相互关系。斯彭格勒（J. Spengler,1947）发表了《人口增长经济学概论》一文，论述了人口经济学的内容、梗概。法国人口学家索维（A. Sauvy,1952）出版了《人口通论》，该书上册《增长经济学》提出了"经济适度人口"的概念。20 世纪 60 年代，特别是 70 年代以来，美国、英国、法国、日本、澳大利亚等许多国家相继发表了有关人口经济学的著作和论文。1972 年，斯彭格勒《人口经济学》出版，该书具有广泛的影响，被看作西方人口经济学成熟的标志。随后，《人口增长经济学》（J. L. Simon,1977）、《人口经济学导论》（J. D. Piltchford,1974）、《人口发展中的经济因素》（A. J. Coal,1976）、《经济学和人口学》（Bowen,1976）以及日本安川正彬的《人口经济学》相继出版，并产生了较大影响。与此同时，欧美一些大学开设了有关人口经济学的课程。这实际上宣告了一门独立的学科——人口经济学的诞生。人口经济学作为一门独立的学科，已经不是对人口经济关系做零星的论述，而是把人口经济作为一门专门的学问。第二次世界大战后，随着经济学的分化，人口经济学也呈现出分野的趋势——宏观人口经济学和微观人口经济学的轮廓日益清晰。以西蒙·库兹涅茨（Simon Kuznets）、伊斯特林（R. A. Easterlin）为代表的人口经济增长长波理论，以舒尔茨（T. W. Schultz）等为代表的人口投资理论，以索维为代表的经济适度人口理论，以罗马俱乐部"增长的极限"为代表的悲观人口经济理论，以 J. L. 西蒙为代表的乐观人口经济增长理论以及以舒尔茨、卢卡斯（R. Lucas）、罗默（P. Romer）为代表的人力资本理论和新经济增长理论，以博塞罗普（Boserup）、诺斯（D. C. North）、拉坦（V. Ruttan）等为代表的人口与制度变迁关系的理论等标志着宏观人口经济理论的诞生。莱宾斯坦（H. Leibenstein,1957）提出家庭规模决定的成本-收益理论，贝克尔（G. S. Becker）的《时间配置理论》（1964）、《人类行为的经济分析》（1976）和《家庭论》（1981）等奠定了微观人口经济学的分析框架。宏观人口经济学和微观人口经济学的出现，标志着人口经济学随着现代经济学的发展日益成熟和完善。所以，人口经济学可以说是经过了长期酝酿、积累，在 20 世纪 30 年代和 40 年代，特别是在 20 世纪 70 年代才形成和发展起来的一门学科。

在我国，人口经济学的研究起步较欧美一些发达国家要晚，但是发展很快。20 世纪 50 年代后期，著名经济学家、教育家马寅初（1882—1982）发表了《新人口论》，主要从人口增长影响经济发展的角度，论述了新中国控制人口数量的必要性和迫切性。但人口经济学的研究是 1978 年改革开放以后全面展开的，其标志性成果是张纯元主编、由全国 10 多所高校教师参编的《人口经济学》（1983），该书以马克思主义理论为指导，系统地阐述了人口经济的基本理论，指出人口经济学研究人口经济过程中的人口经济关系，揭示人口经济关系的运动规律；"两种生产"是马克思主义人口经济理论的基石，提出了人口经济学研究的新概念、新框架。1987 年，彭松建出版了《西方人口经济学概论》，阐述了西方人口经济学的形成和发展。全书采取史论结合、以论为主的阐述方法，叙述了古典经济学派的人口经济学说和当代人口经济学说,并把现代人口经济学分为宏观和微观两部分进行介绍,在中国的人口经济学研究中口碑极佳,影响甚广。张文贤(1988)的《人口经济学》也给人耳目一新的感觉,对以后的人力资源和劳动经济学有较大影响。此外还有一些相关成果,如《人口经济学》(古清中,1989)、《人口经济学导论》(万克德,1995)、《中国现阶段人口经济问题研究》、《人口经济理论研究》(李竞能,1998,2000)和《人口·经济·发展——人口经济学探索》(李通屏,1999)等。

21世纪以来,《人口经济学新论》(刘家强,2004)、《人口经济学》(李仲生,2006;2009;2013;李通屏,2008;2014;魏下海,2015)、《人口经济论》(杨坚白、胡伟略,2007)等相继出版。这些书籍虽然各有千秋,但总的来说,与现代经济学的迅猛发展和主流经济学的范式转变相比,与我国人口经济的根本性转变相比,比较系统的人口经济学的学科体系、内容和相关理论研究,对主流经济学的发展变化总体显得迟钝、滞后。因此,跟踪现代经济学的动向,借鉴其理论、方法,建立与时俱进、涵盖人口与经济及相关领域主要问题的人口经济学,需要人口学家、经济学家的共同努力。

二、人口经济学的对象

(一)人口经济学的对象——人口经济关系

人口经济学主要考察人口变动对经济增长或经济发展的影响,同时研究人口变动的经济因素以及人口现象和经济现象的相互关系。

美国人口经济学家J.L.西蒙认为,作为一门科学,人口经济学是一门地地道道的经济学科。人口研究中最重要的现象是人口规模的变化,而人口规模影响可供利用的资源。某一人群(及其后代)的食物、工业品、空间及其他资源是富裕还是贫乏,主要取决于人口规模。他把分析人口规模和经济发展之间的关系,即人口增长对经济条件的影响、经济条件对生育率的影响和人口增长的经济决策作为其《人口增长经济学》的三大内容。美国华盛顿大学经济系2005年春开设的"人口经济学"课程强调,该门课程从经济学角度探讨人口问题(issues of population from an economic perspective),尽管强调的是发展中国家,但重点研究发达国家和发展中国家的家庭行为(household behavior),侧重于从微观经济学的角度研究人口问题。主要内容包括生育决策、健康和营养问题、教育投资、家庭内部的资源配置(intra-household allocation of resource)、家庭结构和婚姻等。

日本人口学家南亮三郎指出,"人口经济学理论研究的是人口与经济的关系"。大渊宽认为,人口经济学研究的是人口变量群与经济变量群多元的相互依存的关系,各变量内部也存在相互依存的关系。

张纯元(1983)等出版的《人口经济学》认为,人口经济学作为一门独立的科学,它的研究领域既不同于一般的经济学,也不同于一般的人口学。人口经济学的研究对象,既不是一般意义的人口,也不是一般意义的经济,而是人口经济过程中人口与经济之间的相互关系,即人口经济关系。彭松建在《西方人口经济学概论》中进一步指出,人口经济学的研究对象是人口经济关系,而人口经济关系具体地讲,即人口变量群与经济变量群之间的关系。

总之,人口经济学的对象是人口经济关系,而人口经济关系是通过人口变量群与经济变量群之间错综复杂的、多元的关系反映出来的。因此有必要对人口变量群与经济变量群做一些分析。人口变量群应该是反映人口状态及人口变动的量的集合,经济变量群则是反映经济及经济运行的量的集合。人口学把人口变动区分为自然变动、迁移变动和社会变动。反映人口状态的量,可从宏观的社会或微观的家庭(family)或住户(household)进行考察,前者如一个国家或地区的人口数量、人口质量、人口结构、人口分布等,后者如家庭的规模、家庭结构等。反映人口变动的量如反映自然变动的出生(或出生率、生育率)、死亡(或死亡率),反映迁移变动的迁入、迁出,反映社会变动的人口社会构成的变动,如部门构成、行业、职业构成、文化教育水平构成等。经济变量群,宏观上如 GDP、人均 GDP、国民经济各部门(如农业、工业、服务业),宏观经济中的投资、消费、对外贸易、通货等,微观上如家庭范围内的收入、支出、家庭财产和家庭福利等,中观上如区域的经济状况以及反映经济运行的经济增长与经济发展的速度、经济质量、经济结构等。正是因为经济变量群与人口变量群包括的内容很多且极其复杂,所以人口经济学的细分就势所必然。[①]

(二) 人口经济学研究对象的主要特点

对人口经济关系特点的深入分析,有助于深化人口经济学的研究。

1. 人口变量群与经济变量群相互依存关系具有相对独立性

在人口经济过程中,人口变量、经济变量以及两者之间的依存关系都是客观存在的,人口离不开经济,经济离不开人口。一方面,如果没有人类的经济活动,没有物质资料的生产,没有自然资源以及用资源生产的经济物品,这些经济物品不经过交换、分配、消费,也就没有人类社会,人口也就失去了生存的物质基础。另一方面,如果没有一定限度的人口存在,社会经济活动也无从开展,一定数量的人口是社会经济过程存在和发展的前提。一定程度上说,人类社会的存在和发展,就是人口、经济、社会、资源和环境及其变量之间相互依存、相互制约、相互影响关系的演变过程。然而,人口与经济关系也是相对独立的。也就是说,人口经济关系不同于纯粹的人口关系或纯粹的经济关系。人口变量与经济变量之间的关系是一个独特的领域,有其独立的运动过程和运动规律。正是这种特殊的矛盾,构成人口经济学研究的特定对象、特定领域。

2. 人口变量群与经济变量群的相互依存关系具有交叉性和不可分割性

实际生活中,人口变量群不是只有人口因素,经济变量群也不是只有经济因素,相反,人口变量群中有经济因素,经济变量群中有人口因素。

3. 人口变量群与经济变量群的相互依存关系具有相对长期性

人口经济关系的变化是一个渐进的过程,往往需要较长的时间,特别是一旦某种人口变量群与经济变量群的相互依存关系形成并产生了后果,要改变这种关系及其后果,则需要相当长的时间。经济变量的变化有时比较快,但相对于这一变化特点,人口经济关系的变化却比较缓慢。例如,我国已成为世界第二大经济体,但反映人口经济关系的人均指标则相对滞后。中国经济总量何时达到世界第一,不难预期,而人均水平达到世界前列仍然

---

① 有学者认为,人口经济学分为宏观人口经济学、中观人口经济学和微观人口经济学,而有学者建议,将人口经济学分为人口数量经济学、人口质量经济学和人口结构经济学进行研究。我们认为这种划分主要是由人口经济学研究对象的复杂性决定的。

漫长。也就是说,人口变量与经济变量之间的相互依存关系要发生较大变化,形成一种新的关系,需要长期的努力,短时间很难奏效。

4. 人口变量群与经济变量群的相互依存关系具有广泛性

人口变量群与经济变量群的相互依存、相互渗透,涉及社会生活的面相当广泛。人口对经济的影响,有时表现得很直接,但大多以间接的形式表现出来,在一定时期,表现为正向的关系,而随着人口经济关系作用条件的变化,这种关系也可能反转过来,比如发展中国家和发达国家可能表现出完全相反的情况,同一国家或地区在发展的不同阶段,人口与经济的依存关系也可能完全不同。在研究人口经济关系时,一定要注意人口经济变量联系的广泛性,既要看到直接联系的一面,也要注意间接影响的一面;既要看到某一人口现象的积极影响,也要考虑可能出现的不利后果。

5. 人口变量群与经济变量群的相互依存关系具有适应性

人口与经济之间有一个适应、协调的问题。从哲学的角度讲,任何事物之间的协调、适应是相对的、暂时的,不协调、不适应是绝对的、经常的。什么是人口与经济相适应?首先,这取决于人口与国民经济增长速度之间的比较。不过这种比较的结果,一般情况下总是经济增长速度高出人口增长速度许多。如 2019—2021 年,我国经济增长率分别为 6.1%、2.2% 和 8.1%,人口增长率为 3.32‰、1.45‰ 和 0.34‰,经济增长率是人口增长率的十几倍、几十倍。这是否就说明我国的人口经济关系非常适应?当然不能。这还取决于我国社会经济的整体状况和国民经济的循环情况及其内部结构。即使在人口零增长的情况下,经济仍然要保持量的增长和质的提升。其次,人口与经济增长速度的比较还取决于原有的基础和形成的水平。如在短缺经济下,经济的实际增长率应略高于稳态增长率,才能保证人口与经济向协调、适应的方向发展。在需求比预期低,且过剩的供给不容易改变时,经济增长的速度低一些,而人口的增长速度高一些,反而有利于消化长期积累的生产能力,畅通经济循环。

三、人口经济学的性质

人口经济学是社会科学,这是不存争议的问题。但是人口经济学是属于经济科学、人口科学,还是属于经济科学和人口科学之间相互交叉、渗透形成的边缘学科,却存在着争议。一种观点是人口经济学本质上是经济科学,而不是人口科学。属于人口科学的应该还有另外一个经济人口学(economic demography)。所谓经济人口学,是指用经济分析方法来考察经济人口现象,主要考察经济对人口的影响,经济变动对人口变动的影响。经济人口学可以用这样的公式表示:经济→人口→经济人口学。当代西方学者把古典经济学家对人口经济问题的分析看成经济学中的人口论,认为古典经济学家是从经济学的观点出发,来考察各种人口经济问题的,最著名的如马尔萨斯的《人口论》,这种从经济学的观点来考察人口经济问题的传统,到 20 世纪 50 年代以后,又为当代西方经济学家所继承。如莱宾斯坦、贝克尔、伊斯特林等对家庭规模决策、生育率等问题的经济分析。到 70 年代,国际社会接受了"经济人口学"的名称。主张采用人口经济学名称的学者,提出的公式是:人口→经济→人口经济学。它主要是从人口出发考察人口对经济的作用,与此同时,也考察经济对人口的影响(彭松建,1987)。人口经济学是经济科学体系的组成部分,经济人口学是人口科学体系的组成部分。① 我们认为，人口经济学也好，经济人口学也罢，两者并不存在实质性的区别，多数著作并未进行严格区分。这是因为人口与经济之间相互制约、相互影响、相互渗透。在考察两者关系时很难考察一面而又忽视另一方面。将其归入人口学和经济学交叉、渗透而形成的一门边缘社会科学没有什么问题，但这样过于笼统，实际意义不大。因此，需进一步强调：

人口经济学首先是一门经济学。经济学是人口学的故乡，更是人口经济学的故乡，马尔萨斯是最早研究人口经济问题的经济学家，20世纪后半期，也有许多因人口经济问题研究而闻名的经济学家。而且大量的人口经济学理论散见于经济学的著作之中。如孩子成本-效用理论在著名经济学家莱宾斯坦的《经济落后与经济增长》（*Economic Backwardness and Economic Growth*）中提出并进行了详细论证；刘易斯、托达罗、舒尔茨、贝克尔等因人口乡城结构、乡城迁移、人力资本和关于家庭决策的经济分析而跻身著名经济学家的行列。这些事实说明，把人口经济学或经济人口学归于经济科学没有问题。另外，人口经济学的理论还必须从其他部门经济学中挖掘、汲取，如劳动经济学、卫生经济学、教育经济学等，把人口经济学归结为经济科学，对该门学科的生存和发展没有什么不好。

另一方面，经济科学是经世济用之学。人口经济学仅仅是这个显学中的一员，同其他经济学科相比，它的直接经济效益、社会效益远不如金融、财会等经济学科来的直接、明显，特别是一些人口经济问题在经济高涨时又往往被掩盖、被忽略，因此，常常处于一种尴尬的境地。在大部分情况下，它不会像其他学科那样热闹。因为，人口经济学与人口学存在必然联系，而人口学真正派上用场和受到普遍重视起因于对"人口爆炸"的深切忧患，虽说有过较长历史，但长期以来始终"有气无力"。② 对这个学科的关注需要社会责任感，需要淡泊名利的"牺牲"精神，人口经济学家是关注人口问题的经济学家，或者说是关注经济问题的人口学家或社会学家，他们或者运用经济学的理论和方法分析人口问题，或者用人口学的理论、方法分析解释经济现象或经济问题。人口经济学也被归于人口科学，③认识到这一点，才能认清我们有什么机会、需要用什么样的心态面对什么样的挑战。

四、人口经济学的研究方法

每一项科学研究的集合，也是一组科学方法的集合。人口经济学涉及多种理论和方法，人口经济学的学科性质决定了它的方法至少包括三个层次：

（1）社会科学的方法。这是由人口经济学是一门社会科学的性质决定的。辩证唯物主义和历史唯物主义是科学的、完整的世界观和方法论，是社会科学的一般方法，也是人口

① 苏联的一部分人口学家认为，"研究人口经济学要以政治经济学为基础""人口经济学比经济人口学包括的问题范围要广泛，后者是人口学体系的一部分，研究人口再生产的经济方面"。参见瓦连捷伊主编的《人口学体系》，第三篇，中国人民大学出版社，1981。

② 出自法国人口学家索维，转引自邬沧萍为罗淳博士《从老龄化到高龄化——基于人口学视角的一项探索性研究》所写的序言，中国社会科学出版社，2001。

③ 按照国家技术监督局颁布的《学科分类与代码》（GB/T 13745—92），人口经济学是人口学的分支，学科代码为840.7115；根据中国版本图书馆的分类，人口经济学也属于人口学，中图分类号为C92。而国务院学位委员会将原来的人口经济学专业改为人口资源与环境经济学，人口资源与环境经济学成为理论经济学一级学科下的二级学科，人口经济学又回到了经济学的怀抱。

经济学的方法论基础。

（2）人口学的方法。如果把人口经济学作为人口科学体系的组成部分,那么所有人口研究的方法都适用于人口经济学的研究。人口学的主要研究方法有:统计调查分析法,历史分析和阶级分析法,定性分析和定量分析法,等等。

（3）经济学的方法。经济学的方法论有三个层次:第一个层次是经济学的哲学基础或哲学意义上的方法论,是最高和最抽象层次的方法论。它所讨论的是经济学的价值观、真理观、科学观。主要内容包括:对经济学研究对象的哲学思考或经济世界观。人们通常所谓的经济学以功利主义、自由主义、个人主义、辩证唯物主义和历史唯物主义、逻辑实证主义等为基础,就是指经济学以上述哲学思潮或流派作为基本方法论。第二个层次的经济学方法论是经济学的思维原理和方法,或者说是经济学家观察经验事实、从事理论研究、构建理论体系的方法。如归纳与演绎、抽象与具体、分析与综合、逻辑与历史、结构与制度、实证与规范、动态与静态、宏观与微观等研究方法。第三个层次是经济学的技术性方法,即为了使经济学理论精确化、趋于完善而对特定研究对象或理论所采用的具有技术性的具体方法,[①]如数学方法、心理分析方法、统计分析方法、边际分析方法、均衡分析方法、成本-收益分析方法、系统分析和博弈分析方法等。经济学是人口经济学的故乡,许多著名的人口经济学家也多是经济学家,人口经济思想史的演进表明,不是经济学家的人口经济学家几乎是不存在的。没有经济学的悟性,就不可能对人口经济问题敏感。没有经济学家的理念和智慧,也就成不了著名的人口经济学家。要在人口经济领域有所作为,要成为一个有成就的人口经济学家应具有经济学帝国主义[②]的气度。

五、人口经济研究的资料来源

人口经济研究资料主要来源于这样几个渠道:经济学文献、人口普查、抽样调查、社会经济统计等。

（一）经济学文献

人口经济理论分散于或存在于经济学的著作之中。如孩子的成本效用理论最初是著名发展经济学家莱宾斯坦在《经济落后与经济增长》一书中提出来的;人口的乡城结构变化理论要从刘易斯等人有关二元结构的论述中进行挖掘整理;被称为西方著名人口经济学家的舒尔茨、贝克尔等人的大量人口经济思想主要存在于他们的经济学著作之中。研究人口经济学还必须从其他部门经济学中挖掘、汲取,如劳动经济学、卫生经济学、教育经济学、发展经济学等。

（二）人口普查

人口普查(census)是反映国情国力的重要调查,是当今世界各国广泛采用的搜集人口资料的最基本的科学方法,是提供全国基本人口数据的主要来源。按照联合国在《人口与

---

① 许卓云.马克思经济学与西方经济学的方法论比较.学术研究[J].2006(5).

② 参见 Edward P. Lazear, Economic imperialism, *Quarterly Journal of Economics*, 2000, Vol 115, 99~146;张五常、樊纲为《经济学帝国主义》一书所写的序一、序二,朝华出版社,2005;李通屏等.经济学帝国主义与人口、资源与环境经济学学科发展[J].中国人口·资源与环境,2007年第5期。

住房普查的原则与建议》一书中的定义,"人口普查是收集、汇总、评估、分析、发表和分发一个国家或国内一个地区所有人口在某一段特定时间内的人口、经济和社会数据的全部过程"。可以看出,人口普查是包括了一系列工作的很长的过程。在普查的登记工作开始以前有许多必要的准备工作,登记工作完成以后还有手工(快速)汇总、事后质量抽查,然后要对数据进行评估,从事计算机汇总、发表与数据的分析和应用等工作。

从人口普查的本质看,人口普查就是"一个国家在统一规定的时间内,按照统一的方法、统一的项目、统一的普查表格和统一的标准时间,对全国人口普遍地、逐户逐人进行的一次性调查登记的过程"。它是依据有关法规、由政府出面组织、社会全体成员参与的社会系统工程,不仅包括人口数量、素质、结构方面的项目,而且涉及经济、文化、社会发展等多种指标,是一次全方位的国情、国力调查。亦称"国情普查"或"国事调查"。人口普查所提供出的数据都是一些基础性的人口数据,因此也是很重要的数据。人口普查数据除了为政府的施政、计划提供了重要依据以外,更是研究人口结构、人口分布、过去和未来人口增长不可缺少的资料。城乡人口集散的型态、城市化的发展、随经济发展所形成的某些人口地理分布和型态、人口年龄和性别的演变、不同人口群体的出生和死亡的差异、人口增长和社会经济发展的关系、人口增长和分布与劳动力增长和分布的关系等,都是人口研究的主要课题。人口普查的数据是做这些研究的主要数据。国际上公认的现代人口普查是1790年从美国开始的,迄今全世界已有200多个国家进行过2 000多次人口普查。中华人民共和国成立以后,分别在1953年、1964年、1982年、1990年、2000年、2010年和2020年进行过7次现代意义上的人口普查。登记项目由"一普"的6项增加到"五普"的49项,"六普"特别增加了与改革开放和市场经济相联系的人口经济活动、流动人口、住房、生活质量等方面的内容,从而将人口数据与经济和社会发展更紧密地联系起来。人口普查工作按照全国统一领导、部门分工协作、地方分级负责、各方共同参与的原则组织实施。由于普遍进行、同一时间、同一表格和程序以及组织的官方性和定期性(见专栏0-1),人口普查保证了数据的全面性和权威性,因而是进行人口经济研究的主要数据来源。

专栏0-1 第七次全国人口普查工作基本情况

根据《统计法》和《全国人口普查条例》,我国以2020年11月1日零时为标准时点开展了第七次全国人口普查(以下简称"七人普"),主要目的是全面查清我国人口数量、结构、分布等方面情况,为完善我国人口发展战略和政策体系、制定经济社会发展规划、推动高质量发展提供准确统计信息支持。

党中央、国务院高度重视"七人普"工作。习近平总书记参加人口普查现场登记并发表重要讲话。国务院成立"七人普"领导小组,多次召开全体会议和电视电话会议,研究部署普查有关工作。领导小组各成员单位、地方各级政府精心组织实施、通力协作配合,全国省、市、县、乡、村级共组建67.9万个普查机构,选聘700多万名普查人员,对全国所有家庭和人口进行了全面普查,圆满完成普查入户登记任务。

"七人普"全面采用电子化数据采集方式,实时直接上报数据,首次实现普查对象通过扫描二维码进行自主填报,强化部门行政记录和电力、手机等大数据应用,提高了普查工作质量和效率。"七人普"坚持依法进行,认真落实普查方案的各项要求,实行严格的质量控制制度,建立健全普查数据追溯和问责机制,在31个省(自治区、直辖市)(港、澳、台数据单独统计)中随机抽取141个县的3.2万户进行了事后质量抽查,结果显示,"七人普"漏登率为0.05%,普查过程严谨规范,结果真实可靠。

　　资料来源:宁吉喆《第七次全国人口普查数据情况》,2021年5月11日,国家统计局网站 http://www.stats.gov.cn/xxgk/sjfb/zxfb2020/202105/t20210511_1817195.html。

(三)抽样调查

抽样调查是根据部分实际调查结果来推断总体标志总量的一种统计调查方法,属于非全面调查的范畴。它是按照科学的原理和计算,从若干单位组成的事物总体中,抽取部分样本单位来进行调查、观察,用所得到的调查标志的数据代表总体,推断总体。我国在1987年、1995年、2005年和2015年有过4次1%人口抽样调查。

(四)社会经济统计

人口经济学研究的是人口变量群和经济变量群的关系,其中的经济变量群又由许多社会经济指标组成,因此,根据研究的目的和需要,广泛利用政府组织和一些非政府组织发布的社会经济统计资料,对开展研究,特别是实证研究非常必要。在我国,如《国民经济和社会发展统计公报》、经济普查、农业普查、工业普查和第三产业普查、基本单位普查等方面的资料;一些机构或组织进行的专题调查和跟踪调查资料,如中国居民收入调查数据(CHIPS)、中国家庭追踪调查数据(CFPS)、中国健康与养老追踪调查(CHARLS)和中国老年社会追踪调查(CLASS)等。在人口经济研究的国际比较中,联合国(UN)及其相关部门、世界银行(World Bank)、国际货币基金组织(IMF)、国际劳工组织(ILO)和经济合作与发展组织(OECD)的数据库、专题报告和年度报告等。

主要概念

人口经济关系　人口变量群　经济变量群　经济学帝国主义　经济学方法论　人口普查

思考题

1. 试述人口经济学的研究对象及其主要特征。
2. 简述人口经济学有哪些基本的研究方法。
3. 试比较不同版本人口经济学的主要特点与异同。
4. 试述人口经济研究的主要资料来源。

参考读物

上篇

人口与经济的一般理论

第一章

人口与经济的古典理论与新古典理论

第一节　古典经济学家的人口经济理论

"古典经济学"有时用来特指经济思想史上自 1750 年至 1870 年这个阶段,在这期间,一批来自英国的经济学家,以亚当·斯密的《国富论》为出发点,分析了资本主义国家中生产、分配以及商品和服务的交换。而广义的古典经济学定义还需包括古诺(Cournot)、迪皮特(Duputt)、屠能(Thunen)、格森(Gossen)这些当时欧洲的经济学家,当然还有一些起先看似背离亚当·斯密传统理论的英国学者。因此,古典经济学不仅指思想史上的一个阶段,而且涉及对经济问题的特定态度(马克·布劳,1991)。马克思认为,古典经济学始于 17 世纪的威廉·配第,结束于大卫·李嘉图;凯恩斯则认为,古典学派的起止点是从李嘉图到庇古(Pigou)。对古典经济理论分析独占鳌头的伊格利(R. Eagly,1974)认为,古典经济理论的时间跨度从 18 世纪 50 年代的重农学派开始,直到 19 世纪 70 年代瓦尔拉斯的一般均衡理论。[①]根据马克思的划分和中国绝大多数学者的观点,同时结合本章的结构安排,这里的古典经济学是指 17 世纪中叶至 19 世纪上半叶流行于西欧各国,代表产业资本和产业资产阶级利益和愿望的一种经济理论。它的发展经历了三个阶段:以威廉·配第为代表的产生阶段、以亚当·斯密和法国魁奈重农学派为代表的发展阶段以及以大卫·李嘉图为代表的完成阶段。

一、威廉·配第的人口经济思想

威廉·配第(William Petty,1623—1687),出生于英国汉普郡伦姆塞一个毛纺织业手工作坊主家庭,马克思称他为"英国政治经济学之父"。配第一生的著述有 34 部,其中的主要著作有:《赋税论》(*A Treatise of Taxes and Contributions*,1662)、《献给英明人士》(*Verbum Sapienti*,1665)、《政治算术》(*Political Arithmetic*,1676)、《爱尔兰政治解剖》

[①]　参见"古典经济学",载《新帕尔格雷夫经济学大辞典》,第一卷,北京,经济科学出版社,1996:473-483.

(*The Political Anatomy of Ireland*,1672)和《货币论》(*Quantulumcunque Concerning Money*,1682)等。在这些著述中,很多地方涉及人口经济问题。

(一)人口多则财富也多,而人口少是真正的贫穷

从劳动价值论出发,论证了人口与财富关系的思想,强调人口从而劳动力人口增长对增加社会财富的积极意义。他提出"土地为财富之母,而劳动则为财富之父和能动要素"[①]的名言。他认为,人口多则财富也多,而"人口少是真正的贫穷。有八百万人口的国家,要比面积相同而只有四百万人口的国家不仅富裕一倍",因此主张增加人口。他还认为:国家要想增加财富和收入,一方面要尽量减少非生产人口和非生产支出,使财产从占有土地而游手好闲的人手里转移到聪明而勤勉的人手里;另一方面应当强迫贫民劳动,尽量扩大劳动人数。他认为,一定速度的人口增长可以使人均社会管理费用的水平有所下降。因为,"行政官吏是需要很多经费来维持的,可是,同一人数的行政官吏,管辖人口多与管辖人口少一样,差不多能同样地执行任务"[②]。

(二)社会经济与人口变化之间的相互影响

一方面,配第论述了社会经济发展对人口迁移变动的作用。在涉及荷兰与英、法之间人口迁移(当时荷兰是世界上最发达的国家)时指出:"荷兰人不肯从事两种职业……第一种职业就是当普通士兵,由于这些士兵能够从英格兰和法国雇到,他们就让这些士兵去冒生命危险,代价是每天六便士。"[③]接着,他对当时从英、法等国向荷兰的人口迁移以及移民就业等问题展开论述。他说:"由于雇用外国人当兵,荷兰的人口因而日益增多起来。由于这些外国人的儿女同时也是荷兰人,他们能够各就所业;同时荷兰人又准许新来的外国人无限制地入境。另外,这些士兵还利用空余时间做一些工作,其收入至少不低于自己的消费需要。"[④]可见,配第既关心经济相对发达国家吸引境外人口迁入的事实,也注意到了移民对经济发展的作用。另一方面,配第也谈到了人口发展状况对经济发展的反作用。他曾担心一国因人口少而不利于生产技术水平和劳动生产率的提高:"如果人口少得使人们只须靠天然的产物,或只须作轻微劳动(像从事畜牧业之类的作业)就能维持生活,那么,他们就会变得没有任何技能。"[⑤]配第还认为,人口数量太少,在商品经济中对货币数量的需求有重大影响。除了商品与货币的交换次数(或频率)和最小币值两个因素之外,国内市场上流通的货币需求量,在一定程度上取决于人口规模的大小。"商业上所需要的铜币的数目,要由人口数目及它们的交换次数来决定……"[⑥]这一认识,早已引起近现代货币银行家的关注,并纳入现代金融理论体系(倪跃峰,1995)。

(三)人口价值论

配第首次严肃地运用了人力资本的概念(S. Rosen,1991)。1676年,他把作战中军队、

---

① 威廉·配第.赋税论[M]//威廉·配第.配第经济著作选.北京:商务印书馆,1981:66.
② 同上:32-33.
③ 威廉·配第.政治算术[M]//威廉·配第.配第经济著作选.北京:商务印书馆,1981:32.
④ 威廉·配第.赋税论[M]//威廉·配第.配第经济著作选.北京:商务印书馆,1981:18.
⑤ 同上:32-34.
⑥ 同上:103.

武器和军械的损失与人类生命的损失进行了比较。这种比较的一些原理直到今天还保留着。他十分重视人口的劳动技能,认为一个国家人口的价值,不在这个国家所拥有的人口自然数量,而在于它的社会数量。"有的人,由于他有技艺,一个人就能够做许多没有本领的人所能做的许多工作。例如,一个人用磨粉机把谷物磨成粉,他所能磨出的分量会等于二十个人用石臼所能舂碎的分量。一个印刷工人所能印出的册数,会等于一百个人用手抄写出来的册数。"[①]配第认为,"土地耕种者、海员、士兵、手工业者和商人,是任何一个社会的真正支柱""英国的土地耕种者每周劳动所得不过四先令,而海员通过工资、食品以及房屋等其他各种供应所得到的收益多到十二先令,所以,一个海员实际上等于三个农民"。[②] 在《献给英明人士》中列举了一系列的数字,把人口和人口创造的价值进行了量化。他写道:"如果六百万人口值四亿一千七百万镑,那么,每个人就值六十九镑;而其中三百万劳动者每人值一百三十八镑,按每日大约十二便士计算,这等于七年的年收入。"[③]

二、魁奈的人口经济学说

魁奈(Francois Quesnay,1694—1774)是法国重农学派(Physiocrat)的创始人和主要代表,同时也是古典政治经学的主要奠基者之一。出生于巴黎一个律师家庭,早年专攻医学,获博士学位,后成为法国王宫的宫廷侍医。当时法国国内经济十分不景气,经济问题成为人们谈论的中心,魁奈从而转向经济学。其主要著作有:《农场主论》《谷物论》《人口论》和《经济表》等。在《人口论》中,他分析了法国的人口经济问题,探讨了人口在财富生产中的作用。他说,"国家的实力在于人:财富因人的消费而增长;他们需要的产品增加得越多,消费越多,他们就越富有"。"国家财富的保存和增加以及不断恢复和更新,要取决于对人劳动的利用和人口的增长"[④]。他的《人口论》包括人口状况,人口缩减和增长的原因,认为人口增长完全取决于财富增长,取决于劳动、人力和这些财富本身的使用方式三部分。

(一)一国人口随着它的收入增长而增加

因为收入能够提供吸引人并能留住人的富裕生活和利益;但是,只有对人的劳动的使用同国家的自然优越条件相适应,国家才能增加收入。在这里,他指出了人及其劳动与自然条件相适应是财富增加的条件,使人口经济理论较前人更进了一步。

(二)人口缩减和增长的原因

魁奈认为,"战争、不结婚、食品低劣、缺乏耕作土地的资金和下层人民生活贫困等,都会妨碍人口增长。"他强调政府的基本任务是通过对外贸易来保证销售自己生产的粮食商品。只有能销售出去,而且价格能补偿费用并保证得到收入,国家才会努力使农产品丰富。收入如能补偿人们的劳动并保证他们的利润,给予他们富裕的生活,就能把人口吸引到这个国家。即优价销售创造收入,收入又会引起人口增长。他论述了农产品价格、对外贸易、

① 威廉·配第.政治算术·原序[M]//王亚南主编.资产阶级古典政治经济学.北京:商务印书馆,1979:65.
② 同上:67-77.
③ 威廉·配第.献给英明人士[M]//王亚南主编.资产阶级古典政治经济学.北京:商务印书馆,1979:57.
④ 弗朗索瓦·魁奈.魁奈《经济表》及著作选[M].北京:华夏出版社,2006:85.

人口和财富增长的关系。他说："产品通过对外贸易所能达到的价格越高，就越有利于国家、所有者和人民，国家的人口和财富的增长就越大……从增加人口的观点来说这是重要的，因为丰裕的谷物吸引人，而且有利于人口的自然增长。"①没有农产品的双边贸易，这个国家就不会有稳定的销售价格；如果轻视自己农产品的对外贸易，就会对自己的财富、人口增长和实力造成巨大的损害。人口增长完全取决于财富增长，取决于劳动、人力和这些财富本身的使用方式。

（三）人口和财富要保持一定的比例关系

魁奈对人口和财富保持一定比例关系的思想进行了深入分析。② 他说，人们能够在某处获得财富，过上富裕生活，并能作为所有者平静地拥有靠自己的劳动和才干所创造的一切，他们就会在那里聚集和生活。收入增长的国家，以其可能的报酬吸引着新居民，因而财富的增长伴随着人口增长。只有在财富的作用下，才能使人口繁衍和财富增长。人口促进财富增长是有条件的："当国家在人口和产品方面都达到高度繁荣时，人们以其财富给国家带来的益处比以其数量带来的益处要大……但是，如果人口与从土地和对外贸易中取得的财富数量相比显得过多，那么，过多的人口就不能促进财富增长……如果人口太多，那么，人们的消费就会减少到最迫切的必需品，结果国家就会由繁荣变成贫穷。"③因此，人口和财富之间有一个比例。如果这一"比例遭到破坏，人口相对过多，那么，这种过多的人口将使国家大为贫穷。工资将同人口成比例地下降，消费也与工资成比例地下降，使人们贫穷得不得不离开自己的国家。土地所有者收入减少的情况也是如此。因为所有者在这种情况下就会缩减自己的花费，从而使各种从业者的工资下降，最后则是人口的减少"。④

三、亚当·斯密的人口经济思想

亚当·斯密（Adam Smith，1723—1790），英国古典政治经济学的主要代表人物之一，出生于英国的苏格兰，先后在格拉斯哥大学和牛津大学学习。斯密一生曾写过十几种社会科学的著作，但生前出版的只有《道德情操论》（1759）和《国民财富的性质和原因的研究》（1776）两部著作。他的经济学是以经济自由为中心，反对国家干预，主张自由放任。他的人口经济学说以工资理论和人口理论的结合为特征。他的人口经济思想如下：

（一）从一般商品的社会需要决定该商品的社会生产这一观点出发，提出社会经济发展水平和状况决定人口生产的思想

"如果劳动的需求继续增加，劳动报酬必然鼓励劳动者结婚和增殖，使他们能够不断增加人口，来供给不断增加的劳动需求……像对其他商品的需求必然支配其他商品的生产一样，对人口的需求也必然支配人口的生产。生产过于迟缓，则加以促进；生产过于迅速，则

① 弗朗索瓦·魁奈.魁奈〈经济表〉及著作选[M].北京：华夏出版社，2006：105，85.
② 《人口论》用一半的篇幅论证这个问题，同上：107-139.
③ 同上：135-137.
④ 弗朗索瓦·魁奈.魁奈〈经济表〉及著作选[M].北京：华夏出版社，2006：137.

加以抑制。世界各地，不论在北美，在欧洲，或是在中国，支配和决定人口繁殖程度的正是这一需求。"①

（二）人口增长、资本积累和消费的关系

斯密继承了配第劳动是财富的源泉的观点，赞成人口增殖；同时也接受财富增长先于人口增长的观点。认为财富增长会提高劳动报酬，从而使人们获得更多的生活资料，使人口增殖。斯密认为，增加国民财富的途径有两条：一是提高劳动生产率，主要手段是分工；二是增加从事生产劳动的人数。这两种途径都和人口有密切关系。从财富的创造方面，他把总人口划分为从事有用劳动的人数和不从事有用劳动的人数，前者同他们推动购买生产资料的资本之间存在一定的比例关系。人口增加，从而从事有用劳动的人数增加，进而国家财富增加。他也注意到人口和生活资料之间有一定的比例关系，人的增殖和动物一样，"自然和其生活资料成比例""自然会和其生活资料相称"。② 在分析人口与消费的关系时指出，消费性财富同总人口之间存在着比例关系，一个国家消费水平的高低，依存于这一关系。他主张消费节俭，以便为经济发展积累资本。消费是人口生产的必要条件，消费的目的是发展生产，发展生产要增加资本，要增加资本就有必要增加人口，让更多劳动者生产更多的财富。斯密还分析了贫困与富裕对人口生产影响的差别。奢侈的妇女追求享乐，从而会削弱生育力。而贫困在没有达到引起饥馑和瘟疫的极限之前，贫困妇女的生育率要比富裕的、奢侈的育龄妇女高得多。贫困似乎有利于生育，但不利于抚养子女（杨云彦，1999）。

（三）首次论证了人力资本投资、劳动技能对个人收入和工资结构的影响，把工人技能的增强视为经济进步和经济福利增长的基本源泉

他说："劳动工资，因业务学习有难易、学费有多寡而不同……一种费去许多功夫和时间才学会的需要特殊技巧和熟练的职业，可以说等于一台高价的机器。"在《论资财的划分》一章中，他进一步指出，一个国家或社会的总资财分作三部分：第一部分是留供目前消费的，其特性是不提供收入或利润；第二部分是固定资本，其特性是不必经过流通，不必更换主人，即可提供收入或利润；第三部分是流动资本，其特性是要靠流通、靠经常更换主人而提供收入。其中，社会上一切人民学到的有用才能是固定资本的组成部分。

"学习是一种才能，须受教育，须进学校，须做学徒，所费不少。这样费去的资本，好像已经实现并且固定在学习者的身上。这些才能，对于他个人自然是财产的一部分，对于它所属的社会，也是财产的一部分。工人增进的熟练程度，可和便利劳动、节省劳动的机器和工具同样看作是社会上的固定资本。学习的时候，固然要花一笔费用，但这种费用，可以得到偿还，兼取利润。"③

---

① 亚当·斯密.国民财富的性质和原因的研究（上卷）[M].北京，商务印书馆，1997：73—74.

② 同上：73、139.

③ 同上：93、256-258.

四、大卫·李嘉图的人口经济思想

大卫·李嘉图(David Ricardo,1772—1823)是英国古典政治经济学的主要代表和完成者,出生于英国伦敦一个犹太族家庭,受过两年商业教育,后从事商业交易活动。25 岁时成为巨富,转而研究自然科学和政治经济学。其代表作为《政治经济学及赋税原理》(1817)。

李嘉图继承了斯密关于对人口的需求支配人口生产的思想。认为人口增减受劳动市场需求的调节。劳动的自然价格就是维持劳动者的生活必需品的价值,"当劳动的市场价格超过其自然价格时,劳动者的境况是繁荣而幸福的,能够得到更多必需品和享受品,从而可以供养健康而人丁兴旺的家庭。但当高额工资刺激人口增加,使劳动者人数增加时,工资又会降到其自然价格上去,有时还会由于一种反作用降到这一价格以下。"[①]劳动人口随工资涨落而发生变化,从而使对人口的增减与对劳动的需求相适应。劳动需求是人口增长的动因。他认为,先有对劳动需求的增加,才导致人口的增加,才创造了对食物的需求和对其他生活资料的需求。李嘉图主张"道德抑制"。通过在劳动自然价格与绝对的最低生活水平之间设立"避难所",使工人的生活状况在人口激增、劳动的市场价格(工资)下降到自然价格以下时,也不可能变得十分悲惨,否则人口会绝对减少。为了缓解贫困,避免无准备的早婚,国家应奖励国民的道德抑制,不必采取国家济贫法这种不高明的对策。

从土地肥力递减规律出发,李嘉图认为土地的生产力和资本积累率最终赶不上人口增长率,因而导致人口对生活资料的压力。他说:"在最有利的条件下,生产力虽然可能仍大于人口的繁殖力,但这种情形不会长期继续下去。因为土地的数量有限,质量也各不相同,土地上所使用的资本每增加一份,生产率都会下降,而人口增殖力却是始终不变的。"怎么办?"仅有的补救办法不是减少人口,而是更迅速地积累资本。"[②]李嘉图还论述过机器使用的后果。他认为"机器代替人类劳动,对于劳动者阶级往往是极为有害的",因为机器的使用虽然增加了国家财富,但是同时可以使人口过剩。马克思曾经指出:"李嘉图的伟大功绩之一,是把机器不仅看作生产商品的手段,而且看作生产过剩人口的手段。"[③]

第二节 马尔萨斯的人口经济理论

一、产生背景

托马斯·罗伯特·马尔萨斯(Thomas Robert Malthus,1766—1834)出生于英国萨利州一个土地贵族家庭。早年曾在剑桥大学学习历史、哲学和神学。1798 年加入教会,成为一名牧师,后来成为东印度学院的政治经济学和历史学教授,因《人口论》《政治经济学原

① 大卫·李嘉图.李嘉图著作和通信集(第1卷)[M].北京:商务印书馆,1983:78.
② 同上:82-83.
③ 马克思、恩格斯.马克思恩格斯全集(第23卷)[M].北京:人民出版社,1979:447.

理》(1820)而闻名。

马尔萨斯生活的时代,英国经历着产业革命和社会经济的急剧变革,美国独立战争、法国大革命、英法战争等一系列事件对经济思想和现实都有很大影响。产业革命引起了机器大工业对工场手工业的替代,英国成为先进的工业国。与此同时,产业资本代替商业资本,产业资产阶级取得政权成为统治阶级,而大批工人、农民和小手工业者因机器大工业的发展和社会变革陷于贫困、破产境地,阶级矛盾十分尖锐。在这种背景下,一些先进的思想家对资本主义私有制进行了激烈批判,主张社会改革。当时在英国影响比较大的是葛德文(William Godwin,1756—1836)的《政治正义论》和法国人孔多赛(Condorcet,1743—1794)的《人类理性发展的历史观察》(1794)。他们认为社会弊病的根源是私有制,只要实现财产平等制度,人类理性的进步会使人们获得幸福。马尔萨斯的人口思想正是在这一背景下产生的。他的人口理论的目的在于预测人类未来的情况,创立一种科学根据,以反对空想的著作家们。《人口论》初版于 1798 年,马尔萨斯生前又 5 次再版(1803,1806,1807,1817,1826)。他死后的 38 年,即 1872 年出版了第七版[1]。及至 1985 年联合国巴黎人口会议上,与会者以 99.8% 的压倒多数票赞成再版(何清涟,1988)。

二、主要内容

马尔萨斯自称受亚当·斯密的影响最深,他把斯密有关人口受生活资料制约的论点加以修改,结合华莱士等人的观点,形成了自己的人口经济理论。其主要内容如下。

(一)两个公理

马尔萨斯全部人口经济理论的出发点是两个公理:"第一,食物为人类生存所必需。第二,两性间的情欲是必然的,且几乎会保持现状。"[2]这是马尔萨斯针对葛德文关于两性间的情欲受理性支配且逐渐减弱的观点提出来的。他还认为,食物和情欲是人类"本性的固定法则",是超社会的自然存在,是由人类本性决定的。

(二)两个级数

从两个公理出发,马尔萨斯提出了人口增长和生活资料增长两个级数的假说。他说:"我的公理一经确定,我就假定,人口增殖力,比土地生产人类生活资料力,是无限的较为巨大。"这就是马尔萨斯的"人口法则"。他提出的两个级数是,"人口,在无所妨碍时,以几何数率增加。生活资料,只以算术数率增加。"[3]马尔萨斯的两个级数,可用表 1-1 说明。

表 1-1 马尔萨斯的两个级数

期间	1	2	3	4	5	6	7	8	9	10
年数	1	25	50	75	100	125	150	175	200	225
人口	1	2	4	8	16	32	64	128	256	512
生活资料	1	2	3	4	5	6	7	8	9	10

---

① 新帕尔格雷夫经济学大辞典[M].第 3 卷.北京:经济科学出版社,1996:303、313.

② 马尔萨斯.人口原理[M].北京:商务印书馆,1959:4.

③ 同上:5、43.

从表 1-1 可以看出，人口增长和生活资料增长，起初差距不大，但是，随着时间的推移，两者的差距日益增大。马尔萨斯认为，人口增殖力和土地生产力是不平衡的，人口如不受限制，25 年后会增加 1 倍，在两个世纪中人口与生活资料的比例变为 256∶9，两者之间的差距是巨大的。之所以如此，他认为这是"一切生物的增殖有不断超过对它提供的营养的倾向"。《人口论》再版时，他又以土地肥力递减律进行论证，继而断言人口增长有一种必然超过生活资料增长的自然趋势。

（三）三个命题

根据两个公理和两个级数，他推论出三个命题：①人口增加，必须受生活资料的限制；②生活资料增加，人口必增；③占优势的人口增殖力，为贫穷及罪恶所抑压，致使现实人口得与生活资料相平衡。在马尔萨斯看来，人口增殖力和土地生产力的不平衡是自然的，这两种自然力作用的结果必须使它们保持平衡，而达到平衡的途径是生活困难，因为贫困、罪恶压抑着人口增长。他把这一切看作是自然法则的要求。日本人口学家南亮三郎等把上述三个命题分别概括为"制约原理""增殖原理"和"均衡原理"。并且认为马尔萨斯的意图是人口与生活资料之间一旦达到平衡，又会为占优势的人口增殖力所破坏，然后又向新的平衡发展。马尔萨斯把三个原理结合起来称为"人口原理"。

（四）两种抑制

马尔萨斯认为，一切社会改革都无助于人口问题的解决。那么，如何保持人口和生活资料之间的平衡呢？他认为通过死亡率和出生率这两种机制的变化可以实现，死亡率随生活水平下降而上升，这是积极抑制；出生率随生活水平下降而下降，这是预防性抑制。[①] 他对两种抑制的观点做了进一步解释。所谓"积极抑制"，是指通过贫困、饥饿、瘟疫、灾荒、战争等手段去妨碍人口的增加。马尔萨斯为积极抑制设想了两种行动方式。一种是与工资下降相联系的不断增加的"灾难和罪恶"，它包含了会减低生育率和提高死亡率的一些关系。另一种是突发的死亡率危机使人口在一二年内大为减少。所谓"预防性抑制"，指通过禁欲（不结婚）、晚婚、不生育等预防人口增加，这又称为道德抑制。"道德抑制"是出于远虑的动机克制着不结婚，而在这种克制的时期里又保持着严格的道德行为的那种节制。他要求那些在现实世界"无希望"摆脱贫困的人寄"希望于来世"。他要求穷人甘愿穷苦而不结婚、不生育子女，以便到上帝那里和来世去追求幸福。

（五）结论——马尔萨斯均衡

根据上述分析，马尔萨斯得出了四个结论：

1. "人口法则"是永恒的绝对法则，适用于一切社会

马尔萨斯说："人口继续和土地所产食物保持正常比例的命题，很可以说是个无可辩驳的命题"。

2. "人口法则"的作用造成失业、贫困甚至罪恶是不可避免的，因而实行"济贫法"是
错误的

马尔萨斯说："在人类的场合，是贫穷与罪恶。前者，贫穷，是这个法则的绝对必然的

---

① 见 D. R. Weir 为《新帕尔格雷夫经济学大辞典》（第 3 卷）所写的词条 Malthus's Theory of Population，313。

结果。罪恶是可能的结果。""济贫法"不但使处于贫困的工人得以存活下来,它的明显错误是鼓励结婚,从而使人口继续增加,"供养贫民以创造贫民","当前救贫法制度就应缩减或停止增加救济,在我看来,我们必须以正义与荣誉来正式否认贫者有供养的权利。"[①]

3."人口法则"的作用把工人工资压低到最低水平

以供求价值论为基础,马尔萨斯提出了"维持劳动基金论",认为工资的高低完全取决于劳动力供求状况。在劳动力市场上,人口增加,工人的供给会超过就业机会,则工资下降,甚至压到最低水平。尽管工资下降,但由于"人口法则"的作用,人口仍在不断增加,进而引起食物需求增加和物价的上涨,工人生活贫困。生活贫困迫使工人晚婚或不结婚,从而使工人人口缩减,使劳动力市场的供求趋于平衡,从而也使人口与生活资料趋于平衡,然而工人所得工资仍不可能有多少变化。这种情况即马尔萨斯均衡模型(见图1-1)。

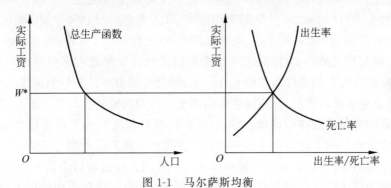

图 1-1   马尔萨斯均衡

在图1-1中,三条曲线分别表示三种函数关系。左半部是总生产函数,表示由一定数量的人口所形成的生活水平(或实际工资,或人均收入)。它的基本特征是劳动报酬递减——这是古典经济学的信条,不是马尔萨斯所独有。右边表示人口现象。死亡率随生活水平下降而上升,这是积极的抑制。出生率随生活水平下降而下降,这是预防性抑制。出生超过死亡,人口增加;死亡超过出生,人口减少。人口增长(通过生产函数)使生活水平下降,生活水平下降使死亡率上升,出生率下降,最终使人口增长趋于中止。在此简单的模型中,人口增长为零即为均衡状态。在此均衡点上,工资不变(图中的 W^*),因而死亡率和出生率也不变。因为任何干扰只会引起补偿性变化,所以这种均衡是稳定的。该均衡的稳定性是马尔萨斯悲观主义的来源。设想土地耕作面积扩大了,于是生产函数将向外移动,提高了现有人口的生活水平。由此,出生率将上升,死亡率下降;人口增长将继续吞噬增益,直到工资降到原先水平为止。人口现象是工资铁律的铸造厂。图中的 W^* 曲线,表示的是生活水平(或实际工资,或人均收入)长期的变化趋势。人口增长往往会突破均衡。通过诸如大饥荒或疾病一类的灾祸起作用的积极抑制一般不会轻易反应,但一旦反应,便会矫枉过正,引起新一轮循环。马尔萨斯预见到围绕着一种长期均衡水平的波动(D. R. Weir,1991)。

4."人口法则"使任何试图通过实现财产平等来消除失业、贫困的社会改革趋于失败

马尔萨斯认为,一切人不可能平等享受自然的恩惠。所以,"任何幻想的平等,任何大

① 马尔萨斯.人口原理[M].北京:商务印书馆,1959.

规模的农业条例,也不能除去这个法则的压力,甚至要把它除去,仅仅一个世纪亦不能够。要社会全体人的生活都安逸、幸福而且比较闲暇,不必悬念自身及家族生活资料如何供给,那是无论如何亦不可能的。"[①]他认为,葛德文设想的公平社会,甚至 30 年不到,就会有一个单纯的人口原理,全行破坏。葛德文最大的谬误,就是将文明社会的一切罪恶与贫穷,"概归过于人类制度",而忽视人口法则的决定作用。财产私有制、社会不平等是合理的、永久的,人口法则使人和社会改革徒劳。

三、简评

马尔萨斯人口经济理论在人类思想史上产生了巨大影响。他的著作,不管是指南还是靶子,毕竟已经成为现代人口理论的开端,对达尔文进化论的诞生有着极大启发。马尔萨斯在生前和整个 19 世纪和 20 世纪都受到推崇,成为著名的社会科学家(刘玉波,郑晓红,1998)。凯恩斯称他为"第一位剑桥经济学家",熊彼特认为,鲍泰罗(G. Botero,1540—1607)第一个谈起悲观的调子,而到了马尔萨斯时代就成了如此有名的争论中心。他把人口增加和实际的或潜在的悲惨不幸联系在一起,但是大部分相信人口倾向于无止境增长的作者,并不同意鲍泰罗的观点,反而同意他们那个时代和国家的人口主义观点。[②] 恩格斯对马尔萨斯的影响曾做出这样的评价:"马尔萨斯的理论却是一个不停地推动我们前进的、绝对必要的转折点。由于他的理论……我们才注意到土地和人类的生产力,而且只要我们战胜了这种绝望的经济制度,我们就能保证永远不再因人口过剩而恐惧不安。我们从马尔萨斯的理论中为社会改革取得了最有力的经济论据。"[③]马尔萨斯所阐述的人口经济思想,200 多年来引起了旷日持久的争论。马尔萨斯的名字已经成为人类思想和全世界共享的财富之一。这是因为马尔萨斯的人口经济理论有其合理内核。从人口经济学的角度讲,其学术价值有:从消费领域为研究人口生产和生活资料之间的关系开辟了蹊径,是正式研究人口经济关系的第一人;关于人口法则和社会制度改革关系的论述对研究人口与制度的关系提供了思路;关于人口运动自然规律的分析对今天人口资源与环境经济研究有重要意义。

必须指出,马尔萨斯人口经济理论存在明显问题和缺陷,马克思对其庸俗性、非科学性和辩护性进行了极为严厉的痛斥。他的出发点在于批判葛德文等人的至善论,说明私有制的合理性、永恒性;他理论中的命题不是他的独立思考,他的论断来自前人的成果(马克思称其为剽窃);否认人口规律的社会性和历史性,把人口规律和人口法则看成是超越社会发展阶段的"永恒规律";他的结论成为资产阶级反对劳动人民的思想武器,因而十分错误和荒谬。韦尔(D. R. Weir)认为,马尔萨斯理论的最大失败是解释婚姻出生率从几乎失控的高比率到现代低比率的转变。在任何情况下,长期出生率的下降趋势都不是由国民收入下降趋势引起的。但总的说来,各种人口理论都应感谢马尔萨斯,并且必须向前发展。

---

① 马尔萨斯.人口原理[M].北京:商务印书馆,1959.
② 约瑟夫·熊彼特.经济分析史(第1卷)[M].北京:商务印书馆,2001:396-400.
③ 马克思恩格斯全集(第1卷)[M].北京:人民出版社,1979:620-621.

第三节　马歇尔的人口经济思想

马歇尔(Alfred Marshall,1842—1924)是 19 世纪末 20 世纪初的英国乃至世界著名的经济学家。1885—1908 年,他任剑桥大学经济学教授期间,创立了剑桥经济学院,该学院在 20 世纪 20 年代、30 年代声名鹊起;A.C.庇古和 J.M.凯恩斯都曾是他的学生。他的巨著《经济学原理》,在他去世前 8 次再版,多年来一直被奉为英国经济学的"圣经",它引入了很多至今仍为人熟悉的概念。马歇尔的人口经济思想主要体现在《经济学原理》一书,特别在该书的第四篇较集中地探讨了人口经济问题。

一、人类是生产、消费以及与之有关的分配和交换问题的中心

马歇尔认为,生产要素通常分为土地、劳动和资本三类。土地是指大自然赐予人类的资源,是从陆地、海洋、空气、光和热各方面获取的物质及力量。劳动是指人类的经济工作,不论是体力方面的还是脑力方面的。假如把劳动解释为劳动者——也就是人类的意思,那么土地、劳动和资本这三个词就比较对称了。资本是指为了生产物质产品以及为了获得通常被算作一部分收入利益而储备的一切资源。资本是由知识和组织构成的,有时要把组织算作一个单独的生产要素。但从某种意义上说,生产要素只有两个,即自然与人类。资本与组织是人类在大自然的帮助下,在人类预测将来的能力以及甘愿为将来做准备的心理指导下进行工作的结果。但人类本身是由环境塑造形成的,而在环境中,大自然产生了很大的作用。因而不论从哪个角度看,人类都是生产问题的中心,也是消费问题的中心,进而也是生产和消费之间的关系问题,即分配与交换问题的中心。

二、经济学既是一门研究财富的学问,也是一门研究人的学问

政治经济学或经济学,是对人类一般生活的研究,是对个人与社会活动中获得和使用保证生活安康物质必需品的最密切相关部分的研究。因此,一方面经济学研究财富,另一方面更重要的是对人的研究。这是因为人的性格形成于日常工作及由此获得物质资源的过程之中。人类在数目上、在健康强壮上、在知识和能力上以及在性格多样化上的发展,是我们一切研究的目的。但对于这个目的经济学的贡献是有限的,我们还必须考虑人类在生产上的直接作用以及决定人类(作为生产者)效率的各种条件,因此,最方便的办法是把人类在数目和性格上发展的一些说明,包括在有关生产的一般性并作为其中的一部分加以研究。

三、关于人口增长的经济思想

(一)人口增长、公路和铁道等交通便利设施是构成地租的最重要因素

马歇尔指出,在一个古老的国家里,田地的全部地租是由三个因素构成的:第一是大

自然创造的土壤的价值;第二是人类做出的改良;第三——这往往是最重要的因素——是稠密的大量的人口增长、公路和铁道等交通便利设施。因为人口压力增大,贫瘠土地的价值通常比肥沃土地相对来说有所增大,人口和财富的增长会使贫瘠地超过肥沃地的价值。一度完全为人所忽视的土地,由于投入了很多劳动,就可长出多产的作物。一个新的国家中最初的移民必然选择最肥沃的土地,而随着人口增加,逐渐地,无论多么贫瘠的土地都得到了耕种。在土地报酬递减规律的作用下,人口增长势必将造成生活资料压力的增加。如果没有其他因素的阻碍,人口增长最终会因为难以获得农产品而受到阻碍。虽然报酬递减规律发挥作用,但人口对生活资料的压力,在很长时期内仍可能受制于新的供给范围,铁路、轮船交通的低廉以及组织和知识的进步。

(二)人口增长的影响因素

马歇尔认为,在动植物界,动植物的繁殖一方面受个体繁殖自身种类倾向的支配,另一方面又受生存竞争的支配。只有在人类中,这两种相反的力量的冲突会因其他影响而变得复杂:一方面,对将来的顾虑使许多人控制他们的自然冲动。另一方面,社会以宗教、道德和法律制裁对个人施加压力,以达到时而加速、时而阻碍人口增长的目的。他说,世界各国历代所有有思想的人都早已注意到形式多少有点模糊的人口研究。在强盛的民族中,在重大的军事冲突时期,他们力求增加能使用武器的男子的供给;在进一步的发展阶段,他们谆谆教导人们要尊重人类生活的神圣不可侵犯性;而在低级的发展阶段,他们又鼓励甚至强行残酷屠杀老人、弱者,有时甚至是杀一部分女婴。基于人口学说史的回顾,他考察了结婚率和人口出生率。一个国家的人口增长,首先取决于人口的自然增加,其次取决于移民。而人口出生数主要取决于有关结婚的习惯,结婚年龄不仅随着气候而不同,而且对于生活状况不同的人也有所不同。平均结婚年龄在中产阶级中最高,在技术工人中次之,而在没有特殊技能的劳动者当中最低。如果不是穷到无以为生,并且不受外部原因的抑制,无特殊技能的劳动者具有在30年内增加1倍的能力:这就是在600年中增加100万倍,1200年中增加1万亿倍。就人口迅速增长的条件而言,新国家农业区域的条件更有利。美国的"农民"和家人过着健康的户外生活,没有什么会遏制人口的增长,反而一切都会刺激人口增长。外来移民有助于人口增长。美国的人口在近百年中已增加了16倍。[①]人口出生率在富裕人群中更低,而在那些为自己和家庭的将来不作打算并且过着忙碌生活的人当中更高。

(三)如果人口增加,共同效率一般就会随之有超比例的提高

伴随着人口的迅速增长,人口拥挤的城市中的人们往往会养成不健康并且消耗人精力的生活习惯。有时,人口增长一开头就很不好,超过了人们的物质资源,使人们用不完善的工具过度地向大地索求,引起报酬递减律在农产品方面的强烈作用,却没有能力把此规律的结果缩小到最低限度。如果一开头就出现贫困现象,那么人口增长就会继续对人们性格上的弱点产生极为常见的后果,从而不适宜一个民族发展和工业组织的完善。

上述这些是人口增长的严重危险。但是,一个具有强大力量和精力的民族,其共同效

---

① 阿尔弗雷德·马歇尔.经济学原理[M].北京:华夏出版社,2004:152-161.

率的增加在比例上可以超过人口增加。如果此民族能暂时避免报酬递减律的压力；如果此民族的财富没有消耗于重大的战争之中，而财富的增长速度至少与人口增长相同；如果此民族避免使其身体衰弱的生活习惯，那么人口每有增加，就会使其民族获得物质产品的力量暂时有超比例的增长。人口增长使他们能获得专门技能和专门机械，也能获得区域大规模工业生产所带来的许多好处。人们相距很近，因而与交易有关的各种成本下降，而且使他们有机会获得各种社会享乐和文化生活方面的舒适品和奢侈品。人口增长和与此相适应的物质享乐产品对生产的促进作用，就会使由享乐产品所产生的总收入有超比例的增加。基于文明国家财富积累比人口增长更快的现实，他说："如果人口增长不那么快，那么每个人所拥有的财富就会增长得快一点，这也许是对的。但实际上，如果人口有所增长，随之就会出现对生产的巨大的促进作用：现在英国，因为容易得到大量原料供应，除了对阳光、新鲜空气等的需要外，就是满足人类需要的手段有超比例的增加。然而这种增加的大部分不归功于工业效率的提高，而是归功于伴随着人口增长而带来的财富的增加。"[①]

第四节　经济适度人口学说

经济适度人口的概念由来已久，马尔萨斯《人口论》已有所涉及，但最先系统提出经济适度人口观点的西方学者是英国经济学家 E. 坎南(Edwin Canna,1861—1935)和瑞典经济学者 J. G. K. 维克塞尔(J. G. K. Wicksell,1851—1926)。此外，卡尔·桑德斯(A. M. Carr-Saunders,1886—1957)，H. 道尔顿(H. Dalton,1887—1962)等人也都对早期适度人口理论的创立与发展做过贡献(李竞能，1992，2004)。对经济适度人口的研究又可分为早期经济适度人口学说和现代经济适度人口学说两个阶段。

一、早期经济适度人口学说

坎南作为早期经济适度人口的代表人物，他在 1888 年出版的《初级政治经济学》中指出："在任何一定时期，存在于一定土地之上，能够获得产业的最大生产力的人口数量是一定的。"这个一定数量的人口实际上就是经济适度人口。其后，在《财富论》(1914,1920)中，他明确提出，平均生产能力最大点的人口就是报酬最大点的人口，即经济适度人口。这个适度人口的位置将随知识进步和其他条件的改变而不断变化。因此，适度人口应当从长期的和一个较大范围的人口运动中去把握和考察。他对适度人口论的另一个重要贡献是"报酬递减规律"的应用，并把相应分析扩展到所有产业。坎南指出："在任何一定时期，知识和环境保持不变，刚好每一种产业有一个最大收益点。所以把所有产业加在一起，也一定有一个最大收益点。如果人口规模没有达到足以使所有产业达到最大收益点，收益将会少于应有水平；另一方面，如果人口规模如此之大，以致超过了所有产业受益最大点所要求

---

① 阿尔弗雷德·马歇尔.经济学原理[M].北京：华夏出版社,2004：265.

的人口,那么,收益也会低于应有水平。"在此,他实质上提出了静态"经济适度人口"的概念。

维克塞尔首先把边际分析引进适度人口理论研究。他声称:"到目前为止,经济学家仅仅争论最大限度人口。然而,在理论和实践上更为重要的是要探讨最有利的或适度的人口密度,而不是最大限度的人口密度。"他给人口的"适度"下的定义是:"人口达到其数量稍许增加就会导致繁荣不再增加,而是减少的那一点。"他还进一步探讨了如何通过调整人口内在要素(出生率和死亡率)来达到适度人口规模,认为适度人口规模的实现是人口增长的两种效应相互抵消的结果:一种是人口增长时,减少人均上地和自然资源水平的反效应;另一种是促进协作和劳动分工的正效应。在适度点达到以前,第二种效应占优势,此时人口增长促进人均资本——产量;而一旦人口增长超过适度点,则第一种效应占优势,进一步的人口规模膨胀将会降低人均收入。[①]

上述观点没有考虑到适度人口变化的条件,基本上属于静态适度人口论的范畴。最早注意到这一点的是 H. 西季维克(H. Sidgwick,1838—1900),他认为当土地-劳动比例增长到一定点之后,劳动生产率会趋于下降;人均收益最大点是与技术状况、资本积累和知识进步等因素相联系的。这种观点被认为是提供了动态经济适度人口理论的前提。

此后,英国人口学家 A. M. 卡尔桑德斯较系统地阐述了经济适度人口理论。他认为,人口适度数量的标准是经济标准。他还提出了适度人口密度的理论。所谓适度人口密度,是指一个国家人口在所支配的环境范围内,达到居民获得最好生活水平的人口密度。对适度人口密度的考察,要考虑环境、已经采用的技术水平及民族风俗习惯等因素,能够提供按人均最大收益的人口数量。这个人口数量是随着有关条件的变化而变化的。他还指出,理想的人口密度取决于应用技术和知识的程度。至于人口适度密度和过剩人口的关系,他说,出现过剩人口是因为生产方法没有改进,人们的生活水平下降,适度密度不能保持,人口增长超过了适度密度。同时他认为,劳动力的失业现象不是由人口过剩而是由人口过密造成的。实际上,他忽视了人口过剩与人口过密都是表面现象,产生的根源在于一定的社会经济制度。

早期经济适度人口学说是继马尔萨斯之后适应资本主义国家的人口与经济发展趋势而产生的一种人口经济理论,经济适度人口学说为人口经济学研究开辟了新的途径,但它假定人的知识和科学技术等条件不变,对人口数量和生产收益等因素做静态分析,因而只是一种静态的经济适度人口理论。

二、现代经济适度人口学说

现代经济适度人口学说以法国人口经济学家阿尔弗雷德·索维(Alfred Sauvy,1898—1990)出版的《人口通论》为代表。该理论从动态角度分析了人口增长与经济增长之间的关系,说明人口增长可能给经济增长带来的有利和不利影响,以及如何在二者之间寻求一种最适宜的关系,寻求适度人口增长率。

---

① 李竞能.现代西方人口理论[M].上海:复旦大学出版社,2004:288.

（一）静态经济适度人口

当代西方人口经济学在分析人口经济效应时，把经济目标作为确定人口数量的标准，以此来探讨人口与经济之间的适宜关系，这就是经济适度人口论。所谓经济适度人口是指其他经济条件均相同时，达到每人平均产量最大值的人口规模。有关经济适度人口研究所使用的标准较多，如经济福利、收入、最高生产率、边际生产率、就业水平等，但许多人认为把每个人平均产量作为福利指标和最大化目标来探讨经济适度人口较为合适。有人主张用人均收入来替代人均产量作为计量标准来探讨经济适度人口。这样，经济适度人口是指在其他条件相同时，达到每人平均收入最大值的人口规模。

索维考察了两种静态适度人口：经济适度人口和实力适度人口。所谓经济静态适度人口，是指不考虑技术进步和劳动生产率等因素的变化，仅仅分析最高生活水平和边际产量相一致时的最佳人口规模，图1-2是静态经济适度人口的典型形式。

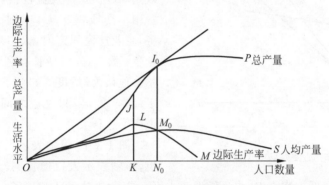

图 1-2　边际生产率、总产量与生活水平测定的经济适度人口

在图 1-2 中，横轴表示人口数量，纵轴表示生活水平（人均产量）、总产量和边际生产率。OP 表示随着人口变化而变化的总产量曲线，OS 表示随人口变动而变化的人均产量曲线，OM 表示边际生产率随人口变动而变化的曲线。当人口达到 K 时，边际生产率 OM 达到最高点（L），OK 表示边际生产率最高时的人口规模。与边际生产率 OM 最高相对应的总产量落在 J 点。但此时总产量 OP 和人均产量 OS 并未达到最大，M_0 是人均产量最高点，即人均生活水平最高点，此时边际产量（边际生产率）曲线 OM 与人均产量曲线 OS 相交于 M_0，此点对应的人口数量为 ON_0。如果以人均产量最大为适度人口的标准，则 ON_0 为经济适度人口。如果边际生产率高于人均产量（M_0 左侧），则人口增长将增加人均产量；反之，如果边际生产率低于人均产量（M_0 右侧），则人口下降将增加人均产量。

索维又将经济适度人口的概念扩展到非经济领域，提出了以国力、军力来衡量的实力适度人口模型，认为实力适度人口一般大于经济适度人口。同时，索维又提出了适度人口增长率的概念，并从技术进步和生产率提高对适度人口的影响角度去分析，从而由静态适度人口论推向动态经济适度人口论。

（二）适度人口增长率

在稳定人口理论的基础上，索维通过人口变动的成本收益分析，求出适度人口增长率。他认为，对于一个稳定的人口而言，人口增长可能加重负担，也会带来收益。所谓负担适用于新增人口的附加服务设施和生产设备方面的投资,也就是为了保证新增人口拥有同原有人口相等的生活标准而增加的资本存量,即人口投资。人口投资与人口增长是正相关关系,人口增长越快,负担越大,所需要的人口投资越多。索维认为,人口投资的增长速度高于人口增长。他把总负担分为两个部分:①更新旧设备的投资;②由于人口增长所增添的资本设备。如果用 D 表示全部资本设备的平均使用寿命,且相当长,P 表示人口增长率,并假设相当低,资本设备的成本为1,那么和全部资本设备有关的人均负担为

$$C_P = P[e^D P/(e^D P - 1)] \tag{1-1}$$

如果人口增长率为零,即 $P=0$,则人均负担为

$$C_0 = \frac{1}{D} \tag{1-2}$$

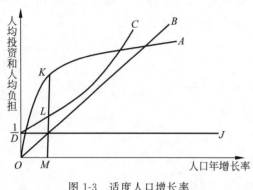

图 1-3 适度人口增长率

索维还分析了人口增长所引起的经济效益问题。这种效益包括:第一,公共管理费用不变或慢于人口增长;第二,规模经济,企业规模固定时,人口增长可促进企业竞争;第三,人口增长有利于投资偏差的调整。他认为,适度人口增长率的确定,取决于成本(负担)和收益之间的比较。图 1-3 说明了这种关系。

图 1-3 中,纵轴表示人均投资和人均负担,横轴表示人口增长率,J 线表示在不同人口增长率下的最低人均负担(或最低生活水平),曲线 A 表示人口增长的经济收益,C 表示人口增长的负担。该图说明了适度人口增长率决定于人口增长所引起的成本和收益的比较。

当人口增长率为零时,人口增长的经济收益为零;随着人口增长率的提高,经济收益上升,但达到一定点后转而下降。而从人口增长的负担曲线 C 可看出,人口增长率为零时,负担为 $\frac{1}{D}$;随人口增长率的提高而负担增大。当人口增长率为 OM 时,收益曲线上升到 K 点,而负担曲线上升到 L 点,人口增长所引起的收益与负担差额最大,即 KL 值最大,所以 OM 的人口增长率是适度人口增长率。

(三)动态经济适度人口

所谓动态适度人口,是指技术变化、经济结构变革、就业变动等条件下适度人口量所发生的变化。在一定时期内,对于有关假定的经济目标来说,人口数量或人口密度的变动是最适宜的或最有利的。动态经济适度人口不是指一定时点,而是指一定时期的人口的适度变动。这种适度变动既是人口的经济效应,又是经济变动对人口的作用。

索维在考察动态经济适度人口时,主要从技术进步和生产率提高对适度人口的影响这两个角度进行分析。他认为,技术是指生产技术和消费技术。所谓技术进步,是指"在同样多的工时(直接的或间接的)内能生产出更多的产品"。技术进步可以使最高人口和生活水平都有所提高。这是因为,技术进步使人们生产出了更多的产品,加上必要的制度安排,

就可以养活更多的人口(见图 1-4)。此外,索维还论证了技术进步创造就业机会、提高适度人口数量的观点。他说,西欧几个国家在 1789—1965 年间,技术有了巨大进步,同时就业人数也有了极大增加。技术进步对欧洲人口的影响经历了两个阶段:适度人口数下降或比实际人口数上升得慢些;适度人口数上升,同时实际人口增加得比较慢。技术进步对适度人口的影响可由图 1-5 示之。

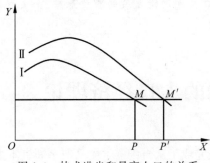
图 1-4　技术进步和最高人口的关系

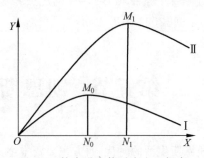
图 1-5　技术进步使适度人口提高

在图 1-4 和图 1-5 中,Ⅰ和Ⅱ表示初始期和技术进步条件下,人均产量随人口增长而变化的情况,横轴表示人口数量,纵轴表示人均产量(或生活水平)。由于技术进步,最高人口由 OP 变为 OP',适度人口量由 ON_0 提高到 ON_1。

此外,在考察经济适度人口时,索维还分析了工时、第三产业、对外贸易、职业变动等因素对适度人口变动的影响。

现代适度人口经济理论是当代人口经济发展史上的一个里程碑,拓宽了人口经济学的研究领域,但基本上是纯推理的产物。在实际生活中,它所包含的人口变量和经济变量,特别是二者相互关系的适度状态是难以计量的。[①] 参见关于我国适度人口的研究(专栏 1-1)。

专栏 1-1　中国适度人口研究

孙本文.8 亿人.文汇报,1957.5.11.

宋健、于景元.7 亿或 7 亿人以下,6.3 亿~6.5 亿人,《人口控制论》,科学出版社,1985.

胡鞍钢、王毅.15 亿~16 亿人(最大承载人口能力),《生存与发展》,科学出版社,1989.

毛志峰.15 亿人左右,《适度人口与控制》,陕西人民出版社,1995.

《中国土地资源生产能力及人口承载量研究》课题组.16.6 亿人,15.1 亿人,《中国土地资源生产能力及人口承载量研究(摘要)》,中国人民大学出版社,1992.

曹明奎.17.1 亿人,《中国农业生态系统的生产潜力和人口承载力》,《生态学报》,1993,13(1).

---

① 索维认为,适度人口仅仅是一个抽象的理论概念,只不过是使用方便的工具而已,这种工具具有过渡性。对它的使用"就像数学家使用虚数一样",仅此而已。见人口通论[M].上册.北京:商务印书馆,1983:55.

　　朱国宏.13.8亿~6.6亿人,关于中国土地资源人口承载力问题的思考,《中国人口·资源与环境》,1996,6(3).

　　童玉芬,王静文,梁钊.临界适度人口,2030年11.57亿~13.22亿人,2050年14.65亿~16.26亿人。理想适度人口,2030年9.86亿~11.11亿人,2050年11.88亿~13.89亿人。资源环境约束下的中国适度人口研究,《人口研究》,2016,40(2).

　　资料来源:根据吕红平《适度生育水平:人口长期均衡发展的重要基础》一文整理,载《晋阳学刊》2022年第1期。

第五节　凯恩斯学派的人口经济理论

　　凯恩斯生活的时代,西方主要资本主义国家已完成了从自由资本主义向垄断资本主义的过渡。西欧、北美各国也经历了人口问题的转型,出生率下降,人口增长缩减。在20世纪30年代的"大萧条"期间,大批工人失业、贫困是当时突出的社会经济问题。也就是说,在人口增长缩减、经济发展水平已有很大提高背景下出现了新的过剩人口问题。这就要求学术界对这种不同于马尔萨斯式的人口经济现象做出解释,凯恩斯及其学派的人口经济理论正是这一背景的产物。需要指出的是,凯恩斯的人口经济理论经过了两个发展阶段。第一个阶段是1930年之前,他秉承古典经济学和马尔萨斯人口理论,把人口增长看成是实际工资停滞、人们贫困的主要原因。第二阶段是1930年之后,凯恩斯的人口经济理论发生了重大转折,他高度关注人口增长衰减趋势,并纳入有效需求理论之中,成为凯恩斯革命的重要内容。我们对凯恩斯及其学派人口经济理论的介绍正是基于这一背景,而对转折之前的人口经济理论略而不谈。本节对凯恩斯学派人口经济理论的讨论集中于《就业、利息和货币通论》(以下简称《通论》)、《人口下降的若干经济后果》和美国经济学家阿尔文·汉森的观点。

一、《通论》中的人口经济理论

　　约翰·梅纳德·凯恩斯(John Maynard Keynes,1883—1946)是20世纪上半叶一位才华横溢的理论创新者,也是当时最杰出的经济学家之一。凯恩斯1905年毕业于剑桥大学,当时主修数学与天文学。后来,师从马歇尔和庇古(Arthur Cecil Pigou,1877—1959)攻读了1年的经济学。此后,他除了在剑桥大学执教外,还曾担任英国财政经济顾问委员会主席、英格兰银行董事、国际货币基金组织和国际复兴开发银行董事。1919年因发表《和约的经济后果》而名声大噪。凯恩斯著述很多,较重要的有:《印度的通货和财政》《和约的经济后果》《货币论》和《劝说集》等。但最重要、影响最大的著作是1936年出版的《通论》。

　　在《通论》中,凯恩斯首先对传统经济学的前提提出了质疑。他认为,古典学派理论依存于三个假定:(1)真实工资等于现行就业量之边际负效用;(2)严格意义上的非自愿失业并不存在;(3)供给本身会创造自己的需求。这三者是共存亡的,任何一个在逻辑上必然蕴含其余两个。而且这些前提,"只适用于一种特例,而不适用于通常的情形";它们所假定的情形,"是各种可能的均衡位置之极限点,而且这种特例所含属性,恰不是经济社会所含有的"。凯恩斯认为,资本主义社会除了存在自愿失业和摩擦性失业外,还存在第三类失业,即非自愿失业(involuntary unemployment)。而非自愿失业产生的原因是有效需求不足。

凯恩斯认为,总需求函数与总供给函数相交的那一点的总需求函数之值,即为有效需求,有效需求也就是总需求。"令 Z 为雇佣 N 人所产产品之总供给价格,两者之关系可以写作 $Z=\Phi(N)$,称之为总供给函数。令 D 为雇主们预期由雇佣 N 人所能获得之收益,D 与 N 之关系可写作 $D=f(N)$,称之为总需求函数。"[①]就业量决定于总供给函数与总需求函数的交点,在此点,雇主们的预期利润达到最大。有效需求包括消费需求和投资需求,有效需求不足是由消费需求不足和投资需求不足造成的,而消费需求和投资需求不足又是由"心理上的消费倾向(MPC)""心理上对资产未来收益之预期""心理上的流动偏好"(liquidity preference)这三个基本心理因素决定的。即边际消费倾向(MPC)递减、资本边际效率递减和流动偏好引起消费需求和投资需求不足。

三大基本心理规律的作用程序是,人口增长和 MPC 决定消费需求,人口增长的衰减(population declining)和 MPC 递减引起消费需求不足,资本边际效率(marginal efficiency of capital)递减和流动偏好引起投资需求不足,从而有效需求不足,即总需求不足不可避免。所谓消费倾向递减是指随着收入增加,消费也增加,但消费增加少于收入增加,由此导致在增加的收入中消费部分渐小,储蓄部分渐大,这是"一般心理规律"。由此造成收入和消费之间的缺口越来越大。这时如果不相应增加投资需求来弥补这一缺口,就会导致有效需求不足和非充分就业。在这三大心理定律中,凯恩斯特别强调资本边际效率的作用。资本边际效率即预期利润率,它不但短期内波动不定,而且在长期里有下降趋势。主要原因是投资者对投资前景并不了解,他们主要是靠"自发的乐观情绪"进行投资决策,随着投资的不断增加,乐观情绪减弱,信心降低,从而利润率下降。最后是"流动偏好规律"。凯恩斯认为,每个人都有偏好流动性(即各种资产变换成货币的难易程度)习惯。而货币是流动性最大的资产,所以人们一般都偏好于持有现金货币,因此流动偏好规律可以理解为货币需求。流动偏好产生于人们心理上的三种心理动机,即交易动机、谨慎动机和投机动机,其中前两个动机取决于收入水平,基本与利率无关;而投机动机则是利率的函数。如果利息率的下降幅度低于资本边际效率的下降幅度,将引起投资不足和有效需求不足。凯恩斯认为,资本边际效率的作用尤为重要,危机的主要原因在于资本边际效率的突然崩溃。

凯恩斯认为,以前流行的那种认为资本主义经济会自动达到充分就业的均衡,不需要政府干预经济的思想十分有害,因为那样就等于听任有效需求不足继续存在,听任危机和失业持久和恶化。因而主张政府干预经济,政府将通过财政、货币政策等各项手段,来刺激消费和增加投资,以实现充分就业。

二、人口下降的经济后果理论

人口问题是"凯恩斯先生的王牌"(J. R. 希克斯,1936)。凯恩斯在《通论》中写到,衰退

---

① 凯恩斯. 就业、利息和货币通论[M]. 北京:商务印书馆,1981:27-31.

之长短,不仅取决于固定资产的使用寿命,也取决于人口之增长速度。人口由渐增期进入渐减期则衰退将延长。资本边际效率的复苏取决于固定资产之寿命和某时代人口之增加速度。[①] 1937年2月,凯恩斯在优生学会上发表演讲——"人口下降的若干经济后果",不仅系统阐述了人口下降经济后果的理论,而且进一步阐释了《通论》的思想。

(一)人口增长趋势的转变

凯恩斯首先指出,未来从不会像过去。但是,我们通常假定,未来像过去一样。直到今天,我们的思想有时还受到某些诸如伪理性主义的影响。凯恩斯特别强调了习惯的重要性,我们假定未来很像过去是合理的习惯——人们不得不依之行事的行为习惯——正如我所认为的那样,它继续影响我们的思想,即使在有充分理由预期到肯定发生的情况下亦如此。我们对未来最有把握的也许非人口发展趋势莫属。与过去几十年人口持久而又急剧的增长不同,我们将面临一个静止或下降的水平。下降速度虽存分歧,但与过去我们已经习惯的情况相比,这个变化是巨大的客观事实。由人口增长到下降所产生的后果可能滞后,但可预测得到。这就要求我们不能采用以往的思维和行为习惯来考察未来的人口问题,要特别注意人口下降的经济后果……

凯恩斯指出:"一个正增长的人口对资本需求有非常重要的影响——除了技术变化和生活水平提高外——增加或多或少与人口成比例,而且工商企业的预期更多依据现在而不是未来的需求。在人口增长倾向于促进乐观主义的时代,一般说来,需求总是趋于超过而不是低于预期,而且在出现资本暂时过度供给的特例时会得到迅速校正。但在人口减少的时代正好相反,需求趋于比预期低,过度供给不易校正。因此悲观主义的氛围可能产生。而且,尽管在长期持续的悲观主义氛围中,可以通过它对供给的影响来校正自身,人口增长趋势改变引起繁荣的第一个结果可能是大灾难。"

(二)人口增长、技术变化、生活水平和资本需求的关系

凯恩斯指出,资本需求取决于人口、生活水平和资本技术三个因素。所谓资本技术,就是西方经济学常常提到的资本系数,凯恩斯说,为便利起见,我把它称为生产时期(the period of production)。换言之,资本需求取决于消费者人数、平均消费水平和平均生产时期。人口增加依比例地增加资本需求,而且生活水平的提高可能依靠发明和进步。然而凯恩斯认为,对于发明要做具体分析,要考察发明的类型和时代特征。19世纪上半期,发明主要集中在高度耐用的资本货物上,因而对资本需求较多,而现代发明多属于资本节约型。如果消费者人数下降,那么我们不能幻想对任何生产时期的显著技术进步,对净增资本品的需求将完全依赖于平均消费水平的提高或利息率的降低。如表1-2。

基于表1-2的资料,凯恩斯指出:"资本需求的增加,主要归因于人口增长和生活水平的提高,只在很少的程度上归因于技术变化,这种技术变化有助于单位消费资本的增加。"凯恩斯进一步说明,资本存量的增加有两个主要来源,其中的每一个大致相等;用于满足一个正在增长的人口需求略低于一半,满足发明和增加人均产量和允许更高生活水平的需求略高于一半。也就是说,对新资本的需求主要由人口增长和生活水平的提高带来。较多

---

① 参见《通论》"略论商业循环"一章。

使用资本而较少使用劳动的发明,会导致资本产出比更大比例的增大。而节约资本的一些发明切断了一条通道和其他一些东西,而且并非如此清晰——假定利息率不变,即发明的净结果以一种方式或另一种方式改变了单位产出的资本需求。

表 1-2　英国 1860—1913 年的资本增长与人口等因素的关系

项　　目	1860 年	1913 年
实际资本	100	270
人口	100	150
生活水平	100	160
资本技术	100	110

资料来源：Keynes，J. M.，Some Economic Consequences of A Declining Population. *Eugenics Review*，April 1937.

因此,确保常年均衡的条件是,改变我们的制度,降低储蓄率,财富分配更加平均,或者大大降低利息率,使之在技术和消费方面多使用资本以有利可图。

(三) 两个魔鬼的理论

两个魔鬼的概念既反映出凯恩斯人口经济理论与马尔萨斯的不同,又反映出二者的渊源。二者都渊源于马尔萨斯,因此又称"马尔萨斯的两个魔鬼"。一个是指"过剩人口的魔鬼"(devil of over-population)或"马尔萨斯人口魔鬼"(Malthusian devil);另一个是指"失业资源的魔鬼"(devil of unemployed resources),又称"马尔萨斯失业魔鬼"。前者是马尔萨斯对 18 世纪后期和 19 世纪初欧洲存在着大量过剩人口的一种形象描述。依据"两个级数"的原理,马尔萨斯认为,人口过剩是由于人口本身的增长超过了生活资料的增长,人口增长对经济发展造成了巨大障碍,并导致生活水平下降。后者是凯恩斯针对"大萧条"后出现的经济发展停滞和大量失业人口的局面提出的。之所以也称之为"马尔萨斯魔鬼",是因为马尔萨斯也说过有效需求不足会引起经济衰退和失业。凯恩斯认为,实际生活水平的提高需要增加投资和消费才能实现,虽然人口缩减有利于提高生活水平,但导致有效需求不足,使失业人口增加,并产生比过剩人口更加厉害、更难驯服的"失业魔鬼"。凯恩斯的结论是:当今"马尔萨斯魔鬼 P"被锁起来了,"马尔萨斯魔鬼 U"又破门而出。当"人口魔鬼 P"被锁起来时,我们虽然一度解除了一种威胁,但是我们又遭到另一个"失业魔鬼"的威胁,并且与以前相比,这后一个威胁有增无减。因此,他呼吁采取措施防止人口减少,减轻人口减少的威胁。

三、汉森的人口经济理论

凯恩斯的人口经济理论首先为时任美国经济学会主席的哈佛大学教授汉森(Alvin Hansen,1887—1975)所继承。汉森主要关心宏观政策和经济稳定,他著作的核心是充分就业以及通过财政政策达到这一目标。[①] 根据《经济进步和人口增长下降》一文,汉森的人

---

① 参见 R. A. Musgrave 为《新帕尔格雷夫经济学大辞典》(第 2 卷)所写的词条 Hansen，Alvin. 北京：经济科学出版社,1996：636-637.

口经济理论包括如下内容。

(一)人口从快速扩张到停止增长是一种毫无根据的乐观

汉森发现,当前(1938年)人口增长率正在经历巨大而显著的变化,但很少有经济学家关注。在19世纪末20世纪初的十年中,美国人口增加了1 600万。而在当前的十年,仅增加了一半的数量。基于马尔萨斯理论的传统,经济学家对人口停止增长予以乐观解释。但否认人口迅速膨胀到停止增长所蕴含的意义,否认本可通过适当的经济政策应对变化,以避免或减缓严重的结构失调。这是"毫无根据的乐观"(an unwarranted optimism)。因此需要从马尔萨斯的巢臼中解脱出来,重新返回到亚当·斯密曾提醒的地方,对经济进步、资本形成和人口增长之间的关系做彻底研究。所以,他将经济进步的构成要素分三大方面:①发明;②新领土和新资源的发现和开发;③人口增长。其中的每个因素顺序地、各自地抑或综合地打开了投资通路,引起资本形成的快速增长。技术进步、新产业的开发、新资源的发现以及新领土的开放(the opening of new territory)是繁荣的基本原因,反之则是萧条的根源(the progenitor of depression)。

汉森认为,资本形成可采取资本深化(a deepening of capital)或资本广化(a widening of capital)的形式。深化过程意味着单位产量使用了更多的资本,而广化过程指的是资本形成与最终产品的产量一同增长。如果实际的资本—收入比保持不变,那么没有资本深化;但如果这个比率不变而实际收入上升,那么就有一个资本广化。人口增长与资本深化和广化是什么关系呢?它在其中起什么作用?汉森认为,资本广化是最终产出增加的一种功能;反过来,最终产出增加部分原因是人口增长、人均生产率增长,这些原因的出现不是单位产量使用了更多资本(即资本深化)。另一方面,资本深化部分原因是技术变化引起成本下降,部分原因是利息率的下降,部分原因是整个产出特征的变化,特别是关于为生产产出所需要的资本数量。在现代资本主义初期阶段,资本深化和资本广化过程是同步发展的。但从整体经济看,在其后阶段,资本深化的过程迅速减弱(rapidly diminished)。而且现在随着人口增长的迅速停止,甚至广化过程也可能放缓。此外,资本节约型发明(capital-saving inventions)可能引起许多产业的资本形成落后于产量增长。

(二)人口增长速度决定产出特征,影响最终产品的构成

一个迅速增长的人口对新住宅的需要比静止人口大得多。老年人比例高的静止人口也许需要更多的个人服务,而且消费需要的构成对资本需要量有一个重要的影响。住宅需求要求的投资量巨大,而个人服务需求在没有大量投资支出的情况下仍可得以满足。因此,从迅速增长的人口到静止或下降的转变可能引起消费品流量最终构成的改变以至于整个经济的资本产出比下降,资本形成和实际总产出以同样的速度增长。19世纪后半期,西欧资本形成的40%、美国的60%是人口增长带来的。实物产出(physical output),西欧年均3%的增长率,归功于人口增长的不足一半,美国归功于劳动力供给增加的高于一半。可见,由于人口增长急速下降,减少的投资是多么巨大,对实物产出造成了多大的影响。人口增长率快速下降影响资本形成,进而导致失业和经济的长期停滞。

人口增长影响资本形成最直接的领域是建筑业,特别是住宅。几十年来,居民数量的增长与人口增长一直维持着密切的关系。而在20世纪的前十年,住宅增加了25%,住宅和

人口比例的增长超过了前十年。

（三）人口增长下降与长期停滞

革命性的新产业,如汽车或铁路,经过初期发展到成熟以后,其投资活动有一个巨大的向上涌动。当达到成熟期并停止增长以后,所有产业、整个经济都必将经历巨大的停滞,直到出现新的开发。由于资本更新,微小的复苏迟早会发生,但全面复苏要求的不只是单纯的折旧基金。它要求新投资更多,以及等待新产业和新技术的开发。人口增长下降、大量充足的吸收资本支出的重大创新项目的失败,这些综合因素对解释近来达到充分就业的复苏失败有很高权重。几乎停止的人口增长与新领土的定居和开发的消失可能削去过去背景下投资的一半或一多半。由于人口静止,我们只需用过去一半的投资来维持和过去同样的人均收入。在技术进步和新产业开发不足的背景下,保证充分就业可以采用各种措施:减税以刺激消费,对人和自然资源以及服务于整个社会的物质、娱乐和文化需要等以集体为特征的消费品的公共投资。按照这一思路提出解决经济和政治管理问题的方案。这个通过税收还是借贷融资的方案能否对自由企业制度无副作用,将是严肃的经济可行性和政治管理(economic workability and political administration)问题。至于日常的经济生活,我们将遇到一个困境,个人投资不足导致的大规模失业,迟早会导致一个全面的集权经济(regimented economy),同时也会导致公共支出的极大扩张。汉森反对持续的政府支出以达到充分就业的目标,如果政府以高比例进行持续投资,就等于反对私人投资。这样容易形成高成本和高价格。公共开支是所有复苏措施中最便利的一种,但潜伏着危险。如若走得太远,我们会忽视具体失调问题的解决。如果经济学家不能解释正在迅速转变的经济发展过程,那就是失职。不能揭示潜伏在政府扩张活动中可能的危险,同样是失职。人口增长迅速下降的伟大转变及其对资本形成和自由企业制度的影响,对社会科学的探索提出了更高要求。

 **主要概念**

人口与经济的古典理论　人口与经济的新古典理论　马尔萨斯　马歇尔　凯恩斯
坎南　适度人口　经济适度人口

 **思考题**

1. 试述古典人口经济理论的主要代表人物及其主要内容。

2. 亚当·斯密人口经济思想的主要内容是什么?

3. 试评述马尔萨斯的人口经济理论。

4. 试评述适度人口理论。

5. 英国著名经济学家希克斯说,人口问题既是凯恩斯先生的王牌,也是理解《通论》的枢纽,谈谈你的理解。

6. 凯恩斯和汉森是如何分析人口趋势转变的经济后果的？试对他们的思想进行比较与评述。

参考读物

第二章

马克思主义人口经济理论
及其当代发展

马克思主义人口经济理论是马克思列宁主义、毛泽东思想、邓小平理论、"三个代表"重要思想、科学发展观、习近平新时代中国特色社会主义思想的重要组成部分。本章共分四节予以阐述。第一节主要介绍马克思恩格斯创立的人口经济理论；第二节、第三节是马克思主义人口经济理论的新发展；第四节梳理新时代关于人口经济的重要思想。

第一节　马克思主义人口经济理论

一、"两种生产"的原理

所谓"两种生产"，就是指物质资料生产和人类自身生产。这一原理是马克思主义人口经济理论的核心。在《一般意识形态，德意志意识形态》中，马克思、恩格斯提出了"两种生产"的思想。他们指出："人们为了能够'创造历史'，必须能够生活。但是为了生活，首先就需要衣、食、住以及其他东西。因此第一个历史活动就是生产满足这些需要的资料，即生产物质生活本身。同时这也是人们仅仅为了能够生活就必须每日每时都要进行的（现在也和几千年前一样）一种历史活动，即一切历史的基本条件。"这里讲生产物质生活本身，就是指物质资料生产。马克思恩格斯还说："一开始就纳入历史发展过程的第三种关系就是：每日都在重新生产自己生命的人开始生产另外一些人，即增殖。"这也就是人类自身的生产。"两种生产"的思想提出之后，他们又进一步强调：从人类历史一开始"两种生产"就同时存在，"而且就是在现在也还在历史上起着作用。这样，生命的生产——无论是自己生命的生产（通过劳动）或他人生命的生产（通过生育）——立即表现为双重关系：一方面是自然关系，另一方面是社会关系；社会关系的含义是许多个人的合作。"[①]在这里，马克思、恩格斯告诉我们："两种生产"是同时并存的，物质资料生产通过劳动来完成，人类自身生产通过生育来完成，"两种生产"都包含了双重关系，既包括自然关系，也包括社会关系。马克

---

① 马克思，恩格斯.马克思恩格斯选集[M].第1卷.北京：人民出版社，1972：32-34.

思去世后,恩格斯在《家庭、私有制和国家的起源》(第一版序言)中,对"两种生产"的理论做了更精辟的概括。恩格斯指出:"历史中的决定性因素,归根结蒂是直接生活的生产和再生产。但是生产本身又有两种。一方面是生活资料即食物、衣服、住房以及为此所必需的工具的生产,另一方面是人类自身的生产,即种的蕃衍。一定历史时代和一定地区内的人们生活于其下的社会制度,受着两种生产的制约:一方面受劳动的发展阶段的制约,另一方面受家庭的发展阶段的制约。"①也就是说,在马克思主义经典作家看来,社会生产从来都包括两个方面,即物质资料生产和人类自身的生产。这两种生产都是以人为主体的,都是人类为自己的生存和发展所从事的生产活动。"两种生产"的关系是一种对立统一的关系,它们统一在社会直接生活的生产和再生产中,都是社会存在和发展的前提条件。

"两种生产"互为条件,没有物质资料的生产,就不可能有人类自身的生产和人类社会的存在;同样,没有人类自身的生产,也不可能有物质资料生产和人类社会的存在。"两种生产"互相渗透,在物质资料生产中包括人类自身生产的因素,在人类自身的生产中也包括物质资料生产的因素。"两种生产"互相制约,一方面,物质资料生产作用于人类自身的生产,制约着人类自身生产的发展;另一方面,人类自身生产也反作用于物质资料生产,对物质资料生产起促进或延缓作用。在"两种生产"所形成的对立统一体中,物质资料生产处在矛盾的主要方面,居于支配地位,起着主导作用。物质资料生产归根到底决定着人类自身生产。当然也不可以忽视人类自身的生产。人类自身的生产必须与物质资料生产相适应,是"两种生产"相互关系的一般规律。

二、人口与经济辩证关系的原理

这一原理既承认经济对人口的决定作用,又承认人口对经济的反作用。

(一)物质资料的生产方式决定人口发展规律

在《资本论》中,马克思研究了资本主义人口经济关系,论述了资本主义相对过剩人口规律,指出资本主义扩大再生产过程中资本积累必然导致工人阶级的失业,人口规律绝不是超历史的自然规律,而是历史的社会规律。每一种特殊的、历史的生产方式都有其特殊的、历史地起作用的人口规律。马克思还指出:"历史的每一阶段都遇到有一定的物质结果、一定数量的生产力总和""都遇到有前一代传给后一代的大量生产力、资金和环境",这些生产力、资金和环境"预先规定新的一代的生活条件,使它得到一定的发展和具有特殊的性质"。② 在《政治经济学批判1857—1858》中,马克思指出:"一定形式的生产资料的扩展能力所设定的人口限制,随着生产条件而变化,收缩或扩大……人口的绝对增长率,从而过剩人口率和人口率也会随着生产条件发生变化。"③马克思所揭示的物质资料生产方式决定人口发展规律的理论,对于正确说明各种不同社会的人口现象和人口问题具有指导意义。

---

① 马克思,恩格斯.马克思恩格斯选集[M].第4卷.北京:人民出版社,1972:2.
② 马克思,恩格斯.马克思恩格斯全集[M].第3卷.北京:人民出版社,1979:43.
③ 马克思,恩格斯.马克思恩格斯全集[M].第46卷.北京:人民出版社,1980:105.

（二）经济发展是人口变动的终极原因

人口变动通常包括自然变动、机械变动和社会变动。经济发展对人口自然变动的决定作用，首先表现在它决定婚姻家庭形式的变化，并通过婚姻家庭形式的变化对人口的自然变动发生作用，其中对人们的生育行为的影响尤为明显。因为家庭生育水平的高低、规模的大小，都要受经济因素的制约，并以家庭的经济利益为转移。在生产力水平较低、家庭在社会生活中承担的职能较为复杂时，生儿育女与家庭现实和未来的经济利益有直接联系，人们一般倾向于多生子女，特别是多要男孩。在生产力发展水平较高、生产社会化程度有了提高时，家庭职能有简单化的趋势，同时家庭需要结构多样化，人们为追求其他方面的需要，对生育的态度就逐步转变。

（三）人口增殖条件和生存条件的决定因素

如不同社会集团的经济地位和状况、就业的状况和难易、收入和消费水平的高低、妇女就业的比重、城市化程度等等都对人口自然变动有重要影响。另外，随着经济的发展、居民文化教育程度的提高，医疗卫生状况得到改善，人们对自己生理特点的认识也在深化，以及节育知识的推广等，同样也对人们的生育行为和自然变动产生重大作用。至于人口的机械变动和社会构成变动，则既是经济发展的反映，又是推动经济发展的重要因素。

（四）人口对经济发展的反作用巨大

这种巨大的反作用主要表现在三个方面：第一，人口是社会经济活动的主体，是社会生产力的要素和生产关系的体现者，必然对经济起影响作用。马克思指出："人口数量和人口密度是社会内部分工的物质前提"，人口增长是促使阶级产生、私有制出现的因素之一，在阶级社会产生后，他以古希腊和古罗马为例，对人口在社会发展中的重要作用进行了精辟论述："这两个国家的整个制度都是建立在人口的一定限度上的，超过这个限度，古代文明就有毁灭的危险。"[①]第二，人口对经济有促进或阻碍作用。当人口的数量、质量和结构等适应社会经济发展要求时，就能促进生产力的发展；反之，就会阻碍，甚至破坏生产力的发展。第三，人口不是社会经济发展的根本因素，不能决定社会经济的性质，不能决定社会制度的变化。

第二节　提高人口素质与建设人力资源强国的理论

一、提高人口素质对社会主义建设有极端重要意义的理论

社会主义的根本任务是发展生产力。如何发展生产力？怎样建设社会主义？对此，提高人口质量有着极端重要的意义。列宁曾反复强调，苏维埃政权要想完成建设共产主义的任务，必须不断提高人民的共产主义道德觉悟和科学文化水平，也就是必须提高劳动人口

---

① 马克思，恩格斯.马克思恩格斯全集[M].第8卷.北京：人民出版社，1979：618-619.

的素质。列宁认为,劳动人口是社会经济发展的前提条件,是首要的生产力。斯大林对人口质量在社会主义经济中的重要性同样非常重视。他说,"社会主义基本经济规律的主要特点和要求,可以大致表述如下:用在高度技术基础上使社会主义生产不断增长和不断完善的办法,来保证最大限度的满足整个社会经常增长的物质和文化的需要。"[①]因此,主张用发展教育,提高工农群众的文化科学水平的办法来达到提高人口质量和建设社会主义经济的目的。

毛泽东同志多次强调,身体是革命的本钱,是建设和保卫祖国的一个重要条件。要保证大家身体好,保证工人、农民、战士、学生、干部都要身体好。为了实现过渡时期的总路线,建设社会主义,需要增强人民的体质。关于思想道德素质,毛泽东指出,人要有一点精神,没有正确的政治观点就等于没有灵魂。毛泽东还多次强调知识分子在革命和建设中的作用,指出,在一个文盲充斥的国度是无法建成共产主义社会的,而我国现在的文盲这样多,这就产生了一个尖锐的矛盾。因此,努力扩大知识分子队伍是一项刻不容缓的任务。"为了建设社会主义,工人阶级必须有自己的技术干部队伍……这是一个宏大的队伍,人少了是不成的""人人都要努力学习。有条件的,要努力学技术,学业务,学理论,造成工人阶级知识分子的新部队(这个新部队,包含从旧社会过来的真正经过改造站稳了工人阶级立场的一切知识分子)。这是历史向我们提出的伟大任务。"[②]

在改革开放和社会主义现代化建设时期,邓小平同志反复强调,国力的强弱、经济发展后劲的大小,越来越取决于劳动者的素质,取决于知识分子的数量和质量。他积极倡导尊重知识,尊重人才,重视科学,重视教育。向科学技术现代化进军,要有一支浩浩荡荡的工人阶级的又红又专的科学技术大军,要有一大批世界第一流的科学家、工程技术专家。为此,要努力培养有理想、有道德、有文化、有纪律的新人。他提出"科学技术是第一生产力"的著名论断,并从科学技术和劳动力结合推动生产力的作用上,深刻地论述了人口素质问题,把它提到能否实现社会主义现代化的高度。他不仅重视人口的文化技术素质,而且十分重视思想道德素质的作用,强调要坚持物质文明、精神文明建设两手抓,两手都要硬。党的十二大、十三大、十四大和十五大都反复强调,使经济建设真正转到科技进步和提高劳动者素质的轨道上来。

二、关于建设人力资源强国的理论

以江泽民为核心的第三代领导集体强调指出,我国现代化建设的进程,在很大程度上取决于国民素质的提高和人才资源的开发。"培养同现代化要求相适应的数以亿计的高素质的劳动者和数以千万计的专门人才,发挥我国巨大的人力资源优势,关系二十一世纪社会主义事业的全局。要切实把教育摆在优先发展的战略地位。"进入 21 世纪,根据人类社会发展的新机遇、新挑战,江泽民同志指出:"当今世界,人才和人的能力建设,在综合国力竞争中越来越具有决定性意义。人类有着无限的智慧和创造力,这是文明进步不竭的动力

---

① 斯大林.斯大林选集[M].下卷.北京:人民出版社,1979.

② 毛泽东.毛泽东选集[M].第5卷.北京:人民出版社,1977:462-463.详细论述参见张纯元.马克思主义人口思想史[M].北京:北京大学出版社,1986:第6章.

源泉。""知识不断更新,科技不断突破,经济不断发展,对劳动者的素质要求越来越高。加强人力资源开发,加强人力资源能力建设,从来没有像今天这样重要、这样紧迫。"[①]

党的十六大关于人口质量和人力资源也有一系列的论述。如把全民族的思想道德素质、科学文化素质和健康素质的明显提高作为全面建设小康社会的目标之一;提出形成全民学习、终身学习的学习型社会,促进人的全面发展;提出走出一条科技含量高、经济效益好、资源消耗低、环境污染少、人力资源优势得到充分发挥的新型工业化路子。[②] 2005 年 10 月,胡锦涛在十六届五中全会上指出:"要推进人力资源能力建设,提高劳动者整体素质,使我国从人口大国转变为人力资源强国。"2006 年 8 月,胡锦涛进一步指出:"努力把我国建设成为人力资源强国,为全面建设小康社会、实现中华民族的伟大复兴提供强有力的人才和人力资源保证。"2007 年,党的十七大报告明确"优先发展教育,建设人力资源强国"的新要求,十二五规划纲要对创新驱动,实施科教兴国和人才强国战略提出了具体要求。党的十八大报告明确提出,加快确立人才优先发展战略布局,造就规模宏大、素质优良的人才队伍,进入人才强国和人力资源强国行列。

党的十八大以来,以习近平同志为核心的党中央,一以贯之、继往开来,在社会主义经济建设、政治建设、文化建设、社会建设、生态文明建设的总布局中,始终强调教育是将我国巨大人口压力转化为人力资源优势的决定性因素,直接关系全面建成小康社会、加快社会主义现代化步伐、实现中华民族伟大复兴的全局,必须坚定不移地实施科教兴国战略、人才强国战略和可持续发展战略,坚持把教育摆在基础性、先导性、全局性的地位。加快人才发展体制机制改革和政策创新,形成激发人才创造活力、具有国际竞争力的人才制度优势,营造人人皆可成才、人人尽展其才的良好环境。

第三节　人口科学发展观

人口科学发展观即科学发展观在人口方面的体现。党的十六大以后,以胡锦涛同志为主要代表的中国共产党人,团结带领全党全国各族人民,在全面建设小康社会进程中推进实践创新、理论创新、制度创新,深刻认识和回答了新形势下实现什么样的发展、怎样发展等重大问题,形成了科学发展观。科学发展观要求人与自然的协调发展,就是要求人口资源环境之间协调发展,人口资源环境与经济、社会协调发展。它是总结我国人口资源环境与发展的实践,借鉴国外发展经验,适应新的发展要求提出来的理论体系。

一、人口问题本质上是发展问题

这一理论既是对国际社会人口与发展实践经验的总结,又是对马克思主义人口经济理

---

① 江泽民,在亚太经合组织人力资源能力建设高峰会议上的讲话,2001 年 5 月 15 日。

② 江泽民在中国共产党第十六次全国代表大会上的报告"全面建设小康社会,开创中国特色社会主义事业新局面",2002 年 11 月 8 日。

论的新概括、新发展。根据笔者的理解,这一理论包括四个方面的本质内涵。

(一)人与发展、人口与发展密不可分

在任何社会制度下,人们所面临的人口状况都是在一定的经济、社会条件下长期历史发展的结果。人口问题不能孤立存在。从实质上看,它是人口发展与经济社会发展不相适应,不相协调而出现的矛盾和问题,是长期存在于社会经济发展过程之中的。离开发展谈人、人口问题毫无意义。发展生产力,既要见物又要见人(江泽民,1998)。科学发展观的第一要义是发展,坚持以人为本,就是要实现人的全面发展的目标,从人民群众的根本利益出发谋发展、促发展,不断满足人民群众日益增长的物质文化需要,让发展的成果惠及全体人民。坚持发展为了人民、发展依靠人民、发展成果由人民共享(胡锦涛,2004,2007)。

(二)人口问题根源于发展

人口问题虽然表现在人口上,但根子却在社会、经济发展水平上。"一切重要历史事件的终极原因和伟大动力是社会的经济发展。"[①]发展不足或发展滞后,给人口的生育、生活、生产和社会交往等方面带来一系列问题,同时又加剧了社会经济和文化等方面的问题。发展滞后的人口问题,大体有三种类型。第一种类型是经济落后型的人口问题。在发展中国家,在贫困地区,人口问题一般都很突出。比如温饱问题、疾病问题、愚昧问题、失学问题等交错发生。这些问题的根子都在社会经济发展水平上,是经济基础落后、供给不足所致。第二种类型是经济增长超前、社会发展滞后带来的人口问题,这就是所谓的"有增长而无发展"的情况。这种情况同样会产生人口问题。这类问题往往是由于单向性地以数量增长为目标,而忽视经济增长的质量和效益,忽视节约资源和保护环境,从而造成人与自然、经济与社会发展的不协调。第三种类型是人口增长超前而人口发展滞后形成的人口问题。由于视野狭窄,仅仅把人口问题看成是单纯的数量问题、生多生少问题,致使人口数量、质量、结构和分布在变动上不同步、不协调,形成人口自身的发展失衡。

(三)人口问题是对发展产生重大影响的问题

人口问题不仅根源于发展,因发展问题而产生,而且人口问题对发展也有很大影响。马克思认为,人的增长是促使阶级产生、私有制出现的因素之一。一定数量和一定密度的人口是社会生产的开端、社会分工的前提。斯大林指出,人是社会物质生活条件的必要因素,没有一定的最低限度的人口,就不可能有任何社会物质生活。人口增长对社会经济发展起促进或延缓作用。毛泽东提出了"世间一切事物中,人是第一个可宝贵"的观点,并告诫全党,做计划、办事、想问题,都要从我国有六亿人口这一点出发,千万不要忘记这一点。在改革开放和社会主义现代化建设的历史条件下,邓小平同志多次强调,实现四个现代化,必须考虑我国国家大、底子薄、人口多、耕地少的特点。江泽民同志明确指出,人口问题在本质上是发展问题。我们在经济、社会发展中遇到的许多问题,诸如吃饭问题、就业问题、教育问题、资源破坏、环境污染、生态失衡等等,都与人口基数大、增长快有直接的关系。我们国家人口多,人均资源相对不足,这是制约经济和社会发展的一个重要因素。

---

① 马克思,恩格斯.马克思恩格斯全集[M].第23卷.北京:人民出版社,1979:346.

（四）人口问题要通过发展的途径获得根本解决

既然人口问题是发展问题,那么解决的途径就必须靠发展,靠经济的发展,靠社会的发展,靠人口自身的发展,靠人口与经济、社会、资源、环境的协调发展,并形成可持续发展的局面。李大钊在《战争与人口》等论文中,就中国人口问题强调指出:"经济问题的解决,是根本解决。"毛泽东提出"革命加生产"是解决我国人口问题的光辉思想。邓小平、江泽民和胡锦涛关于这方面的论述就非常多了,邓小平提出发展是硬道理,江泽民提出发展是党执政兴国的第一要务,胡锦涛把发展作为第一要义。这表明党的人口发展观是科学发展观,既重视人口问题本身的重要性,又把发展作为解决一切问题包括人口问题的关键。

二、人口资源环境与经济协调的发展观

1. 人口资源环境与经济社会协调发展是实现可持续发展的核心

20 世纪 90 年代以来,可持续发展已成为世界许多国家的总体战略。江泽民同志立足于正确处理社会主义现代化建设中的若干重大关系,指出在现代化建设中,必须把实现可持续发展作为一个重大战略(1995)。我国人口众多,资源相对不足,在发展进程中面临的人口、资源、环境压力越来越大。绝不能走浪费资源和先污染后治理的路子,更不能吃祖宗饭、断子孙路(江泽民,1996)。党的十八大以来,以习近平同志为核心的党中央,明确中国特色社会主义进入新时代,我国社会的主要矛盾是人民日益增长的美好生活需要和不平衡、不充分发展之间的矛盾;明确中国特色社会主义事业总体布局是经济建设、政治建设、文化建设、社会建设、生态文明建设"五位一体",战略布局是全面建设社会主义现代化国家、全面深化改革、全面依法治国、全面从严治党四个全面;明确必须坚持和完善社会主义基本经济制度,使市场在资源配置中起决定性作用,更好发挥政府作用,把握新发展阶段,贯彻创新、协调、绿色、开放、共享的新发展理念,加快构建以国内大循环为主体、国内国际双循环相互促进的新发展格局,推动高质量发展,统筹发展和安全。

实现可持续发展,核心问题是经济社会和人口、资源、环境协调发展。人口资源环境工作,都是涉及人民群众切身利益的工作。经济发展,必须与人口、资源、环境一起统筹考虑。党的十八大以来,党中央强调,贯彻新发展理念是关系我国发展全局的一场深刻变革,不能简单以生产总值增长率论英雄,必须实现创新成为第一动力、协调成为内生特点、绿色成为普遍形态、开放成为必由之路、共享成为根本目的的高质量发展,推动经济发展质量变革、效率变革、动力变革。生态文明建设是关乎中华民族永续发展的根本大计,保护生态环境就是保护生产力,改善生态环境就是发展生产力,绝不以牺牲环境为代价换取一时的经济增长。必须坚持绿水青山就是金山银山的理念,坚持山水林田湖草沙一体化保护和系统治理,像保护眼睛一样保护生态环境,像对待生命一样对待生态环境,更加自觉地推进绿色发展、循环发展、低碳发展,坚持走生产发展、生活富裕、生态良好的文明发展道路。在人口和社会建设上,党和国家始终坚持人口与发展综合决策,科学把握人口发展规律,坚持计划生育基本国策,根据我国人口发展变化形势,做出逐步调整完善生育政策、促进人口长期均衡发展的重大决策,各项工作取得显著成效。全面建成小康社会目标如期实现,党和国家事业取得历史性成就、发生历史性变革。

2. 调结构转方式是缓解人口资源环境压力的根本途径

要缓解人口资源环境压力,实现经济社会全面协调可持续发展,必须加快调整不合理的经济结构,彻底转变粗放型的经济增长方式,使经济增长建立在提高人口素质、高效利用资源、减少环境污染、注重质量效益的基础上。"九五"计划时中央提出实行经济体制和经济增长方式两个根本性转变的战略任务,"十五"计划时提出对经济结构进行战略性调整、推进产业结构优化升级的要求。"十一五"规划提出推动转变经济发展方式,即促使经济增长由主要依靠投资和出口拉动向消费与投资、内需与外需协调拉动转变;由主要依靠工业带动和数量扩张带动向三次产业协同带动和结构优化升级带动转变;由主要依靠增加资源投入带动向主要依靠提高资源利用效率带动转变;由主要依靠资金和物质要素投入带动向主要依靠科技进步和人力资本带动转变;由某些领域相当程度上依靠行政干预推动向在国家宏观调控下更大程度发挥市场配置资源决定性作用转变;由偏重于增加物质财富向更加注重促进人的全面发展和经济社会的协调发展转变。"十二五规划"纲要将转变经济发展方式的基本要求明确为五个方面:把经济结构的战略性调整作为主攻方向,把科技进步和创新作为重要支撑,把保障和改善民生作为根本出发点和落脚点,把建设资源节约型、环境友好型社会作为重要着力点,把改革开放作为强大动力。党的十八大进一步强调以科学发展为主题,以加快转变经济发展方式为主线,是关系我国发展全局的战略抉择。要适应国内外经济形势新变化,加快形成新的经济发展方式,把推动发展的立足点转到提高质量和效益上来,激发各类市场主体发展新活力,增强创新驱动发展新动力,构建现代产业发展新体系,培育开放型经济发展新优势,使经济发展更多依靠内需特别是消费需求拉动,更多依靠现代服务业和战略性新兴产业带动,更多依靠科技进步、劳动者素质提高、管理创新驱动,更多依靠节约资源和循环经济推动,更多依靠城乡区域发展协调互动,不断增强长期发展后劲。

第四节　新时代关于人口经济的重要思想

党的十八大以来,中国特色社会主义进入新时代。以习近平同志为主要代表的中国共产党人,坚持把马克思主义基本原理同中国具体实际相结合、同中华优秀传统文化相结合,坚持毛泽东思想、邓小平理论、"三个代表"重要思想、科学发展观,深刻总结并充分运用党成立以来的历史经验,从新的实际出发,创立了习近平新时代中国特色社会主义思想。习近平新时代中国特色社会主义思想是当代中国的马克思主义、二十一世纪的马克思主义,是中华文化和中国精神的时代精华,实现了马克思主义中国化新的飞跃。[①] 关于人口经济的重要论述在这一光辉思想中有多处体现。

一、人民对美好生活的向往就是我们的奋斗目标

改革开放以后,我国人民生活显著改善,社会治理明显改进。同时,随着时代发展和社

---

① 中共中央关于党的百年奋斗重大成就和历史经验的决议[N].光明日报,2021-11-17.

会进步,人民对美好生活的向往更加强烈,对民主、法治、公平、正义、安全、环境等方面的要求日益增长。党中央强调,人民对美好生活的向往就是我们的奋斗目标,增进民生福祉是我们坚持立党为公、执政为民的本质要求,让老百姓过上好日子是我们一切工作的出发点和落脚点,补齐民生保障短板、解决好人民群众急难愁盼问题是社会建设的紧迫任务。必须以保障和改善民生为重点加强社会建设,尽力而为、量力而行,一件事情接着一件事情办,一年接着一年干,在幼有所育、学有所教、劳有所得、病有所医、老有所养、住有所居、弱有所扶上持续用力,加强和创新社会治理,使人民获得感、幸福感、安全感更加充实、更有保障、更可持续。

二、关于优化生育政策,促进人口长期均衡发展的论述

党的十八大以来,根据我国人口发展变化形势,党中央先后做出实施"单独两孩""全面两孩"和"三孩"生育政策及配套支持措施优化生育政策、促进人口长期均衡发展的重大决策。2016年5月18日,习近平指出,人口问题始终是我国面临的全局性、长期性、战略性问题。在未来相当长时期内,我国人口众多的基本国情不会根本改变,人口对经济社会发展的压力不会根本改变,人口与资源环境的紧张关系不会根本改变,计划生育基本国策必须长期坚持。2020年11月2日,习近平强调,我国是世界上人口最多的国家,人口问题始终是一个全局性、战略性问题。第七次全国人口普查是新时代开展的一次重大国情国力调查,也是党和国家工作中的一件大事。近年来,我国人口发展出现了一些显著变化,既面临人口众多的压力,又面临人口结构转变带来的挑战。要通过这次人口普查查清我国人口数量、结构、分布等方面情况,把握人口变化趋势性特征,为完善人口发展战略和政策体系、制定经济社会发展规划、推动经济高质量发展提供准确统计信息支持。

三、关于积极应对人口老龄化,加快建设养老服务体系的论述

"我国是世界上人口老龄化程度比较高的国家之一,老年人口数量最多,老龄化速度最快,应对人口老龄化任务最重。"在党的十九大报告中,习近平指出,积极应对人口老龄化,构建养老、孝老、敬老政策体系和社会环境,推进医养结合,加快老龄事业和产业发展。2021年重阳节到来之际,习近平指出,贯彻落实积极应对人口老龄化国家战略,把积极老龄观、健康老龄化理念融入经济社会发展全过程,加大制度创新、政策供给、财政投入力度,健全完善老龄工作体系,强化基层力量配备,加快健全社会保障体系、养老服务体系、健康支撑体系。要大力弘扬孝亲敬老传统美德,落实好老年优待政策,维护好老年人合法权益,发挥好老年人积极作用,让老年人共享改革发展成果、安享幸福晚年。

在中共中央政治局第二十八次集体学习时,习近平指出,社会保障关乎人民最关心最直接最现实的利益问题。我国社会保障制度改革已进入系统集成、协同高效的阶段。要准确把握社会保障各个方面之间、社会保障领域和其他相关领域之间改革的联系,提高统筹谋划和协调推进能力,确保各项改革形成整体合力。要强化问题导向,紧盯老百姓在社会保障方面反映强烈的烦心事、操心事、揪心事,不断推进改革。要加快发展多层次、多支柱养老保险体系,更好满足人民群众多样化需求。健全覆盖全民、统筹城乡、公平统一、可持

续的多层次社会保障体系,进一步织密社会保障安全网,促进我国社会保障事业高质量发展、可持续发展。要坚持系统观念,把握好新发展阶段、新发展理念、新发展格局提出的新要求,在统筹推进"五位一体"总体布局、协调推进"四个全面"战略布局中思考和谋划社会保障事业发展。要树立战略眼光,顺应人民对高品质生活的期待,适应人的全面发展和全体人民共同富裕的进程,不断推动幼有所育、学有所教、劳有所得、病有所医、老有所养、住有所居、弱有所扶取得新进展。要增强风险意识,研判未来我国人口老龄化、人均预期寿命提升、受教育年限增加、劳动力结构变化等发展趋势,提高工作预见性和主动性。

四、关于注重家庭家教家风建设的论述

家庭类似于一种小微企业,家庭要生产市场所不能提供的产品——"家庭品"。家庭品的生产和市场品的生产既有联系也有区别。相对于市场品,家庭生产的场所具有极高的私密性;家庭品的生产是父母在自主的时间、自主的场所投入大量时间和精力的结果。家庭是个人自主活动的领域和自治空间,它受到被遵守的、可强制执行的制度的保护。家庭发展是提升公众幸福感的重要因素,也是构建美好生活需要的微观基础。家庭对人们的生存质量和发展机遇具有决定意义,任何在家庭以外建立起来的正规的社会保护制度都不能取代家庭的功能和责任。[①] 党的十八大以来,习近平同志就家庭发展问题做出了一系列重要论述,党中央、国务院先后启动"单独两孩"、"全面两孩"和"三孩"生育政策及配套支持措施,为家庭发展提供了有力制度保证,促进了家庭幸福和社会和谐。

1. 家庭是社会的基本细胞,是人生的第一所学校

在2015年春节团拜会上,习近平强调:"不论时代发生多大变化,不论生活格局发生多大变化,我们都要重视家庭建设,注重家庭、注重家教、注重家风。"在首届全国文明家庭表彰大会上,总书记从战略全局的高度,对家庭建设、家庭发展的重要性做了进一步阐释,"家庭的前途命运同国家和民族的前途命运紧密相连""家庭和睦则社会安定,家庭幸福则社会祥和,家庭文明则社会文明""千家万户好,国家才能好,民族才能好。国家富强,民族复兴,人民幸福不是抽象的,最终体现在千千万万个家庭都幸福美满上,体现在亿万人民生活不断改善上"。

2. 要积极回应人民群众对家庭建设的新需求,认真研究家庭领域出现的新情况新问题

"家是最小国,国是千万家。"在2018年11月2日同全国妇联新一届领导班子成员集体谈话时,习近平强调,"人民群众热切期盼高质量的家庭生活和精神追求,希望子女能够接受更好的教育,老人能够得到更贴心的照料,等等"。当前,"城乡家庭规模日趋变小,家庭成员流动频繁,留守儿童、空巢家庭等现象日益突出。要积极回应人民群众对家庭建设的新需求,认真研究家庭领域出现的新情况新问题,把推进家庭工作作为一项长期任务抓实抓好"。

3. 努力使家庭成为国家发展、民族进步、社会和谐的重要基点

习近平同志强调,"无论时代如何变化,无论经济社会如何发展,对一个社会来说,家庭

的生活依托都不可替代,家庭的社会功能都不可替代,家庭的文明作用都不可替代。无论过去、现在还是将来,绝大多数人都生活在家庭之中。"中华民族历来重视家庭,正所谓"天下之本在国,国之本在家",家和万事兴。"正家,而天下定矣。"在家尽孝、为国尽忠是中华民族的优良传统。家庭是孩子的第一个课堂,父母是孩子的第一个老师。家庭教育最重要的是品德教育,是如何做人的教育。青少年是家庭的未来和希望,更是国家的未来和希望。家长应该担负起教育后代的责任。广大家庭都要重言传、重身教,教知识、育品德,身体力行、耳濡目染,帮助孩子扣好人生的第一粒扣子,迈好人生的第一个台阶。广大家庭要弘扬优良家风,以千千万万家庭的好家风支撑起全社会的好风气。要充分认识家庭文明建设的重要性,推动形成爱国爱家、相亲相爱、向上向善、共建共享的社会主义家庭文明新风尚。我们要在全社会大力弘扬家国情怀,培育和践行社会主义核心价值观,弘扬爱国主义、集体主义、社会主义精神,提倡爱家爱国相统一,让每个人、每个家庭都为中华民族大家庭做出贡献。要把实现家庭梦融入民族梦之中,心往一处想,劲往一处使。要把党和国家确定的奋斗目标作为自己的人生目标,以民族复兴为己任,自觉把人生理想、家庭幸福融入国家富强、民族复兴的伟业之中。[①]

主要概念

两种生产　人口问题本质上是发展问题的理论　人力资源强国理论　可持续发展
家庭发展

思考题

1. 试述马克思主义"两种生产"理论和人口与经济辩证关系理论的主要内容,并运用理论分析当代中国的人口问题。

2. 谈谈你对人口问题本质上是发展问题的理解与认识。

3. 如何建设人力资源强国?

4. 何谓人口资源环境与经济的协调发展观,如何实现人口资源环境与经济的协调与可持续发展?

5. 结合习近平同志的重要论述,谈谈你对家庭家教家风和家庭发展问题的认识。

参考读物

---

① 中共中央党史和文献研究院.习近平关于注重家庭家教家风建设论述摘编[M].北京:中央文献出版社,2021.

人口对经济发展的影响

第三章

人口、制度与经济增长

经济发展是发展中国家追求的共同目标,但研究经济发展无论如何不能与经济增长脱离关系,两者既有联系又有区别。经济增长是指社会财富即社会总产品量的增加,一般用实际国民生产总值(GNP)或国内生产总值(GDP)的增长率来表示,所谓实际是指扣除了物价因素的增长率。经济发展包括经济增长,还包括国民的生活质量以及整个社会经济结构和制度结构的总体进步。虽然有增长而无发展的情况在许多发展中国家的发展过程中出现过,但是"增长不等于发展"已经成为现代经济学的共识,探求经济增长的秘密仍然是经济学最迷人的领域。因此,本篇首先从经济增长开始分析人口对经济发展的影响。

第一节　人口与制度变迁

一、马克思的理论

把人口及其作用放到生产力与生产关系、经济基础和上层建筑的矛盾运动中进行考察,是马克思人口与制度变迁关系理论的基础。

马克思是第一个对人类社会制度发展和变迁的一般规律做出系统阐述的思想家,从生产力与生产关系的矛盾运动中解释社会经济制度的变迁是马克思理论的基本特点。马克思认为,社会制度的本质或基础是人们在生产过程中结成的关系即社会的经济结构,生产力的发展是社会制度变迁的根本动力。马克思的理论是基于这样一个事实:"人们为了能够'创造历史',必须能够生活。但是为了生活,首先就需要吃喝住穿以及其他一些东西。因此第一个历史活动就是生产满足这些需要的资料,即生产物质生活本身。"这个事实构成"一切人类生存的第一个前提",因而"也就是一切历史的第一个前提"[①]。这也是经济制度形成的前提。撇开这个前提,就谈不上社会发展和制度变迁。对于生产力发展如何推动生产关系的变化,从而导致包括法律、意识形态在内的整个社会制度的变革,马克思有这样一

---

①　马克思,恩格斯.马克思恩格斯选集[M].第 1 卷.北京:人民出版社,1995:78-80.

段经典论述:"人们在自己生活的社会生产中发生的、必然的、不以他们的意志为转移的关系,即同他们的物质生产力的一定发展阶段相适合的生产关系。这些生产关系的总和构成社会的经济结构,即有法律的和政治的上层建筑竖立其上并有一定的社会意识形式与之相适应的现实基础。物质生活的生产方式制约整个社会生活、政治生活和精神生活的过程……社会的物质生产力发展到一定的阶段,便同它们一直在其中运动的现存生产关系或财产关系(这只是生产关系的法律用语)发生矛盾。于是这些关系便由生产力的发展形式变成生产力的桎梏。那时社会革命的时代就到来了。随着经济基础的变更,全部庞大的上层建筑也或慢或快地发生变革。"①马克思主义经典作家关于制度变迁的观点可用图 3-1 示之。

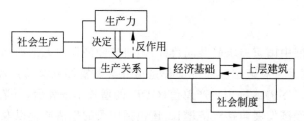

图 3-1 生产力与制度变迁

在《德意志意识形态》中,马克思和恩格斯就将"生命的生产"纳入作为生产力和生产关系统一体的生产方式之中:"生命的生产——无论是自己生命的生产(通过劳动)或他人生命的生产(通过生育)——立即表现为双重关系:一方面是自然关系,另一方面是社会关系。"②后来,在对马尔萨斯人口理论的批判中,马克思进一步阐述了自己的观点:过剩人口是一种由历史决定的关系,但是马尔萨斯撇开了人口运动的这些历史规律,这些规律是人类本性的历史,所以是自然规律,但仅仅是在一定生产力的一定历史发展阶段上的自然规律,而这种生产力的发展水平受人类本身的历史过程制约。马克思认为,人口增长本身是社会再生产过程的有机组成部分。一定历史时期的社会再生产是在一定的生产力水平基础上,通过一定的生产关系展开的。因而人口增长要受到生产力和生产关系两方面的制约。因此在生产力发展的不同阶段,人类解决人口压力的方式是根本不同的。至于生产关系如何影响社会的人口状态,马克思在《资本论》中关于相对过剩人口的论述对此做了经典注解,人类社会的"每个发展阶段有它自身的人口规律"。可见,在马克思的理论中,人口增长模式内生于特定的社会经济制度中,生产力的发展水平是人口状况的最终决定力量。因此,人口增长不是社会经济制度发展和变迁的根本动力。另一方面,马克思也确实洞察到人口对分工与协作、家庭、私有制、阶级和国家产生和变迁的作用。"人口数量和人口密度是社会内部分工的物质前提",人口增长是促使阶级产生、私有制出现的因素之一,针对原始公社瓦解和阶级的产生,马克思指出:"要使公社本身按照老样子继续存在下去,公社成员的再生产就必须在原有的客观条件下进行。生产本身,人口的增长(这也属于生产力),

---

① 马克思,恩格斯.马克思恩格斯选集[M].第 2 卷.北京:人民出版社,1995:32-33.

② 马克思,恩格斯.马克思恩格斯选集[M].第 1 卷.北京:人民出版社,1995:78、79.也可参看本书第二章"马克思主义人口经济理论及其当代发展"第一节。

必然要逐渐扬弃这些条件,破坏这些条件,而不是加以再生产等等,这样,共同体就同作为其基础的所有制关系一起瓦解了。"①在阶级社会产生后,他以古希腊和古罗马为例,对人口在社会的发展中的重要作用进行了精辟论述,指出:"这两个国家的整个制度都是建立在人口的一定限度上的,超过这个限度,古代文明就有毁灭的危险。"②

二、新制度经济学的相关模型

新制度经济学是 20 世纪七八十年代在西方经济学界崛起的经济学流派。这个学派以科斯(Ronald H. Coase)、诺斯(Douglass C. North)等人为代表,运用西方正统经济理论(主要是新古典经济学)分析制度的构成、运行、演化及其对经济的影响,强调制度重要(方福前,2004)。其中,舒尔茨、诺斯、托马斯、戴维·菲尼(D. Feeny)、拉坦和速水(Ruttan & Hayami)等对人口与制度变迁关系模型的构建贡献较大。

(一)舒尔茨的制度变迁模型

舒尔茨(T. W. Schultz,1902—1998),1979 年获得诺贝尔经济学奖。1968 年,他在《美国农业经济学杂志》上发表了论文《制度与人的经济价值的不断提高》,从人口质量提高和人力资本角度分析了人口与制度变迁的关系。

舒尔茨将制度定义为管束人们行为的一系列规则。他认为,制度是某些服务的提供者,制度应经济增长的需求而产生。按制度提供的服务,分类如下:①用于降低交易费用的制度(如货币、期货市场);②用于影响生产要素所有者之间配置风险的制度(如合约、分成制、合作社、公司、保险、公共社会安全计划);③用于提供职能组织与个人收入流之间的联系的制度(产权、资历等);④用于确立公共产品和服务的生产与分配的制度(如高速公路、飞机场、学校和农业试验站)。他说:人的经济价值的提高产生了对制度的新需求,一些政治和法律制度就是用来满足这些需求的。它们是为适应新的需求所进行的滞后调整。美国已经出现和正在出现的人的经济价值的长期显著提高是制度非均衡的主要原因。而人力资本投资与人的经济价值提高之间存在着很强的关联。人力资本在寻求自身的参与权时要求表明制度的状况。相应于人的经济价值提高的制度变迁呼唤新的经济模型。制度是对劳动力的市场价格提高的反应;制度是对人力资本的报酬率提高的反应;制度是对消费者可支配收入增加的反应。如生产人力资本的制度(如教育与在职培训)、保护人力资本的制度(如知识产权、专利保护、消费者权益保护的法律等)、激励人力资本的制度(如人力资本参与企业所有权的分配、由资本雇佣劳动到劳动雇佣资本的转变等)应运而生。劳动者的需求由原来的保障性需求转变为权利性需求,消费品的分配日益转向物品集约性的消费,而不是时间集约性消费。③

(二)诺斯模型

诺斯(D. C. North,1920—2015,又译为诺思)是 1993 年诺贝尔经济学奖得主,西方新

---

① 马克思恩格斯. 马克思恩格斯全集[M]. 第 46 卷. 北京:人民出版社,1979:484.

② 马克思恩格斯. 马克思恩格斯全集[M]. 第 8 卷. 北京:人民出版社,1979:618-619.

③ 舒尔茨. 制度与人的经济价值的不断提高. 财产权利与制度变迁[M]. 上海:上海三联书店、上海人民出版社,1994:259-261.

制度经济学制度变迁理论的主要奠基者。诺斯关于人口与制度变迁关系的模型主要集中在《西方世界的兴起》(诺斯和托马斯,1973)、《经济史上的结构和变革》(1981)和《制度、制度变迁与经济绩效》(1990)等著作里面。

1. 制度变迁及其动力

诺斯认为,制度变迁"一般是对构成制度框架的规则、准则和实施组合的边际调整"。与制度变迁相对的是制度的稳定,这种稳定是一种均衡状态,"即在行为者的谈判力量及构成经济交换总体的一系列和约谈判给定时,没有一个行为者会发现将资源用于再建立协约是有利可图的。"[①]所以制度变迁来自再缔约所能够带来的收益。又是哪些因素使得再缔约给行为者带来收益,从而打破制度均衡,引致制度变迁呢?诺斯的答案是"相对价格或偏好的变化"。相对价格的变化,包括要素价格比率、信息成本、技术的变化等;偏好的变化则来自于观念、宗教教义以及其他意识形态方面,以及相对价格变化引起的精神结构和行为方式的变化。在诺斯看来,大多数相对价格或偏好的变化是内生的,另外一些相对价格变化是外生的,即来自制度框架之外。很显然,诺斯的制度变迁动力是多元的。尽管如此,仍然可以从诺斯对制度变迁的解释中找到一条连贯的线索。他事实上认为,经济史上引致制度变革的动力都是外生的。外生因素在他的理论体系中占突出位置,其中,人口增长又是最重要的外生因素。[②]诺斯和托马斯认为,人口对稀缺资源赋予的压力增加时,那些支配产权的规则的制度发生了变迁。它可以导致制度的创新从而给西方世界的起源提供一种说明。[③]当优质的土地逐渐被开垦,继续增长的人口就迫使人们利用在耕土地,或向贫瘠土地移民。土地和劳动的相对价值都发生了变化,而这种变化也将会对协议签订发生潜在影响,并最终影响到最基本的制度设施。人口压力导致社会革新政治经济组织形式来促进生产力提高到持续经济增长的时期。[④]

2. 人口变化与"两次经济革命"

诺斯将"两次经济革命"即专一公有产权的形成和18世纪的产业革命的起因,都归结为人口变化,并以此批评马克思"轻视人口变动在历史上的重要作用"。他认为,人口因素和战争是解释封建制度兴衰的"钥匙",通过土地和劳动的相对价格的影响,人口变化对经济组织和所有权变革起着决定性的作用。

关于人口变化与专一公有权的形成,按照诺斯的说明,原始社会的专一公有权是这样形成的:在人口增长的一定范围内,狩猎的边际产量不变;但随着人口的增加,狩猎部落的边际产量递减,这时原始人群就会建立狩猎领域的专一公有权,以排斥其他人群,而这种排他性的公有产权有利于技术创新;而当狩猎的边际产量低于农业的边际产量时,效用最大化的人们将选择农业;在人口继续增长的条件下,农业边际产量也会递减,于是人们又发明了公社的专一所有权,以更有效地利用资源。

对"第二次经济革命"即产业革命的解释,诺斯认为:14世纪上半叶的人口增加推动了

① 道格拉斯·C.诺斯.制度、制度变迁与经济绩效[M].上海:上海三联书店,1994:112-113.
② 林岗,刘元春,张宇.诺斯与马克思:关于社会发展和制度变迁动力的比较[J].中国人民大学学报,2000(3):25-33.
③ 诺斯,托马斯.西方世界的兴起[M].厉以平,蔡磊,译.北京:华夏出版社,2009.
④ 道格拉斯·C.诺思.经济史上的结构和变革[M].厉以平,译.北京:商务印书馆,1992.

欧洲边疆拓殖运动,导致了贸易发展和需求的扩大,土地相对价格上升,从而使土地所有权和土地转让权得以确立;14 世纪中叶发生的黑死病(淋巴鼠疫),使人口急剧减少,劳动力的相对价格上升,致使封建农奴制解体,自由劳动力所有权确立;专一所有权、土地转让权和自由劳动力所有权,为技术创新提供了刺激和收益保证,从而导致了产业革命。在诺斯的解释中,专一所有权、土地转让权和自由劳动力所有权是产业革命发生的条件,而这三个条件形成的根本原因又是人口的增减。

3. 对诺斯模型的简单评价

诺斯关于人口与制度变迁关系的模型不是新东西。在人类思想史上,18 世纪的启蒙学者爱尔维修就从人的生理需要出发,将社会发展的动力归结为人口的增殖。18 世纪末期,马尔萨斯把制度作为出发点和归宿点,论述了"人口法则"的作用,为研究人口与制度的关系提供了思路。20 世纪中叶以来,也有许多学者先于诺斯注意到人口增长的制度后果。熊彼特(Joseph Schumpeter,1947)指出,在有些时候,人口增长可能促进新发展,以致人均实际收入上升。有这种变化的原因是人的精神。人的精神对适应人口增长具有惊人的变异能力,而且这种变化将导致对世界的巨大影响。E. 博塞罗普 1965 年出版的《农业增长的条件》一书为人口压力促使转向劳动强度更大的耕作方法,提供了大量证据。由于有新增的孩子出生和他们新增的需求,农民就会艰辛地劳动,并要求土地租佃制度变化等。适应人口增加,要求个人对工作、闲暇和消费的偏好进行调整,要求农村的社会生产结构发生变化。朱利安·西蒙(J. L. Simon,1976,1977)几乎与诺斯同时注意到人口迅速增长对发展规模经济、促进技术和机构创新的意义。另外诺斯以人口变化为基本动因对"两次经济革命"的解释与历史事实有一定出入,因此他的模型是不太令人满意的。但总的说来,诺斯的视角和分析工具,对拓展人口经济研究有一定的积极意义。

(三)制度变迁的供给-需求分析

继舒尔茨首开制度变迁的供给-需求分析以来,到 20 世纪 80 年代后期,已形成了比较成熟的分析框架,其中戴卫·菲尼(D. Feeny,1988)、拉坦(1990)、林毅夫(1989,2000)等人的工作最有影响。该分析框架的逻辑是,当创立和利用新制度安排的净预期利益大于零时,将产生制度安排的新需求。在这个框架内,对制度服务需求变化的重要根源有生产要素相对丰裕程度在长期内的变化、其他制度安排的变迁、技术和市场规模等。人口和技术变化常常是生产要素相对价格变化的主要原因,这种变迁对产权制度的出现有深刻影响。博塞罗普(Boserup,1965)、诺斯和托马斯(1971,1973)、速水和金库奇(Hayami and Kikuchi,1982)、拉坦和施耐德尔(Ruttan and Schneider,1993)都提出了一些例证。在这些例证中,要素禀赋的变化导致了土地私人产权的建立。具体地说,就是人的经济价值同资本(土地、机器……)价值的相对变动。人口增加对资源的压力、资源再生和发现或者人口下降缓解压力等都是人与物之间要素禀赋的变化。如果一种特定要素的供给不是稀缺的,它的价格是零并能敞开使用,就无需制度。当要素变得稀缺时,其价格为正,这就存在进行所有权安排的需要。拉坦对前人论述的反复引证,似乎表明对舒尔茨、诺斯和托马斯等人观点的认同。"人的经济价值的上升是制度变迁的主要原因""制度变迁是由人口对稀缺资源赋予的压力增加所引致的",在欧洲中世纪的成熟时期(1000—1300 年),由于人口增长导致劳动报酬递减,土地稀缺性变得普遍,土地必须得到保养和更为集约的利用,因此三田制开始代替传统的两年一次的轮作制。在现代早期,人口对土地的持续压力导致公地的废除和以使用奴隶劳动为基础的耕作制度转向由农民所有的所有者经营,或转向由资本主义所有的对工资劳动力的使用。

制度需求诱发制度变迁,但并非充要条件,制度变迁的完成有赖于制度供给的实现。制度变化的供给取决于政治秩序提供新安排的能力和意愿。影响政治秩序提供新制度安排的能力和意愿有许多,这些因素包括制度设计的成本,现有的知识积累,实施新安排的预期成本,宪法秩序,现存制度安排,规范性行为准则,公众的一般看法和居于支配地位的上层强有力决策集团的预期净利益(戴卫·菲尼,1988)。显然,在供给-需求的分析框架中,人口变化(包括数量和质量或人力资本、人的经济价值)被赋予丰富的制度含义。

三、总结

(1)人口增长是社会再生产过程的有机组成部分,是影响制度变迁的重要因素之一。人口对制度变迁的作用要受生产力和生产关系两方面因素的制约,但人口的增减变化不是制度变迁的根本动力。考察人口变动和制度变迁的关系,必须将其置于特定的生产力和生产关系、经济基础和上层建筑所形成的统一体中。

(2)人口本身的变化以及由此所引致的人口与资源对比关系的变化可能是影响制度变迁最直接、最有力、最常见的原因。由于要素稀缺程度的变化,引起了新制度经济学所谓的"相对价格""制度需求"的变化和原有制度均衡的打破,出现制度非均衡。

(3)人口对制度变迁的影响不仅表现在数量增减上,也表现在人口质量上。人口质量、人力资本与人的经济价值存在着很强的关联。人的经济价值的提高产生了对制度的新需求;人的经济价值的提高与人力资本是一同增进的,这种人力资本能产生"知识效应",进而改进个人的有限理性,不仅能提高个人管理现行制度安排的能力,而且还能提高他领会和创造新制度安排的能力,"使制度绩效和制度创新得以增进";人的经济价值提高会产生"经济增长效应"或"生产力效应",由此引致对老制度的压力并催化新制度的产生。

第二节 人口增长对经济发展的影响

早在18世纪后期,古典经济学家亚当·斯密在《国富论》中把人口增长看作经济增长的两个主要因素之一。人口增加使劳动力数量增加,而劳动力增加使劳动分工变得越来越细,从而导致劳动生产率不断提高。而后来的人口学家和经济学家马尔萨斯则认为,人口增长将会导致生活水平的下降和经济增长的停滞。这两位经济学大师针锋相对的观点一直延续到当代。拥有马尔萨斯理论的那派观点被称为马尔萨斯主义,而拥护斯密理论的那派观点被称为反马尔萨斯主义。前者可以概括为是悲观派,而后者可以认为是乐观派。

一、悲观主义的观点：人口迅速增长对经济发展有不利影响

20世纪50年代至70年代是悲观论占统治地位的时期,有关"人口增长"效应的研究主要集中在人口增长对经济增长的阻碍、对资源和环境的破坏上。莱宾斯坦的"临界最低努力假说"、纳克斯(Nurks)的"贫困恶性循环理论"、科尔和胡佛(A. J. Coale and E. Hoover)对低收入国家人口增长和经济发展的研究、赫茨勒(J. O. Hertzler)的"人口压力论"、福格特(Vogt)的"资源耗竭论"、米多斯(D. H. Meadows)等的"增长极限论",都把人口增长看作经济持续增长的阻碍力量。1958年,人口学家科尔和E. 胡佛出版《低收入国家的人口增长与经济发展:关于印度前景的一个案例研究》,从人口规模、人口增长速度和人口年龄构成三个方面分析人口增长对人均收入的影响。他们以哈罗德-多马经济增长模型为基础,建立了一个印度经济发展的数学模型,通过计算和预测发现,30年后,在高生育率假定下,人均收入将比低生育率假定下的人均收入低40%。因而人口迅速增长对经济发展有严重的副作用。沿着这一思路,许多学者继续从数量上研究人口增长的经济后果。鲁普莱希特和沃伦(T. K. Ruprecht & C. Wahren,1970)研究发现,在各种模型中,用人均收入来表示的低生育率的可预期的好处是相对稳定的。在一个生育率下降的人口经济模型中,10年后的人均收入要比不下降的模型高3%～5%,25年后高15%～25%,30年后高25%～35%。美国人口学家约翰·维克斯(John Weeks,1978)曾对美国和墨西哥的发展历史进行了比较。他发现,1960—1976年,墨西哥的国民收入增长了163%,人口增长了1/3多,结果人均收入提高了54%。同一时期,美国的国民收入仅增长了73%,但国民收入的增长额中只有33%被人口增长所耗掉,因而人均收入提高了49%,几乎接近墨西哥人均收入的提高幅度。因此他的结论是:假如人口增长得慢一些,经济发展将会更容易些。

科尔和胡佛分析的许多假定其后虽然受到了挑战,然而,人口增长是经济发展的阻碍因素的观点在世界上仍然广为流行。1971年,在美国国家理事会专家的指导下提出的一份研究报告《人口的迅速增长、后果及其政策影响》,得出了与科尔、胡佛相同的结论。1973年6月,开罗人口与发展国际讨论会与会专家也一致认为,人口与经济发展之间存在着非常强的反馈影响,非常快的人口增长一般是经济发展的阻碍。1984年,世界银行《关于人口与发展问题的世界发展报告》指出,"对于贫穷国家来说,除非低速人口增长在近期内得以实现,否则发展将是不可能的。"20世纪60年代和70年代是悲观论占统治地位的时期,人们预言人口迅速膨胀会导致饥荒、资源枯竭、储备不足、不可避免的环境恶化以及生物圈毁灭(Ehrlich,1968)。罗马俱乐部《增长的极限》的研究报告把这种悲观论推向极致。该研究报告运用世界动力学模型和现代计算机技术,探索全球关切的五种主要趋势(即人口增长、工业化、营养不良、资源耗竭、环境恶化)及其相互关系。他们认为,如果维持现有的世界人口、工业化、污染、粮食生产和资源耗费的速度不变,这个行星上增长的极限,将会在今后100年中发生。最可能的后果是人口和工业生产能力将发生非常突然的和不可控制的崩溃。

二、乐观主义的观点：人口增长对经济发展有刺激作用

20世纪60年代,特别是70年代以后,随着发达国家人口问题的转型,乐观主义的观点

逐步形成,人口增长有严重负作用的悲观论有所修正。库兹涅茨(Simon Kuznets,1901—1985)认为,人口增长是与稳定的或相对提高的人均产品一同实现的。在其他参变量不受较大影响的前提下,人口增长或不增长对人均收入造成的可计算出来的差别可能很小。克拉克(Colin Clark)指出,从一个长时期来看,一个增长着的人口可能比一个非增长的人口更能导致经济的发展。伊斯特利(William Easterly)指出,人口压力可能对人们的动机产生有利影响,导致生产技术的变化,而这种变化又可以克服人口压力造成的不利后果。年轻型人口结构能使一个国家对变化有较高的承受力,对新思想有较强的接受力,更乐意把资源从低生产率部门转移到高生产率部门,等等;所有这些都可能使人均收入提高。博塞罗普认为,人口对食物供给的压力是"绿色革命"的主要刺激源。朱利安•西蒙(1977)认为,工业革命以来,发达国家的历史并不支持马尔萨斯的简单模式。人口增长和经济增长之间的负关系在奇闻逸事史上,在过去几百年的时间序列上,或在当代多国的截面研究中,都是找不到的。人口增长对经济增长将产生正效应,但这种正效应在发达国家和发展中国家是不一样的。在发达国家,它通过储蓄、劳动、规模经济、技术进步和国民收入或国民生产总值的影响表现出来。在发展中国家则是个人和社会的转化,如工时增加和生产技术的转变等。诺斯(1981)认为"人口增长是古代经济史上最重要的基本要素;对古代经济社会的评价,确实应该从人口增长开始",人口压力是一把"双刃剑",它有积极作用的一面,即"导致社会革新政治经济组织形式来促进生产力提高到持续经济增长时期"。舒尔茨(1981)认为,人力资本是经济发展的关键。人口稠密的西北欧、亚洲的新加坡、韩国及中国香港、中国台湾等由于重视了人力资本投资,尽管资源匮乏,但在经济发展方面,仍然取得了巨大成就。1986年,美国国家科学院推出了《人口增长与经济发展——对若干政策问题的思考》的报告。报告认为:人口增长及规模既有积极影响又有消极影响;人口与发展的联系既直接又间接;以前认为主要是人口所带来的问题,实际上主要归因于别的原因;人口的作用有时加重那些最基础的问题,并使其症状迅速表现出来。总的说来,对大多数发展中国家和地区来说,较慢的人口增长对经济发展有利。凯利(A. C. Kelly,1988)认为,尽管许多国家和地区人口的影响可能微不足道,但在人口增长放慢的条件下,许多发展中国家和地区的经济增长(以人均产量测度)将会更快,而另一些国家和地区影响可能为正。

三、人口增长衰减或人口零增长对经济增长的影响

这是 20 世纪七八十年代以来人口增长理论研究的又一动向。凯恩斯、汉森、雷德韦在 20 世纪 50 年代以前已做了许多工作。20 世纪 70 年代以后,进入或接近人口零增长的发达国家越来越多,这方面的成果与日俱增。斯彭格勒(J. Spengler,1972)注意到静止人口、静止经济以及两者的相互关系。他认为,人口静止是经济静止的一个必要而非充分的条件。人口的静止对经济静止状态的刺激作用主要依赖于人口增长对整个经济增长起调节作用的程度。18 世纪以前的人口增长同经济增长是高度相关的。而 18 世纪以后,随着技术进步和资本积累增长,两者相关程度下降。

1978 年,托马斯•J. 伊斯蓬沙德和威廉•J. 西罗出版了《人口增长下降的经济后果》一书。该书收录了索洛(Robert Solow)、斯旺(T. W. Swan)、菲尔普斯(Edmund Phelps)等

20多位著名经济学家的论文,主要包括对人口增长下降文献的评述、欧洲人口零增长经验、人口增长下降的经济后果及出生率下降对公共项目的意义等方面。结论部分总结了该书的主要发现以及人口、经济方面的政策意义和有待进一步研究的问题。菲尔普斯认为,一个静止人口的人均消费增长率必定会达到与技术进步率相等的时刻,而且这一速率低于非静止人口时本应达到的水平。若使人均消费最大,人均资本应达到资本的边际产量等于人口增长率的那一点。人口增长停滞问题基本上就是适应一个新的经济环境的问题。人口增长下降,增加了人均消费提高的机会,还可能出现降低利息率、资本过剩和总需求不足的问题。万德尔(Wander)认为,在人口静止的条件下,更新原有工人的资本供给,将会有更大余地。她还考察了生育率波动和经济周期的关系。生育率变化对商业波动的影响取决于通行的社会经济行为模式、一般社会经济条件和现有的生活水平。但总的说来,人口的作用不是决定性的。密切尔·L.瓦齐特尔和苏珊·瓦齐特尔(M. L. Watchtel & Susan Watchtel)考察了人口特征和失业的关系。他们认为,过去20多年来,人口因素很可能是引起自然失业率变化的唯一重要的因素。他们预测,1977—1980年,自然失业率有微弱下降,之后,下降幅度更大。1985—1987年,将下降到4.5%。尼奥(Neal)研究了人口增长下降和投资需求之间的关系。他断言,20世纪60年代至70年代初,出生人数减少要为目前的衰退负主要责任。从短期看,对低人口增长的反应是投资需求减少,但劳动力参与率提高可部分抵消人口增长率下降所产生的后果。从长期看,人口增长率下降降低了投资需求,但并不必然意味着较低的人均收入。里德克尔(Rideker)认为,我们不必硬将储蓄作为人口增长率变动的函数。人口增长率影响投资需求,储蓄同人口增长有间接关系。分析人口增长对经济增长的影响,不能仅仅集中在人口的影响方面,而假定其他因素,比如技术、偏好、制度、原材料的可获得性等保持不变。这种假定同美国50多年的情况是不一致的,而且这些因素的变化不可能彼此独立。尽管得出一个很有说服力的结论很难,尽管存在着不确定性,但还必须做出结论。他预测,今后50年,美国很可能要经历人口增长的下降,但它对美国长期经济增长不可能有重大影响。

四、和人口增长相关的经济增长模型

柯布-道格拉斯生产函数、哈罗德-多马经济增长模型、新古典增长理论、新剑桥增长模型、结构主义增长模型、跨时增长模型等都不同程度地同人口增长相关。

1. 柯布-道格拉斯生产函数

$$Y_t = A_t L_t^a K_t^{1-a} \tag{3-1}$$

$$dY_t/Y_t = dA_t/A_t + adL_t/L_t + (1-a)dK_t/K_t \tag{3-2}$$

式(3-1)和式(3-2)中,A表示技术状态;L表示劳动力投入量;K表示资本投入量;a和$1-a$分别表示劳动和资本在产出中的份额。

式(3-2)表明,经济增长可由技术进步、劳动力和资本的增长决定。而劳动力来源于总人口,若用人口增长速度代替劳动力增长速度,则式(3-2)可写成

$$dY_t/Y_t = dA_t/A_t + adP_t/P_t + (1-a)dK_t/K_t \tag{3-3}$$

式(3-3)中,P表示人口;dY_t/Y_t、dA_t/A_t、dP_t/P_t和dK_t/K_t分别表示产量增长速

度、技术进步速度、人口增长速度和资本增长速度。

2. 哈罗德-多马经济增长模型

这是现代意义上的第一个经济增长模型，它将经济增长理论动态化和长期化，提出了经济长期均衡的条件，即实际增长率(G)、有保证的增长率(G_w)与自然增长率(G_n)相等，

$$G = G_w = G_n \tag{3-4}$$

实际增长率(G)是指实际上所发生的增长率，它由实际储蓄率和实际资本-产量比率决定。有保证的增长率又称合宜增长率，是指企业感到满意并愿意维持下去的增长率，由合宜储蓄率和合宜的资本-产出比决定。自然增长率指长期中人口增长和技术进步所允许达到的最大增长率，即潜在或最大可能的增长率。如果三者不一致，就会引起经济的长期波动。当 $G_w > G_n$ 时，经济增长会趋于长期停滞。反之，$G_w < G_n$ 时，经济会趋于长期繁荣。[1] 哈罗德-多马经济增长模型表明，人口增长率通过影响经济的自然增长率，进而影响长期的均衡增长。

3. 新古典经济增长理论

通过稳态分析发现，如果人均资本 k 增加，则人均收入 y 增加，$y = f(k)$。而且如果储蓄(sy)大于折旧(δk)和装备新增劳动力所需资本(nk)之和，则人均资本增加。在资本存量既定的情况下，人口增长率提高，则人均资本量减少。即

$$\Delta k = sy - (n + \delta)k = i - (n + \delta)k \tag{3-5}$$

式中，Δk 表示人均资本增加量。

这个公式表明，储蓄(或投资 i)、人口增长和折旧如何影响人均资本，说明人口增长和折旧是造成人均资本下降的两个原因。人口增长对产量和人均资本的影响可由图 3-2 表示。

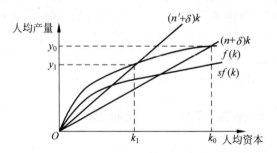

图 3-2　人口增长对产出增长的影响

在图 3-2 中，k_0 表示人口增长率为 n 时的初始人均资本，$f(k)$ 表示人均产出曲线，$sf(k)$ 表示人均储蓄曲线，从原点出发的曲线 $(n+\delta)k$ 表示有效折旧。现假定人口增长率提高到 n'，$(n+\delta)k$ 线则移动到 $(n'+\delta)k$，由于 $n' > n$，所以 $(n'+\delta)k > (n+\delta)k$，即 $(n+\delta)k$ 线向上移动，这时原有的储蓄水平无法维持人均资本量 k_0。这样，人口增长率提高的结果，就是人均资本的下降，进而使人均产量由 y_0 下降到 y_1。当经济达到稳态时，投资必须抵消人口增长和折旧的影响。即 $\Delta k = 0$，$i = sf(k) = nk + \delta k$。$(n+\delta)k$ 称为盈亏平衡投资(break-even investment)。在有人口增长的稳态，人口增长的影响可以从三个方面总结：

① 梁小民.高级宏观经济学教程[M].北京：北京大学出版社，1993：707-709.

第一,人口增长可以使我们更好地解释持续的经济增长。在稳态,人均资本和人均收入都不再增加,但总资本和总产出必须以人口增长率 n 增加。第二,人口增长可以一定程度上解释为什么一些国家富裕而另一些国家贫穷。如图 3-2 中,人口增长率高的国家稳态时的人均资本(k_1)低于人口增长率低的国家(k_0),高人口增长率下的人均产出 y_1 低于低人口增长率下的人均产出 y_0。第三,人口增长影响了消费和投资的最优水平。

4. 克里默模型

2019 年,克里默(Michael Kremer)、Abhijit Banerjee 和 Esther Duflo 因"减轻全球贫困方面的实验性做法"荣获诺贝尔经济学奖。与马尔萨斯人口增长对提高生活水平是一种威胁的观点不同,克里默认为,世界人口增长是经济繁荣的关键驱动力。如果人口多,则会有更多的科学家、发明家和工程师贡献于创新和技术进步。证据是,世界人口和世界经济一同增长。例如世界人口 10 亿人(大约 1800 年)时的经济增长远远快于 1 亿人(约公元前500 年)时。其次,从世界各地区的比较看,更有力的证据是,在公元前 1 万年,极地冰盖融化,洪水淹没了大陆桥造成数千年来这些区域无法相互沟通,如果发现事物的人越多,技术进步就越快,那么人口越多的地区就应该经历更快速的发展。事实也确实如此,1500 年世界上最成功的地区就是欧亚非地区的旧世界文明。其后技术进步在阿兹特克和玛雅文明(Aztec & Mayan civilization)发生,再次是澳大利亚的采集狩猎者以及塔斯马尼亚的原始人,人口最少、分散孤立的地区是位于塔斯马尼亚和澳大利亚之间的小岛弗林德斯,由于没有人而无法贡献新发明,弗林德斯岛几乎没有技术进步,而且处于事实上的倒退之中。大约公元前 3000 年,弗林德斯岛的人类彻底灭绝了。基于这些证据,克里默得出了结论,人口多是技术进步的先决条件。[1]

总的来说,以上模型主要从总供给增长的角度分析人口增长对经济增长的影响,比较适合于分析供给约束背景下人口增长的经济效应。从总需求角度进行分析,国内生产总值的增长(即经济增长)是由消费、投资和净出口共同驱动的。即

$$GDP = C + I + G + NE \tag{3-6}$$

式中,GDP 表示以支出法衡量的国内生产总值;C 表示个人消费;G 表示政府支出;I 表示投资支出;NE 表示净出口。

而消费、投资和政府支出都受到人口变动的影响,即

$$C_t = C_t(P_t), I_t = I_t(P_t), \quad G_t = G_t(P_t)$$

代入式(3-6)有

$$GDP_t = C_t(P_t) + I_t(P_t) + G_t(P_t) + NE \tag{3-7}$$

在其他情况既定时,较高的人口增长率往往是拉动投资需求和消费需求迅速扩张的重要诱因,但这并不等于人均收入增长较快。

五、新的进展

一是"粮食危机论"及其批判。20 世纪 90 年代以后,人口增长对经济增长影响的争论

---

① Mankiw,Gregory. Macroeconomics[M]. 9th edition. New York:Macmillan Education,2015:236-237.

仍在继续，布朗(Lester R.Brown)提出"粮食危机论"和"谁来养活中国人"的悲观论调，但乐观论渐趋上风。布朗(1994)认为，随着人口增长和收入增加，肉食消费将迅速增加。与此同时，由于大量农田转为非农利用，预计粮食减产。到21世纪30年代，全球将出现粮食恐慌，中国将使世界挨饿。1999年，他又发表了"人口增长的影响"的文章，分析了人口增长在粮食生产、耕地、淡水、海洋捕捞、肉类生产、自然风景区、森林、生物多样性、气候变化、能源、废弃物、就业机会、收入、住房、教育、城市化等16个方面产生的影响。尽管不像几年前那样危言耸听，但核心仍在于分析人口增长对人类生存前景的威胁。另外，也有研究为人口增长有不利影响的观点提供证据。凯利和施密特(Kelley & Schmidt,1999)发现，1960—1995年间，在85个国家中，人口快速增长都对经济增长产生了相当明显的减缓作用。1962—1992年间，死亡率和生育率下降对生产增长的贡献各为约22%。伊斯特伍德和利普顿(Eastwood & Lipton,1999)发现，较高的生育率可以减缓经济增长，使资源配置不利于穷人，从而加重贫困。除此之外，公共部门旨在帮助穷人的计划，都有助于减少贫困。人口快速增长会分散原本集中的公共投资，从而使提高服务质量的目标更难实现。与此同时，以约翰逊(Gale Johnson)为代表的乐观派批评了粮食危机论。约翰逊认为，从历史上看，较低的人口增长率意味着较低的经济增长率，人是最重要的经济财富，人口增长没有导致人均实际收入增长率下降，即使在世界人口达到并超过60亿人之后也没有发生。更多的证据表明，在较长的时期内，人口增长对生产力、福利、近两个世纪里知识总量的快速增长起到了巨大的推动作用。人口不应该无限增加，但不应该以此为借口来抵制少量的人口增长(2000)。约翰逊(1997)曾以中国和苏联为例，说明人口规模、密度和增长对市场取向改革成败所起的作用。人口规模、人口密度、人口增长是影响两国改革成败的重要因素之一。Ystein Kravdal (2001)研究发现，那些初始人均热量低于2800卡路里的国家，20世纪80年代和90年代早期，快速人口增长阻碍了人均食物产量及其可获得性的提高，而以前几乎不是障碍。人口压力没有明显阻碍谷物产量增加，但对一些非谷物类食物(水果、蔬菜等)，对肉类、牛奶、总食物产量有负作用。在人口增长最快的国家，进口没有明显增加，它们可以通过增加一些国内的生产来满足需求的增加。

二是统一增长理论(unified growth theory)。其代表人物是担任《经济增长杂志》主编的著名增长经济学家盖勒(Oded Galor)。统一增长理论认为，持续的经济增长只是最近200年的事情。在人类之前的漫长时期中，人类发展基本处于一种停滞状态。它的任务是解释人类经济发展的整个过程，即如何摆脱"马尔萨斯陷阱"并进入持续的经济增长阶段。首先，统一增长理论揭示了究竟是什么因素导致了"马尔萨斯陷阱"的产生，什么因素可以解释刻画绝大部分人类历史的停滞时代，为什么前产业革命时期各种技术进步不能够带来持续的经济增长，为什么人口增长会抵消技术进步所带来的人均资源扩张。其次，哪些动力触发了从停滞向增长的转变，在产业化时期人均收入和人口增长率突然提高的根本原因是什么，人口增长和人均收入之间的正向关系出现逆转的缘由是什么。最后，在过去的两个世纪，什么因素可以解释世界上某些国家突然出现了停滞向增长的转变，而另一些国家则陷入持久停滞。统一增长理论主要是人力资本导向的模型，可以解释数千年的"马尔萨斯停滞"、产业革命及其随后的快速增长、人口转变以及基于人力资本的现代增长和新旧时代交替内生地出现(盖勒,2017)。

三是在人口转变时代如何实现发展目标。21 世纪以来,世界人口增长速度进一步放缓,而人口老龄化速度空前。这一趋势的主要驱动因素是生育率下降和预期寿命快速提高。全球总和生育率由 20 世纪 50 年代的 5 以上下降到 2015 年的 2.45。与此同时,出生时预期寿命由 47 岁提高至 72 岁。随着生育率下降,各国有机会获得两种类型的人口红利(Lee & Mason,2006)。家庭内部和全球人口中少儿抚养比下降、劳动年龄人口比例上升,且数代之内将维持高比例即"第一次人口红利"。当人口年龄结构的改变扩大生产和资源,使得储蓄不断累积并且可以提高人力资本和物质资本的投资时,就可以出现"第二次人口红利"。布鲁姆和威廉姆森(Bloom & J. G. Williamson,1998)将人口转变引入经济增长模型,发现东亚的人口转变对于人均劳动投入的影响占其经济增长的 30%～40%。王丰和安德鲁·梅森(2006)研究发现,在过去四分之一世纪中,中国人口因素一直有利于中国的经济增长。蔡昉等(2003,2010)研究了人口转变、人口红利与经济增长的可持续性,就挖掘"第一次人口红利"的潜力、创造"第二次人口红利"的条件,提出依靠转变发展方式、通过教育深化、提高劳动生产率等必要的制度安排获得新的经济增长源泉等相关政策建议。《2015/2016 全球监测报告》指出,全球人口正处于转折点,人口变化、人口红利可能改变全球发展轨迹,基于国家内部和国家之间的差异,开发出将人口变化与发展潜力相联系的四种类型国家理论(见专栏 3-1),而且全球大部分人口生活在人口红利早期和末期国家。

专栏 3-1　基于人口红利差异的四种类型国家

前人口红利时期国家(pre-dividend countries)。主要是低收入国家,关键人类发展指标落后,生育率高于 4,面临非常快速的人口增长。随着越来越多的儿童进入劳动年龄,高少儿抚养比预计下降。这些国家需要为实现第一次人口红利奠定基础。

人口红利早期国家(early-dividend countries)。大多是中低收入国家,处于生育率转变的过程中,生育率已下降至 4 以下,而劳动年龄人口比例可能将大幅上升。这些国家需要专注于把握第一次人口红利并为实现第二次人口红利奠定基础。

人口红利末期国家(late-dividend countries)。大多是中高等收入国家,生育率通常高于 2.1 的更替水平,但正持续下降。即使他们的劳动年龄人口比例正在缩减,总人口年龄结构依然有利于第一次人口红利。然而,这些国家正面临非常快速的老龄化,获得第二次人口红利至关重要。

后人口红利时期国家(post-dividend countries)。大多是高收入国家,生育率已经转变为低于更替水平。这些国家的劳动年龄人口比例持续缩减并且拥有全球最高比例的老龄人口。虽然这些国家已经越过可以获得第一次人口红利的额外收益阶段,但是他们依然可以从不断上升的储蓄和投资中获得第二次人口红利。

资料来源:A World Bank Group Flagship Report. Global Monitoring Report 2015/2016:Development Goals in an Era of Demographic Change.

其他有趣的议题是对长期停滞(secular stagnation)及其背后人口因素,特别是人口负增长和老龄化的关注。克鲁格曼(P. Krugman)在分析东亚"奇迹"时发现人口因素、总需求不足和通货紧缩之间的关联,提出解释日本经济面临的需求不足可以引入人口学视野。一

方面,由于日本少子老龄化日趋严重,加之缺乏完备的社会保障制度,这使得公众倾向于更多地储蓄以备将来退休后使用。另一方面,缓慢的人口增长加之大量向外移民,造成适龄工作人口迅速减少,使得企业预期利润减少,不愿扩大投资。因此,人口老龄化问题将在未来长期制约日本乃至整个亚洲的社会总需求(柳永明,1999)。在 1990 年泡沫经济破灭后的 30 年,实际 GDP 几乎零增长,名义 GDP 负增长。日本长期停滞的典型特征有四:实际增长率小于潜在水平;自然利率下降到实际利率水平之下;名义利率持续下降并遭遇零利率下限(zero lower bound on nominal rates,ZLB);通货紧缩,尤其是耐用消费品、住宅等资本品价格持久下滑(Gordon,R.,2015;Takatoshi Ito,2016)。不少经济学家将"少子老龄化"与日本经济增长"失去的 30 年"建立起因果关系,并推演至美国等主要经济体,[①]预言世界经济将日本化(朱民,2019;蔡昉,2020,2021)。但也有经济学家认为,人口大逆转将抵消通缩、加剧通货膨胀和全球不平等(Goodhart & Pradhan,2020)。另外,《世界人口展望2019》发表以来,特别是受困于中国人口数据、新型冠状病毒感染疫情和我国经济面临需求收缩、供给冲击和预期转弱"三重压力",人口负增长及其经济影响引起广泛关注。[②]

六、经验分析

麦迪森(Maddison,2003)发现人类进入公元后 2000 年的经验事实,人口增长、经济增长和人均收入存在正向变化:在第一个千年,世界人口增长 1/6,人均收入没有提高;第二个千年,世界人口增长 22 倍,人均收入提高 13 倍。蔡昉等(2001)利用中国和世界的一些数据,对人口密度和地区经济发展的研究发现,人口密度对经济发展并不必然是负面影响。林毅夫(2013)观察到,改革开放以来,发展最好、最快的却是山东、江苏、浙江、福建、广东这些自然资源相对贫乏、人口密度最高的地区。而且,从国际的经验来看,第二次世界大战以后,全世界的发展中经济体,只有东亚的少数几个真正赶上了发达国家或显著缩小了与发达国家的差距。这些地区的人口密度都非常高,甚至比我国内地还高。[③] 萨默斯在研究美国 200 多年的经济发展史时发现,经济增长和人口增长具有"伴随性",只有在人口增长的情况下,才会发生经济增长(2019)。这和经济史上的许多观察一致,即人均产出增长和人口增长是一同实现的。

国际货币基金组织(IMF,2004)关于全球人口转变(The Global Demographic Transition)的报告,通过经济计量分析和多国模型两种方法,对人口变量与人均 GDP 增长、储蓄、投资、经常账户以及财政余额的关系进行计量分析,揭示出人口转变与经济冲击的以下关系:(1)人均 GDP 的增长率与劳动力的数量变化正相关,与老年人口比例的变化负相关。(2)人口变量和储蓄之间存在显著的统计相关性,劳动力的增加会拉动储蓄,老龄人口比例的上升会降低储蓄水平。(3)劳动力的比例与投资正相关,人口变化通过影响储蓄水平影响投

---

① Larry Summers. Responding to some of the critiques of our paper on secular stagnation and fiscal policy. http://larrysummers.com/2019/03/20/37441/

② 殷剑峰.人口负增长与长期停滞——基于日本的理论探讨及对中国的启示[J].中国社会科学,2022,(1):114-131.

③ 参见林毅夫 2013 年 7 月 16 日在北京大学国家发展研究院主办的"新时期中国人口与经济发展战略论坛"的讲话,"为何必须尽快调整现行生育政策",载 http://www.cenet.org.cn。

资,并且劳动力的供给也影响投资的收益。(4)经常账户余额随劳动力人数的增加而增加,并随老年人口的增加而下降。(5)人口因素对财政盈余造成影响,尤其是政府预算会受到人口老龄化负担的冲击。人口结构的转变也对金融市场带来影响,发达国家的人口老龄化趋势会对实际股权价格带来打压效应。人口变化在很多国家已经成为驱动房地产价格攀升的背后因素。(6)对于发达国家而言,即将发生的人口转变将对经济造成巨大影响;对发展中国家的影响会由于地域不同而有所差别。比较而言,人口转变可能对中东欧国家的经济增长产生巨大影响,截至 2050 年,也会对亚洲和拉丁美洲国家的经济发展带来较大冲击。(7)未来人口转变将导致经常账户余额发生重大变化。在发达经济体,人口老龄化对储蓄的负面效应将会整体上恶化经常账户收支。多国模型的结果显示,人口转变将在全球范围内导致资本重新分配:当人口老龄化速度最快地区的人口进入高储蓄时期,他们会将多余的部分储蓄资金投放到劳动力更为丰富以及资本回报率更高的地区。当这部分人进入退休年龄,他们就会把资金抽回以备退休生活之需。这部分资金通过在老龄化进程处于不同阶段地区之间的不断贷出、借入,在全球的调整中发挥重要作用。在未来 50 年内,人口转变很有可能对宏观经济带来冲击:发达国家的人均 GDP 增长率可能出现下降,但发展中国家由于劳动年龄人群的数量处于上升态势,人均 GDP 可能攀升。所有国家的投资和储蓄都会受到人口转变的影响,但诸如日本和欧洲等人口老龄化进程更快的国家其经常账户会出现恶化。

第三节　人口与经济增长方式转变

经济增长的各种要素结合形式及各种要素结合后推动经济增长的方式,即经济增长方式。经济增长方式可划分为四组:第一组是外延型和内涵型的经济增长方式,这是按生产场所是否扩大、生产要素效率是否提高来划分的;第二组是内向型和外向型的增长方式,这是从经济运行同区外或国外的关系来划分的;第三组是资源转换型和资金、技术转换型的经济增长方式,这是按生产要素组合中的主导要素不同来划分的;第四组是粗放型和集约型经济增长方式,这是按生产要素集约化程度来划分的。在《增长的质量》中,世界银行(2000)把增长模式分为三种:模式一,不可持续的增长,即经济在某些阶段呈现高速增长,但是速度在下降,最终出现停滞或接近停滞;模式二,以掠夺自然资源为代价的扭曲的增长;模式三,通过有序和平衡的资本积累实现可持续增长。在公共部门支持下发展基础教育,改善公共卫生和保护自然资本。也就是说,世界银行实际上把经济增长方式划分为不可持续的增长模式(包括模式一和模式二)和可持续的增长模式两种类型。这些关于增长方式的分类都是从不同侧面、以不同标准所做的划分,可以相互交叉、同时并存,总体互不排斥。

一、经济增长方式的转折点

在经济发展的早期,一个国家的比较优势通常体现在相对丰富的自然资源或初级产品上面,表现为农业经济相对大的份额,或者初级产品出口的较大份额。但是依靠不可再生资源维持增长是不可能长久的,因为这种增长方式终究要遇到一个转折点,即从依靠不可再生资源转向依靠可再生的物质资本积累(见图3-3)。这个转折能否成功的标志,就是能否把国民储蓄提高到具有打破贫困恶性循环的临界最小水平。能否实现这个转折,是早期发展经济学家最关心并且进行了充分讨论的问题,也是库兹涅茨关于传统农业经济和现代经济增长的分野。这个转折一旦实现,资本及其积累水平就成为至关重要的经济增长因素。

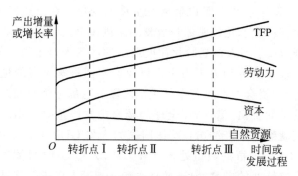

图 3-3　经济增长的源泉和增长方式转折点

资料来源:蔡昉.21世纪中国经济增长可持续性——人口和劳动力因素的作用[M]//载曾毅等主编.

21世纪中国人口与经济发展,北京:社会科学文献出版社,2006.

由于资本报酬递减规律的作用,资本积累并不能无限地保持经济增长,终究要遇到第二个转折点,即把经济增长源泉转向主要依靠技术进步或生产率提高。经济学家发现,除了常规的生产要素即土地(或自然资源)、物质资本和劳动投入增加导致经济总量增长外,往往还有一部分增长不能用这种要素增加来解释。这个未知的因素实际上是一系列技术效率和配置效率的综合表现,通常称为"全要素生产率"(TFP,total factor productivity)。

世界经济发展的历史表明,单纯依靠生产要素投入实现经济扩张,生产率没有实质性增长的国家,尽管在一定时期内也可能实现高速增长,但是,最终都被证明是不可持续的。因此,在这个转折点上,国家之间会发生分化,经验表明有三种可能的路径:第一,实现了这个转变,生产率提高成为持续经济增长的主要源泉。例如,从 TFP 提高对经济增长的贡献来看,美国 1948—1973 年期间高达 52.5%,在 1948—1996 年期间为 35.3%(Hulton, 2000)。第二,没有实现这个转变,如由于劳动力短缺造成资本报酬递减,从而未能保持其高速经济增长。如苏联。第三,人口转变快,劳动年龄人口不断增长,创造了充足劳动力供给和高储蓄率之类的增长条件,使得资本报酬递减后延。典型的如东亚国家和地区。一旦劳动年龄人口不再增长,老龄化过程加速、加深,经济增长可资利用的人口红利消失,增长源泉必须转到生产率的提高上。

二、人口与经济增长方式转变的科尔内模型

亚诺什·科尔内(János Kornai,1928—2021),又译为科尔奈,匈牙利人,哈佛大学经济学教授,布达佩斯高级研究所终身研究员,任世界经济学会(The International Economic

Association)会长,发表了一系列文章和专著。《社会主义体制——共产主义政治经济学》(*Socialist System：The Political Economy of Communism*)是1995年以前研究成果的集大成之作。此后的作品还有《主路与辅路：社会主义改革和社会主义转轨研究》(1995)、《挣扎与希望：一个后社会主义国家的改革和稳定化文选》(1997)以及《论医疗保障改革》(1998)。他的《短缺经济学》《增长、短缺与效率》《突进与和谐的增长》等诸多理论和著述影响了整整一代中国经济学人,被称为世界经济学界大师级人物。[①]

科尔内模型即人口增长与经济发展阶段依存关系的理论模型的简称,模型揭示了人口增长与经济发展阶段、经济增长方式依存关系的规律。[②] 这个模型主要包括两方面的内容。

(一)关于经济增长不同时期在人口与劳动就业特征方面的理论

第一,经济增长的粗放时期,生产的扩大是通过就业的广泛增加而推进的;在经济增长的集约时期,必须以每个雇佣劳动的更充分利用为基础。

第二,经济增长的粗放时期劳动市场是需求约束型的,经济增长的集约时期,劳动市场则符合资源约束型的特征。如图3-4所示。

图3-4中,纵轴表示潜在劳动储备在能够工作的人口中所占的比重,用$1-h(t)$表示,横轴表示时间,用t表示。时间t_1之前的时期是潜在劳动储备被吸收进企业和非营利部门的过程,需求

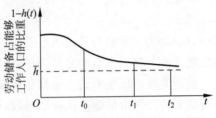

图3-4　劳动储备吸收与经济增长时期

约束型劳动市场的正常状态在该时期不同程度地表现出来,这个时期是经济增长的粗放时期。接下来的历史时期$[t_1,t_2]$接近资源约束型劳动市场,在时间t_2,纯粹状态完全建立,劳动市场成了资源约束型的,劳动储备的吸收达到了容忍限度$\bar{h}$。集约时期符合这一特征,更符合t_2以后的时期。$[t_0,t_1]$时期是特别值得注意的。子系统之一的劳动市场是需求约束型的,而其他子系统是资源约束型的,这样,潜在的劳动储备将被吸收。这里的主要动力是扩张冲动和紧密相关的几乎不可满足的投资饥渴。如果系统中的其他市场或分配子系统,一直是需求约束型的话,"纯粹"的需求约束型劳动市场会固定在这种状态,成为长期的、持久的、正常的状态。

第三,外延发展阶段的特征是:由于长期短缺,产品市场是"卖方市场",而由于有相当数量的劳动力储备,劳动力市场却是"买方市场"。而在内涵发展时期,不仅商品和资本市场存在短缺,而且劳动力市场也存在短缺,劳动力短缺变为长期现象是内涵发展阶段最重要的性质。

第四,外延发展时期就业人数由劳动力需求决定,而内涵发展时期就业人数取决于供给一方。

(1)决定外延发展时期的就业关系式

$$\rho^* \varphi = \Lambda_D^* = \Lambda_N^* \tag{3-8}$$

① 亚诺什·科尔奈.社会主义体制:共产主义政治经济学[M].张安,译.北京:中央编译出版社,2006.
② 李通屏,刘星彦.科尔内"人口经济"模型与中国经济增长方式转变[J].人口与经济,1998(5).

式中，ρ^*为经济系统的一般增长因子；φ为产生就业机会的增长因子；Λ_{D}^*为劳动力需求的增长因子；Λ_{N}^*为就业人数的增长因子。

外延发展时期劳动市场是需求约束型的，存在着大量潜在劳动力储备，即使在周期的最高点也有不被吸收的大量的长期失业。乘积$\rho^*\varphi$决定了劳动力需求的增长因子Λ_{D}^*。由于有充分的劳动力储备，劳动力需求能够得到满足，所以就业人数按与劳动力需求相同的速度增加。

$$N(t)=L_{\mathrm{D}}(t) \tag{3-9}$$

式中，$N(t)$为某年的实际就业人数；$L_{\mathrm{D}}(t)$为某年对劳动力的需求。

上述两个公式分别反映的是就业人数与劳动力需求在增长速度和总量方面的关系，就业人数及其增长由对劳动力的需求及其增长决定。

（2）决定内涵发展时期的就业关系式

劳动力供给方程

$$L_{\mathrm{S}}(t)=L_{\mathrm{S,I}}\Lambda_{\mathrm{S,I}}^t \tag{3-10}$$

式中，$L_{\mathrm{S}}(t)$为t年的劳动力供给；$L_{\mathrm{S,I}}$为内涵发展阶段初始年份的劳动力供给；$\Lambda_{\mathrm{S,I}}^t$为内涵发展阶段劳动力供给的增长因子，它可能小于1，也可能大于1。

内涵发展阶段是劳动力短缺成为普遍现象的阶段，劳动力供给不能满足需求。或者说所有的劳动力供给都能被就业所吸收，就业人数由供给和需求双方中最少的一方决定。即方程式（3-11）。

$$N(t)=L_{\mathrm{S}}(t) \tag{3-11}$$

该式表明，内涵发展阶段，就业人数由劳动力供给决定。而经济增长由劳动力供给增长和生产率的增长共同决定。即公式（3-12）。

$$\rho^*=\Lambda_{\mathrm{S,I}}\psi \tag{2-12}$$

式中，$\Lambda_{\mathrm{S,I}}$为内涵发展阶段劳动供给增长因子；ψ为生产率的增长因子。

（二）外延发展时期向内涵发展时期过渡所依存的人口（或劳动力）条件

第一，为了保证外延发展时期是有限的，必须使劳动力需求的增长速度快于潜在活动人口的增长速度，或者快于适龄工作人口的增长速度。其模型如下：

$$\begin{cases} \Lambda_{\mathrm{D}}^* > \Lambda_{\mathrm{act}}^* \\ \Lambda_{\mathrm{D}}^* > \Lambda_{\mathrm{dem}}^* \end{cases} \tag{3-13}$$

式中，Λ_{D}^*为劳动力需求增长因子；Λ_{act}^*为潜在活动人口增长因子；Λ_{dem}^*为适龄工作人口增长因子。

什么是潜在活动人口？科尔内说，"适龄工作人口的一部分，由于健康，家庭或其他社会原因而处于失业状态，而除此之外的全部适龄人口就叫作'潜在活动人口'。换句话说，潜在活动人口的数量代表了劳动力供给的上限。各种外部原因可以使劳动力供给低于此数"，即劳动力供给人数≤潜在活动人口的数量。

第二，外延发展时期的延续一方面依赖于人口增长，另一方面取决于扩张的速度和技术特性。

首先，人口是劳动力的源泉，劳动力的增长是由前一时期的人口增长所决定的。前一时期的人口增长速度快,则该时期的劳动力增长速度也就越快,这样将进一步强化劳动力"买方市场"的特性,因此,通过就业的广泛增加以推进生产扩大就成为自然的选择,从而使经济增长的外延(粗放)特征更为浓厚。反之,人口增长速度放慢,则使"买方劳动力市场"的特征淡化,劳动力释放较慢,外延发展时期就会结束得更快一些。其次,外延发展(或粗放增长)时期的延续时间还同扩张的速度有重要关系,而扩张的速度与投资率的高低有关。如图 3-4 所示,"投资率对 $[t_0, t_1]$ 这段时期(类似于经济增长的粗放时期)的长短具有举足轻重的作用。有了较高的投资率,潜在劳动力储备吸收加快",这样,$[t_0, t_1]$ 时期就会结束得更快一些。科尔内也同时强调,"高投资率对该过程的完成并不是必要条件。因为在低增长率下,吸收也可发生"。再次,技术特性(或工艺选择)在外延发展时期有两种对立的倾向存在:一种是对资本密集程度较高而劳动密集程度较低的"现代技术"的偏爱;另一个相反的趋势是,在劳动力无限供给和要求最快的扩张压力下,企业比较愿意选择劳动密集型的技术。$[t_0, t_1]$ 时期的长短取决于在总的经济扩张中两种倾向是如何组合的,哪些部门处于优先发展的地位,哪些技术类型占主导。如果劳动密集型部门扩张得较快,劳动密集型的技术被多数企业采用,整个经济达到潜在劳动储备完全吸收的过程就会更快。哪些部门、哪些技术处于优先发展的主要地位或次要地位,这是至关重要的。然而,在资源约束型体制下,技术特性对 $[t_0, t_1]$ 时期的长短便是无关紧要的。

三、人口影响经济增长方式转变的经验观察

一定的经济发展阶段和经济增长方式,是不依人的意志为转移的。选择什么样的经济增长方式,取决于国情、发展阶段、发展战略和经济体制等多种因素。西方发达国家主要采用集约型(或内涵式型)增长方式,而一些不发达国家的增长方式是粗放的,这实际上是基本国情、发展阶段和经济体制等因素差别的反映。从我国的发展历程看,新中国成立初期试图沿着苏联的增长模式实现工业化和现代化,但第一个五年计划没结束,我们就发现这种依靠粗放方式实现的经济增长存在很多问题,便试图调整,但"文革"之前没有解决这个问题。"文革"结束后,虽然经济结构有所改善,农业、轻工业和商业得到了一定恢复和发展,但经济增长方式粗放问题仍未得到根本性解决。直到 1995 年,党的十四届五中全会才明确地提出了实现经济增长方式转变的目标,即实现从粗放的增长方式向集约增长方式的转变。但是,进步有限。原因在于,对经济增长方式转变的努力主要着重后果(即产业结构和投资消费结构),而没有着重原因(即工业化道路和增长方式)。粗放型增长方式最深刻的体制根源在于计划经济制度,这种体制性障碍在经济增长方式转变上表现在四个方面:政府仍然把持着资源配置的权杖;以 GDP 为主的政绩广泛存在于自上而下的考核之中;以生产型增值税为主的财税体制;劳动、资本、土地和自然资源的价格,往往不是通过市场形成,价格偏低,甚至无偿占用,这就鼓励各级政府和企业通过浪费资源的方式增加产出(吴敬琏,2005)。

需要强调的是,中国是世界上人口最多的国家,这是必须长期面对的基本国情,也是选择增长方式不得不面对的约束条件。多数发展中国家的经济之所以是粗放型的,并不是他们没有意识到这种增长方式的弊端,而是因为不具备或不完全具备集约型增长方式所需要

的条件,特别是人口条件。不同国家之间经济增长及其要素贡献率的变化,反映了特定经济增长方式对人口条件的依存。参见表 3-1。

表 3-1　不同地区人口、就业与经济增长及经济增长的要素贡献——年均增长率和贡献额

%

项　目		1965—1973 年	1974—1980 年	1981—1985 年	1974—1985 年
欧洲市场经济国家	人口	0.7	0.4	0.4	0.4
	就业	0.3	0.2	−0.4	−0.1
	GDP	4.3	2.6	1.3	2.0
	就业贡献	0.3	0.2	−0.4	−0.1
	资本集约度	1.7	0.3	0.7	0.4
	全要素生产率	2.8	2.8	1.8	2.5
中央计划经济国家	人口	0.9	0.8	0.8	0.8
	就业	0.9	0.7	0.4	0.6
	物质生产净值	7.1	4.6	3.1	4.0
	就业贡献	0.9	0.7	0.4	1.1
	资本集约度	2.6	1.5	0.4	1.1
	全要素生产率	3.6	2.4	2.3	2.3
北美	人口	1.1	1.1	0.9	1.0
	就业	2.3	2.2	1.5	1.9
	GDP	3.8	2.3	2.4	2.3
	就业贡献	2.3	2.3	1.5	1.9
	资本集约度	0.6	0.1	1.2	0.5
	全要素生产率	1.4	0.4	0.4	0.5

资料来源：欧洲经济委员会,《2000 年全面经济展望》,数据来自于表 B-3、5、8、10、13 和 17,中国经济出版社,1992。

　　从表 3-1 可观察到：①欧洲市场经济国家和中央计划经济国家在 1965—1985 年的 20 年间,年均人口增长率较低,就业增长率更低。前者各时期的人口增长率在 0.4%～0.7% 之间,劳动就业人数 1985 年也仅有 13 920 万人,20 年仅增加 300 万人,增长仅 2.2%。后者的人口和就业的年均增长率也都在 1% 以下。而北美的人口增长和就业增长均处于较高水平。②欧洲市场经济国家和中央计划经济国家,全要素生产率对 GDP 和物质生产净值增长的贡献占绝对优势。1965—1973 年,市场经济国家占 65% 以上,中央计划经济国家占 50% 以上;1974—1985 年,前者已超过 100%,后者也上升到近 60%,80 年代超过 70%。北美,全要素生产率对 GDP 的贡献未能超过 50%。市场经济国家和中央计划经济国家 GDP 和物质生产净值的增长主要依靠全要素生产率提高,因而是集约型的增长方式,北美 GDP 的增长对就业、资本的增加依赖度高,而对全要素生产率提高的依赖度较低,因而属于相对粗放的增长方式。③高人口增长率、就业增长率同较低的全要素生产率相对应;低人口增长率、就业增长率同较高的全要素生产率相对应。也就是说,高人口增长率、就业增长率对应的是相对粗放的经济增长,而低人口增长率、就业增长率对应的是集约型经济增长。

　　观察中国改革前后经济增长的变化,仍可发现这一对应关系。见表 3-2。

表 3-2　中国人口增长与经济增长的要素贡献——年均增长率和贡献额　　%

时期	1953—1977 年	1978—1989 年	1990—2003 年	2000—2003 年
人口	2.04	1.43①	1.07	0.63
国民收入(GDP)	5.98(100.00)	8.91(100.00)	9.7(100.00)	8.4(100.00)
劳动投入	0.77(12.88)	0.86(9.65)	0.44(4.5)	0.44(5.2)
资本投入	5.20(86.96)	5.49(61.62)	6.53(67.4)	6.3(75)
全要素生产率	0.01(0.16)	2.56(28.73)	2.73(28.1)	1.66(19.8)

资料来源：沙吉才.改革开放中的人口问题研究[M].北京：北京大学出版社,1994：26.1990 年以后的经济增长及要素贡献按国内生产总值计算,厉无畏、王振.转变经济增长方式研究[M].上海：学林出版社,2006：3.括号中的数据指要素贡献的百分比。

　　表 3-2 反映出我国经济增长方式转变的曲折历程,以及经济增长方式对人口增长的依赖。改革开放前,我国国民收入年均增长率为 5.98%,经济增长主要靠要素投入拉动,要素增长的贡献高达 99% 以上,尤其是对资本投入的依赖,而全要素生产率增长的贡献仅 0.16%,这是一种典型的外延粗放型的依靠资本高投入带动的经济增长。而与此对应的人口年均增长率高达 2.04%。1978—1989 年,我国经济增长对要素投入增长的依赖依然强劲,对资本投入的依赖度由 87% 下降到 61.62%。可惜的是,这种势头其后出现了反复,1990—2003 年经济增长对资本投入的依赖度上升到 67.4%,而 2000—2003 年的情况更糟,经济增长的 75% 是靠资本投入带动的。比较改革前后的情况,我们可以看出,经济体制和人口增长的变化对经济增长方式的转变影响很大。改革以来,经济增长的速度上去了,人口增长的速度下来了,要素生产率提高对经济增长的贡献明显提高,经济的粗放增长有所收敛。另外,人口年均增长率较前显著下降,由改革前的 2.04% 下降到 0.63%。这说明,改革开放以来的人口转变,为我国经济增长方式的转变提供了有利的人口环境。

第四节　人口影响制度和经济增长的案例

一、人口增长对经济增长的影响：日本的经验②

　　第二次世界大战以后,日本是个引人瞩目的国家。从繁荣与萧条、增长与停滞到地产泡沫、货币政策,从战后的高出生率到目前的低生育率,从发达国家最年轻的人口结构到老龄化最严重的国家,它都提供了教科书式的案例。日本的经验说明了什么？对中国有何启示？基于日本 50 多年历史发展的案例,可以看出大国发展背后的人口因素及其与经济增长的相互作用。

① 为 1978—1990 年的年均人口增长率,1990 年人口普查到 2000 年人口普查的年均人口增长率为 1.07%,2000 年人口普查到 2005 年 1% 人口抽样调查的年均增长率为 0.63%。
② 李通屏.人口增长对经济增长的影响：日本的经验[J].人口研究,2002(6).

（一）战后日本经济增长与人口增长过程比较

战后日本的经济增长过程分为国民经济的恢复时期(1946—1955 年)、高速增长时期(1956—1973 年)、低速增长时期(1973—1990 年)和停滞时期(1990 年以后)几个阶段(李公绰,1987；安场保吉、猪木武德,1992；冯昭奎,2001)。各时期的人口增长过程与经济增长过程具有如下特征。

(1) 1946—1955 年国民经济恢复时期,人口增长率和经济增长率均呈双高趋势,但人口增长率下降很快。1946 年国民生产总值仅为战前(1934—1936 年)的 65%,工矿业仅为战前的 28%,农林渔业仅为战前的 78%。[①] 1955 年,实际国民生产总值增长 1.16 倍,年平均实际增长率为 8.9%,工矿业生产增长 4.5 倍,年平均增长率为 18.2%；农林水产业生产增长 72%,年平均增长率 6.3%。城市居民家庭的消费水平提高了 1 倍,进口和出口分别增加了 7 倍和 18.5 倍。[②] 日本经济不仅在国民收入、工矿业生产等流量方面,而且在企业设备等存量方面都超过了战前水平。1946—1949 年,出生率高达 33‰～34.3‰,出生人数在 268 万～270 万人之间。1950—1955 年,出生率降低到 30‰以下,人口增长率在 11.1‰～17.5‰之间,1955 年出生人数已降为 178 万人。人口增长率尽管下降很快,但总的来看,仍是战后增长最快的时期。

(2) 1956—1973 年国民经济高速增长时期,人口增长率先低后高。从 1955 年开始,日本经济进入了近 20 年的高速增长期。1956—1968 年,日本经济的年平均实际增长率为 10.1%。1969—1973 年,增长势头虽有所放慢,但仍高达 9.4%。1955—1973 年,日本经济的年平均实际增长率为 9.8%,国民生产总值增长了 4.2 倍(实际值)。1973 年的截面资料表明,日本的国内生产总值达到 4 078 亿美元,相当于西德的 1.17 倍(1955 年仅为西德的 56%),美国的 31%(1955 年仅是美国的 6%),工业实力仅次于美国和苏联,居世界第三位,国民净产值和就业人数构成呈现出"三二一"结构,第三产业占国内生产总值的 56.6%,就业人数占 50.2%。城乡居民家庭消费水平有了很大提高。城市居民的恩格尔系数下降到 30%,农村下降到 26%。[③] 1956—1966 年,人口增长率进一步下降,其中 9 年增加人数在 100 万人以下,人口增长率有 8 年在 10‰以下,增长最少的一年仅 76 万人,增长率仅 7‰。之后,人口增长速度回升,1967—1976 年,人口增长率连续 10 年达 10‰以上。其中 1971—1973 年期间,人口增长率和增长量接近战后最高水平,年增加人数在 104 万～245 万人之间。该时期,劳动力人口的抚养负担迅速下降,由 1956 年的 61.2%下降到历史最低点,1968 年的 44.4%,1970 年,65 岁以上的老年人口比重达到 7.1%,人口年龄结构成为老年型。

（3）1973 年后经济增长速度明显放慢,人口增长速度持续下滑。1990 年代前,经济增长仍高于其他发达国家,1987 年,国民生产总值 23 856 亿美元,相当于美国的 53%,人均国民生产总值 19 642 美元,首次超过美国。在国际竞争力排行榜上连续 8 年位居第一。20 世纪 90 年代之后,特别是 1992 年以来,年平均增长率仅 0.9%。自 1997 年第四季度开

---

① 冯昭奎.日本经济[M].北京:高等教育出版社,1998:27.
② 李公绰.战后日本的经济起飞[M].长沙:湖南人民出版社,1987:78.
③ 同上:90、101、106.

始,更是陷入战后最严重的衰退。失业率 1998 年突破 4%,2000 年接近 5%。名义 GDP 增长率连续 4 年绝对下降。1998—2000 年分别为－1.1%,－0.2% 和－0.6%,2001 年第二季度为－2.7%。与此同时,人口增长呈下降趋势。1977—1990 年,总人口由 11 415 万人增加到 12 354 万人,增加 939 万人,年净增人数由 106 万人下降到 42 万人。1990—2000 年,总人口仅增加 338 万人。其中 1994—2000 年,总人口仅增加 165 万人,年均 27.6 万人,增长率在 1.58‰~2.54‰ 之间。

(二)人口增长与经济增长的相关分析

根据 1956—2000 年日本人口增长率和经济增长率数据,把人口增长率 X 作为自变量,把经济增长率 Y(GNP 或 GDP 的实际增长率)作为因变量,进行相关分析,有以下发现(见表 3-3)。

表 3-3　1956—2000 年日本人口增长率与经济增长率的相关分析

时　期	参数估计		相关系数	R^2	P
	常数项	系数			
1956—1973 年	13.41	－0.357	－0.245	0.060	0.342
1990—2000 年	－1.087	1.181	0.301	0.091	0.368
1956—2000 年	1.263	0.579	0.549	0.301	0.001

(1)在高速增长时期(1956—1973 年),日本的人口增长率与实际 GNP 增长率具有负的关系。人口增长率每降低 1 个千分点,实际 GNP 增长率可上升 0.357 个百分点。

(2)1990—2000 年,人口增长率与实际 GDP 增长率具有正相关关系。人口增长率每上升一个千分点,实际 GDP 增长率可上升 1.181 个百分点。

(3)1956—2000 年,人口增长率与实际 GNP 或 GDP 增长率有正的关系。人口增长率每上升 1 个千分点,经济增长率提升 0.579 个百分点。

(4)人口增长率与实际经济增长率(GNP 或 GDP)的相关程度随观察期间的长短不同而不同。在短期,两者的相关程度较弱,在长期,相关程度逐渐显著。这说明考察人口增长率与经济增长率之间的关系,宜放在一个更长的时期。

(三)人口增长对经济增长的影响

1. 人口增长对经济增长的作用机制

人口是生产力和消费力的统一。作为生产力,人口从供给环路影响经济增长。作为消费力,人口从需求环路对经济增长发挥作用。人口既是一种生产要素,同时,又不是唯一的生产要素,它既直接对经济增长起作用,但在更多情况下,通过对经济增长诸要素的影响而间接起作用(见图 3-5)。

供给环路。人口增长通过影响劳动力、资本形成和技术进步,对经济增长发挥作用。柯布-道格拉斯生产函数、哈罗德-多马经济增长模型、新古典增长模型等实际上都是从总供给长期增长的角度,对经济增长进行了分析。

需求环路。国民生产总值按其支出可分为投资需求、消费需求和净出口三大部分,人口增长通过对各自构成的影响,进而影响国民生产总值的增长。

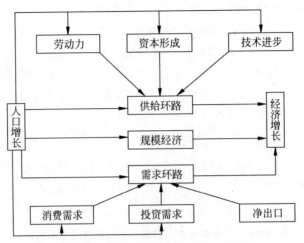

图 3-5　人口增长对经济增长的作用机制

规模经济。人口和人均产量的关系,一方面是有专业化优势和大规模生产的经济,另一方面是比较集中和大量使用自然资源的不经济问题。人口越多,实行专业化的机会也越多。从一个大市场得益最多的工业部门是公用事业和一些用金属进行生产的工厂,在初期阶段尤其如此;另一方面,随着人口增加,在农业和采矿业中最快出现规模不经济。

2. 人口增长对日本经济增长的影响

战后日本人口经历了从高出生率到低出生率的变化过程。前面的分析表明,这一变化趋势对不同时期的经济增长,有着不同的影响。

(1) 1956—1973 年,日本人口增长率的下降对经济增长起了明显的促进作用。

第一,人口由高速增长到低速增长的转变,遏止了人口年轻化趋势,减轻了劳动力人口抚养负担。1950 年,日本 0~14 岁人口比重 35.37%,生产年龄人口比重 59.69%,65 岁及以上人口比重 4.94%,属于年轻型人口结构。由于出生率的迅速下降,到 1970 年,日本已进入老年型社会。0~14 岁人口比重下降至 24.0%,65 岁及以上人口比重上升到 7.1%。生产年龄人口由 4966 万人剧增至 7212 万人,净增 2246 万人,而被抚养人口却减少 100 万人。总抚养比由 67.5% 下降到 45.1%,下降 22.4 个百分点,年均下降 1 个百分点以上。被抚养人口的绝对下降,有利于资本积累。

第二,随着人口增长速度的下降,人口年龄结构进入收获期,劳动力人口充足,对工资成本上升起到了抑制作用,有利于企业提高竞争力。以工资占附加值比重来看,1971 年,日本为 34.6%,意大利为 43.8%,美国为 45.8%,加拿大为 52.3%,英国为 53.4%。这意味着在附加值中,日本资本比其他外国资本有着更大的收益空间。

第三,人口增长率持续下降、劳动力负担的减轻,有利于国家、企业和家庭进行人力资本投资。战后初期,日本的高等教育在发达国家中是比较落后的,但由于重视教育投资,低人口负担和高经济增长速度,保证了教育的超前发展。到 1970 年,文盲率已下降至 1% 以下,高等教育进入普及阶段。而教育的高投资,又成为经济持续增长的重要动力。由此形成了“低人口增长→高人力资本投资→高经济增长率→高人力资本投资……”这样一种良性循环。

（2）1974—2000 年，人口增长下降加剧了经济形势恶化，不利于较高增长率的维持。

1973 年以后，日本经济增长速度下降。但其人口增长速度高于发达国家的平均水平，人口年龄结构处在老龄化的初期。1970 年前后，许多欧洲国家相继出现了人口零增长或负增长，日本则进入新一轮生育高峰。1967—1976 年，人口增长率连续 10 年在 1% 以上，平均每年净增人口 112.2 万人，成为继 1956 年以来增加人口最多的时期。人口增长速度回升，客观上起到了延缓经济衰退的作用。这种有利作用突出表现在两个方面：第一，在全球经济不景气，特别是在需求比预期低而且过剩供给不容易改变时，人口增长有助于拉动国内需求、消化长期高速增长所积累的生产能力；第二，一定程度上缓解了人口老龄化和劳动力老龄化的进程，这对保持创新能力，保持社会资本、人力资本和物质资本的高流动性有积极意义。

20 世纪 70 年代中期以后，随着老龄化快速发展，人口增长速度持续下滑，对经济增长的消极影响逐步显现。表现在以下方面：

第一，需要的减少。日本的出生人数在 1973 年为 210 多万人，2000 年不足 120 万人。从婴儿用品来讲，缩减近 50%。在以前人口高增长的社会，为应付人口增长，必须扩大 GDP，但在人口零增长的条件下，GDP 增长率即使很低，人均 GDP 也会增加。

第二，维持繁荣（较高经济增长）所面临的困难，在人口正在减少阶段，要比以前大得多（凯恩斯，1937）。1990 年代，日本居民最终消费支出增长速度明显下降。1986—1990 年，实际增长速度在 3.1%~5.1% 之间，而 1991—1999 年降到 0.6%~2.5% 之间，2000 年增长率为 0，2001 年上半年也只增长了 0.5%。民间住宅投资、设备投资和库存投资降幅更为明显。1986—1990 年间，民间住宅投资持续增长，其中，1987 年为 22.4%，1988 年为 11.9%。而 1991—1999 年，5 年为负增长。私人设备投资也呈现出同样态势。1986—1990 年，有三年增速在 15% 左右，而 1991—1999 年，5 年为负增长。库存投资在 1994 年、1995 年和 1998 年增速在 −100% 以上。内需萎缩不振，对 GDP 的贡献率，1997 年以来的 4 年均是负数。

第三，劳动力人口减少抵消了劳动生产率增长对促进经济增长的效果，可能导致经济增长趋于停滞甚至下降。有专家预计，日本劳动人口年均减少大约 0.5%，即使劳动生产率上升 1.5%，中长期的潜在增长率也仅为 1.0%。由于持续的低人口增长，到 20 世纪 90 年代，日本已完全丧失了高速成长期劳动力成本较低的优势。普通工人的月收入大约比美国高 40% 多，相当于韩国的 3 倍、新加坡的 3~5 倍（日本贸易振兴会，1996）。[①]

第四，年轻劳动力的减少，对保持整个经济社会的活力将产生消极影响。直广雄川曾正确预言，由于人口老龄化和劳动力老龄化，到 20 世纪末，日本的经济增长率可能下降为 1% 或接近零增长（彭松建，1987）。老龄化人口趋于保守，少于创新。尤其是在国际竞争日趋激烈、科技进步突飞猛进的背景下，年轻劳动力缺乏，对于一个国家的制度创新、技术创新和竞争力提升，实现从工业化到信息化的转变，以及社会经济变迁迫切需要的风险投资和高新技术产业的发展是一种环境威胁。

第五，对民间消费产生了抑制作用。随着少子高龄化的发展，社会保障制度改革势在

---

① 徐梅.市场开放与日本的经济增长[J].日本学刊，2002(1).

必行。这种趋势对居民收支预期(预计国民负担率将从 2001 年的 36.9% 提高到 2025 年的 49.9%)和消费心理产生了重大影响,一定程度上抑制了民间消费的扩大。

(四) 结论

战后 50 多年,日本的人口增长对经济增长具有一定程度的影响。这种影响具有如下特点:

1. 人口状况不同,人口增长对经济增长的影响不同

增长速度快、年龄构成轻、未成年人口负担重,是战后初期日本面临的主要人口问题。1950 年,65 岁及以上人口比重不足 5%,不仅低于发达国家的 7.9%,也低于世界 5.1% 的水平。1970 年,65 岁及以上人口达 7%,相当于法国 100 年前的水平和发达国家第二次世界大战前的水平。1970 年以后,人口问题转型逐步显现。1990 年,日本 65 岁及以上人口比重 12.1%,与发达国家的平均水平(12.5%)接近。20 世纪 90 年代中期开始,日本已成为人口老龄化最严重的国家,老年人口已超过未成年人口。因此,前一种情况下,人口增长作为一种消极因素作用于经济增长。而在后一种情况下,人口增长的作用则是积极的。

2. 经济发展及所处环境不同,人口增长、经济增长的相互作用也不同

在经济增长上,日本经历了恢复、高速增长到低速增长和停滞的过程;在发展阶段上,经历了短缺到过剩、供给约束到需求约束的转变;在发展战略上,经历了内向型到外向型再到注重扩大国内需求的战略转变。在商品短缺、通货膨胀威胁严重的环境中,人口增长过快,抵消了经济增长的成果。它使储蓄和投资减少,使经济发展集中在消费品的生产方面不是资本品的生产方面。一个较低的生育率和人口增长率,意味着更快的总产品增长和较慢的消费者人数增长。因而,有利于更快地消除短缺。20 世纪 70 年代以后,日本的经济总量逐步跃居世界第二。特别是 80 年代以来,随着世界市场的饱和和竞争的激烈,传统产品出口压力增大,全球性经济衰退日益凸显,扩大内需成为基本战略。人口低增长和迅速老龄化,将加剧通货紧缩和经济衰退。研究表明,1990—2000 年,人口增长率平均上升 1 个千分点,居民消费平均上升 0.94 个百分点,实际 GDP 增长率上升 0.68 个百分点。

3. 人口增长与经济增长的相关程度短期低而长期高

随着考察周期的延长,人口增长对经济增长的解释程度随之增强。推论:考察人口增长对经济增长的影响宜放在一个更长的时期。

4. 人口增长不是经济增长的决定因素,但在低生育水平下,刺激经济增长必须容忍人口增长(包括自然增长和迁移增长)

抽象掉影响经济增长的其他因素,诸如制度、技术和资本投入等变量以后,人口增长率对经济增长率的影响,不具有统计学意义上的高度相关。也就是说,人口增长率不是经济增长率最有力的解释因素。经济增长诸因素的变化不是单独发生的,而是彼此交错的。这种复杂的关系使我们很难把某种因素单独剥离开来。尽管如此,仍然有理由得出结论:战后 50 多年,日本的人口增长对经济增长产生了重要影响。影响的程度和方向,既依赖于不同时期的人口状况,又依赖于经济环境和发展水平。在人口增长率很低的情况下,要扩内需、稳增长,必须容忍人口增长(包括自然增长和迁移增长),否则就要容忍内需不振和较低的经济增长。

二、从抑制消费到鼓励消费：中国人口转变与消费制度变迁

从抑制消费到刺激消费是中国消费制度的重大变革。新中国成立之初到 20 世纪 90 年代中期，特别是改革开放前的 30 年，抑制消费是中国消费制度的基本特征。从 1998 年开始，进入刺激消费政策的具体实施阶段。一些偶尔涉及新中国消费制度及其变迁的研究，大多从供求关系改变和市场机制引入的角度进行分析，而人口因素被莫名地忽视或者剔除。本案例试图说明，人口转变对中国消费制度变迁的重要作用。

（一）人口转变影响消费制度变迁的机制

人口数量、质量和结构以及人口与经济、社会和资源环境等的对比所形成的人口经济状况、人口社会状况、人口和资源环境状况等，从根本上制约着一个国家消费制度的走向。人口与经济、社会、资源和环境的配合长期所处的状态不同，蕴涵的消费制度也不同。人口压力大、经济发展慢，这种发展的制度涵义就是要抑制消费；相反，人口压力小、在一个较长时期里经济发展保持较快速度的国家，不可能把抑制消费作为制度固定下来。

需要指出的是，在一定时期内，一个国家对消费制度的选择取决于多种因素，如生产力状况、所有制结构或产权结构、原有消费制度、制度结构中其他制度安排的改变和发展战略等。人口状况仅是其中的因素之一，而且多种因素相互交织，共同作用。考察人口与消费制度变迁的关系必须同其他因素结合起来（李通屏，2005）。人口转变通过三种机制影响消费制度。一是人口转变的特定阶段通过人口年龄结构的改变，为经济增长带来潜在人口红利。例如，20 世纪 60 年代以来，在整个东亚的高速增长中，人口转变的贡献为 1/4～1/3；而在东亚奇迹（超出稳态增长率的部分）中，人口转变因素的贡献更高达 1/3～1/2。经济史学家利用欧洲和北美 17 个国家 1870—1913 年的经济增长和人口结构数据进行分析，得出的结论是，北美的人均 GDP 增长比欧洲高 0.47 个百分点，这个差别的绝大部分（90% 以上）可以归结为前者人口结构方面的优势，即通过具有年龄选择特点的大规模人口迁移，相对提高了人口结构的生产性。在中国，人口转变通过高储蓄率、充足的劳动力供给和低抚养比，从 20 世纪 60 年代中期开始带来人口红利。改革以来，总抚养比下降对中国储蓄率的贡献大约在 5% 左右，对中国经济增长的贡献在 1/4 强（蔡昉等，2004）。二是人口转变通过人口增长、人口年龄结构的变化影响经济规模、最终消费和劳动生产率，进而影响消费率。人口转变会改变人口增长速度，在人口转变的初期、中期、后期和完成后，人口增长速度也将经历从快到慢到停滞再到负增长这样一个过程。从人口和消费需求的关系看，消费水平及其增长速度、人口增长速度和原有的人口规模共同决定消费需求。人口规模大、增长速度快以及消费水平高、提高速度快，倾向于提高一个国家或地区的消费率；相反，人口增长速度的下降和经济总量的扩大不利于消费率提高。[①] 三是人口与可供消费的资源之对比关系变化引发消费制度演变。在人口转变过程中，人口与物质资源、自然资源等的对比关系也在逐步变化。人口与经济、社会、自然资源和环境等的对比所形成的相对价格的变化，将引发消费制度的变化。当某种资源消耗的速度或总量超过一定限度时，资源系统的

---

① 数学推导详见第四章的公式 4-9 到公式 4-13。

结构和状态就会发生质的变化,从而使原有的消费制度难以为继,只能加以改变。人口增长由高到低的变化,而经济持续高速运行造成的生产过剩,必然形成不同于人口基数大、增长速度快、经济底子薄的短缺经济背景下的消费制度,前者蕴涵着对抑制消费的需求,后者则对抑制消费形成强烈排斥。

(二)中国人口转变影响消费制度变迁的实证分析

1.人口消费性下降和生产性的上升

在人口转变的同时,人口年龄结构也发生相应变化,首先是少儿人口比重下降,劳动年龄人口比重上升,并且在很长时期里,老龄化提高的程度并不严重,由此形成了消费性下降、生产性上升的人口结构。表征人口生产性的15～64岁人口的比重从1953年的59.3%提高到1995年的66.6%,2000年后已提高到70%以上。表征人口消费性的总抚养比则迅速下降,由最高时的79.5%下降到1990年的50%以下,2000年以后下降到42%(见图3-6)。这种状况的发展,将逐步动摇抑制消费的人口基础。

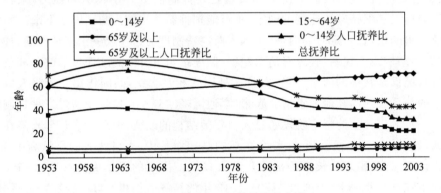

图3-6 中国人口年龄结构的变化

资料来源:1953年、1964年、1982年、1990年、2000年为全国人口普查数据,其他年度的数据来源于国家统计局相应年度的《国民经济和社会发展的统计公报》。

2.人口动态和经济动态的比较

人口动态和经济动态的比较决定消费制度的需求。一般说来,抑制消费是对经济基础薄弱、发展速度缓慢而人口多、增长快这种格局的反应,与低下的生产力水平以及在此基础上形成的供不应求相联系。在短缺经济下,这种动态使抑制消费的制度进一步固化。当两种动态的比较发生根本变化时,即人口增长日趋下降,而经济增长持续高位,就会出现抑制消费的制度非均衡,以至于出现制度变革或制度创新。

根据经济人口比[①]的变化,可以把50多年来中国人口增长与经济增长的动态过程(见图3-7)分为两种基本类型:一种是经济高增长而人口低增长;另一种是人口高增长而经济低增长。1952—1976年,主导类型是"人口高增长而经济低增长"。人口从不足6亿人增加到9亿人以上,年均增长速度为2.06%,GDP年均增速为6.3%,GDP与人口年均增速

---

① 人口与经济增长速度之比通常以人口增长速度为1计算所对应的经济增长速度,即 $\dfrac{GDP增长速度}{人口增长速度}$。

之比为 3.1。1977 年后,GDP 和人均 GDP 快于人口增长速度是这一时期最显著的特征,经济人口比持续、稳步提高。1990 年以来,大多数年份都超过 10,由此使得中国人口经济增长彻底摆脱了"马尔萨斯均衡陷阱",减轻了对消费需求的压力,动摇了抑制消费的约束条件。

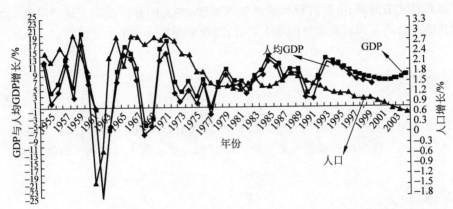

图 3-7　1953—2003 年中国人口增长与 GDP、人均 GDP 增长比较

资料来源:国家统计局.中国统计年鉴[M].北京:中国统计出版社,各年份.

3. 消费率实证分析的结果

选取 1953—2003 年主要年份的人口增长率、GDP、消费水平、劳动生产率、劳动年龄人口比重、抚养比等 8 个变量(对 GDP、消费水平、劳动生产率取对数),同消费率进行相关分析,分析结果如下。

(1) 消费率同人口增长率、少儿抚养比和总抚养比正相关,而与 GDP、消费水平、劳动生产率、15~64 岁人口比重、老年人口抚养比等 5 个变量负相关。

(2) 人口增长率与消费率、总抚养比,特别是少儿抚养比正相关,而与 GDP、消费水平、劳动生产率、15~64 岁人口比重、老年人口抚养比等 5 个变量负相关。

(3) 15~64 岁劳动年龄人口比重同 GDP、消费水平、劳动生产率和老年抚养比具有正的关系,而与消费率、人口增长率、少儿抚养比、总抚养比有负的关系。

(4) 少儿抚养比的变化与消费率、人口增长率和总抚养比的变化是同方向的,而与 GDP、消费水平、劳动生产率、劳动年龄人口比重和老年抚养比不同向。

(5) 老年抚养比与消费率、人口增长率、少儿抚养比和总抚养比反方向变动,但老年抚养比对 GDP、消费水平和劳动生产率等的不利影响尚未出现。

(三) 结论

中国人口转变加速了消费制度从抑制消费到鼓励消费的转化。但在人口转变的不同阶段,对消费制度的影响不同。在"高出生率—下降的死亡率—上升的自然增长率"阶段,即在死亡率下降主导的人口转变阶段,形成了一个更年轻的人口年龄结构和更高的抚养比。这种特点与短缺经济基础上的低速增长相叠加,进一步固化了抑制消费的制度。在出生率下降主导的人口转变阶段,即"快速、持续下降的出生率—较低的死亡率—不断下降的人口增长率"阶段,形成了劳动年龄人口比重持续走高、抚养比持续下降而老龄化程度不是很高这样一种更具生产性的年龄结构。这种人口转变与改革开放条件下的高速经济增长相叠加，加剧了原有消费制度的非均衡。

在人口转变过程中，消费率下降具有某种程度的必然性。人口转变形成了"生产性老龄化"，即人口增长率持续下降、人口结构的消费性下降和生产性上升，虽然产生了"人口红利"，但却具有冲击消费、压低消费率的现实可能性，本文的分析证实了这种可能。而随着人口红利的渐趋消失和制度建设的逐步完善，消费率会经历一个上升过程。

主要概念

经济增长与经济发展　人口与经济发展的悲观论　人口与经济发展的乐观论　人口转变　人口红利　统一增长理论　第一次人口红利　第二次人口红利　长期停滞

思考题

1. 试述马克思人口影响制度变迁的理论。
2. 试述新制度经济学关于人口对制度变迁影响的主要理论观点。
3. 试分析凯恩斯以来关于人口增长下降对经济增长影响的主要观点。
4. 试述科尔内人口与经济增长方式转变的理论模型，根据科尔内模型，试分析中国经济增长方式转变可能面临哪些机遇和挑战。
5. 思考一下人口增长影响经济增长的机制和经验案例。
6. 试比较发展中国家与发达国家人口增长对经济发展的影响。
7. 简述基于人口红利差异性的四种国家类型的划分。
8. 人口大逆转的经济影响是通货膨胀还是通货紧缩？试比较人口负增长、少子老龄化经济影响观点的差异。
9. 本章提供了人口增长对经济增长影响的日本经验，你怎么看？进入 21 世纪，日本的经验还有说服力吗？这个案例对中国有何启发？

参考读物

第四章

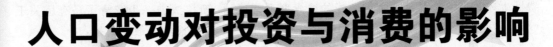

人口变动对投资与消费的影响

投资与消费关系是国民经济中的重大比例关系。我国经济发展方面的不平衡、不充分在投资与消费的关系上尤为突出。多数研究认为,投资与消费比例失衡是当前经济运行中的突出矛盾,中国经济需要再平衡,需要提高消费占比和消费率。但也有观点把投资率高、消费率低看作一种常态或将投资仍将保持较快增长看作今后的趋势(罗云毅,2004)。在全球金融危机和经济持续低迷的压力下,放弃投资拉动、改为消费拉动的增长模式是一种头痛医头、因噎废食的主张(林毅夫,2013),中国的投资消费关系没有统计上显示的那么失衡(许宪春,2013)。经济转型、人口转变的大国国情,决定了我们对投资与消费关系的研究必须重视人口因素。马寅初(1957)注意到社会主义革命和建设时期人口过快增长对积累和消费的影响,张纯元(1983)、吴忠观(1985)等的《人口经济学》也曾论及人口与积累和消费的关系,但背景多是计划经济、短缺经济,方法上以定性为主。市场经济体制确立以后,许多学者对人口老龄化、市场人口学及人口转变效应的研究虽然涉及储蓄和消费,虽然考虑到人口因素,但多限于人口结构,特别是年龄结构,对其他方面的研究则远远不够,同时研究对象也并非投资与消费关系……本章旨在通过梳理投资与消费关系理论,同时结合中国实际,试图建立包含人口变动的投资-消费关系分析框架,揭示投资-消费关系的形成机制和演变规律。

第一节 投资与消费关系的理论

一、投资与消费的概念

(一)消费

现代宏观经济学一般把消费同消费需求和消费支出相联系。保罗·瓦赫特尔(Paul Wachtel)在《宏观经济学——从理论到实践》一书中指出,消费概念的界定有两种方法:第一种是服务流方法(a flow of services approach),第二种是支出法(an expenditure approach)。与总需求和总产出的决定有关的消费概念是支出,宏观经济活动的水平依赖于物品和服务的需求。[①] 在新古典主义经济分析的框架中,经济过程被看作从"生产要素"到"消费品"的单行道。古典政治经济学把生产和消费系统看成是循环的过程,消费作为社会再生产过程中的一个环节,而不是单行道的尽头。马克思区分了"生产和生产性消费"以及"消费和消费性生产",并把它们同交换和分配的概念联系起来。[②] 斯拉法进一步澄清了马克思关于"生产消费"和"原来意义上消费"的概念。他的"生产消费"概念的一般公式是:

$$劳动力＋物品 \rightarrow 物品$$

生产性消费刻画了通过使用物品和劳动生产出物品的过程,这种消费是"生产者物化"。

"原来意义上的消费"和"生产消费"是不同的。"原来意义上的消费"的公式是:

$$物＋人 \rightarrow 人$$

"原来意义上的消费"描述了用物和人来生产人的方法。这种消费是生产者创造的物人化。生产消费属于中间消费,归根到底,是为了生产满足人们生活需要的各种物品和劳务。生活消费属于最终消费,实质是把生产者创造的物——消费资料或消费品(包括物质的、精神的和服务或劳务)用于满足生活需要的行为和过程。这里的消费就是马克思所讲的"原来意义上的消费",即生活消费。

(二)投资

在现实生活中,投资的内涵极为丰富。比如,居民购买股票、债券和地产,被称为投资;企业修建厂房、购买机器设备及其他生产资料、出资雇请工人进行生产,被称为投资;国家出资修建各种基础设施和市政工程、发展教育和科研事业,亦被称为投资。但宏观经济学中的投资概念,有其特定含义:其一,从市场角度看,它是用于购买投资品的支出;其二,从生产角度看,投资的结果必然转化为资产,而资产素有"物质资本"之称,投资的增长意味着物质资本(而非虚拟资本)的增加(闻潜,2000)。罗伯特·库恩和罗伯特·埃斯纳(1992)认为,投资就是资本形成——获得或创造用于生产的资源。古典和新古典经济学强调投资对未来供给的作用,经济增长被认为极大地依赖于额外生产手段的获得,即投资要超过对现有资本的磨损或折旧。投资的第二个作用主要是充分就业。在充分就业时,总产出等于总投资加总消费,而充分就业是这样一种状态,凡是希望工作的人都能找到一份工作。投资不足,不仅是由于它未能为将来的生产提供充足的资源,而且是由于它不能带来现有资源的充分利用。Jianjun Miao 和 Neng Wang (2005)认为,一项真实的投资一般有三个重要特征。第一,它通常部分乃至全部不可逆;第二,未来收益不确定;第三,投资时间在某种程度上是灵活的、能变通的。中国现在的统计体系中,投资也就是资本形成,包括固定资本和存货的增加。中国国家统计局用支出法计量的国内生产总值如图 4-1 所示。

(三)中国国家统计局对有关指标的解释

支出法国内生产总值是从最终使用的角度反映一个国家(或地区)一定时期内生产活动最终成果的一种方法,包括最终消费支出、资本形成总额及货物和服务净出口三部分。

---

① Paul Wachtel,Macroeconomics-from Theory to Practice[M]. McGraw-Hill Inc. ,1989:374.

② C. A. Gregory,Consumption and Production. 新帕尔格雷夫经济学大辞典 A-D[M]. 北京:经济科学出版社,1992:663、664.

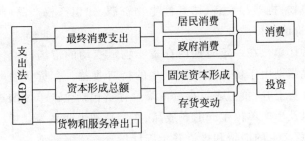

图 4-1　投资、消费与支出法计算的国内生产总值结构

计算公式为：

支出法国内生产总值＝最终消费支出＋资本形成总额＋货物和服务净出口

最终消费支出，指常住单位为满足物质、文化和精神生活需要，从本国经济领土和国外购买的货物和服务的支出。它不包括非常住单位在本国领土内的消费支出。最终消费分为居民消费支出和政府消费支出。

居民消费支出，指常住住户在一定时期内对于货物和服务的全部最终消费支出。居民消费支出除了直接以货币形式购买的货物和服务的消费支出外，还包括以其他方式获得的货物和服务的消费支出，后者称为虚拟消费支出。居民虚拟消费支出主要包括：单位以实物报酬及实物转移的形式提供给劳动者的货物和服务；住户生产用于自身消费的货物（如自产自用的农产品），以及纳入生产核算范围并用于自身消费的服务（如住户的自有住房服务）；银行和保险机构提供的间接计算的金融服务。

政府消费支出，指广义政府部门为全社会提供的公共服务的消费支出和免费或以较低的价格向居民住户提供的货物和服务的净支出，前者等于政府服务的产出价值减去政府单位所获得的经营收入的价值，后者等于广义政府部门免费或以较低价格向居民住户提供的货物和服务的市场价值减去向住户收取的价值。

实际最终消费，指核算期内常住单位实际获得的用于满足他们个人或公共需要或需求而使用的货物和服务。分为居民实际最终消费和政府实际最终消费。实际最终消费在数值上等于最终消费支出。

实物社会转移，指广义政府部门免费或以没有显著经济意义的价格向居民提供消费性货物和服务的支出。

居民实际最终消费，指常住住户获得的用于消费的货物和服务价值，它等于居民自身承担的消费性货物和服务支出加上广义政府部门以实物社会转移形式向居民提供的消费性货物和服务支出。

政府实际最终消费，指广义政府部门向全社会提供的公共服务的价值，它等于政府最终消费支出减去以实物转移形式向居民提供的消费性货物和服务支出。

资本形成总额，指常住单位在一定时期内获得减去处置的固定资产和存货的净额，包括固定资本形成总额和存货变动两部分。

固定资本形成总额，指常住单位在一定时期内获得的固定资产减处置的固定资产的价值总额。固定资产是通过生产活动生产出来的，且其使用年限在一年以上、单位价值在规定标准以上的资产，不包括自然资产、耐用消费品、小型工器具。固定资本形成总额包括住宅、其他建筑和构筑物、机器和设备、培育性生物资源、知识产权产品(研发支出、矿藏的勘探、计算机软件)的价值获得减处置。

存货变动,指常住单位在一定时期内存货实物量变动的市场价值,即期末价值减期初价值的差额,再扣除当期由于价格变动而产生的持有收益。存货变动可以是正值,也可以是负值,正值表示存货上升,负值表示存货下降。存货包括生产单位购进的原材料、燃料和储备物资等存货,以及生产单位生产的产成品、在制品和半成品等存货。[①]

本章使用以上意义上的消费和投资并予以计量。

二、投资与消费的关系

投资和消费的关系是复杂的、多方面的。从再生产、分配和流通等不同角度考察,投资与消费关系呈现出不同的属性或特点。

(一)生产和消费的关系

每一次经济运行都是从生产起步,经过交换和分配,到消费结束;但消费又会带来新的需求,在需求拉动下,将引发又一次经济运行。所以,经济运行过程本质上是社会再生产过程。但投资在再生产过程中并非一个独立环节,它不过是生产环节得以有效运转的一种手段。这是因为,生产首先需要投入生产要素——劳动和生产资料,劳动和生产资料相互结合的过程即生产过程。然而投入生产要素必须借助市场,必须以货币为媒介,劳动和生产资料投入以货币来表示,就是投资。而投资在经济运行中的作用就是发挥资金先导作用,为生产活动引入生产要素,并为市场带来产出。所以投资和消费的关系乃生产和消费关系。

投资和消费之间存在着既相互促进又彼此制约的关系。一方面,投资带来的产出将为消费提供最终产品,由投资决定的产出水平和结构制约着消费水平和结构;另一方面,消费是投资及生产的目的,投资形成的产出能否实现或出清,受制于由消费决定的市场需求。而且消费需求是经济运行的基本动力,它还可引发投资需求。因此在再生产中,既要发挥消费引导投资和生产的作用,又应以投资和生产来促进消费增长,形成双方之间的良性循环。

(二)积累和消费或储蓄和消费支出的关系

积累是扩大再生产的源泉,而积累来源于剩余产品和剩余价值。国民收入经过初次分配和再分配后,按最终用途可分为积累和消费两部分,这两部分相当于宏观经济学中的投资需求与消费需求。积累形成投资,投资使得生产规模扩大,从而生产出更多的消费品,使一国的消费水平提高。而消费水平提高又要求生产规模扩大,于是需要更多的积累和投资。积累和消费的相互促进、相互带动使一国生产力发展、居民生活水平提高。但从短期和静态角度看,二者存在此多彼少、互为消长的关系。微观上居民收入先是作为生活支出用于消费,其后的剩余,再用于储蓄。储蓄是投资的源泉,投资则由储蓄转化而来。所以在

---

① 《中国统计年鉴 2021》"主要统计指标解释",http://www.stats.gov.cn/tjsj/ndsj/2021/indexch.htm。

分配领域,投资和消费的关系表现为积累与消费或储蓄与消费的关系。或者说积累与消费、储蓄与消费是投资与消费关系的另一种表述。如果用 Y 代表产出或收入,C 代表消费,S 代表储蓄,I 代表投资,那么有 $Y=C+S=C+I$。这种关系表明,若要增加消费,就会相应减少储蓄,若要增加储蓄,须降低当期消费水平。但从长期和动态角度看,减少当期消费用于储蓄是为了维持或提高未来的消费水平,因此消费和储蓄、消费和积累关系实质是现期消费和未来消费的关系,对可支配收入中消费和储蓄比例的选择,实际是对现期消费和未来消费的跨期选择,目的在于追求各期消费总效用的最大化。所以,消费和储蓄又是统一的。

(三)供给和需求的关系

在市场运行中,消费的作用是形成对商品和劳务的需求;投资则为经济运行提供产出,并为市场带来供给。在流通领域,投资和消费的关系表现为供给和需求的关系。一方面,由投资带来的供给,要通过相应的市场需求实现;另一方面,由消费最终决定的市场需求,须由相应的供给来满足。当供给和需求大体一致时,市场在整体上是均衡的,这将有利于经济平稳运行;当供给和需求失衡时,或者供不应求,或者供大于求,市场就处于非均衡状态,要么经济过热,要么市场疲软,都会制约甚而破坏经济运行。然而,从资金投入到产出须经历一定过程。在产出之前,投资为市场带来需求,而非供给。因此在这个阶段,投资和消费的关系表现为两种市场需求——投资需求和消费需求——的关系。在两种需求中消费需求占主导地位,而投资需求处于从属地位。

第二节　中国投资与消费关系的历史演变

一、改革开放以前我国投资和消费的比例关系

改革开放以前,我国处于计划经济时期,投资-消费或积累-消费的比例基本由政府直接控制。积累是通过政府在国民收入初次分配中直接掌握大部分资源和强制储蓄来实现的(由于个人收入仅能维持生存,几乎没有投资能力,所以积累的大部分出于政府有意识的安排)。中华人民共和国成立时,全国工农业总产值 466 亿元,人均国民收入 66.1 元。1952 年国民经济虽然恢复,但城乡储蓄存款余额只有 8.6 亿元,而占全国人口近 90% 的农村基本上没有储蓄。在城镇的储蓄中,定期 4.8 亿元。这就决定了当时中国的投资建设规模不可能很大,1952 年全国社会固定资产投资额只占当年国民收入的 7.4%。[①] 从"一五"到"五五"时期,积累率不断上升、消费率不断下降,多次出现投资过度和消费不足,且波动很大(见表 4-1)。改革开放前,经济发展的最佳时期是"一五"时期,积累率 24.2%,消费率 75.8%,GDP 增长率 9.3%。1958—1977 年,经历了"大跃进"和"文化大革命",经济起伏很大。1959 年,积累率高达 43.8%,1960 年 39.6%,随后显著下降,1961 年为 19.2%,

---

① 中国社会科学院、中央档案馆.中华人民共和国经济档案资料选编(固定资产投资和建筑业卷 1953—1957)[M].北京:中国物价出版社,1998:374-383.

1962 年 10.4%,1963—1965 年间回升到 22.7%,最高与最低年份相差 33 个百分点。在这 20 年中,年均投资率上升到 30.2%,消费率下降到 57.2%,GDP 增长率 5.8%。经过"文化大革命",国民经济濒临崩溃。经济中的主要问题是"重工业太重、轻工业太轻"和对人民生活"欠债太多"。

表 4-1 我国五个五年计划时期积累与消费总额及比例变化 亿元

时 期	国民收入使用总额	消费总额	积累总额	消费率/%	积累率/%
"一五"(1953—1957 年)	4 122	3 124	998	75.8	24.2
"二五"(1958—1962 年)	5 616	3 884	1 732	69.2	30.8
1963—1965 年	3 575	2 767	811	77.3	22.7
"三五"(1966—1970 年)	7 785	5 738	2 047	73.7	26.2
"四五"(1971—1975 年)	11 054	7 410	3 644	67.0	33.0
"五五"(1976—1980 年)	15 024	10 031	4 993	66.8	33.2

资料来源:中华人民共和国国家统计局.中国统计年鉴(1993 年)[M].北京,中国统计出版社,1993.

二、改革开放以来的投资与消费关系

改革开放初期,我国政府对以往重积累、轻消费、重生产、轻生活的经济发展战略着手调整,消费率从 61.9% 曾一度跃升到 1983 年的 67.3%,达到改革开放以来的最高值。但此后呈波动下降之势,1988 年下降到 1978 年的水平,1992—1995 年,连续 4 年在 60% 以下,成为改革开放以来的第一个低谷。从投资率看,呈现出波动上升趋势。1993 年投资率上升到 43.4%,1994 年也在 40% 以上,投资-消费关系呈现一高一低、一升一降之势,在投资率升至 40% 以上的同时,消费率下降到 1978 年以来的最低值。1993—1999 年,在经历投资率的缓缓下降和消费率的微弱上升以后,2000—2020 年,投资率不降反升,消费率则不升反降。投资率由 33.7% 上升到 43.1%,消费率由 63.9% 下降到 54.3%,这期间,消费率的最低值(49.3%)和最高值相差 14.6 个百分点,投资率的最低最高值相差 13.3 个百分点。消费率不是更高,而是更低,1978—2020 年,我国消费率的均值是 58.7%,进入 21 世纪后,仅 2000—2002 年在均值以上,而 2003—2020 年的 18 年都在均值以下。投资率均值 39.3%,2003—2020 年都超过均值,如图 4-2 所示。根据世界银行 WDI 数据库,1960—2000 年,低收入国家和地区的资本形成率平均为 23.4%,中等收入国家和地区平均为 23.9%,高收入国家和地区平均为 21.5%。我国 2000—2020 年的均值是 42.2%,比中等收入国家高 18.3 个百分点,比高收入国家高 20.7 个百分点。即使考虑到在工业化过程中投资率一般较高的因素,考虑到中国居民消费数据的低估和全社会固定资产投资数据的高估的因素[①],对中国最终需求结构的准确判断依然是投资率明显偏高。再看居民消费率,2000—2010 年,中国显著下降,10 年间下降了 12 个百分点,其他下降的国家还有印度、印度尼西亚、韩国、巴西、德国、英国和澳大利亚,只是中国下降的幅度远远大于其他国家。另外还可以看出,中国在最近 10 年来,居民消费率上升了,但新型冠状病毒感染疫情打断了

---

① 收入和居民消费数据存在一定程度的低估、而投资数据存在一定程度高估是政府统计的世界性难题,但这并不直接影响对中国重大经济结构的准确性判断。参见许宪春.准确理解中国的收入、消费和投资[J].中国社会科学,2013(2).

居民消费率上升的势头。受疫情影响,2020 年多数国家也都出现了居民最终消费率的下降(印度尼西亚、越南除外)。2010—2020 年,居民消费率在发展中经济体总体呈上升趋势(见表 4-2)。

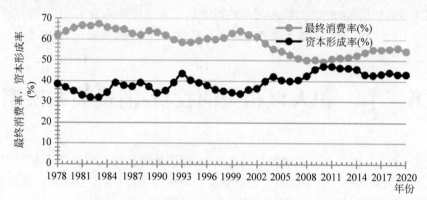

图 4-2　1978—2020 年中国投资率与消费率的演变

资料来源:中国统计年鉴 2021[M].北京:中国统计出版社,2021.

表 4-2　2000—2020 年中国居民消费率与若干国家的比较　　　　　　　　　　%

国　家	2000 年	2010 年	2017 年	2018 年	2019 年	2020 年
中国	46.7	34.3	38.5	38.5	39.2	37.7
印度	63.7	54.7	58.7	59.4	60.5	59.1
印度尼西亚	61.7	56.2	57.3	57.0	57.9	59.0
日本	54.4	57.8	55.4	55.6	55.2	
韩国	54.5	50.4	47.5	48.0	48.5	46.5
越南	66.5	66.6	68.0	67.6	68.2	68.4
加拿大	54.5	57.0	58.0	57.9	57.8	57.4
美国	66.0	67.9	68.3	67.9	67.9	
巴西	64.6	60.2	64.5	64.6	64.8	62.7
法国	53.9	55.4	54.0	53.9	53.7	53.4
德国	56.3	55.1	52.3	52.3	52.4	51.3
意大利	60.6	60.7	60.3	60.2	60.0	57.9
俄罗斯	46.2	51.5	52.9	50.4	51.2	49.5
英国	66.5	64.0	64.5	64.7	64.0	60.8
澳大利亚	58.1	56.2	56.7	56.4	55.3	53.7

资料来源:中国统计年鉴 2021[M].北京:中国统计出版社,2021.

三、造成投资与消费比例失衡的主要原因

上述分析表明,投资率偏高、消费率偏低是我国投资与消费比例失衡的基本表现。对此,我国学者吴忠群(2002)、卢中原(2003)、罗云毅(2004)、张立群(2006)、贺铿(2006)和郑新立(2006)等人进行了有益探索,尽管分析角度不同,对投资-消费关系的评价和判断存在一定差别,但都承认中国最终消费率和居民消费率偏低。有的认为,这是我国经济运行的

常态,而更多的研究认为,这种趋势有其内在的原因和客观必然性,既有合理的成分,也有不合理的因素。除统计口径因素外,还有多方面的原因,如历史和文化传统因素,工业化、城市化、市场化、国际化迅速发展因素,利率和价格因素,消费制度、消费升级因素,政府支出结构因素,经济体制、增长方式、发展战略以及居民可支配收入在 GNI 中所占的比重,劳动者报酬在 GNI 中所占的比重等收入分配和社会保障因素等(方福前,2020)。

第三节　和人口相关的投资-消费关系模型

　　上述分析表明,投资和消费的关系相当复杂,两者的最优比例取决于多种因素,人口是最主要的影响因素之一。人口对投资和消费关系的影响,可以追溯到古典经济学关于人口与生活资料的论述。魁奈、马尔萨斯论述了人口增长和消费资料的关系。年轻的马尔萨斯把人口增长看作魔鬼并反对人口增长,主要是基于人口法则使资本积累和摆脱"低水平陷阱"变得更加困难,后来,马尔萨斯提出了"有效需求"理论[①],强调只消费不生产的集团必须保持足够大的规模,才能保证社会总产品被全部销售,以此避免经济危机。凯恩斯主义者把人口增长看作有效需求增加的原因,认为人口增长能够扩大消费,为企业家提供乐观预期,人口增长的下降则关闭了投资通路。斯维齐(Sweezy,P.M,1942)把人口增长看作抵消消费不足的力量,他认为,人口增长"对于始终都在大力阻遏资本主义生产扩张的消费不足趋势,曾经是一个最重要的抵消因素"。尼奥(Neal,1978)研究了人口增长率下降和投资需求、经济衰退的关系。另外一些模型也涉及人口因素对投资和消费的影响,比较著名的如"生命周期模型"(Modigliani)、家庭储蓄模型、稳定状态与黄金分割律模型、最优储蓄模型、钱纳里(H.Chenery)发展型式模型都从不同侧面涉及诸如年龄结构、人口增长、城市化等人口因素对投资和消费的影响。加莫维奇和亨利(Nir Jaimovich & Henry E.Siu,2009)研究发现,劳动力年龄结构的变化对 G7 国家第二次世界大战以后的周期波动有很强的解释力。新中国成立以来,马寅初注意到人口过快增长对积累的挤出效应,张纯元、吴忠观等也曾论述了人口与积累和消费的关系,蔡重直将人满为患与发展中国家经常遭遇通货膨胀相联系。[②] 本节主要介绍以下模型。

一、生命周期模型

　　生命周期(life cycle,简称 LC)模型揭示了年龄和储蓄率变动的相关性。对这种相关性的一种解释是,当一代人处于收入高峰期时,他们的储蓄率可能相对较高,当这一代人处于较低收入时期,比如在退休期间,他们的储蓄率就相对较低。也就是说,如果其他条件相

---

　　① 马尔萨斯在 1820 年出版的《政治经济学原理》以及与李嘉图的通信中阐述了关于经济危机必然性及避免经济危机的观点。但马尔萨斯的有效需求理论沉寂了很长时期,直到 100 年后,才被凯恩斯发现并得以光大,所以凯恩斯称马尔萨斯为"第一位剑桥经济学家"。
　　② 蔡重直.中国通货膨胀形成的研究[M].北京:中国人民大学出版社,1992.

同,那么不同国家在不同时期的人口年龄构成变动可能决定储蓄率变动。

(一) 最简单的生命周期(LC)模型

最简单的 LC 模型假定无不确定性,收入改变仅仅出现在消费者退休的时点上,一生各时期的消费相等。该模型的主要思想是"代表性消费者将根据他所预期的一生平均消费,把各个时期的消费安排在合理稳定的数量上"。[①] 模型的主要代表人物是莫迪利亚尼(Modigliani)、布伦伯格(R. Brumberg)和安多(A. Ando)等人。图 4-3 显示了这种状况。

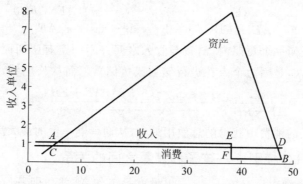

图 4-3　最简单的生命周期模型中的消费、收入和资产

图中表示一个在 A 或 C 点出生,并同时开始工作,在 E 或 F 点退休,在 D 或 B 点死亡的消费者一生的消费、收入和资产曲线。AE 表示代表性消费者的工作期间(假设为 40 年),在这个期间内的劳动收入是常数,设每期为 1,则工作期间的收入是 40。FB 表示退休以后的时期(假设为 10 年),这 10 年的收入为 0。实际利率也为 0。CD 表示他一生之消费曲线,他在 AE 获得的收入要在工作期和退休期两个时期使用(消费),$CD=AE+FB=40+10=50$,因此每时期消费为常数 $AE/CD=40/50=80\%$,即工作期内收入的 80% 用于消费。工作期内每时期积累的资产占收入的比例是 $FB/CD=10/50$,即工作期内收入的 20%,这样他在退休前积累的总资产是 $AE\times(FB/CD)=40\times20\%=8$,以保证退休后的消费水平等于工作期,生命结束时,正好花完他的全部收入。[②]

最简单的 LC 模型预言人口和生产率增长将产生储蓄。年轻人储蓄,年老人花费储蓄。如果人口不变,现在年轻人的收入和现在老年人在其年轻时的收入相等,那么储蓄量等于储蓄花费量,互相抵消。生产率增长了,年轻人比其父母在年轻时更富裕,他们的储蓄会比其父母当年的储蓄多,净储蓄就是正数。生产率增长越快,储蓄率越高。人口增长的作用方式也完全相同。如果年轻人[③]比老年人多,整个社会也会有正储蓄。由此将引出储蓄率和增长关系的简单公式。如果人口增长率是 n,生产增长率是 g,国民收入增长率是 $n+g$,在 t 时期出生的消费者是 $n_0 e^{nt}$,每个消费者一生的不变收入是 $y_0 e^{gt}$,每个人消费其年收入的一部分,即 $AE/(AE+FB)$。因此在时期 t,总收入是所有那些在 $t-AE$ 以来出

---

① Franco Modigliani,Life cycle ,individual thrift,and the wealth of nations,American Economic Review,1986,(76):297-313.

② 安格斯·迪顿. 理解消费[M]. 胡景北、鲁昌,译. 上海:上海财经大学出版社,2003:56-57.

③ 最简单的生命周期模型中的年轻人是能够挣得稳定收入的成年人。

生的人的收入,而消费是 $t-(AE+FB)$ 以来出生的人的消费。即时期 t 的消费和收入为

$$C = \int_{t-(AE+FB)}^{t} \frac{AE}{AE+FB} y_0 e^{gt} n_0 e^{nt} \, dt \tag{4-1}$$

$$Y = \int_{t-AE}^{t} y_0 e^{gt} n_0 e^{nt} \, dt \tag{4-2}$$

求式(4-1)和式(4-2)的积分,可得到消费者在时期 t 的消费倾向:

$$\frac{C}{Y} = \frac{AE}{AE+FB} \times \frac{1-\exp[-(g+n)(AE+FB)]}{1-\exp[-(g+n)AE]} \tag{4-3}$$

也就是说,在任何一个短期内,消费与收入之间并不一定有密切而单纯的关系。消费超过或低于现期收入,是因为个人在进行储蓄或负储蓄。而从长期看,消费与收入之间的关系是稳定的,他按照 $\dfrac{AE}{AE+FB} \times \dfrac{1-\exp[-(g+n)(AE+FB)]}{1-\exp[-(g+n)AE]}$ 的比例,均匀地消费掉他的收入,使他在一生的消费中获得的总效用最大,从而得到一生的最大满足。

(二)扩展的 LC 模型——孩子和储蓄之间的关系

最简单的 LC 模型中没有孩子,人一出世就是工作者,并立即开始为自己的退休生活进行积累,仅从当前以及预期的消费和财富中获取效用,其中一家之主负责储蓄和消费决策,直到其死亡,而死亡时间是确定的。他们无须考虑代际之间的财产转移或者遗产问题,从而无须直接面对孩子、婚姻、家庭构成或者劳动供给的选择。每一个有收入的成年人最终都将退休,在他的生命周期结束时储蓄的现值为零。显然,这个模型有其自身缺陷。

对 LC 模型进行的修正与扩展是,将儿童阶段也加入了生命周期模型(Higgins & Williamson,1996;Bloom & Williamson,1998;Mason,2001;Birdsall et al. 2001;Paul Shultz,2005)。在扩展的 LC 模型中,儿童被看成生命周期中的被抚养阶段,孩子被广泛认为是一种跨期投资,或者是父母生命周期从相对高生产力的成人阶段到相对低生产力的老人阶段的资源转移机制,把孩子当作货币储蓄的替代物。如果父母决定减少他们的生育,那么在其他条件不变时,其他形式的储蓄或财富的稀缺性或者边际价值对他们来说可能上升。父母生孩子的部分原因是希望孩子能够在他们老年时提供帮助或照顾。

如果成年人生孩子的主要原因是为了确保退休和老年时的消费和受到照顾——这是一种保险机制,同时也是一种储蓄形式——那么,家庭规模越小,父母就越有可能提高储蓄率,并增加对公共养老金的需求。如果父母决定减少生育,那么在其他条件不变时,他们的储蓄率会上升。但是造成父母减少生育的环境变化可能会同时引起收入的增加或减少,继而影响他们的消费和储蓄,或者以人力资本、土地和其他实物形式存在的储蓄的相对回报。从孩子角度看,为父母老年提供消费和照顾的储蓄动机会因为父母减少生育而被强化,因为现在必须由较少的后代承担养父母的责任。[①] 另外,贝克尔孩子质量与数量互相替代的理论,也有助于解释生育数量和父母用于每个孩子的人力资本投资的储蓄之间的负相关

---

① 如果孩子在成长时曾受益于父母对他们的人力资本投资,那么他们会更有可能兑现隐性的养老金合同,在父母年老时支持父母,除非老年人的养老金和医疗是国家提供的(Kotlikoff,1988)。

关系(舒尔茨,1981,2002)。但是孩子质量能否完全抵消人口转变时期孩子数量的减少而增加的储蓄?这方面的证据很少。乔根森(Jogenson,1995)把父母对孩子的投资视作国民核算中的储蓄,他估算,20世纪美国家庭以投资孩子为形式的储蓄上升了。P.舒尔茨认为,孩子影响财富积累及其程度取决于未知的潜在参数和有争议的模型假设。未预期到的生育变动影响女性劳动力供给,进而影响生命周期中的市场收入,市场收入影响对孩子的人力资本投资,也可能影响家庭的全部储蓄。在1952—1992年的40年中,生育率快速下降的东亚、东南亚和南亚,后期出生的几代父母都随着生育率的下降而提高了家庭储蓄率。美国19世纪生育率下降时,也发生了同样的事情。这种分析框架也称人口红利,即快速的人口转变会在一二十年内使一国的储蓄率大幅上升,逐渐出现储蓄高峰,然后随着退休人口比重上升,在40年或更久以后出现可预期的储蓄率下降。

二、家庭储蓄需求模型

将生育率下降和市场储蓄相联系的模型有两个:一是LC模型;二是家庭需求模型。第一个模型假定,给定一生的收入不变,那么各代人在相同年龄的时候,为了退休而进行的储蓄率是一样的。如果处于抚养年龄的人口占总人口的比例下降,那么总储蓄率就会上升。所以在人口转变期间,年幼抚养人口占总人口的比例下降幅度超过年老抚养人口比例的小幅上升,如其他条件不变,那么至少一二十年内储蓄率会上升。第二个模型认为,家庭在整个生命周期内对孩子及其他消费品都有需求,夫妻根据价格、工资、财富收益和技术、机会的变化而调整选择。如果父母开始将预防性和退休时的财富作为孩子的替代物,那么在这之后出生的各代人及女性由于各种原因减少生育也将增加储蓄。家庭对孩子健康和教育的投资也可能增加,这将增加全部人口福利。

家庭需求模型有助于解释生育率和财富积累的关系,也能得到LC模型预言的年龄构成与储蓄率之间的总体趋势。LC模型的核心概念是不同年龄段的储蓄构成,储蓄是为了退休后的消费。而家庭需求模型则扩展了这个框架,用以解释生命周期中的一系列行为,从而使得家庭有更多的激励来生养孩子和以各种资产形式进行储蓄。在一般均衡框架中,外生的总储蓄供给增加将减少储蓄回报,从而抑制储蓄供给。如果一个经济体是对世界资本市场开放的,那么国内储蓄供给对储蓄回报的反应则不会那么显著。当一国经历人口转变的时间和速度决定大规模人口年龄结构变化时,国际资本流动会随之变化。海金斯和威廉姆森(Higgins & Williamson,1996,1997)发现,在一个开放经济中,年龄构成对总储蓄和总投资影响的差额等于年龄构成对国际收支经常项目差额(顺差或逆差)的影响。他们认为人口年龄构成影响国内总投资机会:如果人口集中在年轻成年人,那么将出现投资率高峰;相反,如果集中在处于收入高峰期的较年长劳动力,那么,将出现储蓄率高峰。因此,一个对国际资本市场开放的经济体,当它的人口年龄结构年轻化时,国内储蓄相对于投资机会而言存在缺口,所以将倾向于向国外借钱。相反,当一个国家处于收入高峰期的劳动力人口比例过高时,将倾向于出口剩余储蓄。例如,1870—1910年间,欧洲把许多储蓄投资到新大陆和俄国,认为是人口年龄结构造成的。用同样方法他们也解释了1960—2000年间日本、新加坡、韩国和我国台湾省的国际收支经常项目从逆差到顺差的转变

(Taylor 和 Williamson,1994)。

家庭需求模型预言,导致生育减少的因素对储蓄可能具有不同的"交叉效应",也许可用这种方法与 LC 模型相区别。因为,无论何种原因导致生育的相同变化,都对年龄构成产生同等的影响。长期出生率下降,可能是因为妇女在家庭外获取工资的机会上升,使得生育孩子的机会成本上升,导致对孩子的需求减少。孩子人力资本回报的上升也可能导致父母用孩子质量替代他们所需的孩子数量[1]。

三、稳定状态、黄金律与动态有效模型

判断一个经济是否动态有效的标准是经济是否处于"黄金律"的资本积累水平上。而对黄金律和动态有效分析是以"稳定状态"(stead state)为前提的。

(一)稳定状态

1987 年诺贝尔经济学奖得主索洛(R. Solow)认为,经济在多数情况下都存在一个"稳定状态"。一个经济的增长如果具有下列六种事实中的前三种(或前四种),就称经济增长处于一种"稳定状态"。①从一个较长的时期看,人均实际产出的增长率是多少具有稳定性的;②实际资本存量的增长率大体上也是稳定的;③实际产出的增长率与资本品存量的增长率趋于差不多同样的速度,因而,资本对产出的比率并未表现出一种系统的变化倾向;④除了有时出现一些急剧变化之外,资本利润率具有一种平均化的倾向,那种短期利润率的急剧变化往往是与有效需求的急剧变化有关;⑤人均实际产出增长率在不同国家之间是非常不同的;⑥一种经济中,如利润占收入的比例越高,则投资占产出的比例也越高。[2]在稳定状态,经济的产出、就业与资本存量的增长都呈指数型,并且资本-产出比保持不变。所以,一般定义稳定状态是以产出与就业按某种固定比例增长(包括增长率为零),并且以净储蓄与净投资占产出的固定比例为标志的。[3]在哈罗德-多马模型中,稳定状态即有保证的增长率、自然增长率和实际增长率相等时的情景。

(二)黄金律与动态有效

一般说来,黄金律(the golden rule)是在技术进步和人口增长稳定的背景下,由资本积累和产出增长动态模型发展而成。在哈罗德、多马、罗宾逊(Joan Robinson)研究工作的基础上,从索洛和斯旺(T. W. Swan)开始,最早由诺贝尔奖得主费尔普斯(Phelps,1961)提出。假定政府的目标是通过构成社会的个体对商品和服务消费的最大化,从而最大化其福利。每个工人的人均消费是 C/L,因此有

$$\frac{C_t}{L_t} = (1-s)Y_t \tag{4-4}$$

如果我们把注意力只集中于稳态,在长期增长路径中,人均稳态消费是:

$$\frac{C_t}{L_t} = (1-s)\left[\frac{s}{n+g+\delta}\right]^{\left[\frac{a}{1-a}\right]} \times E_t \tag{4-5}$$

① 保罗·舒尔茨.人口结构和储蓄:亚洲的经验证据及其对中国的意义[J].经济学(季刊)第 4 卷.2005(4).
② 索洛.经济增长论文集[M].北京:北京经济学院出版社,1991.
③ 舒元等编著.现代经济增长模型[M].上海:复旦大学出版社,1998:18-19.

如果希望经济处在有最高人均消费水平的长期增长路径上,那么政府应该选择什么样的储蓄率? 如果把人均消费的微分作为储蓄率的函数,那么,人均消费的变化率为

$$\frac{\mathrm{d}}{\mathrm{d}s}\left[\frac{C_t}{L_t}\right] = \left[-(s)^{\left[\frac{\alpha}{1-\alpha}\right]} + \left[\frac{\alpha}{1-\alpha}\right](1-s)(s)^{\left[\frac{2\alpha-1}{1-\alpha}\right]}\right] \times \left[\frac{E_t}{(n+g+\delta)^{\left[\frac{\alpha}{1-\alpha}\right]}}\right]$$

(4-6)

$$\frac{\mathrm{d}}{\mathrm{d}s}\left[\frac{C_t}{L_t}\right] = \left[-1 + \left[\frac{\alpha}{1-\alpha}\right]\left[\frac{1-s}{s}\right]\right] \times s^{\left[\frac{\alpha}{1-\alpha}\right]}\left[\frac{E_t}{(n+g+\delta)^{\left[\frac{\alpha}{1-\alpha}\right]}}\right]$$

当 $s=\alpha$ 时,人均消费变化率是零,人均消费水平最高。这时的储蓄率称为黄金律储蓄率,与此相联的稳态增长路径称为黄金律稳态增长路径。

考察黄金律稳态的另一种方法是考察资本边际产品。在黄金律稳态增长路径上,资本边际产品等于人口增长率、劳动生产率增长率和折旧率之和。即

$$\frac{\mathrm{d}Y}{\mathrm{d}K} = n+g+\delta$$

(4-7)

它表明在稳态经济下,如果资本的边际生产率等于人口增长率、劳动生产率增长率和折旧率之和,则个人消费最大,则称经济处于一种动态有效(dynamic efficiency)状态。黄金律也指明了资本积累的最优路径,如果资本超过了一定水平,从而其边际生产率低于黄金律水平,则个人消费达不到最大,经济处于一种无效状态。

(三)黄金律的经济政策含义

如果从稳态开始的资本-产出比高于黄金律稳态,那么可以通过降低储蓄率以提高经济的人均消费水平。储蓄率下降将刺激稳态的人均消费水平,并刺激长期的人均消费。而且通过削减储蓄和增加用于消费的资金,人均消费在短期可以增加。如果从稳态开始的资本-产出比低于黄金律稳态,那么政府要采取措施提高储蓄率以达到黄金律稳态。在长期,储蓄率上升将促进稳态的人均消费水平。然而,储蓄率上升在短期则会减少用于消费的资金,政府必须决定短期和远期的替代是否值得。考虑是否使经济向黄金律稳态移动,政府必须考虑对消费的长期刺激是否超过了短期对消费的挤出。

四、阿马蒂亚·森的最优储蓄模型

阿马蒂亚·森(Amartya Sen)是 1998 年诺贝尔经济学奖获得者。他把储蓄率的选择看作一个跨期规划问题,即目前消费和未来消费之间的权衡。跨期规划广泛和容易使用的方法是效用函数。效用函数仅仅依赖于消费 C_t,而它通常采取固定弹性的形式,且超过生存消费 $\bar{C}$。

他认为,"最优储蓄率有一个上下限,它既取决于社会和技术的因素,又取决于个人偏好和价值设定。今天选择的储蓄率,不仅影响同一群人早期和晚期的消费,而且也影响不同代人的消费,包括其中尚未出生的人。这一问题的解决一般适用消费者主权原则。个体的储蓄率依赖于未来价格,未来价格又受到别人储蓄率的影响。"任何特定社会的消费水平都不能被突然压低到历史决定的某种限度以下。在一个奢侈消费比例低的社会,消费的下限接近于实际工资加上对失业者的救济,即另外依靠社会为生的部分。当储蓄率被提高很

多时，它的上限可能受制于生产率的影响。最优的上限一般会降低选择范围。超过某一点，投资的扩张可能会导致事实上的边际负效用。储蓄率的下限可能取决于许多不同的因素，一种是维持社会现存的生产能力所必须的投资，另一种是人口增长。由社会观念和现有人口规模所决定的当期最低消费水平，有一个由人口增长率所决定的最低消费增长率。一个对最优储蓄率感兴趣的社会，不可能容忍生活水平事实上的下降。一般说来，其他条件给定，一个较高的人口增长率倾向于提高最优储蓄率；反之亦然（1961）。可以把最优储蓄率决定的问题划分为三种情况：一是当代人当前和未来消费的分配；二是当代和后代消费的分配；三是未来不同代人之间消费的分配。最优消费路径的公式为

$$C(t) = \frac{S(0) \cdot \alpha \cdot b \cdot (e^{bT} - e^{gT})}{(1-\alpha)(e^{bT/(1-\alpha)} - e^{bT})} \cdot e^{bT/(1-\alpha)} + \bar{c} \qquad (4\text{-}8)$$

式中，$\bar{C}$ 表示生存消费水平；$S(0)$ 表示初始储蓄额或初始资本存量；b 表示不变的产出-资本比；e^{gT} 表示初始资本存量的指数增长；e^{bT} 表示产出-资本比的增长速度，其中 $g \leq b$；T 为时间；α 为效用函数的边际效用；$\alpha < 1$ 表明最优消费依赖于生存消费水平、初始的储蓄额及其增长速度、产出-资本比及增长速度以及边际消费倾向等。

初始的储蓄额越多，产出-资本比越高，生存消费水平越高，t 时刻的最优消费水平越高，而初始的储蓄增长越快，最优消费水平越低。

五、投资与消费关系的其他理论

德国经济学家霍夫曼（W. C. Hoffman），较早注意到工业化过程中的投资-消费关系。他把工业分为消费品工业（consumption-goods industries）和资本品工业（capital-goods industries），把工业化界定为生产的资本化，工业化的主要特征就是资本品工业的相对上升和消费品工业的相对下降。他按照资本品生产和消费品生产的关系，将工业化过程分为三个阶段：①消费品工业主导阶段；②资本品工业相对上升阶段；③消费品工业和资本品工业平衡，但资本品工业占优势。在第一阶段，消费品工业与投资品工业的比率为 5（±1.5）：1；第二阶段为 2.5（±1）：1；在第三阶段为 1（±0.5）：1。

罗斯托（W. W. Rostow 1960，1990）的经济增长阶段理论。罗斯托把经济增长分为传统社会、起飞前、起飞、走向成熟和大众高消费五个阶段。传统社会和起飞前阶段，整个社会除了消费以外，储蓄和投资很少，国外资本的输入通常占投资中的很大比例，投资率可能高于5%；在起飞时期，有效的投资率或储蓄率可能从国民收入的5%提高到10%或10%以上，同时由于新兴工业的发展及其城市地区和现代工厂的进一步扩张，投资率持续上升，国民收入的10%～20%被稳定地用于投资，之后进入到与较高储蓄率（投资率）相伴的成熟阶段。在大众高消费阶段，由于耐用消费品的普及，投资和消费都会增加，但消费占国民收入的比重可能上升，投资的比重则下降。

钱纳里（H. Chenery，1975，1986）等人的发展型式理论。钱纳里等选择了93个国家包括投资和国内需求结构在内的10个基本过程，国内需求、贸易和生产结构等被作为分析单位，发展型式理论揭示了经济发展过程中包括投资与消费关系在内的结构变化（见图4-4和图4-5），即钱纳里标准模型。该模型把93个国家分为大国（L）、初级产品出口导向的小

国（SP）和工业制成品出口导向的小国（SM）三种类型。基于经验证据分析发现，人均国民生产总值用 1964 年美元统计，投资率随人均国民生产总值的提高而提高，从人均国民生产总值 100 美元以下时的 13.6％上升到 1 000 美元时的 24％，上升 10 个百分点，而私人消费率由 77.9％下降到 61.7％，降幅达 16 个百分点。但人均国民生产总值超过 1 000 美元后，私人消费率不再下降，投资率不再上升。在整个过程中政府收入占比明显上升，而政府消费率在 1 000 美元时仅比 100 美元时上升 1 个百分点。超过 1 000 美元时，私人消费率略有回升而投资率略有下降。按 1970 年美元，在人均 140 美元的水平时，消费、投资和政府支出分别为 71％、15％和 14％。人均 560 美元时，为 65％、20％和 15％，人均 2 100 美元时，为 59％、23％和 18％。也就是说，随着人均收入的提高，个人消费率下降而投资率和政府消费（政府支出）率上升。

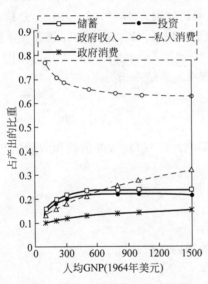 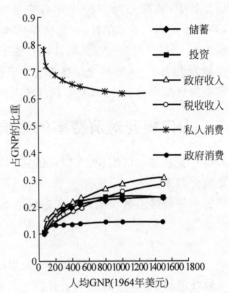

图 4-4 大国经济结构的正常差异　　　图 4-5 伴随发展水平的经济结构上的正常差异

资料来源：霍利斯·钱纳里，莫伊斯·塞尔昆. 发展的型式：1950—1970. 北京：经济科学出版社，1988：31-32.

第四节　人口转变对投资与消费关系的影响

总体看，我国投资率高、消费率低的原因比较复杂。收入水平、实际利率水平、家庭规模、人口结构和城乡分布、金融市场的流动性和发达程度、宏观经济政策等，对家庭的储蓄和消费行为有着非常重要的影响。Leff（1969，1971）利用 1964 年 74 个国家的截面数据研究发现，人均收入水平、经济增长速度、少儿抚养比、老年抚养比对国民储蓄率均有显著影响。Ram（1982）利用 1977 年 28 个国家截面数据也得出基本相似的结论。王德文等（2004）利用三次全国人口普查资料（1982 年、1990 年、2000 年）、13 年人口抽样调查资料以及国家统计局的其他资料,对 Leff 模型在中国的适用性进行了检验,得出了三点基本结论,其中一条就是,人口转变对储蓄率有显著影响。李通屏、李建民(2006)的实证研究也揭示了消费率在人口转变过程中下降的必然性。

一、人口转变对储蓄率的影响

储蓄率是影响一个国家/地区经济增长的重要经济因素。日本、韩国、泰国、马来西亚、新加坡等东亚国家和中国香港地区战后获得了高速经济增长。其中,高储蓄率是解释这些现象的重要因素之一。而高储蓄率同迅速发生和较早来临的人口转变有密切关系,因为与人口转变相伴的是从高少儿抚养比向高劳动年龄人口比阶段的转变,从而形成有利于高储蓄率的人口结构。王德文等(2004)利用 Leff(1969)模型,解释了中国改革开放以来人口转变的储蓄效应,估算 1982—2002 年各变量对储蓄率的平均贡献率为:人均收入水平 17% 左右,经济增长率 0.5% 左右,少儿抚养比和老年抚养比分别为 4.9% 和 −5.1%,总抚养比的贡献为 5.1%。1982—2002 年总抚养比下降幅度 33.13%,其中来自少儿抚养比下降的贡献份额为 117.2%,来自老年抚养比上升的份额为 −17.2%,由此得到少儿抚养比下降对储蓄率的贡献率为 6.0%,老年抚养比上升对储蓄率的贡献率为 −0.9%。

二、人口转变对消费率的影响

人口转变通过人口增长、人口年龄结构的变化影响经济规模、最终消费和劳动生产率,进而影响消费率。

消费率是最终消费在国内生产总值中的比率。用公式表示为

$$c' = \frac{C_f}{\text{GDP}} \tag{4-9}$$

式中,c' 表示最终消费率;GDP 表示用支出法计算的国内生产总值。

而最终消费和人口、消费水平有如下关系:

$$C_f = N \times (1+n) \times \bar{c} \times (1+\bar{c}') \tag{4-10}$$

将式(4-10)代入式(4-9),有

$$c' = \frac{N \times (1+n) \times \bar{c} \times (1+\bar{c})}{\text{GDP}} \tag{4-11}$$

在式(4-10)和式(4-11)中,新增加的变量分别为:N 为人口规模、n 为人口增长率、$\bar{c}$ 和 $\bar{c}'$ 分别表示消费水平及其提高率。人口规模大、增长速度快以及消费水平高、提高速度快,倾向于提高一个国家或地区的消费率;相反,人口增长速度的下降和经济增长速度的加快对消费率的提高很不利。

由于一个国家的 GDP 通常由劳动年龄人口创造,因此,我们可以建立起如下关系:

$$\text{GDP} = \frac{L}{N} \times N \times \frac{\text{GDP}}{L} \tag{4-12}$$

式中,L 表示劳动力数量;$\frac{L}{N}$ 表示劳动力数量占总人口的比重;$\frac{\text{GDP}}{L}$ 表示每个劳动力人口创造的 GDP,即劳动生产率。

该公式表示年龄结构$\left(\dfrac{L}{N}\right)$、人口总量($N$)和劳动生产率$\left(\dfrac{GDP}{L}\right)$与 GDP 的关系。将式(4-12)代入式(4-11)，我们建立起消费率的新的函数关系：

$$c' = \frac{N \times (1+n) \times \overline{c} \times (1+\overline{c'})}{\dfrac{L}{N} \times N \times \dfrac{GDP}{L}} \tag{4-13}$$

式(4-13)表示，劳动力人口占总人口比重越高，消费率越低；劳动力比重下降，消费率可能上升。我国在劳动力人口比重持续走高的"人口红利"期，消费率下降具有某种程度的必然。随着人口红利的逐渐消失，劳动力人口比重下降，消费率上升。

第五节　城镇化过程与投资消费关系演进

城镇化是扩大内需的重心所在(王国刚，2010；辜胜阻等，2010)，但城镇化和消费之间则存在诸多谜团。一方面我国城镇化发展很快，城镇化率从 30% 上升到"七普"的 63.89% 用时不足 25 年，而最终消费率和居民消费率仍在低位徘徊，更重要的是比低城镇化率时更低。由此使得城镇化为什么没有推动居民消费率(或消费倾向)提升成为一个较长时间的议题(李通屏、成金华，2005；李通屏等，2013；郑得坤、李凌，2020；易行健等，2020)。城镇化的投资效应远超消费效应，在城镇化过程中协调好投资消费关系更趋复杂。

一、中国城镇化首先表现为一种投资活动

城镇化是一种复杂的社会经济现象，既包括农村变城市、农民变市民、农业产业的比重下降而非农产业比重上升的过程，同时也包含着老城市的现代化，即把历史上形成的人口、建筑物密集而基础设施、建筑规模、建筑质量较低的农业时代的城市改造为现代化城市的"再城市化"过程。城市化进程加速，对社会基础设施、市政设施、房地产、汽车等行业提出巨大需求，并对诸如钢材、水泥、能源、交通、运输等形成巨大压力，从而引发对相关产业链条的投资。周立等(2001)估算，每个城市人口大约需要城市建设费 6 万元左右。[①] 联合国曾建议，发展中国家城市基础设施建设投资比例应占其全部固定资产投资的 9%～15%、GDP 的 3%～5%(World Bank，1994)。城镇化引发的投资如表 4-3 所示。统计分析发现，我国城镇化与投资率之间存在着十分密切的关系，其相关系数达到 0.84；进一步的计量分析则发现，现阶段城市人口占总人口的比例每提高 1 个百分点，投资率可上升 0.88 个百分点(李扬，2004)。而在 1985—2003 年期间，消费率则下降 0.61 个百分点。

[①] 又称城市建设投资，它包括城市住宅、公共建筑、市政工程和其他不可预见的项目费用四部分。依据 1998 年人均建筑面积、城镇房屋造价等指标进行估算。周立、刘勇、陈清. 城市化发展中的投资需求问题探析[J]. 中国软科学，2001(2).

表 4-3　城镇化需要的投资

城镇化环节	拆迁旧城区、农业区,扩大城市空间	建设公共设施、市政设施	厂房、商场、住宅及设备和人力投资等	出租(售)建设好的各种设施、房产等
投资内容	买地皮、拆迁及对被拆迁者的补偿、对土地的多重价值——生活、生产、就业、保险、养老等价值补偿	开发投资、建设投资	物质投资、人力投资	经营者投资、购买者投资

资料来源:姜继为."拆迁上访"警示城市化过热[J].城市发展研究,2004(3).

城镇化表现为城镇人口占总人口比例的上升过程,但人口大规模进入城市,总是滞后于社会先行资本的投入。1990—2004 年,我国城镇人口由 3.02 亿增加到 5.42 亿,增加 2.4 亿,增加近 80%,城镇化率提高 15.4 个百分点。同期城市房屋建筑面积和住宅建筑面积分别增加 2.5 倍和 3.5 倍,城区面积增加 1.4 倍,道路长度增加 1.2 倍,排水管道增加 2.5 倍,公交车增加 3.3 倍,出租车增加近 8 倍。全社会固定资产投资由 4 157 亿元增加到 70 073 亿元,社会消费品零售总额由 8 300 亿元增加到 53 950 亿元。而由此产生的投资资金主要依靠自筹解决,自筹资金占全社会固定资产投资的比重 1995 年为 65.4%,2003 年上升到 70.5%。从城镇化的投资效应看,1990—2004 年,每增加 1 亿城镇人口所引起的投资为 27 465 亿元,而引发的社会消费品零售总额的增加为 19 021 亿元。2005—2020 年,我国城镇人口由 5.62 亿人增加到 9.02 亿人,资本形成总额由 75 576 亿元增加到 44 2401 亿元,社会消费品零售总额由 67 176.6 亿元增加到 391 980.6 亿元。每增加 1 亿城镇人口引起投资增加 107 890 亿元,社会消费品零售总额增加 95 531 亿元。

二、城镇化驱动消费需求比投资需求时滞更长

城镇人口的消费水平高于农村是我国客观存在的事实。因此,城镇化驱动消费需求,几乎成了经济学定律,并对经济实践产生了深远影响。人口由农村到城镇,消费环境改变了,通过市场满足消费需求的必要性和可能性大大提高。但并不意味着消费水平一下子要提高许多。消费是收入的函数,消费扩大最终取决于收入增加。另外,预期也是影响当期消费的一个因素,当他预期未来收入超过预期的支出时,当期消费才可能扩大。反之,在对未来收入没有把握,甚至支出预期超过收入预期的情况下,消费行为就比较谨慎。城镇化驱动消费需求的时滞表现在以下方面。

消费观念、消费心理和消费习惯转变时滞。在长期消费实践中形成的消费观念、消费心理和消费习惯具有相对的稳定性和连续性。随着农村人口向城市的转移,虽然生活空间和消费环境发生了变化,但有关消费的观念、心理和习惯之转变要比农村居民转变为形式上的城市居民漫长得多。这些观念、心理和习惯潜移默化地进入消费生活的各个方面,对消费行为、消费支出模式和消费水平在不知不觉中产生影响作用。

享受社会保障时滞。社会保障旨在保障全体社会成员因种种原因而造成困难时对其基本生活实施的保障。但转入城市居住的农村居民因多种原因,在相当长的时间里不是社会保障的受众。

收入提高时滞。转入城市的农村人口由于社会保障、就业歧视、自身素质等原因,进城并不意味着收入的必然提高。由于生产和生活秩序被打乱,收入预期下降而支出预期陡升(失去土地使得就业和收入预期下跌),除了必要的消费以外收入很难消费在其他项目上。

进城或欲进城的农村人口当期消费倾向可能更低。可能的原因是:为买房、装修需要预先储蓄或借贷;买房以后,需要偿还先前的借贷;为孩子接受更好教育而在城市买房的人,由于尚未获得稳定的工作和较高的收入,同时考虑城市昂贵的生活费用,可能更加省吃俭用,消费倾向可能比在农村时更低。

综上所述,城镇化驱动消费需求不如投资需求快,而且仅是一种趋势或潜在的可能,相对于投资需求而言,消费需求扩大表现出间接、滞后效应。

基于城镇化与投资、消费关系演变的世界经验,不难发现,城镇化速度快的国家和地区,投资率高而消费率较低;城镇化处于平稳发展阶段的国家和地区,低投资率、高消费率的格局较为明显,且波动较小。前者如日本,1960—1970 年,城镇人口比重由 63.5% 上升到 72.1%,而 1960—1973 年资本投入年均增长 11.50%,比发达国家的平均水平高 6.3 个百分点,呈现出快速城镇化和快速资本投入增长的格局。而城镇化发展平稳的国家,投资增长一般较低。如英国,1950—1960 年和 1960—1973 年资本投入增长率分别只有 3.3% 和 5.4%,美国只有 4%,低于发达国家 5.2% 的平均水平(H. 钱纳里,S. 鲁宾逊,M. 塞尔奎因,1995)。20 世纪 90 年代以后,日本的城市化速度明显慢了下来,城镇化率由 1990 年的 77.2% 仅上升到 2000 年的 78%。与此同时,消费率比 1990 年上升 5 个百分点,而投资率下降 6 个百分点。类似的例子还有美国、韩国等。在发展中国家,城市化速度较平稳的国家,如印度、墨西哥、巴西等消费率均保持在比较高的水平,而投资率只有 20% 左右。

在我国,1985—2010 年,城镇人口由 25 094 万人增加到 66 557 万人,全社会固定资产投资由 2 543.2 亿元增加到 278 140 亿元,社会消费品零售总额由 2 140 亿元增加到 156 998 亿元(均按当年价格),由此计算的投资弹性和消费弹性分别为 6.65 和 3.73,前者是后者的 1.78 倍。2010—2020 年,城镇人口增加 23 642 万人,全社会固定资产投资增加 308 436 亿元,社会消费品零售总额增加 234 982.2 亿元。投资弹性 13.01,消费弹性 9.94,前者是后者的 1.31 倍。这表明,城镇化的投资效应大于消费效应。同时也说明,随着城镇人口的继续增长,投资弹性和消费弹性的相对差距开始缩小。

三、中国城镇化过程中消费变动的一般观察

把城镇化变动同消费变动联系起来,观察到以下事实。

(一) 城镇化水平越来越高,消费水平也越来越高

1953—1982 年,城镇化水平由 13.26% 提高到 20.91%,消费水平由 91 元增加到 288 元,提高 2 倍多,而消费率由 76% 下降到 66.4%,下降近 10 个百分点。1982—2010 年,城镇人口比例由 20.91% 上升到接近 50%,提高 28.77 个百分点,消费水平提高 35.5 倍(见表 4-4)。

表 4-4　城镇化过程中的消费变动：1953—2020 年

年　份	城镇人口/万人	城镇人口比例/%	消费水平/元	最终消费率/%
1953	7 726	13.26	91	76
1964	12 710	18.30	127	74.8
1982	21 082	20.91	288	66.4
1990	29 971	26.44	831	63.3
2000	45 844	36.22	3 712	63.9
2010	66 557	49.68	10 575	49.3
2020	90 199	63.89	27 438	54.3

资料来源：城镇人口及比例数据来自历次人口普查，1990 年以来的消费水平、最终消费率数据来自《中国统计年鉴 2021》。

(二) 在城镇化水平达到 50% 以后，消费率与城镇化表现出同向变化趋势

1953—1982 年，城镇化率在 13.26% 和 20.91% 之间波动，1958—1960 年，既是改革开放前城镇化的最高水平和变动最为剧烈的时期，也是投资消费关系变动最为剧烈的时期，即 80 年代前投资率最高、消费率最低的时期。1978—1995 年，城镇化率均在 30% 以下，1996 首次超过 30%，2011 年超过 50%，2020 年达到 63.89%。其中 1978—2000 年，城镇化率提高不足 20 个百分点，年均提高 0.83。2000 年以来城镇化率年均提升 1.38，比 2000 年之前快 0.55。再看消费率，2000 年之前在 60% 以下极为罕见，2000 年之后，60% 以上只有两年出现过。但 2010 年以来，消费率终于表现出上升趋势，如图 4-6 所示。从这个图还可以看出，1978—2020 年，消费率有三次上升两次下降的过程，第一次是 1978—1983 年，城镇化率上升 3.7，消费率上升 5.4 达到最高值；第二次是 1994—2000 年，城镇化率上升 7.7，消费率上升 5.1；第三次就是 2010—2019 年，城镇化率上升 12.76，消费率上升 6.5。两次下降是，1983—1993 年，消费率下降 8.8，城镇化率上升 6.37；2000—2009 年，消费率下降 12.7，城镇化率上升 12.12。两次下降的特点是消费率的下降超过城镇化率的上升。而上升通常是城镇化率超过消费率，只是在城镇化水平很低时，消费率上升超过城镇化，如 1978—1983 年。另外，可以发现，在城镇化率超过 50% 以后，随着城镇化水平提升，最终消费率上升了，由 2011 年的 50.6% 上升到 2020 年的 54.3%。

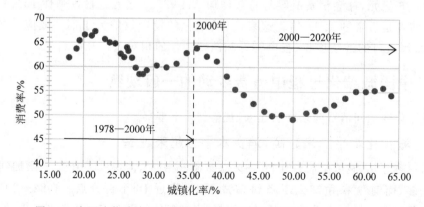

图 4-6　中国改革开放以来城镇化水平和消费率散点图：1978—2020 年

资料来源：《中国统计年鉴 2021》.

（三）城镇化水平高的地区消费水平高、城镇化水平低的地区消费水平也低

1990 年,我国城镇化水平为 26.44%,2011 年首次超过 50%,相应地居民消费水平由 833 元提高到 2000 年的 3 632 元和 2010 年的 10 522 元。除京津沪外,1990 年,东北三省为城镇化水平最高地区,居民消费水平也名列前茅,辽宁、吉林和黑龙江分别高出全国水平 241 元、50 元和 85 元。2000 年,广东、浙江的城镇化水平分别为 55% 和 48.67%,超过或者接近东北三省,与此同时,其居民消费水平由低于东北发展到有所超越,广东已经超越辽宁 500 多元,浙江基本赶上了辽宁。2010 年,浙江的居民消费水平已超出辽宁 50%,超出吉林和黑龙江 1 倍,与此同时,城镇化也达到或超过了东北的水平。不难发现,城镇化水平与居民消费水平高度相关,城镇化水平高的地区消费水平高、城镇化水平低的地区消费水平也低。图 4-7 为中国各省市自治区居民的实际消费水平与城镇化水平的散点图。

从 2020 年的数据(见图 4-8)或 2014—2020 年各省份的数据(图 4-9)来看,各地城镇化水平与人均消费支出表现出同样的关系。即城镇化水平高的地区,居民人均消费支出高;城镇化水平低的地区,居民人均消费支出低。

四、包含城镇化水平的消费率模型

假定 c' 表示最终消费率,HC 表示居民消费,GOV 表示政府支出,hc 表示居民消费率,gov 表示政府支出率,GDP 表示支出法国内生产总值,代入式(4-9)得到

$$c' = \frac{C_f}{GDP} = \frac{HC + GOV}{GDP} = \frac{HC}{GDP} + \frac{GOV}{GDP} = hc + gov \tag{4-14}$$

其中,居民消费 HC 包括农村居民总消费 HCR 和城镇居民总消费 HCU,则 HC = HCR + HCU。农村居民的总消费取决于农村居民人均消费支出 rc 和农村人口 R_{pop},城镇居民的总消费由城镇人口数 U_{pop} 和城镇居民人均消费支出 uc 共同决定,由此,最终消费进一步表达为

$$C_f = HCR + HCU + GOV = R_{pop} \times rc + U_{pop} \times uc + GOV \tag{4-15}$$

用 ur 表示城镇化水平,即城镇人口占总人口比重,POP 表示总人口,那么,1−ur 表示农村人口比重,有

$$POP = R_{pop} + U_{pop} = (1 - ur) \times POP + ur \times POP \tag{4-16}$$

将式(4-16)代入式(4-15)和式(4-14),有

$$
\begin{aligned}
c' &= \frac{R_{pop} \times rc + U_{pop} \times uc}{GDP} + gov \\
&= \frac{POP \times (1 - ur) \times rc + POP \times ur \times uc}{GDP} + gov \\
&= \frac{(1 - ur) \times rc + ur \times uc}{\frac{GDP}{POP}} + gov
\end{aligned}
\tag{4-17}
$$

我们用 gdp 表示人均 GDP,即 gdp = GDP/POP。同时引入城乡差距概念 dc,令 dc = $\frac{uc}{rc} - 1$,则 uc − rc = dc × rc,代入式(4-17),整理后有

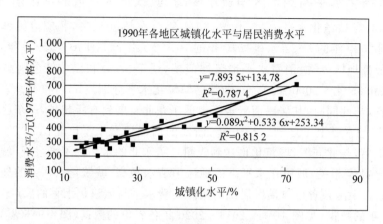

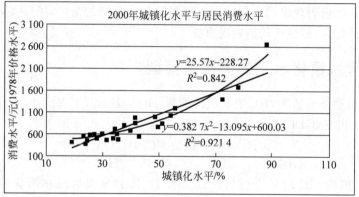

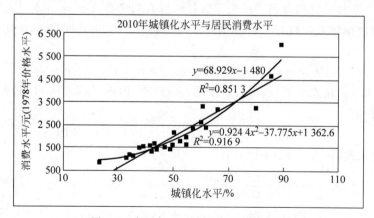

图 4-7　中国各地区城镇化和消费水平

注：这里的消费水平是以 1978 年价格为 100，计算出平减指数，1990 年为 216，2000 年为 434，2010 年为 536.1，据此得到各省市自治区的实际消费水平。

资料来源：消费数据来源于国家统计局，《中国统计年鉴》，历年；城镇化水平数据分别来自 1990 年、2000 年和 2010 年第四次、第五次和第六次人口普查数据。

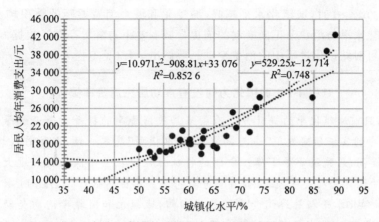

图 4-8　2020 年全国各省份城镇化水平与居民人均消费支出散点图

资料来源：《中国统计年鉴 2021》。

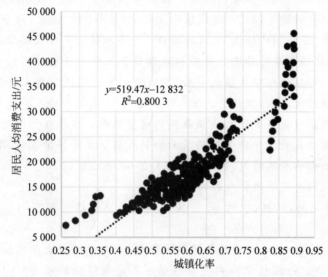

图 4-9　2014—2020 年全国各省份城镇化水平与居民人均消费支出散点图

资料来源：《中国统计年鉴 2021》。

$$c' = \frac{\text{rc} + \text{ur} \times (\text{uc} - \text{rc})}{\text{gdp}} + \text{gov}$$

$$= \frac{\text{rc} + \text{ur} \times \text{dc} \times \text{rc}}{\text{gdp}} + \text{gov} \qquad (4\text{-}18)$$

$$= \frac{\text{rc} \times (1 + \text{ur} \times \text{dc})}{\text{gdp}} + \text{gov} = \frac{\text{uc}}{\text{gdp}} \times (1 + \text{ur} \times \text{dc}) + \text{gov}$$

由式(4-18)可知：(1)除政府支出比重外，最终消费率或居民消费率的重要影响因素是农村居民人均消费支出(消费水平)占 gdp 的比重、城镇化水平和城乡差距。(2)当 dc≤0 时，即农村居民消费水平比城镇更高或不低于城镇时，城镇化水平越高、增长速度越快，则居民消费率、政府消费率越低，即城镇化与消费率反向变动。当 dc＝0 时，城镇化对消费率不起作用。(3)dc＞0 时,城镇化水平越高,城镇化和城乡消费差距的乘积越大,消费率越高。(4)城镇化水平与消费率正向变动的前提是城乡差距的事实存在。根据城镇化与消费关系的分析,可对城镇化过程中的消费变动趋势做出解释(见专栏 4-1)。

专栏 4-1　城镇化为何没有推动居民消费率提升?

在我国,目前城镇化率的提升并没有带来居民消费率的提升。李通屏等(2013)基于1978—2010 年的实证研究发现,这与钱纳里"标准模型"基本一致,即随着人均收入提高,城镇化水平提高,居民消费率下降。中国的特殊性仅仅在于下降的幅度过大。中国城镇化与消费率的这种变动关系,在当今世界并非特例。用世界银行 WDI2011 数据库提供的106 个国家城镇化水平与最终消费率的数据回归,城镇化和消费率同向变动的拐点出现在 67.34%,用中国各省份 2010 年的数据回归,拐点出现在 62.73%。郑得坤、李凌(2020)利用 2000—2016 年的地市级面板数据,实证分析发现,城市人口规模的扩大并不能提升居民消费率,城市人口密度的增大才能提升居民消费率。城市人口密度比城市人口规模更有意义。易行健等(2020)从城镇化进程中"迁移"和"转化"两个阶段出发,探讨人口城镇化进程中"迁移"和"转化"之间的缺口——半城镇化率对城镇居民消费倾向的影响。分析发现,半城镇化率对居民消费率和城镇居民消费率具有显著的负向影响;在控制了城镇居民收入和常住人口城镇化率后,半城镇化率对城镇居民人均消费也会产生负向影响。对于城镇居民而言,控制了户籍人口城镇化率,农村迁移人口从农村来到城市所引起的半城镇化率提升会显著降低城镇居民的消费倾向。半城镇化率对于城镇居民,尤其是具有城镇户籍居民的消费倾向有明显的抑制作用。在低房价区域,半城镇化率对城镇居民消费倾向的影响并不明显,但是在高房价区域,半城镇化率对城镇居民尤其是城镇户籍居民的消费倾向有显著的负向影响。

资料来源:李通屏,程胜,倪琳等.中国城镇化的消费效应研究[J].中国人口科学,2013(3).

郑得坤,李凌.城镇化、人口密度与居民消费率[J].首都经贸大学学报,2020(2).

易行健,周利,张浩.城镇化为何没有推动居民消费倾向的提升?[J].经济学动态,2020(8).

五、本章总结

本章在概述投资与消费关系理论和梳理中国投资与消费关系简史以后,介绍了和人口相关的投资与消费关系模型,主要包括生命周期模型、家庭储蓄需求模型、黄金律与动态有效模型、最优储蓄模型、霍夫曼模型、罗斯托模型和钱纳里模型等。同时,分析了人口转变、城镇化对投资与消费关系的影响。分析表明,我国经济运行中存在的高投资率、低消费率问题实质上是由一系列深层次原因造成的。工业化、城市化、市场化和国际化快速发展以及人口转变的快速推进与高投资、低消费有密切关系。中国投资与消费关系的再平衡是一个长期动态的过程,这一过程的主要动力是市场机制,根本驱动力是人口红利的日益衰减,而人口快速城镇化对实现投资与消费关系的再平衡作用有限,短期不可期望太高。

主要概念

投资　消费　政府支出　投资率　消费率　居民消费率　资本形成　生命周期模型
家庭储蓄模型　稳定状态　黄金律　最优储蓄模型　霍夫曼模型　罗斯托模型　钱纳里
模型

思考题

1. 投资和消费之间有怎样的关系？中国现实的投资与消费关系如何？
2. 人口年龄结构变化和投资与消费之间的关系怎样？
3. 在城镇化过程中投资率、消费率是如何变化的？
4. 试分析城市化与投资、消费之间的平衡问题。
5. 从人口经济学的视角，透视中国投资与消费关系及其调整。

参考读物

第五章

人口自然结构的经济分析

  人口结构,也称人口构成,是指某一国家或地区一定时期内人口的构成状况。根据人口总体内部不同的属性,可分为人口自然结构、人口经济结构、人口社会结构、人口质量结构和人口地域结构等。其中人口自然结构又可分为人口性别结构、人口年龄结构和人种结构;人口经济结构可分为人口产业结构、人口职业结构、人口收入分配结构和人口消费结构;人口社会结构可分为人口阶级结构、人口民族结构、人口宗教结构、人口语言结构和人口婚姻结构;人口质量结构可分为人口体质结构和人口文化结构;人口地域结构可分为人口自然地域结构、人口行政区域结构、人口城乡结构。人口结构是人口发展变化的结果,也是一定社会经济、政策的产物,它的形成受社会经济和原有人口状况的制约,同时一定的人口结构形成后,反过来又会对社会经济发展和人口发展产生一定的影响。本章在对人口自然结构理论概述的基础上,结合国内外实际,主要对以年龄、性别为标志的人口自然结构进行经济分析。

第一节 人口自然结构概述

  人口自然结构主要包括按人口自然特征来划分的人口年龄、性别结构。通常人口自然结构主要是指人口性别结构和年龄结构。人口自然结构是其他人口结构的基础,也是对人口发展和社会经济影响最大的人口结构类型。人口年龄、性别结构是由各个年龄段男性和女性的数量或比例决定的,依据它能确定人口再生产以至社会再生产的边界。它既是过去一段时期人口出生、死亡和迁移共同作用的结果,又是未来人口再生产的起点条件。因此,人口年龄、性别结构影响现存的人口变动。另外,人口性别、年龄结构也是确定国家人力资源供给和各种需求的基本人口学因素。因而,人口年龄性别结构既具有特定的人口学意义,也具有特定的经济学意义。

一、人口性别结构

  人口性别结构(sex structure)是指一定时点、一定地区男女两性在全体人口中的比重,通常用百分比来表示。一般认为,对人口性别结构的研究肇始于 17 世纪英国学者格朗特 (John Graunt,1620—1674)。格朗特在《关于死亡表的自然和政治的观察》一书中,在分析已有的人口资料时,发现出生婴儿中男女婴儿数几乎相等,而且男孩略多于女孩,比例为 14∶13。

性别结构是最基本的人口结构。在一个国家或地区的总人口中,男性人口和女性人口各自所占的比重,就形成这个国家或地区的人口性别结构或性别构成。人口性别结构中最主要最常用的内容包括总人口性别结构、出生婴儿性别结构和婚龄人口性别结构。一般来说,人口性别结构的测量方法主要有两个:性别比和出生性别比。性别比通常是指同一年龄组内每 100 名女性所对应的男性数,人口学研究常常使用分年龄的性别比。出生性别比也叫婴儿性别比,是指某一时期内每 100 名出生女婴所对应的男婴数。出生性别比决定着未来分年龄性别比以及总人口性别比。

总的说来,影响人口性别结构变化的因素主要有三类:(1)生物学因素。表现在对新生儿的两性差异和人口死亡率的两性差异的影响。男性胚胎多于女性胚胎,女性预期寿命高于男性使得同期出生的人口群体在达到婚龄期间,其性别比会趋向平衡。然后随着年龄的增长,会出现女性老年人口多于男性老年人口的现象。(2)人口学因素。人口性别结构和人口年龄结构是紧密联系的,人口年龄结构对人口性别结构也有影响。人口再生产类型不同,人口性别结构也会有差异。年轻型人口,由于处在人口发展过程中的出生多、死亡少阶段,人口自然增长率高,未成年组人口较多,因而性别比高一些。老年型人口由于已经完成了人口转变,人口自然增长率低,年龄结构老化,因而性别比较低。(3)社会因素。如战争、移民、社会制度和经济布局,人口生育政策,医疗技术发展及其应用,生育文化以及意识形态等社会条件的变化,也会影响人口性别比。

作为各人口性别结构基础的出生性别结构,主要是由生物因素决定的,通常比较稳定。大量的统计资料表明,出生性别比一般都在 105±2 的范围,即在出生 100 个女婴的同时,会有 103～107 个男婴出生;或者每出生 100 名婴儿,男性婴儿约占 51.2%～51.7%,女性婴儿占比大约在 48.3%～48.8%之间。尽管出生性别比一般在 105±2 的范围,但由于各年龄组男性死亡率通常大于女性,性别比将随年龄的增大而减小,最后趋向低于 100,因而自然状态下总人口性别比平衡区间为 96～106。具体来说,0～14 岁年龄段,男性人口略多于女性人口;15～64 岁年龄段,男性人口大致等于女性人口;65 岁以上,女性人口多于男性人口。

人口性别结构的社会和经济意义十分深远,社会生活中性别参与结构的变化可能成为一种社会变迁力量。第二次世界大战期间,一些国家出现男性劳动力短缺,许多女性由此走出家门参与就业,开创了劳动力市场性别结构及两性社会关系的新格局。另一方面,人口性别结构对经济发展和就业安排都有一定影响。不同的经济区域,往往行业性质和所需劳动力不同。例如矿区(煤矿、铁矿开采等)和某些重工业集中的城市,需要男性工人多,这时容易发生男女性别比例失调,主要是男多于女的现象。一些新兴城市,常常由于大量迁入男性职工,而使得城市人口出现男多女少的不平衡现象。另外,也可能由于只发展适合男性就业的行业而没有相应发展适合女性就业的行业,因而导致男女性别比例不平衡。相反,一些轻纺、电子工业占优势的城市,有可能发生女性多于男性的现象。

二、人口年龄结构

人口年龄结构(age structure)是一定时点、一定地区各年龄组在总人口中所占的比重,通常用百分比表示。人口年龄结构是最基本的人口结构类型,任何一个人口都是由许多不同年龄的人口组成。不同国家或地区在不同时期的人口总是从零岁组开始直至某个最高的年龄组。各个年龄组人口在其总人口中所占的比重就构成了人口的年龄结构。

一个国家或地区的人口是由未成年人口、成年人口和老年人口构成的。由于人口的出生、死亡和迁移等多种因素的相互作用,人口的年龄结构会不断发生变化。人口年龄结构的主要指标有:少年儿童系数、老年人口系数、老化指数(老少比)和年龄中位数。少年儿童人口系数是指0~14岁的少年儿童人口在总人口中所占的比重;老年人口系数是指60(或65)岁以上的老年人口在总人口中所占的比重,反映人口是否老化以及老龄化程度;老少比也叫老化指数,是指某一时点的人口中,老年人口数和少年儿童人口数的比例;年龄中位数也称中位年龄,指的是将全体人口按年龄从小到大的顺序排列,把人口分成两个相等的部分的那个年龄值。

不同类型的年龄结构,必然会影响到未来人口的再生产。国际上通常根据一个国家或地区的少年儿童人口系数、老年人口系数、老少比和年龄中位数的状况判断一个社会的人口年龄结构类型。从人口静态的角度,根据不同年龄组人口在总人口中的比例、老少比值和年龄中位数等,可以将人口划分为年轻型、成年型和老年型(如表5-1)。因为年轻型人口的未来育龄人群规模大,出生率高,死亡率低,人口增长的速度必然也较快。相反,老年型人口未来的育龄人群规模小,出生率相对要低一些,而死亡率相对要高一些,人口增长速度必然较低,甚至会出现人口负增长的状况。

表5-1 联合国划分人口年龄结构类型的标准

指　标	年　轻　型	成　年　型	老　年　型
少年儿童人口系数	40%以上	30%~40%	30%以下
老年人口系数(65+)	4%以下	4%~7%	7%以上
老少比	15%以下	15%~30%	30%以上
年龄中位数	20岁以下	20~30岁	30岁以上

人口金字塔(population pyramid)是以条形图的形式直观地表现人口年龄结构与性别结构组合图形,全称为人口年龄和性别结构图。它以纵轴表示年龄,横轴表示人口数量或比重,年龄最小的组放在底层,然后逐一将年龄较大的组向上叠加,形成人口金字塔。如果将人口年龄结构用人口年龄金字塔表示出来,则可以看到与三种年龄结构相对应的三种最基本的人口金字塔形状:(1)与年轻型年龄结构相对应的是增长型人口金字塔。由于出生率高,年轻人占的比重大,其塔形下宽上尖。(2)与成年型年龄结构相对应的是静止型人口金字塔。由于出生率开始下降,底部收窄,各年龄组人数差别不大,只是在高龄人口部分才有比较急剧的收缩,因而塔形较直。(3)与老年型年龄结构相对应的是缩减型人口金字塔。由于出生率、死亡率的下降和预期寿命的延长,年轻人越来越少,中年以上人口比重较大,塔形下窄上宽。

　　人口年龄结构类型与社会经济发展之间是一种互动关系,这种关系主要是通过抚养系数或抚养比(dependency ratio)来表示。所谓抚养比,是指被抚养人口与劳动年龄人口的比值,包括少年儿童抚养比(0～14岁),以及老年抚养比(60或65岁及以上)。将老年人口抚养比和少年儿童人口抚养比加总就构成了总抚养比,也称为负担系数,反映了平均每个劳动年龄人口所要供养的人口数。需要注意的是,劳动年龄人口与实际上参与劳动的人口数量是两个不同的概念,二者之间量的差异可以通过劳动参与率,即用分年龄、性别的劳动参与率与劳动年龄人口来进一步比较分析。不同类型人口的抚养比差别很大,一般来说,成年型人口的抚养比较小,而年轻型和老年型人口的抚养比相对较大。

　　出生率下降使人口增长速度放慢,儿童少年人口占总人口的比例降低。当劳动力供给充沛,劳动年龄人口规模巨大,总抚养比负担较轻,人口结构表现为"中间大,两头小"的形态,这个阶段被称为人口机会窗口。人口机会窗口开启后,如果经济社会政策与之相匹配,充分利用好充沛的劳动力资源,就可以将潜在的人口机会转变为现实的人口红利,开创一国或地区经济发展的"黄金时代",甚至创造出"经济奇迹"。而随着经济的发展、人民物质文化生活水平的提高、医疗卫生条件的改善和人口平均寿命的延长,老年人口比例相对升高;随着老年人口的比重不断提高,人口抚养比由降转升,过高的抚养比则有可能延缓经济增长,传统意义上的人口红利趋于消失。

专栏5-1　什么是人口红利

　　1997年,美国学者布鲁姆和威廉姆森在对东亚经济奇迹的实证研究中首次提出了人口红利的概念,他们认为,人口转型过程中总有一段时期,少儿人口数量和比重不断下降,老年人口数量和比重缓慢增加,劳动年龄人口数量和比重增大,总抚养负担较轻,为经济快速发展提供了潜在机会,将其称为人口机会窗口。他们指出,由人口转型所导致的劳动年龄人口增速超过被抚养人口增速,总抚养比下降,使得有更多的资源可以用于投资教育、健康、就业、社会保障和养老金计划等,因而提升了短期和中期经济增长和福利,提高了东亚经济体的人均生产能力,为促进经济增长提供了人口年龄结构基础条件,配合与之相适应的社会、经济、政治决策和制度,将潜在的经济增长机会转变为现实,成功收获人口红利。1965-1990年,人口动态变化对东亚人均GDP年增长率的贡献一直保持在1.4～1.9个百分点,即东亚经济奇迹约有1/3是由人口红利贡献的。

　　2006年,美国学者李和梅森对人口红利进行了细化,将人口红利划分为第一次人口红利和第二次人口红利。充分肯定了布鲁姆等人建立在人口转型基础之上的人口红利解释,并把它定义为第一次人口红利。同时又提出,随着生育率持续走低,劳动力人口的增长率优势终将被削弱,进入以低死亡率和低生育率为特征的后人口转变阶段,曾经占据优势地位的劳动年龄人口终将步入老年,老年人口不断扩大,老龄化程度不断加深,有效劳动力减少,人均收入减少,第一次人口红利由正转负。与此同时,由人口年龄结构老化带来的潜力巨大的老年人力资源开发、老年人力资本的储蓄的积累或将开启第二次人口红利。第二次人口红利一般开始于人口转变结束之时并延伸到后人口转变阶段,其潜力更加巨大且具有可持续性,发达国家的第二次人口红利对经济增长的贡献率远大于第一次人口红利。

人口转型所创造的人口机会窗口，只是提供了有利于经济社会发展的人口条件，而人口机会窗口能否转化为现实的经济红利，依赖于有效的经济社会决策以及社会、经济、政治环境，而非人口本身。第一次和第二次人口红利，由数量型转变为质量型，促进了经济增长。

资料来源：李佳.人口老龄化与老龄社会100问[M].北京：中国财富出版社，2021.

第二节　人口性别比及经济意义

一、我国人口性别结构

（一）总人口性别比

总人口性别比是衡量人口均衡发展的重要指标，其含义是平均每100个女性所对应的男性人口数量。尽管在自然状态下同一时期出生的男婴略多于女婴，但由于女性在整个生命周期的死亡率都低于男性，女性比男性更具存活优势，因此总人口性别比的正常值一般等于或低于100，偏离这一正常值，即性别失衡。按照《世界人口展望2022》，1950年7月1日，世界人口249 932万人，其中男性124 536万人，女性125 396万人，性别比是99.3；1965年世界人口333 711万人，男性166 878万人，女性166 834万人，男性首次超过女性，性别比为100。2000年，总人口61.489亿人，男性30.911亿人，女性30.578亿人，男性比女性多3 330万人，性别比是101.1。2021年，总人口79.093亿人，男性39.766亿人，女性39.326亿人，男性比女性多4 400万人，性别比101.1，比2019年和2020年的101.2略有下降。2021年中国总人口性别比高达104.88，比"七普"的105.07有所下降。从历史上看，中国人口性别比通常表现为男性人口数多于女性人口数，而且性别结构处于不断变化中，当社会比较稳定，人民得到休养生息后，性别比是男多女少；当经历战乱和王朝更替后，由于青壮年男性在战争中死亡，较高的性别比有所降低。明初洪武年间（1368—1396年）2府1州150多万的人口统计表明，当时的性别比为112.93。清朝道光年间（1826—1845年）的3 800万人口的统计表明，当时的性别比为115.7。抗日战争胜利后，据当时国民政府的调查统计，1946年全国人口性别比为110，1949年新中国成立前的人口性别比是108.16。新中国成立后我国总人口性别比一直处于105以上的水平，高于70多年来的世界平均水平。从"七普"数据看，区域间差异较大，超过110的有广东省、海南省和西藏3个省份，分别达113.08、112.86和110.32；低于100的有吉林和辽宁2个省份，分别为99.69、99.70；其余的省份处在100～110之间。

（二）出生性别比

出生性别比或者说出生婴儿性别比是估算未来人口数量、人口发展趋势和预期寿命的基本指标，也是未来人口性别结构变化的基础。从新中国成立到20世纪80年代初，我国出生性别比一直处在正常范围。20世纪80年代开始，我国出生人口性别比经历了从快速攀升、高位徘徊到稳定下降的变动趋势。1982 年我国人口普查当年的出生性别比为 107.6，略高于正常范围的上限值，此后开始逐渐偏离正常范围。20 世纪 90 年代，出生性别比持续攀升；2000—2009 年间，出生性别比增速趋缓，但依旧在高位徘徊，并于 2004 年达到峰值 121.18；2009 年后，中国出生性别比出现下降趋势，2015 年降至 113.51，2020 年进一步降至 111.3，但仍然高于正常值。

近年来出生性别比的持续下降，说明我国"关爱女孩行动"国家战略，促进性别平等、综合治理出生性别比偏高的公共政策，以及近年来实行的"二孩""三孩"政策取得明显效果。尽管出生性别比持续走高的态势基本得到了遏制，但性别失衡后果带来的风险依然存在。由于人口基数大，长期偏高的出生性别比积累效应巨大，中国各年龄段的性别失衡现象将长期存在。中外人口研究普遍认为，"男孩偏好"的文化传统、性别鉴定、选择性人工流产以及女婴漏报等多种因素是中国 20 世纪 80 年代以来出生性别比持续偏高的主要原因。中国已经经历了 40 余年的高出生性别比历程，出生性别比偏高已成为中国人口与社会经济的重要现象之一。长期的出生性别比偏高，带来的直接后果是大量女性赤字。根据《国家人口发展战略研究报告》的预测，到 2020 年，20～45 岁男性比女性多 3 000 万人左右，男多女少是当前和未来数十年中国人口结构的常态。

二、性别比偏高的经济效应

上述分析表明，中国的性别比一直是偏高的。这种偏高的性别比有什么经济学意义呢？不少人口学家和社会学家认为，随着性别比偏高的出生人口进入婚育年龄，婚龄人口性别比进一步加剧，男性明显多于女性，婚姻挤压问题突出，导致结婚竞争加剧。如天价彩礼、买房买车成为结婚前置条件，"拼经济条件"造成结婚成本不断攀升，从而使得很多普通家庭选择增加储蓄减少日常消费。在此，我们基于魏尚进等的研究，对中国性别比偏高问题进行分析。1990—2007 年，家庭储蓄作为可支配收入的一部分，从 16% 提高到 30%。2007 年，中国的储蓄率大约占 GDP 的 50%，而家庭储蓄占到全国储蓄的一半。基于此，Shang-Jin Wei & Xiaobo Zhang(2009)对这一时期的高储蓄现象进行了解释。他们认为有四个经典的储蓄行为模型：第一，生命周期模型，即储蓄率随着劳动年龄人口在总人口中占比的升高而提高，但这一理论并不能解释家庭层面的储蓄；第二，预防性储蓄，即因收入的不确定性而产生的预防性储蓄动机。2003 年以来，养老金制度和医疗保健的公共设施已得到改善，而作为家庭可支配收入的一部分，家庭储蓄在同一时期却继续急剧增加，从时间上与预防性动机相矛盾。第三，金融发展水平，即因为金融发展水平低而增加储蓄。当时金融系统比几年前更有效率，但储蓄率仍然在上升。第四，文化规范。文化规范的影响一般比较持久稳定，并不能解释过去 20 多年储蓄率的明显上升。由此，他们建立了性别比与储蓄的新模型，以解释家庭储蓄的上升。实证分析发现，性别比效应能解释 1999—2007 年间家庭储蓄增长的一半还多。中国日益加剧增高的性别失衡，使得婚姻市场的压力越来越大，男性结婚越来越困难。而储蓄可以提高在婚姻市场中的相对地位。随着性别比的升高，有儿子的家庭竞相提高储蓄以应对婚姻市场越来越大的压力；而有女儿的家庭可能也不会减少储蓄。一方面，他们倾向于减少储蓄，期待将来可受益于未来女婿的高储蓄；另一方面,他们为了不降低女儿在婚姻中的议价能力,倾向于增加储蓄,特别是丈夫与妻子因相对财富水平不同而影响到家庭中的议价能力。还有一种情景是,没有儿子的家庭可能储蓄更多,以应对有儿子的家庭因竞争抬高了房价。此外,在性别比整体较高的地区,有儿子的家庭通常储蓄更多,有女儿的家庭储蓄并没有下降。[1] 在此基础上,又产生了性别比与消费(李俊杰、李承政,2014)、性别比与房价上涨关系(魏下海、万江滔,2020;逯进、刘璐,2020)的实证研究。研究发现,性别比和消费率有稳健性较差的正相关关系;性别比居高不下使得男孩家庭有更大动机选择对房屋进行投资,而不是选择高风险的金融资产,这样更有利于通过购房寻求社会经济地位的提高,从而推高房价。其作用机制在于:性别失衡加剧了婚姻市场的觅偶竞争和信息不对称,相比金融资产,房屋作为一种风险更低、更加外显性的财富形式和"身份商品",可以在婚姻市场释放男孩家庭"筑巢引凤"的高质量信号。进一步发现,男孩家庭偏向于选择面积更大、价值更高的房屋,而且相比女孩家庭,其预期购房时间更加迫切(魏下海、万江滔,2020)。

第三节 人口年龄结构变化的经济分析

一、世界人口年龄结构变化与人口老龄化

(一) 世界人口年龄结构变化历程

在 17 世纪末之前,世界人口年龄结构属于原始型。其主要特点是,在几千年的漫长时期,世界人口年龄结构基本上没有多大变化,世界各国和各地区的人口年龄结构也都很接近。据西方人口学家估计,原始社会 14 岁及以下少年儿童人口约占 36.2%,15~64 岁劳动年龄人口约占 60.9%,65 岁及以上老年人口约占 2.9%;到资本主义社会初期,这三项比重分别约为 37.8%、58.8%和 3.4%。

随着资本主义的发展,特别是产业革命的兴起,世界人口形势发生了革命性的变化。从 18 世纪后期到 19 世纪上半叶,欧美等资本主义国家基本完成了人口再生产类型由"高出生率、高死亡率、低自然增长率"的传统型向"高出生率、低死亡率、高自然增长率"的过渡型人口转变,世界人口出现了一个较短时期的年轻化趋势。19 世纪初,欧美等资本主义国家的人口高出生率开始下降,人口平均预期寿命进一步延长,19 世纪中后期,率先实现了人口再生产类型由"高出生率、低死亡率、高自然增长率"的过渡型向"低出生率、低死亡率、低自然增长率"的现代型人口转变。

出生率下降和平均预期寿命延长的必然结果是人口老龄化,亦称作人口老化,指老年人口数占总人口数的比例随时间的推移不断上升的动态变化。全球老龄化是人口再生产类型的历史性转折,在它的背后有两种力量,第一种力量是不断下降的生育率。人们生育

---

① Shang-Jin Wei,Xiaobo Zhang:The competitive saving motive:evidence from rising sex ratios and savings rates in China,Working paper 15093,http://www.nber.org/paper/w15093.

的孩子越来越少——生育率的下降,降低了年轻人口在总人口中所占的比例。今天,发达国家的总和生育率大大低于 2.1 的更替水平。全球老龄化背后的第二种力量是平均预期寿命的延长,从而增大了老年人口在总人口中的相对比例。

(二)世界人口老龄化

国际通行的以老年人口占总人口的比重作为衡量老龄化的指标。根据 1956 年联合国《人口老龄化及其社会经济后果》的划分标准,当一个国家或地区 65 岁及以上的老年人口数量占总人口的比例超过 7% 时,标志着这个国家或地区进入老龄化。1982 年维也纳老龄问题世界大会确定 60 岁及以上老年人口数量占总人口的比例超过 10% 时,则意味着这个国家或地区进入老龄化。

世界上最早出现人口老龄化的国家是法国。1864 年,法国 60 岁以上的老年人口已占总人口的 10%,成为世界上第一个步入老龄化社会的国家。此后,人口老龄化迅速在欧洲各国扩展。进入 20 世纪以后,欧美许多国家人口相继出现老龄化,英国和德国在 1930 年几乎同时出现老龄化,美国也于 1940 年紧跟其后。到 20 世纪六七十年代,西方发达国家几乎全部进入老龄化社会。1960 年,世界人口中 65 岁以上的老年人口占 5.6%,而发达国家人口中 65 岁以上的老年人口已达 8.5%,人口老龄化已经成为发达国家的普遍现象。

此后,由于避孕技术的进一步推广和普及,生育率加速下降,大多数国家的出生率降至 15‰ 以下,加上人口平均预期寿命的延长,西方国家人口老龄化程度不断加深,1950 年 65 岁以上老年人口仅占总人口的 7.9%,1980 年提高到 11.7%,2000 年达到 14.1%。但就全世界而言,20 世纪的人口年龄结构仍属于年轻型,发展中国家还处于"高出生率、高死亡率、低自然增长率"或"高出生率、低死亡率、高自然增长率"的人口再生产类型中,人口老龄化现象还只限于发达国家,人口老龄化水平还相对较低。

根据联合国对未来全球人口老龄化进行的预测(WPP2022),21 世纪初,世界上大约有 6 亿老年人,是 1950 年的 3 倍。2022 年,全球 65 岁及以上老年人口达 7.71 亿,比 1980 年的 2.58 亿规模增加了 3 倍,预计 2030 年将增至 9.94 亿,2050 年进一步增至 16 亿,届时 65 岁及以上老年人口数量将与 12 岁及以下少儿人口相当。从老年人在总人口的占比来看,2022 年 65 岁及以上老年人口的占比为 9.7%,2030 年将升至 11.7%,2050 年将进一步升至 16.4%。由于女性存在预期寿命的优势,女性老年人口数量会超过男性老年人,2022 年全球 65 岁以上女性老年人的占比约为 55.7%,到 2050 年将略降至 54.5%。同时,全球人口年龄中位数也在上升,2000 年全球中位数年龄是 26 岁,预计到 2050 年将达到 36 岁,届时年龄中位数最高的国家将是西班牙,高至 55 岁;老年人口逐渐高龄化,80 岁以上的高龄人口年龄组将增长最快,他们目前以每年 3.8% 的速度增长,占老年人总数的 1/10 以上,到 2050 年,将有 1/5 的老人年龄在 80 岁以上。

二、人口老龄化对经济的影响

人口老龄化必将对经济发展产生深刻影响。最早关于人口老龄化对经济发展影响的研究,是 1956 年联合国发表的《人口老龄化及其社会经济意义》一书,他们运用稳定人口方法研究了人口老龄化对经济参与率、社会需求以及消费品分配的影响。之后,许多学者进行了探索和研究,得到了一些共识性的结论:人口老龄化会带来劳动年龄人口比例下降,使劳动力资源相对缩减;人口老龄化还会带来劳动年龄人口老龄化,导致社会智力结构的老龄化,会在一定程度上影响社会生产力的发展;人口老龄化使社会抚养比提高,增加劳动年龄人口的经济负担;随着人口老龄化的发展,养老金占社会全部公共开支的份额会急剧增加,从而使现收现付养老金制度面临着极大的压力;老龄化还会影响一个国家内部财富在不同年龄人群间的分配,改变社会的储蓄和投资水平,进而影响经济增长等。

(一) 对劳动力规模和劳动生产率的影响

老龄化对劳动力规模的影响在发达国家日趋明显和重要,长期以来,这些国家的总和生育率都在更替水平(TFR=2.1)以下,进入劳动年龄的人口不能有效补充退休年龄人口,劳动年龄人口占总人口的比重不断下降,劳动年龄人口已经开始萎缩。较慢的劳动力增长意味着较低的经济增长,除非生产率提高和就业人数下降至少一样快,否则,实际的经济也会开始萎缩。

在人口老龄化过程中,劳动年龄人口也会趋于老化,即劳动力中年轻人的比重会降低,而年长者的比重会上升。西方学者通过研究劳动力年龄与劳动生产率之间的关系,认为劳动人口进入 45 岁或 50 岁以后,尽管有比较丰富的经验,但随着年龄的进一步上升,他们的体力、智力、记忆力都会逐渐衰退,因而劳动能力和劳动速度逐渐缩减,劳动动作的敏捷程度和头脑的反应速度都会相对下降,从而影响产品的精密程度和整体质量,影响市场竞争力。法国人口学家索维也认为劳动年龄人口老化将会削弱创新和发明的力量,妨碍劳动生产率的提高。

劳动力老化对经济发展和创新的影响在未来可能更为明显。在现代市场经济体制条件下,新兴的产业和行业不断涌现,传统的产业和行业逐渐衰退消失,劳动者的职业变换日益频繁,老龄劳动者接受新知识和新科技的能力比青年劳动者要迟钝得多,对新产业和新就业岗位的适应能力也要低得多,老化的劳动力较难适应产业结构的调整。如日本学者直广雄川认为,由于人口老龄化和劳动年龄人口的老龄化,日本的劳动生产率将会受到不利的影响,由此会引起日本经济增长速度的下降。当时他预计,到 20 世纪末,日本经济增长率可能下降为 1% 或者接近零增长。

正如《迎接全球老龄化的挑战》中提到的,劳动力萎缩和劳动力老化可能削弱今天"新经济"的革新、流动性和风险承担。当然,年长的劳动力在工作经验和工作阅历上具有一定优势,教育水平的提高也会在一定程度上缓解老龄化带来的劳动力减少和老化的压力,但从整体趋势来看,人口老龄化对整个社会劳动生产率的影响还是负面居多。

(二) 对劳动年龄人口和公共支出的压力

从社会功能角度看,人口由三部分构成,即支撑经济和社会基础的劳动适龄人口和由他们抚养的少儿人口、老年人口。少儿人口与劳动适龄人口的比率和老年人口与劳动适龄人口的比率,两者相加构成社会抚养比。人口转变过程中出现老龄化是必然的,随着出生率和死亡率的下降,人口老龄化初期的人口增长放慢、总人口抚养比和少儿人口抚养比急剧下降,有利于社会经济发展。但当人口老龄化进入一定阶段,老年人口比重超过少儿人口比重,老年人口成为社会的主要抚养对象,劳动年龄人口的老人负担系数提高。老年抚养比的上升,使得公共和私人两个方面的支付都会增加。

美国人口经济学家斯彭格勒和克拉克等研究认为,总负担费用的数量取决于年龄结构和用于老年人口与青少年人口抚养费用的绝对数量和相对比例,赡养一个老年人的平均费用要大大高于抚养一个人从婴儿到青年(0～18岁)的费用。所以,政府支付给老年人口的赡养费用是给少儿人口的3倍。而且,花在孩子身上的大部分支出是人力资本投资,而子女付给老龄人口的赡养费用是纯粹的消费性支出。这种消费性支出随着老龄人口的增加而增加,相应地减少用于社会生产的资本积累,资本积累的减少可能导致未来的经济增长率降低。

老年抚养比的提高对经济增长的不利影响在发达国家已经十分明显,不断下降的生育率和不断延长的寿命直接导致更低的纳税劳动者对退休受益人的"供养"比,更低的供养比反过来导致所得税预扣的退休成本更高。现在大多数国家劳动者与养老金领取者之比在2∶1以上。而到了2050年,大多数国家的供养比将降到2∶1以下,而意大利的供养比下跌到1∶1以下,这意味着更多的人领取养老金而不纳税。这样,就业人口的工资税率或缴费率必然升高,一部分人税后收入水平会逐渐接近不就业时的收入水平,他们可能会选择退出就业,进而使就业人口规模进一步缩小,为了保障养老金的充足率,工资税率或缴费率必须进一步提高,很有可能形成一个恶性循环。

人口老龄化使越来越多的老年人退出劳动大军行列,由原来的生产者变为消费者,这必然导致退休老年人口的养老金、医疗费用、护理保健费用、社会福利费用、社会保障费用的急剧增加。老年人的生活照料是老年抚养中很重要的一部分,随着老龄化程度的加深以及老年人口日益高龄化,老年人生活照料负担将越来越重,这些都使国民收入中用于消费的部分增加,而用于积累和投资的部分减少。

从微观层面来看,家庭人口老龄化会使家庭收入水平降低,从而影响家庭人均消费水平,而家庭消费向老年人倾斜,进一步影响了其他家庭成员消费水平的提高。与此同时,人口老龄化也使家庭和社会对老年消费品的需求急剧上升,使未来社会的消费结构和消费偏好发生重大变化。由于人口老龄化使社会的消费结构发生变化,为满足消费需求,社会的生产结构、投资结构和产业结构也将做相应的变化和调整。为满足老人的消费需求,"老年产业"将在一定程度上对经济发展产生积极的影响,但由于老年人口的消费水平低于劳动人口的消费水平,因此,人口老龄化对刺激消费的作用有限。

"生命周期假说"揭示出人口年龄结构的变化和储蓄的关系。一般而言,一个社会中老年人口比例的提高是不利于储蓄的,中国和其他发展中国家的情况就是如此,老年人的储蓄水平低于全国的平均水平,且随着年龄的提高,储蓄水平降低。因此,中国人口老龄化和老年人口的增多不但会降低总的储蓄水平,而且会抑制储蓄增长率的提高。这势必要影响资本积累和投资,从而对经济发展产生不利的影响。但也有研究表明,人口年龄结构老化可能有利于储蓄水平的提高,如对1991年美国人均储蓄存款利息收入和股票收入的年龄分布的分析发现,储蓄存款利息收入和股票收入与年龄之间存在明显的正相关关系,人口老龄化和老年人口的增多不但不会降低总储蓄水平,反而会使之提高,但这还需要更多的证实,因为老年人在前期积累的财富可能是因为利息收入和股票收入较多。除非进入退休年龄后,利息收入和股票收入与年龄之间仍然继续保持这种正相关关系,否则,我们很难乐观地预期,人口年龄结构老化会有利于储蓄。事实上,随着人口老龄化进一步向高龄化发展,整个社会的储蓄水平还可能继续下降。

投资是社会经济发展的依托,一国的投资主要来源于政府公共投资和个人投资。国民收入中的积累基金是政府投资的源泉,人口老龄化的发展和老年人口数量的增加,会导致政府积累基金的减少和消费基金的明显增加。特别是在当前我国城乡老年福利设施匮乏、社会保障制度不完善的情况下,政府必须拿出大量的财政资金去满足上述需要,从而会进一步提高消费基金的数量,减少积累基金的数量,影响社会投资规模。同样,老年人口的增加也会降低个人投资的能力和倾向性,因为相对而言,老年人的储蓄水平低、预期收入少、承担风险的能力差。因而,人口老龄化会对投资产生不利影响,从而影响长期的经济增长。

人口老龄化对经济发展的影响十分复杂,前面的分析只是从不同的侧面概述了它对经济发展的基本影响。事实上,在经济发展的过程中,这些影响往往是互动关联的,实际问题可能更加复杂,如劳动力规模的萎缩会导致社会抚养比的上升,公共支出增加的压力转嫁到就业者身上会进一步使劳动力规模萎缩,形成一个恶性循环;养老金赤字和退休人群大规模兑现资产可能会引起全球资本流动和金融市场的不稳定甚至大幅震荡,停滞和不断衰退的市场需求还会给经济增长带来挑战,进而使从业者的负担持续恶化。如何应对人口老龄化对经济,进而对社会和政治的影响,是摆在所有人口老龄化国家面前的重大课题。

三、国外应对人口老龄化的经验

为了应对人口老龄化的挑战,西方发达国家出台了一系列的政策措施,如日本实施了"天使计划",欧盟发表了《应对人口变化:构建新的代际团结》的人口绿皮书,其他 OECD 国家也有许多相关措施。这些措施为他们缓解老龄化压力发挥了积极作用。

(一)开源节流,改革传统的养老金计划

目前世界上的大多数国家,特别是发达国家采用的都是以国家基本保险为核心的,现收现付(PAYG)的单一支柱养老制度模式。在这一模式下,现期工作人群以税收或缴费的形式向社会保障系统供款,社会保障系统再把这些供款转移支付给退休人群,而现期工作人群的养老则由下一代工作人群的供款来实现,由此代代相续。这一模式使老年人在退休后可以获得稳定可靠的经济保障,但出生率下降使得这一模式受到了挑战:社会保障支付增长过快,财政不堪重负;高福利刺激人们提前退休,抑制了就业增加;高赋税削弱了企业的竞争活力,导致资产拥有者和科技人员大量外流;非物质生产部门过于膨胀,制约了经济增长等。严重的经济社会问题,迫使发达国家改革传统的养老金支持模式。

为缓解养老金支出压力,2000 年,日本国会众议院全体会议通过了《国民年金法》《厚生年金法》等 7 部有关养老保险改革的法案,大幅度修改缴纳养老金保险费和领取养老金的方法,这些法律已于 2000 年 4 月开始逐步实施。日本的养老制度主要从开源和节流两个方面着手改革。在开源方面,第一,将按月工资收取养老保险费改为按年收入收取,因为日本一些企业职工的年中和年末奖金相当于 6 个月的工资,改为按年收入收取养老保险费将大幅度增加养老保险费的总收入。第二,设立青年学生养老保险费补交制度,原来没有

收入的 20 岁以上的青年学生可以向地方政府申请减免养老金保险费,现在改为向地方政府申请就业后 10 年内补交。第三,延长收取养老保险费的年龄,原来 60 岁以上老年人在就业后无须缴纳养老金保险费,现在规定 65~70 岁的就业者也必须缴纳养老保险费,并根据收入情况削减他们在工作期间领取的养老金数额。第四,增加政府对养老金的投入,新法律决定将政府负担的养老金基础部分的资金比例由原来的 1/3 提高到 1/2 以上。在节流方面,大力调整养老保险金的支付方法。一是新法律规定将养老金收益削减 5%;二是逐步把开始领取养老金的年龄从 60 岁提高到 65 岁;另外,取消对养老金基金运作规模的限制,可将养老金基金在资本市场自主投资,并允许企业以股票实物的形式向厚生年金出资等,共济年金则是鼓励个人为养老而进行储蓄。

挪威的国家保险计划属于一种福利型的社会保障制度,其基本特征是实施全民保障,保障范围从"摇篮到坟墓",几乎无所不包,保障资金主要来源于国家一般性税收。人口老龄化对挪威的养老体系带来了较大的冲击。根据预测,从 1974 年到 2050 年,退休人口的平均存活年限从 14 年将上升到 22 年。如果不对现有的养老体制进行改革,届时国家保险计划的支出将会成倍增加。为了减缓这种冲击,挪威政府在 2002 年提交的一份初步报告中,提出了养老体系改革的三项目标:必须能保证国家保险计划在财政上有可持续性;必须能激励人们的劳动参与率;必须能继续为退休人员提供有保证的最低国家养老金。在具体政策上,挪威计划采取在收入和养老金之间建立明确的关联,根据预期寿命调整养老金给付水平,建立弹性而灵活的退休制度,建立与个人工资增长相匹配的养老金积累制度,建立强制性的补充养老金计划等多项措施。

在福利国家中,荷兰养老体制是混合的制度。虽然也是一种现收现付制,但由于其保障水平低,相当于一种覆盖全民的最低生活保障制度,因此,人口老龄化对财政和税收体制的冲击并不是很大。此外,在国家养老金的基础上,通过政府、雇主组织和工会三方协调机制,建立职业养老金制度,较好地解决了养老成本的社会分担问题。在解决老年贫困和社会排斥方面,荷兰社会保障制度改革严格了享受福利的资格条件,扩大了个人、雇主以及地方政府在社会保障制度中所应承担的责任,同时通过适当的经济政策来鼓励工作、减少福利依赖,以减少养老的社会负担。这套制度为减轻公共养老金支出压力,消除老年贫困提供了有效的政策手段,取得了较好的效果。

(二)推迟退休,鼓励更多的老年人继续工作

延长退休年龄,采取积极措施鼓励更多老年人继续工作是许多国家面对老龄化采取的重要措施(见表 5-2)。欧盟预测,鼓励更多的老年人参与劳动力市场仍具有很大的空间,而且由于退休与养老金政策调整,老年人将延长工作时间。欧盟大多数成员国开始限制提前退休。为了消除对老龄工人的歧视,荷兰专门成立了反年龄歧视局;为了老年人延长退休年龄,芬兰出台"国家老龄工人计划"。同时,欧盟一些成员国开始改革福利与养老金计划,以降低提前退休的吸引力,并有效促进老龄工人继续参与劳动力市场。意大利、丹麦、荷兰、法国、奥地利和芬兰等,都制定了严格的提前退休条件;丹麦、奥地利、比利时、意大利、葡萄牙、西班牙、瑞典、荷兰、法国和英国则引入激励措施,鼓励老龄工人推迟退休,意大利还降低了社会福利水平。

表 5-2　部分 OECD 国家生育率和老龄化水平以及推迟或计划推迟法定退休年龄的方案

国家或地区	法定退休年龄/岁(2002 年)	目标退休年龄/岁	推进方式	达到目标退休年龄时间	TFR(2000—2005 年)	65＋/60＋老年人口比重/%(2005 年)
美国	65	67	渐进提高	2027 年	2.04	12/16.7
日本	60	65	渐进提高	男：2025 年女：2030 年	1.33	20/26.3
德国	65	67	渐进提高	2035 年	1.32	18/25.1
韩国	60	65	渐进提高	2033 年	1.23	9/13.7
捷克	61(男)55～59(女)	62(男)57～61(女)	渐进提高	2007 年	1.17	14/20.0
意大利	62(男)57(女)	65(男)60(女)		2008 年	1.28	19/25.6
英国	60(女)	65(女)	渐进提高	2020 年	1.66	16/21.2
比利时	61(女)	65(女)		2009 年	1.66	17/22.4
澳大利亚	61.5(女)	65(女)		2013 年	1.75	13/17.3

资料来源：原新,万能.缓解老龄化压力,推迟退休有效吗？[J].人口研究.2006(4).

此外,欧盟还关注老年人就业能力的提升,以帮助他们更有效地参与就业。2001 年《欧洲就业指南》要求,各成员国应坚持积极的老龄化政策,采取措施确保老龄工人享有充分的继续教育和培训的机会,维持老龄工人的工作能力和技能,引入灵活的用工机制,提高雇主对老龄工人潜力的认识程度。欧盟委员会要求成员国改变过去那种用零打碎敲的方法改进老年工人能力的做法,制定综合性的、积极的老龄化战略,特别是将预防性措施(终生培训与工作再设计)和补救性措施(对老年工人的特殊培训)贯穿于整个工作生涯,而不只是集中在后期阶段,以缓解老龄化对就业的负面影响。

在鼓励老年人就业方面,日本走在了欧洲前面。1994 年,日本国会就部分修改了《老年人稳定就业相关法》,新增加的内容包括：①业主在规定退休年龄时,不得将年龄线画在60 岁以下；②劳动大臣可要求业主制订计划,通过实施和改善继续聘用制度,将退休年龄推迟到 65 岁；③作为派遣劳动法的特例,60 岁以上的员工可作为派遣对象；④设立"老年人工作经验活用中心",以 60 岁以上者为对象,向他们提供短期工作机会；⑤老年人除自我努力设计职业生涯以外,业主应予以考虑,职业介绍所也应予以指导、提出建议。现在,日本已经成为了 OECD 国家中平均退休年龄最高的国家,如果没有现在这么高的老龄人口劳动参与率,日本的公共支出压力可能更大。

(三)鼓励迁移,提高移民劳动力供给

2000 年 3 月联合国公布的《人口替代报告》认为,不少工业国家在未来 50 年都将面对严重的人口老龄化压力,需要放松移民限制,吸收外国移民作为新的劳动人口。欧盟委员会于 2005 年 1 月 11 日通过了名为《欧盟解决经济移民措施》的绿皮书,意在仿效美国,发放自己的"绿卡"。欧盟计划在 2005 年年底制定一整套新的非欧盟国家公民在欧盟国家移民和就业的政策,目的是在限制非法移民、控制普通移民的同时,吸引外国劳工,鼓励高智商和高知识结构的人才到欧盟就业。发达国家通过移民来缓解劳动力不足和调剂人口年

龄结构的做法,已经成为了国际共识。

(四)鼓励生育,增加未来劳动力供给

孩子是老龄化社会最有价值的资源,提高人口出生率,提升新生劳动力供给的可持续性,有助于扭转劳动年龄人口比重下降的趋势。为了鼓励生育,欧盟各国的家庭政策几乎都发生了相应的变化,如采取减税的办法,降低家庭生活成本,鼓励家庭生育孩子。例如,法国制定鼓励生育的家庭法典,对有 2 个及以上孩子的家庭发放津贴,对抚养超过 3 个孩子的母亲,在退休年龄和待遇上给予优惠;德国规定妇女每养育 1 个子女,计算养老金时多计 1 年的保险缴费时间,养育 3 个及以上子女的,每 1 子女多计算 3 年保险缴费时间。其他 OECD 国家也有类似的政策措施,如澳大利亚、加拿大对抚养孩子都提供补贴;挪威提供免费看护服务、收入和就业激励。

在鼓励生育的政策上,措施和力度最大的可能是日本。为了改变生育率持续下降的趋势,1994 年 12 月,日本当时的厚生、文部、劳动和建设四省大臣就制定《关于今后支援育儿施策的基本方向》(简称"天使计划")达成协议。该计划是日本政府提出的第一项少子化综合性政策,重点包括妇女就业及育儿、保育服务设施、保健医疗体制、住宅生活环境、儿童教育、养育经济负担等问题,日本政府为"天使计划"的实施拨专款 60 亿日元。1999 年 12 月,大藏、文部、厚生、劳动、建设、自治六省大臣又就制定"新天使计划"达成一致。"新天使计划"是"天使计划"的继续和延伸。2002 年 8 月,厚生劳动省又决定投入 1 万多亿日元,用于托儿所等妇幼保健项目的建设,希望借此吸引育龄夫妇生育小孩,扭转日本人口出生率不断下降的趋势。

但是,日本政府的这些政策措施并未能遏制出生率持续下降的趋势。2003 年 5 月,日本提出《少子化社会对策基本法》草案,提请众议院内阁委员会审议。草案提出要实现"让生育孩子的人真正感到自豪和喜悦的社会",充实育儿休假制度和保育服务,规定国家和地方自治体有责任和义务制定少子化对策,企业有责任和义务对此进行合作。这些激励机制是否有助于提供持续不断的新生劳动力,时间是最好的检验。目前还没有哪个国家能把已经下降的总和生育率提升到更替水平之上,也许这些措施的最大价值在于防止生育率的进一步下降和未来老龄化程度的提高。

与日本相比,欧盟更重视青年劳动力供给,让更多的青年人参与劳动力市场。据统计,2003 年欧盟 15 国中,接受过大学教育的,25~34 岁的人口中有 28%,而 55~64 岁的人口中仅有 16%,这意味着新生代具有更高的生产率和更大的适应性潜力。但问题在于,年轻人认为他们难以融入欧洲的经济生活。在劳动力市场上,青年人的失业率通常要远远高于其他年龄组的人口。因此,欧盟各国正在采取各种措施,致力于将青年人融入劳动力市场,支持他们追求非传统的职业发展路径,即在就业、学习、失业、再培训或更新技能之间不断变换。

(五)推进以健康为核心的积极老龄化

担心人口老龄化很重要的一个原因就是,担心老人比例过大导致医疗和健康费用的大幅度上升。但越来越多的资料表明,与医疗消费激增相关的并不是老年本身,而是残疾和健康状况差(常与老年相关),这才是消费昂贵的原因。当人们步入老年时,如果多数老人

都能保持健康,他们的医药费用可能不会迅速增加。据估计,在美国,未来50年通过降低伤残率,可以大约减少20％的医药花费。为此,世界卫生组织(WHO)提出了以提高老年人健康为核心内容的积极老龄化政策框架,"积极"是指不断参与社会、经济、文化、精神和公民事务,而不仅仅是指身体的活动能力或参加体力劳动的能力。当健康、劳动力市场、就业、教育和社会都支持积极老龄化的时候,其作用将是使处于高生产能力的生命阶段者极少早逝;处在老年阶段因慢性病而致残者极少;越来越多的人进入老年后享有很好的生活质量;越来越多的人在老年时积极参与社会、文化、经济和政治方面的活动,以有报酬或无偿的方式在国家、社区和家庭生活中发挥积极作用;与医药及照料服务相关的费用下降。积极老龄化目的在于使所有年龄组的人们,包括那些体弱者、残疾和需要照料者,延长健康预期寿命和提高生活质量。

参与、健康和保障是积极老龄化政策框架的三个基本支柱,但如何实现这些政策框架,发达国家仍然处于探索阶段,各国的重点也不同。如荷兰针对人口老龄化过程中高龄老年人比重不断上升的问题,采取积极措施来发展老年照料和老年护理事业。荷兰政府大幅度修改了各项养老保险法律,推行"首先是家庭、其次是社区、最后才是保险机构"的老年人养老护理原则,逐渐形成家庭、社区、保险机构共同负责的老年人护理机制,支持家庭成员护理生活尚能自理的老年人。这样,社会保险机构把工作重点放在生活不能自理,需要救助的对象身上。在老年护理方面,荷兰还通过提供相关公共服务设施,如住房、交通设施的人性化设计和改造,提供预防性的保健照料知识等措施,为老年病人和残疾老年人提供看护服务。荷兰的养老院大都是通过社区来开展工作,除了提供一般性的老年照料服务,有的还专门收养老年痴呆患者,老年人进入养老院需要缴纳一定的费用,不足部分由社区从社会保障机构和政府获得。

挪威的养老服务分为居家服务和机构服务两种。身体状况好的老年人,选择居家的较多。对于这些老人,政府给予相应的补贴,提供家庭帮助,如清洁、上门医护服务等。对于需要照料的老年人,社区提供三种类型的养老服务。一是护理院。大约有10％的老人住在护理院,这种护理院完全由政府出资,只有重病或年岁过大基本丧失生活自理能力的人才能入住护理院。二是养老院。一般为身体不很健康但又不够入住护理院标准的老人提供养老服务,入住老人除自己付费购买房间外,还需付服务费。三是老年中心。主要收养年满63岁以上老人,为其提供文化娱乐和社会交往的场所,在老年中心也需要付服务费,但价格便宜实惠。

虽然世界各国处于不同的老龄化阶段,变化的速度也是不同的,但人类将很难再回到曾经有过的年轻型人口状态,后进入老龄化的国家更缺乏时间来调整应对。全球性的人口老龄化将给人类经济社会发展带来深远的影响。在经济领域,人口老龄化将对经济增长、储蓄、投资与消费、劳动力市场、养恤金、税收及世代间转接发生冲击。在社会层面,人口老龄化影响了保健和医疗照顾、家庭组成、生活安排、住房与迁徙。在政治方面,人口老龄化会影响投票模式与代表性。各国人口中老年人群,就绝对数字和相对于工龄人口而言,稳步增多,对作为社会基石的世代间和世代内的平等与团结有直接的影响。无论是发达国家还是发展中国家,都必须正视老龄化带来的压力与挑战。

第四节　我国人口年龄结构变化与人口老龄化

一、我国人口的年龄结构变化

新中国成立以来,我国人口经历了大约 30 年的高速增长,总和生育率 1950 年为 5.81, 1960 年受自然灾害的影响短暂下降至 4.45,1970 年回升至 6.09,随着计划生育政策的实施,1980 年急剧下降至 2.74,1990 年下降到 2.51。进入 21 世纪后,总和生育率于 2000 年进一步下降至更替水平以下的 1.63,2010 年为 1.69,2020 年为 1.28。与此同时,随着社会经济的发展,生活水平的提高以及医疗卫生的改善,人口死亡率出现了较大幅度的下降。 1949 年,我国人口死亡率为 20‰,1959 年为 14.6‰,1970 年下降到 7.6‰,1977 年再降至 6.9‰,之后一直保持在 7‰左右的水平。特别是进入 21 世纪以来,婴儿死亡率迅速下降, 从 2000 年的 32‰下降到 2020 年的 5.4‰。死亡率特别是婴儿死亡率的降低导致平均预期寿命延长。1953 年中国人口平均预期寿命男性为 39.8 岁,女性为 40.8 岁,到 1973 年男女都超过 60 岁,2020 年预期寿命进一步延长至男性 73.64 岁,女性 79.43 岁。

我国实行严格的计划生育政策后,0～14 岁人口比重自 1980 年代以来持续下降,从 1982 年的 33.59%下降到 2020 年的 17.95%,而 60 岁及以上人口比重则显著上升,从 1982 年的 7.62%增加至 2020 年的 18.70%,15～59 岁人口则从 1982 年的 58.79%持续上升至 2010 年的 70.14%,此后开始转升为降,2020 年为 63.35%(见图 5-1)。

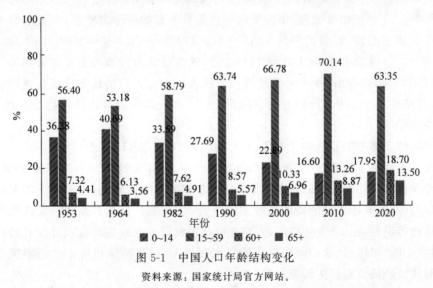

图 5-1　中国人口年龄结构变化

资料来源:国家统计局官方网站。

也就是说,1982—2020 年,劳动力绝对规模和相对规模较大,而抚养负担则相对较轻, 这一阶段是中国的人口机会窗口。人口机会窗口作为影响经济增长的人口动力因素,有利于促进经济增长,加之中国改革开放的实践,清除了一系列妨碍生产要素有效配置的体制障碍,打造劳动密集型产业结构,最大限度地吸纳劳动力就业,创造了长达30多年GDP高速增长的奇迹,成功地把劳动力数量优势人口机会转化为经济红利。[1] 有利的人口年龄结构变化,通过劳动力数量增加和质量提高,高储蓄率和高投资回报率,以及劳动力资源的创新配置,成为这个时期史无前例高速增长的源泉。1980—2010年,在中国劳动年龄人口快速增长的机会窗口期,GDP年均实际增长率高达10.1%。因此,可以说这个时期的经济增长来自于人口红利。[2]

随着年龄结构的变化,中国人口的年龄中位数也相应发生变化,1950年我国年龄中位数仅为22.2岁,1960年、1970年分别下降至19.9岁、18.0岁,属于典型的年轻型人口年龄结构。随着计划生育政策的实施和生育率的下降,年龄中位数逐步开始上升,1990年、2000年分别上升至23.7岁和28.9岁,属于成年型人口年龄结构。之后我国年龄中位数突破30岁,2010年达34.1岁,2020年37.4岁,2021年37.9岁,成为老年型人口年龄结构。

二、我国的人口老龄化

从20世纪80年代开始到20世纪末,是中国人口结构由成年型开始向老年型过渡的转变时期。如果按照国际通行的65岁以上老年人口占总人口的7%,即为老年型人口结构类型的话,那么在2000年,我国已开始迈入老年型社会,与1953年第一次人口普查65岁以上老年人口2620万人相比较,47年中增长了2.36倍。

中国已经完成了人口转型,人口老龄化已成为国家发展的人口基础。由于人口年龄结构变化的影响具有一定的滞后期,一定阶段内我国并不会明显感受到人口老龄化对劳动力供给的影响。21世纪中叶之前,中国虽然一直拥有丰富的劳动力资源,但劳动力人口年龄结构老化呈加速态势,如劳动年龄人口中45岁以上年长者比重从1990年的19%上升到1999年的24%,到2040年将上升到37%左右,成为劳动力资源的主要组成部分。根据联合国人口司的预测,中国20~34岁经济最活跃人口占总人口的比重已经在达到顶峰后开始下降,并将在本世纪中叶降到谷底,与此同时50岁及以上人口占比将稳步上升,2050年将接近50%。

生育率的下降带来总抚养比下降,会形成“人口机会窗口”时期(见图5-2)。我国社会总抚养比一直持续下降到2012年左右,总抚养比由2000年的47.6%下降到39%左右,此后总抚养比将逐步回升,2025年前后将回升到之前的水平。此后,由于青少年人口的抚养系数下降趋缓,而老年人口的抚养系数加速上升,从而推升总抚养系数。人口抚养系数的这种变化趋势说明,在2025年以前,人口老龄化虽然已使家庭代际收入分配开始向老年人倾斜,但在2025年以后,这种倾斜将变得更加明显,人口老龄化所带来的老年抚养压力的上升将对我国经济发展产生深刻影响。

① 原新等.人口红利概念及对中国人口红利的再认识——聚焦于人口机会的分析[J].中国人口科学,2017(2).
② 蔡昉.如何开启第二次人口红利?[J].国际经济评论,2020(2).

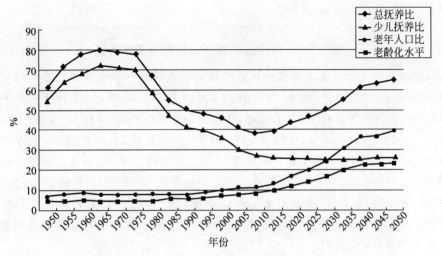

图 5-2　中国人口年龄负担与老龄化变化趋势(1950—2050 年)

资料来源：李建民.中国"未富先老"了吗？[J].人口研究,2006(6).

三、我国人口老龄化的特征

一是老龄化发展迅速。65 岁以上老年人占总人口的比例从 7% 提升到 14%，法国用了 130 年，瑞典用了 85 年，澳大利亚和美国用了 79 年左右，日本用了 24 年，中国由 7% 上升到 14%(2021 年)，只用了 20 年。并且在今后一个时期内都保持着很高的递增速度，属于老龄化速度最快国家。

二是老年人口规模巨大。"七普"数据显示，2020 年中国 60 岁及以上老年人口数量 2.64 亿。根据国务院发展研究中心课题组(2022)预测，2035 年和 2050 年，中国 65 岁及以上老年人口将分别达到 3.46 亿和 4.49 亿，而联合国的预测结果显示，21 世纪上半叶，中国将一直是世界上老年人口最多的国家，占世界老年人口总量的 1/5，21 世纪下半叶，中国也将是仅次于印度的第二老年人口大国。其中，女性老年人的数量大大超过男性老年人，而且超出的女性老年人口中，50%~70% 都是 80 岁及以上年龄段的高龄女性人口。

三是人口老龄化与人口负增长交汇，由"边老边增"转向"边老边减"模式。中国老龄化将贯穿 21 世纪始终，成为 21 世纪我国的基本国情(见专栏 5-2)。同时，人口老龄化将与人口负增长交汇，呈现出"边老边减、边减边老"模式。一方面，总人口从正增长转向负增长。"十四五"时期即将开启的人口负增长较温和。根据各省份 2021 年统计公报，我国人口自然增长率呈负的省份有海南(−8.04‰)、黑龙江(−5.11‰)、辽宁(−4.18‰)、吉林(−3.38‰)、内蒙古(−1.28‰)、湖南(−1.15‰)、江苏(−1.10‰)、上海(−0.92‰)、湖北(−0.88‰)、河北(−0.43‰)、山西(−0.26‰)。另一方面，老龄社会不断升级，根据联合国预测(WPP2022)，我国人口老龄化水平，2024 年超过 20%，进入中度老龄社会，老年人口规模为 2.93 亿人；2035 年超过 30%，将进入重度老龄社会，老年人口规模为 4.24 亿人；2053 年超过 40%，跨入超级老龄社会，老年人口规模将达到 5.18 亿人。2023 年，中国将经历绝对人口下降，中国人口数量世界第一的位置将被印度取代。2050 年中国人口总量为

13.2亿人,预计比2021年减少1亿人。

专栏 5-2　为什么说老龄化是我国基本国情

人口老龄化是人口历史发展惯性规律的结果。我国死亡率水平从1950年的23.2‰下降到1970年的12.1‰,20世纪70年代后半期以来,就已经降到7‰的低水平并稳定至今;婴儿死亡率快速下降到7.5‰;同时,平均预期寿命从1950年的43.7岁升至1970年的56.6岁、1980年的64.4岁、1990年的68.0岁、2000年的71.9岁、2010年的75.6岁、2021年的78.2岁;同一时期,生育率水平经历了空前的下降,总和生育率从1970年的6.09降低到1980年的2.74、1990年的2.51、2000年的1.63、2010年的1.69、2020年的1.28、2021年的1.16左右,由此启动了人口老龄化进程,也决定了现在和未来不可逆转的人口老龄化方向与大趋势。1999年年底,中国60岁及以上老年人口占比达到10.3%,标志着我国进入老龄化阶段。

我国老龄化进程可分为四个发展阶段:快速老龄化阶段、急速老龄化阶段、深度老龄化阶段和重度平台阶段。中华人民共和国成立以来,共经历了三次人口出生高峰,年均出生人口分别为2277万人、2583万人和2239万人,遵从人口发展的惯性规律,这三个出生队列步入老年时,必然形成三次人口老龄化冲击波。第一冲击波期间,老年人口规模从1.8亿人增加至2.5亿人,年均增长率为8.08%,是快速老龄化阶段,第二冲击波还未到来,将是老年人口数量增加最迅猛的时期,预计年均增长率3.41%,老年人口规模从2.7亿人扩大到4.2亿人,是急速老龄化阶段;第三冲击波期间老年人口规模将继续扩大,预计从4.2亿人增加到峰值4.9亿人,预计年均增长率为0.77%,平均不足3个人中就有1个老年人,比世界平均老龄化水平高11～12个百分点,比发达国家平均值高4～5个百分点,我国将跻身世界高度老化国家的行列。21世纪下半叶我国将呈现超高水平、超级稳定的老龄社会形态,老年人口规模将保持在3.8亿～4.8亿人,老龄化水平徘徊在36%～38%,列居全球老龄化水平最高国家方阵中。

资料来源:李佳.人口老龄化与老龄社会100问[M].北京:中国财富出版社,2021.(其中死亡率、生育率、预期寿命数据来自《世界人口展望2022》)

四是人口老龄化地区、城乡发展不平衡。中国人口老龄化发展具有明显的由东向西的区域梯次特征,东部沿海经济发达地区明显快于西部经济欠发达地区,以最早进入人口老年型行列的上海(1979年)和最迟进入人口老年型行列的宁夏(2012年)比较,时间跨度长达33年。

人口老龄化与经济发展水平密切相关,经济发达地区老龄化程度一般高于不发达地区,城市人口老龄化水平一般高于农村。中国的情况则不同,农村经济发展低于城镇,老龄化水平却高于城镇,从第三次人口普查之后就存在着城乡倒置的状况,并将一直持续到2040年。到21世纪后半叶,城镇的老龄化水平将超过农村,并逐渐拉开差距。这是中国人口老龄化不同于发达国家的重要特征之一。原因在于大量农村劳动力向城市迁移,延缓了城镇人口老龄化进程,减轻了城镇老龄化程度,却加速了农村老龄化的进程,导致在一定时期内城乡生育率水平和人口年龄结构变化的背离和倒挂。

五是从"未富先老""未备先老"转向"边富边老""边备边老"。总体而言,发达国家的人口老龄化是经济社会发展到一定水平的产物,大部分发达国家是在基本实现现代化、人均GDP在2 000美元左右时进入老龄化社会的,属于"先富后老"或者"富老同步"的类型,而中国2000年进入老龄社会是在尚未实现现代化、人均国内生产总值不足1 000美元时,具有"未富先老"的特点,应对老龄化的经济实力比较薄弱。2010年中国老龄化水平约为9%时,人均GDP为4 523.9美元,而日本处于同等老龄化水平时人均GDP已达到9 308.86美元。但"未富先老"说也遭到中外学者的质疑。瑞银集团(UBS)亚洲首席经济学家乔纳森·安德森(Jonathan Anderson)认为,即使在最坏的情况下,中国的储蓄仍然足以支撑经济的快速增长,并使中国在达到老龄化之前实现富裕。找不到强有力的理由证明,中国在变老的同时不能变富。[①] 根据《中国现代化报告2006》,按购买力平价计算(1990年价格),2001年中国刚刚进入人口老龄化时人均GDP为3 583国际元,接近于法国1923年(3 718国际元)、德国1925年(3 772国际元)、瑞典1928年(3 657国际元)、挪威1936年(3 757国际元)、意大利1951年(3 738国际元)的水平。从平均预期寿命和教育等社会发展指标看,2001年的中国也不属于当时的发达国家。

由于我国人口转变较发达国家快很多,快速进入老龄化后,我国应对人口老龄化的认识和制度的准备等尚不充分,针对老龄化的保障还不完善,属于"未备先老"。传统家庭养老功能的弱化,对中国的社会保障体系提出了新的要求,而相应的养老保障制度还不完善,养老服务体系发展滞后,养老服务市场供给缺口巨大,需要一个有准备或有保障的老龄化。

当前,我国正从"未富先老""未备先老"转向"边富边老""边备边老"。党的十八大、十九大报告以及"十三五"规划纲要明确提出积极应对老龄化。《中华人民共和国国民经济和社会发展第十四个五年规划和2035年远景目标纲要》明确提出实施积极应对人口老龄化国家战略。《国家积极应对人口老龄化中长期规划》从社会财富储备等五个方面,进行了积极的战略部署。近年来,一系列积极应对人口老龄化的方针、政策密集出台,相关政策体系逐步完善。养老服务方面,已初步建立起以居家为基础、社区为依托、机构为补充的多层次养老服务体系(见专栏5-3)。进入21世纪以来,我国经济发展非常迅速,经济实力显著提升。2000年中国老龄化水平接近7%,人均GDP为7 229元。2017年中国老龄化水平达17.3%时,人均GDP已提升至59 660元,增长了8.25倍。2020年,我国GDP达到14.7万亿美元左右,人均超过1万美元。美国(1978年)、日本(1981年)、韩国(1994年)、中国(2019年)人均GDP达1万美元时,65岁及以上人口占比分别为11.2%、9.2%、5.8%和12.6%[②],说明中国已具备边富边老的特点。

专栏5-3　近年来养老服务政策大事记

2017年6月　国务院办公厅发布《关于制定和实施老年人照顾服务项目的意见》,明确了20项老年人照顾的重点任务,涵盖老年人衣、食、住、行、用、娱等多个方面。

---

① 参见安德森.中国不会"未富先老"[EB/OL].2007/06/26.来自:《财经》网络版。

② 任泽平,熊柴,周哲.中国人口老龄化的特征与趋势[N].中国老年报,2020年9月2日。

2018年8月　民政部办公厅印发《关于进一步做好养老服务领域防范和处置非法集资有关工作的通知》，要求提高老年人防范非法集资能力；加强预警，拓宽监测渠道等。

2018年10月　民政部、发展改革委、国务院扶贫办印发《深度贫困地区特困人员供养服务设施(敬老院)建设改造行动计划》。

2018年12月　新修改的《中华人民共和国老年人权益保障法》由第十三届全国人民代表大会常务委员会第七次会议审议通过。

2019年3月　国务院办公厅印发《关于推进养老服务发展的意见》，推动养老服务体系建设，更好满足老年人获得感、幸福感、安全感。

2019年9月　民政部印发《关于进一步扩大养老服务供给 促进养老服务消费的实施意见》，进一步加强养老服务供给，推动养老服务市场健康发展。

2019年9月　人力资源社会保障部、民政部联合颁布《养老护理员国家职业技能标准(2019年版)》，明确了养老护理员的技能要求，拓宽了其职业发展空间，缩短了晋升时间。

2019年10月　民政部印发《养老服务市场失信联合惩戒对象名单管理办法(试行)》，建立健全养老服务失信联合惩戒机制，加强信用归集，规范信用约束措施。

2019年12月　《养老机构服务安全基本规范》发布，成为我国养老服务领域首个强制性国家标准，标示了服务安全的"红线"。

2020年7月　民政部会同有关部门印发《关于规范养老机构服务行为 做好服务纠纷处理工作的意见》，运用多元纠纷化解方式，做好服务纠纷处理工作。

2020年9月　民政部发布新修订的《养老机构管理办法》，加强养老机构内部管理，细化民政部门监管职责。

2020年12月　国务院办公厅印发《关于建立健全养老服务综合监管制度 促进养老服务高质量发展的意见》，对构建新时期养老服务综合监管制度做出了整体部署。

2021年6月　发展改革委、民政部、卫生健康委共同制定《"十四五"积极应对人口老龄化和托育建设实施方案》，提出到2025年，进一步改善养老、托育服务基础设施条件。

2021年9月　民政部、市场监管总局联合印发《关于强化养老服务领域食品安全管理的意见》，严格落实食品安全"四个最严"要求，强化养老服务领域食品安全管理。

2021年11月　民政部、国家开发银行联合印发《关于"十四五"期间利用开发性金融支持养老服务体系建设的通知》。

2021年11月　中共中央、国务院印发《关于加强新时代老龄工作的意见》，将健全养老服务体系予以重点表述，充分阐释了养老服务在应对老龄化中的主要地位。

2021年12月　国务院印发《"十四五"国家老龄事业发展和养老服务体系规划》，明确了"十四五"时期的总体要求、主要目标和工作任务。

——摘自《中国民政》杂志.十年来养老服务政策创建大事记,2022-07-15

六是"少子化""高龄化""空巢化"与老龄化并存。"三化"与老龄化叠加，传统的家庭养老功能的空前弱化，将不能满足老年人养老的需求，老年人的养老面临多元化的挑战和选择。由于出生率快速下降，老龄化程度加深的同时伴随着少儿、劳动年龄人口的大幅减少，出现"少子化"伴随老龄化现象。同时，随着老年人口队列从最初的低龄化逐渐向高龄化转变,80 岁及以上老年人口占 60 岁及以上老年人口的比例也在增加,从 2010 年的 11.82% 上升到 2020 年的 13.56%。2025—2050 年,中国高龄老年人口年均增长速度将达到 4.8%,预计 2050 年 80 岁及以上的高龄老人将增加到 1.08 亿人。高龄老人生理机能严重衰退,成为纯粹的被赡养人口,高龄化将面临养老的贫困、疾病和失能三大棘手问题。人口高龄化在人们的自然寿命延长的同时,也在很大程度上延长了带病生存期,表现在患病率、伤残率增加,自理能力下降。80 岁以上生活不能自理率高达 30% 以上,90 岁以上生活不能自理率高达 50% 以上,仅生活照料和护理服务的需求就十分巨大,大大增加了养老成本。

人口老龄化给中国的经济、社会、政治、文化等方面的发展带来了深刻影响,庞大老年群体的养老、医疗、社会服务等方面需求的压力也越来越大。养老保障负担日益沉重。随着生育高峰人群进入老年行列,离休、退休、退职费用呈现连年猛增的趋势。政府、企业、社会都已经感到养老保障方面的压力越来越大。据测算,老年人消费的医疗卫生资源一般是其他人群的 3～5 倍。基本医疗保险基金支出之所以高速增长,人口迅速老龄化是重要的原因之一。目前,由于社会转型、政府职能转变、家庭养老功能弱化,为老服务业发展严重滞后,难以满足庞大老年人,特别是迅速增长的"空巢"、高龄和带病老年人的服务需求。其他生活照料、精神慰藉等许多为老服务也都存在发展缓慢的问题,不能满足老年人群日益增长的需求。与城市相比,农村老龄问题更大。随着人口老龄化进程加快,农村的养老、医疗等方面的压力相对城镇将更加突出。

四、积极应对人口老龄化

人口负增长时代的来临和老龄化进程的加速,将会影响消费,弱化投资意愿,不利于资源自由流动,从而阻碍经济质的提升和量的增长,经济增长减缓反过来也会影响人口再生产,不利于人口与经济的良性互动。中国正处在社会转型的关键时期,各项改革进入攻坚阶段,许多制度正在建立和完善,养老、医疗、社会服务等方面的压力早就潜伏生长,人口老龄化只是凸显了这些压力。随着人口老龄化加速发展,这些压力的影响将会更加深刻、更加普遍。为了积极应对人口老龄化,可以借鉴国外经验,结合我国国情,从以下几个方面积极应对。

(一)以高质量发展积极应对人口老龄化

随着人口老龄化程度的加深,经济发展中劳动力资源的比较优势会逐渐丧失,同时资源约束依然严峻,环境保护和生态建设的要求越来越高。因此,经济增长方式的转型和升级,从传统的资源密集型、劳动密集型的粗放发展模式向知识技术密集型创新性高质量发展模式转变,才能与人口发展的趋势相适应。转型和升级经济发展模式,不仅是适应人口发展的客观要求,同时也是为了终结外向型经济发展模式、实现国内大循环做出的战略调整。只有转型升级经济发展模式,才能扩大人力资本存量,提高居民收入,满足居民的有效需求,从而发挥消费对经济增长的拉动潜力和效应,促进经济发展的可持续性。

(二)以需求为中心,建立多元化养老方式与养老服务体系

西方发达国家在进入老龄化社会之前或初期就开始建立、完善养老服务制度和体系,而我国对于老龄化的政策和制度虽然在近年来取得长足进展,但面对严峻的人口老龄化趋

势，留给我们进一步完善的时间十分有限。我国已进入老龄化加速发展期，但从年龄结构来看，1990—2022年是我国人口抚养比最低的人口机会窗口时期，也是积极应对人口老龄化，构建和完善多元养老方式与养老服务体系的最佳时期。

社会养老体系应与社会经济发展水平相适应，并以满足老年人养老服务需求、提升老年人生活质量和幸福感为目标。由于传统的家庭养老功能严重弱化，新《老年法》中规定的"赡养人应当履行对老年人经济上供养、生活上照料和精神上慰藉的义务"面临落实上的实际困难，因而养老体系的构建应该把老年人自身、家庭、社会和国家的作用有机地整合起来，在老龄化高峰到来之前，探索并建立一套买得起、用得起、可持续的普惠型养老服务模式。

在养老模式的选择上应以老年人的健康状况特别是保持老年人身体机能和自理能力为目标，对于完全能自理的老人提倡家庭养老，对于不能完全自理以及完全不能自理的老年人，应提供相应的社区养老和机构养老选择。面对未来劳动力总量的减少，在老人照料服务的人力资源供给上，加强专业护理人员的机能培训，利用好"时间储蓄"或"时间银行"模式的照料服务形式。同时创新养老服务模式，充分利用"智慧养老"以及人工智能在养老、助老方面的研发和应用。

（三）以公共服务均等化为契机，促进养老保障制度可持续发展、高质量发展

目前，中国养老保障体系的基础是城乡基本养老保险制度，包括城镇职工基本养老保险制度和城乡居民基本养老保险制度。此外，通过建立福利养老制度、农村"五保户"制度以及城乡居民最低生活保障制度，对城乡老年人特别是困难群体提供由政府兜底的养老保障体系。总体上看，我国社会养老服务体系建设仍然滞后，特别是养老金融服务和产品供给不足。如何构建一个强大、公平、可持续的覆盖城乡居民的养老保障体系，发挥老龄人口在消费、就业、投资等方面对经济和社会发展的重要拉动作用，释放老龄人口的红利是当今和今后很长时期内中国面临的一个突出问题。

由于养老金存在隔代效应，如果享用养老金的老年人口不断增加而缴纳养老保险劳动力人口越来越少，加上通货膨胀引起的货币贬值，就会形成养老金缺口。现阶段我国养老金的来源除了缴费收入外，还有一大块财政补贴，另外就是养老金投资收益。为了缓解养老金缺口问题，必须夯实财政收入基础，比如征收遗产税和赠与税等，并明确这个税种的去向为增加养老金储备，从而增加养老金收入。同时，应大力发展第三支柱养老保险，为老年人口经济供养提供资金来源。另外，还可以考虑实施有弹性的退休年龄，在特殊行业（如大学、科研单位等人力资本积累较高的领域）提高法定退休年龄，推行延迟退休政策而不是简单地将全国退休年龄一致提高，这样既有利于人力资源的充分利用，又不会从总体上造成就业压力，同时一定程度上缓解养老金收支压力。

（四）把积极老龄观、健康老龄化理念融入经济社会发展全过程

"积极老龄化是指人到老年时，为了提高生活质量，使健康、参与和保障的机会尽可能发挥最大效应的过程。"它强调老年人是被忽视的宝贵社会资源，他们健康地参与社会、经济、文化与公共事务，依然是社会财富的创造者和社会发展的经济贡献者。老年人健康不仅是良好的生活质量的基础，还意味着医疗费用和社会照料支出的减少，同时健康的老年人可以积极参与社会、文化、经济和政治生活，成为社会财富的继续创造者和贡献者。实施积极老龄化可以使越来越多的老年人老当益壮继续参与社会公共生活，有助于提高社会活力。

健康是保障老年人独立自主和参与社会的基础,推进健康老龄化是积极应对人口老龄化的长久之计。党的十九大做出实施健康中国战略的重大决策部署,党的十九届五中全会明确提出实施积极应对人口老龄化国家战略,促进健康老龄化是协同推进两个国家战略的必然要求。习近平总书记对老龄工作做出重要指示,要求"把积极老龄观、健康老龄化理念融入经济社会发展全过程""加快健全社会保障体系、养老服务体系、健康支撑体系"。

(五)推出切合实际、务实管用的鼓励生育政策

如果说过去中国的人口问题主要是数量太多,那么现在更加突出的是人口结构老化问题。因而要解决中国人口老龄化所带来的一系列社会、经济、政治和文化等问题,必须从人口自身发展战略入手,尽快调整人口长远发展战略。在实行"三孩"政策的同时,还需要实施支持生育的配套措施,以免出现鼓励生育但生育率依然上不去的新问题。因而,协调好人口自身再生产内部的数量与结构关系,是我们尽可能避免或减缓人口年龄结构迅速老化对我国社会经济可持续发展产生消极影响的前提条件。这也正是积极鼓励生育遏制超低生育率的意义所在。

(六)大力开发老龄市场,发展老龄产业

老龄产业是随着人口老龄化而出现的一种新的经济活动,是一种以老人为服务对象同时又由老人参加的产业。银色产业的目的是银色服务,老人既是银色商业的对象,在人手不足时也是劳动力宝库。银色商业有可能形成巨大市场。只有在起居、洗浴、如厕、进餐、保健、娱乐、出行、通信、安全等方面使照料老人的工作都真正实现自我服务化、自动化和合理化,老人的服务才能彻底改善,这时的银色商业就能对经济发展起到推动作用。[①]

首先,在老龄产品和服务的供给上形成"政府主导"和"市场运作"的混合格局。由于相当一部分老龄产品属于公共物品或准公共物品(即有明显外部性的私人物品,如养老院等),这一属性决定了政府在提供老龄产品方面有不可推卸的责任。在发展老龄服务产业的过程中,公共政策应统筹政府、市场和社会的作用,并根据产品和服务的不同属性来选择合适的运作模式。政府已经并应当继续发挥非营利组织的优势,采用合适的政策工具(如"民办官助""官办民营"等优惠政策),鼓励并支持非营利组织参与提供具有公共或准公共属性的老龄产品与服务。[②] 在开发满足不同老年群体不同需求的产品时,企业也完全可能通过市场机制的运作获得合理的经济利益。智慧养老的市场前景不可估量,适合老年人口居住的老年社区或老年公寓的开发和适老化改造有着比较好的市场前景,以老年人口为主要服务对象的教育、旅游、休闲产品也都具有巨大的市场需求。

其次,在产业结构转型升级的过程中推动适合老年人就业的产业发展。发展适合老年人就业的产业呈现出越来越多的现实意义。老年人在知识、经验、社会关系等方面仍具有独特优势。公共政策应引导老年人进入适合其体力和脑力条件的行业,根据老年人的特点开发合适的职业。互联网技术的发展和高铁时代的到来正在改变我们的工作和生活方式,也为老年人继续参与经济活动创造了极大可能性。中国劳动力市场供求关系正在发生重大转折,使得更好地利用老年劳动力不仅成为可能,而且成为必须。

① 郭熙保、李通屏、袁蓓.人口老龄化对中国经济的持久性影响及其对策建议[J].经济理论与经济管理,2013(2).
② 彭希哲.公共政策视角下的中国人口老龄化[J].中国社会科学,2011(3).

主要概念

人口金字塔　性别比　出生性别比　性别结构　年龄结构　年龄中位数 人口机会窗口
人口红利　老龄化　老龄化指数

思考题

1. 试分析性别比偏高的经济、社会效应。

2. 试分析中国年龄结构变动的趋势和特点。

3. 人口老龄化将对我国经济社会发展产生哪些影响?

4. 人口机会窗口关闭后,我国经济发展模式应做怎样的调整?

5. 立足新发展阶段和高质量发展,结合中国实际,试分析如何积极应对人口老龄化。

6. 在人口性别比偏高以及人口老龄化与人口负增长交汇的现实背景下,如何促进我国长期人口均衡发展?

参考读物

第六章

人口城市化与经济发展

2020 年，全球约 43.78 亿人居住在城市（UN，2018）。预计到 2050 年，随着城市人口规模增加，将有近 70％ 的人居住在城市。由于全球 GDP 的 80％ 以上来自城市，如果管理得当，城市化可以通过提高生产力、允许创新和新思想的出现，促进可持续增长。[①] 在本章，我们在人口城市化相关理论梳理的基础上，讨论世界人口城市化的历程及其经济学动因，进而探讨新发展阶段中国人口城市化的特点、影响及其未来发展。

第一节 人口城市化概述

一、人口城市化的概念

（一）城市与城市化

"城"和"市"本是两个不同的概念。城是四周围以高墙，扼守交通要冲，具有防守性质的军事要点；市是指交易市场，又称市井。《周礼》记述，市场中有大市，市中设肆，呈整齐的行列式布局，货物陈列在肆中出售。储存货物的仓库，古称店；市的周围有围墙，古称阓；设市门，古称阛。市中心设市楼，开市升旗，市楼又名旗亭。[②] 随着社会的发展，城与市逐渐融为一体，成为统一的聚合体——城市。[③] 保罗·贝洛赫（Paul Bairoch，1988）在《城市与经济发展》（*Cities and Economic Development: From the Dawn of History to the Present*）一书的开篇中写道，城市的兴起是令人着迷的伟大事件。"没有城市，人类的文明就无从谈起。"新型冠状病毒感染疫情对全世界城市居民造成严重冲击，《世界城市报告2022——展望城市的未来》公布了一个重要发现——"城市（cities）会存在，人类的未来毫无疑问是城市（urban），但不只是大都市（large metropolitan areas）"[④]。

---

① https://www.worldbank.org/en/topic/urbandevelopment/overview#1.
② 中国大百科全书(第二版)第 20 卷关于"市"的辞条，第 353 页。
③ 中国大百科全书(第二版)第 3 卷，第 471 页。
④ UN Habit. World Cities Report 2022-Envisaging the Future of Cities. 2022：1.

马克思和恩格斯对城市和城市化给以高度关注。城市不仅表明了人口集中，也表明"生产工具、资本、享乐和需求的集中"，乡村呈现的情境则完全相反——"孤立和分散"。也就是说，集中与分散是城市与乡村的重要区别。马克思、恩格斯被认为首次使用了"城市化"这个概念，"现代的历史是乡村城市化"，古代的历史则是"城市乡村化"。[①] 城市产生尽管历史悠久，但现代意义上的城市化则开启于 18 世纪的英国工业革命。

城市化是一个涉及人口学、经济学、地理学、社会学等诸多学科的现象，对其定义也存在多种观点。1971 年诺贝尔经济学奖得主库兹涅茨将城市化定义为"城市和乡村之间人口分布方式的变化"。科林·克拉克（Colin Clark）把城市化看成第一产业人口不断减少，第二、第三产业人口逐渐增加的过程。地理学认为，城市化是居民聚落和经济布局的空间区位再分布，并呈现出日益集中化的过程，更具体地说，第二、第三产业在具备特定地理条件的地域空间集聚并在此基础上形成消费地域，其他经济、生活用地也相应建立，多种经济用地和生活空间用地集聚的过程。社会学认为，城市化是一个城市性生活方式的发展过程，它意味着人们不断被吸引到城市中并被纳入城市的生活组织中去，而且还意味着随城市的发展而出现的城市生活方式的不断强化。《中华人民共和国国家标准——城市规划基本术语标准》的定义是——"人类生产和生活方式由乡村型向城市型转化的历史过程，表现为乡村人口向城市人口转化以及城市不断发展和完善的过程。又称城镇化、都市化"（中华人民共和国建设部，1998）。长期以来，联合国把城市化定义为"人口由分散的农业主导经济活动的乡村向以工业、服务业为特色的人口更多、更稠密的城市集中的人口转移过程"（United Nations，2014）。《世界城市化展望 2018》做出了重新界定：城市化是一个改变了已有建筑环境、由乡村向城市聚落（urban settlements）转移的复杂的社会经济过程，同时也将人口空间分布从乡村转移到城市地区。它包括主要职业、生活方式、文化和行为的变化，从而改变城市和农村的人口和社会结构。城市化的主要后果是与农村居民比较，城市住区的数量、土地面积和人口规模以及城市居民（urban residents）数量和比重的上升。不难看出，这个最新的界定体现了科学理论性和实践操作性的统一，便于从更广的视野把握城市化这一十分复杂的社会经济现象和社会经济过程。第一，城市化是已有环境和居住区（settlements）从乡村到城市的转移；第二，城市化同时也是人口空间分布从乡村转移到城市地区（urban area）；第三，城市化是城乡人口结构和社会结构的变迁，包括职业、生活方式、文化和行为的改变；第四，与乡村居民（rural dwellers）相比，城市化的后果是城市住区在数量、土地面积和人口规模上的数量和比重上升。与以前的概念比较，这个界定突出了城市住区或城市居民的增长。这对思考城市化的本质，特别是以人为本而不是以职业、工作为本的人口转移型城市化颇具启发意义。

（二）人口城市化

人口城市化，即人口从农村地区向城市地区的迁移和集聚，其标志是城市人口数量的增多尤其是占总人口比重的提高。威尔逊（Christopher Wilson）在《人口学辞典》中给出了

① 关于城市和人口集中参见马克思恩格斯. 马克思恩格斯全集［M］. 第 3 卷. 北京：人民出版社，1960：58. 关于"城市化"，参见马克思. 政治经济学批判［M］//马克思恩格斯全集. 第 46 卷. 北京：人民出版社，1979：480.

一个简明的定义,"人口城市化即指居住在城市地区的人口比重上升的现象"。一般认为,城市人口比重达到 10%,即可视为城市化的开始。人口城市化,从本质上可以理解为从人口学角度对于城市化的一种定义或解释,只不过在研究中更强调人口的乡城变迁。在本章,对"城市化"与"人口城市化"这两个概念除了特别注明外,不再做严格区分。

当然,城市人口比重提高只是人口城市化的一个表征,除此之外还应包含人口素质的提高以及相应的生产、生活方式,尤其是价值观念和思想意识由乡村向城市转变。只有从乡村转移并定居于城市的人口,能够摆脱自给自足、小富即安的"熟人"社会的思维与行为模式,转向分工合作、开拓进取的城市"生人"社会的思维与行为模式,适应和遵从城市的社会秩序并进行文明创造活动,才是真正意义的人口城市化。

人口城市化的极限是全部人口均转化为城市人口。但从发达国家城市化的实践看,除了像新加坡、摩纳哥这样的小国实现了 100% 的人口城市化以外,绝大部分国家都不存在这样的可能性。一方面的原因是对于规模较大的国家而言,农产品不可能完全依赖进口,第一产业作为基础性产业不可能完全消亡,而且也是城市本身发展的必要支撑;另一方面的原因是很多自然资源的开发通常采取就地开发、组群式集聚的形式,自然资源分布的分散性或者说不确定性决定了没有必要也很难完全向一地集中。更为重要的是,人口城市化的目的在于缩小乃至消除城乡差别,实现城乡一体化发展,享受更为先进的城市文明不落下任何一人。人口向城市集聚只是手段和形式而非根本性目的,农村不可能也没有必要被完全"化"掉。随着交通通信等条件的改善,居住地域的界限对城市文明的传播与分享的限制越来越小,城市的辐射力将大大超出在自然或行政上的界限。有关实证研究表明,城市人口比重低于 10% 时,辐射力很弱,城市文明基本上只限于居住在城市里的人享受;城市人口占总人口 50% 以上时,城市文明普及率可达到 70% 左右;城市人口占总人口 70%~80% 时,城市文明普及率有可能达到 90%,甚至 100%(高珮义,1991)。因此,世界上主要发达国家城市人口的比例基本上处于 70%、80% 左右的水平。而且当城市人口集聚达到一定程度后,城市化发展速度将进入相对稳定的发达阶段,规模不经济效应开始显现,反而出现了集聚与扩散并存,但以扩散为主的"郊区化"乃至"逆城市化"现象。应当说这是人口城市化达到极致时的一种必然现象。

我国经常用"城镇化"的概念,主要是指越来越多的农村人口居住、工作和生活在城镇。城市化是一种不可逆转的全球大趋势,但由于长期以来中国是世界上农业人口最多的发展中国家,而且由于新中国成立后重工业优先的发展导向使其速度远远滞后于工业化,城镇化是中国在计划经济向市场经济转轨过程中实际走出来的道路,与"先农村、后城市"的改革路径以及在此过程中乡镇企业的蓬勃发展和 20 世纪八九十年代采取的控制大城市、积极发展小城镇的战略均有一定关系。从发展阶段和发展规律看,中国城市化进程也将从初级阶段城镇化上升到中、高级阶段的城市化。鉴于城镇化、城市化都用英文 urbanization 表示,我们将城镇化与城市化、人口城镇化与人口城市化等同使用,不加区分。

二、对人口城市化与经济发展关系的基本认识

(一)国外的观点

20 世纪五六十年代,发达国家城市人口比重接近 60%,但发展中国家在 20% 左右。以

刘易斯(Arthur Lewis,1915—1991)[1]为代表的一批经济学家对发展中国家产生了浓厚兴趣。他认为,农村剩余劳动力从低生产率的农业部门转移到高生产率的城市工业部门,不仅可以促进资本积累和经济增长,而且劳动力转移出去以后,还会促使传统农业部门劳动与土地的比率发生变化,从而有利于引进更现代和资本密集型农业技术,促进现代观念和制度向传统农村地区扩散(Lewis,1954)。城市化是从传统社会向现代社会转变过程中经济发展的必然结果,最终会带动整个国家迈向现代化(Hudson,1969)。发展经济学中的非均衡增长理论及其发展政策也对人口城市化持乐观态度,如佩鲁的增长极理论、缪尔达尔(Gunnar Myrdal,1898—1987)[2]的累积因果关系理论、赫希曼的中心-外围模型、弗里德曼的空间极化理论等,都强调区域发展中的不平衡规律,强调城市主导作用和资源要素"自上而下"流动的重要性,这些理论对一些发展中国家产生了重要影响。

但是,城市规模与人口城市化也受到规模报酬递减定律的制约。人口城市化在为人类社会发展带来巨大推动力的同时,也引发了一些由于规模膨胀、人口激增所带来的社会经济问题。例如,就业歧视与失业率上升,贫困人口增多与贫富悬殊加剧,交通拥挤,住宅紧张,地价昂贵,环境恶化,犯罪率上升等。在许多发展中国家,这些问题在 20 世纪七八十年代开始凸显,并且由于工业化水平未能跟上城市化水平,问题表现得更为严重,被称之为"城市病"或"城市危机"。因此许多学者转变了对人口城市化的看法,对以城市为中心、自上而下的发展政策进行了批评。迈克尔·利普顿认为,不发达国家之所以不发达、穷人之所以穷,并不是因为国内劳动者和资本家的冲突,也不是因为外来利益和本国利益的冲突,而是因为没有处理好本国的城乡关系。如城市与农村之间存在明显差别、城市集团与农村集团利益上的矛盾与冲突以及政府的以城市为中心的自上而下的发展政策,加剧了这两大社会集团之间的矛盾与冲突。为此,利普顿将这种政策引起的不公平的城乡关系称之为"城市偏向"的城乡关系,并把城市偏向看作发展中国家持续贫困的主要原因。城市偏向导致城市和乡村部门存在不平等交换机制,乡村为城市提供大量廉价的仪器、原材料和劳动力,政府却把有限资源以生活补贴的形式投资于城市居民,从而错误地配置了资源,扩大了城市与农村之间的差距(Michael Lipton,1977)。

基于对"城市偏向"的批评,国外学者对于城市化道路和区域发展策略也进行了更加深入的探讨。斯多尔(Stohr)和泰勒(Taylon)提出了自下而上的发展道路,主张应以农村为中心,以各地自然、人文和制度资源的最大利用为基础,以满足当地居民的基本需求为首要目标,选用适宜技术实现发展目标。实际上,这种发展道路意味着发展中国家的发展必须坚持农村和农业发展为基础,加强城乡联系,改变城市对农村的单向辐射或带动,从而形成城乡互动、共同发展进而推进城市化的主张。朗迪勒里(Rondinelli)认为,城市的规模等级是决定发展政策成功与否的关键,完全采取自下而上的发展战略是不切实际的,为此,他特别强调城乡联系,认为发展中国家的投资在地理上应分散,应建立完整分散的城镇体系,主

---

[1]　因对经济发展的开创性研究,特别是对发展中国家问题的考虑,刘易斯 1979 年与西奥多·舒尔茨(1902—1998)一起获得诺贝尔经济学奖。获奖时任职于普林斯顿大学。

[2]　因在货币和经济波动理论方面的开创性工作,以及对经济、社会和制度现象相互依存的深刻分析,1974 年与弗里德里希·奥古斯特·冯·哈耶克(1899—1991)一起获得诺贝尔经济学奖。

张通过中小城市的发展促进城乡平衡发展。此外,麦吉(T. G. Mcgee,1991)通过对亚洲国家大城市间交通走廊地带城乡聚落与产业分布的研究,提出 Desakota 的概念,即建立在区域综合发展基础上的城市化,其实质是城乡之间的统筹协调和一体化发展。他认为,Desakota 区域具有这样一些特征:密集的人口、分散的农户经营方式和以水稻种植为传统的产业;中心城市的工业扩散和乡村地区非农产业的发展;农业、副业、工业、住宅及其他各种土地利用方式交错布局;密集的交通网络;广义农业的扩展和服务业的发展,女性参与非农产业;原来为城市和农村制定的管理系统已不再适用,成为管理上的灰色区域。这是一种城乡两大地理系统相互作用、相互影响而形成的新的空间形态,这就需要跳出城市中心论,基于城乡之间相互依赖、相互影响的双向交流及其地域空间变化,统筹城乡发展。

20 世纪 90 年代,世界银行和亚洲开发银行的经济学家对城市化进行重新审视,肯定了人口城市化的意义。亚洲开发银行(1996)、世界银行(2000)的报告指出,由于城市化具有产业集聚效应,可以获得巨大经济效益,城市地区还是应当被视作经济持续增长的发动机。2001 年诺贝尔经济学奖获得者斯蒂格利茨(Joseph Eugene Stiglitz)指出,"中国的城市化与美国的高科技发展将是深刻影响人类 21 世纪发展的两大主题"。2006 年诺贝尔奖获得者菲尔普斯(E. Phelps,2013)指出,城市正在成为创新、增长与现代经济体的活力之源。更多的人口产生大城市,大城市产生更多的创新和企业家(埃德蒙·菲尔普斯,2013)。联合国秘书长古特雷斯(António Guterres,2022)认为,城市和城镇可以引领创新,弥合不平等差距,采取气候行动,确保从疫情中实现绿色和包容性复苏。《世界城市报告 2022》预言,城市化仍然是 21 世纪一个强大的趋势,2021—2050 年,城市居民将增加 22 亿人。城市和城市群将聚集更多人口,人口集聚与收缩区域并存。城市化与世界性挑战相互交织,气候变化、不平等加剧以及人畜共患病毒的增多,新型冠状病毒大流行引发了百年未有的公共卫生危机和自"大萧条"以来最严重的经济衰退。这些挑战将以不同方式给未来城市留下印记。建设城市经济、社会和环境韧性(resilience)必须处于未来城市的核心,城市地区必须为动态的、不可预知的未来做好准备。

(二)国内的观点

赵新平、周一星(2002)对国内关于城市化的讨论划分为三个阶段:第一阶段(1979—1983 年),明确中国一定要走城市化道路;第二阶段(1984—1996 年),中国城市化道路问题及其理论上的拓展;第三阶段(1997 年—),开启城市化理论研究的全方位探索阶段。

在第一、二阶段,主要是从城市规模角度对城市化道路的探讨,这种探讨一方面立足于作为人口大国和农业大国的国情,另一方面也受到西方的影响,尤其是对于"城市病"进行反思和检讨的相关观点的影响。主要有三种观点:第一种是"小城镇论",持此论者一方面考虑到我国的大城市存在诸多城市问题,另一方面认为在乡镇企业成为吸纳农村剩余劳动力主要渠道的前提下,由于地缘关系紧密,农民进入小城镇比进入大中城市的成本要低一些,这样可以降低城市化成本。同时,小城镇可以把城乡两个市场较好、较快地连接起来,迅速促进农村第二、三产业发展,大量地吸纳农村剩余劳动力,缓解农村人多地少的矛盾,促进农业规模效益提高和农民收入增长。这一主张既符合当时发展乡镇企业的要求,又符合政府的城市发展方针,同时似乎可以避免"大城市病"的困扰,因而成为主流观点,其典型概括是"离土不离乡,进厂不进城"。第二种是"大城市论",明确指出大城市具有远大于小城镇的规模效益,并根据对国外城市化发展过程的考察认为存在"大城市超前发展的客观规律",主张走主要发展大城市的中国城市化道路。第三种观点是"中等城市论",主要是对前二者观点的折中。但是,也有学者(周一星,1988,1992)跳出了城市规模单一取向的框框,认为不存在统一的能被普遍接受的最佳城市规模,城镇体系永远是由大中小各级城镇组成的,企图以规模来调控城市的发展与建设,没有抓住问题的关键。指出各级城市都有发展的客观要求,并结合城市发展的客观规律提出了"多元论"的城市化方针,这一观点后来被越来越多的学者所认同,并由此拓宽了研究视野,相继出现了城市化道路的"三阶段论"(夏振坤、李享章,1988)、"二元城镇化战略"(辜胜阻,1991)和"双轨归一说"(孟晓晨,1990)。正是这些广泛深入的讨论,使城市化研究从单纯的规模论转向了关注城市体系、城市规模效益等更深层次。

1993年,中国出现了经济过热,政府着力于采取各项政策推动经济实现"软着陆",1997年达到了预期目标。而东南亚金融危机的爆发,使得中国经济出现了有效需求不足和增长速度显著下滑,普遍认为我国已经告别"短缺经济",需要新的经济增长动力,尤其是内需拉动。1996年中国城市化水平首次达到30%,而按照一般规律,就应该进入一个城市化加速期。但运用国外经典发展模型与中国对标发现,中国城市化严重滞后于工业化。因此,城市政策第一次从核心政策配套上升到了核心政策层次,成为能够同时在提高生产效率、扩大国际市场和提高消费、扩大国内市场两方面发挥重大作用的政策选择(赵燕菁,2001)。与此同时,许多农业经济方面的专家提出,农民、农村、农业的"三农"问题将成为未来中国经济社会生活中的大问题,解决"三农"问题的关键是减少农民,从这一角度来看,城市化与农业产业化应是改造中国传统农业的根本出路。

尽管后来中央政府也再次选择了重点发展小城镇的道路,甚至"城市化"一词也被"城镇化"所替代而不再出现在政府文件中,但是主张"大城市论"者仍然不乏其人。房维中、范存仁(1994)等认为,我国城市的规模效益以100万~400万人口为最好。樊纲认为,对于中国这样人口众多的国家来说,今后50年再出现50~100个200万人口以上的大城市并不算多。于晓明(1999)提出"大城市超前增长"是普遍规律,"建大城市,走集约化之路是中国城市化的必由之路"。合理的选择不是严格控制大城市,而是要有重点地积极发展大城市。因为大城市规模效益和综合效益都好于小城镇。大城市论有很多拥趸,如王小鲁(2010)关于城市化路径与城市规模的分析,陆铭等(2011;2016)的城市体系和大国大城论,柯善咨和赵曜(2014)关于产业结构、城市规模和城市生产率及潘士远等(2018)关于中国城市过大或过小的研究,对近年的思考有某种主导作用(关于城市规模的划分标准见专栏6-1)。与此同时,很多学者强调城市化道路的"多元化""多样化"。叶裕民(1999)强调大城市要发展与控制并重,小城镇则要以集中为主,要上规模;刘福垣(1999)提出让市场去选择与调节;刘勇和杨伟民(1999)主张走多样化的城市化道路;崔援民和刘金霞(1999)则认为,应当将集中型与分散型城市化道路相结合,并实行"区域性城市化发展战略"。全球疫情大流行以来,从统筹安全与发展的角度,多元化、多样化而不是简单的超大、特大城市和以县城为载体的县域城镇化更受关注。

专栏 6-1 城市规模划分标准

以城区常住人口为统计口径,将城市划分为五类七档。

城区常住人口 50 万人以下的城市为小城市,其中 20 万人以上 50 万人以下的城市为Ⅰ型小城市,20 万人以下的城市为Ⅱ型小城市;

城区常住人口 50 万人以上 100 万人以下的城市为中等城市;

城区常住人口 100 万人以上 500 万人以下的城市为大城市,其中 300 万人以上 500 万人以下的城市为Ⅰ型大城市,100 万人以上 300 万人以下的城市为Ⅱ型大城市;

城区常住人口 500 万人以上 1 000 万人以下的城市为特大城市;

城区常住人口 1 000 万人以上的城市为超大城市。

城区是指在市辖区和不设区的市、区、市政府驻地的实际建设连接到的居民委员会所辖区域和其他区域。

资料来源:摘自《国务院关于调整城市规模划分标准的通知》国发〔2014〕51 号

应当说,第三阶段是城市化理论研究进入制度层面的阶段。对城市化有关制度的研究可以 20 世纪 90 年代中期为界分为两阶段:一是在城市化初期阶段集中于对计划经济体制下城乡二元结构的剖析与批判,着眼于二元结构向一元体制转化。二是在城市化 30% 以后的加速阶段,借鉴西方理论,特别是制度经济学理论,着眼于向系统的城市化制度创新方面努力。

进入 21 世纪,通过城镇化拉动内需、建立扩大消费的长效机制,走新型城镇化道路已成为宏观经济政策的顶层设计。应对全球金融危机,调结构、保增长、扩内需,城镇化成为重心所在(王国刚,2010;简新华,2009,2013;陈甫军,2009),从城镇化角度思考内需和消费受到越来越多关注(辜胜阻,2009;李通屏等,2013)。党的十八大以来,我国政府明确提出坚持走中国特色的新型工业化、信息化、城镇化、农业现代化道路,促进'四化'同步发展。随着户籍、土地、财政、教育、就业、医保和住房等领域配套改革的相继出台,农业转移人口市民化速度明显加快,大城市管理更加精细,城市功能全面提升,城市群建设持续推进,城市区域分布更加均衡。实施乡村振兴战略,促进城乡融合,提高城乡一体化水平,重视城市化质量成了十九大以后的热点。新型冠状病毒感染疫情爆发后,强调民生导向,重点支持促消费、惠民生、调结构、增后劲的"两新一重"建设。加强新型城镇化建设,实施城市更新行动,推进城市生态修复、功能完善工程;大力提升县城公共设施和服务能力;推进城市转型和高质量发展,建设更健康、更安全、更宜居的高品质城市,打造世界级城市群,形成强大国内市场、构建新发展格局成为后疫情时期的研究重点。

另外一个研究领域是关于"城市社会"城市化的研究。城市社会又称城市型社会,是指城镇人口超过总人口一半,城镇化率超过 50% 的情形。2011 年,中国首次达到了这个标准。潘家华团队(2012)、魏后凯(2013)、黄顺江(2014)对此有深度跟踪。实现从农村人口占多数向城镇人口占多数的历史性转变,不仅是我国社会主义初级阶段的重要目标,也是人类历史的奇迹(李通屏,2018)。以此为背景,以风险为切入点,我们研究了城市社会的城市化与中国道路,强调城市社会的城市化要以人的城市化为中心,以不断实现美好生活向往为目标,牢牢把握中高收入阶段城市化发展规律,借鉴先行国家和中国城市化先行地区的经验教训,把握城市社会、风险社会、发展中大国三大基点,努力缩小城乡差距,注重社会建设和城乡融合,推进治理能力和治理水平现代化,跨越"中等收入陷阱",推进城市化创新、包容、可持续(李通屏等,2022)。

第二节 世界人口城市化历程及其经济分析

一、世界人口城市化的基本历程

18世纪中叶,英国工业革命拉开了世界城市化的序幕。经过近百年的发展,1851年,英国城市人口比例超过50%,第一个进入"城市社会"行列。此后,随着工业革命的展开,城市化席卷全球,并在20世纪迅速推进。依据城市社会形成的基本观点,世界城市化历程可划分为四个阶段。

第一阶段:19世纪工业城市化,英国率先进入"城市社会"阶段。

19世纪出现了一种建立在生产力极大提高、大量人口和工业技术基础之上的新型城市(B. Berry,2012)。在马克思和恩格斯、韦伯(A. F. Weber,1899)和库兹涅茨(S. Kuznets,1971)等人的著作里,对这个时期的城市化发展都有经典分析。英国成为世界先期城市化的实验基地和示范标杆,拥有多个第一(王前福、王艳,2002),其中最为重要的是第一个进入了"城市社会"(李通屏,2015)。当时的英国是世界上最发达的国家,伦敦成为世界商业首都,人口超过250万人。恩格斯兴奋不已,"这样的城市是一个非常特别的东西。这种大规模的集中,250万人这样聚集在一个地方,使这250万人的力量增加了100倍……这一切是这样雄伟、这样壮丽,简直令人陶醉,使人在踏上英国的土地之前就不能不对英国的伟大感到惊奇"。[①] 与此同时,在城市化发源地,也出现了城乡对立加剧、大城市住宅稀缺昂贵、环境污染、生态破坏、交通堵塞、犯罪率上升和失业增加等社会经济问题,作为当时的亲历者,马克思和恩格斯感同身受,在他们的著作中多有论述。尽管城市化有这样那样的问题,欧洲和北美等许多国家还是选择并走上了与英国同样的工业化和城市化道路。

第二阶段:20世纪上半叶,发达国家进入"城市社会"阶段。

在世界人口中,5 000人以上的城镇人口占比,1850年为6.4%,1950年为29.6%。1950年,发达地区的城市化水平为54.8%,欠发达地区为17.7%(不包括中国为20.3%),高收入国家为58.5%,中等收入国家为19.9%,低收入国家为9.3%。日本53.4%,巴林64.4%,以色列71.0%,科威特61.5%,卡塔尔80.5%,阿联酋54.5%。欧洲51.7%,东欧的捷克54.2%、匈牙利53.0%。北欧69.7%,其中丹麦68%、冰岛72.8%、挪威50.5%、瑞典65.7%。在南欧,希腊、意大利、西班牙超过了50%,马耳他88.9%。西欧64.6%,其中

---

① 马克思,恩格斯. 马克思恩格斯全集[M]. 第二卷. 北京:人民出版社,1972:303.

奥地利 63.6%、比利时 91.5%、法国 55.2%、德国 67.9%、卢森堡 67.2%、荷兰 56.1%、瑞士 67.4%。拉丁美洲和加勒比地区的阿鲁巴、巴哈马群岛、荷兰加勒比区、古巴、库拉索岛和维尔京群岛的整体城市化水平都超过了 50%；中美洲的伯利兹,南美的阿根廷、智利、马尔维纳斯群岛、法属圭亚那、乌拉圭等超过了 50%。北美地区 63.9%,其中加拿大和美国都超过了 60%。大洋洲 62.5%,澳大利亚和新西兰 76.2%(United Nations,2018)。

总的来看,发达国家已经步入城市社会门槛,正在走向水平更高、质量更优的中后期城市化阶段,而发展中国家正处于城市化快速启动的前夜。

第三阶段：1951—2007 年,越来越多的国家进入"城市社会"阶段。

如果说以上两个阶段是诺瑟姆曲线初期阶段的话,那么这个阶段整体上属于诺瑟姆曲线的中期阶段或者中间阶段。其显著标志是世界城市人口比重由 30% 上升到 2007 年的 50%,城市人口达 34 亿人,年均增加量超过 1850 年发达国家全部城市人口总和。

随着全球经济的战后复苏与科技进步,城市的集聚经济效应与规模经济效应开始充分显现,从全球范围看,经济活动、人口和财富越来越向城市特别是大城市和城市带集中,世界城市化速度大大加快。2000 年,世界城市化水平达到 46.7%,G8(八国集团)国家平均 78.63%,拉美 75.5%,东亚 70.6%,其他国家或地区平均 57.04%。按收入水平划分,高收入国家 77%,中等收入国家 50%,低收入国家 31%。

从发展阶段看,发达国家处于城市化的中后期阶段,但仍然方兴未艾。具体表现有两个方面：一是世界级城市群形成——美国东北部大西洋沿岸城市群、北美五大湖城市群、美国大西洋沿岸城市群、伦敦城市群、欧洲西北部城市群和日本太平洋沿岸城市群。二是发展中国家城市化速度明显加快,拉美国家的城市化水平接近甚至超过发达国家。例如墨西哥、阿根廷和韩国城市人口比重已经不输美国。城市化水平提高和城市空间形态变化重塑了经济地理,世界中心也从英国、西欧转向北美和亚太地区。

第四阶段：2008 年至今,全球进入初级"城市社会"阶段。

2007 年全球进入城市人口超越农村人口的城市社会阶段。与此同时,由美国次贷危机演变成的金融危机席卷全球,2008 年及以后的几年中,世界陷入 20 世纪 30 年代以来最严重的衰退,产能过剩、增长放缓、失业上升、债务危机。但全球金融危机并未改变城市化路径。2008—2020 年,世界城市化水平仍然上升了 5.5 个百分点,其中发达地区上升 2.4 个百分点,欠发达地区上升 6.8 个百分点,超过 50%,跨入城市社会行列。按收入分组,高收入国家上升 2.4,中等收入国家上升 7.1,上中等收入国家上升 10.3,下中等收入国家上升 5.3,低收入国家上升 5.1。与 2007 年进入城市社会之前相比,虽然有 2008 年全球金融危机的影响和 2020 年全球疫情大流行冲击,城市化仍然势不可当。在上中等收入国、中等收入国和欠发达地区,城市化速度仍显著快于世界水平(见表 6-1)。发达地区、高收入国城市化水平接近 80%,所以速度放慢,上中等收入国进入城市社会以后,仍然有上升空间,但迅猛发展势头后续会减缓；中等收入国、欠发达地区,刚刚跨入城市社会的门槛,如果配以良好治理,将实现城市化和可持续发展的交互促进,今后可能成为世界城市化速度的引领者。而低收入和下中等收入国,如果克服疫情造成的困难,将迎来城市化加速发展期。

表 6-1　1998—2020 年世界进入"城市社会"前后的城市化水平及变化　　　　%

	1998 年	2007 年	2008 年	2020 年	变 化 幅 度	
					1998—2007 年	2008—2020 年
世界	45.9	50.2	50.7	56.2	4.3	5.5
发达地区	73.9	76.4	76.7	79.1	2.5	2.4
欠发达地区	39.0	44.3	44.9	51.7	5.3	6.8
高收入国家	76.4	79.2	79.5	81.9	2.8	2.4
中等收入国家	40.6	46.0	46.6	53.7	5.4	7.1
上中等收入国家	48.7	56.9	57.9	68.2	8.2	10.3
下中等收入国家	32.5	35.8	36.3	41.6	3.3	5.3
低收入国家	25.1	27.7	28.1	33.2	2.6	5.1

数据来源：United Nations(2018)，World Urbanization Prospects：The 2018 Revision.

二、世界人口城市化的特征

（一）人口城市化速度很快，但全球城市人口的快速增长将成过往

在 19 世纪的 100 年中，城市化率从 5.1% 提高到 13.3%，提高 8.2 个百分点；在 20 世纪的 100 年中，城市化率提高 33.9 个百分点；在 21 世纪的 20 年，提高 9 个百分点，跨越 50% 的城市社会门槛（见表 6-2）。1950—2020 年，全球城市人口比重几乎翻倍，城市人口由 7.5 亿人增加到 43.78 亿人，增加 4.8 倍。其中 2000—2020 年，城市人口增加 14.7 亿人。

表 6-2　世界城市化速度与水平的地区差异

年份 ＼ 城市化率/%	世界	发达国家和地区	发展中国家和地区
1800	5.1	7.3	4.3
1850	6.3	11.4	4.4
1900	13.3	26.1	6.5
1950	29.6	54.8	17.7
2000	47.2	75.4	40.4
2010	51.7	77.2	46.1
2015	53.9	78.1	49
2020	56.2	79.1	51.7

数据来源：根据叶裕民《中国城市化之路》，商务印书馆 2001 年版，第 9～16 页的数据整理。1950—2020 年数据来源于 United Nations Population Division，World Urbanization Prospects：The 2018 Revision。

采用统一定义的城市化程度的研究表明，未来几十年的人口增长将持续放慢，而城市人口比重从 1950 年的 25% 增加到 2020 年的 50%，未来 50 年将缓慢增加到 58%，包括小城镇、半人口稠密区和乡村在内的城乡结合部（urban-rural continum）居民数量预计下降，小城镇和半人口稠密地区（towns and semi-dense areas）人口比重从 2020 年的 29% 下降到 24%，乡村地区人口比重从 22% 下降到 18%（UN Habitat，2022）。

（二）城市化的差异性越来越明显

发展中地区的城市化表现出相当大的差异性。拉美和加勒比地区,81%的人口生活在城市地区,世界超大城市中有 4 个,墨西哥城、圣保罗、里约热内卢和布宜诺斯艾利斯。这些超大城市占该地区城市人口的 17%,吸引了大部分外资。这些城市在过去的 20 年虽然变得更平等,但收入不平等程度仍然相当高。非洲则是另一极,城市化水平最低,但速度最快。目前的城市化水平 44%,2035 年将达到 50%,2050 年达到 60%。这个地区城市化的特点是,城市化在失业上升、市政当局财力虚弱、治理结构弱、贫困和不平等水平不断升高、贫民窟数量剧增及其他形式的脆弱性上升的环境中发生。亚太地区生活在城市的人口有51%,但占世界城市人口的 54%,城市化的动力主要是乡城迁移。城市化与经济转型和融入全球经济有很强联系,特别是东南亚,许多城市已成为外国直接投资的接受地,主要形式是来自发达国家母公司制造业的外包。未来 50 年低收入国家城市人口将增长近 2.5 倍,但并不能改变全球城市人口增速放缓的趋势。低收入国家城市人口增加的绝对量和相对量都高于高收入国家。预测表明,2020—2070 年,低收入国家的城市数量将比世界其他地区增长快,增长 76%,而上中等收入国家是 6%,高收入国家和下中等收入国家大约 20%(UN Habitat,2022)。

从发达地区的情况看,79%的人口在城市地区居住。这一趋势在持续,尽管速度慢,预计 2050 年 87%的人口是城市居民。尽管城市化水平高,但城市人口增长率低,一些国家甚至是负增长。发达国家城市增长部分是国际移民驱动,主要来源是发展中国家,大约 1/3,占全球移民存量的 55%。发达国家的城市密度一直在下降,从而加剧了城市蔓延问题。2000—2015 年关于 10 万居民以上城市的调查发现,在北美和欧洲,城市面积的增长远远快于人口的增长,城市发展占用了更多的土地。这种趋势对能源消费、温室气体排放、气候变化和环境退化产生了深远影响。基于此,发达国家未来城市建设需要特别关注不平等和社会排斥、气候变化和环境问题、文化多样性、城市基础设施存量老化、城市收缩、人口老龄化和经济结构调整等(UN Habitat,2022)。

（三）大部分城市人口生活在 100 万人以下的城市

2018 年,20 亿人或将近半数的世界城市人口生活在不足 50 万人的城市住区,另外 4亿人即 10%生活在 50 万~100 万人的城市住区,占全部城市人口的 58%。到 2030 年,城市人口将增加近 10 亿人,超过半数的世界城市居民仍将生活在不足 100 万居民的城市,由24 亿人增加到 28 亿人。生活在 50 万~100 万居民城市的人口数预计以类似的速度增加,从 4.15 亿人增加到 4.94 亿人。与大城市相比,具有 100 万以内人口的城市定居点是除大洋洲外所有地理区域最普遍的类型,大洋洲城市居民大部分生活在有 100 万~500 万人口的较大城市。

1/5 的城市居民生活在具有 100 万~500 万居民的中等城市。然而考虑到全球标准,这些中等城市实际上是 85 个国家或地区最大的城市。1990—2018 年全球生活在 100 万~500 万人口城市的人口预计增加 1 倍,2018—2030 年,预计提高 28 个百分点,从 9.26 亿人增加到 12 亿人。8%的城市居民生活在 500 万~1 000 万居民的大城市,其中的大多数在亚洲。2018 年,在大城市集中的城市人口比例在地理空间上差异很大,大洋洲 0 而北美

10％。尽管有 500 万～1 000 万居民的大城市占全球人口的很小比例,但其数量增加 1 倍多,由 1990 年的 21 个增加到 2018 年的 48 个。2030 年,预计增加到 66 个,4.5 亿人,占全球城市人口的近 9％。特大城市(megacities)以经济活动的规模和集中度著称,仅占世界城市人口的 1/8。1990 年有 10 个 1 000 万居民的城市,1.53 亿人,不足全球城市人口的 7％。如今,特大城市数增加 2 倍到 33 个,而大部分在亚洲,包括刚入围的班加罗尔、曼谷、雅加达、拉哈尔和马德拉斯 5 个特大城市。从全球来看,超大城市的人口已增加到 5.29 亿人,占目前世界城市人口的 13％。东京是世界最大的城市,有 3 700 万居民,德里紧随其后,为 2 900 万人,上海 2 600 万人,圣保罗和墨西哥城各 2 200 万人,最大的特大城市也被称为超级城市("hyper"cities)。2020 年,东京人口预计开始下降,2028 年,德里预计成为世界人口最多的城市。达卡排名将前移,到 2030 年,预计成为继德里、东京和上海之后的第四大城市。另外,大坂(京畿大都市区城市)和纽约纽瓦克是 1990 年世界第二大或第三大城市,但到 2030 年预计跌到第 15 位和第 13 位(UN,2018)。

（四）城市化与若干全球挑战交织在一起

城市不能置身全球挑战之外。城市化作为全球大趋势与最近 50 年来世界面对的挑战互相交织,包括气候变化、不平等加剧和人畜共患病毒的增多,这些挑战触发了百年来最严重的公共卫生危机和大萧条以来最严重的经济衰退。如果新型冠状病毒感染疫情大流行导致经济损失持续 10 年,到 2030 年,全球贫困人口数可能增加 32％即 2.13 亿人。这种影响在性别方面非常明显：2020 年 9 000 万妇女和女童被推入贫困境地,2030 年预计达 1.053 亿人。目前在多数发展中国家,大流行病已经削弱了城市和地方政府解决贫困和城市其他挑战的财政能力。在一些发达国家,城市无家可归者人数、集中连片性城市贫困可能上升到警戒水平,少数民族、土著和移民在未来几十年可能忍受多重剥夺。当前,全球通货膨胀处于高位,生活成本上升,对城市经济的影响可能是灾难性的。如城市损失了 2/3 的财力资源,在物价飞涨引起食品、能源和大宗商品成本暴涨的情况下,满足城市人口的基本需求变得越发困难。如果全球性挑战持续恶化,那么已脆弱的城市服务和治理体系在其中的一些城市可能彻底崩溃。发展中地区的多数城市正处于贫困的恶性循环,面对大规模物质匮乏、城市经济削弱、青年人高失业率、不断扩大的数字鸿沟,更糟糕的公共卫生危机或脆弱性、小型暴力冲突及其他任何冲击或压力,实现可持续发展目标将极端困难或不可能。这种高损害的情况可能导致官方对穷人的发展援助大幅减少,它意味着几乎没有资金用于国家发起的城市开发和基础设施工程,从而对旨在改善普通市民生活的城市开发项目产生负面影响,这可能造成未来城市有更高水平的贫困和不平等,削弱城市经济增长,特别是贫困地区和对诸如气候变化和流行病这类风险的韧性不足(insufficient resilience),如果应对多重城市挑战的全球行动失败,这种高损害的黯淡情景将成现实,多边体系恐遭损害,从而破坏解决紧迫性全球问题的共同努力。还有一种悲观的情景是城市和地方政府恢复大流行之前常态化的做法(business-as usual approach),即剥夺和持久性排斥非正规部门工人的体制,过分依赖化石能源支持制造业,特别是发展中地区对城市化过程的糟糕规划和管理,城市发展中没有将公共卫生干预列为优先事项,快速使用现代技术而没有给穷人机会进而产生和加深数字不平等。总的来说,这些挑战将破坏建设包容、韧性和可持续城市而不让一个人掉队的全球愿景(UN Habitat,2022)。

（五）最大的城市往往更加重要,城市首位度呈现出小国大、大国小的格局

经济地理学认为,城市化和人口在城市的集中是一个有限而有益的过程,是从农业社会向工业社会转移的过程。从历史上看,高集中度一直和经济发展、生活水平提高、更好的教育、低生育率、技术发展和生产率提高相联系。然而这些后果并不是有保障的,尤其在穷国,城市化本身并非经济发展的充分条件。有两种方式考察最大城市的相对重要性,即首位度(primacy),一是计算一国最大城市人口相对于城市总人口的比例,二是赫希曼-赫芬达尔指数(HHI)。世界不同类型国家的首位度见表6-3。

表6-3　2020年按国家大小和收入组别或可持续发展目标区域的城市首位度　　　　%

国家人口规模/百万人	最大城市人口占比			HHI 指数		
	50～100	>100	全部	50～100	>100	总计
低收入	29	6	41	12	1	24
中低收入	32	24	44	13	9	28
中高收入	35	18	45	17	5	29
高收入	31	25	53	15	11	38
大洋洲			8			3
北美		10	20		3	8
中亚南亚	26	15	34	8	5	17
澳大利亚、新西兰			45			45
撒哈拉以南非洲	31	9	45	31	9	45
欧洲	24	22	47	24	22	47
拉美和加勒比	27	22	49	27	22	49
北非、西亚	30	32	50	30	32	50
东亚、东南亚	45	31	54	45	31	54
全部	32	21	46	32	21	46

资料来源：UN Habitat. World Cities Report 2022：Envisaging the Future of Cities.

三、世界人口城市化的经济分析

（一）城市化与工业化和经济发展的关系

从起源上看,有的城市尽管是在政治、文化或商贸等中心职能的基础上发展起来的,但从本源和演进的角度看,世界的人口城市化过程兴起于工业化之后。目前绝大多数学者都强调工业革命或工业化对于城市化的巨大推动作用,认为工业化是城市化的"发动机"和"助推器",两者的良性互动共同推动了经济发展。钱纳里等对100多个国家的综合分析,也验证了两者之间以及与经济发展的正相关关系(H. Chenery,1988),见表6-4。

对于工业化进程中产业结构变动对城市化的影响,学者也总结了一般性规律,认为产业结构变动与城市化水平变化的关系可以用"S型上升曲线"来表示(见图6-1)。

表 6-4　钱纳里"世界发展模型"中城市化和工业化的关系

人均 GNP/1964 年美元	城市人口占总人口比重/%	制造业增加占 GNP 比重/%
100	22.0	14.9
200	36.2	21.5
300	43.9	25.1
400	49.0	27.6
500	52.7	29.4
800	60.1	33.1
1 000	63.4	34.7
>1 000	65.8	37.9

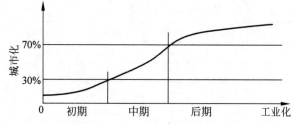

图 6-1　工业化中的产业结构变动与城市化的关系

　　整个工业化过程中,城市化水平总体上也呈现上升趋势。在工业化初期阶段,城市化水平约为 10%～30%,动力主要来自于轻纺工业等大量吸纳劳动力的主导产业;在工业化中期,城市化水平由 30% 上升至 70%,动力主要来自工业整体规模的扩大;在工业化后期,第二产业在经济结构中的比重达到 40% 左右,城市化增速下降,动力主要来自于第三产业的发展。

　　尽管在发展中国家存在着"过度城市化"现象,但从历史和世界的角度看,人口城市化与工业化、经济发展还是存在着正相关关系。经济学中的经济增长、分工与交易成本理论对此做出了解释。以亚当·斯密(Adam Smith)为代表的古典经济学家强调分工和专业化是经济增长的源泉,而新古典经济学家认为城市起源、城乡分离都是分工演进的结果。

　　对于城市化在工业化之后的快速发展,传统经济学的解释是,生产中的外部效应推动了人口向大城市中心集中。马歇尔(Marshall,1920)早就指出,制造业集中能够起到如下作用:①大量熟练的产业工人减少了改变工作的搜寻成本;②邻近企业非贸易品生产的正外部性使得集聚产生好处;③相邻产业技术选择带来信息外部性。后来,克鲁格曼(Krugman,1991)在普瑞德(Pred,1966)、迈耶(Meyer,1983)等人的基础上增加了一条集聚的好处,即在工业生产中存在着规模报酬递增。经济活动向城市集聚,会使城市具有规模经济效应和集聚经济效应,企业可以通过减少运输成本,共享基础设施和生产性服务,便利地找到合格的供应商、合作伙伴、劳动力等来分享城市经济的正外部性,降低运营成本,更容易实现自己的经营目标。这也促使企业的微观区位决策更偏向于城市,通过产业集群进一步扩大城市的正外部性,形成工业化与城市化相互推进的良性循环。

　　交易费用学派对于更深刻认识和解释企业偏向于城市聚集的现象也有所帮助。交易费用包括产权界定、信息搜寻、谈判、契约订立、监督实施等方面的费用。科斯(Ronald H. Coase)认为,"为了进行市场交易,有必要发现谁希望进行交易,有必要告诉人们交易的愿望和方式,以及通过讨价还价的谈判缔结契约,督促契约条款的严格执行,等等。这些工作常常是成本很高的,而任何一定比率的成本都足以使无需成本的定价制度中可以进行的交易化为泡影"。按照威廉姆森(Oliver E. Williamson,1985)的解释,交易费用的大小与资产专用性、不确定性和交易频率有关,交易双方的契约以及契约关系的连续性对于降低交易费用和交易风险特别具有意义。实际上,只要存在空间距离,人们完成一笔交易时,总比位于市场区的交易者付出更多的费用,而在城市中无疑在交易过程的各个环节中费用会更低,而且由于空间磨擦较小,很多交易甚至是面对面完成的,因此交易过程中的信息质量很高,违约成本也很高,更利于保证交易的连续性,也就意味着交易成功概率的提高。因此,企业集聚于城市,有利于增强信任感,促进合作,结成企业之间的网络,从而降低交易费用,提高交易成功的概率。这一点对于工业化过程中随着分工细化会产生倍增的交易和合作行为十分重要,同时也是工业化与城市化具有紧密联系的重要原因。

当然,企业向城市聚集还有利于技术和知识的生产和外溢,也有利于工业化和经济发展。从本源上说,分工与专业化增进是导致工业化与经济发展的根本性因素,而城市化的本质是社会分工演进在空间上的表现。城市化程度由社会分工水平决定,分工水平由市场大小决定,而递增报酬依赖于劳动分工的演进(Allyn Young,1928)。在市场机制下,由于工业分工比农业发展得更快,大量农业人口转向城市,使城市化呈加速发展过程。但是,城市化并非被动地适应工业化。新古典经济学认为,城市化水平提高也会促进分工、扩大市场规模,市场规模的扩大会进一步促进分工与城市化发展,而农村也可以从城市进口设备的间接分工链条中促进分工。城乡不均衡将随着分工水平的提高逐步缩小而最终达到平衡状态,从而推动城乡一体化和整体经济发展。日本的一项相关研究表明(付晓东,2005),同样的投入,在第一、二、三产业中所创造的价值大体比例为1∶100∶1000,因此第二、三产业高度集中的城市,在自身发展的同时将更有利于从整体上推动经济发展。

(二)新城市空间形态的成因分析

世界级城市、大都市区、大都市带被认为是新城市空间形态。新城市空间形态的出现,只不过是在工业化进程中,由于经济、社会、技术等各方面发生了新的变化而进行的一种适应性调整在空间上的表现。这是城市化发展的一种重要趋势。

形成这种趋势的因素主要有以下几个:一是高新技术不断涌现,尤其是信息通信技术革命,一方面降低了交易成本,使更大范围的分工合作成为可能,提高了城市的辐射力,为新的空间形态产生创造了条件;另一方面改造传统农业和制造业,催生了像软件、计算机、通信设备这样的新产业,为城市化提供了新的动力。二是企业组织形态与联系方式变化,一方面出于适应激烈竞争和降低交易成本的需要,将大量外部市场交易纳入企业内部,促进横向一体化和纵向一体化的发展,特别是纵向一体化的发展;另一方面消费的个性化趋势使传统的福特式生产面临挑战,小批量、多品种的柔性生产方式成为一种潮流,推动企业内部的生产技术分工转变为区域之间的生产环节分工,外包、战略联盟等组织形式广泛出现,导致城市空间结构也进行相应调整。三是收入水平提高以及"城市病"的日益显现促使人们生活观念和生活方式发生转变，人们更加关注健康、环境等因素，在居住区位选择上也有所体现。这些因素从不同角度影响着分工、专业化、交易成本，因而也从不同角度影响着生产区位与生活区位的选择，进而影响着城市空间结构变化和新空间形态的产生与发展。以经济主体——企业为例，企业之间的交易可以大致分为三类：①成本相对较低的交易。交易的物质流或信息流是标准化的或具有稳定性的。②成本较高的交易。交易的物质流或信息流是非标准化的或时空转换频繁的。③成本最高的交易。交易的物质流或信息流是完全个性化，必须一对一或通过特殊中介实现的。信息通信技术的进步可以大大降低企业之间的交易成本，为企业在全球范围内整合资源和空间布局创造了更有利的条件。第一类交易为主的企业会更加趋向于劳动力成本较低的区位，由于交易成本本身较低、易于管理，因而从世界范围内区位选择更具灵活性，在现实中我们可以看到很多跨国公司的低附加值、以劳动密集型为主的生产环节向发展中国家转移的趋势，制造类企业由城市中心区向城市郊区和边缘地区转移。第二类交易为主的企业因为交易成本相对较高，因而在一定程度上需要与配套企业尽可能接近，因此表现为企业群体在某一区域空间上的集聚，在现实中我们可以看到很多产业带或产业集群的存在；第三类企业由于交易成本最高，尤其是对于信息质量的要求高，因此一般集聚于拥有高素质劳动力和科技文化资源的城市内部，由此促成了现实中企业总部、研发中心等关键控制与管理服务职能向城市集聚。

因此，新城市空间形态的出现绝非偶然，同样是由于分工细化、专业化增强以及交易成本下降等因素作用的结果。一般认为，世界级城市的本质特征是拥有全球经济影响力和控制力，这种能力源于其拥有大量的跨国公司总部和跨国银行总部，而技术革命是导致世界城市产生的根本性动因。而大都市区与大都市带的形成动力来自两方面：一方面是市区生活与商务成本的提高、汽车的普及与信息通信手段的进步以及环境要求更高、消除"城市病"的政策导向等因素，使很多城市内部的企业向郊区和卫星城外迁；另一方面是城市拥有丰富的政治、文化与科技资源等先天性优势，以及城市中心区自身也在进行不断的改造与更新，为知识密集型服务业的发展提供了条件和保障，从而促进了城市功能的转换与升级，成为信息交换、智力支持和经济决策的中心，引导人口、资本和技术向城市集聚。这种扩散与集聚的双向运动，通过郊区化、逆城市化、再城市化等表现形式，推动了大城市地域的扩张与膨胀，导致了大都市区和大都市带的形成。

（三）世界人口城市化的经济分析框架

产业结构非农化、经济要素的跨产业跨地域流动、科学技术进步等是推进城市化的表层性因素，而分工、专业化以及交易成本降低是推进城市化的深层次因素。而决定上述诸多因素变化的更具基础意义的是制度安排。新制度经济学认为，经济人在现实的、给定的制度约束下从事经济活动，不同的制度安排会带来不同的行为激励并导致不同的经济后果。有效的制度安排会促进社会经济发展，而无效的制度安排则会抑制甚至阻碍社会经济发展；技术创新也是制度安排的结果，在技术不变的条件下，制度创新也可以带来积极的经济后果。因此，将制度因素融入城市化的分析框架，有利于从根本上对城市化进行更为透彻的解释，制定更具科学性的政策。在此，我们借鉴刘传江（1999，2002）、景普秋（2003）、蔡军（2006）等人的研究成果，尝试构建更为系统的城市化分析框架（如图 6-2 所示）。

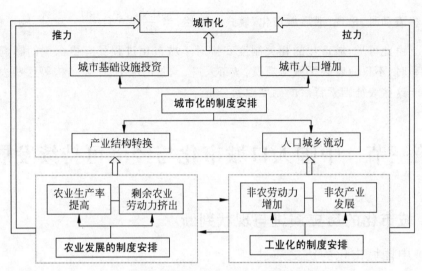

图 6-2　城市化的经济分析框架

　　从图 6-2 可以看出,制度安排既可以体现于直接的城市投资与发展政策上,也可以体现于产业政策、人口流动政策等方面。制度安排在城市化中的作用,可以体现在以下几个方面:一是促进农业生产率提高,产生农产品剩余和劳动力剩余,为工业化提供基础和劳动力来源;二是促进非农产业发展和工业化进程,提高整个经济发展水平;三是使农业部门的要素流出推力与非农部门的要素流入拉力形成合力,推动城市化进程;四是促进城市基础设施建设与产业合理布局,满足工业化与城市化协调发展需要。

　　上述结论可以通过函数表示。为简单起见,仅考虑经济非农化(包括工业化)和经济要素转移流动两个直接要素对城市化发展的影响。一般认为,城市化水平(U)是经济非农化水平(N)和农村经济要素转移流动水平(M)的函数,即 $U=f(N,M)$,且有 $\frac{\partial U}{\partial N}>0$,$\frac{\partial U}{\partial M}>0$,全微分 $dU=\frac{\partial U}{\partial N}dN+\frac{\partial U}{\partial M}dM>0$,$U$ 是 N 和 M 的单调增函数。而事实上,N 和 M 又受到制度安排(I)的影响,即 $N=\phi(I)$,$M=\phi(I)$,且制度安排(I)对 N 和 M 的影响可能体现为促进作用,也可能体现为阻碍作用,即 $\frac{dN}{dI}>0$ 或 $\frac{dN}{dI}<0$,$\frac{dM}{dI}>0$ 或 $\frac{dM}{dI}<0$,于是 $U=f(N,M)=f|\phi(I),\phi(I)|$,该复合函数的全导数 $\frac{dU}{dI}=\frac{\partial U}{\partial N}\frac{dN}{dI}+\frac{\partial U}{\partial M}\frac{dM}{dI}$ 不再是 N 和 M 的单调增函数,与城市化相关的制度安排通过影响非农化水平和农村经济要素转移流动水平,进而对城市化水平的影响可以表现为几种不同的情形及发展模式:当 $\frac{dN}{dI}>0$ 和 $\frac{dM}{dI}>0$,即制度安排有利于经济非农化和农村经济要素转移流动时,呈现"同步城市化"模式;当 $\frac{dN}{dI}<0$ 但 $\frac{dM}{dI}>0$,即制度安排不利于经济非农化,但有利于农村经济要素转移流动时,呈现"过度城市化"模式;当 $\frac{dN}{dI}>0$ 但 $\frac{dM}{dI}<0$,即制度安排有利于经济非农化但不利于农村经

济要素转移流动时,呈现"滞后城市化"模式。显然,当 $\dfrac{dN}{dI}<0$ 且 $\dfrac{dM}{dI}<0$ 时,城市化将处于退步阶段。由此可见,城市化的相关制度安排对于城市化进程具有更深刻的影响,在分析城市化过程时,不仅应着眼于城市规模、城市人口、工业化水平、产业结构等这些表征因素,更应着力于这些表征因素背后的制度因素分析。

第三节　中国人口城市化与经济可持续发展

一、城市化的历史演进与现状判断

(一)中国城市化的历史演进

工业化推动城市化,主要还是发生在新中国成立以后。城市化水平在 10.64% 的起点上,历经坎坷,走过了一段曲折的道路。从新中国成立初期到改革开放之前,基本处于停滞状态。改革开放以来,中国政府十分重视对城市化道路的选择。城市化水平由 1978 年的 17.92% 上升到 1996 年的 30.48%,此后进入城市化加速发展阶段,2011 年超过 50%,2021 年达到 64.7%。改革开放以来,由五次全国人口普查反映出,中国城市化整体呈高速发展之势(见表 6-5)。

表 6-5　中国城乡人口和城市化率:1982—2020 年

	城镇人口/万人	乡村人口/万人	城乡人口比重/%	
			城镇	乡村
1982 年	21 082	79 736	20.91	79.09
1990 年	29 971	83 397	26.44	73.56
2000 年	45 844	80 739	36.22	63.78
2010 年	66 557	67 415	49.68	50.32
2020 年	90 199	50 979	63.89	36.11

资料来源:第三次、第四次、第五次、第六次和第七次全国人口普查。

由表 6-5 可以看出,1982—2020 年的 38 年中,城市化率增加 43 个百分点,城镇人口增加 69 117 万人,与 1964 年第二次全国人口普查时的人口总量相当,增加 3.28 倍。城市化极大地改变了中国的面貌和中国人口的面貌。结合 1953 年以来七次全国人口普查的基本情况,城市化演进过程可划分为四个阶段。

1. 曲折不稳定发展阶段(1949—1982 年)

新中国成立后,中国逐步进入了工业化时期,但城市化水平仅相当于世界 19 世纪后期、发达国家 1850 年以前的水平。经过 33 年,提升到 1982 年的 20.91%,年均提高 0.32 个百分点。但与发达国家 1900 年、世界 1950 年达到的水平仍有很大距离。对这个时期进一步分析发现,1949—1957 年,年均提升 0.6 个百分点,1958—1960 年,年均提升 1.75 个百分点,但 1961—1978 年徘徊在 18% 上下,1978—1982 年 6 月 30 日,增加 3 个百分点。

2. 稳步发展阶段(1982—2000 年)

第三次人口普查到第五次人口普查,我国的城市化率稳步增长,增加 15.31 个百分点,年均增加 0.85 个百分点。这期间在 1996 年超过 30%,走过了漫长的城市化初级阶段。2000 年又比 1996 年增加 5.7 个百分点,年均提高 1.4 百分点,这个速度一直保持到 2020 年之前。

3. 快速发展阶段(2000—2011 年)

随着社会主义市场经济体制的建立和完善,城市的地位和作用日益凸显,中国政府更加重视城市化发展问题。1997 年,国务院批转公安部《小城镇户籍管理制度改革试点方案和关于完善农村户籍管理制度的意见》,2000 年,"十五"计划指出,"城镇化将成为中国推进现代化进程的一个新的动力源",党的十六大和十七大报告都明确指出,要"走中国特色城镇化道路"。户籍政策松动,城镇人口绝对数量增加,同时由于计划生育的大力实施,人口出生率明显降低,城市化率快速提升。与以往不同的是,由于城乡之间的制度性壁垒一步步拆除,市场力量成了重要推动力,同时第二、三产业得到快速发展,改变了过去单一生产性城市的格局,提升了城市化质量,同时也反过来进一步加强了农村剩余劳动力向城市流动的"拉力"。此外,在积极发展中小城市的政策导向下,小城市与中等城市发展速度快于大城市和特大城市。2010 年城市化率已经达到 49.68%,2011 年达到 51.83%,这表明中国开始进入城市化发展的新阶段。

4. 城市社会阶段(2012 年至今)

"城市社会"是城市人口占多数的社会。2011 年,城市化水平已超过 50%,2021 年,城镇人口达 91 425 万人,城市化率 64.7%,彻底结束了长期落后于世界水平的格局(见图 6-3)。这是中国社会的重大变迁,标志着中国进入了一个新的社会形态——城市社会。在这个阶段,我国政府提出以人为核心的新型城镇化建设,城市化水平和质量显著提升(李通屏等,2019)。党的十八大以来,户籍制度改革进一步深化,农业转移人口城镇化进程不断加速。2016—2020 年,约 1 亿名左右农业转移人口在城镇落户。目前,越来越多城市放开放宽了落户限制,城区常住人口 300 万人以下城市的落户限制基本取消,城区常住人口 300 万人以上城市的落户条件有序放宽。2020 年,户籍人口城市化率提高到 45.4%。我国城市基础设施建设步伐加快,2020 年,全国城市道路长度达 49.3 万公里,城市轨道交通建成里程 7 597.9 公里。市政公用设施水平显著提升,供水普及率及燃气普及率分别达到 99%、97.9%,已经基本达到发达国家水平。城市人居环境明显改善,城市建成区绿地面积共计 239.8 万公顷,人均公园绿地面积达 14.8 平方米;城市生活垃圾处理能力显著提高,46 个重点城市的生活垃圾分类在居民小区覆盖率已超97%,覆盖近 1 亿户居民;地级以上城市的黑臭水体整治工作已基本消除。同时,历史文化保护力度不断加强,我国共公布了 137 个国家历史文化名城、312 个中国历史文化名镇,已划定历史文化街区 970 片,确定历史建筑 42 700 处,大量历史文化遗产得到了保护。[1]

---

[1] 我国城镇化率已达 63.89%,从四方面看城市建设发展成就。光明网 https://m.gmw.cn/baijia/2021-09/02/35133961.html

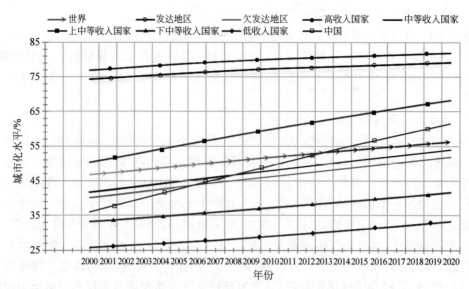

图 6-3 2000—2020 年中国城市化水平演进及其跨国比较

资料来源：根据 United Nations. World Urbanization Prospects：The 2018Revision 制作。

(二)中国城市化的现状及其基本判断

1. 城镇化率达到世界平均水平,跨入城市社会

2011 年中国城市化超过 50％,跨入城市社会门槛。近年来,实现了对世界平均水平的超越。按照《世界城市化展望 2018》,中国 2014 年的城市化率 54.3％,超过世界平均水平(53.5％),按《中国统计年鉴 2021》,2012 年中国城市化率 53.10％,超过世界平均水平(52.6％),2021 年 64.7％,比世界平均水平(56.6％)高了 8 个百分点,直逼上中等收入国家的城市化水平。

2. 农业从业人员下降到 50％以下,75％的就业机会由工商业提供

2020 年,中国乡村人口 50 992 万人,比乡村人口峰值(1995 年)减少了 34 955 万人。乡村就业人员 28 793 万人,乡村就业占比 38.36％,城镇就业占比 61.64％,比城镇人口占比低 2.25 个百分点。就业人员城乡格局的变化呈现出人口城市化快于就业城市化的特征。2011 年,人口城镇化水平虽然首超 50％,但就业人员城镇占比直到 2014 年才达到 50％。城市化和经济增长的联系部分是由于经济发展助推城市化,人们被吸引到能提供较多教育和就业机会的城市,特别是被吸引到工业和服务业部门。城市发达的工业和服务业,提供了良好的就业机会。改革开放以来我国产业结构和就业结构都发生了历史性变化。三次产业的比重由 27.7：47.7：24.6 发展到 2020 年的 7.7：37.8：54.5,实现了工农业主导向服务业主导的转变。劳动力就业结构,1978 年为 70.5：17.3：12.2,1997 年第一产业就业比重首次下降到 50％以下,2003 年以后,稳定在 50％以下。2020 年,劳动力的三次产业结构演变为 23.6：28.7：47.7。也就是说,就业机会 70％以上由农业提供转变为 75％以上由工业、服务业提供,提供就业机会的产业序列由 1978 年的"一二三"转变为"三二一"。由此带动了农民收入上升和绝对贫困的显著下降(李通屏,2018)。

3. 城市主导经济发展的局面显著增强

城市经济总量、财政实力、规模以上企业数量和利润总额已成为国民经济发展的中流砥柱。城市地区生产总值,1988 年为 7025 亿元,占全国的一半左右。2016 年,超过 80%。其中,地级以上城市地区生产总值 466 682 亿元,占全国的 62.7%。城市工业由小变大,由弱变强,效益全面提高。各类所有制企业蓬勃发展,城市财政实力明显增强。1978 年,城市各类工业企业仅 83 250 个,独立核算工业企业利润 477 亿元。到 2016 年年末,地级以上城市仅规模以上工业企业达 174 718 个,利润总额 34 400 亿元。地级以上城市规模以上私营工业企业 86 554 个,占规模以上工业企业的 49.5%。地级以上城市公共财政收入 53 364 亿元,相当于 1978 年全部城市公共财政收入 584 亿元的 92 倍[①](国家统计局城市司,2018)。

产业结构加快升级,服务业迅速发展为拉动城市经济增长主力。1990 年,在地级以上城市中,三次产业增加值之比为 6.6∶60.4∶33.0。2016 年,三次产业增加值之比为 3.1∶41.9∶55.0。从 2011 年开始,第三产业增加值所占比重快速提高,2013 年首次超过第二产业,2014 年超过 50%。随着新产业、新业态和新商业模式的不断涌现,城市市场持续繁荣。1978 年,城市全部消费品零售额 449 亿元,2016 年达到 212 164 亿元,地级以上城市限额以上批发零售企业 12 万家。另外,城市居民生活、基础设施、公共服务、生活宜居不断跃上新台阶[②](国家统计局城市司,2018)。

4. 城市群、都市圈承载力稳步提升,空间布局持续优化

城市群是指在特定地域范围内,以 1 个特大城市为核心,由至少 3 个都市圈或大城市为基本构成单元,依托发达的基础设施和网络,形成的空间组织紧凑且高度一体化的城市群体(方创琳,2011)。20 世纪 80 年代,随着中心城市作用的发挥,初步形成了横向经济协作群区域;20 世纪 90 年代,东部沿海和中部一些省份的发达区域初步形成了以市场为纽带的一批城市群。进入 21 世纪,长江三角洲、珠江三角洲和京津冀城市群作为区域经济增长极,已显示出世界级城市群的潜质和实力。目前,国家已批复南京、福州、成都、长株潭和西安 5 个都市圈规划。党的十八大以来,我国城市群和都市圈承载能力稳步提升,京津冀协同发展、长三角一体化发展、粤港澳大湾区建设扎实推进,成渝地区双城经济圈建设势头强劲,长江中游、北部湾、关中平原等城市群加快发展。都市圈内便捷通勤网络逐渐形成,公共服务共建共享水平提升。综合交通运输网络体系不断完善。全国铁路网对 20 万人口以上城市覆盖率达到 99.1%,"八纵八横"高铁网对 50 万人以上城市覆盖率达到 89.9%,城市群都市圈多层次轨道交通网和高速公路网建设、综合交通枢纽多层级一体化发展持续推进。[③]

1978—2017 年,全国城市增加 468 个,增长 2.4 倍。在 661 个城市中,地级以上城市 298 个,县级市 363 个,分别增加 197 个、271 个,增长 2 倍和 3 倍。建制镇比 1978 年末增加 18 940 个,增长 8.7 倍。

---

① 参见"城镇化水平显著提高 城市面貌焕然一新——改革开放 40 年经济社会发展成就系列报告之十一",国家统计局网站,http://www.stats.gov.cn/ztjc/ztfx/ggkf40n/201809/t20180910_1621837.html

② 同上。

③ 熊丽. 新型城镇化取得明显成效[N]. 经济日报,2022-04-29.

城市人口快速增长,大城市集聚效应更加明显、规模不断扩大。第七次全国人口普查数据显示,2020年,我国城区常住人口1 000万人以上的超大城市有7个,500万~1 000万特大城市14个。超大城市有上海、北京、深圳、重庆、广州、成都、天津7座。特大城市有武汉、东莞、西安、杭州、佛山、南京、沈阳、青岛、济南、长沙、哈尔滨、郑州、昆明、大连14座。生产总值超过1万亿元的城市,2021年达到24个,其中,上海、北京超4万亿元,深圳突破3万亿元,广州、重庆、苏州超过2万亿元,其他18座城市在1万亿~2万亿元之间。

5. 城市化处于中后期发展阶段,正在转向全面提升质量的新阶段

党的十八大以来,我国政府明确提出实施以人的城镇化为核心、以提高城镇化质量为导向的新型城镇化战略。基于对城市化质量的理解,从城市发展、居民生活和城乡一体化三个维度,从人口、经济、空间、社会和城乡协调5个层面提出指标体系,对中国进入城市社会后的城市化质量进行研究发现,进入城市社会以来,城市化质量随着时间推移逐渐呈现上升趋势,但是区域之间发展差距依旧较大,城市化质量存在很明显的阶梯型,东部沿海地区城市化质量普遍优于中西部地区,一些不发达地区通过后发优势,努力学习,加快追赶。在城市社会时代,高质量城市化和经济发展水平仍然紧密相连、协同互动。在此阶段,质量型城市化面临重大机遇,进一步夯实城市化的物质基础,转变城市化的推进模式,重视城市化的质量和内涵,而不一味追求数量和速度,将成为城市化的重心所在。高质量城市化和高水平城市化紧密相连。城市化水平低也是城市化高质量发展的重要制约因素。城市化水平和质量大致吻合,城市化高质量地区基本上也是城市化率比较高的地区(见图6-4)。京、津、沪三大直辖市,江苏、浙江、广东和福建等省呈现出高水平—高质量的匹配模式。不过,低城市化水平并不意味着低质量。

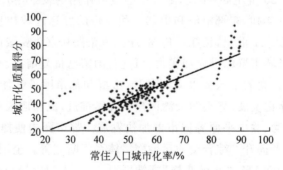

图6-4 2011—2017年中国31个省、自治区、直辖市城市化率和城市化质量的关系

资料来源:李通屏、肖谷、张啸.中国进入城市社会后的城市化质量研究[J].城市与环境研究,2019(3):3-18.

二、城市化逻辑与动力机制

中国城市化已超过世界平均水平,长期滞后于工业化和经济发展水平的时代虽然总体上结束了,但城市化并没有完成,当前仅相当于发达国家上世纪60年代中期以前的水平,达到城市社会标准仅10年时间。城市化发展的不平衡、不充分问题仍然存在。既有先行进入城市社会几十年、城市化水平很高的京津沪,又有媲美发达国家,处于改革开放前沿,国际化、市场化程度很高的长三角、珠三角,也有城市化落后于世界和发展中国家平均水

平、刚刚进入甚或没有进入城市社会的中西部部分省区。进入城市社会以后,什么因素驱动了城市化的持续发展? 城市社会的城市化与进入城市社会之前比较有何异同,城市社会的城市化有没有共同规律? 其逻辑和动力机制是本部分关注的核心。

（一）文献回顾

马克思、恩格斯论述的主要问题和背景与第一个城市型社会高度关联。《资本论》（第一卷）将城市化、相对过剩人口、剥夺农村居民和资本积累的历史趋势联系起来,分析了劳动者失去生产资料和生活资料对劳动力成为商品、资本积累的一般规律和城市化进程的影响。Henderson（2007）认为,城市化必然伴随收入差距的缩小,但他没有回答收入趋同的可能后果,即收入趋同乃至收入差距消除以后,又如何产生持续的乡城迁移和城市化过程。程开明和李金昌（2007）认为,城乡不平等是城市化的格兰杰原因,它对城市化产生了负面影响。陆铭等（2011）认为,城乡和区域间的利益矛盾造成城乡分割,城乡分割政策阻碍生产要素在城乡和区域间的自由流动,进而造成城市化进程受阻、大城市发展不足和城市体系的扭曲等问题。陈斌开和林毅夫（2013）认为,重工业优先发展和资本偏向型赶超战略造成了城市化滞后,城乡差距和城市化呈现出"U"型变化,而周云波（2009）、穆怀中和吴鹏（2016）证实两者存在"倒U"型关系。孙久文和周玉龙（2015）基于中国县域的实证研究发现,收入差距扩大阻碍城镇化发展,而金融支持对城镇发展的偏向性有利于农村劳动力向非农产业转移和就业城镇化,但是投资偏向对城镇化的推动并不明显。还有很多研究注意到户籍制度对城市化的迟滞作用（Wan Guanghua,2007；邓曲恒等,2007；文贯中,2017）。

大量农业剩余劳动力滞留农村和巨大的城乡差距（Wan,2007；李实等,2007；甘犁,2013）形成农村向城市迁移的"推力"。城市集聚经济和规模效益,创造出越来越多的就业机会,形成劳动力从农村迁入到城市的拉力。而拉力的大小又内生于城市的就业结构。托达罗模型强调期望收益在人口迁移过程中的重要性,而期望收益又取决于在城市中找到工作的概率（城市就业机会的高低）。Wu & Yao（2003）从城市拉力角度分析中国的人口迁移现象。但遗憾的是,他们仅仅注意到了城乡二元结构,而没有进一步注意到中国事实上"双重的二元结构",即城市和农村以及城市内部的国有部门和非国有部门,过高的国有产值比重抑制了地区城市化进程（刘瑞明、石磊,2015）。周文等（2017）发现,土地流转和户籍制度松绑能够加快中国城市化进程及促进城市化红利共享。中国地域广大,不同地区由于经济社会条件差异,城市化动力存在一定差别,如广东和东北（许学强等,2009；宋冬林,2016；李通屏等,2017）。

市场和政府是城市化发展的两种主要动力。市场动力的表现是通过市场力量配置资源、调节供需,促进产业发展升级进而推动城市发展和城市化进程,而政府动力主要表现为从中央到地方各级党政机关及相应部门在城市（或镇）设置、层级规定以及规划、建设选址、土地使用的审批、土地功能的改变、规划许可证、工程许可证、基础设施建设到改造拆迁等事务上有着严格的审批和直接决定的权力（李强等,2012）。城市行政等级和政府偏爱,是中国城市间发展不平衡的制度性根源,对流动人口和城市化产生直接的正向影响（魏后凯,2014；王垚、年猛,2015；黄燕芬、张超,2018）,行政区划调整是推动城市化的有力工具（唐为、王媛,2015）。当然,市场动力和政府动力不是绝然对立的,有些方面相互交叉,共同作用于城市化发展。需要指出,这些研究有重要价值,但对城市社会城市化的讨论还很不充分。

刘易斯-费景汉-拉尼斯模型、托达罗模型等传统的发展经济学理论侧重于从"二元结构"、工农差别、城乡差别、就业机会等视角解释乡城迁移和城市化过程,城市化的动力内含于乡村的落后和城市的发达之中(Harris and Todaro,1970)。库兹涅茨(S. Kuznets,1971)和钱纳里(Chenery and Syrquin,1975)等把城市化看成是总体增长、人均收入增长及其产出结构变化相互联系、相互加强的过程。但这些理论或模型侧重于对经济水平落后、城市化水平低下的发展中国家的分析。当城市化达到较高水平以后,这些模型是否适用,则需要深入研究。

(二)模型与假说

1. 模型

基于上述分析,在城市化率公式的基础上,我们可以得到城市化的动态表达式

$$dUrb\_ratio = \frac{dU_{pop}}{U_{pop}} - \frac{dP_{op}}{P_{op}} \tag{6-1}$$

式中,Urb_ratio 指城市化率;dUrb_ratio 表示城市化水平的变化率;dU_{pop} 表示城镇人口的净增量;U_{pop} 指城镇人口总量;P_{op} 指总人口。

令 $n = dP_{op}/P_{op}$ 表示人口增长率,据托达罗模型可知,城镇新增人口,或者说城市的新移民数量依赖于城市的高收入预期和在城市获得就业机会的可能性,即 $dU_{pop} = f(d_i, uur)$。公式中,d_i 表示城乡的收入差距,uur 表示城镇失业率。可以得到如下模型:

$$dUrb\_ratio = an + bd_i + c\,uur + rU_{pop} + C \tag{6-2}$$

由于

$$dUrb\_ratio = Urb\_ratio - Urb\_ratio(-1)$$

进一步有

$$Urb\_ratio = an + bd_i + c\,uur + rU_{pop} + \theta Urb\_ratio(-1) + C \tag{6-3}$$

式中,a,b,c,r 和 θ 分别表示人口增长率、城乡收入差距、城市失业率、城镇人口和滞后 1 期的城市化率的系数;C 表示常数项。

2. 假说

假说 1:进入城市社会以后,城市化的动力机制仍然符合托达罗模型。

假说 2:进入城市社会以后,城市化的动力机制已经发生了显著变化。

很显然假说 1 刻画的城市化的机制有这样几个共性:一是城市化率很低;二是经济发展被看成既定的低水平,甚至被忽略;三是由低经济发展水平衍生出简单经济结构和低度工业化。因此工业化对城市化非常重要,而服务业的作用不受重视。外国直接投资、对外贸易占比极低,甚至忽略不计。在城市社会时代,这些条件已经发生根本变化。钱纳里模型和罗斯托模型注意到经济发展及其阶段的影响,因此,分析城市化的影响因素和动力机制,必须结合发展阶段,将上述模型拓展如下:

$$Urb_{ratio} = C + an + bd + c\,uur + r\ln U_{pop} + \theta Urb\_ratio(-1) + \alpha \ln grp +$$
$$x_1 Str + x_2 Soe + x_3 open + x_4 fdir + x_5 lnv\_ratio + x_6 Flpop + x_7 Gov \tag{6-4}$$

式(6-4)增加了新的解释变量。grp 用以表征经济发展水平的人均地区生产总值,这是钱纳里模型中的一个基本指标,城市化一般被看成随经济发展而变化的一个正向变量。d 表示城乡差距,包括 d_i 和 d_c,分别表示城乡收入差距和消费差距,$d>1$,即城市的收入水平、消费水平高于农村,这是城市化的重要原因;差距完全消失,即 $d \leqslant 1$,意味着城市的收入和消费水平不高于农村。收入和消费同时又高度相关。这样区分的结果能够使我们进一步发现,城市化的动力机制是收入还是消费以及哪个更加重要,而且很少研究用消费差距解释城市化动力问题。Str 表示产业结构指标,它有两个代理变量,工业化水平和服务业比重。工业化和城市化是孪生姊妹,没有工业化就没有城市化。同时,工业化对城市化存在阶段效应和门槛效应(李通屏等,2017)。随着经济发展到一定阶段,服务业和城市化存在互动关系。新一轮城市化的主体不是过去意义上的农村人口,而是先进生产要素特别是高科技与高科技人才进城,是服务业进城。城市化水平的提高要求加快现代服务业的发展(洪银兴,2003;李京文,2005)。但李程骅(2012)并不认同我国城市化进程与服务业发展存在互动关系,韩峰等人(2014)发现生产性服务业集聚对城市化的影响存在区域差异,专业化集聚对西部城市化的影响大于东部和中部,而多样化集聚和空间集聚规模的作用呈现出从东到西依次递减的作用。杨艳林、张恒(2015)基于 22 个国家 1960—2013 年的相关数据,研究了全球视角下服务业与城市化的互动关系:从初期到高度发达过程中,城市化对服务业发展的促进作用较之服务业对城市化的促进作用更大;当达到潜在最大城市化率后,其正相关关系会转为负相关。李猛(2016)发现,进入城市型社会以后的大国经验是,城市化对公共服务和财政支出的影响更大更显著。Soe 表示国有经济在地区经济发展中的作用,一般认为,国有经济由于体制机制问题和投资的重化工业导向、高交易成本和高资本有机构成,限制了劳动力流入和吸收,因而迟滞了城市化进程(林毅夫、陈斌开,2013;刘瑞明、石磊,2015)。open 和 fdir 分别表示对外开放和外商直接投资,一般认为这是城市化快速推进的重要因素,但是对外开放和外商直接投资并未得到实证分析的充分支持,甚至存在挤出效应(罗知,2012)。Inv_ratio 表示固定资产投资在地区生产总值中的比重,不难发现,城市化的效应首先是一种投资效应,快速的城市化推高了中国的投资率(李通屏、成金华,2005),但投资是否带来城市化加快发展仍然是个问题,进入城市社会以后,固定资产投资是否推动城市化快速发展,这是我们纳入这一指标的基本考虑。Flpop 表示流动人口,人口流动、迁移与城市化是紧密交织的,在城市化过程中是一个不言而喻的正向变量。Gov 表示政府干预,有两个代理指标 Gexp 和 IPS-Pop。Gexp 表示地方政府支出比重,多数研究用这个指标表示政府干预程度。在城乡二元结构下,政府支出往往偏向于城市户籍居民,城市户籍居民越多,政府支出越多。另外,政府支出也可能是对城市劳动力市场的反映,城镇失业率高,政府用于失业救济和保障失业者最低生活水平的支出可能越多,因此这个变量和失业率之间可能存在交叉影响。政府支出是否影响城市化,在城市化发展的新阶段,也是一个不容忽视的重要变量。IPS-Pop 表示某一省级区域的计划单列市或副省级城市数,这也是中央政府影响城市和城市化发展的重要机制。

(三)研究发现

(1)收入差距和人均 GDP 对城市化有正向影响。无论进入城市社会之前还是之后,这两个指标与城市化率变动方向具有稳定的正相关关系,尽管这种关系的强弱有所变化和差异。托达罗模型、钱纳里模型还是有解释力的。但我们还看到一些变化,进入城市型社会以后的城乡差距和人均收入显著性和影响程度都下降了,变化的仅仅是程度,而不是方向。城市社会城市化的动能出现转变迹象,城市化由原来建立在城乡差距扩大的基础上发展到城市化和城乡协调出现兼容趋势,城市化不以城乡差距的显著扩大为代价,已是新时期城市化的重要特征。但需要说明的是,城乡差距的缩小还没有成为城市化的动力,城乡差距越大,城市化总体上越高、越快。

(2) 在城市社会初级阶段,流动人口、收入差距和城镇登记失业率对城市化的影响有变化,城乡收入差距虽然在方向上符合托达罗模型,但已不显著,城镇登记失业率已经否定了模型的假定,即城镇登记失业率的提高不再对城市化产生负面影响。人口增长率对城市化率的提高按照模型推导应该是负作用,但回归结果显示,人口自然增长率提高是城市化发展比较明显的推动因素。这说明中国的城市化模式正在转化为人口增长和城市化一致的模式,也就是说,城市化水平高、速度快的省份,自然增长率也高,而不是相反。

(3) 伴随工业化的完成和城市社会的出现,工业化对城市化的扩张作用不再显著。国有投资比重整体上未通过模型检验,也就是说,国有投资比重对推动城镇化作用不大,但实证结果也不支持阻碍城市化的结论。

(4) 对外贸易对城市化的正向影响不再出现或不显著,外商直接投资对城市化的影响显著上升。固定资产投资、政府干预对城市化速度提升不显著甚至为负。引入计划单列市指标后,发现计划单列市的存在,对所在省份的城市化水平有一些正向作用,但总体影响不大。

三、中国人口城市化与经济可持续发展

2001 年诺贝尔经济学奖获得者斯蒂格利茨认为,21 世纪对于中国有三大挑战,居于首位的是中国的城市化,他提出"中国的城市化将是区域经济'火车头',并产生最重要的经济利益"。对于城市化与工业化、经济发展的关系,我们前面已经进行过较为深入的探讨,在此结合中国现实,进一步讨论中国人口城市化与经济可持续发展之间的关系。

(一) 城市化是现代化的必由之路

城市化与工业化是人类社会发展的必然趋势。城市化是人口和资本由分散无序状态变为高度集中的有序状态,尽管在发展过程中也会出现"城市病"等问题,但历史实践业已证明这是发展中的问题,可以并且能够通过发展得以解决。二百多年来的人类文明史,是以城市崛起和引导为主线、物质文明与精神文明获得极大发展的历史;城市化内生于工业化并促进工业化,城市创造和积累的财富也远远超出农村。进入 21 世纪,随着交通通信手段的进步和普及,城市在社会经济发展中的作用进一步增强。合理城市体系的构建不仅使城市的增长极作用被放大,并通过分工协同,带动更为广大地区的经济增长,而且使城市文明和现代化生活方式更为迅速地扩散到乡村地区,推动整个社会文明程度的提高。以中国 7 座超大城市为例,2010 年,北京、天津、上海、广州、深圳、重庆和成都的生产总值为 74 310.8 亿元,占全国 GDP 比例为 18.3%,2020 年为 184 330 亿元,占全国 GDP 的 18.14%。7 个超大城

市的人口由 2010 年的 12 152 万人增加到 2020 年的 14 979 万人,占全国的比例由 9.07% 上升到 10.61%。人均生产总值 2010 年为 61 151 元,是全国水平的 1.98 倍。2020 年 123 059 元,是全国水平的 1.71 倍。这说明这些超大城市尽管集聚效应有所下降,但仍然表现出强大的韧性和对经济社会发展的引领作用。2020 年,7 个超大城市的住户存款余额 171 232 亿元,占 18.35%;社会消费品零售总额 70 482 亿元,占 17.98%;进出口总额 111 897 亿元,占 34.73%。另外,以电信业务总量、互联网、软件和信息技术服务业等为代表的数字经济的发展也是很好的例证。2020 年,电信业务总量 136 763.33 亿元,比 2010 年增加 106 770 亿元。互联网域名、网页和宽带接入端口分别增加 2.85 倍、3.26 倍和 3.94 倍。软件业务收入由 13 588.55 亿元增加到 81 585.91 亿元,增加 4 倍。

(二)解决农业、农村和农民问题的重要途径

解决“三农”问题的根本出路在于大量减少农民的数量,尽可能地使农业剩余劳动力转移到非农产业中。通过城市化的健康发展可以促进集聚于城镇的非农产业的进一步发展,使其创造出更多的就业岗位来吸纳农业剩余劳动力。当农业剩余劳动力被充分吸纳到城市之后,农村土地可以更好地实现规模化和专业化生产,从而使农业生产向以科技为支撑的集约化生产方式转变。一方面由职业转移导致地域迁移进而社会身份变迁,由低收入的“农民”变为高收入的“市民”;另一方面,留在农村的农民可以通过生产方式的转变获得农业收益的大幅度提高,从而使工农劳动的边际产品价值即劳动收入呈现趋同发展,最终达到城乡差距的消除。2016—2020 年,我国乡村就业人员减少 5 401 万人,第一产业就业人员减少 3 193 万人,与此同时,第一产业的劳动生产率由 28 764 元提高到 43 892 元,占全员劳动生产率比重提高 0.6 个百分点,农村居民可支配收入达到 17 131.5 元,增加 4 768.1 元,增长 38.6%;而同期城镇居民人均可支配收入由 33 616 元增加到 43 834 元,城乡收入比由 2.72 下降到 2.56。城乡居民收入增加比 2.14。不难发现,城市化对缓解城乡差距扩大、提高农业比较劳动生产率、提高农村居民收入贡献很大。

(三)城市化与扩大内需

在国际金融危机背景下,世界经济缓慢复苏,但不平等和不确定性仍在扩大,中国经济运行存在下行压力,部分行业产能过剩严重。在极为错综复杂的形势下,如何把内需的巨大潜力释放出来,赢得经济发展和国际竞争的主动,城市化被寄予厚望。2010—2020 年,我国投资总额已由世界第二,稳居全球第一,消费已站稳全球第二的位置,工业化、城市化应该说居功至伟。新型冠状病毒感染疫情使城市遭受重创,但倒逼数字经济发展。2020 年、2021 年,武汉市限上企业网上实物商品零售额占比较上年提高 5.0 和 2.6 个百分点,占限上社会消费品零售额的比重达到 26% 和 29.8%。物流、快递、电信业务量等逆势上扬。但是关于城镇化和居民消费需求关系的研究并没有得出一致的结论:有研究显示城镇化对提高居民消费率的贡献几乎为零,也有研究完全相反(参见本书第四章)。可以判断,我国人口城市化在促进居民消费、扩大内需方面还有很大的拓展空间。

有三个社会因素阻碍了城市化的消费效应:①收入分配制度不合理,劳动者在国民财富中的分享份额过低,极大地制约了居民消费需求。而扩大内需的措施基本上都是增加投资,很少有提高个人收入、减免个人所得税等促进私人消费的措施。②社会保障不完善,教

育和医疗成本高企,个人和家庭为了应对各种风险和刚性需求而不得不降低消费倾向。③城市中大量外来人口的"非市民化",我国目前有 3.76 亿流动人口,他们大多收入低、保障差,因而消费水平低。这就导致了一个结构性的后果,即流动人口虽然提高了人口城市化水平,但并没有相应提高消费率。如果这三个问题得到有效解决,我国的城市化就会释放出巨大的消费需求,进而拉动经济增长(李建民、周保民,2013)。

总之,现代城市是以先进制造业和现代服务业为基础,同时依靠丰富的人力资本和雄厚的科研力量,投入产出比较高的地域空间。只要空间布局得当,不仅有利于经济发展方式转变,而且有利于资源的有效利用和环境的集中治理,从本质上说将为可持续发展提供更好的物质基础和创造更好的先决条件。同时,城市发展的差距影响东部与中西部地区的差距,而城市经济未能有效带动农村发展则导致城乡差距加大,无论是缩小地区差距还是促进城乡融合,城市经济由于其强大的经济实力和先进的精神文明形态,必然处于主导地位,只有城市经济的地位得到进一步的巩固和提高,才能够通过扩散效应带动农村以及整个地区发展,才能够创造更多财富、提供更多的财政转移支付来支持落后地区和乡村发展。

第四节　城市社会的城市化与中国道路

一、中国城市社会城市化道路的背景

城市化道路研究是一项十分复杂的系统工程,涉及人口、经济、社会、制度等很多方面。城市社会城市化的中国道路是在对中国实际和世界多元城市化道路进行分析与借鉴,特别是对目前中国城市化进程中存在的问题和风险进行全面思考与平衡,多方面考虑未来世界发展趋势及其对中国的影响,牢牢把握城市化发展规律和转型发展的根本路径中提出来的。其中重点考虑了五个关键方面:一是中国进入城市社会城市化阶段以来,我国政府把坚持走中国特色新型城镇化道路置于经济社会发展的突出位置(见专栏 6-2),实施了"十二五"和"十三五"两个五年规划。"十三五"提出推进新型城镇化——坚持以人的城镇化为核心、以城市群为主体形态、以城市综合承载能力为支撑、以体制机制创新为保障,加快新型城镇化步伐,提高社会主义新农村建设水平,努力缩小城乡发展差距,推进城乡发展一体化。新型城镇化取得重大进展,城镇化水平和质量大幅提升。二是中国特色社会主义进入新时代,中国社会主要矛盾已经转化为人民日益增长的美好生活需要和不平衡不充分发展之间的矛盾,中国经济已转入高质量发展阶段。同时我国仍处于并将长期处于社会主义初级阶段的基本国情没有变,最大发展中国家的国际地位没有变。三是中国人口-经济环境发生深刻变化。劳动年龄人口和就业规模下降,人口总量负增长即将开启;人口老龄化成为基本国情,老龄化、高龄化深度发展;经济总量稳居世界第二,人均 GDP 超过 1 万美元。四是打赢"三大攻坚战",即防范化解重大风险、精准脱贫和污染防治。这"三大攻坚战"中,我国已全面建成小康社会,历史性地解决了绝对贫困问题。污染防治也取得阶段性成果,

"废水""废气""固体废弃物"减排成绩很好。目前的主要难点就是系统性风险。如新型冠状病毒感染疫情不期而至,对经济社会造成的冲击前所未有。系统性风险不因我们社会经济的巨大成就而自动退缩,防范和化解系统性风险是摆在发展道路上的长期任务。五是世界处于百年未有之大变局,国内外形势复杂严峻,中国经济长期向好的趋势没有变,但挑战前所未有。

专栏 6-2　党的十八大以来中国特色新型城镇化道路建设大事记

2012 年 11 月　党的十八大报告提出,坚持走中国特色新型工业化、信息化、城镇化、农业现代化道路,推动工业化和城镇化良性互动、城镇化和农业现代化相互协调,促进工业化、信息化、城镇化、农业现代化同步发展。

2013 年 12 月　中央城镇化工作会议在北京举行。习近平发表重要讲话,分析城镇化发展形势,明确推进城镇化指导思想、主要目标、基本原则、重点任务。会议指出,城镇化与工业化一道,是现代化的两大引擎。走中国特色、科学发展的新型城镇化道路,核心是以人为本,关键是提升质量,与工业化、信息化、农业现代化同步推进。城镇化是长期的历史进程,要科学有序、积极稳妥地向前推进。

2014 年 3 月　中共中央、国务院印发《国家新型城镇化规划(2014—2020 年)》。按照走中国特色新型城镇化道路、全面提高城镇化质量的新要求,明确未来城镇化的发展路径、主要目标和战略任务,统筹相关领域制度和政策创新。

2015 年 12 月　中央城市工作会议在北京举行。习近平发表重要讲话,分析城市发展面临的形势,明确做好城市工作的指导思想、总体思路、重点任务。会议指出,城市是我国各类要素资源和经济社会活动最集中的地方,全面建成小康社会、加快实现现代化,必须抓好城市这个"火车头",把握发展规律,推动以人为核心的新型城镇化,发挥这一扩大内需的最大潜力,有效化解各种"城市病"。

2016 年 3 月　《中华人民共和国国民经济和社会发展第十三个五年规划纲要》把"推进新型城镇化"列为专篇,包括加快农业转移人口市民化,优化城镇化布局和形态,建设和谐宜居城市,健全住房供应体系和推动城乡协调发展共 5 章内容。

2017 年 10 月　党的十九大报告提出坚持新发展理念,建设现代经济体系,重申推动新型工业化、信息化、城镇化、农业现代化同步发展,首次提出实施乡村振兴战略。

2019 年 3 月　国家发改委印发《2019 年新型城镇化建设重点任务》。2020—2022 年,国家发改委印发的文件名称为《新型城镇化建设和城乡融合发展重点任务》。

2021 年 3 月　《国民经济和社会发展第十四个五年规划和 2035 年远景目标纲要》把常住人口城镇化率列为三大经济发展目标之一,"完善新型城镇化战略　提升城镇化发展质量"列为专篇,包括加快农业转移人口市民化、完善城镇化空间布局和全面提升城市品质 3 章内容。

2022 年 7 月　国家发改委印发《十四五新型城镇化实施方案》。明确坚持走以人为本、四化同步、优化布局、生态文明、文化传承的中国特色新型城镇化道路,提出"十四五"时期深入推进以人为核心的新型城镇化战略的目标任务和 52 条政策举措。

二、中国城市社会城市化道路的基本要点

综合上述五方面的考虑和相关研究,中国城市社会城市化道路的基本要点是:以人的城市化为中心,以全面建成小康社会为背景,以不断实现美好生活向往为最大效用,以"两步走"战略为依托;遵循中高收入阶段城市化的发展规律、发展趋势,跨越中等收入陷阱;借鉴先行国家和地区的经验教训,把握城市社会、风险社会、发展中大国三大基点,努力缩小城乡发展差距,推进城市治理能力和治理水平现代化,注重社会建设和城乡融合,推进城市化转型发展、行稳致远。

一是把握城市化的效用目标。人民对美好生活向往就是我们的奋斗目标,它不同于物质文化需要。美好生活需要更加强调好不好、满意不满意和幸福不幸福这样的问题。它包含物质文化需要基础上的"层次提升"和"范围扩展",包含基本生活满足后的生活质量、安全、卫生和健康等层次,也包括物质与文化产品和制度与政策产品等。在全面建成小康社会的基础上,全面开启建设社会主义现代化国家新征程,实现第二个百年奋斗目标。从 2021 年到 2035 年,基本实现社会主义现代化;从 2035 年到 21 世纪中叶,把我国建成富强民主文明和谐美丽的社会主义现代化强国。城市化的效用目标,不是单纯的经济理性,而是含义更加广泛的"美好生活需要""美好生活向往",这一道路不是依托于摆脱贫困和发展经济,而是依托于社会主义现代化基本实现和中华民族伟大复兴的中国梦、强国梦。

二是认清约束条件。中国是一个转型社会,工业化、城市化、现代化、信息化、全球化快速发展,这种总体的社会场景在进入城市社会之前已经存在。转型、变革必然伴随着机遇和挑战。在新一轮经济转型背景下,我国正处于风险易发高发期。经济增速换挡使潜在风险显性化,产能过剩和结构性失衡导致利润率下降和实体经济资金脱实向虚,大量资金流入金融业和房地产市场,催生金融业过度繁荣和房地产泡沫,投资效率下降引发债务率攀升;人口结构少子老龄化、人口大逆转导致劳动力供给减少、抚养比上升,引发储蓄率、投资率下行和通胀压力;面临外部经济金融环境不确定性和风险溢出冲击,风险管理体系和管理能力建设滞后。这些因素单独或综合发挥作用,使得未来风险应对面临巨大挑战。[1]当前世界处于百年未有之大变局,我国经济面临需求收缩、供给冲击和预期转弱"三重压力",经济衰退席卷全球,我国很难独善其身。

三是牢牢把握城市化发展规律,跨越"中等收入陷阱"。行百里者半九十。中国城市化虽然进入了新发展阶段,虽然赶上了世界平均水平,但尚未最终完成。到 21 世纪中叶,中国进入城市社会的历史仍然不到 40 年,与印度除外的几个大国相比,中国的城市社会还很年轻。城市化是现代化的必由之路,建成富强民主文明和谐美丽的社会主义现代化强国,必须确保城市化行稳致远。另一方面,我们经过了 40 年的高速发展,城市化成绩很好,但确实积累了不少问题,必须小心谨慎,谨防极端!

---

[1] 国务院发展研究中心和世界银行联合课题组.推进高效、包容、可持续的城镇化[J].管理世界,2014(4).

三、对策建议

进入城市社会以来,党中央高度重视城市化建设,明确提出实施以人的城镇化为核心、以提高城镇化质量为导向的新型城镇化战略。国家有关部委进一步出台相关配套政策,制定年度工作要点,推进城市化的制度体系、政策体系更加完备(见专栏 6-3)。在此基础上,结合我们近期的研究[①],从指导思想、从发展阶段发展规律城乡关系和从风险把控方面提出10 条建议:一是以马克思主义和习近平新时代中国特色社会主义思想为指导;二是以人民幸福不幸福、满意不满意为出发点,解决城市化为了谁、服务谁、到哪里去的问题,把城市化的目标转向不断实现美好生活向往;三是坚持改革开放精神,推进城市化创新发展;四是把认识城市社会、适应城市社会作为经济发展的大逻辑,建设绿色、协调、高品质现代城市社会;五是推进城市化转向中高收入阶段和高质量发展阶段;六是充分发挥城市群和现代都市圈引领作用,推动大中小城市协调发展,夯实城市化高质量发展的物质基础;七是把握城市化和农民进城这一基本趋势,汲取先行地区的经验教训,加快推进城乡融合和乡村振兴;八是基于"城市社会+风险社会+城市化"是我们无法回避的时代特征,以坚持和完善中国特色社会主义制度、推进国家治理体系和治理能力现代化为契机,推进城市和城市化治理现代化;九是促进城市化包容发展;十是牢固树立安全发展理念,推进城市安全发展。

专栏 6-3　新型城镇化建设工程

都市圈建设

在中心城市辐射带动作用强、与周边城市同城化程度高的地区,培育发展一批现代化都市圈,推进基础设施互联互通、公共服务互认共享。

城市更新

完成 2000 年年底前建成的 21.9 万个城镇老旧小区改造,基本完成大城市老旧厂区改造,改造一批老旧街区,因地制宜改造一批城中村。

城市防洪排涝

以 31 个重点防洪城市和大江大河沿岸线城市为重点,提升改造城市蓄滞洪空间、堤防、护岸、河道、防洪工程、排水管网等防洪排涝设施,因地制宜建设海绵城市,全部消除城市严重宜涝积水区段。

县城补短板

推进县城、县级市城区及特大镇补短板,完善综合医院、疾控中心、养老中心、幼儿园、市政管网、市政交通、停车场、充电桩、污水垃圾处理设施和产业平台配套设施。高质量完成 120 个县城补短板示范任务。

现代社区培育

完善社区托育养老、医疗卫生、文化体育、物流配送、便民商超、家政物业等服务网络和线上平台,城市社区综合服务设施实现全覆盖。实施大学生社工计划,每万城镇常住人口拥有社区工作者 18 人。

---

① 详细建议可参见李通屏,倪琳,彭欣源等.城市社会的城市化与中国道路[M].北京:商务印书馆,2022.

城乡融合发展

建设嘉兴湖州、福州东郡、广州清远、南京无锡常州、济南青岛、成都西部、重庆西部、西安咸阳、长春吉林、许昌、鹰潭等国家城乡融合发展试验区，加强改革授权和政策集成。

资料来源：《中华人民共和国国民经济和社会发展第十四个五年规划和 2035 年远景目标纲要》专栏 11

 **主要概念**

城市　城镇化　城市化　人口城镇化　人口城市化　城市规模　首位度　诺瑟姆曲线　城市社会　新型城镇化

 **思考题**

1．如何理解城市化与城镇化？试分析影响城市化的主要因素。

2．试分析人口城市化与经济发展的关系。

3．试分析世界人口城市化的演进历程及其特征。

4．基于外部性、交易成本和要素集聚的理论，试分析工业化与城市化相互促进的良性循环如何形成。

5．简述分工、专业化、市场扩大、产业集群和城市化之间的关系。

6．试分析中国人口城市化的现状。

7．中国城市化进程成效显著，你认为中国快速城市化过程中取得了怎样的成效，同时还存在哪些突出矛盾和问题？

8．中国城市化已经进入"城市社会"阶段，你同意这个判断吗？请思考一下这个阶段的城市化道路与以往的城市化道路有何联系和区别。

参考读物

第七章

人口产业、行业结构与经济发展

在人类发展史上,人类的性别和年龄结构是随着人类自身的产生而产生;产业、行业和职业结构等是人类社会发展到一定阶段的必然产物,随着社会的发展而不断发展变化。产业革命前,人口结构变化缓慢,对社会经济发展影响不大。18世纪以后,以科学技术革命为主要标志的产业革命,使西方国家的经济文化得到空前发展。经济和社会大发展对人口的最大影响,莫过于人口结构的变化。其中尤为显著的是人口的产业、行业、职业、文化和城乡结构等。本章以我国为例,主要探讨人口产业、行业结构变化及其与经济发展的关系。

第一节　人口产业、行业结构类型

一、产业、行业结构及其划分

人口产业结构是指人口分布在国民经济各个部门从事各种经济活动所构成的比例关系。这里的人口是指经济活动人口,而不是全体人口,人口产业结构从产业分布方面反映劳动力资源的构成及其配置情况。在我国,所谓经济活动人口,是指在16周岁及以上、有劳动能力、参加或要求参加社会经济活动的人口,包括就业人员和失业人员,又称劳动力。

（一）人口产业结构的发展是一个漫长的历史过程

在原始公社时期,是谈不上什么人口产业结构的。原始社会进入野蛮时期的中级阶段,驯养、养殖牲畜,生产肉类、乳制品、皮毛和更多的纺织物,成为当时一个主要劳动部门,于是游牧部落从野蛮人群中分离出来,产生了第一次社会大分工。此时农业也从采集经验中发展起来,不但给部分野蛮人提供了较多的食物,而且对游牧部落也是一个极大的支持。在农业、畜牧业发展的基础上,手工业也产生和发展起来。当原始社会进入到高级阶段之后,铁及其在农业、手工业中的广泛应用,推动了社会生产力的发展。当生产力发展到一定程度,发生了第二次大分工——手工业和农业分离。分工的产生、扩大和发展,导致了商品交换的产生、发展和扩大。人类步入奴隶社会,商品生产和交换已发展到这样的程度,即经济活动人口中必须分离出不从事生产、只从事交换的一部分人——商人,于是第三次社会大分工产生了。作为社会经济不可缺少的重要部门,商业也出现了。

由上可见,人类社会的经济活动最初几乎都是从事采集业和农业中的种植业、畜牧业;与第一次社会大分工相适应,经济活动人口才开始从事采集业和农业中的种植业、畜牧业;与第二次社会大分工相适应,经济活动人口分离出一部分人从事手工业;与第三次社会大分工相适应,再分出一部分人从事商业经营活动。至此,形成人口产业结构的雏形:农业和畜牧业、手工加工业和商业。这一最初的形式,经历了奴隶社会和封建社会很长的历史岁月,直到资本主义初期,才发展得较为成熟,逐步形成今天的格局。

(二)产业、行业结构的划分

1. 现代产业结构的划分标准

现代产业结构,亦即资本主义产生以后的产业结构。世界上较为通用的标准是根据社会生产活动历史发展的顺序将国民经济各部门分为三次产业,产品直接取自自然界的部门称为第一产业(primary industry),对初级产品进行加工的部门称为第二产业(secondary industry),为生产和消费提供各种服务的部门称为第三产业(tertiary industry)。按照这样的标准,第一产业包括农业和对自然资源进行采掘并进行粗加工的采掘业。第二产业包括对农产品和矿产品进行加工生产的产业,如制造业、建筑业与公用事业(电力、煤气及水的生产和供应业);第三产业是非物质生产产业,包括各种工商服务、社会服务与个人服务业。我国与国际标准存在分歧的是对第一、二产业的划分,我国统计部门一直未将"采掘业"归为第一产业,而是归入第二产业。为分析的便利,本书采用国家统计局标准。

按照国家统计局的口径,三次产业划分如下。第一产业:农业(包括种植业、林业、牧业和渔业);第二产业:工业(包括采掘业,制造业,电力、煤气及水的生产和供应业)和建筑业;第三产业:除第一、二产业以外的其他各业。

2. 行业的分类

随着社会经济的发展,我国行业分类也出现了变化。《中国统计年鉴1999》分为16类,《中国统计年鉴2021》行业分类更细(见表7-1)。

根据国家统计局最新的统计口径,行业分为19类,分别是:(1)农、林、牧、渔业;(2)采掘业;(3)制造业;(4)电力、热力、燃气及水的生产和供应业;(5)建筑业;(6)批发和零售业;(7)交通运输、仓储和邮政业;(8)住宿和餐饮业;(9)信息传输、软件和信息技术服务业;(10)金融业;(11)房地产业;(12)租赁和商业服务业;(13)科学研究和技术服务业;(14)水利、环境和公共设施管理业;(15)居民服务、修理和其他服务业;(16)教育;(17)卫生和社会工作;(18)文化、体育和娱乐业;(19)公共管理、社会保障和社会组织。

行业划分和三次产业的关系是:(1)属于第一产业;(2)~(5)属于第二产业;(6)~(19)属于第三产业。

表7-1 中国行业划分及其变化

《中国统计年鉴1999》	《中国统计年鉴2021》	行业的变化
农、林、牧、渔业 采掘业 制造业 电力、煤气及水的生产和供应业 建筑业 地质勘查业、水利管理业 交通运输仓储和邮电通信业 批发零售贸易和餐饮业 金融、保险业 房地产业 社会服务业 卫生体育和社会福利业 教育、文化艺术和广播电影电视业 科学研究和综合技术服务业 国家机关、政党机关和社会团体 其他	农、林、牧、渔业 采掘业 制造业 电力、热力、燃气及水的生产和供应业 建筑业 批发和零售业 交通运输、仓储和邮政业 住宿和餐饮业 信息传输、软件和信息技术服务业 金融业 房地产业 租赁和商务服务业 科学研究和技术服务业 水利、环境和公共设施管理业 居民服务、修理和其他服务业 教育 卫生和社会工作 文化、体育和娱乐业 公共管理、社会保障和社会组织	农林牧渔业；采掘业；制造业；建筑业；房地产业；科学研究和综合技术服务业不变。 煤气调整为热力、燃气，邮电通信业→邮政业；批发和零售业保持不变。 地质勘查、水利管理业消失或调整为水利、环境和公共设施管理业；金融、保险合并为金融业。 住宿和餐饮业，教育单列；社会服务业明确为居民服务、修理和其他服务业。 新设立信息传输、软件和信息技术服务业；租赁和商业服务业

二、产业结构变化规律

早在17世纪，古典经济学家威廉·配第就对不同产业的供求关系及各产业从业者收入进行了比较，认为以农业、林业、水产业为代表的采集业的生产是按劳动生产率递减法则进行的，而工业和大部分服务业的生产是按照递增的法则进行。随着社会发展和经济增长，农业所占的产出份额和劳动份额迟早会下降，而工业和服务业所占的份额会逐渐上升，劳动人口向工业和服务业转移是一种自然的选择过程，收入差距会使劳动力在不同产业间流动，从而集中于收入高的部门。

20世纪初期，英美等国劳动和资本继续流入工业的同时，以更高的速度流入商业和物流、教育和科研、旅游和娱乐、文化艺术、保健以及政府的公共服务业。先行工业化国家的服务业（包括一般服务和政府的公共服务）在就业和增加值方面很快超过了工业，成为国民经济中份额最大的产业。这使A.费希尔（A. G. Fisher）和英国经济学家柯林·克拉克（C. Clark）提出的"三次产业"的划分方法在20世纪40年代得到确立。克拉克通过研究世界主要发达国家的就业人口在三次产业中的分布结构及其演变规律，进一步论证了配第的观察。他指出，随着经济增长，农业就业人数相对于制造业的就业人数趋于下降，而制造业相对于服务业就业人数也趋于下降；随着人均国民收入的提高，劳动力会从第一产业向第二产业转移，而工业化完成后，劳动力会从第二产业向第三产业转移。劳动力在不同产业之间的转移是由于经济增长过程中各产业之间收入的相对差异造成的，这就是著名的配第-克拉克定律。西蒙·库兹涅茨（Kuznets, 2007）、钱纳里和塞尔昆（H. Chenery & M.

Syrquin,1975)等人也采用三次产业分类法来分析经济发展进程。库兹涅茨把国民收入在三次产业上的变化趋势与劳动力在三次产业上的变化趋势进行了比较,提出随着国民收入不断增长,收入结构和就业结构都会发生变动,其变动的一般趋势是:农业部门所占比重无论在国民收入中还是在总劳动力中都呈下降趋势;工业部门所占比重无论在国民收入中还是总劳动力中都呈上升趋势;服务业的劳动力比重呈上升趋势,在国民收入中的比重则略有上升或不动。进而提出了以劳动力结构为指标的"标准模式",具体如表 7-2、表 7-3 和表 7-4 所示。

表 7-2　1960 年劳动力生产部门份额 %

主 要 部 门	1958 年人均国民生产总值的基准水平				
	70 美元	150 美元	300 美元	500 美元	1 000 美元
A	80.5	63.3	46.1	31.4	17.0
I	9.6	17.0	26.8	36.0	45.6
其中 矿业及采掘业	1.2	1.0	1.0	1.1	1.1
制造业	5.5	9.3	15.5	21.4	27.9
建筑业	1.3	3.2	5.4	7.1	8.4
电、煤气、水	0.2	0.5	0.8	1.0	1.2
运输、仓储和通信	1.4	3.0	4.1	5.4	7.0
S	9.9	19.7	27.1	32.6	37.4
其中 商业	4.5	7.6	10.3	12.5	15.6
服务业	5.4	12.1	16.8	20.1	21.9

注:A 包括农业、林业、狩猎业和渔业。I 包括矿业及采掘业,制造业,建筑业,电、煤气、水,运输、仓储和通信。S 包括商业,银行,保险,房地产,住房的所有权,政府及国防和其他服务业。

资料来源:库兹涅茨.各国的经济增长[M].常勋,等,译.北京:商务印书馆,2007:247.

表 7-3　劳动力标准结构——钱纳里、艾金通和西姆斯模式(1971 年) %

产业	人均国民生产总值的基准水平(1964 年)							
	100 美元	200 美元	300 美元	400 美元	600 美元	1 000 美元	2 000 美元	3 000 美元
第一产业	68.1	58.7	49.9	43.6	34.8	28.6	23.7	8.3
第二产业	9.6	16.6	20.5	23.4	27.6	30.7	33.2	40.1
第三产业	22.3	24.7	29.6	33.0	37.6	40.7	43.1	51.6

资料来源:Chenery,Elkington and Sims(1971),A Uniform Analysis of Development Pattern. Harvard University Center for International Affairs. Economic Development Report 148(July). Cambridge,Mass.

表 7-4　劳动力标准结构——赛尔昆和钱纳里模式(1989 年) %

产业	人均国民生产总值的基准水平(1980 年)					
	300 美元以下	300 美元	500 美元	1 000 美元	2 000 美元	4 000 美元
第一次产业	46.3	36.0	30.4	26.7	21.8	18.6
第二次产业	13.5	19.6	23.1	25.5	29.0	31.4
第三次产业	40.1	44.4	46.5	47.8	49.2	50.0

资料来源:Syrquin and Chenery(1989),Three Decades of Industrialization. The World Bank Economic Reviews, Vol. 3,pp. 152~153.

中国现代化战略课题组、中国科学院现代化研究中心推出的《中国现代化报告2005》，通过对世界经济现代化300年(1700—2001年)历史进程的时序分析和截面分析，归纳出世界经济现代化的26个事实和14个启示。时序分析选取了15个样本国家，截面分析选取了130个样本国家。1801—2019年，在经济结构方面有以下事实(见表7-5)：①"非农化"，农业增加值和农业劳动力比重都呈下降趋势。②"工业化"和"非工业化"，工业增加值和工业劳动力比重，发达国家经历了上升和下降两个阶段。发展中国家情况比较复杂，有些国家持续上升，有些国家上下波动，有些国家经历上升和下降两个阶段，其中20世纪后40年工业劳动力占劳动力比例下降的国家越来越多，上升的国家越来越少。③"服务化"和"非物质化"，服务业增加值比重和服务业劳动力比重都呈上升趋势。

表7-5　1801—2020年15个国家劳动力就业结构的变化　　　　　　　%

	1801年	1820年	1870年	1900年	1950年	1980年	1990年	2000年	2010年	2019年
农业劳动力占总劳动力的比例										
美国	84[a]	70[c]	50[c]	38[b]	12	4	3	3	1.6	1.3
日本	—	—	86[a]	71[a]	48	10	7	5	3.7	3.4
德国	—	—	50[c]	37[b]	23	7	4	3	1.6	1.2
英国	34[a]	37[c]	23[c]	9[b]	5	3	2	2	1.2	1.0
法国	—	—	49[c]	41[b]	27	2	1	1.6	2.9	2.4
澳大利亚	—	—	30[a]	33[b]	14	7	6	5	3.3	2.6
意大利	—	51[b]	61[b]	59[b]	40	14	9	5	3.8	3.7
加拿大	—	—	53[a]	44[b]	19	5	4	3	2.4	1.5
俄罗斯	—	—	59[b]	46[c]	16	14	12	9.7	5.8
墨西哥	—	—	—	64[b]	58	26	23	18	13.1	12.6
巴西	—	—	—	—	61	37	23	24	17.0	9.2
中国	—	—	—	—	84	69	60.1	50	36.7	25.4
印度尼西亚	—	—	—	73[b]	—	56	56	45	38.3	28.6
印度	—	—	74[a]	67[b]	70	70	69	58	51.1	42.4
尼日利亚	—	—	—	—	—	55	43	—	—	35.1
工业劳动力占总劳动力比例										
美国	—	15	24	30	35	31	26	23	16.7	19.8
日本	—	—	6	16	26	35	34	31	25.3	24.3
德国	—	—	29	41	42	45	38	35	28.4	27.0
英国	30	33	42	51	49	38	32	25	19.1	17.9
法国	—	—	28	29	35	40	31	25	22.2	20.1
澳大利亚	—	—	—	34	41	31	25	22	21.1	19.8
意大利	—	30	23	24	30	38	32	28.8	25.9
加拿大	—	—	23	35	29	24	23	21.5	19.5
俄罗斯	—	—	16	29	44	40	29	27.9	26.7
墨西哥	—	—	13	16	21	28	27	25.5	26.1
巴西	—	—	—	13	24	23	21	22.1	19.8
中国	—	—	—	7	18	21.4	23	28.7	28.2
印度尼西亚	—	—	5	—	13	14	17	19.3	22.5

续表

	1801年	1820年	1870年	1900年	1950年	1980年	1990年	2000年	2010年	2019年
印度	—	—	15	10	8	13	14	16	22.4	25.6
尼日利亚	—	—	—	—	—	8	7	—	—	12.2
服务业劳动力占总劳动力比例										
美国	—	15	26	32	54	66	71	75	81.2	78.9
日本	—	—	9	13	27	54	58	63	69.7	72.3
德国	—	—	22	22	35	48	58	63	70.0	71.7
英国	36	30	35	40	46	60	65	73	78.9	81.1
法国	—	—	23	29	38	58	68	74	74.4	77.5
澳大利亚	—	—	—	33	46	62	69	73	75.5	77.6
意大利	—	20	16	17	30	48	59	62	67.5	70.4
加拿大	—	—	—	33	46	66	71	74	76.5	79.1
俄罗斯	—	—	25	25	40	41	59	62.3	67.6	
墨西哥	—	—	—	23	26	24	40	55	60.6	61.2
巴西	—	—	—	—	26	39	55	56	60.7	71.0
中国	—	—	—	—	9	12	18.5	27	34.6	46.4
印度尼西亚	—	—	—	22	—	30	30	39	42.3	48.9
印度	—	—	11	23	22	17	17	25	26.6	32.0
尼日利亚	—	—	—	—	—	37	50	—	—	52.7

资料来源：中国现代化战略课题组、中国科学院现代化研究中心.中国现代化报告2005[M].北京：北京大学出版社,2005.2010年和2019年数据来源于《中国统计年鉴2013》《中国统计年鉴2021》。

a. 库兹涅茨.各国的经济增长[M].北京：商务印书馆,2007.

b. 米切尔.帕尔格雷夫世界历史统计[M].北京：经济科学出版社,2002.

c. 麦迪森.中国经济的长期表现：公元960—2030年[M].伍晓鹰,马德斌,译.上海：上海人民出版社,2008.

表7-5也反映出21世纪以来20年的发展趋势,这15个国家中,除法国外,14个国家的农业劳动力份额明显下降。其中美国、德国、英国、加拿大、俄罗斯、巴西和中国等7个国家降幅在50%或以上,其他7个国家降幅在30%左右。工业劳动力份额在印度、印度尼西亚明显上升,其中,印度由16%上升到25.6%,印度尼西亚上升了5.5个百分点,中国前10年达到高位以后,后10年已稳中有降,而美国、日本、德国、英国、法国、澳大利亚、意大利、加拿大、俄罗斯、墨西哥、巴西等11个国家都明显低于2000年。服务业劳动力份额全部上升。

第二节　我国人口产业、行业结构变化

人口产业结构的变化是历史的必然。但如何描述这种变化,以往的研究存在着多种观点：一种是物质生产与非物质生产分类法。即运用经济活动人口在物质生产领域和非物质生产领域分布比例或构成来划分人口产业结构。苏联、东欧社会主义国家和我国改革开放前直到 20 世纪 90 年代初期都采用这种分类方法。第二种方法是三次产业分类法。即用经济活动人口在国民经济各部门(第一产业、第二产业和第三产业)的分布状况,来考察、研究各部门经济发展速度、人口就业状况对人口产业结构的影响。划分的依据是:社会再生产过程及其产品特征和"一切收入所得者就是收入创造者"的经济成长理论。目前绝大多数国家采用这种分类方法。第三种是综合上述两种方法的基础上,从人口与经济发展的历史出发,将人口产业结构归结为三种类型:传统型、发展型和现代型,并对每一类型的特征进行数量刻画(刘长茂,1991)。显然,这些从不同角度、不同侧面考察人口产业结构的工作对研究我国人口产业结构及变化提供了有意义的分析工具。根据我国统计资料的特点和分析的方便,主要从三次产业分类法的角度,对我国人口产业结构,特别是改革开放以来的情况进行描述。

一、我国就业人员及其结构变化

(一)就业人员规模变化

就业人员是人口产业结构形成和变化最直接的基础。1952 年全国就业人员 20 729 万人,1978 年增加到 40 152 万人,增加 19 423 万人,增加 93.7%。2020 年,就业人员 75 064 万人,比 1978 年增加 86.9%;比 1952 年增加 2.62 倍,增加 54 335 万人。2014 年,我国就业人员达到最高峰 76 349 万人,是 1978 年的·1.91 倍。此后就业人员开始减少,2020 年比 2014 年减少 1 285 万人。就业人员数是劳动力的一部分,就业人员数占劳动力的比率越高,说明劳动力利用率越高,劳动力和就业人员数的差额越大,说明失业人数越大。2016—2020 年两者的差额年均 3 151.6 万人,占劳动力比例 3.99%。其中 2019 年达 3 538 万人,占比 4.48%,2020 年差额 3 328 万人,占比 4.25%,说明这两年的就业问题很严重,需要引起高度重视。

(二)从业人口产业结构的变化

图 7-1 是反映我国人口产业结构变化的曲线,左坐标轴表示绝对量,右坐标轴表示各产业人口在全部从业人员中的比重。图中反映的趋势如下:

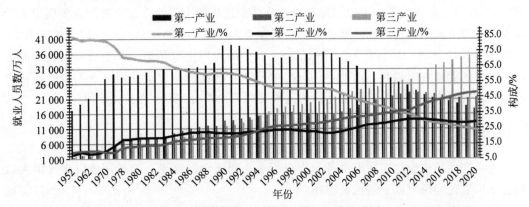

图 7-1　按产业划分的从业人员数及构成变化

资料来源:《中国统计年鉴 2021》。

(1) 第一产业就业人员的绝对量 1952—1991 年间在不断上升,1991 年达到我国历史上的最高水平,39 098 万人,之后有所下降,1996 年是 20 世纪 90 年代最少的年份,为 34 820 万人,但也比 1952 年多 1 倍。此后徘徊在 35 000 万~37 000 万人之间,2002 年以后保持连续下降的趋势,2008 年减少到 3 亿人以下,2010 年已经低于 1978 年的绝对量。2018 年下降到 2 亿人以下,2020 年 17 715 万人,总数与 1952 年相当。与绝对量呈现倒"U"形的变化趋势不同,第一产业从业人员占比明显下降。1952—1965 年,下降 2 个百分点,但仍高达 81.6%,1978 年 70.5%,1988 年下降到 60% 以下,但此后 3 年又有所回升,直至 1997 年首次降到 50% 以下,世纪之交又在 50% 上下徘徊了 4 年,2008 年下降到 40% 以下,2014 年下降到 30% 以下,2020 年为 23.6%。与 1952 年相比,下降 60 个百分点。从 1952 年以来的变化趋势看,第一产业就业及构成变化有几个关键节点:1994 年历史性地结束了"一二三"就业结构,进入"一三二"时代;2011 年起低于第三产业,首次成为"三一二"就业结构;2014 年首次低于第二产业,农业首次成为吸纳就业人数最少的产业,中国的就业人员构成变成"三二一"。

(2) 第二产业从业人员的绝对量,2012 年达到最高峰 23 226 万人,比 1952 年增加 21 695 万人,增加 14.2 倍。分阶段看,1952—1978 年增加 5 414 万人,平均每年增加 208 万人,1978—2012 年增加 16 281 万人,年均增加 478.85 万人。就改革开放以后的情况看,1998—2002 年,第二产业的人数在萎缩,由 16 600 万人减少到 15 682 万人,直到 2004 年才超过 1998 年。2003—2012 年,显示出迅速增加的态势,共增加 7 299 万人,年均增加 811 万人,是新中国历史上增加最快的时期。从相对比重看,由 1952 年的 7.4% 上升到 1978 年的 17.3%,1985 年上升到 20.8%,2012 年 30.4%,此后缓慢下降,2020 年为 28.7%。

(3) 第三产业从业人员一直保持大幅度增长的态势。1978 年前,第三产业的发展虽然受到抑制,但还是呈现出明显增加趋势。从业人员由 1952 年的 1 881 万人,增加到 1965 年的 2 866 万人,1978 年的 4 890 万人。改革开放以来增加更快,1982 年已突破 6 000 万人,从事第三产业的人数,1989 年有 1 亿人,1994 年超过 1.5 亿人,首次超过第二产业,2011 年达 2.73 亿人,并首次超过第一产业。2014 年超过 3 亿人,2020 年为 3.58 亿人,是吸纳就业人数最多的产业,但尚未过半。

(4) 20 世纪 90 年代,我国在业人口的产业结构已经处于从传统型向现代型的转变过程之中,并且已经完成了一个过渡阶段。这个转变过程的主要特点是第三产业发展成为拉动在业人口产业结构优化的主要动力。我国在业人口的产业结构从"一二三"型转变为"一三二"型,2011 年进一步转变为"三一二"型。转变的原因主要是第一产业劳动力比例的下降和第三产业比例的提高。因此,可以说,第三产业的发展是拉动我国在业人口产业结构转变的主要动力。在业人口产业结构的这种变化完全符合"配第-克拉克定律"。

二、人口行业结构变化及其阶段性特征

人口产业结构变化实际上是劳动力在行业之间流动的结果。改革开放以来我国人口行业结构变化呈现出以下结构性特征。

(1) 1978—2000 年,农业劳动力份额大幅下降的同时,非农产业内部的行业结构发生显著变化。第一产业构成由 70.5% 下降到 50%,即农业劳动力份额下降 20.5 个百分点;

第二产业由 17.3% 上升到 22.5%;第三产业上升到 27.5%,比 1978 年上升 15.3 个百分点。产业内部各行业结构的变化趋势如图 7-2 和图 7-3 所示。

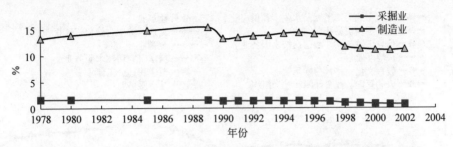

图 7-2　1978—2002 年中国制造业和采掘业从业人员占比变化趋势(%)

资料来源:《中国统计年鉴 2005》。

由图 7-2 可以看出,我国制造业从业人员所占比重在 1989 年前是一种上升趋势,由 1978 年的 13.28% 上升到 1989 年的 15.45%,1990 年迅速下降至 13.32%,此后有所回升,1995 年达到 14.40%,此后保持了数年的下降趋势。采掘业在 1978 年后经过短暂的上升后,总的趋势是下降,1980 年上升 1.65%,1985 年下降到 1.59%,2000 年下降到 0.83%。从数量变化看,从业人员数量增长最多的是批发和零售业,1990—2000 年共计增加 1 897 万人,其次是社会服务业,总共增加 868 万人,其他增长数量超过 500 万人的行业依次是工业、建筑业、交通运输业。这些行业的劳动力总共增加了 4 337 万人,这些行业总共吸纳了新增劳动力和从农业转移出来劳动力总量 80.86%,其中属于第三产业的批发和零售业、社会服务业和交通运输业总共吸纳了 56.59%。由此可见,1978—2000 年,我国在业人口产业结构的转变主要是由第三产业发展拉动的,而第三产业吸纳劳动力能力的扩张主要是源于批发和零售业、社会服务业和交通运输业等行业的贡献。

(2)2000—2012 年,制造业从业人员表现出显著增加趋势。如城镇单位就业人员中,制造业人员大幅度增加,由 2003 年的 2 980.5 万人增加到 2012 年的 4 262.2 万人,占城镇从业人员的比例由 27.2% 上升到 28%。采掘业从业人员所占比例在 1978 年后经过短暂的上升后,总的趋势是下降,2000 年下降到 0.83%,2002 年下降到 0.76%。与此同时绝对量下降的趋势也比较明显。最高峰的 1995 年为 932 万人,2000 年下降到 597 万人,2003 年低至 488.3 万人,此后有所回升,2011 年重新回升至 600 万人以上,但仍不及 1999 年的水平。2005—2012 年,采矿业占城镇单位就业人员的比重由 4.47% 下降到 4.14%。建筑业从业人员由 926.6 万人增加到 2 010.3 万人,增加 1 084 万人,占城镇单位从业人员的比例由 8.13% 上升到 13.19%。电力、热力、燃气及水的生产和供应业增加 46 万人,占比由 2.63% 下降到 2.26%。批发和零售业从业人员增加 167.8 万人,占比下降 0.1 个百分点。交通运输和邮政业增加 54 万人,占比下降 1 个百分点。住宿和餐饮业占比由 1.59% 上升到 1.74%,增加 84 万人。信息传输、软件和信息技术服务业由 1.14% 上升到 1.46%,单位就业人员增加 92.7 万人。金融业增加 168.5 万人,占比提高 0.31 个百分点。教育、卫生和社会工作,公共管理、社会保障和社会组织吸纳就业人员较多,2005 年从业人员数 3 232.9 万人,占城镇就业人员比例 28.35%;2012 年达 3 914.2 万人,占比 25.69%,尽管就业人员数增加了 681.3 万人。值得关注的趋势是信息传输、软件和信息技术服务业、房地产业、租赁和商业服务业以及卫生和社会工作吸纳了越来越多的就业人员。图 7-3 反映了更长时期的行业结构趋势。

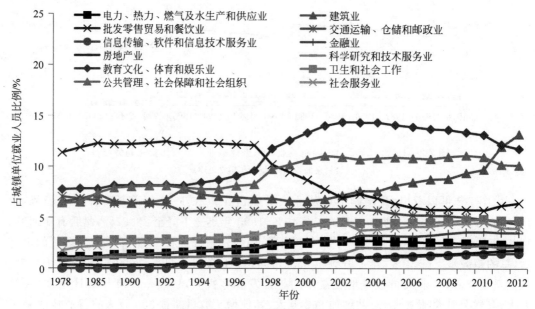

图 7-3　1978—2012 年按行业分城镇单位就业人员比例变化趋势

注：1978—2002 年和 2003—2012 年之间统计口径有细微的变化，本图统计口径同表 7-1 中《中国统计年鉴 2021》。

资料来源：历年《中国统计年鉴》。

（3）2013—2020 年，城镇非私营单位就业人员在 2014 年达到峰值后，出现绝对下降。农、林、牧、渔业、制造业及采掘业和建筑业等实体经济部门从业人员数量绝对下降，第三产业就业人员增加 6 500 万人，其中数字经济和金融部门从业人员数量和比重显著上升。实体经济部门的就业人员由 9 111.1 万人下降到 6 396.6 万人，减少 2 714.5 万人，占比由 50.31% 下降到 37.54%。数字经济和金融等部门的从业人员由 865.2 万人增加到 2020 年的 1 346.1 万人，增加 480.9 万人，比例由 4.78% 上升到 7.90%。

三、产业-行业结构变迁的影响因素分析

从投入产出的角度考察，产业结构的决定因素大致有三类：产业固定资产结构、中间要素投入结构和产业技术结构。从动态角度考察，产业结构的演进或高度化主要取决于两个因素：（1）需求结构变动。需求具有引导生产的作用，需求结构的变动与产业结构的变动是对应的。（2）相对成本变动。相对成本反映与生产能力有关的资源（资本、劳动力、自然资源等）耗费水平。相对成本低的产业，有可能在相对国民收入上占优势，吸引资源向该部门流动，从而推动产业结构变化。各国各地区虽然不存在统一的产业结构转换机制，但总有一些基本因素，使产业结构转换过程带有某些常规的趋势性特征。这些因素主要包括：需求结构和收入弹性、生产结构的要素供给弹性、社会性需求结构对部门增长格局的影响、需求收入弹性、技术进步与产业关联效应的双向传导、适应规模经济的产业重组等。

库兹涅茨认为,总体增长、人均产值增长和结构转换的高速度及其连锁影响是现代经济增长的重要特征。经济和非经济的结构变化是伴随生产结构变化必然发生的现象。包括从农业转向非农业,以及从工业转向服务业;生产单位规模的变化,从个人企业转向非个人组织的经济企业,与此相对应的是劳动力职业状况变化。现代经济增长有一连串的连锁影响,其一是从有用知识和科学的积累到技术创新、到生产率增长、到生产结构变化、到经济结构(包括消费结构、国内和国外供应的相对份额等)的其他方面变化、到政治和社会结构以及信仰的变化,以及随着它们对需求的影响又返回到改变生活和工作条件;其二是从科学到技术、到创新、到更多的学问、到更多的科学等等。[①] 钱纳里与塞尔昆等提出"发展的型式"和"工业化与经济增长的比较"理论,通过总结 100 多个国家的发展经验,进一步证实了库兹涅茨对经济增长的发现。什么经济力量推动了结构转型并塑造了库兹涅茨事实?围绕这一问题,近年来涌现了大量研究,目前已经形成了供给侧理论和需求侧理论两个比较成熟的理论(参见专栏 7-1),在定量方面,除了技术进步在中国结构转型过程中发挥重要影响之外,现有研究还发现市场摩擦(盖庆恩等,2013;Cao & Birchenall,2013;Cheremukhin等,2015;Tombe & Zhu,2019)、政府政策和需求结构(Dekle & Vandenbrouke,2012;颜色等,2018;郭凯明等,2020)等重要影响因素。这为考察我国劳动力产业/行业结构变迁提供了有益启示。

专栏 7-1　结构转型动因理论

1. 供给侧理论　影响结构转型的供给侧理论强调供给侧技术进步、资本深化和劳动增长等因素对结构转型的推动作用。该理论的核心观点是,这些因素在供给侧改变了生产成本,导致了不同生产要素的相对价格或不同产业产品的相对价格发生变化,从而推动了结构转型。这一经济机制通常也被称为供给侧的"推式"理论。关于技术进步,Baumol(1967)首先提出一个产业的技术进步会扩大该产业的相对产出,进而降低其产品的相对价格从而导致其产业比重的下降。这一经济机制被称为鲍莫尔病效应。Ngai & Pissarides(2007)为鲍莫尔病效应构建了一个标准的动态一般均衡模型,发现产业技术进步导致产品相对价格下降和该产业产品对其他产业产品的替代,但当产品之间替代弹性较低时,其产品的实际数量并不会显著上升。最终,在该产业的产品上的支出比重反而会下降,从而降低该产业比重,此时就会出现鲍莫尔病效应。反之,当产品之间替代弹性较高时,鲍莫尔病效应就不会发生。Acemoglu & Guerrieri(2008)提出资本深化影响结构转型。伴随着资本深化过程,资本要素相对劳动要素的价格会下降,于是资本密集型产业的生产成本就会相对更大幅度地下降,其产品的相对价格也会下降。资本深化还会使得产业内部用资本去替代劳动,产业内部资本和劳动替代弹性越高,这种影响就会越强,导致该产业的就业比重下降,从而推动结构转型(Alvarez-Cuadrado 等,2017)。资本深化过程导致更加密集使用资本的行业不断形成和发展,从而持续提高整个经济的资本密集度。资本深化能够影响结构转型,同理,作为重要生产要素的劳动增长也会影响结构转型(Ju等,2015;Leukhina & Turnovsky,2016)。

---

① 西蒙·库兹涅茨.各国的经济增长[M].常勋.等,译.北京:商务印书馆,2007:437-438.

2. 需求侧理论 影响结构转型的需求侧理论强调需求侧需求结构变化对结构转型的拉动作用。该理论的核心观点是,需求结构直接影响不同产业的产品相对需求,导致生产活动集中于产品相对需求更高的产业,从而拉动结构转型。这一经济机制也被称为需求侧的"拉式"理论。这一理论首先集中在消费结构的分析上。Kongsamut 等(2001)提出,消费偏好的特点是农产品的需求收入弹性小于 1,服务业的需求收入弹性大于 1。因此,伴随收入增长,对农业产出的相对需求下降,农业比重随之降低;对服务业产出的相对需求就会上升,服务业比重随之提高。Kongsamut 等(2001)使用非位似偏好刻画了这一经济机制,但这一偏好的性质使得随着收入增长,其影响自动减弱。除了消费需求外,Matsuyama(2009)提出国际贸易背景下的外需变化对结构转型的重要影响。因为一个国家工业部门的技术进步会降低工业品相对价格,形成比较优势,从而扩大国际市场对该国工业品的需求,于是该国工业部门扩张,鲍莫尔病效应可能就不会成立。最近一些研究发现,投资结构与消费结构存在明显差别,也会随着经济发展而变化,影响高投资率国家的结构转型。

资料来源:郭凯明,杭静,徐亚男. 劳动生产率、鲍莫尔病效应与区域结构转型[J]. 经济学动态,2020(4):79-95.

Baumol,W. J.,Macroeconomics of unbalanced growth: the anatomy of urban crisis [J]. *American Economic review*,1967,57(3):415-426.

(一)经济发展因素

人口产业结构变化是伴随经济发展必然发生的一系列连锁反应过程,是经济发展的应有之意。经济发展引发居民收入提高,进而诱发新的需求,需求成为劳动力配置的新导向;经济增长与发展状况决定劳动力需求,进而影响就业的水平与结构;经济发展的非均衡性使产业间、行业间、部门之间在劳动生产率、利润、工资和收入等方面呈现巨大差异,从而引起包括劳动力在内的生产要素由生产率、利润率、工资和收入比较低的产业、地区和部门向高生产率、高利润率和高工资、高收入的行业和部门流动,从而实现资源的优化配置。

改革开放以来,我国经济保持持续、快速和健康发展的势头。GDP 由 1978 年的 3 678.7 亿元增加到 2020 年的 1 015 986.2 亿元,全员劳动生产率 2020 年为 134 683 元/人,是 1978 年的 147 倍(按当年价格计算),扣除物价因素,比 1978 年实际增加 20.4 倍。

1990—2020 年各产业劳动生产率的变化情况是:第一产业增加 32.74 倍,第二产业增加 31.07 倍,第三产业增加 30.48 倍(见表 7-6)。说明第一产业的劳动生产率提高最快,缩小了和二、三产业的差距,但比较劳动生产率仍然低,2020 年,仅相当于第二产业的 24.6%、第三产业的 28.4%。从居民收入看,农民人均纯收入由 686.3 元提高到 17 131.5 元,城镇居民由 1 387 元增加到 43 833.8 元。特别是 2010—2020 年,农村居民人均可支配收入增加 189.4%,城镇居民人均可支配收入增加 78.4%,历史性地消除了绝对贫困。与此同时居民消费支出结构发生显著变化,恩格尔系数农村下降到 30% 左右,城镇稳定在 30% 以下。居民消费支出序列由"吃、住、穿"为主变为"吃、交通通信、教育文化娱乐"为主,居民服务性消费快速增长。2014—2020 年,服务性消费增长 54.7%,比居民消费支出快 8.3 个百分点,服务性消费占比由 40.3% 提高到 42.6%,2019 年达 45.86%。交通通信、教育文化娱乐的占比由 23.5% 提高到 2019 年的 24.9%,受疫情影响,2020 年有明显下降。由于消费需求对投资、劳动力流动的导向作用,消费结构变化,必然引发包括劳动力在内的生产要素的重新配置,必然伴随着劳动力产业、行业结构变化。

表 7-6　1990—2020 年中国 GDP 构成及其劳动生产率

年份	GDP		第一产业		第二产业		第三产业	
	总量/亿元	劳动生产率/(元/人)	增加值/亿元	劳动生产率/(元/人)	增加值/亿元	劳动生产率/(元/人)	增加值/亿元	劳动生产率/(元/人)
1990	18 872.9	2 883	5 062.0	1 301	7 717.4	5 652	5 813.6	4 915
1995	60 793.7	8 932	12 135.8	3 416	9 102.2	6 564	7 227.0	5 901
2000	99 214.6	13 764	14 944.7	4 146	11 699.5	8 224	9 138.6	7 041
2005	184 937.4	24 775	22 420.0	6 704	37 222.7	22 566	23 028.7	12 533
2010	412 119.3	54 151	38 430.8	13 759	191 626.5	87 733	182 061.9	69 141
2011	487 940.2	64 038	44 781.5	16 917	227 035.1	100 730	216 123.6	79 501
2012	538 580.0	70 630	49 084.6	19 222	244 639.1	105 330	244 856.2	89 061
2013	592 963.2	77 714	53 028.1	22 245	261 951.6	113 193	277 983.5	94 807
2014	643 563.2	84 292	55 626.3	24 864	277 282.8	120 260	310 654.0	100 470
2015	688 858.2	90 259	57 774.6	26 975	281 338.9	124 244	349 744.7	108 421
2016	746 395.1	97 894	60 139.2	28 764	295 427.8	132 509	390 828.1	118 282
2017	832 035.9	109 395	62 099.5	30 598	331 580.5	152 367	438 355.9	128 924
2018	919 281.1	121 306	64 745.2	33 177	364 835.2	170 835	489 700.8	140 271
2019	986 515.2	130 756	70 473.6	37 783	380 670.6	179 274	535 371.0	150 550
2020	1 015 986.2	135 349	77 754.1	43 892	384 255.3	178 367	553 976.8	154 716

　　资料来源:1990—2005 年 GDP 及劳动生产率数据根据《中国统计年鉴 2013》计算;2010—2020 年 GDP 及劳动生产率数据根据《中国统计年鉴 2021》计算。

　　另外,经济发展的非均衡性,使得各行各业、各地区的发展快慢不均。随着我国社会主义市场经济体制的建立和日益完善,金融保险、邮电通信、软件开发、房地产业等行业获得迅猛发展,其高收入、高工资对劳动力的流入产生了巨大吸引。工资、收入变动和劳动力产业行业结构变动之间存在密切关系(见表 7-7)。比较按行业城镇单位职工平均工资的变化,可以发现,第三产业中的现代服务业平均工资水平高于实体经济部门。除农林牧渔业外,采矿业、制造业、居民服务、修理和其他服务业长期低于全国水平,因而后继乏人、行业萎缩。建筑业、社会服务业、金融业工资水平高,它们在劳动力结构中的变化也非常明显。建筑业从业人员比重 1978—2000 年一直在 6.6% 的水平,但后来有了明显变化,2010 年上升到 9.7%,2020 年上升到 12.6%;金融保险业从业人员 2000 年 294 万人,2010 年 470.1 万人,2020 年 859 万人,比重由 2.6% 提高到 3.6% 再到 5% 以上;房地产业就业人数由 2000 年的 93 万上升到 2012 年的 211.6 万人,再到 2020 年的 525.4 万人,比重由 2000 年的 0.83% 上升到 2010 年的 1.62% 和 2020 年的 3.08%。信息传输、软件和信息技术服务业从"无"到有,2010—2020 年,增加 300 多万人,在就业人员中的比重由 1.42% 上升到 2.86%。这一定程度上说明经济发展的连锁反应及其对人口产业、行业结构的影响。

表 7-7　2000—2020 年按行业分城镇单位平均工资及就业人员

项　目	2000 年		2010 年		2020 年	
	平均工资[①]/元	就业人员/万人	平均工资/元	就业人员/万人	平均工资/元	就业人员/万人
全国	9 371	11 259	36 539	13 051.5	97 379	17 039.1
农、林、牧、渔业	5 184	494	16 717	375.7	48 540	85.7
采矿业	8 340	581	44 196	562.0	96 674	352.1
制造业	8 750	3 240	30 916	3 637.2	82 783	3 805.5
电力、燃气及水的生产供应业	12 830	282	47 309	310.5	116 728	379.7
建筑业	8 735	744	27 529	1 267.5	69 986	2 153.3
批发和零售业	7 190[②]	na	33 635	535.1	96 521	786.9
交通运输、仓储和邮政业	12 319[③]	659	40 466	631.1	100 642	812.2
住宿和餐饮业	9 201[④]	na	23 382	209.2	48 833	256.6
信息传输、软件和信息技术服务业	28 333[⑤]	na	64 436*	185.8*	177 544	487.1
金融业	13 478[⑥]	294	70 146	470.1	133 390	859.0
房地产业	12 616	93	35 870	211.6	83 807	525.4
租赁和商务服务业	9 810[⑦]	na	39 566	310.1	92 924	643.6
科学研究和技术服务业	13 620	164	56 376	292.2**	139 851	431.2
水利、环境和公共设施管理业	9 622[⑧]	na	25 544	218.9	63 914	245.6
居民服务、修理和其他服务业	8 453[⑨]	na	28 206	60.2	60 722	82.8
教育	9 366	na	38 968	1 581.8	106 474	1 958.9
卫生和社会工作	10 930[⑩]	476	40 232	632.5	115 449	1 051.9
文化、体育和娱乐业	12 159	na	41 428	131.4	112 081	149.5
公共管理、社会保障和社会组织	10 043	1 091	38 242	1 428.5	104 487	1 972.2

注：①2000 年的数据和统计口径与 2010 年和 2020 年有较大不同，参见《中国统计年鉴 2001》细分行业职工平均工资 5-23；②批发零售贸易餐饮业；③交通运输、仓储及邮电通信业；④旅馆业；⑤计算机应用服务，信息、咨询服务业平均工资 15 409 元；⑥金融、保险业；⑦见表 7-1 第一列及第三列的说明；⑧指地质勘查与水利管理业；⑨居民服务业；⑩卫生体育和社会福利业；* 信息传输、计算机服务和软件业；** 科学研究、技术服务和地质勘查业；na 表示无法找到与现有统计口径匹配、未录入的数据。

资料来源：《中国统计年鉴 2001》《中国统计年鉴 2011》《中国统计年鉴 2021》.

（二）投资结构转型对人口产业结构转变的驱动作用

观察 20 世纪 90 年代以来国民经济分产业、行业投资结构的变化，可以发现，按产业分组的固定资产投资和按行业分类的基本建设投资方向是按照"传统型→过渡型→现代型"变化的，投资结构的快速转型有助于推动劳动力产业-行业结构变动，同时也在一定程度上加大了劳动力在不同职业、行业之间的选择空间。但是，劳动力产业-行业结构的变化与国民经济在投资结构变化上的不一致，也容易引发劳动力在不同部门之间供需不平衡、盲目流动和就业困难等问题，进而困扰产业和行业发展。从按产业分组的固定资产投资比例看，第一产业在 1%～3% 之间波动，第二产业份额呈螺旋式下降之势，而且下降的部分几乎都转向了第三产业，投资结构由"二三一"转变为"三二一"（见表 7-8）。而投资结构的重大转变，是促进劳动力结构从"过渡型"到"现代型"转变的主要动力。

表 7-8　1990 年、2000 年、2010 年和 2020 年中国固定资产投资构成

产业	1990 年		2000 年		2010 年		2020 年	
	投资额/亿元	比重/%	投资额/亿元	比重/%	投资额/亿元	比重/%	投资额/亿元	比重/%
第一产业	28.65	0.96	303.8	1.84	7 923.1	2.85	13 302	2.56
第二产业	1 765.69	59.13	4 820.51	29.21	118 102.1	42.46	149 154	28.74
第三产业	1 191.96	39.91	11 380.13	68.95	152 096.7	54.69	356 451	68.7

资料来源:《中国统计年鉴 1991》《中国统计年鉴 2001》《中国统计年鉴 2011》和《中国统计年鉴 2021》。

(三) 技术进步因素

在经济结构调整过程中,产业的变化必然导致行业和职业的变化,一方面表现在传统的行业和职业,为适应技术进步逐步调整或转化,另一方面,则表现为一些新兴行业和职业在调整中大量涌现。技术对产品需求具有替代效应和互补效应,替代效应可以增加或减少一些产品的需求,互补效应使得一种产品的需求增加的同时,也会带动其他产品的需求。这种影响,既可以加快某一部门的发展,又可以加剧某些部门的衰退;既可以催化新行业、新产业的涌现,又可以改变甚至淘汰传统产业。由于技术进步,许多职业逐步消失,同时又产生了许多新的职业,如信息传输、软件和信息技术服务业的迅速崛起。因此,技术进步具有改变在业人口产业结构的效应。尽管技术进步和产业结构变迁之间存在"时滞",但产业结构总是与技术进步相适应的。其一般规律是,技术进步快,结构变动快,技术进步慢,结构变动慢。从微观角度考察,技术的变化带来了组织工作和组织结构的变化,并对组织所需的人力资源提出了新的要求,从而引起劳动力结构的变化。以电子通信为核心的技术进步,加剧了我国在业人口产业结构的变化。技术进步对人口产业结构的影响可以通过产业比较劳动生产率反映。其计算公式为:

$$第\ i\ 产业比较劳动生产率 = \frac{Y_i}{L_i} \bigg/ \frac{Y}{L} \qquad (7\text{-}1)$$

式中,Y_i 为第 i 产业实现的增加值;L_i 为第 i 产业的就业人员数;i 代表产业;Y 和 L 分别为对应的 GDP 和就业人员数。

通过三次产业劳动生产率和比较劳动生产率分析,既可以对人口产业结构进行判断,又能解释人口产业结构变迁。因而比较劳动生产率常被一些学者使用(H. Chenery,Elkington,Sims,1971;Kuznetz,1971;Syrquin&Chenery,1989),成为判断劳动力产业结构的又一"标准模式"。从中可以看出比较劳动生产率的两个特点:第一,在不同的发展水平上,第一产业的比较劳动生产率都低于第二产业和第三产业,只有钱纳里、艾金通和西姆斯模式中人均 GDP 达到 3 000 美元(1964 年美元)时的情况例外。并且在大多数情况下,第三产业的比较劳动生产率高于第二产业(H. Chenery,Elkington,Sims,1971;Kuznetz,1971)。第二,随着人均收入的提高,第二产业和第三产业的比较劳动生产率均会出现下降趋势。经济发展和技术进步对人口产业行业结构影响的典型案例当是数字经济的迅猛发展(见专栏 7-2 中国数字经济)。

专栏 7-2　中国数字经济

数字经济是继农业经济、工业经济之后的主要经济形态,是以数据资源为关键要素,以现代信息网络为主要载体,以信息通信技术融合应用、全要素数字化转型为重要推动力,促进公平与效率更加统一的新经济形态。数字经济发展速度之快、辐射范围之广、影响程度之深前所未有,正推动生产方式、生活方式和治理方式深刻变革,成为重组全球要素资源、重塑全球经济结构、改变全球竞争格局的关键力量。

工信部数据显示,从 2012 年至 2021 年,我国数字经济规模从 11 万亿元增长到超 45 万亿元,数字经济占国内生产总值比重由 21.6% 提升至 39.8%,数字经济在国民经济中的地位更加稳固、支撑作用更加明显。我国规模以上电子信息制造业实现营业收入由 8.5 万亿元增长到 14.1 万亿元;规模以上电子信息制造业增加值占比由 12.1% 增长到 15.7%。我国软件产业实现收入平稳较快增长,软件业务收入由 2.5 万亿元增长到 9.5 万亿元,软件业出口额由 368 亿美元增长到 521 亿美元。我国信息技术服务收入由不到 2.5 亿元增长到 6 万亿元。2021 年,云服务、大数据服务共实现收入 7 768 亿元,同比增长 21.2%,占信息技术服务收入的 12.9%,占比较上年同期提高 4.6 个百分点。我国电子商务发展迅速,全国网络零售额由 2012 年超过 1.3 万亿元增长到 2021 年的 13.1 万亿元。其中,2021 年,实物商品网上零售额 10.8 万亿元,首次突破 10 万亿元。

我国数字经济发展现状有五大特点和四大挑战。五大特点是,信息基础设施全球领先,产业数字化稳步推进,新业态新模式竞相发展,数字政府建设成效显著和数字经济国际合作不断深化。四大问题和挑战,一是关键领域创新能力不足,产业链供应链受制于人的局面尚未根本改变;二是数字鸿沟未有效弥合,甚至有进一步扩大趋势;三是庞大数据资源规模的价值潜力还没有充分释放;四是治理体系需进一步完善。

国家发展改革委规划司."十四五"数字经济规划,2022-03-25.

数字经济:迈向高质量发展之路.中国电子报,2022-08-08. http://www.xinhuanet.com/techpro/20220808/8bcb3f7bea954025809ed0490d1e9a8b/c.html.

(四)制度变迁对人口产业、行业结构变迁的影响

人口产业行业结构变迁是在一定的制度背景下展开的,中国转型期的现实也是我们考察人口产业行业结构变迁的重要背景和立足点。可以说,没有 1978 年以来的改革开放,中国人口产业行业结构的巨大变化就很难发生。以 20 世纪 90 年代以来的情况为例,市场化改革和产权结构多元化的发展,对这种变迁产生了深远影响。

中国改革是沿着计划经济→计划经济为主、市场调节为辅→有计划的商品经济→社会主义市场经济这一路径推进的。1978—1984 年是从计划经济到强调计划经济为主、市场调节为辅的阶段;1984—1991 年是有计划的商品经济阶段;1992 年,明确提出社会主义市场经济是经济体制改革的目标模式。随着改革的深入和市场化进程的加快,资源配置的基础性方式由计划转变为市场,劳动力进入或退出的制度性壁垒逐步打破,劳动力可以自由流动,用人单位和劳动者可以按市场规则使用和配置劳动力,这种变化直接或间接加快了劳动力产业行业结构的变化。

非公有制经济迅猛发展。1978年以来,我国所有制结构发生了很大变化,由单一的产权结构变为多元化的产权结构。国有经济虽然发展较快,但是,由于包括集体经济、个体经济、外商投资经济及其他经济类型在内的非国有经济的更为迅猛的增长,再加上国有经济的战略性重组以及从一些竞争性行业退出的改革,国有经济在整个国民经济中的比重呈现明显的下降趋势。国有经济在国民生产总值中的比重由1978年的70%以上下降到1991年的46%、1996年的40.8%,国有经济在工业总产值中的比重由1978年的77.6%下降到1999年的28.2%。同时由于减员增效改革,从业人员大幅度减少,出现大量下岗职工。与此同时,非国有经济,特别是非公有制经济迅猛发展,包括个体私营经济放量增长、外商及港澳台投资经济强劲增势,对中国经济发展的贡献日益明显。

由于不同所有制在产权结构、产权主体目标及竞争比较优势等方面都存在较大差异,这就使得不同所有制形式对不同产业的适应程度有很大差异。一是产权主体及其目标的差异。纯粹的私有产权是理性的经济人,以利润最大化为目标,而纯粹的国有产权,其主体是全体国民或作为其代理人的政府,因而其目标具有多元化和复杂性的特征。不同产权主体的目标差异决定了不同的产业指向。二是产权主体激励与约束机制的差异。在私有企业中,由于产权安排的排他性,产权边界清晰,容易形成激励与约束的对称结构。而国有企业,因为产权安排的非排他性,产权内生的激励与约束对称的结构较弱,内部达成一致的交易成本高,因而决策效率低,对市场变化的敏感度低。这些特点决定了它们在适应性方面有很大差异。三是竞争优势方面的差异在一定程度上决定了各种所有制形式的产业定位。四是不同所有制经济的产业排序的差异。按产业在国民经济中的重要性,国有经济的顺序排列为:基础产业、主导产业、其他产业。基础产业占据国民经济的制高点,它们的优先发展构成经济起飞的平台。按三次产业划分,国有经济的产业排序为:第二产业、第三产业、第一产业。按工业结构分类为:重工业、轻工业。按联合国的产业分类标准为:电力、煤气、供水、采矿、金融、不动产、保险业及商业、建筑业、农业、林业和渔业。集体所有制或者以集体经济的形式与私有制联合经营的形式,大量地分布于第二产业中的轻纺加工、建筑业以及第三产业中的饮食、旅馆、休闲娱乐、公路及内河运输等服务业。鉴于它具有公有制的性质以及由此决定的产权结构与经营机制方面的特点,又可以进入运输、信息通信、采掘业等基础产业。个体经济的产业分布十分广泛,总体上处于国民经济结构中的最轻型层次,如个体工商业,包括工业、建筑业、交通运输业和商业服务业及其他经济行业。私有经济适宜进入一般加工业、服务业,如风险投资、高新技术、软件开发。私有经济进入主导产业可以避免地区产业结构趋同的问题,缓解融资困难并提高资金使用效益,私有经济也广泛进入基础产业。引进外资,有利于重工业和新型第三产业的发展。改革开放以来,我国人口产业行业结构的变迁及其区域差距与所有制结构的变革有密切关系。第三产业的滞后增长与长期单一的产权结构密切相关,而非公有制经济的崛起是拉动第三产业增长及结构变迁的重要动因。

另外,我国经济发展战略的调整、就业与社会保障、社会福利制度的变革,通过投资、消费等环节,也直接或间接影响劳动力结构的变化。

第三节　人口产业结构转变的经济效应

综合现有文献,结构变迁会对度量经济增长、收入分配、就业和经济周期等宏观变量有重要影响。[①] 在多部门增长框架下,结构变迁通过影响不同部门的相对市场份额而对生产要素(劳动、资本和技术等)的相对需求产生不成比例的影响,进而对度量经济增长、收入分配、就业、经济周期和环境污染等经济议题的微观变量产生重要作用。相对于早期基于单部门经济增长模型的相关研究,基于多部门增长框架下的结构变迁的经济效应研究获得了诸多新的认识。

一、人口产业结构变迁对经济增长的影响

经济增长通常是指实际人均产出或劳动生产率的不断上升。单部门经济增长理论将经济增长归因于外生或内生的技术进步过程。因此,在多部门增长框架下,结构变迁对经济增长的影响包括了对劳动生产率水平及其增长率,以及技术进步三方面的影响。

(一)人口产业结构变迁对劳动生产率增长率的影响

一种观点认为,结构变迁与经济增长互为因果关系,即经济增长推动结构变迁,结构变迁也驱动经济增长。另一种观点则认为,经济增长是推动结构变迁的重要力量之一,但结构变迁对经济增长没有影响,结构变迁与经济增长之间只存在单向因果关系。虽然持肯定论的观点承认结构变迁对经济增长的重要作用,但结构变迁如何影响经济增长远未取得共识。从理论发展脉络来看,结构变迁通过三种机理影响经济增长:一是通过将经济资源由低生产率部门转移到高生产率部门从而有利于经济增长;二是通过将经济资源由生产率较高的部门转移到生产率较低的部门从而不利于经济增长;三是先有利于经济增长后不利于经济增长,从而存在倒"U"形非线性关系。这是因为结构变迁在早期推动资源由低效率部门转移到高效率部门,而在后期将推动资源由高效率部门转移到低效率部门。

(二)人口产业结构变迁对劳动生产率水平的影响

为什么不同国家的生活水平差距那么大?单部门经济增长理论认为是因为不同国家间的劳动生产率存在巨大差异,而劳动生产率差异主要是由技术进步差异或技术扩散差异引起的。最近的研究认为,资源跨部门转移也是影响总劳动生产率差异的重要原因。在多部门经济增长框架下,总劳动生产率为部门劳动生产率的加权平均值,生产要素的跨部门转移(结构变迁)将导致总劳动生产率发生变化。具体而言,在部门劳动生产率(或全要素生产率)存在差异的情况下,生产要素由低生产率部门向高生产率部门的转移将导致总劳动生产率不断上升;反之,生产要素由高生产率部门向低生产率部门转移将导致总劳动生

---

① 张建华,盛长文.产业结构变迁及其经济效应研究进展[J].经济学动态,2020(10):127-144.

产率不断下降。

(三)人口产业结构变迁对技术进步的影响

内生经济增长理论阐述了企业的逐利性研发活动如何促进一国或地区的技术进步和经济增长,但这些研究仅仅强调了诸如研发效率和技术外溢等供给因素的影响。借鉴 Acemoglu(1998,2002)提出的要素市场规模会促进有偏技术进步的思想,基于两部门增长模型,Boppart 和 Weiss(2013)考察了由相对价格效应和收入效应共同驱动的结构变迁过程对部门技术进步的影响。结构变迁是一个长期现象,推动某部门的支出比重和产值比重的上升,该部门的技术创新具有较大的市场需求,从而有利于该部门的技术创新活动,进而有较高的全要素生产率。Herrendorf(2015)在一个包含货物和服务的两部门增长模型内同样考察了结构变迁对部门技术进步的影响,研究发现,在货物部门的分工回报高于服务业的假设下,虽然市场规模效应意味着扩张部门将会吸引较多的创新活动,但专业化效应大于市场规模效应却意味着扩张部门具有较低的生产率增长率。

(四)经济增长的因素分解

1. 结构变迁与劳动生产率

令经济总体的劳动生产率为 LP^t,其中 LP_i^t 是指各个产业部门的劳动生产率,上标 t 表示时期,下标 i 表示不同的产业部门,$i=1,2,3$,分别代表第一产业、第二产业和第三产业,LP_i^t 表示产业 i 的 t 期劳动生产率,S_i^t 是 t 期产业 i 的就业份额。总体劳动生产率可以表示成

$$\mathrm{LP}^t = \frac{Y^t}{L^t} = \sum_{i=1}^{3} \frac{Y_i^t}{L_i^t} \frac{L_i^t}{L^t} = \sum_{i=1}^{3} \mathrm{LP}_i^t S_i^t \tag{7-2}$$

根据公式可以推知 t 期的总体劳动生产率相对于 0 期的增长率为

$$\frac{\mathrm{LP}^t - \mathrm{LP}^0}{\mathrm{LP}^0} = \frac{\sum_{i=1}^{n}(S_i^t - S_i^0)\mathrm{LP}_i^0 + \sum_{i=1}^{n}(\mathrm{LP}_i^t - \mathrm{LP}_i^0)(S_i^t - S_i^0) + \sum_{i=1}^{n}(\mathrm{LP}_i^t - \mathrm{LP}_i^0)S_i^0}{\mathrm{LP}^0}$$

$$\tag{7-3}$$

公式(7-3)中右边第一项为静态结构效应,即在劳动生产率不变时,结构变动对生产率的影响。它度量劳动要素从劳动生产率较低的产业流向劳动生产率较高的产业所引起的总体劳动生产率的净提升。$S_i^t - S_i^0$ 差额越大,则静态结构变迁效应越显著。

式(7-3)中右边第二项为动态结构变迁效应。它表现了劳动要素移动引起的动态效应,度量的是从劳动生产率增长较慢的产业流向劳动生产率增长较快的产业所引起的总体劳动生产率的净提升。

式(7-3)中右边第三项被称为生产率增长效应,它是由各个产业内部的技术效率变化和技术进步等因素导致的各个产业内劳动生产率的增长。

如果 $S_i^t = S_i^0$,式中第一项、第二项为 0,则静态结构效应、动态结构变迁效应均为 0,此时仅仅是纯生产率效应,即

$$\frac{\mathrm{LP}^t - \mathrm{LP}^0}{\mathrm{LP}^0} = \frac{\sum_{i=1}^{n}(\mathrm{LP}_t^t - \mathrm{LP}_i^0)S_i^0}{\mathrm{LP}^0} \tag{7-4}$$

2. 结构变迁与全要素生产率

在一个非均衡的经济中,要素和资源在不同部门之间的流动促进经济总体的全要素生产率(TFP)的提升,这就是产业结构变迁对提升资源配置效率、推动经济增长的作用。经济总体的总产出增长在扣除要素投入增长之后的部分可以分成两个部分:各个产业部门的平均全要素生产率增长和结构变迁导致的增长。

根据增长核算方程有公式

$$G(Y) = \alpha G(K) + \beta G(L) + \sum \rho_i G(A_i) + \text{TSE} \tag{7-5}$$

在式(7-5)中,GDP 增长被分成四个部分:①资本投入增长的贡献 $\alpha G(K)$;②劳动投入增长贡献 $\beta G(L)$;③各产业技术进步贡献的加权平均值 $\sum \rho_i G(A_i)$,称之为"净技术进步效应";④结构变迁效应 TSE。其中全要素生产率被分成技术进步效应和产业结构变迁效应两部分。[1]

二、结构变迁对收入分配、就业和经济周期的影响

(一)结构变迁对收入分配的影响

这种影响主要包括对要素收入份额、工资差距和收入收敛三个方面。Acemoglu(2002)发现有偏技术进步、要素禀赋和要素替代弹性共同决定了要素相对价格关于要素相对供给的演变路径,以及要素收入份额的变化趋势,从而在单部门增长模型内解释了总量要素收入份额的变化情况。然而,单部门增长模型忽视了结构变迁对要素收入份额变化的重要作用。在多部门增长框架下,总量要素收入份额等于部门要素收入份额的加权平均值,权重为各部门的产值比重。因此,总量要素收入份额的变化由部门要素收入份额的变化和权重系数的变化(结构变迁)共同决定。Alvarez-Cuadrado 等(2018)构建了一个包含工业和服务业的两部门增长模型,从而在动态一般均衡框架内论证了有偏技术进步和要素替代弹性异质性对劳动收入份额变化的影响,部门劳动收入份额变化也依赖于要素替代弹性、有偏技术进步和资本积累(要素禀赋结构);而总劳动收入份额变化由部门劳动收入份额变化和部门结构变迁共同决定。基于美国数据的定量分析发现,结构变迁对美国总劳动收入份额的变化的影响相对有限。Buera 和 Kaboski(2012)建立了一个包含市场货物、市场服务和家庭服务的三部门静态模型,考察了结构变迁对技能溢价的影响。在假设高技能劳动和低技能劳动分别在提供市场服务和家庭服务方面具有比较优势的条件下,随着技术水平的上升,人们对技能密集型服务的需求不断增加,因此技能密集型市场服务相对家庭服务将不断上升,市场服务的上升对高技能劳动产生了超额需求,进而导致在高技能劳动相对供给增加情况下的技能溢价也不断上升。Ngai 和 Petrongolo(2017)的三部门静态模型考察了市场服务部门扩张对性别收入差距的影响。由于女性在提供服务方面具有比较优势,因此,由结构变迁和市场化两种力量驱动的市场服务部门的扩张将导致女性劳动的相对需求不断上升,在两性劳动供给一定的情况下,相对需求的上升将缩小女性与男性之间

---

① 刘伟,张辉.中国经济增长中的产业结构变迁和技术进步[J].经济研究,2008(11):4-15.

的工资差距。

（二）结构变迁对就业的影响

Ngai 和 Pissarides（2007，2008）把农业、工业和服务业看成是三个市场部门，同时每个市场部门均存在对应的家庭生产部门。由于家庭货物或服务是市场的替代品（替代弹性大于1），而市场货物和服务之间是互补品（替代弹性小于1）。因此，部门间劳动生产率差异意味着经济发展早期的市场化力量和结构变迁力量均使得农业部门和工业部门的就业比重下降，但家庭部门的服务生产时间上升，进而导致市场劳动时间下降。而在经济发展后期，由于农业部门和工业部门的市场化过程已经完成，所以服务业市场化过程将导致市场劳动时间不断上升。Ngai 和 Petrongolo（2017）将劳动力划分为男性和女性两类。由于女性在提供服务方面具有比较优势，因此，由结构变迁和市场化两种力量驱动的市场服务部门的不断扩张将提高女性的相对劳动需求，从而导致女性市场劳动时间上升，而男性的市场劳动时间不断下降（由货物部门转向家庭部门生产），并进一步缩小工资的性别差距。

（三）结构变迁对经济周期的影响

关于结构变迁与经济周期之间的关系，早期研究存在一定的争议。以 Lucas 和 Prescott（1978）的搜寻模型为参照，Lilien（1982）认为，如果劳动力由一个行业转移到另一个行业需要花费一段时间，那么经济资源的跨部门转移时期正好也是劳动力的失业时期。因此，二战以后的美国经济周期可以被描述为劳动力在广义部门间的再平衡时期，这种再平衡可以用部门层面的劳动增长率波动来度量。而 Abraham & Katz（1986）认为，劳动增长率波动与失业率之间的正相关性并不能视为结构变迁对经济周期的重要影响，这种正相关性可能仅仅是因为各部门对总冲击的反应程度各不相同，而且职位空缺数据也支持冲击性解释而不是部门转移性解释。结构变迁即使不是经济周期形成的原因，仍然可能对经济周期产生影响。正如结构变迁影响经济增长、收入分配等宏观变量一样，如果部门层面的增加值波动存在差异，那么总产出的部门构成将是经济周期的一个潜在重要决定因素。

三、经验观察

在此我们仅选取人均 GDP、农村居民人均纯收入、城镇居民人均可支配收入进行分析。观察中国在业人口结构与经济发展的经验，有以下事实（见图 7-4）：

（1）第一产业从业人员数量与经济发展之间存在负的关系，即第一产业从业人员数量越多，增量越大，人均 GDP 的增量就越少，城乡居民收入就越难增加。

（2）第二产业从业人员数量增加对经济发展只有有限的积极作用。人均 GDP、城镇居民人均可支配收入并未随第二产业从业人员的增加而增加，但农村居民人均纯收入随第二产业从业人员的增加而增加。

（3）第三产业从业人员的增加对经济发展有非常显著的积极作用，人均 GDP、农村居民人均纯收入、城镇居民人均可支配收入和第三产业从业人员的增加具有正向关系，三者均随第三产业从业人员的增加而增加。

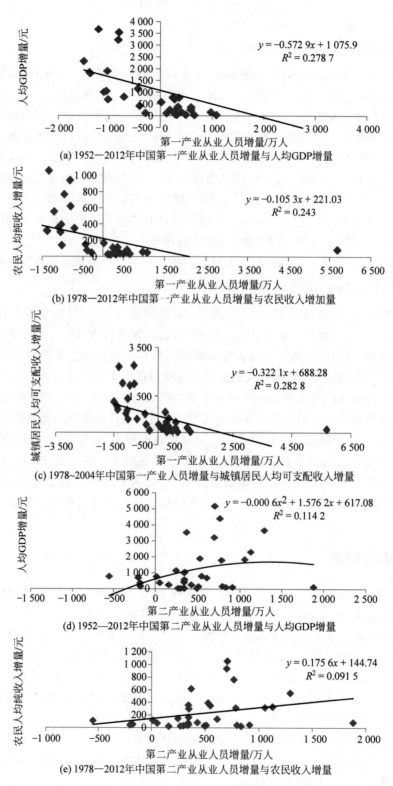

(a) 1952—2012年中国第一产业从业人员增量与人均GDP增量

(b) 1978—2012年中国第一产业从业人员增量与农民收入增加量

(c) 1978~2004年中国第一产业人员增量与城镇居民人均可支配收入增量

(d) 1952—2012年中国第二产业从业人员增量与人均GDP增量

(e) 1978—2012年中国第二产业从业人员增量与农民收入增量

图 7-4　中国在业人口结构与经济发展的关系

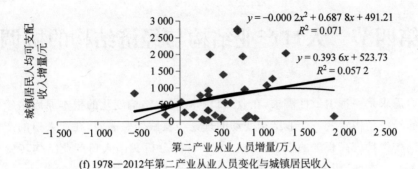

(f) 1978—2012年第二产业从业人员变化与城镇居民收入

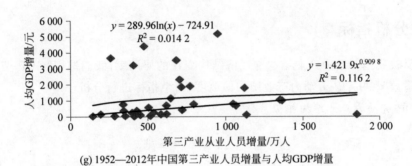

(g) 1952—2012年中国第三产业人员增量与人均GDP增量

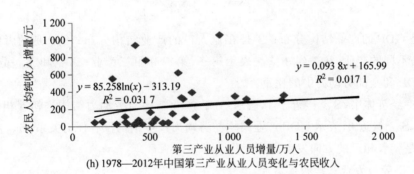

(h) 1978—2012年中国第三产业从业人员变化与农民收入

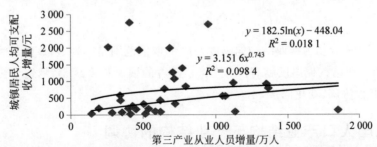

(i) 1978—2012年中国第三产业从业人员增量与城镇居民人均可支配收入

图 7-4 （续）

资料来源：历年《中国统计年鉴》。

第四节 人口产业结构与经济结构的协调

劳动力需求是一种引致性需求，在业人口产业行业结构变化的根本原因是经济发展及由此引发的经济结构转变。产业结构变动的理论与实践经验表明，在业人口的产业结构应该与经济结构保持较高程度的耦合协调。本节具体分析我国人口产业结构转变与经济结构转变的关系。在此，用 GDP 的产业结构来表征经济结构。

一、分析指标

为了反映我国劳动力产业结构与经济结构变迁的协调度，我们选用"GDP-劳动力产业结构相似系数"和"GDP-劳动力产业结构偏离度"两个指标进行分析。

1. GDP-劳动力产业结构相似系数

$$S_{AB} = \frac{\sum_{i=1}^{3}(x_{Ai} \times x_{Bi})}{\left(\sum_{i=1}^{3} x_{Ai}^2 \times \sum_{i=1}^{3} x_{Bi}^2\right)^{1/2}} \tag{7-6}$$

式中，A 是 GDP 的产业结构分布；B 是在业人口的产业结构分布；S_{AB} 是两者的相似系数；i 代表不同的产业，从 1 到 3 依次表示第一、第二和第三产业；X_{Ai} 和 X_{Bi} 分别是第 i 产业在 GDP 和全部劳动力中的比重。

在某一经济体中，S_{AB} 接近于 1，表示 GDP 产业结构与劳动力结构是朝着相同的方向同步变化，S_{AB} 接近 0，表示 GDP 产业结构与劳动力产业结构没有任何关系，S_{AB} 接近 -1，表示两者是朝着相反的方向发生同步变化。

2. GDP-劳动力产业结构偏离度

$$D_{AB} = \left(\sum_{i=1}^{3}(x_{Bi} - x_{Ai})^2\right)^{1/2} \tag{7-7}$$

式中，D_{AB} 为 GDP-劳动力产业结构偏离度。D 的取值范围是 $(0, \infty)$，该值越大，GDP 产业结构与劳动力产业结构偏离度越高；该值越小两者的偏离程度越小，越趋于协调；该值趋于 0，说明两者很协调，变化同步，不存在偏离。

二、我国人口产业结构与产业结构的协调

基于上述相似系数和偏离度两个指标，结合我国关于 GDP 构成和从业人员构成的统计数据，计算出 1990 年以来我国人口产业结构与 GDP 构成的相似系数与偏离程度（参见表 7-9 和图 7-5）。不难发现 30 年来，两者之间的耦合协调有两大特点：

表 7-9　1990 年以来中国 GDP 与劳动力产业结构相似系数与偏离度

年份	GDP 结构/%			劳动力结构/%			相似系数	偏离度/%
	第一产业	第二产业	第三产业	第一产业	第二产业	第三产业		
1990	27.1	41.3	31.5	60.1	21.4	18.5	0.79	40.69
1995	20.0	47.2	32.9	52.2	23	24.8	0.78	41.09
2000	15.1	45.9	39.0	50	22.5	27.5	0.75	43.61
2001	14.4	45.2	40.5	50	22.3	27.7	0.74	44.19
2002	13.7	44.8	41.5	50	21.4	28.6	0.74	45.02
2003	12.8	46.0	41.2	49.1	21.6	29.3	0.73	45.32
2004	13.4	46.2	40.4	46.9	22.5	30.6	0.77	42.21
2005	12.1	47.4	40.5	44.8	23.8	31.4	0.78	41.31
2006	11.1	48.0	40.9	42.6	25.2	32.2	0.79	39.82
2007	10.8	47.3	41.9	40.8	26.8	32.4	0.82	37.60
2008	10.7	47.5	41.8	39.6	27.2	33.2	0.83	36.30
2009	10.3	46.2	43.4	38.1	27.8	34.1	0.84	34.61
2010	9.3	46.5	44.2	36.7	28.7	34.6	0.85	34.06
2011	9.2	46.5	44.3	34.7	29.6	35.7	0.87	31.78
2012	9.1	45.4	45.5	33.5	30.4	36.1	0.89	30.14
2013	8.9	44.2	46.9	31.3	30.3	38.4	0.905	27.70
2014	8.6	43.1	48.3	29.3	30.2	40.5	0.92	25.61
2015	8.4	40.8	50.8	28	29.7	42.3	0.93	24.08
2016	8.1	39.6	52.4	27.4	29.3	43.3	0.93	23.69
2017	7.5	39.9	52.7	26.7	28.6	44.7	0.94	23.67
2018	7	39.7	53.3	25.7	28.2	46.1	0.94	23.10
2019	7.1	38.6	54.3	24.7	28.2	47.1	0.95	21.67
2020	7.7	37.8	54.5	23.6	28.7	47.7	0.96	19.54

资料来源：2009 年及以前数据来源于《中国统计年鉴 2013》，2010 年及以后数据来源于《中国统计年鉴 2021》。

1. 劳动力产业结构与 GDP 产业结构之间的失衡仍然存在

2000 年劳动力产业结构与 GDP 产业结构之间存在着非常大的差异，劳动力产业结构呈现"一三二"形态，而 GDP 产业结构呈现"二三一"形态，二者之间的相似程度仅为 0.75，而偏离度仍然高达 43.61%。2010 年，失衡的情况明显好转，两者的相似系数在显著提高，特别是进入"十一五"以来优化的速度加快，2020 年比 2000 年提高了 0.21，比 2010 年提高 0.11，而偏离度明显下降，2020 年 19.54%，比 2000 年的 43.61% 下降 24.07 个百分点，比最高的 2003 年下降 25.8 百分点。这说明，长期存在的劳动力产业结构与 GDP 产业结构极度失衡问题已基本解决。

从国际比较看，我国 2000 年的劳动力产业结构，介于 20 世纪 80 年代初期低收入国家和下中等收入国家之间的水平。根据人口普查数据，2000 年中国劳动力产业结构与 1981 年低收入国家的相似程度为 0.99，与下中等收入国家的相似程度为 0.98。从表 7-5 的世界资料看，我国第一产业的劳动力比重，仍然有较大的下降空间。我国 2020 年第一产业的就业比例与上世纪五六十年代的德国、法国接近，即一产就业份额在 25% 左右，但法国在不到 20 年的时间里,这一比例又下降了近 50％,1970 年为 14％,德国 1970 年下降到 8％,俄罗斯将 25％的份额下降到一半以下用了 30 年(1970—2000 年)。参照这种趋势,到 2050 年,第一产业的就业比例下降到 10％左右甚至以下是完全可能的。另外一个可以观测到的趋势是,第三产业的就业份额在"十四五"时期,将首次过半。

2. 人口产业结构与经济结构的协调、耦合度显著改善

1990—2020 年,劳动力产业结构与 GDP 结构的匹配状态以 2003 年为界,可以分为两个阶段。2003 年之前,呈现出非线性、螺旋式、不稳定的改善;1978—1984 年,改善较明显,相似系数由 0.7 左右稳定在 0.75 以上;1985—2003 年,相似系数在 0.75、0.76 的水平上徘徊,而偏离度在 40％～46％之间高位波动。2004 年后,协调、耦合度稳步提升,相似度显著提高,偏离度显著下降。相似系数 2007 年起,稳定在 0.80 以上,2013 年起,始终处于 0.9 以上,而偏离度 2013 年首次下降到 30％以下,2020 年不足 20％(参见图 7-5)。

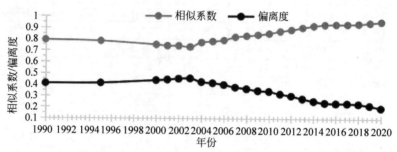

图 7-5　1990—2020 年中国人口产业结构与 GDP 产业结构协调度变化

资料来源:同表 7-9。

三、本章总结

基于世界 200 多年和新中国 70 多年的历史考察发现,人口产业行业结构发生了根本性变化,这种变化有规律可循,整体来看,人口产业行业结构和社会经济发展是互促共进的。本章以中国为例,对人口产业、行业结构进行分析,得出以下认识:

(1)中国人口产业结构高级化进程较改革开放前明显加快,第一产业就业比例近年来已下降到 25％以下,但与世界主要国家相比,中国第一产业的就业比重仍然高于世界主要经济体。到 2050 年,下降空间仍然很大。

(2)中国第二产业增加值占 GDP 的比例,1978—2015 年保持了近 40 年 40％以上的水平。就业占比,在 2006 年以来一直保持在 25％以上,个别年份一度超过 30％,这种就业结构和产业格局对成就中国制造业大国和工业强国地位至关重要。中国第二产业就业比例与印度、韩国、马来西亚、巴基斯坦、墨西哥、德国、意大利、俄罗斯、土耳其处于相当水平(25％～28％),远高于当前美国、日本、英国、法国、加拿大和澳大利亚等主要经济体,同时所占比例的高峰已过,下降趋势不可阻挡。但遗憾的是,第二产业就业比例保持在 25％以上到目前仅有 15 年,而美国保持了 100 年,德国 150 年以上,英国 200 年,意大利、俄罗斯都在 70 年以上。

(3)中国第三产业就业比重尚未超过 50％,在本章提供的样本国家中(表 7-5)仅高于

印度(32%),而比印度尼西亚和尼日利亚都低。就业占比相当于美国 1950 年之前,日本 20 世纪 70 年代初期,德国 80 年代初期,英国和加拿大五六十年代,巴西在 80 年代,俄罗斯、墨西哥在 90 年代中后期的水平。

(4)中国劳动力产业结构的变迁趋势符合配第-克拉克定律,与库兹涅茨、钱纳里、麦迪森等人的研究成果基本一致。

(5)减少第一产业从业人员数量具有显著提高城乡居民福利的效应,对中国推动高质量发展意义重大。

(6)1801—2019 年 15 个国家 GDP 产业结构、劳动力就业结构和经济增长、社会发展的经验事实,对中国提供了有益的政策启示。中国产业结构的优化、调整是一个复杂的、长期的和动态的过程。

关键词

人口产业结构　配第-克拉克定律　经济活动人口　从业人口　鲍莫尔病　劳动生产率　比较劳动生产率　人口产业结构与 GDP 产业结构的相似系数/偏离度

思考题

1. 人口产业结构演变的规律是什么?

2. 我国劳动力人口产业、行业结构变化有哪些特征?

3. 试分析劳动力人口行业结构变化的原因。

4. 劳动力人口产业、行业和职业结构变化和经济发展之间有怎样的关系?

5. 进入 21 世纪以来,中国劳动力人口的产业、行业和职业结构变化有怎样的特点?

参考读物

第八章

人口质量的经济分析

当前,世界处于百年未有之大变局,新一轮科技革命和产业革命深入发展。我国进入了全面建设社会主义现代化国家、向第二个百年奋斗目标进军的新征程。立足新发展阶段,贯彻新发展理念,构建新发展格局,推动高质量发展,我们比历史上任何时期都更加渴求更高的人口质量。一个国家人口质量的高低、人才的多寡,日益成为经济发展和国际竞争的决定因素。什么是人口质量?它有怎样的经济学特征?如何提高人口质量?本章从经济学视角对这些问题进行深入分析。

第一节　认识人口质量

一、人口质量的实质

(一)从质量到人口质量

马克思主义认为,人口是一个具有许多规定和关系的丰富的总体。因此,对人口质量的科学揭示,可以从多学科、多角度、多层次展开。人口质量实质的科学揭示应是综合考量的结果。

质量涉及诸多学科。在马克思主义哲学及相关教科书中,有对"质""量"和"度"的分析,"度"的含义是质与量的统一,质量多指事物的质,即一事物区别于其他事物内部所固有的规定性。在经济学中,质量是指产品和服务的优劣程度。在物理学中,质量被认为是物质的一种属性,是物质的量的量度,即物体所含物质的多少。据此,我们可以对人口质量做出如下揭示:

人口质量属于人口总体质的规定性的范畴。即人口总体区别于非人口总体的内部所固有的规定性。这种规定性使得人口与非人口总体(单个人、生物)区别开来,说明人口总体和单个人、生物等所固有的、内在的区别。从经济学质量的含义出发,人口质量则是说明人口总体的优劣程度,这种优劣程度通过一组经济效率指标表征出来。从物理学角度推演,人口质量是人口内在属性的表现,说明人口总体所包含物质的多少。这种"物质"是人口总体所固有的、内在的、本质的能够同非人口总体区别开来的东西,即人口的本质属性。人口总体所包含的这种"物质"越多,表征人口质量越高;反之,则越低。

马克思主义人口理论认为,人口具有自然的和社会的双重属性,自然属性是人口存在和发展的基础,但不是人口的本质属性,人口的本质属性是社会属性。但人、人口不能是仅具有社会属性的存在。无论社会如何发展,人、人口总具有自然属性的一面。人口是自然属性和社会属性的统一体。恩格斯在《反杜林论》中把人口的这种属性概括为"人性"和"兽性"。人来源于动物界这一事实已经决定了"人永远不能完全摆脱兽性,所以问题永远只能在于摆脱得多些或少些,在于兽性和人性程度上的差异"[1]。完全人性的人是没有的,人总要带有一些兽性,只不过或多或少而已。所以对人口本质属性的量度则恰恰表明了人口总体脱离动物界、摆脱兽性的程度。人距动物界越远,兽性摆脱得越多,作为其本质属性的社会属性就表现得越充分,从而对人的束缚就相对越少,人就越能能动地认识世界和改造世界,从而在社会发展中处于优越的位置,人口总体有着较高的质量,反之则处于比较劣势,人口质量低。所以恩格斯进一步强调,"最初的、从动物界分离出来的人,在一切本质方面和动物一样是不自由的,但是文化上的每一个进步,都是迈向自由的一步"。[2] 而"人离开狭义的动物愈远,就愈能有意识地创造自己的历史,不能预见的作用不能控制的力量对这一历史的影响就越小,历史的结果和预定的目的就越加符合"。[3]

（二）人口质量的实质

基于上述分析,对人口质量的实质总结如下:

(1) 人口质量是反映人口总体质规定性、量度人口总体所含本质属性多少的范畴,说明人口总体脱离动物界、摆脱兽性的程度,进而反映出人口总体所具有的认识和改造世界的条件之优劣、能力之高低。

(2) 人口质量实质上包含三层涵义:①人口质量是一个什么样的范畴;②人口质量的本原意义——脱离动物界、摆脱兽性的程度;③人口质量意义的拓展与引申——认识和改造世界的条件和能力。第一层含义是一个总的概括,第二层和第三层是它的进一步阐释和发挥。这三层含义是紧密联系、层层递进的,前者是后者的基础和前提,后者是前者的结果和表现,是对前者的认识深化后所得出的必然结论。[4]

二、人口质量的主要内容与衡量指标

人口质量的内容是其实质的进一步阐释,人口质量包括哪些内容,依赖于它的实质和内涵。人口质量的主要内容是其实质或内涵的延伸。在人口质量是反映人口总体质的规定性范畴上已经达成共识,但对人口质量由哪些内容构成尚存争议。马克·布劳(Mark Blaug)认为,一个国家的人口质量通常是指"人口的健康状况、营养标准以及劳动技能和胜任工作的程度",这基本上被西方主流人力资本理论所认同。日本学界的观点也大致相同,"把人类作为

---

① 恩格斯.反杜林论[M].北京:人民出版社,1970.
② 马克思,恩格斯.马克思恩格斯选集[M].第3卷.北京:人民出版社,1972.
③ 马克思,恩格斯.马克思恩格斯全集[M].第20卷.北京:人民出版社,1972.
④ 李通屏.人口·经济·发展——人口经济学探索[M].北京:中国人口出版社,1998.

集团,对于它的遗传素质、形质、性格、智能或者教育程度的各种属性,叫作人口质量"。在我国,一些学者把人口质量归结为人口的身体和智力状况。而另一些则认为,人口总体的思想道德素质也必须包括进去。根据我们对人口质量实质的分析,我们赞同"包括论"的观点。

(1)人口总体的思想道德素质。"人无志,非人也""人总是要有一点精神的"。人口思想道德素质主要是指人们的人生观、世界观、价值观、思想品质、思想觉悟、传统习惯、纪律、法制观念以及凝聚力、向心力和民族自豪感等。虽然这些内容随时代而变,但它始终是构成那个时代特定的人的思想道德素质的主要方面,是人之为人的核心内容,在说明和反映人口总体实质方面不可替代。反对把思想道德素质作为人口质量主要内容的理由是,它在某些方面无法比较或比较性较差,将其作为人口质量范畴的主要内容会增加研究难度。但我们认为这种理由并不充分,恰恰是这个方面最能反映质的规定性和脱离动物界、摆脱兽性的程度。一般认为,思想道德素质含有很多意识形态方面的东西,而意识形态决定于社会的经济基础,带有明显的阶级性。人口思想道德素质也有可以间接或直接比较的方面,诸如爱国者占总人口的比重;遵守公共秩序者占总人口的比重;犯罪率,特别是青少年犯罪率;刑事犯罪率;吸毒者人数及其比重;自杀者人数及其比重等。(刘铮,1985)

(2)人口身体素质。指人口总体的发育情况、健全程度、体质强弱、耐力优劣、寿命长短、智力高低、动作灵敏度等身体健康情况。人口身体素质是人口质量的载体和自然基础,是构成人口质量的基本内容。身体素质的好坏可以反映一国国民的普遍健康状况。衡量人口身体素质的常用指标是人体运动能力、发育状况、疾病状况、死亡率、呆残低能人口比例、出生预期寿命等。人口身体素质与社会生产所能提供的生活资料的数量和质量、医疗卫生发展的状况有关,同时也与生产方式以及分配方式有关。

(3)人口科学文化素质。指人们通过各种形式所获得的科学文化知识、经验、技能以及认识改造世界的智慧与创造力。人口科学文化素质是人类社会在长期认识与改造世界的实践活动中积累起来的,是人口质量高低的主要标志,是人口质量的关键与核心。通常衡量人口科学文化素质的常用指标有:受过高等教育的人占总人口的比重、在校大学生占总人口的比重、人口文化水平构成、文盲率、科研人员比重、专业技术人员比重、技工的技术等级构成、社会管理水平和生产管理水平以及劳动者的创造性能力。人口科学文化素质主要与人们接受的教育训练程度有关,它不仅受生产力和科学技术发展水平所制约,而且也受人们社会经济地位的制约。

人口思想道德素质、科学文化素质和身体素质等三个方面的有机统一构成了人口质量的主要内容,人口质量因此又称人口素质。这三个方面相互联系,相互区别,相互制约,相互促进,从而形成一个统一整体。在三者之中,身体素质是自然基础,科学文化素质是中心,思想道德素质是灵魂,类似于一个特定群体的精气神和志向之类的内在禀赋、内在特质。

第二节　人口质量的经济学特征

人口质量的经济学特征有两个方面:一是困扰人口质量提高的因素——提高人口质量必须花费一定的费用;二是提高人口质量的动力——人口质量投资是效益最好的投资

之一。[①]

一、提高人口质量必须花费一定的费用

提高人口质量,实质就是优化人类自身认识、改造世界的条件,提高这种能力。而这种条件和能力的优化、提高,并不是人主观随意的产物。在它们的生产上,要耗费劳动力,积累人类劳动。在商品经济条件下,劳动力的耗费和人类劳动的积累,是以费用的形式出现的。正如马克思所说:"要改变一般人的本性,使它获得一定劳动部门的技能和技巧,成为发达的专门的劳动力,就要有一定的教育和训练,而这就得花费或多或少的商品等价物。劳动力的教育费随着劳动力性质的复杂程度而不同。"[②]

(一)提高人口身体素质,必须花费一定的费用

一是食物消费和营养水平提高。从长期看,食物供给的提高,从而食物消费和营养水平的提高,是整个社会中健康人力资本提高的主要因素。这种健康人力资本的提高主要表现为整个社会中死亡率的持续下降和人均寿命的提高、生病率的下降、社会平均身高和平均体重的增加,以及社会平均体重-身高比的提高。根据福格尔等人的研究,食物消费和营养水平的提高至少从以下几个方面提高人类社会的健康水平:①食物供给的增加能够缓解饥荒危机,这会降低死亡率和提高人均寿命,从而直接导致人口的持续增长(Lee,1981;Richards,1984;Fogel,1992);②食物消费和营养水平的提高能够使个人避免由于长期营养不良而导致的各种疾病,降低生病率(Fogel,1991;Fogel and Flout,1994);③食物消费和营养水平的提高改善了整个人类的体魄和身体结构,如提高平均身高和体重以及改善身高体重比,进而增强人类的抗病能力,降低死亡率(Fogel,1994)。

二是先天的优良素质与后天的培养开发。从先天来看,提高身体素质的重要基础是优生。实行优生,必须采取具体措施,花费一定费用。如宣传教育费用、婚前检查费用、咨询费用、孕期保健与改善营养的费用、产前诊断费用和围产期保健费用。另一方面,妇女怀孕和分娩期间,为了保证母婴健康,国家要为母亲支付一定的产假工资,负担一部分医疗和保健费用,妇女本人也要放弃工资、津贴和奖金的一部分或全部。丈夫为了照顾孕妇,也要减少一些市场活动时间,从而减少一定收入。由此可见,提高先天素质的费用,不仅包括直接费用,也包括由此而失去的机会收入,即机会成本或间接费用。这些费用或投资,为优生和先天素质提高所必需。而且这种投入或花费越大,提高先天素质越有保证,其先天素质相对越高。从后天来看,要实现发育健全、智力完好、体质强健、耐力良好以及全民健康水平的提高需要个人和家庭、社会和政府采取广泛行动(参见专栏8-1)和投资。通过普及健康知识、参与健康行动、提供健康服务、延长健康寿命,形成政府积极主导、社会广泛参与、个人自主自律的良好局面,全民健康素养水平大幅提升,健康生活方式基本普及,居民主要健康影响因素得到有效控制,因重大慢性病导致的过早死亡率明显降低,居民主要健康指标水平持续提高。

---

① 李通屏.人口质量的经济学特征与中国人力资本积累研究[J].郑州大学学报(哲学社会科学版),2000(1).

② 马克思,恩格斯.马克思恩格斯全集[M].第23卷.北京:人民出版社,1972:195.

专栏 8-1　健康中国重大行动

（一）健康知识普及行动；（二）合理膳食行动；（三）全民健身行动；（四）控烟行动；（五）心理健康促进行动；（六）健康环境促进行动；（七）妇幼健康促进行动；（八）中小学健康促进行动；（九）职业健康保护行动；（十）老年健康促进行动；（十一）心脑血管疾病防治行动；（十二）癌症防治行动；（十三）慢性呼吸系统疾病防治行动；（十四）糖尿病防治行动；（十五）传染病及地方病防控行动。

摘自《健康中国行动（2019—2030 年）》

（二）人口文化科学素质的提高是通过投资获得的

教育和培训是高质量人力资源的主要生产手段。提高人口文化科学素质，必须有教育和培训投资。这种投资主要包括正规教育投资和在职教育投资。前者即正规学校教育投资，包括小学教育投资、初中教育投资、高中教育投资、高等教育投资及研究生教育投资等。后者包括文化教育投资、职业培训投资和新技术、新工艺培训的投资三种形式。投资的多少，随着教育程度的高低而不同，受教育年限越长，劳动力性质的复杂程度越大，所支付的费用或成本越高，要求的投资就越多。1973—1976 年，英、法、日、韩四国，中小学单位学生成本比分别为1.5、1.4、1.4 和 2.2，大学生与小学之比为 3.4、3.3、3.9 和 5.0，[①]反映出单位学生成本随学历层次的提高而提高。另据《中国生育成本报告 2022 版》测算，幼儿园阶段（3～5 岁）的养育成本 100 677 元，9 年义务教育阶段（6～14 岁）的养育成本 216 648 元，高中阶段（15～17 岁）的养育成本 78 216 元，大学本科阶段（18～21 岁）的养育成本 142 000 元。培养文化程度越高的人力资本，成本越高、投资越大。养育成本按每年支出计，如以 9 年义务教育阶段投资花费为 1，则高中阶段是 1.08，本科阶段是 1.47。[②]西方人口经济学家认为，人口质量是一种稀缺资源。从人们无限的欲望来说，人口质量总是不能满足需要，是有一定限制的。人们为了获得较高的质量，要花一定的代价。舒尔茨强调，"自人类社会产生时起，人的质量的每一点提高都需要一些费用"。[③]"我们的知识是通过就学、接受高等教育、在职培训、工作经历、身体状况等有形的内在作用学到的。正如人们细小的行为所显露出来的那样，我们的知识也是从个人或家庭的经济力、工资与福利等多种形式的有用信息中获得的"。[④]

提高人口质量必须花费一定的费用，只有通过对人的投资，才能产生人力资本，这是人口质量的一个重要经济学特征，也是常常困扰个人和社会提高人口质量的重要因素。

二、人口质量投资是效益最好的投资之一

人口质量的提高给个人带来的利益，可以刺激许多家庭和个人投资于他们自己的人口

---

①　林文达.教育经济学[M].台北：台湾大学出版社,1987：70.

②　梁建章,任泽平,黄文政,何亚福.中国生育报告 2022 版.https://baijiahao.baidu.com/s?id=1725421105118931369&wfr=spider&for=pc.

③　西奥多·W.舒尔茨.人力投资——人口质量经济学[M].北京：华夏出版社,1990：18.

④　西奥多·W.舒尔茨.人力资源的特殊属性和作用[M]//陆红军主编.人力资源发展跨文化学通论.北京：百家出版社,1991：8.

质量或人力资本。而人口质量的提高给社会带来的利益,则可以刺激整个社会对人口质量或人力资本的投资。人具有投资于人口质量从而改进人口质量的动机。因为承担这笔开支是值得的,人口质量投资是效益最好的投资之一。随着计量经济学的发展,研究人口质量投资收益的文献不断增多,如关于教育收益率的研究(Romer,1986,1990;Lucas,1988,1993;Barro 和 Sala-I-Martin,1995;诸建芳等,1995;李实,1994;李实,丁赛,2003;赵力涛,2006;罗楚亮,2007;王金营等,2001);关于营养、健康与效率和经济增长的研究(Baumol,1967;Van Zon & Muysken,2001;张车伟,2003;蒋萍等,2008;王弟海,2012)等。

(一)家庭人口质量投资与减贫

人口质量提高可以使个人和家庭得到精神上、物质上的更多满足。仅经济方面的收益就会使人们愿意付出大量投资。首先,受教育多的人,其未来收入高于受教育较少的人。其次,寻求未来支出的合理化,受过教育的人与未受过教育的人在安排支出方面更加合理,使得支出结构、方向、效益更为合理和有意义,这本身就意味着收入增加。再次,可以获得未来较健康的身体。受过教育的人比未受过教育的人,在知识结构、接受能力等方面具有比较优势,从而能较好地注意保护自己和家庭成员的身体健康,这样就能提高劳动力质量,增加未来收入。最后,教育投资的信号效应(signaling)有利于获得更大的职业选择余地和更高收入机会。实证研究表明,教育投资对私人和社会的回报率都是很高的,而且私人回报率又高于同一层次的社会回报率。比如,亚洲、非洲和拉丁美洲的初等教育的私人回报率分别为 34%、45% 和 61%,比同一层次的社会回报率高 1 个百分点(亚洲)和 9 个百分点(非洲和拉丁美洲);高等教育的私人回报率分别为 18%、33% 和 26%,比社会回报率高6.19 和 10 个百分点(世界银行,1990)。

聚焦减贫的研究大都注意到志向和贫困的关系。2019 年诺贝尔奖得主[①] Duflo(2012)认为,志向这一内部因素类似于健康、营养和教育,在穷人的生活和行为中扮演着至关重要的角色。Appadurai(2004)提出"立志能力"(the capacity to aspire)概念,认为个人的志向源于思维方式,而思维方式是一个特定参考群体中精神气质的一部分。Ray(2006)把志向、贫困和经济变化联系起来,并提炼了抱负窗口、愿望差距与期望失败三个有助于志向研究的概念。许多国家和地区的学者都认识到志向与贫困之间存在联系,贫困家庭子女的学术抱负水平较低。即使政府实施一定的优惠政策,极端贫困人口也会因为志向不足以及风险厌恶而拒绝接受优惠政策。贫困环境会导致个体志向水平偏低,而较低的志向水平也会进一步影响个体的成就与贫困状态(Macleod,1995;Pasquier-Dumer L & Brandon,2015;Nitardy,et al.,2015;Birnard T,et al.,2011)。青少年时期形成的教育和职业志向影响其未来的职业结果,对个体可能具有终身意义。通常情况下,教育志向与职业志向存在显著的正相关关系,教育志向和职业志向可以影响个体成就与贫困状态。随着人们对人力资本和贫困问题的关注,关于教育与减贫、教育与经济增长的研究有大量成果,但关于志和贫的

---

① Esther Duflo,任职于麻省理工,2019 年与 Abhijit Banerjee 和 Michael Kremer 关于全球减贫的实验性方法获得诺贝尔经济学奖。她是获该奖的第二位女经济学家,也是最年轻的诺贝尔经济学奖得主。参见 Duflo,E. Human values and the designs of the fight against poverty. Tanner Lectures,2012.

研究成果要少得多。解垩、宋颜群(2022)对扶志扶智政策的减贫效应进行了研究,结果表明,过低的父辈人力资本会阻碍家庭对子代进行人力资本投资,最终使得子代落入"贫困陷阱";父辈学历和家庭纯收入对家庭教育支出的影响显著为正;不管人力资本形成和积累是否存在不确定性,扶智政策的减贫效应均大于扶志政策,扶志扶智政策的联合减贫效应优于两者单独作用下的减贫效果;志向水平可通过提高个体学习时间(努力程度)来提升其学业成绩;扶智政策能够显著提高个体学历水平,特别是对高收入群体的学历影响更显著,对极低收入群体(收入在0~20%分位数的家庭)的学历影响不显著。[①]

关于营养、健康等身体素质与生产率或收入水平的相关研究认为,食物消费和营养水平提高所带来的健康人力资本(以下简称福格尔型人力资本)对经济增长的贡献主要体现在两个方面:一方面,食物消费和营养水平的提高,以及人们衣食住行条件改善所带来的健康人力资本的提高,能够提高总人口中参与劳动人数的比率,同时也能够增加个人参与劳动的时间。这使得人们食物消费所含有的总能量中能够被用于劳动的能量所占的比率提高。另一方面,从长期来看,食物供给和营养水平的提高改善了整个人类的体魄和身体结构,劳动者的劳动强度和生产效率都得到提高,这就提高了单位能量在劳动中的产出效率。根据福格尔的估计:1790—1980年,英国由于健康水平的提高,劳动参与率提高了25%,每个人用于劳动的能量占个人食物消费总能量的比率提高了56%。由此,人们消费的总能量中能够用于劳动的能量所占的比率提高了95%;同时,健康水平提高还使得单位能量的产出效率,即劳动生产率提高了53%。综合以上两种效应,健康人力资本的提高共使得总产出提高了198%,年平均增长率提高了0.58%。因此,1780—1979年200年间,福格尔型健康人力资本所带来的生产力水平的提高,能解释英国人均收入水平年增长率的50%(Fogel,1987,1994a)。Sohn(2000)采取与福格尔同样的方法,发现1962—1995年这30多年间,由于食物消费和营养水平的提高,从而福格尔型健康人力资本提高所带来的劳动力的提高,使得韩国年经济增长率增加了1%。运用来自中国贫困农村的数据,张车伟(2003)系统研究了营养、健康对劳动生产率和收入的影响。结果表明,几乎所有的营养和健康方面都影响到农村的劳动生产率,其中,营养摄入和疾病的影响最为显著。平均来看,卡路里拥有量每增加1%,种植业收入会相应增加0.57%;而家庭劳动力因病无法工作时间每增加一个月,种植业收入将减少2 300元。

(二)国家用于人口质量的投资也是效益最好的投资之一

重视人力投资、开发人力资源是各国经济发展最重要的经验。在经济增长中,人力资本起着决定作用。舒尔茨认为,在现代生产条件下,劳动生产率的提高,正是人力资本大幅度增长的结果。日本、德国在战争的废墟上重新崛起并跻身于世界经济强国,正是由于重视人力资本。美国政府认为,经济的竞争归根到底是科技的竞争,因而把发展科技放在首要地位。美国的研究与开发投入是世界上最高的。1990年,经费投入达1 480亿美元,占当年GDP的2.7%,1992年的投入大于日、德、英、法四国之和。美国一向重视教育事业,是世界上教育最发达的国家之一,第二次世界大战后,教育投入占GDP的

① 解垩,宋颜群.扶志扶智政策的减贫效应[J].当代经济科学,2022(4):1-18.

比重一直保持在 6％～7％,位居发达国家前列。从受教育程度看,没有高中文凭的人口仅占总人口的 17％,具有大学程度的人口占 36％,在经合组织成员国中居首位。通过教育美国培养了大批技术和管理人才,同时也培养了大批科学家和发明家,是世界上获得诺贝尔奖最多的国家,约占世界的一半以上。[①] 据世界银行报告,增加教育投资,从而每使劳动力受教育的平均时间增加一年,GDP 就会增加 9％。这是指头三年的教育,即受三年教育与不受三年教育相比,能使 GDP 提高 27％。尔后增加的每年收益衰减为每年使 GDP 增加 4％,或者说,其后三年教育总共可使 GDP 提高 12％。据《世界发展报告1996 年》,1994 年低收入国家人均 GDP 为 380 美元,成人文盲率为 34％;中等收入国家人均 GDP 为 1 090 美元,成人文盲率为 29％;高收入国家和地区人均 GDP 为 23 420 美元,成人文盲率为 3.3％。可见,受教育程度高低与一国人均 GDP 多少有联系。联合国教科文组织的调查报告指出,在占有知识上的差距,最终导致国与国之间在竞争力方面的差别。由于知识占有方面的优势和高质量的人力资本,国土条件极其恶劣、资源贫乏的人口小国以色列跨入了发达国家行列。以色列长期推行"教育立国""科技立国"的方针,受过高等教育人口占总人口的比例居世界之首,每万人口中就有 140 名科学家和技术人员,大大高于日本的 75 人和美国的 80 人。[②]

刘迎秋(1997)发现,人力资本投资对于中国经济增长的意义。改革前后相比,国有单位固定资产投资对经济增长的贡献份额从 2.54％下降到 2.46％,但教育投资的贡献份额却从改革前的 14.8％上升为改革后的 17.5％,上升 2.7 个百分点。蒋萍等(2008)选取人口预期寿命和死亡率代表健康水平,对 1957—2006 年的中国人口健康与长期经济增长进行实证研究发现,人口健康水平将改善长期的经济增长,预期寿命每增加 1 个百分点,GDP增长率将相应提高 0.032 个百分点。人口死亡率每降低 1 个百分点,GDP 增长率将提高0.090 个百分点。考虑固定资本投资变量,健康变量对长期经济增长的影响系数变为0.017 和 0.063,虽然有所减小,但统计上仍然显著。中国人均受教育程度与人均产出增长率之间也保持着长期稳定的协整关系,但平均受教育年限对经济增长率的贡献率明显低于健康水平对经济增长率的贡献。王弟海(2012)对健康人力资本、经济增长和"贫困陷阱"的研究发现,福格尔型人力资本自身不能产生长期经济增长机制。但外生的技术进步存在的情况下,福格尔型健康人力资本可以扩大外生技术进步加快经济增长率。如果健康人力资本生产存在最低消费限制,那么,经济中存在两个大于零的均衡状态,即有些国家长期处于"低消费-低健康-低生产能力-低产出"的恶性循环状态,而另一些国家却长期位于"高增长-高产出-高消费-高健康-高生产能力"的良好经济增长态势。且高水平的均衡状态是稳定的,而低水平的均衡状态是不稳定的。因此,初始状态低于低水平均衡状态的经济将会长期陷入贫困性陷阱,而且在外生技术进步的作用下,陷入贫困性陷阱的国家同位于高水平均衡状态的国家之间的差距会越来越大。

人口质量投资是收益最大、效果最好的投资。这一特征,是人口质量得以提高的动力,是人力资本持续积累的重要保证。

[①] 李连仲,田吉龙.美国经济缘何增势强劲[N].中国经济时报,1999-04-21.
[②] 刘林森.知识差距导致国力差距[N].经济日报,1998-04-28.

三、关于中国教育收益率的实证研究

20世纪80年代以来,基于国际上较为通用的教育投资成本-收益分析方法,国内外一些学者对中国教育投资的个人收益率进行了估计。

一是对城镇居民教育收益率的研究。采用中国社会科学院经济研究所1988年城镇住户调查数据,基于17 891个职工样本,李实、李文彬估算出城镇职工教育的年平均收益率为3.8%,而且教育的边际收益率是递增的,小学、初中、高中和大学教育的收益率分别为2.7%、3.4%、3.9%和4.5%。诸建芳等利用1992年企业职工抽样调查数据得出,当年城镇企业职工的基础教育和专业教育的个人收益率分别为1.8%和3.0%。魏新、邱黎强根据国家统计局城调总队和北京大学高等教育研究所的联合调查数据,估算7个省市的教育的平均个人收益率为6.4%。其中,中部地区的个人收益率最高,为6.66%,东部和西部较为接近,在6.24%左右。利用中国社会科学院经济研究所1995年11个省11 763个城镇职工的住户抽样调查数据,赖德胜估算,平均个人收益率为5.73%。剔除不同时期教育质量差异的影响,Haizheng Li and Yi Luo对同样数据中的低年龄组(20~30岁)职工样本进行估计,平均收益率高出2~3个百分点。耐特、宋丽娜使用同样的解释变量和控制变量,基于1988年和1999年的数据估计,不同学历的教育收益率都有很大幅度上升。采用国家统计局城调总队和北京大学高教所联合调查数据,陈晓宇、闵维方得到教育的个人收益率分别为:初中3.59%,高中4.19%,中专6.76%,大专4.67%以及本科6.58%。[①] 基于中国居民收入分配课题组2002年城镇住户调查数据,罗楚亮(2007)利用分位数回归分析了城镇居民教育收益率与收入条件分布之间的关联形式。研究表明,教育收益率随着收入等级的提高而下降,教育扩展可能更有利于低收入人口的收入增长。

二是对农村居民教育收益率的研究。Jamison Gaag(1987)估计的收益率为10%,李实、李文彬(1994)估计1984年的收益率为2%,Parish 等(1995)估计值是1.8%~4.3%,Johson and Chow(1997)估计值为4%,Yang(1997)估计值为2.3%,钱雪亚、张小蒂(2000)估计,1998年浙江省农村教育的收益率仅1.77%,Ho 等(2001)估计值在3.2%~5.1%之间,侯风云(2004)基于全国15省市的调查,估计农村劳动力的教育收益率为3.655%。分性别,男性3.862%,女性2.699%。分年龄段,15~34岁劳动力4.483%,教育收益率最高;35~39岁3.196%,50岁以上收益率1.975%。近年来,教育收益率研究进一步拓展到义务教育、大学教育、职业教育、少数民族劳动力和乡城转移劳动力等。主要结论是,农村劳动力的非农教育回报率10.3%,高于普通最小二乘法的5.9%;整体教育回报率随收入条件的上升而下降,大学教育回报率对低收入群体有着更强的增收效应,与高中教育相比,更能促进非农增收。高校扩招政策切实提高了少数民族劳动力的收入水平,但对高收入群体的增收效应大于低收入群体,客观上扩大了少数民族内部的收入差距(方超、黄斌,2019;2021a;2021b)。从1988年到2013年,教育收益率随年份的推移呈现递减的增长趋势;而

[①] 李实、丁赛.中国城镇教育收益率的长期变动趋势[J].中国社会科学,2003(6):58-72.

高等教育收益率在 2005 年之前随时间增长,此后出现下降。教育收益率和高等教育收益率存在城乡差异和性别差异,即城镇高于农村,女性高于男性(刘泽云、刘佳璇,2020)。在高等教育扩招前,中等职业教育相对普通高中具有明显的收益优势,但扩招之后这种收益优势逐步丧失(陆万军、张彬斌,2021)。

三是关于教育收益率及其长期变动趋势研究。利用抽样调查数据,李实、丁赛(2003)估计了 1990—1999 年我国城镇个人教育收益率的动态变化,发现个人教育收益率呈逐年上升、递增趋势,教育对个人收入增加的影响很大程度上是通过就业选择实现的。邓峰、丁小浩(2013)采用中国健康与营养调查(CHNS)1989—2009 年数据,估计了全国教育收益率的总体变化趋势,结果表明,20 世纪 80 年代末至 90 年代初,农村的教育收益率高于城镇地区;1993 年后,城镇地区和农村地区的教育收益率都处于上升趋势,但是城镇地区的增幅明显高于农村地区。进入新世纪,农村地区的教育收益率稳中有降,但城镇地区的教育收益率在 2006 年以后有较大幅度回落(见图 8-1)。

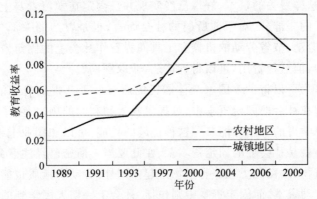

图 8-1　城镇地区和农村地区教育收益率的趋势比较

资料来源:邓峰、丁小浩.中国教育收益率的长期变动趋势分析[J].统计研究,2013(7):39-47.

第三节　人口质量理论的形成与发展

20 世纪五六十年代,是西方主要资本主义国家和地区经济发展的"黄金时代",这其中现代科学技术发挥了显著的作用。有两个事实可以很清楚地显示,一是第二次世界大战中遭受重创的德国和日本战后经济的迅速恢复并重新崛起,另一是资源相对贫乏的丹麦、瑞士和亚洲"四小龙"取得了经济上的巨大成功。与此同时,传统物质资本理论遇到了许多难以解释的问题。如资本-收入比率并不完全随经济增长而提高,国民收入增长与资源消耗的增长并非十分同步,第二次世界大战后,工人工资有大幅度的提高,这些也迫切需要新的理论来解释。在这种背景下,人口经济学家开始了侧重人口质量对经济发展作用的研究,从而形成了一些关于人口质量与经济关系的理论,也即人口质量理论。

一、人口质量理论的早期思想

在经济学创始之初,由于生产力水平比较低,经济的发展主要取决于物质资本,人口质量对经济发展的作用还不十分明显,社会矛盾更多地是与人口数量相联系。而且传统的将劳动者视为同质的观点也束缚了经济学家创造性的思维,所以更多的经济学家关注人口数量,而非人口质量。但此时也有少数经济学家开始研究人口质量对经济发展的影响,注意到人力资本的特殊地位。

(一)亚当·斯密对人口质量理论的贡献

西方人口质量理论可以追溯到经济学鼻祖亚当·斯密(参看本书第一章第一节)。在《国富论》中,他明确指出,应把投资在人的才能和教育上的费用看作资本,并第一次论证了人力资本投资对人们收入和工资结构的影响。他认为,"学习是一种才能,须进学校,须做学徒,所费不少。这样费去的资本,好像已经实现并且固定在学习者身上。这些才能,对于他个人自然是财产的一部分,对于他所属的社会而言,也是财产的一部分。工人增进的熟练程度,可和便利劳动、节省劳动的机器和工具同样看作社会上的固定资本。学习的时候,固然要花一笔费用,但这种费用,可以得到偿还,兼取利润"。[①]

亚当·斯密认为可以将一个国家全体居民的所有后天获得的有用能力当作资本的重要组成部分,提出"在社会的固定资本中,可提供收入和利润的项目,除了物质资本外,还包括社会上一切人民学得的有用才能……这种优越的技能,可以和职业上缩减劳动的机器工具,作同样的看法,就是社会上的固定资本"。在此亚当·斯密已经注意到在生产过程中除了机器、工具、建筑物、改良的土地等有形物质起作用外,劳动者素质也能起作用,他把资本分为固定资本和流动资本,而固定资本中则包括"社会上一切人民学到的有用才能",其"有用才能"即劳动者素质。进而他还分析了劳动力素质对于社会经济发展的重要性。他认为劳动生产力的水平受制于人们在劳动中所表现出来的熟练程度、技巧和判断力,而这又是人们受教育和培训的结果。工人技能的改善是经济进步和增加经济福利的一个基本源泉。

(二)萨伊对于企业家作用的论述

萨伊(Say,Jean-Baptiste,1767—1832)即古典经济学奠基石之一——萨伊定律中的萨伊。他还是价值效用论的早期倡导人之一,最有名的著作是《政治经济学概论》,1803—1826年共出了5版。该书的成功使萨伊成为欧美两洲斯密学说最著名的阐述者和法国第一个政治经济学教授。[②] 萨伊还被认为铸成了经济学的研究图式——生产、分配和消费;经济学的方法论有一些要归功于他;他帮助建立了生产三要素(土地、劳动和资本)说;他强调了企业家的作用,并使用了这个名词。熊彼特认为,萨伊的著作纯粹以法国来源为根基。他分析的一切主要特征,他的系统图式和他的企业家。他对分析经济学的伟大贡献就是经济均衡概念。他的著作是从坎梯隆和杜尔阁到瓦尔拉这个链条中最重要的环节。[③]

---

① 亚当·斯密.国民财富的性质和原因的研究[M].上卷.北京:商务印书馆,1997:257-258.
② 新帕尔格雷夫经济学大辞典[M].第4卷.北京:经济科学出版社,1996:267.
③ 约瑟夫·熊彼特.经济分析史[M].第二卷.北京:商务印书馆,2015:182-185.

萨伊对人才,尤其是有特殊才能企业家的作用进行了详细论证。他提出:"在同一种工业中,一个贤明的、积极的、有条不紊而诚心诚意的企业家可以发家致富,而另外一个没有这些素质……的企业家,将会破产。"[1]并非任何人都可以成为企业家,企业家是一种特殊的人才,他们应该得到高的收入报酬。萨伊还认为人们在教育和职业培训上花费的费用总和构成积累资本,这些人的报酬不仅包括劳动的一般工作,而且包括培训时所垫付的资本的利息,因为"教育是资本,他应当产生和劳动的一般报酬所没有关系的利息"。

(三)弗里德利希·李斯特、马歇尔对于人口质量理论的贡献

德国经济学家弗里德利希·李斯特(Friedrich List,1789—1846)论述了人口质量对经济增长的作用和贡献。李斯特抨击了古典学派将体力劳动看作唯一生产力的观点,提出了"物质资本"和"精神资本"的概念。他认为由物质财富积累所形成的资本是物质资本,由人类智力成果形成的资本是"精神资本"。[2] 精神资本是"个人所固有的或个人从社会环境和政治环境得来的精神力量和体力",是人们对前人在科学和艺术、智力培养、生产效能等方面的进步和一切发现、发明、改进与努力等累积结果的领会。这种"领会的深刻程度"决定一国生产力状况。"一国的最大部分的消耗,是应该用于后一代的教育,应该用于国家未来生产力的促进和培养的"。国家对于物质资产应有所牺牲或放弃,"借以获致文化、技术和协作生产的力量",以使将来的利益获得保障。他不仅把人的才智,而且把人的体力都视为"精神资本",即现代意义上的人力资本。[3]

在李斯特理论的基础上,英国经济学家马歇尔提出,人类才能是重要生产手段和生产提高的因素,应该把人类才能与其他种类的资本相并列。马歇尔认为,"资本大部分是由知识……构成的……知识是我们最有力的生产动力。"[4]这种知识依附于人身表现为人的经营能力、专门技能、进取精神等。这一切都在人身之内,属于个人,称为"内在的财货",它是"非物质财货"的一种,是不可转让的。同时,马歇尔还强调了人力投资的长期性,以及家庭在承担这些投资方面所起的作用。马歇尔指出,对人本身的投资是所有投资中最有价值的部分,知识是生产发展的最大动力,作为西方经济学的集大成者,他注意到了经济增长和劳动质量的关系。

不管是受到战争中人力消耗的启发,还是基于工业革命提出劳动力素质的要求,早期的经济学家都已经敏锐地观察到劳动力素质对于经济社会发展的重要作用,感受到了对人的投资是最有价值的投资。

二、马克思的人口质量理论

马克思著作里面虽然没有明确提出"人口质量"或"人力资本"的概念,但他关于人口质量方面的光辉思想则博大精深,在其著作中多有体现。

---

① 夏尔·季德.经济学说史[M].北京:商务印书馆,1986:125.
② 李斯特.政治经济学的国民体系[M].北京:商务印书馆,1997:124.
③ 同上:193,124,123,128.
④ 马歇尔.经济学原理[M].北京:华夏出版社,2006.

(一)劳动价值论中的劳动力价值理论

劳动价值论是马克思经济理论的基础,其核心思想是:商品的价值是无差别的人类劳动,人的劳动是商品价值的创造者。马克思所强调的"劳动"在价值创造过程中的作用,实质上是强调"人"在其中的重要性。人是整个社会劳动生产率的主导者,是推动社会生产向前发展的能动因素。

马克思还对劳动力的价值做了细致的考察。劳动力的价值主要包括三个部分:①维持劳动力所有者所需要的生活资料的价值;②为维持劳动者家属的生存所必需的生活资料的价值;③劳动力的教育或培训费用。以上三个方面的内容归结起来,用马克思的话说,就是:"劳动力的价值,是由生产、发展、维持和延续劳动力所必需的生活资料的价值来决定的。"

(二)剩余价值论对劳动力价值的论证

剩余价值论是马克思经济理论的核心。依据资本的不同部分在剩余价值生产中作用的不同,马克思将资本划分为资本的不变部分和可变部分,即不变资本和可变资本。所谓不变资本,就是指机器、厂房、设备、原材料等构成的,以生产资料形式存在的那一部分资本,也就是经常提到的"物质资本"。在剩余价值的生产中,不会发生价值增殖,故称不变资本。所谓可变资本,是指用于购买劳动力的那一部分资本,它与通常所讲的"人口质量"的含义非常接近。在生产过程中,工人的劳动起着双重作用:一方面转移生产资料的价值,另一方面创造出比自身价值更大的价值,即新价值。这个新价值除了补偿劳动力自身的价值外,还有一些剩余,即发生了价值增殖,故称可变资本。因此,可变资本,也就是劳动力资本,是剩余价值的真正源泉。剩余价值不是不变资本带来的,也不是资本家的全部预付资本带来的,可变资本,即资本家购买劳动力的那部分资本是剩余价值的唯一源泉。

(三)关于教育的作用及意义

马克思运用历史唯物主义原理,对教育的本质、社会地位以及作用等做了分析和论证。

第一,教育是劳动力再生产的必要条件,是科学技术变为直接生产力的桥梁。

马克思把教育与物质生产紧密联系起来,强调教育在社会发展中的重要地位和作用,提出了教育是劳动力再生产的实现手段的科学论断。马克思认为,科学技术要成为现实的生产力,只有通过它渗透到生产力的诸要素中,首先要渗透到劳动力中去,使劳动者掌握科学文化知识,并转换为生产知识和劳动技能,应用于生产过程,才能变成为现实的生产力。这就必须对劳动者进行教育。一定的教育和培训是培养专门的和发达的劳动力的主要手段,通过教育才能实现科学知识的再生产。

第二,教育是培养劳动力全面发展的手段。

马克思从社会发展规律以及大工业生产内在要求出发,创造性地论述了人的全面发展以及它同社会物质生产、社会关系的关系。开发劳动力的智力资源,直接决定着劳动生产率的提高。劳动者的技术水平、科学的发展和它在工艺上的应用、生产、经营和管理能力、生产资料的规模和效能以及自然条件的开发和利用,都直接或间接地与智力资源的开发有关,都离不开人力资源的开发。马克思指出,人的全面发展首先是人的劳动能力的发展,每个人的智力和体力都得到充分和自由的发展。教育是造就全面发展的人的重要手段。教育可以培养和训练人的劳动能力,可以使人在精神和道德方面得到健康的发展。马克思充分肯定了教育同生产劳动结合的意义和作用,认为"它不仅是提高社会生产的一种方法,而且是造就全面发展的人的唯一方法""是改造现代社会最强有力的手段之一"。①

三、人力资本理论的初步形成

在亚当·斯密以后的 100 多年里,人口质量对经济的影响并未受到经济学家重视,直到 1935 年,美国经济学家沃尔什在《人力资本观》一书中,首次正式提出"人力资本"概念。从个人教育费用和个人收益相比较来计算教育的收益,真正形成比较完善的人力资本理论则是 20 世纪 60 年代以后,由舒尔茨等人重新研究人口质量问题以来形成的。② 人力资本理论的代表人物主要有西奥多·舒尔茨、加里·贝克尔、丹尼森、雅各布·明瑟尔等。

(一)西奥多·舒尔茨的人力资本理论

西奥多·舒尔茨(Theodore W. Schultz,1902—1998)是最早明确阐述人力资本理论的经济学家,被誉为"人力资本之父"。1979 年,因对经济发展,特别是发展中国家问题的思考,和阿瑟·刘易斯(1915—1991)一起获得诺贝尔经济学奖。他对于人力资本理论的研究代表了西方人力资本理论的兴起。舒尔茨研究的主要特点是把农业经济作为整个经济的必要部分。通过对农业经济问题的长期研究,他发现,从 20 世纪初到 50 年代,促使美国农业生产产量迅速增加和农业生产率提高的重要原因已不是土地、人口数量或资本存量,而是人的能力和技术水平。

舒尔茨认为人力资本即人口质量,它表现为人的知识、技能、经验以及技术熟练程度等能力和素质;它的取得并不是无代价的,必须要进行投资。按投资的途径来看,主要有四个方面:①用于教育和职业训练的费用;②用于医疗保健的费用;③用于为了寻找更好职业而进行流动和迁移的费用;④用于从国外迁入的移民费用。他还认为在人的素质既定的情况下,人力资本可表现为从事劳动的总人数及劳动市场上的总工作时间;作为一种资本形式,个人及社会对其所进行的投资都必然会产生收益。同时他指出:"经济的发展主要取决于人的质量,而不是自然资源的丰瘠或资本存量的多寡。"③

舒尔茨对人力资本的研究做出了巨大贡献,他指出人力资本是社会进步的决定性因素。一个国家人力资本的存量越大,人力资源的质量越高,人口受教育程度、科学文化水平和生产能力越高,其国内的人均产出或劳动生产率就越高。而且,人力资本除了本身具有收益递增的重要特点外,它还能改善物质资本的生产效率。为了进一步证明他的结论,舒尔茨采用收益率法测算了 1929—1957 年间教育投资对美国经济增长的贡献,得出人力资本的增长对美国经济增长的贡献达 43%,人力资本投资中最重要的教育投资对经济增长的贡献高达 33%,并且同期,教育投资的平均收益率为 17.3%,是收益率最高的投资。舒

① 马克思,恩格斯. 马克思恩格斯全集[M].第二卷.北京:人民出版社,1972:181.
② 向志强、孔令锋.从人口数量经济理论到人口质量经济理论的演进[J].人口学刊,2003(1).
③ 西奥多·W.舒尔茨.人力投资——人口质量经济学[M].北京:华夏出版社,1990:3.

尔茨这一实证研究证明人力资本作为一种生产要素资源,其投资带来的收益率远远超过了其他一切形态的资本的投资收益率。

(二)加里·贝克尔的人力资本理论

与舒尔茨一起推动人力资本理论发展的另一位人口经济学家是加里·贝克尔(Gary S. Becker,1930—2014),他的代表作《人力资本》被西方学者视为"经济思想中人力资本投资革命"的起点,他分析了正规教育的成本和收益,讨论了在职培训的经济意义。另外,还研究了人力资本与个人收入分配的关系。与舒尔茨不同,贝克尔的研究重点是微观分析,他将新古典经济学的基本理论用到了人力投资分析上,提出了较为系统的人力资本理论框架,主要包括人力资本生产理论、人力资本收益分配理论和人力资本与职业选择问题等三个方面的内容。[①] 1992 年,因将微观经济分析拓展到人类行为及其互动,包括非市场行为,独自获得诺贝尔经济学奖。

贝克尔系统阐述了人力资本与人力资本投资的问题。他运用人力资本投资-收益的均衡模型,以家庭为基础,以时间价值提高和对子女质量需求为核心,对人力资本投资与经济增长关系进行了考察。

关于人力资本投资,贝克尔认为用于教育、在职训练、卫生保健、劳动力迁移以及收集价格与收入信息等实际活动的支出都是一种投资,而不是消费,因为它们不仅在短期内提高劳动生产率,而且可以长期起作用。关于人力资本的内涵,贝克尔认为人力资本不仅意味着才干、知识和技能,而且还意味着时间、健康和寿命。

关于人力资本的特性,贝克尔认为人力资本首先是一种人格化的资本,表现为人的能力与素质,与人本身不可分离。因此,工作性质、种类等都会影响人力资本的使用,同时也意味着人力资本具有私有性质,如何使用取决于个人。

其次,人力资本生产率取决于拥有这种资本的人的努力程度,因此,适当而有效的刺激可以提高人力资本的使用效率,这是人力资本与物质资本最大的区别。

最后,人力资本的价值是由人力资本的各项开支所构成,但是人力投资的成本计量除这些实际费用支出外,还必须计算"放弃收入",即"机会成本"或"影子成本"。贝克尔认为人力资本可以通过后天投资获得,并影响以后时期的生产率和收益,因此,用于物质资本的投资收益分析方法,也同样适用于人力资本研究。

贝克尔对人力资本的理解极大地突破了囿于物质资本的传统经济学局限,使经济学研究朝着主体化的方向发展。贝克尔为人力资本理论提供坚实的微观经济分析基础,并使之数学化、精细化和一般化,填补人力资本理论空白,被视为现代人力资本理论最终确立的标志,至此一个具有重要影响的新的经济学理论和分析工具——现代人力资本理论形成了。

(三)雅各布·明瑟尔的人力资本理论[②]

人力资本理论的建立对战后经济学的发展有极为重要的影响,它成为劳动经济学、教育经济学以及收入分配等领域的基础,也推动了 20 世纪 80 年代之后新增长理论的建立。

---

① 贝克尔.人力资本[M].北京:北京大学出版社,1987:10-20.
② 雅各布·明瑟尔.人力资本研究[M].北京:中国经济出版社,2001:3.

但人力资本理论的始作俑者,既不是舒尔茨,也不是贝克尔,而是美国著名的劳动经济学家雅各布·明瑟尔(Jacob Mincer)。从人力资本理论发展的历史看,1961 年,舒尔茨第一篇人力资本论文《论人力资本投资》在《美国经济评论》上发表;1964 年,贝克尔第一部人力资本著作《人力资本》出版;而 1958 年,明瑟尔第一篇人力资本论文《人力资本投资与个人收入分配》发表在《政治经济学杂志》上,这实际上是他 1957 年完成的博士论文。正因如此,著名经济思想史家马克·布劳格公正地指出:"雅各布·明瑟尔在西奥多·舒尔茨和加里·贝克尔之前发现了人力资本理论,但该理论的创造人却通常被认为是后者。"[①]

明瑟尔对人力资本理论的贡献主要集中在个人收入分配和劳动力市场行为。第一,提出了人力资本理论并系统地发展了人力资本理论与分析方法。运用现代经济学的基本分析工具,明瑟尔研究了人力资本生成与发展的过程及其对经济运行过程的影响,并用这一理论解释个人收入差别与人力资本之间的关系。他把个人收入差别归因于接受正规教育、在职培训和工作中经验积累形成的人力资本差别,并把受教育年限作为衡量人力资本投资的最重要标准,建立了说明人力资本投资与个人收入之间关系的人力资本收益率模型。第二,用人力资本理论研究劳动力供给问题,尤其是妇女劳动力供给行为。在对妇女劳动力供给行为的研究中,他把已婚妇女劳动供给行为研究的着眼点放在了"家庭",在家庭这一背景下,已婚妇女的劳动力市场行为必然受到家庭中存活孩子的数量以及孩子年龄的影响,从而开创了新的研究领域:家庭中夫妇双方的劳动力市场行为及互动关系。他证明,对妇女而言,工资增长的替代效应(用劳动代替闲暇)大于收入效应(收入增加,增加闲暇减少劳动),因此,妇女劳动参与率提高。第三,工资差别与工作转换的关系。他把人力资本理论和妇女劳动力供给行为研究成果结合起来,综合分析男性劳动力和女性劳动力之间的工资差别问题。他证明,男性与女性工资差别不是由于性别歧视,而是由于妇女在生育期间工作中断,由工作经验积累减少而引起的人力资本增加慢于男性。工资增加率与工作转换率反方向变动。

明瑟尔集理论与实证为一体的研究具有重要的理论价值和政策参考。几十年来,明瑟尔的研究极大地促进了现代劳动经济学研究体系和专业风格的形成。他的研究多年来经受着理论界的严格检验,并被不断地提炼与完善。

(四)丹尼森的人力资本理论

人力资本理论的另一位值得一提的先驱者是丹尼森(Denison,E. F),他对舒尔茨所计算的美国教育对经济增长贡献率做了修正,用更严谨的计量方法,对用传统经济分析方法无法识别的、不能由劳动力和资本投入来解释的"余数",做出了更为科学的定量分析和解释。丹尼森对人力资本理论的主要贡献是,对"增长余数"(growth residual)做出了令人信服的定量分析和解释。通过精确计算,丹尼森确定,1929—1957 年,美国经济增长中 23%的份额是教育投资的贡献。学术界普遍认为,丹尼森的计算方法比舒尔茨的理论更严密、精确,因而这一结果也比舒尔茨更准确,是对舒尔茨的结论的重要修正和他最著名的研究结果。

---

① 刘家强. 人口经济学新论[M].成都:西南财经大学出版社,2004:44.

人力资本理论不仅肯定了人口质量对经济的作用,还扩大了资本的概念,克服了传统经济学中总量分析的局限,对现代经济增长做出了较为合理的解释。然而,人力资本理论缺乏一个系统的框架,且对人力资本投资的诸因素的分析不够具体,内容显得单薄,同时,在人力资本积累即人口质量对经济增长促进作用的机理上研究不够深入,这一方面反映了人们对人力资本认识的不深刻,另一方面反映了西方人力资本理论的不成熟。

四、新增长理论

在经济增长理论史上,哈罗德和多马提出了第一个经济增长模型,经济增长率取决于储蓄率和资本产出比。为了实现经济的持续增长,实际增长率、有保证的增长率和自然增长率必须相等,但哈罗德等人认为三者只会在偶然的情况下相等,因此资本主义经济在增长的同时必然伴随着大起大落的波动(参见本书第三章)。然而这些结论过于悲观,而且也不符合战后资本主义发展的事实。于是索洛(Robert Solow,1924—)等人的新古典经济增长模型便应运而生。索洛提出全要素生产率分析方法,并在应用该方法检验新古典经济增长模型时发现,资本和劳动的投入只能解释 12.5% 左右的产出增长,另外 87.5% 的产出增长则被归为代表技术进步的"余数",即索洛余数。新古典经济增长模型突破了哈罗德-多马模型,强调了技术进步对现代经济增长的决定性作用,基本反映了技术进步和生产率水平不断提高对经济增长的贡献份额日趋增加的现实,并将其动态化、模型化,从而将"技术决定论"的经济增长理论向计量化、实证化方向推进了一大步,他也因此荣获了 1987 年诺贝尔经济学奖。该模型将技术进步引入理论框架之中,通过技术进步,资本和劳动可以相互替代,从而实现资本主义经济的稳定增长,但该模型将技术进步视为一种外生变量,认为是"天上掉馅饼"。正是由于这一主要缺陷,当进入知识经济时代后,它便遇到了许多难以解释的事实,从而使其保持了 20 多年之久的正统地位逐渐被新增长理论所替代。"新增长"理论将技术进步视为经济增长的内生变量,因而亦称为"内生增长理论"。

新增长理论是在知识经济背景下发展起来的,它以罗默(Paul M. Romer,1955—)的《收益递增和长期增长》及卢卡斯(Robert Emerson Lucas,Jr.,1937—)的《论经济发展的机制》为标志,并为人力资本理论增添了新的内容。新增长理论不仅是经济增长理论,也是人力资本理论,即人口质量经济理论,同时它也是对人力资本理论的完善和发展。卢卡斯和罗默因此分别获得 1995 年和 2018 年诺贝尔经济学奖。在人力资本理论研究方面的主要贡献有:①把人力资本纳入增长模型。尽管舒尔茨和贝克尔也论及人口质量对经济增长的作用,但他们把人力资本看成外生变量,而卢卡斯和罗默则使之内生化。②使人力资本研究具体化、数量化,因而使研究更深入细致,这不仅是对人力资本理论的发展,也为实践中的具体运用来预测和调整经济发展速度和方向提供了可能。③揭示了人力资本的"外部效应"和"外溢效应"。卢卡斯区分了人力资本的两种效应:舒尔茨通过正规或非正规教育形成的人力资本所产生的"内部效应"和阿罗"边干边学"形成的人力资本所产出的"外部效应"。罗默则把知识分为一般知识和专业知识,其中专业知识可以使生产要素收益递增,因为知识不同于一般商品,它不具有完全的排他性,因而具有"外溢效应"。

（一）罗默的"收益递增型增长模式"

新经济增长理论是由美国经济学家保罗·罗默在其博士论文《外部因素、收益递增和无限增长条件下的动态竞争均衡》中首先提出的。罗默对索洛模型技术进步与资本投入无关的观点提出了批评，认为技术进步与资本积累具有明显的相关性，经济增长在世界范围内是凸性的"差异性增长"。国际贸易不仅可以促进知识在世界范围内迅速积累，而且能够通过新技术的传播提高穷国的生产效率；同时，由于直接引进新技术，还可以节约本国的研发费用，并间接增加国内的资本积累，这两方面效应有助于穷国的经济发展，并在短期内缩短与发达国家之间的差距。

罗默将知识作为一个独立因素纳入增长模型，认为知识积累是促进现代经济增长的重要因素。他把知识分解为一般知识和专业知识：一般知识可以产生规模经济效益，专业化知识可以产生要素的递增收益。两种效应的结合不仅使知识、技术和人力资本本身产生递增收益，也使资本和劳动等其他投入要素的收益递增。对于个别厂商来说，这种递增的收益形成垄断利润，而垄断利润又成为新产品研究与开发的资金来源。因此，特殊知识和专业化的人力资本是经济增长的主要因素，它们能使资本和劳动等要素投入产生递增收益，从而使整个经济的规模收益递增，而递增的收益则能够保证长期持续的经济增长。

（二）卢卡斯的"专业化人力资本积累增长模式"

卢卡斯在《论经济发展的机制》中尝试用人力资本解释持续的经济增长，从不同角度论证人力资本积累对经济增长的重要作用。他对乌扎华（Uzawa）的理论进行了修正，以阿罗"干中学"模型为基础，形成了以人力资本为核心的另一种新的经济增长模型。模型强调外部效应对人力资本积累的作用。他应用更加微观化的数量分析方法，将舒尔茨的人力资本引入索洛模型，视为索洛模型中技术进步的另一增长动力，并具体化为每个人的专业化的人力资本，将人力资本积累作为经济增长的决定性因素，使之内生化，并将劳动划分为原始劳动和专业化人力资本，认为专业化的人力资本才是促进经济增长的真正动力。

卢卡斯认为，人力资本积累是经济得以持续增长的决定性因素和产业发展的真正源泉。两国间经济增长率和收入水平的差异，主要源于它们在生产商品时投入的人力资本的差异。人力资本增长率高的国家，往往经济增长率也较高。发展中国家应集中有限的资源生产和出口那些具有人力资本优势的产品。扩大经济开放度可以使发展中国家更多地吸收先进技术和管理经验，从而提高经济发展的速度。卢卡斯提出了解释"亚洲四小龙增长奇迹"的理论框架，这对解决发展中国家的经济发展问题具有启发意义：①发展中国家必须通过大力提高人力资本和积累率来吸引国际资本。在国际贸易方面，应集中有限的资源生产和出口具有人力资本优势的产品。同时，还必须扩大经济开放度，引进国外先进设备，在实践中积累经验，掌握先进技术。②在地区经济增长中，劳动力质量比数量更为重要。高素质人才从富裕地区向贫困地区流动是十分有限的，因此贫困地区应当加大人力资本投资力度，不断提高本地区人力资本水平。

新增长理论有着它的局限性。例如模型中普遍用及的"人力资本"是一个很难测度的因素，到目前为止定量分析仍没有令人满意的结果，但它提出的思想和观点是不容忽视的。新增长理论以人力资本为核心，强调对特殊知识和生产某一产品所需专业化人力资本的分析,从而使人力资本的分析更具体,为人们在实践中正确认识人力资本的作用,以及调整经济增长速度、预测经济增长趋势等提供了新的方法和工具。随着知识经济的兴起,社会正在经历"从金融资本到人力资本"的转变,人力资本已取代美元资本而成为一种战略资源。物质资本依托型经济,正在让位于人力资本依托型经济,人力资本成为最具有活力、最能创造经济奇迹的资本。

第四节　全面提高人口质量

一、我国人口质量的现状

（一）人口质量显著提高

解放前,我国是一个半殖民半封建的国家,生产力落后,人民生活极端贫困,被称为"东亚病夫",人口死亡率高,婴儿死亡率更高,平均寿命只有 35 岁。解放后,我国政府加大了公共卫生事业的建设力度,不断提高人口健康素质。居民人均预期寿命已从新中国成立前的 35 岁上升到 2020 年的 77.93 岁和 2021 年的 78.2 岁,婴儿死亡率从新中国成立前的 200‰下降到 2020 年、2021 年的 5.4‰和 5.0‰。[①]重大疾病防治成效显著,居民健康素养水平达到 23.15%,多数疫苗可预防传染病发病率降至历史最低水平,重大慢性病过早死亡率呈现下降趋势。重点人群健康服务不断完善,危重孕产妇和新生儿救治转运体系基本建立,儿童青少年近视监测和干预持续加强,老年健康与医养结合服务列入基本公共卫生服务。2015 年至 2020 年,婴儿死亡率从 8.1‰降至 5.4‰,5 岁以下儿童死亡率从 10.7‰降至 7.5‰,孕产妇死亡率从 20.1/10 万降至 16.9/10 万,主要健康指标居于中高收入国家前列,个人卫生支出占卫生总费用的比重下降到 27.7%。[②]从科学文化素质来看,解放前,全国人口 80% 是文盲,学龄儿童的入学率只有 20% 左右,中等学校在校学生 187 万人,高等学校在校学生只有 15.5 万人。解放之后,我国教育事业有了翻天覆地的变化,尤其是在改革开放以后,学校数、在校学生数、学龄儿童入学率成倍增加,接受教育已经成为每个青少年的权利和义务。2020 年第七次全国人口普查结果显示:我国人口的文盲率(15 岁及以上不识字人口所占比重)2.67%,比 2010 年六普的 4.08% 下降了 35%;平均每 10 万人中具有各种受教育程度的人口,与 2010 年六普相比,拥有大学文化程度的由 8 930 人上升为 15 467 人;拥有高中文化程度的由 14 032 人上升为 15 088 人;拥有初中文化程度的由 38 788 人下降为 34 507 人;拥有小学文化程度的由 26 779 人下降为 24 767 人。2021 年,研究生教育招生 117.7 万人,在学研究生 333.2 万人,毕业生 77.3 万人。普通、职业本专科招生 1 001.3 万人,在校生 3 496.1 万人,毕业生 826.5 万人。中等职业教育招生 656.2 万

---

① 2021 年我国卫生健康事业发展统计公报. http://www.gov.cn/xinwen/2022-07/12/content_5700670.htm.
② "十四五"国民健康规划. 国务院办公厅关于印发"十四五"国民健康规划的通知(国办发〔2022〕11 号). http://www.gov.cn/zhengce/content/2022-05/20/content_5691424.htm.

人,在校生 1 738.5 万人,毕业生 484.1 万人。普通高中招生 905.0 万人,在校生 2 605.0 万人,毕业生 780.2 万人。与此同时,出国留学和学成回国人员呈井喷式增长,由 1978 年的几百人,增加到 2019 年的 70 多万和 58 万多人,比 2000 年的 38 989 人和 9 121 人分别增加 66 万多人和 57 万多人,比 2010 年的 28.5 万人和 13.5 万人增加 1.47 倍和 3.3 倍。我国人力资本和劳动力市场的面貌发生了革命性变化。从精神风貌和道德素养看,理性平和、奋发昂扬、积极向上、刚健有为,社会精神风貌总体良好。中国人民更加自信、自立、自强,积极性、主动性、创造性进一步激发,志气、骨气、底气空前增强。随着对外开放的大门越开越大,新时代中国青年满怀"可以平视这个世界"的自信,以前所未有的深度和广度认识世界、融入世界,在对外交流合作中展现出理性包容、自信自强的精神风采。中国青年不断增强做中国人的志气、骨气、底气,以朝气蓬勃的青春之姿,折射出这个伟大时代昂扬向上的精神风貌。[①] 全社会的文化自信和集体意识明显增强,凝聚力和向心力极大提升;人民群众安居乐业、社会安定有序。[②]

(二)中国青少年健康状况急需改善

改革开放以来,随着经济社会的发展,人民生活水平和健康水平不断提高。但是,由于各种复杂因素的作用,中国人的体质健康令人担忧。目前,我国成年居民超重肥胖率高达50.7%,6~17 岁、6 岁以下儿童青少年超重肥胖率分别达到 19% 和 10.4%,超重肥胖成为影响全人群健康的最主要营养不良问题。《中国居民营养与慢性病状况报告(2020 年)》显示,我国 18 岁及以上居民高血压患病率 27.5%、糖尿病患病率 11.9%、高胆固醇血症患病率 8.2%,居民癌症发病率仍在上升。城乡学生身体形态发育水平继续提高,肺活量继 2010 年出现上升拐点之后,继续呈现上升趋势,中小学生速度、柔韧、力量、耐力等身体素质继续呈现"稳中向好"趋势。但大学生身体素质继续呈现下降趋势,中小学生视力不良检出率仍然居高不下,各年龄段学生肥胖检出率持续上升。

自 2000 年以来,我国城乡 7~18 岁学生身体形态发育水平呈现持续增长趋势。2014年,各年龄段男女学生平均增长值身高 3.4 厘米、2.8 厘米,体重 5.1 千克、3.7 千克。城乡男女学生身高有了长足进步,18 岁男、女生平均身高分别为 172 厘米、159.4 厘米。13~15 岁农村男生和女生的肥胖检出率分别高达 11.22% 和 6.64%。7~22 岁青少年肥胖检出率伴随年份变化,呈现快速增长的趋势,特别是城市男生 30 年间增长约 25 倍,乡村男生增长约 45 倍,城市和乡村女生增长 12 倍。长期以来,我国青少年体质健康状况曾经"令人担忧",肥胖率上升、心肺功能发育不充分以及力量、耐力等身体素质持续下降。主要表现如下。①体能指标下降,视力不良检出率居高不下。2018 年全国儿童青少年总体近视率为 53.6%。其中,6 岁儿童 14.5%,小学生 36.0%,初中生 71.6%,高中生 81.0%。②心理疾病与亚健康状态不断蔓延。据 2005 年 3 月中国天津精神卫生国际论坛公布的数据,我国 17 岁以下的青少年,正在受情绪障碍和行为问题困扰的人数约 3 000 多万。肥胖、郁闷、孤僻等困扰成人健康的症状,目前也已成为青少年健康的隐性杀手。当前,我国常见精神障

---

① 激扬自信自强的精神力量(人民观点). https://wap. peopleapp. com/article/6716764/6589104.

② 张胜、王斯敏. 自信自强 走向精神生活共同富裕. 光明日报,2021-11-18.

碍和心理行为问题人数逐年增多,个人极端情绪引发的恶性案(事)件时有发生。抑郁症患病率达到 2.1%,焦虑障碍患病率达 4.98%。截至 2017 年年底,全国已登记在册的严重精神障碍患者 581 万人。③相当多的青年缺乏身体锻炼,保健意识较为薄弱。《中国群众体育现状调查结果报告》显示,各年龄段体育人口占该年龄段人口比例,16～25 岁 33.4%,26～35 岁 14.4%,36～45 岁最低,为 12.8%。在中断体育活动的人口中,20 岁以下者占 68.7%,30 岁以下者占 90.5%,比 1996 年分别增加了 18.0% 和 11.7%。根据国家体育总局 2014 年全民健身活动状况调查,我国城乡居民经常参加体育锻炼的比例为 33.9%,其中 20～69 岁居民经常锻炼率仅为 14.7%,成人经常锻炼率处于较低水平,缺乏身体活动成为多种慢性病发生的重要原因。同时,心肺耐力、柔韧性、肌肉力量、肌肉耐力、身体成分等指标的变化不容乐观。①

(三) 高端人才、科技人才缺乏的问题仍然突出

近年来随着科技人才政策改革和制度创新,我国科技人才队伍规模素质均大幅提高,科技人才效能得以发挥,科技人才优势逐步显现。但从比较视野来看,与世界典型创新型国家对比,我国科技领军人才偏少,高层次创新人才匮乏,尚未创造出吸引全球顶尖科学家的创新生态。总体而言,我国科技人才发展仍然存在不足之处,科技人才队伍结构有待优化,R&D 人员投入强度仍然较低,高端科技人才缺乏问题仍然突出。

如何吸引和培养新阶段所需要的人才,是中国在全球数字经济发展中建立竞争优势的重要基础。2016 年 12 月,教育部、人力资源和社会保障部、工业和信息化部联合发布的《制造业人才发展规划指南》预测,2025 年,仅新一代信息技术产业将创造就业岗位 2 000 万,但人才缺口也将高达 950 万人。我国科技领域仍然存在一些亟待解决的突出问题,特别是"关键核心技术受制于人的局面没有得到根本性改变"。如核心基础零部件、关键基础材料等依然牢牢掌握在他人手中,先进基础工艺、产业技术基础标准、技术开发等方面与典型创新型国家仍存在不小差距,"缺芯之痛"的痼疾难以破除,制造业转型升级受到限制。人才激励不足、结构失衡、激励机制不健全是制约创新驱动发展的突出因素。各种人才计划层次多、交叉重复。对科研人员和高技能人才激励措施不到位。对科研人员创造的价值体现不足,创新难以获得相应回报,抑制了科研人员的积极性。重人才引进数量,轻人才环境建设,与国际接轨的科研氛围、可持续的科研设施保障,以及一些大城市难以回避的户籍、住房、子女教育、医疗等公共服务仍有较大差距。尽管我国科技人员总量居世界前列,但高端领军人才和高技能人才匮乏。②

二、全面提高人口质量,促进人的全面发展

提高人口质量是一项艰巨的根本性、长期性战略任务,它包括人的体魄强健、文化修养良好、道德高尚、对知识的追求、勤劳勇敢,从幼儿到老年、从生理到心理、从自然物质基础到家庭社会环境,要全方位地持续不懈地提高人口素质。人口素质的提高表现为人身上资

---

① 健康中国行动推进委员会. 健康中国行动(2019—2030 年). 2019-07-09.

② 参见王一鸣. 全球变局下的中国科技创新战略和路径选择. https://xw.qq.com/cmsid/20220520A09A0C00.

本的扩展和增值,或者说人力资本的扩大再生产。提高人口质量,就是保证这种扩大再生产的可持续性。《中华人民共和国国民经济和社会发展第十四个五年规划和 2035 年远景目标纲要》将"提升国民素质促进人的全面发展"列专篇、分三章进行论述(见专栏 8-2),这对我们的工作极具启发和指导意义。结合以上分析,特提出以下建议:

专栏 8-2　提升国民素质　促进人的全面发展

把提升国民素质放在突出重要位置,构建高质量的教育体系和全方位全周期的健康体系,优化人口结构,拓展人口质量红利,提升人力资本水平和人的全面发展能力。

建设高质量教育体系　全面贯彻党的教育方针,坚持优先发展教育事业,坚持立德树人,增强学生文明素养、社会责任意识、实践本领,培养德智体美劳全面发展的社会主义建设者和接班人。具体内容:推进基本公共教育均等化;增强职业教育适应性;提高高等教育质量;建设高素质专业化教师队伍;深化教育改革。

全面推进健康中国建设　把保障人民健康放在优先发展的战略位置,坚持预防为主的方针,深入实施健康中国行动,完善国民健康促进政策,织牢国家公共卫生防护网,为人民提供全方位全生命期健康服务。具体内容:构建强大公共卫生体系;深化医药卫生体制改革;健全全民医保制度;推动中医药传承创新;建设体育强国;深入开展爱国卫生运动。

实施积极应对人口老龄化国家战略　制定人口长期发展战略,优化生育政策,以"一老一小"为重点完善人口服务体系,促进人口长期均衡发展。具体内容:推动实现适度生育水平;健全婴幼儿发展政策;完善养老服务体系。

资料来源:根据《中华人民共和国国民经济和社会发展第十四个五年规划和 2035 年远景目标纲要》第十三篇第四十三章、四十四章、四十五章整理。

(一) 把提升国民素质放在新发展理念的突出重要位置,优先投资于人的全面发展

加强青少年道德教育,提高全民思想道德素质。少年智则国智,少年富则国富,少年强则国强,少年进步则国进步。坚持立德树人,增强学生文明素养、社会责任意识、实践本领,培养德智体美劳全面发展的社会主义建设者和接班人。深化新时代教育评价改革,发展素质教育,更加注重学生爱国情怀、创新精神和健康人格培养。

提高人口健康素质,全面推进健康中国建设。一是提高出生人口素质。采取三级预防措施,普及预防出生缺陷基本知识,加强出生缺陷筛查和治疗。二是提高全民健康素养。倡导健康文明的生活和行为方式。开放公共体育资源,开展全民健身运动。三是建立以预防为主的公共卫生体系,完善突发公共卫生事件监测预警处置机制。

构建高质量教育体系,拓展人口质量红利。全面贯彻党的教育方针,坚持优先发展教育事业。加大教育投入,明确各级政府提供教育公共服务的职责,保证财政性教育经费持续稳定增长。深化教育改革,创新体制机制,激发教育发展活力。推进基本公共教育均等化,增强职业教育适应性,提高高等教育质量,建设高素质专业化教师队伍。

（二）正确认识和把握资本的特性和行为规律，激发人力资本潜能

资本为利润而生。资本存量的盘活，资本经营和运作，都必须保证适当的利润。人力资本作为以特殊形式存在的资本，它的运作和积累也需要同样的条件。这是人力资本积累强化的关键，也是人力资本存量转化为经济发展优势的关键。人力资本投资回报率高，效益最大时，国家、企业、个人的人力投资才会持续高涨，人力资本的扩张和增值才能实现。当追加的收益小于投资时，或与其他投资的收益相比较少时，这种投资就是一种"傻"的投资。在这种情况下，人力投资将极大受限，人口质量再生产的条件破坏，人力资本的积累将无法进行。传统的资本概念仅包括有形的物质资本，把资本从传统观念中解放出来并加以拓展正当其时。如同体现在物质身上的资本是物质资本一样，体现在人身上的资本则是人力资本。与物质资本相比，人力资本是更为重要的资本，它不仅能创造出自身的价值，而且能创造出比自身更大的价值。人力资本的潜能非激励无以实现。确立人力资本也是资本的观念，要求既要承认它与物质资本的异质性，更要承认它们的共同性。物质资本的经营、扩张是有规律的，人力资本的经营、扩张也有规律可循。既然人力资本是一种更加重要的资本形态，那么，既重视物质资本经营，又重视人力资本经营，既要懂得"物质资本经营论"，又要懂得"人力资本经营论"是提升治理能力和治理水平的重要方面。盘活资本存量，既包括物质资本存量，也包括人力资本存量；建立资本经营机制，既包括物质资本，也包括人力资本。激发人力资本潜能，必须把激励搞对。

（三）把握数字经济发展机遇和高质量发展的根本规律，强化人力资本投资

物质资本依托型经济向人力资本依托型经济转变，是历史的大趋势，而资本积累由物质资本优先转向人力资本优先，则是最重要的前提条件。从历史上看，我国人力资本存量低，提升空间大，一个很重要的原因在于社会经济发展水平不高，在于社会生产力所设定的社会生产条件限制，在于为人力资本发展所提供的推力和拉力有限。从我国现实看，实现资本积累战略重点的根本转移，不仅有利于人力资本积累，也是解决经济社会诸多矛盾，实现可持续发展、高质量发展的必然要求。"十三五"时期，我国数字经济年均增速超过16.6%，在线教育、远程医疗、网上购物等需求快速增长，人工智能等数字技术为教育、医疗、养老等行业赋能，持续迸发创新发展活力。数字经济驱动高质量发展的趋势愈发凸显。随着我国数字经济转向深化应用、规范发展、普惠共享的新阶段，解决与数字经济相关的人才问题、解决关键核心技术受制于人的问题从来没有像现在这样紧迫。因此，把握数字经济发展机遇，促进经济不断实现质的稳步提升和量的合理增长，必须强化人力资本投资，拓展人口红利，强力推进人力资本大国向人力资本强国转变。

（四）加大科技创新人才培养力度

基础研究要突破，最关键的是人才。我国高水平科技人才仍然不足，特别是科技领军人才匮乏。要加强基础研究人才培养，造就更多国际一流的科技领军人才和创新团队。要强化研究型大学建设同国家战略目标、战略任务的对接，培养更多杰出人才。创新人才评价机制，改变人才评价制度不合理、人才帽子满天飞的现状，加强基础研究人才培养，造就更多国际一流水平的科技领军人才和创新团队。

（五）深化分配制度改革，建立科技成果产权激励制度

分配制度直接影响人力资本收益率高低，同时关系共同富裕的实现。分配制度不合理的突出表现就是脑力劳动与体力劳动、熟练劳动与非熟练劳动、复杂劳动与简单劳动在收入上差别不大甚至倒挂。实现共同富裕首先要做大做好"蛋糕"，然后通过合理的制度安排分好切好。做大做好"蛋糕"，在数字经济和高质量发展时代，必须激发科技人员的创新活力，推动创新驱动发展。加快科技成果的产权激励等体制机制创新，使创新人才分享成果收益，是激发科技人员创新活力、推动解决关键核心技术"卡脖子"问题的有效途径。要大胆探索科技人员职务科技成果产权激励制度，在收益分配上充分体现知识和创新的价值，让科技成果产出与科技人员受益直接挂钩。释放科技人员创新潜力，提高科技供给质量和效率。

（六）鼓励劳动力自由流动，实行更加开放的人才政策

在运动中增殖是资本的共同特性。人力资本也是一种不断运动的资本形态。因此，鼓励劳动力自由流动，是进行人力资本积累的重要途径。目前，中国的劳动力市场虽然有所发展，但在促进人力素质提高、增加人力资本积累方面仍有改善空间。尽快取消限制人口流动的各种政策规定，彻底改革就业、社会保障、社会福利、户籍、晋升、子女入学等方面的歧视性政策，打破劳动力分隔壁垒，实现劳动力跨区域流动，使人力资本在流动中实现价值、增殖价值。充分利用我国经济持续向好和数字经济处于世界先进水平的机遇，实行更加开放的人才政策，加大引进高端人才和领军人才力度，构筑集聚国内外优秀人才的科研创新高地。

三、本章总结

本章立足于马克思主义辩证唯物主义和历史唯物主义，首先对人口质量的实质进行解读，在此基础上，分析了人口质量的主要内容和衡量指标。需要指出的是这些衡量指标应该是与时俱进的。人口质量又称人口素质，是反映人口总体质的规定性、量度人口总体所含本质属性多少的范畴，包括人口的身体素质、文化科学素质和思想道德素质三个方面。它说明人口总体脱离动物界、摆脱兽性的程度，进而反映出人口总体所具有的认识和改造世界的条件之优劣、能力之高低。在三者之中，身体素质是自然基础，科学文化素质和思想道德素质是人口质量的中心，是人口质量高低的主要标志。

人口质量的经济学特征有两个方面：一是困扰人口质量提高的因素——提高人口质量必须花费一定的费用；二是提高人口质量的动力——人口质量投资是效益最好的投资之一。一国的人口质量状况，既是经济发展的结果和表现，又是经济发展的动力和条件。提高人口质量，表现为人身上资本的扩展和增殖，或者说人力资本的扩大再生产。

把握人力资本的特性和行为规律，促进高质量发展。提高人口质量就是保证人力资本扩大再生产的可持续，而可持续的关键则是人力资本的生产者有利可图。人力资本也是资本，它的运营和积累在某种程度上也需要与物质资本同样的条件。要尊重人力资本的特性和行为规律，深化分配制度改革，鼓励劳动力流动，开放人才政策，激发人力潜能。

人口质量理论的形成经历了漫长的历史过程。从斯密把学习看作一种才能和固定资本的一部分到马克思创造剩余价值的可变资本，从萨伊的企业家才能到马歇尔正的外部效应，从舒尔茨、贝克尔、明塞尔的人力资本理论到新经济增长理论。人口质量理论的形成与发展，使我们看到人类发展的乐观前景和经济发展的不竭动力。

新中国成立以来，中国人口质量提高很快，成效显著，但挑战和问题同样存在，如教育问题、青少年身体素质问题、高端人才和科技人才缺乏问题等等，本章抛砖引玉、意犹未尽。面对新情况、新形势和新机遇，如何全面提高人口质量、推动经济可持续发展、高质量发展，仍然是一个重大、紧迫而又必须深入探讨的课题。

主要概念

人口质量　福格尔型健康人力资本　人口质量红利

思考题

1. 什么是人口质量？你认为人口质量应该包括哪些内容？

2. 如何衡量人口质量？

3. 人口质量有哪些特征？这些特征对提高人口质量有何影响？

4. 结合人口质量的经济学特征和中国人力资本投资收益的变化，请分析一下人口质量投资的必要性。

5. 进入 21 世纪以来，中国劳动力市场发生了巨大变化，人力资本投资特别是教育投资发生了许多新情况和新问题，结合这些情况和问题，请你分析一下，如何提高人口质量、促进人的全面发展？

6. 试分析人口质量在高质量发展中的作用。

7. 基于人口质量的经济学特征，试分析教育扶贫、健康扶贫和扶贫先扶志的机理。

参考读物

第九章

人口压力转化为人力资源优势

变人口压力为人力资源优势，为经济社会发展提供持久动力是实现人口与经济、社会、资源、环境协调和可持续发展的战略选择。人口压力转化为人力资源优势应该成为人口经济学，特别是发展中国家人口经济学的重要内容。本章在梳理相关文献的基础上，明确人口压力和人力资源优势的概念，提出衡量指标和量化方法，分析人口压力转化为人力资源优势的相关理论、转化机制和具体案例，进而探讨转化的途径及政策含义。

第一节　人口压力的含义与度量

一、人口压力的含义

人口压力(population pressure,population stress)是一个使用频率很高的名词，但什么是人口压力？尚未有确切定义。根据研究者使用这一词的场合，人口压力有过以下含义。

（一）人口过剩

马尔萨斯的《人口论》被认为是具有代表性的有关人口或人口压力的著作。他认为在无所妨碍时，生活资料的增长赶不上人口的增长，因此，人口过剩和食物匮乏成为必然。新老马尔萨斯主义者在这一层面上使用人口压力概念。

（二）人口的非适度状态

起初的适度人口(optimum population)指的是：在某个特定时期，在诸如资本存量等其他因素保持不变的情况下，可使人均产出最大化的人口。后来，最适度人口理论形成了一些不同的学说。米德(Meade,1955)认为，"总效用"这个标准要比个人效用的标准为好。总效用是社会全体成员所得效用的总和。人们在讨论人口偏多偏少这个问题时，往往依据的是一些军事、宗教或文化因素。到 20 世纪 70 年代，自然资源质量如何，已上升为判断人口规模适度与否的一个标准。除总效用标准和单独的个人效用标准外，罗尔斯(Rwals)提出以社会最底层所得效用的最大化作为确定最适度人口水平的准则。另一广义的适度人口概念，则包括在最佳经济增长路径上的各种人口水平。这种增长路径将使某些社会福利函数在所选定的时期可以是无限长。[1]

(三) 人口压力是一个相对概念

人口压力是伴随人类的起源而形成的，其相对性在不同的生产力水平下，内涵和表现均不同。在采集狩猎时代，它是相对于天然食物的可得性而言的；而在农耕时代，它是相对于农业生产所提供的粮食产量而言的；在工业时代，它是相对于工农业经济发展所提供的生活资料而言的。因此，人口压力被认为是中性术语，表示人地关系所处的一种状态。[2]

美国社会学家赫茨勒(J. O. Hertzler,1956)分析了一个国家社会、经济不发达和人口压力之间的内在关联。他认为，不发达和人口压力是并存的。现代意义上的人口压力已经不同于传统社会。传统的以农业为主要生产活动的社会，可使用人口-土地之比，即粗人口密度来表示。而今天的人口过剩包括多种含义，它是指特定国家、特定时期的人口与资源、利用资源的生产手段，以及分配之间的种种关系。赫茨勒把发达国家和发展中国家的人口压力分为三种类型：第一类是西欧、北美等现代化程度较高的地区，这些地区不存在人口压力；第二类是苏联、东欧、南欧、亚洲的日本等国家和地区，他们正处于现代化的发展过程中，人口压力大；第三类是亚洲、非洲和拉美一些不发达地区，那里的出生率很高，死亡率刚刚下降，人口增长潜力大。[3] 人口压力是相对于自然资源和生产能力承载力，或者是地球供养能力而形成的人口过剩状况，是人口规模与资源(水、土地、能源、空间等)、环境等外部系统不协调的问题。

(四) 泛指人口问题

所谓人口问题，是指人口与经济、社会、资源和环境的矛盾或问题，不仅包括人口数量、人口质量、人口结构和人口分布，也包括诸要素与经济、社会、资源和环境的矛盾，因此有些学者把人口压力分为人口数量压力和人口质量压力两个方面。也就是说，凡是有人口问题的地方就有人口压力，人口压力同人口问题共始终。

另外的含义是人口增长，尤其是人口的过快增长。凡是有人口增长的地方，就有人口压力，这种使用方法，在控制人口时代的政府部门较为流行。

综上所述，人口压力的含义随研究目的的不同而不同，在不同的场合有不同的含义。对人口压力研究的一个共同的趋势是，人口压力越来越被看成是人口系统与其他系统的不协调问题，而不是单纯人口自身的问题。既表现在人地关系及有形资源的占有方面，也表现在人口与无形资源的关系、社会经济发展、生活水平、现代化进程等方面。我们认为，随着社会经济的发展，人口压力更多地表现在人口与知识、技术、信息获取等无形资源的关系上。根据国内外的研究成果，这里将人口压力作如下界定。

人口压力是指人口的非适度状态，即人口系统与经济、社会、资源和环境等系统的不适

---

[1] J. D. 皮奇福德(1987),optimum population,参见《新帕尔格雷夫经济学大词典》。
[2] 朱国宏. 人地关系论[M].上海：复旦大学出版社,1995.
[3] 1956 年,J. O.赫茨勒出版的《世界人口的危机》一书，把不发达国家称作人口压力大的国家。

应或不协调,既包括人口的过剩,又包括人口的不足;既包括人口数量对其他系统的压力,又包括人口质量、人口结构等对其他系统的压力;既可以在人口增长率高的地区出现,又可以在人口增长率低的地区出现;既表现在人地关系等有形资源的占有,又表现在获取无形资源的能力、社会经济发展、收入分配和生活水平等方面。

二、人口压力评价的文献回顾

马尔萨斯用人口繁殖力与土地生产生活资料的能力的对比来分析人口压力,当代马尔萨斯主义的代表人物用人口与食物供给、人口与土地承载力、人口与经济增长和生活水平的提高等指标对人口压力进行评价。威廉·福格特(William Vogt)用一个表达人地关系的公式 $C=B/E$ 展开自己的分析:C 代表土地的承载力;B 代表生物潜能,即土地上的绿色植物为人类提供住所、衣着,尤其是粮食的能力;E 代表环境阻力,即限制资源利用的阻力因素。他认为,生物潜力的大小随着土地数量和土地质量两个因素而变化,环境阻力包括物理限制、生物限制和人类自我限制。福格特将人口压力的评价由单纯的经济学领域引向更广阔的资源环境利用领域。法国著名地理学家阿·德芒戎(Albert Demangeon,1872—1940)在对人口过剩和人口最佳状态的研究中指出:可用某些启示性的现象说明最佳状态,如人口密度和生活水平。人口密度不是一种完善的评估人口最佳状态的手段,因为它既不考虑土地的价值,也不考虑居民的质量。因此,分析人口最佳状态不仅考虑生产,也应谈到消费。"在居民情况相等的两个国家内,一个可能是人口过剩,如果它有更高的生活水平,要求高度的舒适;另一个可能不是,如果它的居民生活水平较低。这样,人们就能找到一个比较灵活、比较全面研究人口过剩概念的方法。"到 20 世纪 50 年代中期,汤普森(W. S. Thompson)和赫茨勒引向了更广泛的社会学领域。赫茨勒认为以农业为主要生产活动的社会可使用人口-土地之比评价人口压力,即粗人口密度。而今天的人口过剩包含多种含义,主要侧重经济发展的需要,以人均收入和人均产量最大值,即经济适度人口为测量点,同时兼顾其他社会福利因素。

《中国可持续发展战略报告》[①]从人口数量压力和人口质量压力两方面设计了一组指标定量测定中国各省、市、自治区的人口压力指数,包括人口数量(用人口自然增长率表示)、人口生存空间、人均教育年限和人口识字水平等。其中,人口增长率压力以各省、市、自治区人口自然增长率达到零增长时的距离和难度作为衡量标准。

上述关于人口压力的评价,对于人口压力研究具有参考价值,但也存在一定缺陷。赫茨勒提出了一些指标,但是没有进行量化,这主要是由于统计资料的局限。中国科学院可持续发展课题组虽然提出了评价指标并进行量化,但这些指标以及评价方法的不足是明显的。人口增长率固然是衡量人口压力的一个指标,但以自然增长率达到零时的距离和难度作为标准,实际中难以操作,因为何时人口达到零增长只是一种估测。实际上高人口增长率会带来人口压力,低人口增长率,甚或人口负增长同样会产生人口压力。

---

① 中国科学院可持续发展研究组.1999 年中国可持续发展战略报告[M].北京:科学出版社,1999.22.

三、人口压力的度量

(一)评价指标与假设

根据对人口压力的认识和前人的研究成果,同时考虑资料获取便利,本章对已有的研究做些修正与补充,从四个方面建立人口压力的评价指标并进行估算。

第一,人口增长压力,即人口自然增长率指标(Pg_{ij})。人口自然增长率越高,人口增长压力越大。

第二,现有人口生存空间压力,即人口密度指标(Pd_{ij})。人口密度越高,人口生存空间压力越大。

第三,人口素质压力(Pq_{ij}),用成人识字率(Pq_1)和每万人口中拥有的受过高等教育人口(Pq_2)两指标衡量。人口素质越高,人口素质压力越小。

第四,生活水平压力(Pc_{ij})用城镇居民人均消费支出(Pc_u)和农村居民人均消费支出(Pc_r)两指标衡量。消费支出越多,生活水平越高,说明人口压力越小,反之,说明人口压力越大。阿·德芒戎认为,"在比较生活水平时,人们才能确认出一种过剩状态""极度贫困,排除了一切人口最适度状态的观念,而且事实本身就是人口过剩的明证"。

(二)计量方法和步骤

1. 人口增长压力指数(Pg_{ij})

以各省份人口自然增长率绝对值的高低作为衡量指标。人口自然增长率绝对值最高者赋值为100,最低者为0,对各地区人口自然增长率进行评分或赋值,得分越高,人口压力越大;反之,人口压力越小。计算公式如下:

$$Pg_{ij} = (|R_{ij}| - R_{\text{MIN}})/(R_{\text{MAX}} - R_{\text{MIN}}) \times 100 \tag{9-1}$$

式中,Pg_{ij} 表示 i 地区 j 年的人口增长率压力指数(得分);R_{ij} 表示 i 地区 j 年的人口自然增长率;R_{MAX} 表示第 j 年各省份人口自然增长率绝对值的最高值;R_{MIN} 表示第 j 年各省份人口自然增长率绝对值的最低值。

2. 现有人口生存空间压力指数(Pd_{ij})

以人口密度(即人口-土地的比率)或人均耕地作为衡量指标。人口密度越大,人口压力越大;人均耕地越多,人口压力越小。人口密度最大的省、市、自治区赋值为100,最小的为0,各地区得分的计算公式如下:

$$Pd_{ij} = (D_{ij} - D_{\text{MIN}})/(D_{\text{MAX}} - D_{\text{MIN}}) \times 100 \tag{9-2}$$

式中,Pd_{ij} 表示 i 地区 j 年的人口密度得分;D_{ij} 表示 i 地区 j 年的人口密度;D_{MAX} 表示各省份人口密度最大值;D_{MIN} 表示各省份人口密度最小值。

3. 人口素质压力指数(Pq_{ij})

用成人识字率和每万人口中拥有的受过高等教育人口数量作为衡量指标,主要反映某地区获取资源的能力。成人识字率和受高等教育人口比重越大,人口素质压力越小。成人识字率或每万人口中受过高等教育人口数最高者赋值0,最低者为100,各地区得分的计量公式如下:

$$Pq_{ij} = (Q_{\text{MAX}} - Q_{ij})/(Q_{\text{MAX}} - Q_{\text{MIN}}) \times 100 \tag{9-3}$$

令 Pq_1 表示成人识字率压力得分,Pq_2 表示受过高等教育人口比重压力得分,根据两个因

素对人口素质压力的影响程度,分别设置系数为 0.3 和 0.7,则人口素质压力的总得分为

$$Pq = 0.3Pq_1 + 0.7Pq_2 \tag{9-4}$$

4. 生活水平压力指数(Pc_{ij})

反映生活水平的指标主要是人均消费支出、恩格尔系数等,在此选取城镇居民人均消费支出(Pc_u)和农村居民人均消费支出(Pc_r)两个指标,人均消费支出越大,生活水平压力越小。人均消费支出最高地区赋值为 0,人均消费支出最低地区赋值为 100。则有公式:

$$Pc_{ij} = (C_{MAX} - C_{ij})/(C_{MAX} - C_{MIN}) \times 100 \tag{9-5}$$

令 s_u 和 s_r 分别表示城镇人口和农村人口占总人口的比重($s_u + s_r = 1$),则生活水平压力指数的计算公式为:

$$Pc = Pc_u \times s_u + Pc_r \times s_r \tag{9-6}$$

5. 人口压力总指数的计算

根据四个评价方面在人口压力及缓解人口压力中的重要程度,确定其权重。以人地关系为核心的传统评价体系,主要借助于人口与有形资源的比率说明人口压力而一般不考虑无形资源。运用这一体系得出的结论只能是人口压力越来越大,人类前途越来越悲观,这与当代社会的事实不符。在现代社会,无形资源(如知识、技术、信息等)的重要性已显著上升,鉴于此,本书将各分指数的权重依次定为 0.2、0.25、0.3、0.25,则人口压力总指数的计算公式为:

$$P = 0.2Pg_{ij} + 0.25Pd_{ij} + 0.3Pq_{ij} + 0.25Pc_{ij} \tag{9-7}$$

(三) 中国人口压力的计量结果

应用上述方法对 2000 年和 2020 年全国 31 个省份(港、澳、台单独统计)人口压力进行评价并排序,结果如表 9-1。

按照人口压力总指数由高到低排序,2000 年最低地区依次是北京、上海、天津、浙江和辽宁,最高的五个地区是西藏、贵州、青海、云南和甘肃;2020 年最低地区依次是北京、上海、浙江、天津、江苏,最高地区前五位是西藏、贵州、广西、河南、江西。人口压力指数低的地区虽有个别变动,但一直是经济发达的东部省份。2000 年人口压力较高地区均是西部地区,2020 年变化较为明显。广西、河南和江西因为每万人中拥有的受高等教育人口数量和人均消费支出水平在全国省市中相对较低,人口素质压力指数和生活水平压力指数较高,导致人口压力总指数升高明显。除此之外,东北三省人口压力指数下降明显,得益于该地区广阔的耕地,人口密度较低。虽然该地区的人口素质和生活水平较高,但是近年人口负增长情况及其经济社会影响引发多方关注,人口问题不容乐观。

由 20 年前后对比分析可知:(1)不发达地区的人口压力一般较大,发达地区的人口压力一般较小。经济、社会的不发达与人口压力有着难舍难分的联系。要消除人口压力,必须变不发达为发达状态。(2)人口压力的大小不仅取决于人口与有形资源的关系,也取决于人口与无形资源的关系。传统评价体系主要借助于人口与有形资源的比率说明人口压力,而一般不考虑无形资源,因此传统评价体系得出的结论只能是人口压力越来越大,人类前途越来越悲观。现代社会,无形资源(如知识、技术、信息等)的重要性已显著上升,计算结果显示有形资源丰富、人口密度小的地区人口压力并不必然小;反之有形资源缺乏、人口密度大的地区,人口压力并不必然大。(3)长期以来,人们更多将人口快速增长、人口过

剩看作人口压力,现在地区人口零增长或负增长引发的人口不足、地区经济发展活力不足成为人口压力问题的新情况。

表 9-1　2000 年和 2020 年中国各省份人口压力指数

省份	2000 年		2020 年		省份	2000 年		2020 年	
	人口压力总指数	位次	人口压力总指数	位次		人口压力总指数	位次	人口压力总指数	位次
北京	10.34	31	26.07	31	湖北	48.18	20	50.63	20
天津	35.86	29	37.03	28	湖南	44.6	24	49.28	22
河北	53.45	13	54.16	13	广东	46.58	21	48.37	25
山西	56.27	10	55.12	11	广西	52.31	14	59.99	3
内蒙古	48.26	19	48.53	23	海南	57.59	8	55.86	8
辽宁	41.23	27	50.88	18	重庆	50.98	16	47.48	26
吉林	45.29	23	52.75	15	四川	51.65	15	49.52	21
黑龙江	45.6	22	55.68	9	贵州	67.77	2	62.97	2
上海	33.58	30	32.90	30	云南	60.17	4	56.40	6
江苏	43.02	25	40.42	27	西藏	73.01	1	72.45	1
浙江	38.09	28	35.60	29	陕西	50.27	17	51.75	17
安徽	57.72	7	53.06	14	甘肃	58.64	5	55.62	10
福建	42.16	26	48.53	24	青海	63.87	3	55.99	7
江西	54.99	11	56.56	5	宁夏	58.1	6	54.48	12
山东	49.38	18	50.72	19	新疆	54.52	12	52.68	16
河南	57.41	9	58.34	4					

注：根据式(9-7)计算得出人口压力总指数；2020 年成人识字率用 1 减去 15 岁及以上文盲率计算,人口密度用各地总人口除以 2017 年耕地面积计算。

资料来源：数据主要来自于《中国统计年鉴 2000》《中国统计年鉴 2021》以及 2000 年和 2020 年人口普查数据,其中 2000 年人口压力指数计算中的人口自然增长率为 1999 年数据。

　　本书给出的有关人口压力的研究框架,仍然是一种探索。测算人口压力,选取什么样的指标、确定什么样的权重,并不存在整齐划一的标准。所有这些取决于对人口压力的认识。因此人口压力的含义理解、指标选取、权重确定、总指数计算等问题的研究仍有进一步的拓展空间。

第二节　人力资源与人力资源优势

一、人力资源的概念与计量

(一)人力资源的概念

　　资源(resource)即资财的来源。英国古典经济学家威廉·配第的名言"劳动是财富之父,土地是财富之母",将劳动与土地视为资源。《韦伯·斯特新世界词典》(1974 年)把资源看作"某种可备利用,提供资助或满足需要的东西"。联合国环境规划署(UNEP)认为:"所谓资源,特别是自然资源,是指在一定时间、地点条件下能够产生经济价值,以提高人类当前和未来福利的自然环境因素和条件。"显然这一概念主要是自然资源,未包括全部资源。经济学中,通常把投入于生产活动中的一切要素称为资源。因此,我们可以把资源表述为:在一定的社会生产和技术水平下,自然界和人类社会中对人类有用的物质、信息和能量,即自然界和人类社会中一切有价值的物质。资源以自然、物质、人力、时间和信息五种形式存在。在五种资源中,人力资源是包括自身在内的一切资源的主宰。

人力资源的概念有以下几种:①人力资源是能够推动整个社会经济发展的具有智力和体力劳动能力的人们的和;②人力资源是指能够作为生产性要素投入社会经济活动的劳动人口;③人力资源的生产贡献是能够满足人类需要的人;④人力资源就是存在于人身上的社会财富的创造力,就是人类可用于生产产品或提供服务的体力、知识和技能;⑤人力资源是指能够推动整个社会经济发展的劳动者的能力,即处于劳动年龄的已直接投入建设和尚未投入建设的人口的能力;⑥人力资源就是劳动力资源,即可以从事社会劳动的那部分人口。

无疑,以上概念从不同的角度和侧面对人力资源的特征做了描述。但这些概念难以对一个国家或地区,对一个组织的人力资源进行计量。根据以上理解,从便于计量的角度,我们对人力资源做以下界定:人力资源是指一定时间、一定空间范围内的人口总体所具有的劳动能力之总和。作为一种经济资源,实质就是人所具有的运用和推动生产资料进行物质生产的能力。它包括体能和智能两个基本方面。体能、智力、知识、技能为人力资源现实应用状态,也是其作为资源的基本内容。这些具体的劳动能力,是人类所独具的,并以人体为载体。因此,在实际生活中,人力资源表现为有劳动能力的人口。

(二)人力资源的计量

人力资源既有质的规定性,又有量的可计量性;既是一个宏观上的概念,又是一个微观上的概念。因此,对人力资源的计量必须强调两点:第一,计量人力资源的单位是人,人力资源总量计量是宏观意义上的;第二,人力资源总量包括数量和质量两方面,即人力资源总量=人力资源数量×人力资源质量。

1. 人力资源数量

宏观意义上的人力资源称为社会人力资源,以国家和地区为单位进行计量,它是指在一定时期内国家或地区的劳动力资源,即可从事社会劳动的那部分人口。而微观意义上的人力资源以部门或企事业为单位进行划分和计量,它是指一个组织所有在岗人员的总和或在岗人员数。

人力资源的数量反映能够运用和推动物质资料的人数。一个国家和地区的人力资源数量由以下8个部分构成(见图9-1阴影部分):

(1) 处于劳动年龄①之内,正在从事社会劳动的人口,它占据人力资源的大部分,可称为"适龄就业人口"。

---

① 我国曾经规定劳动年龄的年限为男16~59岁,女16~54岁。国际上曾把15~59岁或者15~64岁的人口称为劳动适龄人口或生产年龄人口。为了统计资料获取的方便,本书采用国际标准。

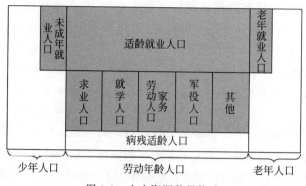

图 9-1　人力资源数量构成

(2) 尚未达到劳动年龄，已经从事社会劳动的人口，即"未成年劳动者"或"未成年就业人口"。

(3) 已超过劳动年龄，继续从事社会劳动的人口，即"老年劳动者"或"老年就业人口"。

(4) 处于劳动年龄之内，具有劳动能力并要求参加社会劳动的人口。这部分可称为"求业人口"。

(5) 处于劳动年龄之内，正在从事学习的人口，即"就学人口"。

(6) 处于劳动年龄之内，正在从事家务劳动的人口。

(7) 处于劳动年龄之内，正在军队服役的人口。

(8) 处于劳动年龄之内，其他有劳动能力的人口。

其中(1)～(3)构成"就业人口"的总体；(1)～(4)是现实的劳动力供给，这是直接的已经开发的人力资源，被称为经济活动人口或劳动力人口；(5)～(8)是间接的尚未开发的处于潜在状态的人力资源。在实际生活中，(2)和(3)一般占较少的部分，另外劳动适龄人口中丧失劳动能力的人口占的比重也不高，它同劳动年龄外实际从事社会劳动的人口可基本抵消。因此人力资源数量≈劳动年龄人口的数量。本书所谓的人力资源数量就用劳动年龄人口的多少来表示，即人力资源数量＝劳动年龄人口数量。

2. 人力资源的质量

人力资源质量是人力资源所具有的体质、智力、知识和技能水平。它反映推动不同类型、不同复杂程度、不同数量的生产资料的具体能力及其与物质资料相适应的劳动力结构状况。它包括思想素质、文化技术素质和生理心理素质三方面内容。思想素质包括政治觉悟、思想水平、道德品质等，主要指工作责任心、事业心、敬业精神、工作态度和思想状态；文化技术素质主要包括知识、智力和技能，这是人力作为资源所具有的质的规定性的重要方面；生理心理素质则包括体能和心理精神状态。

人力资源质量的计量主要有心理测试及教育水平、科技水平等，均具有较为成熟的方法。

心理测试主要有智商(IQ)和情商(EQ)两个评价指标。智商的高低表示一个人智力的高低，计算公式为智商(IQ)＝智力年龄(或心理年龄)/实际年龄×100。IQ 在 90～109 之间是正常水平，110～119 是中上水平，120～139 是优秀水平，140 以上是非常优秀水平，69 以下属于智力缺陷。

文化技术素质可用人口文化素质指数、专业人员①占全体劳动力的比重等指标进行计量。人口文化素质指数的计算公式为 $C=(16U+14A+12H+9M+6P)/\sum P$，其中 C 表示人口文化素质指数，U、A、H、M、P 分别表示大学、大专及在学、高中、初中、小学文化人口数量，16、14、12、9、6 分别为各文化程度人口人均受教育年数，$\sum P$ 表示总人口。C 越大，说明整体文化技术素质越高。

二、人力资源形成与人力资源优势

（一）人力资源的形成——人口资源化

人力资源的形成过程就是人口的资源化。人口资源化是指在人和社会双方的相互作用下，"自然人"或"生物人"成长为"社会人"的过程，是人口成为能创造社会财富、具有社会价值的人力资源的全部过程。

人口资源化有狭义和广义之分（见图9-2）。狭义的人口资源化是指人口在资源化中具备了为社会提供简单劳动能力或初步掌握了劳动技能，形成初级人力资源的过程。以首次参加工作为标志，职业生涯的开始正是狭义人口资源化的结束。广义的人口资源化是指人口在资源化过程中掌握了一定知识、技能和行为规范，具备了为社会提供复杂的劳动的能力或初级人力资源再经过资源化，形成中级或高级人力资源的过程。广义人口资源化过程贯穿于人的职业生涯开始之前到职业生涯结束，乃至生命结束的全过程。随着社会经济的发展，广义的资源化更符合社会发展的趋势，资源化应贯穿于职业生涯的全过程，乃至人的一生。

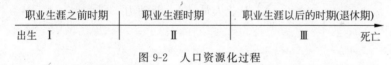

图 9-2　人口资源化过程

注：Ⅰ表示狭义的人口资源化过程；Ⅰ、Ⅱ和Ⅲ表示广义的人口资源化。

必须强调的是人口资源化是有条件的。一是时间，人生出来后，不具有任何劳动能力，需要一个成长、成熟的生理发育过程；二是消费，人力资源的载体是具有生命的个人的存在，无条件的消费是人口资源化的一个重要条件；三是对人的投资，这是实现人口资源化的积极而主动的一个条件；四是资源禀赋和资源约束，在一定条件下，劳动力和其他生产要素可相互替代。比如，在生产过程中，生产一定量的产品，既可使用较多的劳动和较少的其他生产因素，又可使用较少的劳动和较多的其他生产要素，劳动力和其他生产要素在一定范围内相互替代，从而使得人口资源化得以实现。五是制度安排，人口资源化是在一定的制度背景下实现的，制度既包括正式的制度，又包括非正式的制度，它对人口资源化的方向、方式、效率等有重要约束。

（二）人力资源优势

人力资源优势是一种综合优势，具体表现在数量、质量和结构三方面。在当今时代，经

---

① 即专业技术人员，包括工程技术人员、农业技术人员、卫生技术人员、科学研究人员和教学人员等。专业人员规模越大，占劳动力比重越高，反映人力资源的专业技术水平越高，人力资源的质量越高。

济发展主要取决于知识和科技进步。人力资源质量在社会经济发展中的地位日益重要，要求日益提高，需求日益强烈，而对数量的需求相对减弱。人力资源质量对数量的替代性在越来越多的国家、地区、行业日益增强，人力资源质量对其他资源的替代性日益受到重视。而数量对质量的替代性则较差，甚至不可能替代，在自然资源紧张的地方，凭借好的制度和高质量的人力资源仍然可以创造经济奇迹、增进社会福利，克服收益递减。因此，人力资源质量优势是人力资源优势的突出表现。一个地区、企业有没有人力资源优势，有没有竞争力，集中表现在有没有人力资源质量优势。

据此分析，衡量人力资源优势的指标主要有：

（1）人力资源率。人力资源率高，人力资源优势明显；反之，则无人力资源优势。

人力资源率＝人力资源数／人口总数×100％＝劳动年龄人口数／人口总数×100％

（2）社会负担系数。社会负担系数低是人口资源优势突出的表现。

社会负担系数＝被抚养人口（未成年人口＋老年人口）／劳动年龄人口×100％

（3）人力资源年龄结构系数。该系数高，特别是中年人力资源（30～44岁）的比重高是人力资源优势的体现。

人力资源年龄结构系数＝青壮年人力资源数（15～44岁）／人力资源数×100％

（4）人口文化素质指数，即 C（文化技术素质指数或人口教育程度指数）越高，说明越具有人力资源优势。

（5）专业人员占全体劳动力的比重。专业技术人员的绝对量和相对量越大，人力资源优势也越大。

$$\sum_{i=1}^{n} 专业人员 / \sum_{i=1}^{n} 劳动力$$

第三节　人口压力转化为人力资源优势的理论模型

人口数量多少并不代表人力资源的优劣状况。形成人力资源优势，实质就是把人口转化为资源，把蕴藏在人身上的积极性挖掘出来，做到人尽其才。

一、理论借鉴

（一）发展是硬道理

"人口问题本质上是发展问题"，这是国际社会人口与发展实践经验的总结。人口压力的大小，同一国的社会经济状况密切相关。马克思主义认为，"一切重要历史事件的终极原因和伟大动力是社会的经济发展"。[①] "一定形式的生产资料的扩展能力所设定的人口限制，随着生产条件而变化，收缩或扩大……人口的绝对增长率，从而过剩人口率和人口率也

---

① 马克思，恩格斯. 马克思恩格斯全集［M］. 第22卷. 北京：人民出版社，1979.

会随生产条件而变化"。[①] 李大钊认为,解决中国人口问题,"经济问题的解决,是根本解决"。毛泽东在批评美国国务卿艾奇逊时提出"革命加生产",以解决人口增长对吃饭问题的压力。邓小平同志强调,抓住时机,发展自己,关键是发展经济,发展才是硬道理。从根本上说,手头东西多了,我们在处理各种矛盾和问题时就立于主动的地位……只有当经济发展到一定水平,很多人口问题才能解决。比如说吃饭、住房、就业、人员外流、教育、文化、体育和其他公共福利事业的安排和精神面貌的变化、犯罪行为的减少等。[②] 人口转变理论分析了随着社会经济发展,人口再生产类型如何从"高出生—高死亡—低增长"转变为"高出生—低死亡—高增长"并进一步转变为"三低"模式,即随着经济发展不同国家或地区人口增长压力的演变过程。人口发展过程同社会经济发展有密切联系,它以社会经济条件的变化为前提。在传统农业社会向现代工业社会演进的初期,出生率下降滞后于死亡率,加速社会经济现代化过程,有利于缩短出生率下降时滞,实现人口转变。发展对这一转化之所以重要,原因主要是:第一,摆脱"马尔萨斯低水平陷阱"以后,经济发展将引发生育率下降(H. Leibenstein,1957),从而缓解人口自然增长压力;第二,经济增长与发展状况决定对劳动力的需求,从而决定就业水平;第三,经济增长与发展对人力投资、创新和创业活动、结构升级提供需求和激励;第四,现代社会的经济发展将加速孩子质量替代数量(Willis,1969,1976;Becker,1981)、专业化人力资本替代普通劳动力、集约增长替代粗放增长。

(二)计划生育模式

计划生育即一国政府颁布具体措施在人口领域内对人口的婚育行为进行客观指导。计划生育政策既可以是鼓励生育,也可以是控制生育。一国究竟采取哪一种政策,鼓励生育还是控制生育根据本国的具体情况来确定。第二次世界大战以后,发展中国家面对着比发达国家更严峻的人口形势,人口过快增长同经济、社会发展中的许多问题交织在一起,成为人口与经济、社会、资源、环境不可持续发展的"元凶"之一。许多发展中国家制定并颁布控制人口增长的计划生育政策。控制人口增长理论通常是以现有的人口总量过剩为前提,旨在剖析人口过速增长的背景、原因及后果,从而提出以降低人口自然增长率为主要目标的政策主张与行动方案。控制人口增长的理论可分为两大学派,以马尔萨斯"人口论"为基础的当代西方控制人口增长学说和以马克思主义"两种生产"理论为指导的计划生育模式。前者的实践主要在资本主义国家或其他私有制国家,后者的实践主要在公有制为基础的国家。

渊源于马尔萨斯人口论的控制人口增长的学说,把当代世界的各种人口经济问题,如第三世界人民的贫困、人口营养不足、经济增长及其自然资源耗费加快、环境污染,乃至战争、社会犯罪率上升等,似乎世间的一切问题都归结于人口增长,特别是人口过快增长。其理论观点主要包括人口压力与土地负载能力有限论、人口危机与社会发展停滞论、人口爆炸与生态环境恶化论、人口爆炸与自然资源耗竭论、罗马俱乐部的人口控制与物质增长极限论、人类有机增长论以及发展经济学家关于人口增长的主张等。

---

① 马克思,恩格斯.马克思恩格斯全集[M].第46卷下.北京:人民出版社,1980.
② 邓小平.邓小平文选[M].第三卷.北京:人民出版社,1993.参见邓小平同志1983年3月视察江苏后的谈话.

以马克思主义理论为基础的人口控制论认为，人口是社会经济活动的主体，人口的增长是促进阶级产生、私有制出现的因素之一。一定数量和一定密度的人口是社会生产的开端、社会分工的前提。马克思主义经典作家指出，社会主义社会在对物的生产进行调节的同时，也必须对人口的生产进行调节。社会生产从来都包括两个方面，即物质资料生产和人类自身的生产。这两种生产都是以人为主体的，都是人类为自己生存和发展所从事的生产活动，都是社会存在和发展的前提。两种生产互为条件、互相渗透、互相制约。在两种生产所形成的对立统一体中，物质资料生产处在矛盾的主要方面，居于支配地位，起着主导作用。物质资料生产决定人类自身的生产，人类自身的生产对物质资料生产起反作用。当人类自身的生产适应物质资料生产时，就推动物质资料生产的发展，当人类自身的生产与物质资料生产不适应时，就阻碍物质资料生产的发展。控制人口数量、提高人口质量，目的在于使人口增长与经济发展相适应。

人口控制对转化人口压力的作用机制为：减慢了人口增长速度；在资源一定的情况下，增加了人均资源占有量；直接缓解发展中国家在就学、住房、交通等方面的压力；提高了人均人力资本投资；在长周期中可减少劳动力供给，消除或缓解由于人口过度增长所造成的劳动力闲置和不得其用。

中国的计划生育是以马克思主义"两种生产"理论为指导，基于当时人口众多、增长过快、资源相对不足的国情而实施的，目的在于人口增长与经济发展相适应。自20世纪70年代开始实施的计划生育政策对控制人口过快增长、降低人口负担，创造有利于经济发展的"人口红利"，缓解人口对资源环境、社保和就业的压力做出了重要贡献，对提高综合国力意义重大。经过几十年的政策实施以及伴随经济发展水平的提升、社会转型和生育观念转变，高生育率水平得到有效控制，人口增长速度迅速回落，进入低增长、零增长甚至负增长阶段。中国人口发展的内在动力和外部条件发生转折性变化，人口发展的主要矛盾由数量压力转变为结构挑战。中国适时调整生育控制政策，实行向支持生育的政策转变，有利于促进人口长期均衡发展。

应当说人口控制论所揭示的规律，反映了多数欠发达国家的实际，因而对当今欠发达国家或地区仍然有重要的政策启示。人口控制对转化人口压力的作用机制为：减慢了人口增长速度；在资源一定的情况下，增加了人均资源占有量；直接缓解发展中国家在就学、住房、交通等方面的压力；提高了人均人力资本投资；在长周期中可减少劳动力供给，消除或缓解由于人口过度增长所造成的劳动力闲置和不得其用。

（三）结构跃迁与乡-城迁移模型

从人力资源配置角度来研究产业结构演化的配第-克拉克定律指出，随着人均国民生产总值和农业劳动力边际生产率的提高，农业部门所需的劳动力在总劳动力中的比例不断下降，第二、第三产业所占比例不断提高。劳动力首先由第一产业向第二产业转移，然后由第二产业向第三产业转移。刘易斯[1]（W. A. Lewis，1954）探讨了发展中国家传统部门的劳

---

[1] 刘易斯（William Arthur Lewis，1915—1991），在经济发展方面做出了开创性研究，深入研究了发展中国家在发展经济中应特别考虑的问题，于1979年获诺贝尔经济学奖。

动力转移和现代部门的就业,提出了著名的"二元经济模型"。该模型指出,在那些相对于资本和资源来说人口如此之多,且经济规模巨大的部门里,劳动力无限供给可以说是存在的。这就要求,资本要尽可能多地使用劳动力,直至边际劳动生产率降到零。典型的不发达经济面临"二元经济结构",即一个市场导向、技术先进的现代城市工业部门与一个庞大落后的、传统的、乡村的、仅仅维持生存的农业部门,亦即"资本主义部门和生存部门"。"二元经济结构"转变就是由传统农业部门为主向现代工业部门为主的转变,实质是劳动力由乡村转向城市,实现非农化和城市化的过程。

后来,拉尼斯(Rains. G)和费景汉(Fei. J)运用较严密的数量分析方法将"二元经济"理论规范化。他们将发展中国家二元经济转化的过程分为三个阶段,系统分析了农业剩余在这三个阶段中的重要作用。第一阶段,由于劳动边际生产率为零或接近于零,撤走任何数量的劳动力不会减少农业总产出,因此,二元经济转换不会受到阻碍。第二阶段,在工业推动下,农业生产率有所提高,其剩余产品可以满足非农部门的消费需要,实现工业化和经济起飞。第三阶段,经济起飞,劳动力由农业部门向非农业部门转移,农业部门的失业后备军就会逐步地吸收干净,随着转折点和完全商业化(commercialization)的出现,经济上的这种二元特点消失。农业部门便完成其决定性的历史使命,从而中心便转移到工业部门上来(Fei. J & Rains,1964)。总之,结构跃迁模型强调,通过产业结构的升级,把劳动力从低级产业部门转移到高级产业部门,或者说把人力资源从较低生产率的部门配置到高生产率部门,这就是人口压力缓解和人力资源优势形成的标志。

迈克尔·托达罗(Michael P. Todaro)对"刘易斯-费景汉-拉尼斯"模型建立了一个附加城市失业的欠发达国家的劳动力迁移模型。他认为,城市也同样存在传统部门和现代部门。在现实中,农业劳动力很少是直接进入现代部门的,他们大量进入的是城市的传统部门。这些部门是使用劳动密集方式和简单技术小规模生产的生产和服务部门。城市传统部门吸收农村人口有这样一些好处:城镇传统部门的经济剩余有利于城镇经济发展;传统部门比现代部门所需就业费用少得多,有利于在资金短缺的情况下发展;传统部门利用廉价的费用就能培训劳动力,是一种重要的人力资本形成方式;传统部门可以吸收现代部门所不能吸收的大量不熟练和半熟练劳动力;更能利用适宜技术来开发本地资源;能促进废物利用;有利于穷人收入增加。托达罗进一步指出,劳动力迁移的方向一般是由农村流向城市,这种迁移主要取决于城乡劳动力市场的工资比较。同时,由于城市的失业现象已十分严重,并非每个移民都有希望在那里找到工作,迁移还要受到获得工作的概率的影响。用以消除失业的政策在注重提高工作创造的同时,还必须注重消除城乡收入差别。

用人口压力来解释迁移的模型认为,迁移已不是减轻人口压力的有效手段,一个国家人口过剩已不能通过向外移民来医治了。但将迁移和有组织的技术扩散、文化扩散结合起来,不仅可以促进国家间人均收入的均衡化,还可以缩小不同经济结构的差别。由于迁移对减轻人口压力的作用已经下降,文化和技术逐渐替代迁移来发挥作用,或者和迁移共同发挥作用。

(四)人力资本和人力政策理论

人力资本是体现在人身上的技能和生产知识的存量。亚当·斯密把工人技能的增进视为经济进步和经济福利增长的基本源泉,他首次论证了人力资本投资和劳动者技能如何影响个人收入和工资结构。阿尔弗雷德·马歇尔强调人力资本投资的长期性质和家庭在从事这种投资中的作用。洛特卡（Alfred James Lotka,1880—1949）和达布林（Dublin）提供了人力资本在数量方面的应用,估算了个人收益的现值。奈特（Frank Knight）指出,在经济增长中,增加生产知识的社会存量有助于克服收益递减规律。舒尔茨（Thodore W. Schults）和丹尼森（Edward F. Denison）测算了教育在经济增长中的贡献。舒尔茨采用了总括的人力资本概念,强调以教育、培训和扫盲为基础的工人技能的长期改善;但他也指出,进步的根源在于健康状况的改善与长寿、儿童死亡率下降和家庭有较多的资源用于子女,以及受过教育的人具有更有效的经济核算能力。米勒（Herman Miller）对达布林和洛特卡的估算进行补充和修正后发现,教育与个人经济成功之间存在着一种紧密而有规则的联系。贝克尔提供了人力资本的基本概念构架。

把人力资本用于分析职业选择,最早而且至今仍有重要意义的研究,要归功于弗里德曼（Milton Friedman）和库兹涅茨（S. Kuznets）。弗里德曼认为较长期的收入前景在年轻人的职业选择中将起重要作用,而短期的和暂时的波动则具有较小的意义。当前的市场状况对职业选择有较大的影响,而且某一特定职业的供给相对于现行工资率是有弹性的。从经验上分离长期前景的影响比较困难,因为它们取决于预期的具体内容和未来的收益预期与现在的和过去的预期实现之间的关系。就一个人在选择某一职业后就被"锁在"里面而言,长期预期应当是选择的主要决定因素。这一研究成果的启示是,培训后将有相当大的流动性和重新调整职业选择。[①]

人力资本投资的内容是多方面的,其中主要是指教育支出,医疗保健支出,劳动力国内流动的支出或用于移民入境的支出等,即"用于增加人的资源,影响未来货币和消费的投资"（贝克尔）。通过对人力资源一定的投入,使其质量和数量指标均有所改善,人力资本投资的收益或报酬在于提高了一个人的技能和获利能力,提高决策效率。人力资本和人力资本投资理论揭示出人力资本投资是形成人力资源优势的重要手段。

与人力资本相近的另一种理论是着眼于改善劳动力供给的人力政策理论。人力政策理论的目的在于使劳动者与就业机会更相适应,从而降低失业水平。摩擦性失业和结构性失业是由于信息不通、工作转换的时滞以及劳动力的技能与市场所需不一致引起的。人力政策包括三个方面:第一,提供职业训练。政府举办或鼓励举办各类学校,加强对工人的教育和训练,使他们能适应技术要求更高的工作。第二,提供就业信息,政府建立各种就业服务机构,向失业工人提供就业机会的信息,资助他们搬迁,加强劳动力的流动。第三,反对就业歧视、种族政策、宗教歧视和性别歧视,政府要通过旨在确保劳动力市场公平的立法逐步消除这些歧视。人力政策理论通过改善劳动力供给以减轻失业的做法,实际上起到了缓解人口压力、形成人力资源优势的作用。

（五）制度激励模型

人口压力转化为人力资源优势依赖于特定的制度环境。舒尔茨论证了人力资本投资、人的经济价值提升和制度之间的关联。人力资本在寻求其自身参与权时要求表明制度的

---

① 见《新帕尔格雷夫经济学大辞典》"人力资本"词条,第736—744页。

状况。人的经济价值的提高产生了对制度的需求,诸如劳动力市场价格的提高、人力资本投资的报酬率提高和消费者可支配收入增加,一些政治法律制度就是用来满足这些需求的。[①] 道格拉斯·诺斯(Douglass C. North)[②]在《经济史上的结构和变革》一书中说:"制度是一系列被制定出来的规则、守法程序和希望的道德伦理规范,它旨在约束追求主体福利或效用最大化利益的个人行为。"制度通过产权、国家和意识形态等环节影响行动的动力和交易成本,从而对人的行为产生约束。当代激励理论设计了一整套方案以激励人的行为,这些理论模型(见图 9-3)包含以下内容。

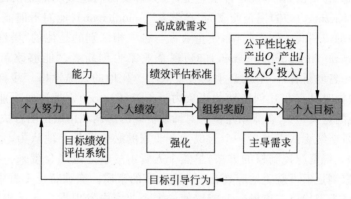

图 9-3　当代激励理论的综合模型

（1）目标设定（goal setting）理论。模型中的目标—努力环路,设定一个难度且具体的目标,一旦被接受,将会比容易的目标更能激起员工的努力,产生高水平的工作绩效。它意味着,我们应该注意目标指导行为。

（2）期望理论。模型中的灰色部分表述了这一理论的内容。如果个体感到在努力与绩效之间、绩效与组织奖励之间、奖赏与个人目标的满足之间存在密切联系,那么他就会付出高度努力。然而每一种联系又受到一定因素的影响。如努力—绩效之间的联系受到个人能力、绩效评估系统的影响,要求绩效评估系统必须客观公正。绩效与组织奖赏之间的关系会因个体因绩效因素受到奖赏变得更加紧密。组织奖赏同个人目标的联系中,需要理论起着主导作用,当某人因绩效因素获得奖赏满足其目标一致的主导需求时,他的工作积极性会非常高。

（3）强化理论。强化理论认为人的行为是外部因素控制的。斯金纳(Burrhus Frederic Skinner)的观点是,当人们因某种理想行为受到奖励时,它们最有可能重复这种行为。当这种奖励紧跟在理想行为之后,奖励最有效;当行为没有受到奖励或者受到惩罚时,其重复的可能性则非常之小。但强化的重点应放在积极强化而不是惩罚上。

（4）公平理论。如果个人(I)的产出/投入与他人(O)的产出/投入相等,就是一种公平状态,否则,即为不公平。个体通过公平性比较,当不公平发生时(或者当事人感到不公平

① T. W. 舒尔茨. 制度与人的经济价值的不断提高[M]//R. 科斯,等. 财产权利与制度变迁. 上海:上海三联书店、上海人民出版社,1994.

② 道格拉斯·诺斯（Douglass C. North）是美国经济学家、历史学家,是新经济史的先驱者、开拓者。由于建立了包括产权理论、国家理论和意识形态理论在内的"制度变迁理论",获得 1993 年诺贝尔经济学奖。

时),尤其是当事人的产出/投入小于他人(O)的产出/投入时,会感到心理失衡且不安,这样就起不到调动积极性的作用,甚至使当事人做出负面的行为。

激励理论表明,如果能把潜藏在每个人身上的能力充分挖掘出来,产生以一当十、以十当百的乘数效应,人口多没有什么可怕,关键在于一套好的制度,制度比技术更重要。

(六)创业与企业家功能理论

企业家的本质是创新,是那些在现有企业中具有创新心态和创业行为的领袖人物。奈特(Frank Knight,1921)指出,在不确定性下企业家的"首要的问题或功能是决定干什么以及如何干"。科斯纳(Kirzner,1979)视企业家为"经纪人"(middleman),他们不但能感受到机会,还能捕捉住机会并创造利润。他还强调,使企业家与旁人相区别的是他的"悟性"和特殊的"知识"。熊彼特(Joseph Alois Schumpeter,1934)视企业家为创新者,"能够改革和更新生产方式"。要想成为一名创新者,一个人必须具有置敌手于死地的残酷性格。沙科(Shackle)强调企业家在做出抉择时具有非凡创造性的想象力。卡森(Casson)则把这些企业家的概念给予综合和扩展。他的定义是:"企业家是擅长对稀缺资源的协调利用做出明智决断的人",是"市场的创造者"。科斯纳否认资本是一个人成为企业家的必要条件。他认为,企业家的天赋才能能够使他找到获得资源控制权的方法,虽然个人资本的缺乏也许会带来一些意外的困难,反过来看,资本家倒是不可避免地应具有一些企业家的素质。熊彼特也不看中资本对企业家的重要性,并且认为现代资本市场一般能够使一个企业家去发现肯为他承担风险的资本家。莫迪里亚尼①(F. Modigliani,2001)认为,在某些地区,生产率较低而失业率较高,这种现象反映了企业家的缺乏。② 张维迎曾经证明,在市场经济中,均衡的结果是有才能又有财产的人成为"企业家"。③ 创业理论认为,创业精神就是创新精神、冒险精神和科学精神的综合。

发挥企业家功能对人口压力转化为人力资本优势有重要作用。①企业家就是一种人力资本,具有创业、创新和企业家精神的地区,就是具有人力资源优势的地区。②企业家把资本、劳动、技术等生产要素进行创新性组合和有效配置,实现了经济增长,带动了人力资源的需求。③企业家才能的发挥可以凝聚社会急需的人力资本。企业家具有的创新精神、冒险精神和科学精神对于发展风险投资、高新技术和战略性新兴产业有重要意义。对于一个国家来讲,风险投资对高新技术的推动,不仅仅表现为塑造一两个成功的高科技企业,而是在强烈的竞争氛围下形成一种"一马当先,万马奔腾"的气势,促成高科技产业诞生和成长,并为风险投资和高新技术产业发展凝聚人力资本。④市场经济条件下的就业不足实质上是创业不足、企业家不足。为具有企业家才能的人提供市场准入的机会,通过企业家去开拓市场,搞活企业,形成吸收就业的能力,才能解决就业问题。

(七)创建学习型组织理论

早在 20 世纪 70 年代初,联合国科教文组织就明确提出了创建"学习型社会"的目标。1990 年,彼得·圣吉(Peter Senge)教授发表了《第五项修炼——学习型组织的艺术与实务》的论著,总结推出了一套完整的操作性很强、理论与实践相结合的新型企业管理方法,

---

① 弗兰科·莫迪里亚尼(Franco Modigliani,1918—2003),意大利裔美国经济学家,经济学上最主要的贡献是提出了家庭储蓄的生命周期假说,1985 年获得诺贝尔经济学奖。

② [美]F. 莫迪里亚尼. 莫迪里亚尼文萃[M]. 北京:首都经济贸易大学出版社,2001:544.

③ 张维迎. 企业理论与中国企业改革[M]. 北京:北京大学出版社,1999:53-61.

掀起了组织学习和创建学习型组织的热潮。

所谓学习型组织,是指通过培养弥漫于整个组织的学习氛围、充分发挥员工的创造性思维能力而建立起来的一种有机的、高度柔性的、扁平的、符合人性的、能持续发展的组织。这种组织具有持续学习的能力,具有高于个人绩效总和的综合绩效。学习型组织的特征包括:①组织成员拥有一个共同愿景(shared vision);②组织由多个创造性个体组成;③善于不断学习,即"终身学习""全员学习""全过程学习"和"团体学习",学习型组织通过保持学习的能力,及时铲除发展道路上的障碍,不断突破组织成长的极限,从而保持持续发展的态势;④"地方为主"的扁平式结构,学习型组织的组织结构是扁平的,即从最上面的决策层到最下面的操作层,中间相隔层次极少;⑤自主管理,组织成员能边工作边学习并使工作和学习紧密结合;⑥学习型组织边界的界定,建立在组织要素与外部环境要素互动关系的基础上,超越了传统的根据职能或部门划分的"法定"边界;⑦员工家庭和事业的平衡;⑧在学习型组织中,领导者是设计师、仆人和教师。

创建学习型组织对开发人力资源的作用机制在于:培养共同愿景,增强人力资源对组织的向心力和凝聚力,发挥人力资源的群体效应;学习是人力资本积累的重要方式,强调团队学习和团队成员之间的相互学习,可提升整个团队的人力资本;工作学习化、学习工作化,边工作、边学习,工作与学习紧密结合,在提高组织生产效率的同时,也增进了人力资源技能;家庭和事业之间的平衡,可协调组织内外的人力资源。

(八)非正规就业理论

非正规部门和非正规就业的概念最早由国际劳工组织(ILO)在 20 世纪 70 年代提出。国际劳工组织 1999 年的定义为:非正规部门主要是指规模很小的从事商品生产、流通和服务的单位。其主要包括:微型企业、家庭型的生产服务单位、独立的个体劳动者。我国的非正规就业主要是指广泛存在于非正规部门和正规部门的,有别于传统典型的就业形式(见图 9-4),包括:①非正规部门里的各种就业门类;②正规部门里的短期临时性就业、非全日制就业、分包生产或服务项目的外包工人等,即"正规部门里的非正规就业"。

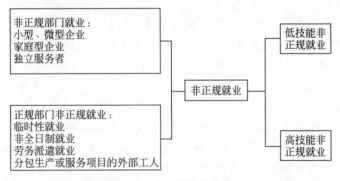

图 9-4　非正规就业分类

非正规就业已成为发展中国家城市最主要的就业渠道和新增加就业岗位的来源。在发达国家,非正规就业方式也是重要发展趋势。[①] 非正规就业对人口压力转化为人力资源

---

① 胡鞍钢、杨韵新.就业模式转变:从正规化到非正规化[J].管理世界,2001(3).

优势的重要意义在于:解决经济发展过程中就业压力的重要途径;吸收农村剩余劳动力的重要渠道。在现实中,农村劳动力很少是直接进入现代正规部门的,他们大量进入的是城市的非正规部门。这些部门是使用劳动密集方式和简单技术小规模生产的生产和服务部门,所需就业费用比正规部门少得多,有利于在资金短缺情况下发展。非正规部门利用廉价的费用就能培训劳动力,是一种重要的人力资本形成方式;能够吸收正规部门所不能吸收的大量不熟练和半熟练劳动力,有利于穷人和弱势群体增加收入。随着互联网科技的发展,平台经济和零工经济兴起,成为非正规就业的新形态和新模式(参见专栏9-1)。

专栏 9-1　零工经济

零工经济即 gig economy,其中"gig"在早前是指演出地点、时间、报酬不断变化的音乐人,后来又演化成"打零工",强调工作的项目性和临时性,工作主体多为自由职业者,以任务结果为导向,按件或按项目计酬,属于非正规就业的一种模式。随着互联网技术不断发展,零工经济被赋予新的内涵,指劳动者高度灵活地利用闲暇时间、已有技能,借助数字技术平台发展的一种在线劳务交易模式。

零工经济作为一种新兴的经济模式已在全世界兴起。英国有4.4%的成年人从事零工经济,2.4%的成年人至少每月从事一次。根据《2021数字化零工就业质量研究报告》,截至2020年,中国依托在线劳动力平台工作的零工从业者人数已经超过了8 000万。特别是在新冠肺炎疫情期间,为了维持和增加收入,越来越多的人们选择进入在线劳动力平台工作。根据Statista发布的数据,2020年,美国有高达5 900万人全职从事零工工作,比疫情前的2019年增加了近1 300万人。根据阿里研究院的预测,到2036年,中国将有多达4亿名零工经济下的自由职业者。

零工不再是狭义上的兼职,而是一种新的经济形态,零工经济成为人力资源的新型分配形式。它可以迅速响应市场需求,从而使资源及时配置到位。在零工市场平台的赋能下,供需双方能够借助网络连接、全方位的高效服务和平台的大数据实现精准人岗匹配,提供众多就业岗位。

零工经济催生了更多新职业。除了快递小哥、网约司机、保洁员、网络主播等灵活就业者外,随着新经济新业态的发展,移动互联网技术更加成熟,共享经济下的平台用工、众包员工、网约工、"远程零工"等多种新型用工模式的兴起,使企业"不求所有,但求所用"成为现实。特别是新冠肺炎疫情下的共享员工模式,很好地满足了企业用工需求,体现出灵活用工的显著优势。

零工经济正在改变许多人的就业意义,对于促进就业和经济发展具有正面作用。同时零工经济会使工作碎片化,增加临时性,打破现有的标准化雇佣关系,对人力资源管理理论和实践带来机遇和挑战。尤其是零工经济平台和从业人员形成的是具有新型特点的劳动关系,往往没有签订正式劳动合同,因此在劳动关系、社会保障、员工权益等方面还存在许多问题,需要企业、政府、社会多方努力和完善。

资料来源:毕京福.零工市场:扩就业大有可为[J].中国就业,2022(3):8-10.

亚历克斯·伍德,马克·格雷厄姆等.全球零工经济中的自主性与算法控制[J].严宇鸣,石朝旭,译.国外社会科学前沿,2022(5),43-57.

二、人口压力转化为人力资源优势的机制——一个综合模型

综合上述理论,我们得到一个关于人力资源优势形成的综合模型(见图 9-5),这一模型包含以下内容。

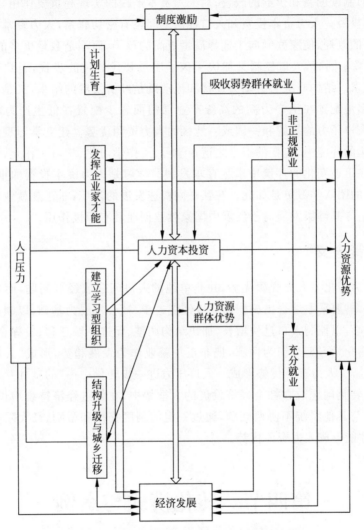

图 9-5　人口压力转化为人力资源优势的综合模型

(1)人力资源优势不会自动生成,必须通过一定的模式进行开发。具体包括:发展经济、计划生育、结构升级和乡城迁移、人力投资、制度创新与激励、创业与企业家精神、建立学习型组织和鼓励非正规就业等。

(2)转化人力压力是一项复杂的系统工程。经济发展是基础,人力资本投资和制度创新与激励是核心和关键,计划生育、发挥企业家才能、建立学习型组织、加快结构升级、鼓励乡城迁移是重要手段,非正规就业是吸收弱势群体就业,增加穷人收入的重要渠道,也是就业方式的重要发展趋势。

（3）在系统中,形成人力资源优势的各种模式是相互依存、相互制约的。经济发展是基础,然而它又受到一系列因素的影响,如人力投资、具有创新和创业精神的企业家群体、产业结构变迁和劳动力的流动与迁移。同时制度作为发展的软件,具有极端的重要性,为诸种模式作用的发挥提供动力和激励。人力资本投资引致的人的经济价值提高产生了对制度的需求,而制度创新和供给的改善,对人力资本产权的实现起重要作用,并引发对人力资本进一步的投资。人力资本投资和人口控制之间也有密切联系,人力资本投资会引发家庭对孩子偏好的改变,使家庭倾向于选择质量更高的孩子,而不是数量更多的孩子,从而有利于生育率下降;同时,人口控制又加快了孩子质量替代数量的步伐,引致对人力资本投资的进一步需求。结构升级与劳动力迁移和流动既是经济发展的结果,又是经济发展的动力,劳动力较多地配置在生产力高的高级产业部门而较少配置在低生产力的初级产业部门,就意味着人口压力的缓解和一国或一地区的人力资源优势。建立学习型组织模式则表明,在急剧变化的环境中,应变的根本之道在学习,工作学习化、学习工作化,工作与学习紧密结合,才能在迅速变化的环境中求生存求发展。学习是人力资本投资的重要方式,旨在培养共同愿景的团队学习更是如此。在互联网快速发展的当下,非正规就业也出现很多新形态新模式,引导其健康发展对于发展中国家就业创业具有积极作用。

三、政策含义

把人口压力转化为人力资源优势,并非单纯的人口问题或经济问题,而是一项复杂的社会系统工程,需要采取综合措施。以促进经济进步、社会发展为基础,以制度创新和人力资本投资为核心,以控制人口过快增长、加快结构调整、促进乡城迁移、发挥企业家才能、培育创业精神、建立学习型组织为两翼,把非正规就业作为发展趋势,形成"人口压力—经济发展—制度创新—人力资源优势形成—人口压力进一步转化……"的良性互动。只有主动地把人口压力转化问题放在社会经济发展的大框架中,在促进经济持续增长的同时,重视解决人口系统与其他系统不协调问题,通过一定的制度安排和激励,最大限度地发挥人的主观能动性,才能形成人力资源优势。

第四节　转化模式与案例

一、日本的经验

日本堪称把人口压力转化为人力资源优势的典范。作为一个资源贫乏的国家,第二次世界大战期间物质财富遭到重创,但战后很快得以恢复和发展,原因是多方面的。例如充分利用了战后有利的国际条件,制定外向型的经济发展战略,符合国情的、高储蓄、低军费开支的社会经济政策等。除此以外,人力资源开发也为日本的经济奇迹提供了人力支持。从战后的发展历程看,日本主要采取了以下措施。

（一）制定合理的人口政策，重视优生

在第二次世界大战前很长的历史时期里，鼓励生育是主基调。战后初期，面对人口激增，日本政府采取了带倾向性的人口控制政策。1948年，议会修改了1940年的《优生保护法》，准许人工流产；1949年政府批准生产和销售避孕药品；1950年做出普及节制生育的决定。由于措施得当，日本的人口控制工作取得了显著成效。1946—1950年，日本人口出生率年均在33‰左右，与已进入老年型社会的多数发达国家相反，人口结构出现年轻化趋势。但20世纪70年代，日本人口再生产类型就发生了根本变化，转入"低死亡、低出生、低增长"阶段。20世纪90年代后期，日本已经成为世界上少子老龄化最严重的国家，0～14岁少年儿童人口的比例已低于65岁及以上人口。随着"少子老龄化"问题的日益突出，日本政府和社会越来越重视从各个环节完善鼓励生育的制度，很多大企业也积极响应，在生育方面给职工提供更多便利。[1]政府推出了一系列对策，如"天使计划"《育儿休业法》《雇佣保险法》等，地方政府为鼓励在本地区居住的已婚妇女生育子女，特设"生育奖励金"，尽可能减少因抚养子女所带来的经济上的损失。

（二）高度重视教育发展，为经济发展培养大批优质劳动力

日本在战前就普及了4年及6年制义务教育，1950年9年义务教育完全普及。与此同时，大力发展高等教育。战前，全国只有47所大学；战后，以原来的国立大学、高等学校和专科学校为基础，在全国新建立了230所4年制大学；目前，日本的大学已达到1 000多所。1955年，日本在25岁以上的人口中，受过高等教育的占3.1%，受过中等教育的占12.6%，受过义务教育的占78.3%，三项合计94%。大学升学率1955年为18.4%，1985年提高到37.6%，大学教育进入了"大众化阶段"。1956—1978年，教育经费在行政费中的比率达20%～23%；1978年，教育经费占国民收入的比重为7.1%，人均教育经费为1950年的51.46倍。除此之外，还有一个由企业职工在职教育、技术培训、职工业余教育和社会教育所组成的遍及全民、多层次、庞大的教育网络。许多企业家把教育作为企业对社会的义务，在管理中充分利用了教育这一手段。企业教育的内容十分广泛，包含经营理念、价值观念、行为规范、业务技术等。重视教育的结果之一是树立了高度献身精神的劳动道德，还使企业更具竞争力。

（三）把创造人当作企业的宗旨

美国学者傅高义在《日本：世界第一》一书中说，如果只举出一个原因来说明日本的成功，那就是不断地、集体地对知识的追求。对日本的企业来说，表现为对知识的载体——"人"的追求上。如松下电器公司认为，松下公司是培养人才的公司，同时兼做电器生意。

（四）通过高效率的技术引进和研究开发（R&D）带动人力资源质量的提高

从20世纪50年代起，日本大量引进技术，并在此基础上进行研究开发（R&D），以技术贸易逆差换取商品贸易顺差。1966—1975年，其在R&D上的费用增加居世界首位，年

---

[1] 《日本经济新闻》2007年6月17日报道，日本富士胶片公司将从2007年7月开始推出一系列鼓励生育的措施，其中包括给生育第三胎的职工发百万日元红包。

均增长率为20.1%，增长速度为美国的3.6倍，联邦德国和法国的1倍。技术引进和R&D活动，促进了人力资源质量的提高和优质人力资源的需求。反过来，人力资源质量的提高，又加快了技术的引进和吸收。1997年，日本的基础研究经费增速10.2%，科学研究补助金为1122亿日元。人均科研经费仅次于美国居世界第二位。

（五）强调"和"的用工制度，增强企业职工的团结和士气

日本劳动力市场的用工制度明显受到一种日本人称之为"和"的集团意识的支配。它的主要内容是和谐、团结与合作。在集体意识的支配下，很多企业的用工制度都采取了终身雇佣制、年薪序列工资制和企业内部工会制的惯例。于是，在企业内部形成了较大的合力和士气，有力地提高了劳动者的工资效率。但是，日本的劳动力市场又是一个竞争的市场，劳动者职业的稳定性和收入的高低都是与劳动者所在企业的效益及劳动者本人的表现紧密相连的。如果劳动者所在企业破产，劳动者也要失去工作。企业内部的晋升制和报酬制都具有激励劳动者积极竞争、讲求效率的作用。另外，职工退休时可得的离职费很高，一旦离开本企业到其他企业找好工作比较难，也是日本劳动力市场竞争性很强的原因。① 这种竞争性劳动力市场和集团意识的有机结合，产生了积极的效果：企业与职工建立了长期稳定的关系，形成了"利益共同体""命运共同体"，培养了员工对企业的忠诚心和归属意识；稳定了熟练工人队伍；有利于企业的人力资本投资以及新的管理制度、工艺流程、自动化机器在企业中的实行和推广。但随着企业面临的经营环境的变化，其弊端也日益突出：窒息了个人的创新精神，缓慢的晋升和评估，人员缺乏流动，形成了员工对企业的过分依赖。

二、产业升级、结构调整与人力资源超前开发紧密结合的韩国模式

随着产业结构的调整和升级，韩国采取了有针对性的开发措施，以满足产业发展对人力资源的需求。

20世纪60年代发展劳动密集型产业需要大量技术工人，形成了对初级人才的大量需求。韩国政府提出"教育立国"的口号，主要做法是普及小学教育，发展初中教育；强化产业教育、技术教育；改革中等教育结构，发展急需专业，将发展职业技术教育置于教改的核心，把科技放在教育的首位；扩大初级实用学院，培养大批急需实用性人才。70年代需要大量的具有一定适应能力和较大灵活性、较高创造性的高素质劳动力，尤其是懂专业、精技术、善管理的中级技术人才和管理人才。在这种背景下，采取的措施有：(1)政府制定了以培养中等技术人才为主、高级科研人才为辅的人力开发目标；(2)普及初中教育，大力发展高中教育和大学专科科技教育；(3)重视中等职业教育，积极鼓励和推进企业教育，促进职业教育，向多层次的和高层次发展，形成了新型的职业教育体系。

20世纪80年代以来，随着知识密集型产业的发展，形成了对通才的大量需求，尤其是一些懂技术，精开发，应变能力、创新能力强的高新技术领域的工程师和科学家的需求。这一时期采取的措施是：(1)在全民中开展科技教育，建立了系统的科技教育体系；(2)有重点地培养高层次科技人才，实施以发展大学和研究生教育为龙头的新教育策略，大力培养

---

① 裴小革.东亚劳动力市场——对开发和配置人力资源特殊经验的分析[J].北京：经济科学出版社，1998：12-13.

科技英才,利用留学回国的博士兴办高级人才培养基地;(3)招聘韩籍高级人才回国传授技术和知识;(4)实施优秀人才赴国外留学计划。90年代后其措施主要是调整大学院系,增加理工科院校招生人数;增设科技高中、完善科技教育体系;推进产学研合作;疏通就业渠道,鼓励高级人才再就业以及开放教育市场,允许国外在境内兴办教育等。

韩国把人力资源开发同产业升级和结构调整结合起来的做法,极大地促进了社会经济发展。在20世纪50年代,人均GNP仅有82美元,与加纳处于相同水平,但是到1997年,其人均GNP已达10 550美元,相当于加纳的28.5倍。成人文盲率男女分别降到1%和3%,而加纳仍高达24%和47%。

三、高校毕业生自由就业的德法模式

德国、法国高等学校的毕业生实行的是自由就业模式,政府和学校对毕业生不承担义务,这种就业模式中,政府、企业和学校各有自己的具体职能和责任。

(一)政府方面

政府通过立法来规范和管理就业。以德国为例,1927年设立劳工局,以加强对就业的管理。第二次世界大战后又赋予劳工局新的任务,除管理失业保险外,主要任务是确保劳动力市场上劳动力数量与质量的平衡。立法方面,1969年,颁布了《职业教育法》《就业促进法》和《训练促进法》等多项劳动法规,以创造良好就业环境。具体表现在:(1)为职业学校、高等学校毕业生待遇规定最低线;(2)为增加就业机会,政府通过降低劳动成本和降低税率来减轻企业负担,鼓励企业开辟新的工作岗位;(3)帮助失业青年再就业和开展职业培训;(4)鼓励毕业生自主创业,为自主创业提供银行贷款;(5)减少加班时间,政府予以补贴,设立志愿者岗位;(6)反对雇佣廉价工人和"黑工";(7)规定小时最低工资;(8)录取职工时,要求申请人具有相应的培训证书,录取教师要有相应学历;(9)法律规定,雇主在雇人时只能以能力为标准,不得有种族、年龄、性别、信仰等方面的歧视;(10)《大学法》规定在校大学生要保证一定时间参加实习。

(二)学校方面

德、法两国的高校对毕业生就业尽管不承担义务,但都十分重视与社会经济发展的密切结合,注重所培养的学生与社会经济发展的适应。各高校都十分重视毕业生的就业率和创业率,以此作为评价学生实力的指标,并与政府对学校的投入挂钩。因此,学校积极支持毕业生创业计划,给予优惠的创业贷款。高校对毕业生就业的主要工作是:对准备注册升学的学生提供入学前的咨询和指导;在传授知识的同时,注意指导、帮助学生进行职业生涯设计并培养其生存、创业的实际本领;帮助学生联系落实实习岗位,注重学生社会生产实际工作经验的取得和能力培养;与劳工局、企业雇主联合会和中介服务机构共同开办定期或不定期的就业市场;为已毕业或即将走上工作岗位的毕业生提供职业培训课程和就业咨询、就业制度及职业能力测试等。

(三)企业方面

企业作为需求方,是劳动力市场用人的实体。德、法两国企业十分重视吸纳人才的工作,并且把吸纳大学生作为吸纳人才的主要工作。因此,各企业十分重视与高校的合作,包括给予经费支持;提供充分的带薪实习岗位;为政府就业中介机构定期发布招聘信息;与高校共同开展就业指导教育和职业能力培训;在高校开展人才招聘市场。除此之外,定期向劳工局或有关信息机构实时申报岗位缺员情况,以利于需求信息的及时发布;与校方共同制订学生培训计划,并为计划的实施进行投资;委托劳工局或中介机构推选毕业生。

四、人力资本投资优先的华为模式

华为技术有限公司,成立于1987年,是全球领先的信息与通信技术(ICT)解决方案供应商。华为已经成长为一个全球化公司,在海外设立了22个地区部,100多个分支机构。2021年华为在《财富》公布的世界500强中位列第44位,企业净利润达到1137亿元。短短30年,华为由一个小小民营企业,变成中国民营企业榜首、进入"无人区"的领先企业、受国人尊敬的高科技企业,其成功的重要因素是对"人的管理"[①]。正如《华为公司人力资源管理纲要2.0总纲》所言,人力资源管理的价值贡献,让组织始终充满活力;人力资源管理是公司商业成功与持续发展的关键驱动要素。

(一)人力资本投资优先于财务资本投资

华为的人才是以知识型员工为主体的。根据华为发布的《2021可持续发展报告》,截至2021年,华为在全球已有19.5万员工,其中,从事研究与开发的人员约10.7万,占员工总数的54.8%。员工中,30~50岁占比最多,达70%;30岁以下为28%;50岁以上为2%。本科生和硕士研究生占比分别都在40%以上。华为注重基础研发,在全球招揽人才和科学家。华为在美国、印度、瑞典、俄罗斯及中国等地设立了17个研究院(所),聚集全球的技术、经验和人才来进行产品研究开发。2021年,海外员工本地化率为64%。在企业国际化经营受到限制的情况下,华为全球员工保障投入达150多亿元,研发费用支出1 427亿元,约占全年营收的22.4%。2021年,菲尔兹奖得主、法国著名数学家洛朗·拉福格加入华为。

(二)员工持股与人力资本合伙人制度

20世纪90年代初华为就开始实行员工持股分红计划,以贡献、能力、职位、劳动态度和发展潜力对员工进行综合评价,确定每个员工的配股额。华为86%的员工拥有公司98%的分红权,形成一个全员利益共同体。员工仅靠过去资历和过去的贡献不能持续参加华为的分红,只有持续做出贡献的员工才有权参与。这种动态的利益分享机制提供了企业发展的持续动力。此外,按照能力和贡献来决定高管团队人选,让人力资本参与利益分享和公司高层决策。2004年华为最早在国内开始实行"轮值CEO",本质上就是人力资本合伙人制度。

(三)以价值评价为核心的价值管理体系

华为致力于建立一套全力创造价值、科学评价价值、合理分配价值的价值评价与分配

---

① 彭剑锋.华为人力资源管理四大法宝对国企人力资源管理改革的启示[J].中国人力资源开发,2014(8):74-79

机制。晋升机会、职权、工资、奖金、荣誉认可、学习发展都以这套评价体系为依据。这套评级体系具体包括：潜能与任职资格评价体系、职位评价体系、价值观认同与态度评价体系和绩效评价体系等。

（四）以奋斗者为本的持续激活机制

华为将"以客户为中心，以奋斗者为本"作为企业核心价值观，认为企业没有任何稀缺的资源可依赖，唯有艰苦奋斗才能赢得客户的尊重和信赖。坚持奋斗者为本，使奋斗者获得合理的回报。华为的人力资源管理一直强调竞争和高绩效导向，是一个持续的激活机制。早在1996年，华为就通过市场部的集体大辞职将一批观念和能力跟不上企业发展要求的干部淘汰出局，开创了干部能上能下、工作能左能右、人员能进能出、待遇能升能降的"四能"机制。任何人都必须持续奋斗，必须凭能力和业绩吃饭。

华为重视强调精神激励，其中荣誉激励和文化激励是主要方式。公司建立了专门的荣誉部，这个部门主要负责对员工进行考核、评奖。只要员工能在工作中的任何一方面表现出进步，他就能够获得一定的奖励。[①]

（五）基于任职资格的培训与能力发展系统

华为较早建立任职资格体系，具体包括建立开放的职业通道，建立任职资格标准，进行任职资格等级认证。任职资格标准关键是看员工的工作行为和业绩。该体系与岗位晋升、薪酬、培训等打通，形成了基于任职资格的培训与能力发展系统。这套体系不仅针对专业技术人员，也面向管理者，真正实现了人力资源管理的"两轮驱动"——职位管理系统和能力系统协同运行。

五、电子商务赋能乡村振兴的山东曹县模式

曹县位于山东省西南部，面积1 969平方公里，总人口175万，是山东省人口第一大县，也是劳动力资源第一大县。曹县曾是山东省贫困人口最多、脱贫任务最重的县。随着"互联网＋"时代的到来，通过发展电子商务，曹县一跃成为"全国最大的演出服产业基地"、2020年"中国淘宝村百强县"、"全国第二大淘宝村集群"。2020年，曹县电商销售额突破150亿元，山东省县域第一。电商企业超5 000家，网店6万余家，带动30万人就业、5万人返乡创业、2.5万人脱贫。目前已形成演出服、木制品、农副产品、汉服四大产业集群和全国唯一的木制品跨境电商产业带。

曹县开创了欠发达地区"一核两翼"可复制、可推广的电商模式[②]，即以农民大规模电商创业为核心，以电商平台和服务型政府为两翼，打破欠发达地区缺人才、缺资本、缺商机的典型困境，借助"互联网＋"带动产业振兴、人才回流、治理提升。

（一）电商带头人"以点带面"形成示范效应

曹县大集镇丁楼村村民最初以加工制作影楼服饰为生，销量有限。2009年，村民周爱

① 王鲲,张银花.人力资源管理中员工激励机制的启示——以华为公司为例[J].社会研究,2019(6)：81-82.
② 朱晓文.从贫困县到网红县——山东曹县农村电商助力乡村振兴的实践与思考[J].中国财政,2022(1)：57-59.

华率先在网上开淘宝店卖衣服,点燃了第一把火,生意火爆。受此启发,全村人都做起了淘宝生意,并很快扩散到周边村落。在市场激励作用下,早期电商创业者的致富"神话"吸引大批人才和资本回流,包括在外打拼创业的年轻人和毕业大学生返乡创业。在曹县演出服市场进入瓶颈之际,从大连理工大学毕业后返乡创业的胡春青博士将目光投向近年来日益受年轻消费群体追捧的汉服,带动曹县淘宝店纷纷向汉服转型,"戏服村"摇身一变成了"汉服村"。当地经电商渠道卖出的汉服已占据全国汉服线上销售量的1/3。

(二)政府因势利导,助推电商企业提档升级

曹县根据个体差异将培训人群大体分为四类,分别进行技能培训。[①] 第一类,针对有发展电商意愿的乡镇和贫困村,举办电子商务培训班,聘请淘宝大学讲师进行免费授课。第二类,针对已经发展起来的淘宝用户,开办电商基础培训课程和提高培训课程,从打字、淘宝用语、工具使用以及交易流程教起,在农民掌握一定基础后,再为他们提供实战场所,提升农民实际操作能力。第三类,针对大型加工户,到周边镇村开办裁剪培训班,对培训合格的群众直接吸收进厂;或者通过免费提供原料生产的方式,带动贫困户参与电商相关的加工产业。第四类,针对老弱病残等工作学习能力较低的群体,培训他们做一些产业链上的基础性、技术要求低的工作,能帮助这些人尽快脱离贫困。"十三五"期间,共开展"千村万人大培训"1 000余次,培育出懂运营、会管理、善营销的电商生力军5万余人。

曹县给农民提供更好的从事电商创业及就业的空间。第一,补齐公共服务短板,降低物流成本和加强光纤网络建设;第二,协调银行等金融机构为电商提供专门贷款服务,有效解决电商户融资难、担保难、融资贵的问题。第三,尝试引入大学毕业生、外出务工人员以及电商企业等群体,作为发展农村电子商务的产业基础;第四,吸引更多高端人才入户曹县,为曹县电商发展助力。例如,吸引一批博士到曹县挂职、工作以及调研;积极邀请各方学者到曹县进行实地考察等。

以山东曹县为代表的电子商务发展在增加农民收入、带动返乡创业、灵活就业、促进产业兴旺、减贫脱贫、乡村振兴等方面凸显重要的经济、社会价值。曹县发展的成功经验表明,最关键的因素是"人",特别是电商创业者、带头人和推动者。这群人将互联网与乡村的低成本创业环境、非农产业基础以及农特产品资源结合起来,启动并持续推动电子商务对于乡村发展与城镇化进程的影响,是值得全球推广助力欠发达地区发展的宝贵经验。

六、总结与启示

"十四五"期间,我国将进入人口负增长阶段。人口压力随之表现为人口生育率下降和人口负增长引发的人口问题以及人口系统与经济、社会、资源、环境系统的协调问题。结合相关理论模型和实践经验,人口压力转化为人力资源优势应该有新内涵、新视角。

1. 坚持"发展是硬道理",实现人口转变与经济可持续发展良性互动

促进人口压力转化为人力资源优势,实现人力资源强国目标,发展始终是第一要务。中国经济已转入高质量发展阶段,近年受到国际形势和新型冠状病毒感染疫情影响,经济

---

① 张瑜,王子衎.电子商务赋能乡村振兴,剖析山东曹县的"崛起密码"[J].商业观察,2021.5(中):35-37.

下行压力加大,更需要通过制度创新和技术创新由主要依靠增加物质资源消耗转变为依靠技术进步、改善管理和提高劳动者素质,不断开辟新的增长源泉,为经济可持续发展、高质量发展提供持久动力。

人口负增长给经济增长带来挑战的同时,也带来了较多的发展机遇。[①] 短期内,可以通过增加劳动力供给、提高劳动生产率、推动人力资本积累、科技创新等措施,从健康、教育等多维度开发人口红利[②],推动新旧动能转换,促进经济可持续发展。中国超大人口规模仍将成为经济发展的优势动力,应对人口负增长挑战的回旋余地大,能形成巨大的市场容量,支持细分行业发展,再加上"雁阵模型"下的产业梯次发展带来了东中西部地区的协同发展机遇,为经济持续增长提供了强力支撑和巨大腾挪空间。[③][④][⑤] 长期来看,改革完善相适应的人口政策,促进人口均衡发展,实现人口系统与经济、社会、资源、环境系统协调发展。

2. 加强自主创新,大幅度提高人力资本投资

科学技术是第一生产力,加强自主创新、增加人力资本投资既是经济增长的引擎,也是提升人力资本和增长质量的关键。世界银行发布的《2019 年世界发展报告:工作性质的变革》中提到,"人力资本投资迫在眉睫,终身学习在急速变化的时代必不可少,人力资本决定新兴经济体的生产率和工资水平"。[⑥] 虽然我国人力资本水平显著提高,仍存在劳动力数量显著减少、高技能人才不足、人才创新能力有待提高的问题。在人口/劳动力数量负增长的情况下,需要通过财政支出来提高人力资本、支持退休年龄延长和补贴生育等途径增加健康、教育的人力资本积累,避免实际存在的劳动力如劳动年龄人口快速下滑。

3. 把创业放在突出位置,实施以创业带动就业的战略

创新、创业是市场经济的灵魂,是经济发展永不枯竭的源泉。提倡创业、鼓励创新也是市场经济国家人力资源开发的重要经验。在市场经济条件下,就业不足,实质是创业不足,企业家不足。没有一点闯的精神,没有一点冒的精神,就不可能形成人力资源优势,人口多只能成为一种负担。根据我国就业问题突出的现实,努力倡导创业、创新的氛围,实施鼓励自主创业优惠政策,完善小微企业发展的良好市场环境。加大对中小企业的扶持力度,引导和帮扶中小企业加快通过发展新技术、新工艺等技术创新有效提高劳动生产率,确保企业的可持续发展。同时通过战略性新兴产业的发展,包容就业新职业、新形态、新模式,为广大劳动者拓展就业空间。

4. 实现扩大就业与产业升级的良性互动

人力资源适应产业结构调整和升级是缓解就业压力的重要途径。一方面,劳动力无限供给的时代已经过去,应采取措施努力满足产业结构的调整和升级对人力资源的需求。另

---

① 刘厚莲,原新.人口负增长时代还能实现经济持续增长吗?[J].人口研究,2020(4):62-73.

② 原新,金牛."危""机"与应对:中国人口负增长时代的老龄社会[J].中共福建省委党校学报,2020(1):29-37.

③ 王金营,刘艳华.经济发展中的人口回旋空间:存在性和理论架构——基于人口负增长背景下对经济增长理论的反思和借鉴[J].人口研究,2020(1):3-18.

④ 王金营.中国人口回旋空间在构建新发展格局中的优势和作用[J].河北大学学报(哲学社会科学版),2021(5):106-121.

⑤ 王金营,李庄园,王冬梅.中国人口长期发展目标研究——基于增强经济实力的认识[J].人口研究,2022(4):40-54.

⑥ 世界银行.2019 年世界发展报告:工作性质的变革.

一方面,通过科学规划与政策引导和多元的产业层次,满足不同特点的人力资源就业需求,减少结构调整、产业升级对就业的冲击。通过教育、技能培训提高劳动者素质,解决人工智能等技术设备在生产经营中的广泛应用所带来的对低技能水平劳动力替代问题。

5. 开发农村人力资源,促进乡村人才振兴

第一,把人才振兴摆在乡村振兴突出位置。发展农村职业技术教育,加速培养乡村实用人才,促进农业技术推广和信息交流,鼓励和帮助人们为了增加收入、改善生活去获取知识技术。通过多种渠道吸引农村更多的人力资本投资,将人力资本型消费由未成年人口扩展到成人人口。第二,把推动乡村产业振兴与积极开发人力资源有机结合起来。在提供必要资金和信息的基础上,注重有组织、有计划地对推广人员和处在各个环节上的农民开展经常培训,以此带动和激发广大农民学习知识、选择从业领域、占领市场、走致富之路的热情和勇气,为产业链条创造一套经常性的培训运作机制。第三,建设数字乡村,注重电商人才等创业培训。加强对农业、农村科技人员的培训,使其在科技兴农中发挥骨干作用。大力支持农村劳动力返乡就业创业,为乡村产业振兴、文化振兴、组织振兴,提供高质量人才支撑。

6. 以人为本,给英雄以用武之地

"以人为本"是现代管理的大趋势,是对历史上出现的以机器为本、以技术为本和以资本为本管理思想的否定之否定,强调把人作为管理的核心和组织最重要的资源。而给"英雄以用武之地",避免在人力资源管理中打着"以岗定人"的幌子而造成"想干、能干而不让干""劣币驱逐良币"等现象的发生。要进一步改革分配制度,给高级专业人员、贡献大的人员、劳动好的人员相应报酬。把物质激励原则和创造良好的政策环境结合起来,营造一个人尽其才,人才辈出,不拘一格用人才的社会氛围。进一步改革技能人才评价机制,积极引导企业建立健全体现技能价值激励导向的薪酬分配制度,建立技能人才培养评价与待遇相结合的激励机制,实现技能与待遇"双提升"。积极弘扬"幸福都是奋斗出来的"价值观和劳模精神、劳动精神、工匠精神,鼓励、支持、帮助和服务广大劳动者凭技能就业,走技能成才之路。

 主要概念

人口过剩　适度人口　人口压力　人力资源　人力资源化　人力资本　人口控制论
企业家创新　二元经济模型　城乡迁移模型　学习型组织　非正规就业

 思考题

1. 如何理解人口压力的涵义和评价体系?
2. 如何理解人力资源的涵义和量化指标?
3. 总结人口压力转化为人力资源优势的机制。
4. 总结人口压力转化为人力资源优势的模式。
5. 如何理解人口压力与经济社会发展的关系?
6. 如何理解就业与人口压力转化的关系?

7. 我国城镇化率刚超过 50%,正处于城市化高速发展阶段,如何应对大城市人口压力成为现阶段的重要课题,请谈谈你的看法。

8. 结合我国人口发展形势,你认为我国人口压力主要表现在哪些方面,如何缓解?

参考读物

第十章

人口与市场分析

20世纪70年代,以美国为代表的西方发达国家由发展的"黄金时代"(1945—1970年)转入"黑铅时代"。一是生产率、工资率下降,在通货膨胀上升的同时,失业率居高不下,经济陷入滞胀、衰落和萧条。二是生育率迅速下降,人口增长急速降低,一些大城市也出现了人口负增长。如布法罗、克利夫兰、底特律、新奥尔良、匹兹堡和圣路易斯,1980年,人口比1950年减少一半。钢铁、汽车和消费电子等领域市场下滑、利润萎缩,[①]实体经济和企业经营面临很大困难。由此产生了把市场与构成市场主体的人口结合起来研究的新兴学科——工商人口学(business demography)。1992年,我国确立社会主义市场经济体制改革目标以来,关于人口与市场结合的讨论越来越多,涌现出不少成果。[②] 人口与市场的联系是客观存在的,深入分析这种联系,不仅是人口经济学的应有内容,而且对形成强大国内市场、构建新发展格局、促进高质量发展意义重大;对认识市场环境、确定目标市场、促进企业发展进而激发市场主体活力有重要意义。

第一节　人口与市场运行

一、现代市场运行的基本状态与市场主体

(一)市场与市场要素

市场是随着商品经济的发展而不断充实其内涵和外延的。在商品经济不发达时期,人们认为"市场是商品交换的场所",其要素为地点、商品买卖双方。随着商品经济的发展,商品交换过程和机制日益复杂起来。现在人们普遍认为,"市场是整个交换过程的总和"。现

---

① 艾伦·格林斯潘,阿德里安·乌尔德里奇.繁荣与衰退——一部美国经济发展史[M].北京:中信出版集团,2019:283-304.

② 北京大学创刊《市场与人口分析》杂志(1994),后为《人口与发展》,北京大学出版社出版的张纯元、曾毅主编的《市场人口学》(1996)、中国人民大学出版的郝虹生等编著的《人口分析与市场研究》(1997)。

代市场经济活动频繁、组织复杂、竞争激烈,既体现着商品买卖双方和商业中介人的关系,也体现着商品在流通过程中发挥促进或辅助作用的一切机构、部门以及买者卖者之间的关系。市场的外延包括场所、人口、购买力、购买动机与欲望、消费渠道和政府政策等。如果对现代市场进行高度概括,可以发现其中最基本的三个要素,即使用商品的消费系统、提供商品的供应系统以及作为调控交换行为的社会管理系统要素。

当前,三个市场要素有三个基本特征。第一,各要素变动的速度在加快。无论是消费系统的需求变化,还是社会产品或服务供应系统的供应能力变化,都在随时代的节拍加快变动。社会管理系统的变动,同样随着买卖双方的变化而变化,新的政策法规、管理手段和方式也在不停地出现。第二,三种市场基本要素变动的不统一性。应当说,这种动态协调特征是其变动加速特征的必然结果。例如,消费系统变动的高频率,使得商品供应系统的高效益总是表现为以最佳时机和方式占领消费需求系统要素对产品或服务的最理想位置,并对社会调控系统提出修正调控模式的要求,使消费系统要素和供应系统要素相适应。第三,市场运行的本质是三大要素的协同互动、循环往复、永无止境。

(二)市场运行的基本状态

在实际中,市场要素的协同互动和循环会产生许多矛盾和机会,这种矛盾与机会并存的状况是市场运行的常态。实际中的运行状态具体有四种:

(1)消费系统和社会管理系统的利益要求一致,但不符合商品供应系统的利益或超出目前的供给能力。如消费者对医疗保健、优质教育、便利交通等公共物品的需求即是如此。

(2)消费系统和供给系统的利益要求一致,但与社会管理系统的要求不相适应,或为政府现行管理政策法规所限制,或缺乏相关制度的保护和支持。

(3)商品供应系统和社会管理系统的利益要求一致,但缺乏消费系统的认可或超过消费系统目前的承受能力。

(4)消费、供给、社会管理三大市场要素的利益诉求一致,这是市场运行最为理想的状态。但是,这种利益诉求的一致往往是一种动态平衡和相对平衡,并非市场运行的常态。

因此,市场分析的真谛在于通过市场要素运行中的矛盾和机会分析,发现非均衡。基于市场三要素变动的非均衡,投供求之机,适时、适地组织商品流通,促进交换,达到从中牟利的目的。

(三)市场主体

市场主体是市场上从事交易活动的组织和个人,既包括自然人,也包括以一定组织形式出现的法人;企业、居民和其他非营利机构构成了市场主体的诸要素。在前资本主义社会,社会成员或者居民始终是小商品经济中基本的市场主体。[①] 近年来,"市场主体"颇受关注,2021年4月14日,国务院第131次常务会议通过《中华人民共和国市场主体登记管理条例》。该《条例》第二条指出,"市场主体,是指在中华人民共和国境内以营利为目的从事经营活动的下列自然人、法人及非法人组织":(一)公司、非公司企业法人及其分支机构;(二)个人独资企业、合伙企业及其分支机构;(三)农民专业合作社(联合社)及其分支机

---

① 萧浩辉.决策科学辞典[M].北京:人民出版社,1995.

构；(四)个体工商户；(五)外国公司分支机构；(六)法律、行政法规规定的其他市场主体。2022年3月1日,《中华人民共和国市场主体登记管理条例实施细则》第九条将申请登记的市场主体类型进一步明确为：有限责任公司、股份有限公司；全民所有制企业、集体所有制企业、联营企业；个人独资企业；普通合伙(含特殊普通合伙)企业、有限合伙企业；农民专业合作社、农民专业合作社联合社；个人经营的个体工商户、家庭经营的个体工商户。也就是说,《条例》及《实施细则》所指的市场主体是以营利为目的公司、不同所有制类型的企业及个体工商户等。据2022年8月17日《人民日报》报道,截至6月底,全国登记在册市场主体1.61亿户,较2021年年底增长4.4%。其中企业5 038.9万户,个体工商户10 794.1万户。1～6月,全国新设市场主体1 454万户,同比增长4.3%。但从理论上讲,市场主体远不止企业,还应包括居民和政府。如前面的分析,它们都是市场要素,市场运行的本质是三者的协同互动,这正如宏观经济学一开始讲的循环流量图一样：企业从居民那里获得劳动和资本等生产要素,生产出产品和服务,形成社会总供给和供给系统；而居民从企业那里获得工资和收入,用于购买供给系统的产品和服务,形成消费和消费系统；作为社会管理系统的政府通过监督管理,确保供应系统和消费系统协同互动、循环畅通。社会供给系统里的产品和服务可以出售给企业(投资)、居民(消费)和政府(政府购买),从而实现了企业价值和盈利目标等。[①] 这样,居民、企业和政府间如此的协同互动、循环往复促成了完美的市场运行和经济循环。

二、人口与市场的一般关系

人口与市场的关系包括两个方面：一是人口对市场的影响,表现为人口是市场的主体,市场交换的规模、构成都要受人口的制约；二是市场交换也反过来影响人口,它通过连接生产和消费实现劳动人口创造的财富,满足全体人口的消费需求。

(一)人口对市场的影响——人口是市场的主体

在市场经济条件下,人口既是市场供给的主体,也是市场需求的主体,市场经济的本质、市场运作目的的实现以及市场运作要素的展开,都是在人口主体的作用下实现的。

1. 人口是市场供给的主体

在供给系统,人口作为生产者制约交换的供给,市场供给状况是全体劳动人口生产结果的一个综合反映。全体劳动人口的数量、素质,以及劳动人口的部门构成、行业构成、职业构成、文化技术构成、地域构成等,都直接或间接地影响着市场供给。

2. 人口是市场需求的主体

在消费需求系统,人口是市场需求的提出者和原动力。现代市场学认为,市场是由那些想买东西并且有能力买东西的人组成的,这种人越多,市场规模就越大；反之就越小。市场＝人口×购买力×购买欲望。人口的群体性和消费的无条件性为市场提供了庞大的消费者群体和人气。生意可以解读为生活的意义,生生不息才有生活、生意,使生意能够持续。有人气的地方就有生意,无人气的地方也就失去了生意或根本无生意可做。作为构成

---

① 参见曼昆.宏观经济学[M].第9版.北京：中国人民大学出版社,2016：图2-1及其说明.

市场的基本要素之一,人口特征的任何变化都会引起市场需求的相应变动,而需求的变化又通过价格影响和决定供给。

3. 市场经济本质与人口主体

在市场经济条件下,生产、分配、交换和经济活动的秩序都由供求力量决定。市场运作调节活动的一切,既调节生产,也调节流通、分配和消费,既调节经济活动的目的,也调节达到目的的手段。剔除这种纷繁复杂的表现形式,它最抽象、最一般的本质主要是生产和消费的统一,人们在交换劳动中谋求自身的不断发展、在竞争中寻求价值增殖。市场经济的本质是在人口主体的作用下实现和发展的,人口行为体现着市场经济的本质。

4. 市场运作的目的与人口主体

市场运作的目的是服务或赚钱,前者实际上满足人口主体及其需求,后者是追求价值增殖。尽管不同社会制度有差异,但无论是资本主义市场还是社会主义市场,都要具有这样的双重目的。在这里满足人口及其需求是人们追求价值增殖途径的载体,没有前者,也就没有人们对后者的追求。后者是在为前者服务的实践中得到的。如何实现市场运作的目的?这就要认识和把握消费者的需求特性和规律。一般而言,人口主体所需求的,都会有销路。因此,满足人口主体及其需求是市场运作目的实现的首要的必要条件,是一切商家赚钱的秘诀所在。商家对人口需求的体悟和把握,直接决定市场运作目的的实现程度,决定其服务水平的高低和赚钱的多少。市场运作目的揭示了人口是市场的主体,离开了这个主体,市场运作就失去了方向。市场规模的发展壮大,市场的构成,市场的商流和物流的方向,市场经营的成功和失败,都直接受人口主体的制约。市场经营的成功来源于对人口主体及其需求变动的敏锐和悟性。

5. 市场运作要素与人口主体

一般说来,市场运作有四大要素,即产品(product)、价格(price)、销售渠道(place)、促进(promotion)以及平台(platform),简称"5Ps"。"5Ps"都围绕着一个中心点——人口这个市场主体运作。人口及其需求变化,"5Ps"的运作也要发生相应变化。人口主体及其需求制约着企业的产品策略,"以需定产"反映了人口主体与企业生产之间的联系;一种商品的价格定位,必须考虑作为消费者的人口主体可以购买的数量,又要考虑供求关系;厂商选择不同的销售渠道及其机构,除了与商品的种类、性能及交通运输条件有关外,主要取决于人口这个市场主体的规模、构成、偏好、习俗和购买力水平等因素,而销售机构的布局几乎"唯人口是瞻",其中人口密度、人口经济密度起着举足轻重的作用,零售商店的规模和网点更是随人口之动而动,新居民点的出现导致新网点出现的例子不胜枚举,而那些对人口变动不敏感的商家遭遇顾客锐减、利润萎缩,甚至破产倒闭的例子,在激烈的市场竞争中俯拾皆是。至于促销策略、谁去促销、对谁促销、如何促销,所有这些都围绕人或人口这个主体展开。另外,人口是企业市场营销环境中的一个重要环境因素,在目标市场营销中,为企业选择、拟定满足其需要的顾客群体,也就是一个人口群体。

(二)市场对人口的影响

人口是市场的主体,而市场则是人口活动的舞台。人口对市场的影响表现如下:

(1)市场对劳动力数量和质量的需求是影响生育率高低的一个重要因素。一般说来,市场对劳动力数量需求较大而质量需求不足时，劳动力数量在经济发展中起着举足轻重的作用，人们财富的多寡同劳动力的多少相联系，生育率一般较高。而当市场对劳动力的需求由数量型变为质量型时，劳动力数量的增加并不意味着财富的增加，从而有利于生育率下降。市场对劳动力的需求经历了"体力型→一般文化型→专业技术型"这一规律性的变化，与此相适应，妇女生育率也出现了由高到低的变化。在市场经济下，劳动力市场的供求状况对生育率有重要影响，成为家庭生育决策的重要依据。

（2）市场变化、市场革命促进人们生活方式、消费需求、观念意识的变化，通过连接生产和消费，劳动力人口创造的价值得以实现，全体人口的需求得到满足，从而对人口质量的变动产生重大影响。如果市场供应充裕、质量优良、价格合理，就可以更好地满足人口需求，提高消费水平，增进人口素质。同时，作为人口活动的舞台，市场也是培养人口质量的重要场所，人的各方面素质将在积极参与市场活动的过程中得到培养和提高。

（3）市场影响人口的迁移和流动状况。市场体系完备、发育健全、环境优良、经济活跃，将对人口迁移和流动产生巨大吸引，形成人口集中和产业集聚。反之，由于就业机会不足，对人口产生排斥，导致人口和劳动力的大量流出。同时，人口迁移和流动在实现资源优化配置的过程中，会逐步改变人口数量、质量、结构和地域分布。

第二节　人口变化与消费者行为

20世纪后半期以来，消费者行为理论在经济研究中大放异彩，弗里德曼（M. Friedman）、莫迪里亚尼（F. Modigliani）、托宾（J. Tobin）等因消费者行为方面的杰出贡献折桂诺贝尔经济学奖。对消费者行为的研究已超越经济学的边界，并逐步纳入社会学、心理学、管理学乃至自然科学研究范围，消费者行为学已成为一门独立的学科。主流经济学主要从收入和消费的关系、消费函数的角度分析消费者行为及其对宏观经济的影响；作为市场学的分支学科，消费者行为学主要从市场营销的角度来分析消费者行为，研究个体如何利用可掌握的资源（如时间、金钱、精力）进行消费决策，包括他们购买什么、为什么买、何时买、何地买以及购买和使用的频率。[①] 在这里，我们主要从市场营销的角度分析消费者行为，考察人口特征变化对消费者行为的影响。

一、消费者行为的基本模式

（一）人类一般行为模式

消费者行为是人类行为的重要组成部分。因此，可以借用关于人类行为模式及其基本影响因素的研究分析消费者行为。如美国社会心理学家 Kurt Lewin 引人瞩目的研究成果。Lewin 的行为模型如下：

---

① Schiffman, L. G. and Leslie Lazar Kanuk, Consumer Behavior, 7th edi., Prentice Hall, Inc. 2000：5.

$$B = f(P - P_1, P_2, \cdots, P_n; E - E_1, E_2 \cdots, E_n) \tag{10-1}$$

式中，B 表示个人行为；P 表示个人的内在条件和内在特征；$P_1, P_2, \cdots, P_n$ 表示构成个人内在条件的各种生理和心理因素，如生理需要、生理特征、能力、气质、性格、态度等；E 表示个人所处的外部环境；$E_1, E_2 \cdots, E_n$ 表示构成环境的各种因素，如自然环境、社会环境等。

（二）影响消费者行为的因素体系

根据人类行为的一般模式，可以将影响消费者行为的因素分为两大类：消费者个人因素和外部环境因素。这两大类因素相互联系、相互作用，共同构成影响消费者行为的复杂的因素体系。

1. 消费者个人的生理因素和心理因素

生理因素是指消费者的生理需要、生理特征、身体健康状况，以及生理机能的健全程度等。生理学与解剖学的研究表明，人类的生理构造与机能是行为产生的物质基础。任何行为活动都是以生理器官为载体，并且在一定的生理机制作用下形成的。可以说，消费者的每一行为都以生理活动为基础，并且通过生理机能的整体协调运动来产生和完成。

消费者的行为也受到自身心理因素的影响。心理因素主要包括心理过程和个性心理两个方面，每个方面又由若干具体要素构成。心理因素在影响消费者行为活动的诸因素中处于支配性的主导地位。心理过程也就是消费者的心理活动过程，包括认识、情感、意志等三个相互联系的具体过程。在现实生活中，消费活动首先从对商品或服务的认识过程开始，在认识过程中，消费者产生喜欢、欣赏、厌恶、烦恼等偏好或嗜好，这个过程体现着消费者的情感过程。然后，基于对消费对象的认识，消费者自觉确定购买目标，并据此调节行为，努力实现目标，这体现为消费者的意志过程。认识、情感、意志是统一的心理过程的三个方面，三者之间相互联系、相互作用，共同支配着消费者的消费行为。个性心理是每个人所独有的心理特点和风格。对于消费者而言，个性心理主要表现为个性倾向性与个性心理特征。个性倾向性包括兴趣、爱好、需要、动机、价值观等；个性心理特征则是指人的能力、气质与性格等。正是由于个性心理的千差万别，面对同一消费对象或环境刺激，不同的消费者才会产生完全不同的心理反应，做出不同的行为表现。

2. 外部环境因素。

影响消费者行为的外部环境因素极其复杂多样，而且几乎涉及人类生活的各个层面和领域。按外部环境的性质，可以分为自然环境因素和社会环境因素两大类。

（1）自然环境因素。它主要包括地理区域、气候条件、资源状况等因素。自然环境直接构成了消费的生存空间，在很大程度上促进或抑制某些消费活动的展开与进行。如受地理经度、纬度以及地形、地貌的影响，南方与北方、城市与农村、沿海与内地、高原山地与平原水乡的消费者，在消费需求和生活习惯上存在多种差异；由于气候条件的差异，消费者呈现不同的消费活动，炎热多雨的热带地区与寒冷干燥的寒带地区，消费者的衣食住行存在很大差异。再如，资源状况及其开发利用程度不同的地区对消费者行为也产生重大影响，石油、天然气和核能的开发利用，带来了消费方式的更新和保护；又比如水的储量不同的地区，在人们的日常行为方式上也存在很多不同。

（2）社会环境因素。它对消费者行为影响更直接、广泛。社会环境具体包括人口环境、社会群体环境、经济环境、政治法律环境、科技环境和文化环境等。人口环境对消费行为的影响是我们分析的重点，这里先对人口环境以外的其他社会环境因素进行分析。

社会群体环境因素。它包括家庭、社会阶层、社会组织和参照群体（reference group）等。家庭是社会的细胞，也是消费行为的基本单位。家庭的规模、类型及生命周期的阶段不同，消费者的购买内容、购买意向也会有明显不同。社会生活中，每个消费者处于一定的社会阶层。同一阶层的消费者在价值观念、态度和行为方面具有同质性，而不同阶层的消费者，由于其收入水平、职业特点的不同，他们在消费观念、审美标准、消费内容和方式上存在较大差异。Schiffman and Kanuk（2000）把消费者分为个人消费者（individual consumer）和组织消费者（organization consumer），因此，社会组织也是影响消费者行为的重要社会环境变量。社会组织是消费者参与社会实践活动的主要场所，其工作性质、组织结构及活动内容同样会给消费生活带来某些限制和影响。参照群体在消费者行为研究中也广受重视，从凡勃伦（T. Veblen，1899）提出炫耀性消费、杜森贝里提出消费示范效应（1949）再到位置消费理论（王建国，1999），实际上都可以和参照群体联系起来。

经济环境因素。经济环境对消费者行为的影响是主流经济学消费函数理论高度关注的领域。如凯恩斯的"绝对收入假说"（1936），杜森贝里的"相对收入假说"，弗里德曼的"持久收入"或莫迪里亚尼的"生命周期假说"，摩根（J. Morgan）的"消费决策影响收入"假说，霍撒克（H Houthaker）、泰勒（L. Taylor）的"消费品存量调整"假说，霍尔的"随机游走假说"，位置消费理论（杜森贝里，1948；莱宾斯坦，1957；王建国，1999），显示偏好理论，贝克尔的新消费者行为理论，弗来文（Flavin）的过度敏感性与过度平滑性理论，流动性约束、预防性储蓄理论以及效用最大化和成本最小化假说等。这些假说和模型在很大程度上主宰了经济学家对消费者行为的思考。其他一些影响消费者行为的经济环境因素，如国家的经济体制、经济政策、消费制度等也受到研究者重视，特别是对转型国家消费者行为的研究（科尔内，1980；邹至庄，1984；臧旭恒，1994；孙凤，2002；李通屏，2005）。

政治法律环境因素。政治法律环境涉及一个国家的政体、社会制度、政府与社会稳定性以及相关法律的制定颁布等要素。政治环境不稳定，如政党纷争剧烈，政府政策朝令夕改，社会动荡不安，人民群众就会产生各种疑虑和担心，对未来失去信心。消费信心下降，未来预期悲观，谨慎消费和预防性储蓄成为主导消费行为。相反，受到政治上利好消息的影响，居民对未来预期乐观，投资、消费都会比较活跃。另外，所有国家的法律都明令限制某些消费品或服务的买卖，从而使一些消费活动受到限制。

科技环境因素。科学技术的迅猛发展带来消费方式、消费内容、消费观念的革命是当代消费领域的重大趋势。如数字技术重塑消费方式，引发消费革命，催生新型消费、升级消费和新业态、新场景。一方面，科技发展使人们的消费方式日益多样化，消费活动的时间和空间限制大为减弱。另一方面，科技发展使人们的消费内容极大丰富，消费品更新换代加快，突出的例子如家电、手机和计算机不断推陈出新。然而，科技迅猛发展也为消费者的购买决策增加了难度，消费者须不断学习，才能赶上时代潮流，享受来自消费的效用。

文化环境因素。文化环境对消费者行为的影响根深蒂固。大量实例表明，不同国家、地区、民族的消费者,由于文化背景、宗教信仰、道德观念、风俗习惯以及社会价值标准不同,在消费观念及消费行为方式上会表现出明显差异。经典例子如中国老太太和美国老太太天国相遇的故事,一个攒够了钱,住上房子,但很快进了天国;一个是先住上房子,几十年后还了贷款再进天国。这个简单的例子揭示了不同文化环境下消费者行为的巨大差异。

二、人口特征与消费者行为

人口和消费有天然联系——消费是所有人每时每刻都在进行的使自身不断生产出来的活动,人必须首先作为消费者存在。在影响消费者行为的两大类因素中,人口本身就是消费者,同时又构成影响消费者行为的外部环境因素。

(一)人口总量与人口密度

一个国家的人口总量与该国人均收入水平密切相关,因而对消费者的购买力水平、购买选择指向和消费方式有直接影响。在其他条件相同时,人口规模大的国家,基本消费品市场的规模一般也大。经济发展快和具备相应制度条件的国家,往往成为商家逐利的场所和投资热土。人口多、发展快意味着市场潜力大,有利于商家形成良好预期。如改革开放以来,中国作为世界上人口最多的国家,经济快速发展吸引了众多国际投资,FDI跃居世界前列,其根本原因在于巨大的人口规模和持续的经济发展造成的无限商机。作为人口大国的印度也是如此,人口总量将在一两年内超过中国(UN,2022)成为第一人口大国,再加上近年来的快速发展,也吸引了不少外资。从人口密度看,人口密度大的地区比人口密度小的地区更容易形成商业中心,因为消费者和商家容易接近市场。而人口密度的下降和其他条件的变化会造成一些商业中心衰落,人口密度的下降影响人气,生意不好做。而人口密度变大的地方则不然,由于它不断地聚集人气,从而商机再现、生意兴隆。近年来我国出现的城市郊区化、郊区城市化趋势由于改变了人口密度和人口分布,从而使传统的郊区成为商业中心。

(二)年龄

对商品的需要和兴趣通常随年龄的变化而变化。例如,所有年龄段的成年人加入健康俱乐部主要是"增进或保持健康"。不同年龄的成年人加入健康俱乐部还有不同动机,年轻成年人(18~34岁)部分的原因似乎在于"好看"(look good),35~54岁加入为"释放压力"(deal with stress),55岁以上的则为"保健"(medical-physical therapy)。由于年龄-动机的差异,市场人员发现年龄对于市场细分是一个特别有用的人口变量。人口学家已经把年龄效应(age effects)和队列效应(cohort effects)进行了区分,前者是由于年代年龄(chronological age)而产生的效应,后者发生于特定时期的成长过程(Schiffman, L. G. & Leslie Lazar Kanuk,2000)。很多产品和服务是和年龄相联系的。比如婴儿是玩具、童车、婴幼儿食品的主要消费者,青少年是文化体育用品的消费者,成人是家具、家电等耐用消费品的主要消费者,老年人是保健营养品的主要消费者。某一特定年龄段人口的增加或减少,意味着相应消费者市场的扩大或萎缩。不同年龄段消费者市场中心的变化见表10-1。

表 10-1　年龄段与市场中心

生命周期	市场中心
婴幼儿	婴儿食品、衣服、玩具、日用品、药品、保姆
儿童	幼儿园、家庭娱乐设施、玩具、教育服务
青少年	方便食品、衣服、电子产品、职业培训
青年	家具、住房、家庭用品、财产保险、修理服务
中年	娱乐、旅游、信托服务、健康食品、衣服、美容、整形、外科、高档商品
老年	医疗服务、社区服务、礼品、健康食品、休闲、美容、娱乐、医院、葬礼

资料来源：郝虹生等.人口分析与市场研究[M].北京：中国人民大学出版社，1997：34页.

（三）性别

性别是频繁使用的典型细分变量。妇女是传统的诸如美发产品、化妆品的主要使用者，男人一直是工具和剔须刀的主要使用者。但是性别已不再是一个区分某类产品消费者的精确方法。比如，妇女正在购买家庭用的修理工具，男人已经成为护肤、护发产品的重要使用者。按传统的对立的性别角色描写男人和女人的杂志广告和电视商业广告已急剧趋同。由于双收入家庭的持续影响，性别角色已经变化了很多。市场人员面对的一个情形是，妇女不再像从前那样通过传统媒体就能接近。因为，职业妇女没有时间看电视、听广播，许多广告商重视杂志在他们媒体经营中的重要作用，特别是那些专门定位职业妇女的杂志。直销者把时间紧的职业女性作为他们的目标市场，互联网开始为消费者购买诸如服装、装饰品和家庭用品提供便利。

（四）婚姻状况

家庭一直是传统营销的重点，对许多产品和服务来讲，家庭住户是持续的消费单位。市场人员对购买或拥有特定产品的家庭户的数量和类型极感兴趣。为开发出适宜的营销策略，他们也对家庭决策者的人口和媒体特征感兴趣。市场人员已经发现，从那些特定不同婚姻状况的目标组别中受益了，诸如单身、离异、单亲和双职工夫妇。例如，在美国，单身特别是一个人的家庭拥有的收入超过 35 000 美元，一些产品的使用超过平均水平的市场部分与传统的超级市场没有联系（如产于法国的白兰地、书籍、休闲产品），而在传统超级市场产品的消费比例低于平均水平（如花生油、蛋黄酱）。

（五）收入、教育和职业

收入一直是市场细分的重要变量。营销人员通常都依据收入细分市场，因为收入是一种商品或具体的产品模型有支付能力的指示器。收入通常和其他人口变量结合起来更容易精确界定目标市场，高收入已经和年龄结合以识别重要的、富裕的中老年市场（affluent elderly segment）。收入也与年龄和职业状况结合产生了所谓的"雅皮士"（yuppie，属于中上阶层的年轻专业人士）市场。教育、职业和收入高度相关，产生高收入的高层次职业通常需要接受高等教育。未接受教育的个体很难适应高层次的工作。对媒体偏好的调查倾向于支持收入、职业和教育的密切关系。黄金时间电视节目覆盖的通常是家庭成员收入不足 20 000 美元、没有高中文凭和失业人员的家庭；而报纸的读者群集中在家庭收入 75 000 美元以上，大学毕业生以及高级经理职业群体。

第三节　变化中的人口环境与消费市场

一、中国的人口环境及其变化

1. 总人口不再增加,人口负增长模式开启

进入 21 世纪,中国人口总量由 2000 年的 126 473 万人增加到 2020 年的 141 212 万人、2021 年和 141 260 万人,2020 年和 2021 年的净增人口分别为 204 万人和 48 万人,自然增长率分别为 1.45‰和 0.34‰。2021 年,全国有 10 个省份的人口自然增长率为负,16 个省份常住人口负增长。"七普"数据表明,与"六普"数据相比,有 6 个省份人口负增长,分别是山西、内蒙古、辽宁、吉林、黑龙江和甘肃,共减少 13 007 265 人。全国地市人口没有减少的有浙江、贵州和西藏 3 个省份,所有城市全部负增长的有黑龙江省,只有一个城市出现人口负增长的有福建(三明)、山东(泰安)和新疆(塔城地区)3 个省份。除北京、天津、上海外,25 个省份中的 158 个城市人口负增长(见图 10-1、图 10-2)。《世界人口展望 2022》预测,2023 年,中国预计出现人口的绝对下降,印度将超过中国成为世界人口最多的国家。2050 年,预计中国人口总量将由 2022 年的 14.26 亿人下降到 13.17 亿人。

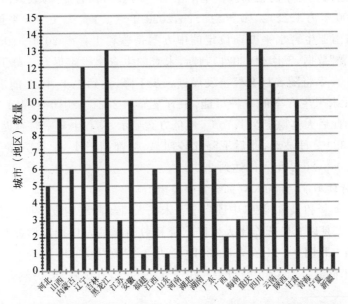

图 10-1　第七次全国人口普查 25 个省份人口负增长城市(地区)数量

资料来源:根据第七次全国人口普查公报及各省份人口普查公报整理(港、澳、台数据单独统计)。

2. 妇女总和生育率远低于更替水平

20 世纪 90 年代以来,我国的生育率水平结束了 20 世纪 80 年代中后期停滞徘徊的局面,出现了实质性下降,并保持在更替水平(平均每个妇女有 2.1 个孩子)以下。进入 21 世

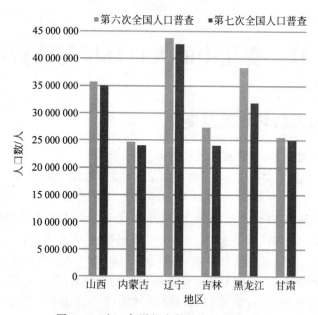

图 10-2　人口负增长省份的人口变动/人

资料来源：根据第七次全国人口普查公报及各省份人口普查公报整理（港、澳、台数据单独统计）。

纪,已经形成了超低生育率的格局。① 利用"五普""六普"和"七普"的数据估算,全国妇女的总和生育率,2000 年为 1.22,2010 年为 1.26,2020 年为 1.24。② 关于未来预测,《世界人口展望 2022》对东南亚生育水平变动设定的中方案是总和生育率 2021—2050 年为 1.50～1.60。基于"七普"数据,王广州(2021)判断,未来的生育率很难提升。陈卫(2021)预测未来中国的总和生育率将随着社会经济发展进一步下降,达到 1.1～1.3 的极低水平。王金营等(2022)估计未来生育率的 7 种可能,中方案显示 2021—2040 年是逐年回升趋势,从1.318 到 1.710,此后大体稳定在 1.706。超低方案显示,总和生育率略有提升,2021—2030年在 1.329～1.389 之间波动,此后下降比较明显,但都高于 1.3;高方案显示,总和生育率,2030 年为 2.008,2040 年可以达到 2.06。

　　3. 老龄化持续加深,传统人口机会窗口关闭

　　伴随生育率下降和人口转变,中国当前及未来人口年龄结构发生两个变化:一是老龄化的快速发展;二是以人口抚养比大幅度下降和劳动年龄人口持续增加为表征的人口机会窗口即将关闭。我国 0～14 岁人口,2010 年为 2.22 亿人,2020 年为 2.53 亿人,虽然增加 3 100 万人,比重提高 1.35 个百分点,"少子化"问题稍有缓解,但仍然值得重视,育龄人

---

　　① 一般认为,总和生育率低于 1.5 即为超低生育率。联合国估计,中国进入 21 世纪以来的总和生育率,2000—2005 年为 1.55,2005—2010 年为 1.63,2010—2015 年为 1.66。参见 UN, World Population Prospects: The 2012 Revision-Key Findings and Advance Tables. New York,2013.

　　② 对 2020 年"七普"总和生育率的估计有 1.3 和 1.24,参见陈卫.中国的低生育率与"三孩"政策——基于第七次全国人口普查数据的分析[J].人口与经济,2021(5):25-35.翟振武、金光照、张逸杨.中国生育水平再探索——基于第七次全国人口普查数据的分析[J].人口研究,2022(4):3-13.王金营、李庄园、王冬梅.中国人口长期发展目标研究[J].人口研究,2022(4):40-54.

群持续走低、生育意愿低位徘徊。从老龄化发展看,2020 年,60 岁及以上人口 2.64 亿人,2010 年为 1.78 亿人,增加 8 600 万人,比重提高 5.44 个百分点。老龄化指数提高 21.8 个百分点,人口抚养比提升 11.7 个百分点。20 世纪 50 年代中期至 70 年代后期,人口抚养比曾高达 70% 以上,随着生育率的下降,抚养比也大幅度下降。从 20 世纪 90 年代起,中国约有 35 年左右的人口红利期。[①] 2010 年开始,人口抚养比改变了 20 世纪 70 年代以来的路径,出现了明显上升(见表 10-2)。上升的直接原因,一是 0~14 岁人口的增加及比重上升;二是 65 岁及以上人口的绝对和相对上升,总量由 1.19 亿人增加到 1.91 亿人,增加 7 200 万人,比重提高 4.63 个百分点;三是 15~64 岁劳动年龄人口减少 5 300 万人,比重下降 5.98 个百分点。由于"一老一少"增加,导致抚养比上升,预计 2025 年前后将超过 50。

表 10-2　中国人口年龄结构变动与老龄化趋势　　　　　　　　　　%

年份	0~14 岁	15~64 岁	65 岁及以上	老龄化指数[②]	人口抚养比
1953	36.28	59.31	4.41	12.16	68.61
1964	40.69	55.75	3.56	8.75	79.41
1982	33.59	61.50	4.91	14.62	62.60
1990	27.69	66.74	5.57	20.12	49.83
2000	22.89	70.15	6.96	30.41	42.55
2010	16.60	74.53	8.87	53.43	34.17
2020	17.95	68.55	13.50	75.21	45.88

资料来源:历次人口普查数据。

4. 人口受教育程度从初中及以上迈向更高水平

根据第七次人口普查数据,每 10 万人中大学文化程度 15 467 人,高中文化程度 15 088 人,初中文化程度 34 507 人,小学文化程度 24 767 人。2020 年与 1964 年人口普查相比,每 10 万人中大学文化程度增加 36.2 倍,高中和中专增加 10.44 倍。与 1982 年人口普查相比,大学增加 24.15 倍,高中增加 1.23 倍。与 2010 年相比,大学增加 73.2%,高中增加 7.5%,而初中下降了 11%,小学下降 7.5%。初中及以上人口已经由 1964 年的 6415 人增加到 1982 年 25 286 人、1990 年的 32 805 人、2000 年的 48 718 人、2010 的 52 820 人和 2020 年的 65 062 人。以初中及以上为主的人口受教育程度结构自 2010 年以来进一步巩固。特别是大学加速增长,是 20 年来增加最多、增速最快的群体,2000—2020 年,增加 11 856 人,而高中增加 3942 人,初中增加 546 人,初中、高中合计不到大学的 38%。分省份看,北京、天津、山西、内蒙古、辽宁、吉林、上海、江苏、浙江、陕西、宁夏、新疆 12 个省份每 10 万人大学人口超过 16 000 人,其中,北京 41 980 人,上海 33 872 人,天津 26 940 人。15 岁及以上人口平均受教育年限 2010 年、2020 年分别为 9.08 年和 9.91 年。其中北京、天津、山西、内蒙古、辽宁、吉林、上海、江苏、湖北、广东、海南、陕西和新疆 13 个省份超过 10 年。

5. 家庭户变化的新趋势

家庭户(household)是人口再生产和市场运行的基本要素。"七普"结果显示,我国家

---

① 以人口抚养比值 50% 及以下为人口机会窗口的最低标准,中国人口红利有 40 年左右的时期,但人口红利期的长短要随着人口机会窗口标准的变化而变化,即人口机会窗口的标准不同,人口红利期的长短将不同。

② 老龄化指数又称老少比,反映老年人对未成年人的比率。

庭呈现多维度的变化,即家庭的小型化、核心化、空巢化和家庭类型的多样化。我国居民家庭户具有以下几个变化趋势:一是家庭户数量继续增长。2020年,我国家庭总数为494 157 423户,比2010年的401 517 330户增加9264万户。二是平均家庭户规模缩小,平均规模为2.62人,比2010年减少0.48人,比规模最大的1964年减少了1.81人。分地区看,户均规模在3以上的有西藏、海南2个省份;户均规模在2.7~2.99人的有江西(2.94人)、云南(2.88人)、广西(2.87人)、河南(2.86人)、贵州和新疆(2.81人)、青海(2.79人)、甘肃(2.77人)、河北(2.75人)和山东(2.70人)10个省份;明显低于全国水平的有东北三省、内蒙古、北京、天津、上海、浙江和重庆9个省份,户均规模在2.22~2.45人之间。三是家庭户的主体结构是1~3人户,呈现出向1~2人户集中的趋势。二人户最多,为14 669万户,占29.7%,一人户次之,为12 549万户,占25.4%,三人户10 370万户,占21%。1~3人户合计37 588万户,占全部家庭户数的76.1%,其中四人及以上的家庭户仅11 828万户,占比23.9%。分地区看,一人户占比最高的是广东、西藏,为33.2%,另外,福建、广西、海南、青海虽然比例不到30%,但占本地区的比例在所有户型中最高,二人户占比最高的是内蒙古和东北三省,占比37%左右,约比全国高7.5个百分点。五人及以上户占比最高的是西藏23.3%,其次是海南18.2%和江西16.5%(见表10-3)。

表10-3 2020年我国各地区家庭规模及结构(港、澳、台地区单独统计)

	户均规模/人	户数/户	1人户/%	2人户/%	3人户/%	4人户/%	5人及以上户/%
全国	2.62	494 157 423	25.4	29.7	21	13.2	10.8
北京	2.31	8 230 792	29.9	33.1	21.7	8.9	6.3
天津	2.4	4 867 116	24.0	35.5	24.8	10.5	5.2
河北	2.75	25 429 609	20.0	31.3	21.7	15.5	11.5
山西	2.52	12 746 142	24.0	31.8	23.3	13.9	7.1
内蒙古	2.35	9 483 957	23.3	37.6	25.2	10	3.9
辽宁	2.29	17 467 111	26.6	36.9	23.9	8.2	4.3
吉林	2.34	9 426 822	24.5	37.1	24.8	9.2	4.9
黑龙江	2.22	13 024 687	29.2	36.2	22.8	8.1	3.6
上海	2.32	9 644 628	28.4	34.6	22.4	8.5	6.2
江苏	2.6	29 910 849	23.3	32.2	21.7	12.4	10.3
浙江	2.35	25 008 606	30.8	32.4	19.1	9.9	7.7
安徽	2.61	21 910 377	23.7	31	21.8	13.6	10
福建	2.68	14 371 078	27.3	26.3	19.4	14.2	12.7
江西	2.94	14 072 847	21.8	25.3	20.2	16.2	16.5
山东	2.7	35 184 241	20.1	31.9	21.8	16.5	9.8
河南	2.86	31 782 693	22.0	26.7	20.5	16.1	14.8
湖北	2.65	19 931 045	23.6	29.3	23	13.2	10.9
湖南	2.67	22 878 336	25.3	27.7	20.8	14.5	11.7
广东	2.63	42 469 178	33.2	24.2	16.5	12.2	13.8
广西	2.87	16 215 014	25.1	23.7	20.1	15.2	15.8
海南	3.06	2 961 646	22.4	21.9	19.9	17.6	18.2
重庆	2.45	12 040 234	29.3	30.3	20.2	11.4	8.8

续表

	户均规模/人	户数/户	1人户/%	2人户/%	3人户/%	4人户/%	5人及以上户/%
四川	2.51	30 756 120	28.7	29.8	19.8	11.6	10.1
贵州	2.81	12 696 585	23.9	26.1	20.3	15.3	14.4
云南	2.88	15 146 831	22.8	24.7	20.9	15.6	15.97
西藏	3.19	1 014 090	33.2	17.8	13.8	11.9	23.3
陕西	2.53	14 211 344	27.2	29	21.4	13.3	9
甘肃	2.77	8 422 836	22.7	28.4	21.5	14.2	13.3
青海	2.79	1 965 893	25.4	25.1	20.9	14	14.6
宁夏	2.65	2 535 974	21.2	31.2	23.4	15.2	9
新疆	2.81	8 351 642	20.9	27	22.6	16.7	12.8

资料来源：根据《中国统计年鉴2021》表2-8、表2-28整理。

6. 城镇人口超过9亿人，城镇化率超过世界平均水平

进入21世纪以来，中国城镇化进程加速推进，新型城镇化取得明显成效。城镇人口从2000年的45 844万人增加到2020年的90 199万人，城镇化率从36.22%提高到63.89%，平均每年提高1.38个百分点。2020年比2010年提高14.31个百分点，年均1.43个百分点。城镇化率由2010年落后世界平均水平到世界水平以上7个多百分点。我国全部地级以上城市297座。城市群和都市圈承载能力稳步提升，京津冀协同发展、长三角一体化发展、粤港澳大湾区建设扎实推进，成渝地区双城经济圈建设势头强劲，长江中游、北部湾、关中平原等城市群加快发展。都市圈内便捷通勤网络逐渐形成，公共服务共建共享水平提升。综合交通运输网络体系不断完善。全国铁路网对20万人口以上城市覆盖率达到99.1%，"八纵八横"高铁网对50万人口以上城市覆盖率达到89.9%，城市群都市圈多层次轨道交通网和高速公路网建设、综合交通枢纽多层级一体化发展持续推进。"七普"数据显示，城区常住人口1 000万以上的超大城市7座，城区常住人口500万以上1 000万以下的特大城市14座。生产总值超过1万亿元的城市，2021年达到24个，其中，上海、北京超过4万亿元，深圳超过3万亿元，广州、重庆、苏州超过2万亿元（本书第六章第三节）。2020年，在36个省会城市和计划单列市中，住户存款余额超过1万亿元的有北京、天津、沈阳、上海、杭州、武汉、广州、深圳、重庆、成都、西安等11个城市；社会消费品零售总额超5 000亿元的有北京13 716亿元、上海15 933亿元、南京7 203亿元、杭州6 055亿元、青岛5 203亿元、郑州5 076亿元、武汉6 150亿元、广州9 219亿元、深圳8 665亿元、重庆11 787亿元、成都8 119亿元等11个城市。新型城镇化的健康发展对形成强大国内市场、构建新发展格局意义重大。

二、中国消费市场

经济持续增长、生育率下降和科技革命催生消费革命，推动中国消费市场取得历史性成就。全球金融危机之前，瑞士信贷第一波士顿（CSFB）发现，中国消费者逐渐富裕起来并开始消费了。由此可能造成的影响是，在未来，全世界消费品的生产企业将面临急剧增多的机会和挑战。中国消费者对这些企业的影响可能与中国生产商对制造业和资源类企业

的影响一样深远,中国消费者很可能取代美国消费者成为全球经济增长的引擎。[①]

(一)经济持续增长

1978 年以来我国经济持续增长,GDP 总量由 3645 亿元增加到 2020 年的 100 万亿元,年均增长速度 9% 以上。人均 GDP 由 381 元增加到 72 000 元。进入 21 世纪以来,经济高歌猛进,年均实际增长速度约 10%,GDP 总量由 10 万亿元跃升至 100 万亿元,从世界第七位到稳居全球第二。当前,中国已转入高质量发展阶段,按人民币对美元汇率计算(当年值),人均 GDP 已超过 10 000 美元,全面建成了小康社会,历史性地消除了绝对贫困,开启全面建设社会主义现代化国家新征程。

(二)居民人均收入和个人存款持续增加

中国消费革命的基础是居民人均收入的增加以及购买力的飞跃,这同时也是消费革命的主要表现。1998 年我国提出实施扩大内需以来,农村居民人均纯收入由 2 100 元增加到 17 132 元,城镇居民人均可支配收入由 5 160 元增加到 43 834 元,城乡居民收入差距经过一段时间的上升之后,进入下行通道(见图 10-3)。

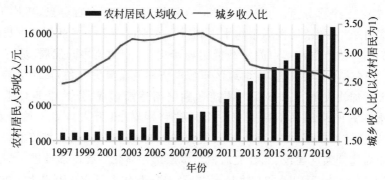

图 10-3　1997—2020 年我国农村居民收入及城乡差距变化

资料来源:相关年份《中国统计年鉴》。1997—2012 年为农村居民人均纯收入,2013 年后为人均可支配收入(均按当年价格计算)。

个人存款增加,由 1998 年的 53 407.5 亿元增加到 2020 年的 932 966.3 亿元。存款同比增长率处于高位,23 年间低于 10% 的仅有 2000 年(7.9%)、2007 年(6.8%)以及 2014—2017 年(7.6%～9.3%),其他年份都在 11% 以上。最高值是 2008 年的 26.3%,即使在发生新型冠状病毒感染疫情的 2020 年,仍然高达 13.9%,创 2012 年以来新高。23 年间存款同比增长率的中间值高达 14.6%,约是经济增长速度的 1.5 倍。个人储蓄存款的增加,一方面说明居民的预防性储蓄动机强劲,影响消费和内需扩大;另一方面反映出新的消费热潮正蓄势待发,居民消费持续增加还有较大空间。

(三)社会消费品零售总额稳步增加,新消费的引领作用凸显

社会消费品零售总额稳步增长,是中国消费革命的具体体现。1978 年,社会消费品零售总额 1 558.6 亿元,1997 年达到 27 299 亿元,2019 年突破 40 万亿元。1998 年提出扩大

---

① 乔纳森·加纳.中国消费力的崛起[M].上海:上海世纪出版集团、上海人民出版社,2006:4.

内需以来,我国社会消费品零售总额比1997年增加了15.1倍。其中,城镇增加了21.9倍,乡村增加4.6倍(见图10-4)。消费领域的新场景、新形态不断涌现,新消费的引领作用越发凸显。城镇居民家庭每百户拥有家用电脑、移动电话数量,2019年达到53.2台、253.2部,比1998年增加49.4台、249.9部。网络购物用户由2009年的1.08亿上升至2020年6月的7.49亿,实物商品网上零售额占社会消费品零售总额的比重由1.9%上升至25.2%。[①]无接触配送、无人零售、直播零售等消费新模式快速发展,人工智能、远程办公、"互联网+"等逆势发展,消费领域的新场景、新模式和升级消费的不断拓展对新型冠状病毒感染疫情防控、保障民生、扩大内需、激活内循环发挥了关键作用。

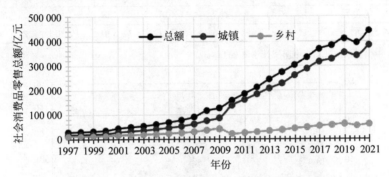

图10-4 1997—2021年中国社会消费品零售总额及其城乡分布

注:2010年起统计口径为城镇和乡村,之前为城市和县及县以下。

资料来源:根据历年《中国统计年鉴》整理。

(四)消费升级

在居民收入增加、存款上升的同时,住房、私家车、旅游、电子通信、网上购物等典型消费、新型消费迅猛增加,成为中国消费革命和消费升级的靓丽风景。

居住条件大大改善。从2000年前后开始,由于政府大力推行住房制度改革,城市商品房和房地产市场高速发展,进入有私家房产的历史新阶段,人均居住面积一直以一个较为稳定的速度增长。到2012年,城镇居民的人均住房建筑面积和农村居民的人均居住面积分别达到32.9m²和37.1m²。目前城乡居民的人均居住面积超过40m²。

私家车快速增长。2000年以来,私家车成为城市居民消费的新热点。2000年,全国民用汽车保有量1 609万辆,其中私人汽车625万辆。2021年,全国民用汽车保有量30 151万辆(包括三轮汽车和低速货车732万辆),比上年末增加2 064万辆,其中私人汽车保有量26 246万辆,增加1 852万辆。民用轿车保有量16 739万辆,增加1 099万辆,其中私人轿车保有量15 732万辆,增加1 059万辆。民用汽车保有量和私人汽车数量分别是2000年的18.7倍和41.99倍。

文化旅游消费再出发。20世纪90年代后期,旅游消费一直以一个较为稳定的速度增长。2019年,全年国内游客60.1亿人次,比2012年增加1倍多。国内旅游收入2013年达26 276亿元,入境游客12 908万人次。国内居民出境9 819万人次,增长18.0%。受新型

---

① 中国互联网络信息中心.第46次中国互联网络发展状况统计报告,2020年9月.

冠状病毒感染疫情冲击,2019 年在达到一个前所未有的高峰后已经明显回落,2020 年,国内游客人次下跌 52%,跌到 2012 年前的水平(见表 10-4 和图 10-5)。2021 年有所回升,国内旅游收入虽然强势增长 31.0%,但仅有 29 191 亿元,与 2013 年相当。

表 10-4　1999—2013 年主要年份中国旅游业发展情况

指　　标	1999 年	2000 年	2008 年	2010 年	2011 年	2012 年	2013 年
国内居民出境人数/万人次	923	1 047	4 584	5 739	7 025	8 318	9 819
♯因私出境人数	427	563	4 013	5 157	6 412	7 706	9 197
国内出游人数/亿人次	7.19	7.44	17.1	21.0	26.4	29.6	32.6
国际旅游收入/亿美元	141	162	408	458	485	500	517
国内旅游收入/亿元	2 832	3 175	8 749	12 580	19 306	22 706	26 276

资料来源:中国国家统计局,《中国统计年鉴 2014》。

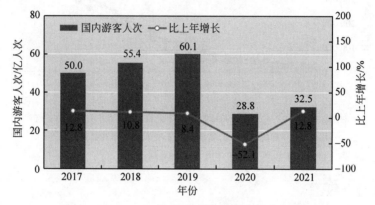

图 10-5　2017—2021 年国内游客人次及增长速度
资料来源:转引自中华人民共和国 2021 年国民经济和社会发展统计公报
http://www.stats.gov.cn/tjsj/zxfb/202202/t20220227_1827960.html.

服务消费快速发展,电商、快递业务快速增加。我国第三产业增加值"十三五"期间已经超过国民经济的半壁江山,虽受疫情冲击,但仍然保持稳定上升趋势。近年来,个人服务消费占比稳定在 40%以上,随着后疫情时代的到来,会显著上扬。以快递业务、移动互联为代表的邮政业务、电信业务是服务业发展的亮点。近年来,快递业务量以 30%左右的速度持续增长,每 3 年就翻一番(见图 10-6)。2021 年,固定互联网宽带接入用户 53 579 万户,比上年年末增加 5 224 万户(见图 10-7),其中固定互联网光纤宽带接入用户 50 551 万户,增加 5 136 万户。蜂窝物联网终端用户 13.99 亿户,增加 2.64 亿户。互联网上网人数 10.32 亿人,其中手机上网人数 10.29 亿人。互联网普及率为 73.0%,其中农村 57.6%。

三、把握人口变化内涵的机遇和挑战

(1)我国已形成超大规模市场。随着经济总量和各类市场主体快速增长,合作和竞争及优胜劣汰格局深刻演化;商品和服务市场在相互渗透中加快融合,线上和线下市场在并行交织,新产业新业态新模式不断涌现,效率和公平、创新和保护的需求更趋多元,国内市

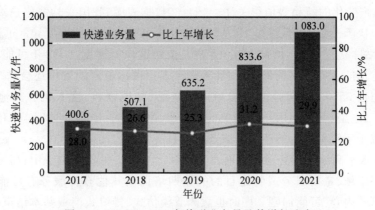

图 10-6　2017—2021 年快递业务量及其增长速度
资料来源：中华人民共和国 2021 年国民经济和社会发展统计公报.

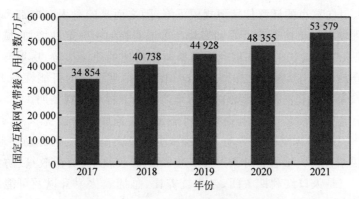

图 10-7　2017—2021 年固定互联网宽带接入用户数
资料来源：中华人民共和国 2021 年国民经济和社会发展统计公报.

场国际化、国际市场中国因素增多的特征更加明显。与此同时，中国将进入人口负增长时代并伴随需求收缩、供给冲击、预期转弱"三重压力"，面对国际、国内复杂严峻的形势，克服全球经济萧条挑战，稳定宏观经济大盘，实现经济质的提升和量的增长，是认识市场、把握市场、引领市场、开发市场的一个重要基点。

（2）少子老龄化继续发展，劳动年龄人口总量和比例已跌落峰值。这意味着以老年人为对象的产品和服务和以中青年为对象的汽车消费及相关服务将有相对大的机会，而与许多新兴市场不同的是，孩子或年轻消费者的市场面临着萎缩趋势。这种变化，不仅影响到物质资本市场，也对人力资本市场有深刻影响，中国 21 世纪初面临的幼儿园和小学的倒闭高潮将波及一些初级中学和高级中学，这种趋势首先出现在生源较少的偏远地区和教育质量一般的学校，部分高等学校将遭受生源不足的冲击。从人口老龄化中获益较多的产品类别大致是：保健产品；定位于老年消费者的餐馆、休闲设施和观光地（看重文化或服务质量而不是服务的速度）；中高档商品；强调安全和节能而不是速度的汽车；家庭护理；以老年消费者为对象的产品和服务。根据这种趋势，要围绕汽车、家用电器、家政服务、社区服务、老龄产业来培育消费热点。

（3）家庭户变化的新趋势值得关注。"七普"数据表明,我国平均家庭户规模比"六普"下降 0.48 人,快于上个 10 年的 0.34 人。由此使得家庭户增加的速度异常迅猛。2020 年,全国家庭户 4.94 亿户,10 年增加 9 260 万户。按照这样的速度,2022 年可能有 5.1 亿户。全国有 6 个省份的 1 人户比例最高,预计未来 1 人户占比最高的省份还会增多。2 人及以下户占比已超过 55%。这可能意味着耐用消费品(如电视机、洗衣机和其他大型家用电器)、家用汽车、电脑、互联网用户及相关的服务性消费还将上升。收入增加和收入差距扩大可能使定位于年轻单身者的产品和服务成为具有吸引力的市场。

（4）教育水平高级化趋势对消费而言具有深远意义。主要定位于中、高等教育和大学毕业生的图书市场、考研服务或特定目的的短期培训及其他教育服务有可能获得明显收益,特别是考研"内卷"可能加剧。同时也意味着模仿式、排浪式消费基本结束,而对于技术需求较高的中高端产品的市场占有率可能快速上升。随着教育水平的提高和环保意识的增强,绿色低碳循环消费将大幅增加,个性化、品质化需求将大幅上升。

（5）农村人口向城市的迁移持续但规模下降,随之而来的是人口向都市圈和大都市中心区集聚。从而使得城市房地产开发和房地产市场面临的不确定性增加,城市收缩可能在多地发生,伴随人口负增长的来临以及后疫情时期低迷的经济形势,房地产企业在当前和今后几年面临严峻考验,市场分化加剧,但全局性、大幅度下挫的可能性不大。因为,量化宽松和"三孩"政策及配套支持会部分对冲房地产市场下行和悲观预期。

（6）物价上涨压力很大,通胀与通缩都可能发生。通胀来自被抚养者,通缩来自工人。一是生育高峰一代的退休潮引起劳动力供给减少以及去全球化、国际局势动荡、摩擦和冲突升级导致的供给冲击;二是应对新冠肺炎疫情的财政政策、货币政策、防控政策的滞后效应逐渐显现;三是人口红利期关闭,老年抚养比、总抚养比上升以及可能导致的激励扭曲和不平等加剧,进而诱发通胀或滞胀。[①]

第四节　国际人口环境变化与市场需求

一、世界人口仍在增长,但越来越多的国家开始人口负增长

工业革命以前,世界人口增长缓慢,从地球上出现人类到第一个 10 亿,几乎花费了人类历史的全部,而达到 20 亿以后至 80 亿,花费的总时间不足 100 年。20 世纪 80 年代,世界人口增速开始放慢,但是净增人数仍然很多,1999 年 10 月 10 日,世界人口达到 60 亿,2011 年 10 月 31 日达到 70 亿。每增加 10 亿花费的时间,不断刷新,从 40 亿到 50 亿用了 13 年,到 60 亿用了 12 年 3 个月,到 70 亿又缩短到 12 年,再到 80 亿也就 11 年(2022 年 11 月 15 日)。据联合国最新预测,世界人口 2050 年将达 96.87 亿人,尽管比以前预测少了

---

① 查尔斯·古德哈特,马诺吉·普拉丹.人口大逆转——老龄化、不平等与通胀[M].廖敏,缪延亮,译.北京:中信出版集团,2021.

4 000万人,2050年将是2022年的1.22倍,但不同地区之间差异巨大(见表10-5)。

表10-5　基于中位值预测的世界人口增长情况

	人口/百万人			2050年人口是 2022年的倍数	总和生育率 (2021年)
	2022年	2030年	2050年		
世界	7 942	8 512	9 687	1.22	2.3
撒哈拉以南非洲	1 152	1 401	2 094	1.82	4.6
北非和西亚	549	617	771	1.40	2.8
中亚、南亚	2 075	2 248	2 575	1.24	1.9
东亚和东南亚	2 342	2 372	2 317	0.99	1.6
拉美和加勒比	658	695	749	1.14	1.7
澳大利亚、新西兰	31	34	38	1.23	1.7
大洋洲	14	15	20	1.43	2.4
欧洲和北美	1 120	1 129	1 125	1.00	1.6
内陆发展中国家	557	664	947	1.70	2.7
小岛屿发展中国家	74	79	87	1.18	2.0

资料来源：United Nations. World Population Prospects 2022.

　　由于生育水平差异,世界人口状况和未来发展趋势存在很大差别。最近几十年来,许多国家生育率显著下降。目前,2/3的全球人口生活在妇女终身生育率低于2.1的国家或地区。2022—2050年,61个国家或地区人口至少下降1%,这主要由于持续的低生育水平和某些情况下的移民率上升。占世界人口比重最高的东亚和东南亚人口将缩减1%以上,从而中亚南亚取代东亚和东南亚成为人口最多的地区,占世界的比例由29.5%下降到23.9%,但2030年仍比中南亚多1.24亿人。欧洲和北美人口变化不大,大致是零增长状态。东亚、东南亚已经完成人口再生产类型转变,2030年后,将开启日益迅猛的人口负增长模式,此后的20年将减少人口5 500万人,年均275万人。增长最快的是撒哈拉以南非洲,增加9.4亿人,占世界人口增量的54%。中南亚虽然届时人口最多,但对人口增长的贡献仅28.7%。再次是内陆发展中国家,增加3.9亿人,对人口增长的贡献率是22.3%。所以,撒哈拉以南非洲、中南亚和内陆发展中国家是形塑未来世界人口增长的主要力量。这些地区人口增长较多且较富裕、资源较丰富的国家,未来有一定的市场潜力,企业存在一些机会,但由于社会的、种族的甚至民族矛盾突出,贫富差距大,加之不稳定、不确定因素,市场开发面临不少风险和难度。

　　撒哈拉以南非洲是世界上最贫穷的地区,也是人口增长最快的地区,其人口规模已超过欧洲和北美。2050年将是目前的1.8倍,总人口超过20亿人。这对基本消费品、中低档商品和基础设施和移动互联等新型基础设施建设提供了一些机会,高档商品将集中于富人。鉴于中国和非洲存在传统友好关系,可以引导中国企业适时进行一些产业转移。

　　欧洲北美购买力大,同时又有稳定的人口规模,按市场学原理,潜藏市场机会,但由于贸易摩擦和难以消除的政治障碍,把握这个机会还有很多挑战。由于"既富又老",人口素质高,购买力强,对厂商有吸引力,但要面对成熟、理性、挑剔的消费群体,对多数企业来讲是挑战与机遇并存。

二、超过 1 亿、2 亿的人口大国在增加，占世界人口的比重持续提高

1950 年世界上仅有 4 个 1 亿人口以上的国家，分别是中国(5.44 亿人)、印度(3.76 亿人)、美国(1.58 亿人)和俄罗斯(1.03 亿人)。这 4 个国家的人口占当时世界人口的 46.7%。也是从那时开始，世界人口进入迅速增长的时期，超过 1 亿人口的大国不断产生。2022 年，世界 12 个 1 亿人以上的人口大国，其中 7 个国家人口超过 2 亿人，这 7 个国家总计 41.15 亿人，占世界人口的 51.8%。2050 年，预计超过 2 亿人的国家增加到 10 个，人口总计 52.81 亿人，占世界人口的 54.5%。届时中国人口 13.17 亿人，多于 2006 年而少于 2007 年的 13.21 亿人，而且比第一人口大国印度少 3.5 亿人(联合国，2022)，见表 10-6。一般说来，大国在经济发展上有自身优势，2010 年，11 个人口超过 1 亿人的国家，GDP 占全球的 53.1%，劳动力资源丰富，但人均占有量比较低，11 个大国只有全球人均 GDP 的 80%，特别是后发展起来的人口大国。随着经济发展步入正常轨道和大国优势的发挥，这些国家将是世界贸易最活跃的地区，因为它具有形成市场的人口规模优势。

表 10-6 世界人口大国排行

排序	国家	2022 年		2020 年	排序	国家	2050 年	
		人口/百万人	占世界人口的百分比/%	GDP/亿美元			人口/百万人	占世界人口的百分比/%
1	中国	1 426	17.96	147 227	2	印度	1 668	17.22
2	印度	1 412	17.78	26 230	4	中国	1 317	13.60
3	美国	337	4.24	209 366	1	美国	375	3.87
4	印度尼西亚	275	3.46	10 584	7	尼日利亚	375	3.87
5	巴基斯坦	234	2.95	2 637	11	巴基斯坦	366	3.78
6	尼日利亚	216	2.72	4 323	9	印度尼西亚	317	3.27
7	巴西	215	2.71	14 447	6	巴西	231	2.38
8	孟加拉国	170	2.14	3 242	10	民主刚果	215	2.22
9	俄罗斯	145	1.83	14 835	9	埃塞俄比亚	213	2.20
10	墨西哥	127	1.60	10 400	8	孟加拉国	204	2.11
11	日本	124	1.56	50 487	3	墨西哥	144	1.49
12	埃塞俄比亚	122	1.54	818	12	俄罗斯	133	1.37

资料来源：United Nations. World Population Prospects 2022.《中国统计年鉴 2021》。

三、少子老龄化趋势快速发展，但地区差异非常明显

2018 年，世界 65 岁及以上人口数量首次超过 5 岁以下人口。2022 年，全球 65 岁及以上人口 7.71 亿人，是 1980 年(2.58 亿人)的 3 倍。预计 2030 年达 9.94 亿人、2050 年达 16 亿人。因此，到 2050 年，65 岁及以上人口是 5 岁以下儿童的 2 倍多，同时，65 岁及以上老人与 12 岁以下儿童几乎同样多。一些国家老年人口的快速增长起因于过去持续的高生育水平，未成年人口死亡率持续下降是其他一些国家老年人口快速增长的主要驱动力。

2022—2050 年，全球 65 岁及以上人口比例预计上升。2022 年，世界 65 岁及以上人口

接近 10％（见表 10-7）。预计 2030 年接近 12％,2050 年 16％。欧洲北美老年人口占比最高,65 岁及以上人口占 19％,其次是澳大利亚和新西兰(16.6％)。两个地区都会持续上升,预测表明,到 2050 年,欧洲北美的 65 岁及以上人口比例将达到 1/4。世界其他地区也将经历同样的趋势,拉美和加勒比将从 2022 年的 9％上升到 19％。东亚和东南亚预计从 2022 年的 13％翻倍到 2050 年的 26％,撒哈拉以南非洲也将经历人口老龄化,从 2022 年的 3％到 2050 年的 5％。

表 10-7　基于中位值预测的世界 65 岁及以上人口百分比　　　　　　　　　　％

	2022 年	2030 年	2050 年
世界	9.7	11.7	16.4
撒哈拉以南非洲	3.0	3.3	4.7
北非和西亚	5.5	7.0	12.5
中亚、南亚	6.4	8.1	13.4
东亚和东南亚	12.7	16.3	25.7
拉美和加勒比	9.1	11.5	18.8
澳大利亚、新西兰	16.6	19.4	23.7
大洋洲	3.9	5.1	8.2
欧洲和北美	18.7	22.0	26.9
内陆发展中国家	3.6	4.1	5.8
小岛屿发展中国家	8.9	11.3	16.0

资料来源：United Nations. World Population Prospects 2022.

人口年龄结构变化,特别是老龄化会对一些国家的公共开支产生若干方面的影响。一些发达国家的资料表明,在国民平均开支上,一个 65 岁以上的老人是一个年轻人的 3 倍左右。由此带来的后果是,较早开始老龄化的国家,养老金的提供者和受益者比例发生变化,公共财务开支增加,出现了支付危机。因此 20 世纪 60 年代起,许多欧美国家开始重新设计并扩张他们的养老保障体系。人口年龄结构变化及其在发达国家和发展中国家的差异,对工商企业有不同启示。欧美国家由于人口老龄化开始早、程度高,中老年消费者比发展中国家更为挑剔。因此提供满足老年人需要的产品和服务,要特别注意产品的质量和安全性。如农药残留量少的茶叶、农产品、水果、水产品;老年人的医疗保健用品、助听器、眼镜、旅游、娱乐和智能服务等。而发展中国家,儿童和青年的比重很高,决定了满足青少年需要的产品、婴儿用品、教育设施、便宜服装、摩托车以及基本消费品需求很大,而老年用品市场的成熟还需要相当时日。在公共政策方面,人口老龄化的国家应该采取措施,以适应不断增长的老年群体,包括建立普惠性医疗服务和长期护理制度,促进社会保障和养老扶助制度的可持续。

四、发达国家婚姻家庭状况变化与市场需求

（1）家庭数量增加但家庭（住户）规模不断缩小。以美国为例,1950 年总户数 4 304 万户,户均规模 3.4 人,其中 1 人户 399 万,占 9.28％;1960 年总户数上升到 5 302 万户,户均规模降为 3.3 人,1 人户占 14％;1970 年总户数 6 345 万户,户均规模降到 3.1 人,1 人

户上升到 17.6%;1980 年,分别为 8 039 万户、2.7 人和 22.7%,1990 年为 9 336 万户、2.6 人和 24.6%。2020 年为 12 680 万户、2.6 人和 28%(见表 10-8)。户数较 10 年前增长了 9%,其中以家庭为单位的人口总数(指除去宿舍、监狱和养老院居民)较 10 年前仅增长了 7.5%。1970—2020 年,户数增加了 2 倍,户均规模下降 0.5 人。户数增加导致家庭用品大幅度增加;而户均规模的下降也要求这些产品在品种、规格、样式、设计上有所变动。

表 10-8　1960—2020 年美国家庭户类型比例变化　　　　　　　　　　　%

家庭户类型	1960 年	1980 年	2000 年	2010 年	2020 年
家庭户	85	74	68	66	65
有子女夫妻户	44	31	24	20	19
无子女夫妻户	31	30	28	28	30
单亲家庭户	4	7	9	8	9
其他家庭户	6	6	7	8	9
非家庭户	15	26	32	34	35
单人户	13	23	26	27	28
其他	2	4	6	7	7

资料来源:Population Reference Bureau,2021.

(2)离婚率上升,单亲家庭增多。这是第二次世界大战后,西方国家婚姻家庭变化的一个普遍趋势。美国是世界上离婚率最高的国家之一,1970—2012 年,美国单独一个妇女和单独一个男人生活的家庭明显增多,所占比率分别由 11.5% 和 5.6% 上升到 2010 年的 14.8% 和 11.9%,2012 年增加到 15.2% 和 12.3%。2008 年金融危机后,离婚率连年上升。夫妇离异后各自组织新家庭,推高物业、家电及家具需求。美国全国住宅建筑协会首席经济师克罗表示,分居和离婚通常会创造额外住屋需求,根据普查局数据,过去 4 年全美多了 530 万户,自然带动相关需求。[①]

(3)晚婚少育、职业妇女增多。如 1955—1990 年,日本妇女初婚年龄由 24.7 岁上升到 26.9 岁,男性由 27 岁上升到 30.3 岁,这使得结婚用品及人寿保险的销路受到影响。许多妇女还选择婚后不要孩子,而且婚后继续参加工作的人数日益增多。即使在一些发展中国家,想要 2 个以下孩子的比例超过已婚育龄妇女的一半以上。在越南,有 2 个孩子的妇女,92% 不想再要另一个孩子,这一比例在哥伦比亚为 79%,孟加拉为 68%,菲律宾为 56%(PRB,2006)。美国 50% 以上的妇女参加工作,他们的收入约占家庭收入的 40%,这些势必影响到消费市场的需求,使旅游、高档服装、妇女用品、美容及日托服务、冷冻正餐等物品的需求增加,同时对某些行业的广告语言和广告媒体的选择也有某些影响。

(4)非家庭住户迅速增加,有孩子的家庭比例下降。以美国为例,1960 年非家庭住户为 790 万,占总户数的 15%,1980 上升到 26%,2000 年以来均在 32% 以上,2020 年 35%。美国人口普查局(PRB,2020)数据显示,有孩子的家庭比例则从 1960 年的 44% 下降到 19%,无孩子的家庭比例居高不下,60 年来一直稳定在 30% 上下(见表 10-8)。美国非家庭

① 美国调查数据显示离婚率上升或可推动经济-中新网 http://www.chinanews.com.cn/gj/2014/02-19/5854133.shtml.

住户有三种：一是单身成年人住户，包括未婚、分居、丧偶、离婚者，这种住户需要较小的公寓房间，较小的食品包装和较便宜的家具、日用品、陈设等。二是两人同居者住户，需要较便宜的或租赁的住房、家具和陈设品等。三是集体住户，即若干大学生住在一起共同生活。

五、人口流动与人口城市化趋势持续发展

随着经济全球化的快速发展，人口流动加快。根据美国人口咨询局（PRB，2006）的数据，国际移民占世界人口的 3%。《世界人口展望 2022》指出，2000—2020 年，在高收入国家，国际移民对人口增长的贡献（流入净额为 8 050 万人）超过出生人数与死亡人数的差额（6 620 万人）。未来几十年，移民将成为高收入国家人口增长的唯一驱动力。而在低收入和中低收入国家，在可预见的未来，人口增长将继续受到出生人数多于死亡人数的驱动。所有国家，无论移民净流入还是净流出，都应根据可持续发展目标，采取步骤促进有序、安全、正常和负责任的移民。

尽管受到疫情、地缘冲突、去全球化和经济下行等多重挑战，城市化仍然是大势所趋，城市仍然是机会所在和越来越多居民的家园。20 世纪前 50 年，城市人口比重由 13.6% 提高到 29.4%，20 世纪后 50 年，这一比重上升了 20 个百分点，接近 50%，城市人口达 30 亿。目前，城市人口已超过 40 亿人。但在发达国家和发展中国家之间有明显差别（参看本书第六章第二节）。在发达国家，人口乡城转移接近尾声，城市人口增长率大大降低，城市化进入平稳发展阶段。由于城市的拥挤和地价上升，加之现代化的交通通信工具和家庭小汽车的普及，许多人纷纷从市中心迁往郊区，于是出现了大城市的卫星城市和住宅群。这种动向对发达国家的市场营销有一定影响，在郊区住宅区出现了现代化的购物中心和一些大型商场、百货商店的连锁店、便民店。而市中心的生意不再像以前那样火爆。另外某些国家人口向阳光地带移动，北方主要城市人口不断流失，从而减少了对保暖衣服和家用暖气设备的需求，增加了对空调机的需求。在发展中国家，由于没有完成工业化，城市化处于快速发展之中，特大城市化和大城市化趋势非常明显。特大城市和大城市人口的增长显著快于中小城市和农村人口的增长，城市群、都市带不断涌现，甚至出现了都市圈化。这种趋势已使投资家趋之若鹜，形成了新的增长极，当然也使这些地区生意兴隆、购销两旺。

第五节　把握人口动向，应对市场变化

少子老龄化是发达国家人口发展的重要趋势。这种趋势对国民经济造成一定影响，但同时也带来了潜力巨大、多样化的老年市场。

一、发达国家老年市场的兴起

日本是世界上人口寿命最高的国家，妇女平均寿命达 86 岁，男性的平均寿命为 79 岁，受出生率下降的影响，目前是世界上少子化、老龄化程度最严重的国家。据预测，到 2035

年左右,65 岁以上人口将超过 30％。根据日本厚生省《1987 年国民生活基础调查》,日本的老人家庭(即含有 65 岁以上老年成员的家庭)已达 1 222.5 万户。享受公共养老金的家庭也增加到 1285.4 万户,占日本家庭数的 1/3,20 年后老人家庭将会达到家庭总数的一半。在美国,老年人口数量及财富都在增加。1990—2000 年,美国人口将增长 7％,而 55 岁及以上人口将增长 11％。美国普查局 1991 年 3 月进行的人口调查结果表明,接近退休一代的美国人,年龄在 55～64 岁的户主有 1 250 万名,其中 64％在劳动力行列。40％的住户有 2 个或更多的人挣钱。到 2000 年,婴儿激增时期出生的人口将进入这个年龄组,从而导致该年龄组增加。随着老年人的增多,越来越多的人士认识到,老年市场是一个潜力巨大的市场,越来越多的厂商都把眼光瞄准在老年人身上,大做老年人的生意。各种"银发产业""银发市场""老人世界""老年保健品系列"大量涌现。这些为老年人服务的产业主要包括这样几类:①协助家庭照顾老年人;②使家庭和社会提供的服务作用相互交替;③保证社会对特殊老年人所尽的义务;④为老年人接触社会提供设施;⑤为老年人的健康和提高晚年生活质量服务;⑥生产开发满足老年特殊需求的日用品。

老年市场日益为人们所重视,不仅由于老年人口绝对量和相对量在不断增加,而且由于老年人购买力水平在不断提高。法国商业及消费研究中心认为,老年市场是潜在的、有发展前途的市场。在美国,65～74 岁年龄层的老年人平均拥有 220 000 美元的净资产,而 35～44 岁年龄层的中年人拥有的净资产只有 66 000 美元,老年人的人均收入高出其余年龄层总体人均收入的 67％。在经济合作与发展组织(OECD),发达国家作为一个整体,用于 65 岁以上老龄人人均社会开支的钱是 15～64 岁年龄层的 5 倍。仅政府的老龄开支本身就使当今老年人的人均收入相当于美国人平均收入的 60％。20 世纪 60 年代,美国 70 岁老年人的平均开支只有 30 岁年龄层的 60％,如今 70 岁年龄层开支多于 30 岁年龄层 20％。在德国和法国,转移给老年人的收入相当于那里平均收入的 80％。老年人并不是大超支者,但他们也不是为未来考虑的大储蓄者。1977—1992 年,OECD 的总储蓄率从占 GDP 的 24％ 降为 19％。而在美国,从战后几十年大约 9％下降到 3％。美国普查局 1991 年 3 月提供的数据表明,55～64 岁美国人的中位收入比处于收入黄金期人们(45～54 岁)的收入低 23％,但仍比美国所有住户的收入高出 7％。

老年市场是一个复杂多样的市场。据朝日生命保险会社上世纪 80 年代的调查资料,中老年消费最多的是健康、消闲用品,占银色消费市场销售额的 42％,到 2000 年将增加到 51.4％;其次是饮食、住宅、时尚、教育等用品。日本通产省曾经设想,到 21 世纪初,银色市场的规模将为 106.9 万亿日元,其中面向老人的室内辅助机器不超过 2.2 万亿日元。若加上老人家庭消费支出中家具和耐用品所占 5.3 万亿日元,总计也仅占银色市场的 7.5％。在银色市场中,估计老人日常消费占 56.1％,医疗费占 18.8％。戴维在 1987 年对人口老化使得医疗设施及其服务的需求变化进行了调查分析,结论是:人口老化使得人们对医疗服务设施及其服务的消费明显增加,保健药品的消费增加。美国 1972—1973 年 65 岁以上老年人生活开支中,用于医药支出占全部支出的 8.3％。科瓦尔和哈里斯认为,在老年人卫生保健支出的增加中,增长最快的是"养老院照顾"这一项。养老院支出以年均 12％的速度递增。美国卫生与人类服务部估计,养老院居民将从 1978 年的 130 万增到 2000 年的 210 万,上升 57％。仅仅为满足这种增长的需求就需要每年新建 320 家能容纳 100 张床位的养老院。若死亡率按照 1966—1976 年的速度持续下降,2000 年养老院居民将达 280 万名,比 1978 年增加 112%,需要兴建 600 家能够容纳 100 张床位的养老院。每 4 个活到 65 岁的美国人中就有 1 个要住进养老院。养老院的居民与老年人口年龄有密切关系。马莎·F.里切调查发现:随着老年人口年龄增大,养老院成员占老年人口的比率提高。1977 年,养老院成员的平均年龄为 87 岁,67~75 岁老人有 15‰生活在养老院,75~84 岁的老人为 68‰,85 岁以上老人比例为 216‰。在养老院滞留的时间随年龄的增长而增长,85~89 岁的老人平均为 263 天,90~94 岁的老人平均为 302 天,95 岁及以上者平均为 791 天。

另外,人口老龄化还会给人寿保险业带来商机。随着人口老龄化的发展和家庭规模的缩小,能够照顾父母的子女越来越少;而且职业妇女越来越多,不能像以前那样在家照顾老人,这样,只好求助养老院。另外,养老院照顾老人的费用由谁来承担呢?主要还是靠老人自己或子女。养老院的花费是非常昂贵的,住养老院一天的支出,大大超过相同时间内的收入,许多老年人为此花掉自己或配偶的大量积蓄。这就促使了人们购买保险,随着人口老龄化的进一步发展,在今后相当长时期内,中老年人对商业保险的市场需求量会进一步加大。

二、开拓老年市场、发展老年产业的做法

面对前景诱人的老年市场,发达国家的政府和企业已采取了诸多措施来开拓市场,发展这一新兴产业。

在世界第一个老年型国家法国,老年人成了市场的"宠儿"。街头巷尾到处可见"祖母牌"黑咖啡广告,满头银丝的老年人代替了美貌的女郎成为品尝酸奶的广告模特儿。医疗保健、人寿保险等行业也纷纷开发自己的老人市场。

日本厚生省在 1986 年成立了"银色产业振兴室",以开发银色市场满足老人用品和服务的市场需求为宗旨。1989 年制定了"老年人保健福利推进十年战略",1994 年对其进行全面修订,制定了"新老年人保健福利推进十年战略'新黄金计划'"。为了使老年人能够在家里得到各种照料和护理服务,并减少护理负担,在"新黄金计划"里充实了访问护理、短期设施护理、日间照料等居家护理以及居家医疗保健服务内容。"新黄金计划"提出的目标为,到 1999 年,访问护理员数量达到 17 万人,短期设施护理达到 7 万人的规模,特别养护院达到 6 万人的容纳规模,保健设施护理达到 29 万人的容纳规模。为了解决日益严重的护理问题,满足老年人的护理需求,1997 年 12 月制定了《护理保险法》,决定建立护理保险制度,并于 2000 年 4 月开始实施。根据《护理保险法》规定,40 岁以上的人都将加入护理保险,并缴纳一定的保险费。当被保险人需要护理并在家里或在设施得到护理服务时,个人只承担其中的 1/10。福利事业改由民间兴办,20 世纪 70 年代末,东京城内兴起了一个建造收容瘫痪老人的"特殊照顾老人之家"的热潮。这种老人之家,过去一般为公立,可是 1979 年约半年的时间里,就有 18 个人提出申请。1979 年决定兴建 9 所老人之家,而平常每年顶多五六所。民间人士进入公共事业领域,出现了许多新行业。

商业界紧追庞大的一代。东京有些汽车公司专门负责接送瘫痪老人到老人之家或医院,还有些公司接送瘫痪老人进浴室,此外还有专为老人烘干被褥的公司等。这些服务虽然收费

较高,但仍然生意兴隆。生于1946—1950年生育高峰时期的人口集团,人数高达1 087万人,比上下两代人口集团多出150万~200万人。这一代人进入"中年"后带来了商业行情的变化,据此,一些公司调整了经营战略,并根据他们的动向制订商业规划。"丸井"是所谓紧追这一代人而迅速发展起来的公司,该公司已将其主要商品从过去的耐久消费品和服装转向了"礼品"。据说是因为这一代人随着年龄的增长,开始重视人情世故和社会应酬,更多地参加亲友的婚礼、葬仪、升学、毕业和生日祝典,以及过母亲节和父亲节等,所以丸井公司便将主要发展方向定为赠送礼品。电通公司将中老年改称"熟年",并出版了一本名为"熟年指南"的资料集,意在抹去以往的形象,达到"活跃中老年人的思想,促进创造中老年文化,进而刺激开辟中老年市场"的目的。西武百货店1979年10月打破商业界的常规,在位于池袋的总店开设了大规模的体育馆和有400个班级的公共学校。体育馆内,有灯光网球厂、击剑场和乒乓球台设备,并提供各种体育用品,通过这样的方式,以吸引中老年顾客。日本商人开发的"老人尿裤",由于满足了患尿失禁的卧床老人的需要,因而,在国际市场上畅销不衰。东来公司关于中老年市场的内部资料指出,吸引中老年人必须投其所好,要注意三个方面:不服老情绪;追求成熟美;与年轻人不同的风格。此外,唤起回忆也是一个有效办法。历来面向年轻人的最大化妆品公司资生堂,也开始转变方向。过去一直回避使用"夫人"一词,1979年起却把"夫人润肤液"作为试销产品推向市场。日本的三洋电视机公司推出的"老年产品",在性能上与普通产品没有什么区别,但采用了模糊控制理论,微波炉、洗衣机、烘干机等产品尽量减少按钮数量,加上一目了然的图标说明,便于操作。近年来,在一些大城市,出现了一种称为"家庭租赁公司"的行业,即向顾客出租"家庭",其业务的主要对象是老年人。它可为需求者有偿提供所期望的家庭结构、家庭成员和家庭生活环境等,以满足人们寻求家庭生活氛围、享受亲情温暖的要求。价格因时间长短而定,有时资助一次收费就达十多万日元。在温情脉脉的氛围中老人找到了谈话对象,体会着家庭般的天伦之乐,孤独和郁闷得以排遣,失落的空虚得以填补,再回到现实中去,会感到身心舒坦了许多。

在美国,老年市场也引起广泛重视。1982年政府清点出的17 819家养老院中,5%为政府所有,20%为非营利组织所有,其余75%为投资者所有。一些投资者已计划在能够吸引到自费病人的地方购买或兴建养老院。《现代卫生服务》杂志的一项研究表明,1983—1984年,最主要的20家投资者联营占据了17%以上的床位,从平均每家公司10 834张上升到12 683张。这种增长的90%来自营利机构。经营老年用品的企业也日益增多,纽约最繁华的商业街已有多家老年人商店,超级市场货架上陈列的老年用品也日见增多。老人玩具公司、老人旅游公司、老年教育中心、老年康乐组织相继出现。美国的一些老年杂志,如《黄金岁月》《年过半百》《现代老年》等应运而生,兜售健康保险的电视广告也直接对准老年人,生产儿童食品的厂家也开始经营多样化,美国最大的婴儿商品制造商葛博产品公司将长期使用的宣传口号"婴儿是我们唯一的事业"中的"唯一"二字去掉;约翰逊公司将洗发香波广告变成一种对老年和婴幼儿都适用的广告。生产高级化妆品的厂家海雷那·鲁滨斯坦公司,由于率先生产了以50岁以上的妇女为对象的夜晚美容膏、洗发剂等三种配套产品,获得巨大成功。许多企业面向中老年人,不断研制出了新产品,如适合中老年人穿的绅士服。生产体育用品的厂家为使中老年人击球时舒适,生产了适合他们使用的高尔夫球拍。由于中老年人旅行增加,有的航空公司把以前的儿童优待价改为家属优待价。

美国学者查尔斯·D.谢维认为,对老年市场要恰当定位,要瞄准消费动机,强调舒适、安全、便利、社会参与和传统价值。针对老年人讨厌日常生活依赖他人的心理,厂商开发出了许多有助于老人摆脱依赖的产品。自动穿针引线机、易操作的炉子旋钮及其他许多帮助老人取拿放在高处东西的小玩意等就是其中几例。许多老年中心和退休社区通过组织跳舞、游戏和手艺活动等让老人获取交流的机会。高校也做了一些调整,有100多所院校为老年人提供了特殊培训项目,1 000多所院校积极地招收老年学生。许多大学正在建造老年生活社区,以提供终生学习项目。例如北卡大学设有一个为老年人设计的项目开设当代老年问题及老年健康等课程。老年人不愿与社会隔离。美国退休者协会建议,针对老年人的广告应把老年人和其他年龄层的人安排在一起。

老年市场的兴起,为老年产业的发展提供了前提条件。托夫勒(John Taufle)认为,老年产业是随着老人占总人口的比率上升而出现的一种新的经济活动,是一种以老人为服务对象同时又由老人参加的商业。银色商业的目的是银色服务,老人既是银色商业的对象,在人手不足时也是劳动力宝库。银色商业有可能形成巨大市场。只有在起居、洗浴、入厕、进餐、保健、娱乐、出行、通信、安全等方面使照料老人的工作都真正实现自我服务化、自动化和合理化,老人的服务才能彻底改善,这时的银色商业就能对经济发展起到推动作用。

三、本章总结

人口是市场的当然主体,也是一国内需满足的主体。人口的群体性和消费的无条件性为市场提供了庞大的消费者群体和人气,生生不息,使生意能够形成和持续。作为构成市场的基本要素之一,人口特征的任何变化都会引起市场需求的相应变动。本章分析了人口与市场的一般关系、人口变化与消费者行为、变化中的人口环境与消费市场以及国际人口环境与市场需求,最后提供了把握人口动向应对市场变化的案例。通过分析得到如下结论与启示:

(1)我国已形成超大规模市场。与此同时,中国将进入人口负增长时代并伴随需求收缩、供给冲击、预期转弱"三重压力",面对国际、国内复杂严峻的形势,克服全球经济萧条挑战,稳定宏观经济大盘,实现经济质的提升和量的增长,是认识市场、把握市场、引领市场、开发市场的一个重要基点。

(2)牢固树立人口是市场主体,特别是市场需求主体的观念。从人口与内需、供给与需求的紧密联系中,发现需求、创造需求、提升需求、满足需求。我国人口经济关系已发生根本性变化,人口增长停滞、负增长地区越来越多,老龄化日益加深。这是今后一段时期促消费、扩内需的新挑战、新场景。了解中国市场、把握市场走势必须关注人口大逆转、少子老龄化、人口城市化、受教育程度高级化、家庭规模小型化等趋势蕴含的机遇和挑战。

(3)全面促进消费、拓展投资空间,必须以人为本。14亿人民日益增长的美好生活需要是强大国内市场的基础。有效扩大内需必须锚定人口变量群和经济变量群的相互渗透和相互作用,完善人口政策和养老托育服务体系,稳定人口增长和人口规模。坚持扩大内需这个战略基点,加快培育完整内需体系,把实施扩大内需战略同深化供给侧结构性改革有机结合起来,以创新驱动、高质量供给引领和创造新需求,提升传统消费,发展新型消费,扩大公共消费,扩大有效投资(见专栏10-1)。

(4)加强对企业家人口意识的培养,培育更有活力、创造力和竞争力的市场主体。人口是不断变化的,一个企业在创立、投产、运营的整个过程中都要从多方面考虑人口问题。企业决定生产什么、生产多少,对人口状况及其发展趋势的把握,是重要依据之一。人口是人力资源载体,也是消费者群体,市场需求的源泉。以市场为导向,就是以消费者的市场需求为导向。企业家关注人口变化,也就是关注维系企业生存和发展的顾客。

(5)让产品结构、产业结构更加适应人口结构变化,提升供给体系适配性。适应个性化、差异化、品质化消费需求,推动生产模式和产业组织方式创新,持续扩大优质消费品、中高端产品供给和教育、医疗、养老等服务供给,提升产品服务质量和客户满意度,推动供需协调匹配。优化提升供给结构,完善产业配套体系,健全市场化法治化,化解过剩产能长效机制,建立健全质量分级制度,加快标准升级迭代和国际标准转化应用,开展中国品牌创建行动,保护发展中华老字号,提升自主品牌影响力和竞争力,率先在化妆品、服装、家纺、电子产品等消费品领域培育一批高端品牌。

专栏 10-1　加快建设全国统一大市场的主要目标

——持续推动国内市场高效畅通和规模拓展。发挥市场促进竞争、深化分工等优势,进一步打通市场效率提升、劳动生产率提高、居民收入增加、市场主体壮大、供给质量提升、需求优化升级之间的通道,努力形成供需互促、产销并进、畅通高效的国内大循环,扩大市场规模容量,不断培育发展强大国内市场,保持和增强对全球企业、资源的强大吸引力。

——加快营造稳定公平透明可预期的营商环境。以市场主体需求为导向,力行简政之道,坚持依法行政,公平公正监管,持续优化服务,加快打造市场化法治化国际化营商环境。充分发挥各地区比较优势,因地制宜为各类市场主体投资兴业营造良好生态。

——进一步降低市场交易成本。发挥市场的规模效应和集聚效应,加强和改进反垄断反不正当竞争执法司法,破除妨碍各种生产要素市场化配置和商品服务流通的体制机制障碍,降低制度性交易成本。促进现代流通体系建设,降低全社会流通成本。

——促进科技创新和产业升级。发挥超大规模市场具有丰富应用场景和放大创新收益的优势,通过市场需求引导创新资源有效配置,促进创新要素有序流动和合理配置,完善促进自主创新成果市场化应用的体制机制,支撑科技创新和新兴产业发展。

——培育参与国际竞争合作新优势。以国内大循环和统一大市场为支撑,有效利用全球要素和市场资源,使国内市场与国际市场更好联通。推动制度型开放,增强在全球产业链供应链创新链中的影响力,提升在国际经济治理中的话语权。

资料来源:摘自《中共中央 国务院关于加快建设全国统一大市场的意见》(2022 年 3月 25 日)

主要概念

市场　市场主体　人类行为模式　消费

 **思考题**

1. 为什么说人口是市场的主体？
2. 简述人口与市场的关系，并举例说明。
3. 试述人口特征和消费者行为的关系。
4. 进入21世纪以来，中国人口环境发生了怎样的变化？有哪些新的特点？
5. 思考一下人口变化对中国房地产市场的影响。
6. 我国市场有哪些新特点、新趋势？
7. 搜集一下国外把握人口动向应对市场变化的案例。
8. 如何提升供给体系适配性？

参考读物

下 篇

经济条件对人口变动的影响

第十一章

经济条件对人口
自然变动的影响

人口自然变动是由出生和死亡引起的人口数量的增减变化过程,是人口作为一个生物群体所必然发生的变动。人口自然变动与人的自然属性有关,但受人口的自然属性和社会属性两种因素共同制约,前者是指生物机能、身体素质、健康水平和遗传变异等生理因素,后者包括经济生活、文化教育以及社会福利等社会因素。生理因素是人口自然变动的自然基础,而社会因素才是影响人口自然变动的决定性力量。本章主要分析经济条件对死亡率和生育率的影响,进而揭示出改变生育率所需要的经济条件,最后结合中国实际讨论生育率经济学的政策含义。

第一节 死亡率变动的经济分析

衡量人口再生产的规模和速度,必须研究人口总体死亡水平的高低。不同规模的人口总体,其死亡水平的高低不能用死亡人数进行说明,而死亡率是排除了总体规模大小的比率指标。死亡率(mortality rate)是反映一定时期、一定地域范围内人口死亡强度的统计指标。其计算公式为:死亡率=(死亡人数/一定时期平均人数)×1000‰。它表明总人口中平均每一千人死亡的比率。死亡率的高低,既表明总人口的死亡水平,同时也反映社会经济因素对人口死亡水平的影响程度。据大量观察,死亡率具有某种程度的规律性,它的曲线分布近似 U 形。不同年龄人口的死亡率具有相对稳定性。但死亡率是受很多因素共同作用的,因此,从绝对量和长期来看,死亡率又是处于不断变动之中的。在影响死亡率变动的各种因素当中,经济条件或者经济因素始终起着举足轻重的作用,从某种意义上讲,它甚至对死亡率的变动起着决定性的作用。

一、关于影响死亡率变动的经济条件

影响死亡率变动的经济条件就是指社会经济发展水平以及与此相应的物质生活水平和家庭经济状况,具体包括一个国家或地区的资源水平、科技水平、工业化水平、城市化水

平、收入水平等。20世纪末以来,许多西方学者在强调社会经济因素对死亡率变动起决定性影响的同时,扩大了社会经济因素的内涵;不仅注意家庭经济状况、收入水平等变量,而且还从社会文化、教育、妇女地位,甚至从政治的角度来分析问题。

一般而言,死亡率变动与社会制度密切相关。在阶级社会,由于剥削阶级与劳动者阶级在社会中的经济和政治地位不同,从而决定了被剥削阶级的死亡率高于剥削阶级。剥削阶级发动战争更是造成人口大量死亡的重要原因。不同时期、不同地区死亡率的变动,还受人口年龄构成的影响。当老年人口比重提高时,人口死亡率就高一些;反之,就低一些。但无论怎样,从根本上说,影响死亡率变动的因素及死亡发生的原因和后果,在很大程度上还是取决于社会生产力发展水平和生产关系的性质。死亡率的高低直接依存于社会经济条件的变化。这些社会经济条件包括:经济生活水平、社会职业分工、城市化水平、文化教育水平、婚姻状况、医疗卫生及保健事业的发展。

二、影响死亡率变动的经济条件分析

(一)经济生活水平

在不同社会制度下,人们在社会生活中所处的经济和政治地位不同,死亡状况也不同。在奴隶社会,奴隶被奴隶主视为生产资料,在艰苦的生活条件和繁重的体力劳动下,奴隶死亡率非常高。到了封建社会,农民仍然摆脱不了受剥削压迫的地位,死亡率仍然很高。相反,统治阶级由于处于政治经济上的优势地位,生活保障明显高于被统治者,因而死亡率通常较低。另外,统治者之间为了各自的政治、经济利益,常常发动战争,由于战争而死亡也是劳动者死亡率高于统治者的重要原因之一。

虽然很少能获得直接按阶级划分的人口死亡率资料,但仍可从下面按经济状况划分的人口死亡率资料中,看出各阶级间死亡率的差异(见表11-1、表11-2)。

表 11-1 1891—1964 年法国巴黎人口死亡率资料 ‰

	1891 年	1936 年	1964 年
富区	16.8	9.6	9.5
中等区	22.6	12.5	11.3
贫区	23.9	13.7	12
全巴黎	22.5	12.2	11.2

资料来源:[法]阿尔弗雷·索维.人口通论[M].下册.查瑞传,译.北京:商务印书馆,1983:87.

表 11-2 1931—1934 年江苏省江阴县农村人口贫富分别死亡率 ‰

年　度	富有者	安舒者	贫苦者	总计
1931—1932 年	26.5	39.6	46.6	42.8
1932—1933 年	32.2	31.0	39.6	36.1
1933—1934 年	33.9	49.3	56.0	52.0
1931—1934 年(平均)	30.9	39.9	47.4	

资料来源:《中国经济年鉴》,第三编,第二章 B,33 页。

从表 11-1、表 11-2 可以看出,不同时代不同地区的数据均表明死亡率与经济生活水平高低成反比例关系。经济生活水平越高,死亡率越低;反之,经济生活水平越低,死亡率越高。根据世界卫生组织的统计,非洲地区成人死亡率远远高于欧洲地区。

(二)职业

职业能反映一个人的经济状况和社会状况,揭示不同职业人口的死亡率,也能从另一个侧面反映出经济因素对死亡率的影响程度(如表 11-3 所示)。如果以全体职工人数的死亡率为 100,不熟练工人的死亡率最高,是平均水平的 1.25 倍,这部分工人经济收入最低,工作环境差,工作危险程度高,所享受的医疗保障最少。由于社会分工不同,不同职业在劳动强度、工作环境乃至收入上都有一定差异,所以在消灭了阶级的社会中,同样也存在因职业不同引起的死亡率差异。但随着社会制度的完善和生产力水平的提高,社会保障体系以及医疗卫生事业也得到不断加强,职业劳动风险也因科学技术的不断更新而呈现下降趋势,不同职业间的死亡率差异逐渐缩小。

表 11-3 英国 1921—1950 年 20～64 岁男性人口死亡率相对水平

职 业	1921—1923 年	1930—1932 年	1950 年
自由职业者、经理人员	82	90	97
农民、商人、管理人员	94	94	96
手艺匠、熟练工人、办公室人员	95	97	102
半熟练工人	101	102	94
不熟练工人	125	110	118
平均	100	100	100

资料来源:[法]阿尔弗雷·索维. 人口通论[M]. 下册. 查瑞传,等,译. 北京:商务印书馆,1983:91.

(三)城市化水平

一般来说,由于经济发展的不平衡性,城市经济发展速度高于农村,城市居民的生活水平高于农村。因为居住空间相对集中,城市人口在居住条件、生活福利设施以及看病就医方面优于农村,城市人口死亡率比农村低(见表 11-4 和表 11-5)。

表 11-4 我国市镇、县人口死亡率差异　　　　　　　　　　‰

	1954 年	1965 年	1976 年	1981 年	1999 年	2005 年
全国	13.18	9.50	7.25	6.36	6.46	6.51
市镇	8.07	5.69	6.60	5.14	5.51	4.31
县	13.71	10.06	7.35	6.53	6.88	7.18

资料来源:1954—1976 年数据来源于刘洪康、吴忠观. 人口手册[M]. 成都:西南财经大学出版社,1988:325—326.2005 年数据来源于《中国人口统计年鉴 2006》. 北京:中国统计出版社,2006:155、161.1981 年、1999 年数据来源于《中国统计年鉴 2001》.

表 11-5　我国死亡率指标的城乡对比　　　　　　　　　　　　‰

年　份		1991 年	2000 年	2010 年	2020 年
新生儿死亡率	城市	12.5	9.5	4.1	2.1
	农村	37.9	25.8	10	3.9
婴儿死亡率	城市	17.3	11.8	5.8	3.6
	农村	58	37	16.1	6.2
5 岁以下儿童死亡率	城市	20.9	13.8	7.3	4.4
	农村	71.1	45.7	20.1	8.9
孕产妇死亡率（1/10 万）	城市	46.3	29.3	29.7	14.1
	农村	100	69.6	30.1	18.5

资料来源：EPS DATA 数据库。

不难发现，城乡人口死亡率存在较大差异，农村人口死亡率明显高于城市。从时间上看，随着我国经济发展，不论城市还是乡村死亡率都在下降，城乡经济差异逐渐减小，城乡人口死亡率的差距也在缩小，但农村各类死亡率指标均高于城市。这说明，除了加快经济发展和提高生活质量外，努力缩小城乡差别，加快城市化建设对降低死亡率至关重要。

（四）文化教育水平

受教育程度高的人口比受教育低的人口死亡率低。一方面，受教育程度高的人能以科学的态度对待工作、学习和生活，容易接受卫生保障常识，在营养卫生、防病治病方面比受教育程度低的人更加积极主动。受教育程度高的人，往往从事的是体力强度小和危险性较小的职业；受教育程度低的人，从事的工作常具有特殊危险，容易形成较高的职业死亡率。另一方面，婴儿死亡率在总体死亡率中具有举足轻重的地位，婴儿死亡率的高低，往往决定了总体死亡率的高低。有资料表明，父母（尤其是母亲）受教育程度高，其婴儿死亡率低，父母受教育程度低，其婴儿死亡率高。

但从另一角度来看，受教育程度高的人口，往往选择经济发达的地区作为自己职业发展的空间，而经济发达地区生活节奏较快，工作压力和生活压力较大，这种情况下，在这些地区工作和生活的人口往往在拥有良好的社会保障体制的同时，也会产生较多的身体和心理疾病。目前，在我国很多发达地区，居民的心理健康普遍令人担忧。当今社会的死亡率中有一部分是由于心理疾病而引起的。当然，从总体上看，受教育程度高的人口与受教育程度低的人口相比，总体死亡率要低。

（五）婚姻状况

人们的婚姻状况对死亡率也有很重大的影响，且有规律性。一般来说，结婚的死亡率低，未婚的、离婚的、丧偶的死亡率都较高。所以，处于不同婚姻状况下的人口，由于其心理体验不同，其死亡率存在较大差异（表 11-6）。

表 11-6　1930—1932 年苏格兰按婚姻状况划分的死亡率　　　　　　　　‰

	年龄/岁	未　婚	已　婚	丧　偶
男性	20	3.12	2.50	*
	30	4.81	3.12	7.25
	40	9.55	5.99	11.41
	50	15.49	10.36	16.08
	60	32.27	22.94	29.76
	70	75.74	57.23	69.89
	80	154.69	138.34	160.03
女性	20	2.71	4.40	*
	30	3.50	4.14	5.20
	40	5.33	5.52	5.94
	50	9.32	9.24	10.85
	60	19.69	19.54	21.36
	70	45.62	45.41	52.16
	80	121.56	116.91	128.57

* 资料不足以提供正确的结果。

资料来源：彼得·R.柯克斯.人口学[M].上海,上海译文出版社,1985：144.

表 11-6 说明,无论何年龄组、无论男女,丧偶者的死亡率都明显高于其他婚姻状况的死亡率。除了年龄因素外,丧偶者死亡率高的原因还在于失去配偶以后,正常生活秩序被打乱,心理伤痛长久不能痊愈,身心疲惫。分年龄看,除 20 岁、30 岁、40 岁的女性以外,未婚者死亡率都高于同龄已婚者。此外,结婚对妇女的死亡率有直接影响。因为结婚后大多会生育,分娩会在一定程度上加剧死亡的危险。所以,处于生育年龄的已婚妇女死亡率比未婚女性高。我国 60 岁及以上人口的健康状况也一定程度上印证了上述发现(见表 11-7)。一般而言,相对于健康人群,生活不能自理人群的死亡概率应该更高。数据表明,不能自理人群有配偶的比重远低于健康人群,而丧偶者不能自理的比重更高。

表 11-7　2020 年中国 60 岁及以上人口的健康状况和婚姻状况　　　　　　　%

婚 姻 状 况	60 岁及以上健康人群	60 岁及以上生活不能自理人群
未婚	1.04	3.03
有配偶	82.92	51.16
离婚	1.39	0.97
丧偶	14.65	44.84

数据来源：根据 EPS DATA 数据库相关数据计算整理。

（六）医疗卫生条件

医疗卫生条件是与人口死亡率关系更为直接的经济条件。中世纪的霍乱、天花等恶性传染病,随着医学的进步已被控制,从而使人口死亡率大幅度下降。第二次世界大战后,发展中国家由于医疗卫生事业的发展,人口死亡率的下降也极为明显。斯里兰卡过去疟疾危害严重,因疟疾导致的死亡率很高,由于滴滴涕的使用,疟蚊被消灭,斯里兰卡的人口死亡率就急剧下降。解放前我国广大农村人民生活贫困,缺医少药,死亡率高达 28‰,婴儿死亡率高达 200‰以上。图 11-1 显示了 1991 年以来我国婴儿死亡率下降的情况,由 50.2‰下降到 5.4‰。可见,随着经济的发展,人民生活水平和妇幼保健服务水平的提高,我国的婴儿死亡率呈持续下降趋势。

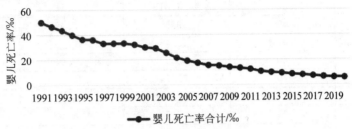

图 11-1　1991—2020 年中国婴儿死亡率的变化

资料来源:EPS DATA 数据库。

三、死亡率变动的"经济决定论"

所谓"经济决定论",是指死亡率水平取决于社会经济发展以及相应的教育、医疗卫生水平的理论。美国著名人口学家 S. 普雷斯顿(S. Preston)1975 年发表的《死亡率和经济发展水平之间关系的变化》,运用大量资料说明,人口平均预期寿命和人均国民收入之间有显著的相关关系。他在 1979 年发表的《20 世纪以来欠发达国家死亡率下降的原因与后果》一文中,又将这种观点用于分析发展中国家的死亡率转变。1986 年,J. 卡德威尔发表《贫穷国家低死亡率之路》,他认为,"预期健康目标不能实现的可能性,标志着 70 年代后和 80 年代初世界经济不景气的环境,表明死亡率下降的最终条件是物质资源方面的因素。"[1]

S. 普雷斯顿利用 20 世纪 30 年代 38 个国家和 20 世纪 60 年代 57 个国家的平均预期寿命和人均国民收入的资料,分析了死亡率和经济发展之间的关系,特别是经济因素对提高平均预期寿命的作用。他发现:在 20 世纪 30 年代,平均预期寿命和人均国民收入的对数的相关系数为 0.885,20 世纪 60 年代两者之间的相关系数为 0.880。①平均预期寿命和人均国民收入的关系在 20 世纪向上移动了,但是在 100~500 美元收入段平均预期寿命向上移动的幅度逐步减少,两条曲线的渐进线纵向差为 4.7 年,表明仅因收入增长而可达到的最大平均生命长度 20 世纪 30 年代为 66.8 岁,60 年代为 71.5 岁;②20 世纪 30 年代至 60 年代世界作为一个整体,一个国家收入水平作为主要外生因素对平均预期寿命的影响,占平均预期寿命增长的 75%~90%,而由人均收入增长引起的只占 10%~25%;③死亡率还没有逐步脱离与某时点的生活水平的联系,它在收入影响最强的范围里变得对生活水平更为敏感;④一国人均收入以外的因素对不发达国家和较发达国家的死亡率趋势都产生了主要影响,较发达地区的死亡率下降本质上依赖于生活水平的提高,因而进程缓慢,而不发达地区死亡率下降则是引进医疗技术的结果,因此下降很快。但这种表达有局限性,即基于两个相当水平的死亡率下降的比较,而不是两个相当时点的死亡率下降速度的比较,并且主要集中在不发达地区最引人注目的下降上。

---

① J. 卡德威尔. 贫穷国家低死亡率之路[J]. 人口与发展评论,1986(2):137.

1986 年,L. T. 鲁兹卡(Lado T. Ruzicka)发表《社会经济发展、生活水平和死亡率》一文。他利用世界银行 1984 年公布的资料,证明亚太地区 13 个发展中国家的男性人口平均预期寿命和人均国民生产总值 GNP 之间的相关系数为 0.600。这些国家之间平均预期寿命的差别有 36% 是由人均 GNP 的差别造成的。平均预期寿命与人均 GNP 的关系在发达地区显得更密切,鲁兹卡用新加坡、澳大利亚、日本、新西兰等地的有关资料,计算出男性人口平均寿命和人均 GNP 之间的相关系数为 0.821,用人均 GNP 的差别可以解释这些国家或地区之间平均预期寿命差别的 67.3%。

总之,死亡率与经济条件或经济因素是密切相关的,只是不同阶段有不同的表现形式。在某一历史时期,它们之间的关系可能极为密切;而在另一时期,可能比较松散。不管是否存在"经济决定论",总的来说经济条件对死亡率的变动有着非常重要的影响。

第二节　生育率经济理论

一、生育率的相关知识

人口生育现象只与育龄妇女有关,育龄妇女是指 15～49 岁的妇女。生育率表示一定时期内(通常为 1 年)育龄妇女生育活婴数的比率。它研究一定时期内出生人数同育龄妇女(15～49 岁)间的内在关系。而人口出生率是研究出生人口数与全部人口的关系。生育率具体表现为一个指标族,它包括一般生育率、年龄别生育率、总和生育率、终身生育率、累计生育率和标准化生育率。最常用的是一般生育率和总和生育率。

(一)一般生育率

一般生育率(general fertility rate,GFR)是指每年出生的活婴数与育龄妇女(15～49 岁妇女)数之比。计算公式为:

$$GFR = \frac{-年内出生的活婴数}{育龄妇女年平均人数(或年中人数)} \times 1\,000‰,即\ f_g = \frac{B}{w_f} \times 1\,000‰;$$

$$或者 GFR = \frac{-年内各年龄组妇女生育数之和}{各年龄组育龄妇女年平均人数之和} \times 1\,000‰,即\ f_g = \frac{\sum_{x=15}^{49} B_x}{\sum_{x=15}^{49} \overline{w_x}} \times 1\,000‰。$$

一般生育率与出生率的关系可以通过以下公式变换来理解。出生率 = $\frac{-年内的出生人数}{年平均总人口数} = \frac{-年内的出生人数}{育龄妇女年平均人数} \times \frac{育龄妇女年平均人数}{年平均总人口数} = $ 一般生育率 × 育龄妇女占总人口比重

(二)总和生育率

总和生育率(total fertility rate,TFR)是指一定时期(如某一年)各年龄组妇女生育率的合计数,说明每名妇女按照某一年的各年龄组生育率度过育龄期,平均可能生育的子女

数,是衡量生育水平最常用的指标之一。总和生育率将特定时点上全体妇女的生育率综合起来,以一个数字来表示。实际上,它是假设一个妇女在整个育龄期都按照某一年的年龄别生育率生育,她所生育孩子的总数。

总和生育率的计算公式为:总和生育率 $=\sum$ 育龄妇女分年龄组生育率,如果分年龄组生育率是 1 岁一组,那么 $\mathrm{TFR}=\sum_{x=15}^{49} f_x$。

世代更替水平的总和生育率是 2.1,即每个妇女生 2.1 个孩子,才能使人口数量保持不变。高于 2.1 则人口增长,低于 2.1 则人口减少。

所谓更替水平(replacement level),是指同一批妇女生育女儿的数量恰好能替代她们本身。当净再生产率(net reproductive rate,NRR)是 1 时,每个妇女正好用一个存活的女儿代替自己,这就意味着生育率处于更替水平。所谓净再生产率是指在考虑当前生育率水平、女性死亡率和出生性别比的情况下,一名妇女所生育女儿的平均数量。公式即 $\mathrm{NNR}=\mathrm{TFR}\times\delta\times\rho$。

公式右边第一项是总和生育率,第二项是出生婴儿中的女婴比重(通常小于 0.5),第三项是女性从出生存活到接替母亲生育时的生存概率(明显小于 1)。所以当 TFR=2 时,必有 NNR 小于 1。要使 NNR=1,必须使 TFR>2。一旦达到生育更替水平,即 NNR=1 时,出生和死亡将逐渐趋于均衡,在没有移民迁入与迁出的情况下,人口将最终停止增长。这个过程所需的时间依人口年龄结构的不同而不同。

(三) 什么因素引起了生育率的显著差异

19 世纪后期以来,全球生育率差异一直存在。发达国家特别是西欧一些资本主义国家生育率太低,以致有人发出"欧洲正在一天天消亡"的感慨。与此相反,发展中国家、特别是非洲国家的妇女总和生育率远高于更替水平以及发达国家和世界平均水平。如何解释不同地区生育率如此显著的差距?在现代西方人口理论研究中,对这一问题的回答特别是对影响生育率变动的决定因素的分析,大体上可分为以下四种类型:

第一种类型,着重于经济因素对生育抉择及生育率变动的影响分析,即生育率经济学。其内容可以分为,①生育率变动的宏观经济分析,主要研究经济增长、经济周期、经济发展、经济长波与生育率变动、生育率水平之间的关系;②生育率变动的微观经济分析,或者说,家庭经济学、家庭人口经济学的生育率研究,如孩子生产的成本-收益分析,边际孩子合理选择理论,孩子数量质量替代理论等;③生育率变动的中观(区域)经济分析,主要对一定地区(社区)生育率水平及其变动进行分析。

第二种类型,着重于非经济的社会因素对生育率变动的影响分析,对生育率问题进行社会学、人口社会学分析,可简称为生育社会学理论。其核心是从非经济的社会因素,如婚姻、家庭关系、文化、教育水平、妇女地位,生活质量等,分析生育抉择和生育率变动。20 世纪末,一些学者在说明人口变动、生育率变动上已经把经济因素看作是"第二位因素",认为生活质量比经济水平更能说明问题,比如:为什么西亚石油出口国收入水平很高而生育率水平仍然很高,中国收入水平较低但生育率能够降到很低。

第三种类型,着重于人口学因素本身对生育率变动的影响分析,主要是中介因素(变量)

理论,或称为"最接近决定因素理论",认为最接近于决定生育行为以及生育率变动的因素是:交配(婚姻),怀孕,分娩,避孕(成功率),流产以及绝育和不孕,生育间隔和生育次数等等。不论经济因素还是非经济因素,它们都要通过上述中介因素才能影响生育行为和生育率变动。

第四种类型,着重于生物学因素或者"生物-社会因素"对生育行为和生育率变动的影响分析。这种类型在一定意义上把人口学看作"生物-社会科学"来对生育率问题进行理论研究,其核心是从"生物-社会因素"的角度,研究育龄人口的生育行为与性行为、性激素、性道德等的关系。本节侧重于第一种类型,特别是评介微观生育经济学理论。

二、边际孩子合理选择理论

"边际孩子合理选择理论"是由美国学者莱宾斯坦(Harvey Leibenstein)教授创立的最具代表性的生育经济学理论。20世纪50年代,他最早运用微观经济学理论,进行孩子生产的成本-收益分析,考察家庭生育决策,建立了生育率研究的微观人口经济理论模型,并把微观人口经济分析和人口转变理论相结合,成为现代西方人口经济学的代表人物之一,为西方人口理论研究开拓了新途径、新领域。

(一)模型建立的理论基础

1. 孩子的成本-效用分析

莱宾斯坦的目标是,"构建一种理论,用来说明那些决定每个家庭想要的生育数目的因素。当然,家庭规模也取决于家庭新生儿的存活数量。中心观点是,当人们粗略地计算决定他们想要的新生孩子数量的问题时,他们将会按照同一途径行动:由一个新生儿所带来的满足或者'效用',同抚养一个新生儿所需负担的包括货币与心理上的'成本'两者之间的平衡"。[1] 在此,他实际上说明了父母对新生儿(亦即影响家庭规模的边际孩子)的取舍,通过对孩子生产的成本-效用分析的计算来决定。

莱宾斯坦把孩子生产的成本分为两个部分:直接成本和间接成本。直接成本是指从怀孕一个孩子到孩子生活自立整个期间父母所花费的种种抚养费用,包括衣、食、住、行的生活费用支出、教育费用、医疗费用及其他支出。间接成本是指父母抚养一个新增孩子所损失的受教育和带来收入的机会,因此又可称为机会成本(opportunity cost)。具体包括:母亲在怀孕、生育和哺育期间所损失的工资收入与提升机会;父母由于照料、抚养新增孩子而失去的受教育、流动和工作的机会,从而失去获得更高收入的机会;父母及其他家庭成员因照料、抚养新增孩子而造成的消费水平下降、时间损失等。

莱宾斯坦将新生儿带来的效用分为三类:一是把孩子看作"消费品"(consumption goods),亦即父母的一种快乐源泉而获得的效用,即消费效用;二是把孩子看作一种生产动力(productive agent)而获得的效用,也就是在某种情况下孩子可以预期成为劳动力而给家庭提供的收入,即劳动-经济效用;三是预期孩子作为未来老年和其他方面的保障潜在源(potential source of security)而获得的效用,即保障效用。在进一步的分析中,他还指出新增孩子的以下效用:经济风险效用,即承担家庭经济成败风险的效用;维持家庭地位的效

① ① H.莱宾斯坦.经济落后与经济增长[M].纽约:Wiley公司,1957:161.

用；对家庭的扩大与发展做出贡献的效用。在上述六类效用里，除第一和第六外，其他效用都会呈现某一种趋势：较高胎次新增孩子的效用将随着家庭经济地位的上升而递减。综观所有的因素，至少可以说，较高位次（胎次）小孩的效用对较高地位的家庭比较低地位的家庭要小一些。对于孩子效用与家庭地位的关系，用图 11-2 表示。[1]

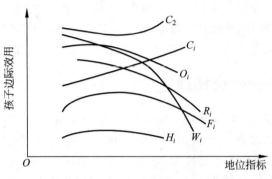

图 11-2　孩子效用与家庭地位相关关系

C_2 表示第 2 个孩子的消费效用；C_i 表示第 i 个孩子的消费效用；W_i 表示第 i 个孩子的工作效用（劳动-经济效用）；R_i 表示第 i 个孩子的风险效用；O_i 表示第 i 个孩子的老年保障效用；F_i 表示第 i 个孩子对家庭地位做贡献的效用；H_i 表示第 i 个孩子对扩展家庭做贡献的效用。

从图 11-2 可以看出：C_2 在孩子效用体系里位置最高，而且有随家庭地位上升而提高的趋势；C_i 在孩子效用体系里处于中游，也有随家庭地位上升而略微提高的趋势；W_i 处于次高，但随家庭地位的上升而急剧下降，当家庭地位接近最高时它几乎降到最低点；R_i 也呈现随家庭地位上升而急剧下降的趋势；O_i 也随家庭地位上升而下降，但比 W_i 和 R_i 的下降速度缓和；F_i 在孩子效用体系里的位置比较低，在家庭地位上升的初始阶段它略有提高，但是其后随家庭地位上升而逐渐下降；H_i 在孩子的效用体系里位置最低，但是和 F_i 一样，在家庭地位上升过程里先略有提高而后逐渐下降。

2．收入变动下的孩子成本-效用分析

莱宾斯坦还从经济发展的角度考察了孩子生产的成本与效用。他指出，孩子的成本和效用都不是固定不变的。孩子成本与效用的变化主要是由于随经济的发展人们收入水平不断提高所导致的。他把这种变动关系称为"收入效应"（income effects）。孩子的全部成本与人均收入呈正相关关系。家庭收入增加，家庭生活水平会有所提高，花费在孩子身上的抚养费用、教育费用等随之增多，直接成本明显上升。同时，家庭人均收入增多，父母亲参加社会经济活动的机会可能增加，时间价值增大。即使因照料、抚育孩子而损失的时间与过去相同，然而由于单位时间价值上升，孩子的机会成本必然上升，所以间接成本也随收入增加而增大。

孩子六个方面效用中，消费效用与收入变动关系并不显著。孩子作为"消费品"，给父

---

① 莱宾斯坦.经济发展与生育率的关系.载 Population Growth and Economic Development in the Third World，L. Tabah ed. Vol. 2，1976.

母带来的愉快和满足,对收入的变动没有明显反应。其余效用则不然,劳动-经济效用反应灵敏。作为对家庭收入贡献者的孩子的价值与人均收入的变化之间的关系十分清楚,"当人均收入增加时,把孩子作为收入来源的要求就小一些。同时,由更高的人均收入所内含的教育水平和人口一般质量就意味着要把更多的时间花在孩子们的训练、教育和发展上,因此,可用于使孩子成为一种生产力量的时间就减少。所以,收入越高,从作为一个生产力量的预期的孩子所能得到的效用越少。"[①]当然,收入越高,孩子作为父母养老保险源泉的需要也越小,因为父母维持和提高家庭高生活水平的能力越强,自身晚年经济生活保障的能力越高,对孩子的依靠就越弱。同样,孩子的经济风险效用、维持家庭地位的效用以及对扩展家庭的贡献,随收入不断增加均呈现递减趋势(见图11-3)。

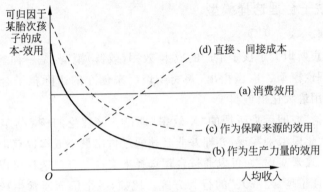

图 11-3　收入变动与孩子成本-效用

3. 防止生育的成本-收益分析

在莱宾斯坦之前,S.恩克(Stephen Enke)首先分析了"防止生育"的成本与收益,亦即用于考察家庭生育计划的成本与收益。[②] 恩克的基本目的是"计算成本-收益率,或者一次防止生育的收益与成本的差额"。所谓防止生育,是防止某个孩子出生,这孩子是经济中应成为边际工人的那个人。防止生育的收益,是假如这个人出生的话,其一生消费费用的总和;防止生育的成本,则是一个人已经对国民产值所做贡献之总和。因为未来的消费与现在的消费不等价,需要对将来收益流或成本流贴现为"现值"。

基于这些研究,莱宾斯坦对恩克"防止生育"的成本-收益分析方法加以修正和补充,提出了四个基本假设:(1)以家庭而不是以个人作为人口生产的基本单位;(2)以家庭收入而不是家庭成员个人的平均收入作为基本的福利变量;(3)青少年进入社会的时间是以其成为劳动力的时间为准;(4)新加入的劳动力因受到更多教育而拥有更多的资本。他进而提出"防止生育"的成本-收益计算公式:

$$\sum_{t=15}^{t=22} \frac{B_t - C_t}{(I+r)^{t-15}} + \sum_{t=23}^{t=40} \frac{B_t - C_t}{(I+r)^{t-15}} + \sum_{t=41}^{t=60} \frac{B_t - C_t}{(I+r)^{t-15}} + \sum_{t=61}^{t=65} \frac{B_t - C_t}{(I+r)^{t-15}} \gtrless P$$

式中,P 是防止一次生育的成本;B_t 是 t 年防止一个孩子出生所获得的收益;C_t 是由于在

---

① 莱宾斯坦.经济落后与经济增长[M].纽约:Wiley 公司,1957:162～163.
② 参见莱宾斯坦《防止生育的成本-收益分析中的缺陷》,见《人口经济学讲习班参考材料之五》。

t 年期间存在防止生育而加到从前产值中的价值；t 是如果这个孩子出生，他(她)的年龄；r 是贴现率。

一般来说，公式的前三项通常生产大于消费，但 $B_t \leqslant C_t$ 的情况的确时有发生。第四项是退休阶段，只有消费。这与恩克的成本-收益分析推算的结果不同。莱宾斯坦相信自己的公式更有用、更具优势：第一，有一组"防止生育"的令人满意的测定社会福利的标准；第二，注意到决定家庭计划方案全部行为要素的作用；第三，区分了节育活动的成本函数与防止生育的成本；第四，考虑到政策因素对控制人口的重大作用；第五，对相互依存的各种因素进行研究，从而计算出一种有用的成本-收益率。

无疑，莱宾斯坦的理论模型，与恩克等人比较，确实是更加全面和切合实际。

(二)边际孩子合理选择模型

1. 模型的基本含义

综上所述，莱宾斯坦关于孩子生产的成本-效用(效益)模型，是一种基于"经济人"假设的效用最大化的理论模型。应当指出，莱宾斯坦后来创立的边际孩子合理选择的理论模型，已经超越了效用最大化模型。

"合理选择理论"亦即后来所谓的"X-效率"理论。该理论的核心是：人们的行为并非必须通过效用最大化模型来实现，亦即并非必须通过付出最小成本以获取最大限度效用这一经济人的行为方式来实现，而可以通过合理选择来实现。合理选择可以说是一种针对经济人而提出的，并且超越"经济人"的行为方式。比如，一个厂商通常生产一件商品最小成本为 30 元，可获取最大利润为 60 元，若按一般"经济人"的行为方式，他追逐的必然是以 30 元支出获取收入；但依据合理选择理论，这个厂商不一定这样做，他可以综合考虑社会政治经济环境、消费心理等许多因素，做出新选择：利润可以是 0~60 元之间的任意值，成本可以是 30 元以上，只要这样更有利于厂商。而"经济人"可以看作合理选择中的特例。

莱宾斯坦将合理选择理论用于分析家庭生育决策，建立了"边际孩子合理选择模型"。模型的基本含义是，由于社会、经济、文化等因素的不同，不同家庭对孩子数量的期望各不相同，通过对第 n 个孩子所带来的效用(效益)与负效用(成本)的比较权衡，来决定生育家庭中第 n 个孩子是否可取。这个模型有以下要点：第一，进行的是家庭微观分析；第二，家庭规模可以通过父母对孩子选择来决定；第三，父母通过孩子的成本-收益分析比较，决定对孩子的取舍；第四，父母对孩子的取舍，只是对于家庭可要可不要的边际孩子而言，只需对边际孩子做出合理选择；第五，遵循边际效用递减规律，第 n 个孩子效用小于第 $n-1$ 个孩子的效用。

2. 生育选择决策

莱宾斯坦认为，人们对边际孩子进行选择的决策，主要通过以下两种途径。

第一，通过对边际孩子的成本-收益分析做出取舍。随着经济的发展，家庭人均收入增加，孩子的生产成本(效用成本)随之增加，而孩子的边际效用或边际孩子的效用却随之下降；这种随收入增长而带来的孩子成本上升与孩子效用下降，必然导致家庭期望的孩子数量减少，而且，收入提高的家庭其高位孩子数减少。为什么只会导致高位孩子数减少？这是因为：①收入增加尽管会使孩子的劳动-经济、安全保障等效用下降，但是孩子的消费效用并未下降,因为父母对孩子仍然有一种强烈的偏好与需求,家庭需要有最低限度的孩子;②孩子的效用依次递减,位次(胎次)越高,孩子的效用越低,父母必然先减少对高位孩子的需求。因此,人均收入提高导致生育率的下降。莱宾斯坦认为,对边际孩子的取舍,不仅直接影响家庭抚养孩子费用支出及其效用的获得,而且不同位次的边际孩子效用给家庭带来的相应的收入也不同,对此,可用图 11-4 来说明。

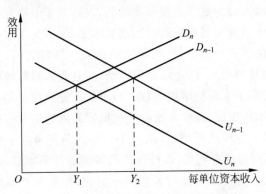

图 11-4　不同位次的边际孩子效用与家庭收入

图 11-4 中,U_n 表示第 n 个孩子的效用;D_n 表示第 n 个孩子的负效用(效用成本);Y_1 表示不要第 n 个孩子给家庭带来的相应收入;Y_2 表示不要第 $n-1$ 个孩子给家庭带来的相应收入。该图表明,位次高的孩子(n)的效用曲线比位次低的孩子的效用曲线小($U_n < U_{n-1}$),而位次高的孩子的负效用曲线比位次低的孩子的负效用曲线大($D_n > D_{n-1}$);与此相联系,位次高的孩子给家庭带来的相应的收入(Y_1)总是比位次低的孩子(Y_2)少。经过这种分析和比较,家庭往往舍掉高位孩子而做出少生孩子的决策。

第二,从判断可否维持家庭社会经济地位来决定边际孩子的取舍。一般来说,社会经济地位是与家庭收入紧密相连的,家庭收入多就可以维持较高的社会经济地位;反之,收入少则家庭社会经济地位相对比较低。同时,维持家庭地位必须花费一定的费用。莱宾斯坦把一个家庭的费用支出分为三类:一是购买维持家庭地位的商品的支出,例如用于购买家用电器、汽车、住宅等高档耐用消费品或高级礼品的支出;二是用于抚养孩子的支出;三是用于家庭日常生活的支出。在收入一定的情况下,用来购买这三类商品的支出是互相制约并此消彼长。家庭日常生活必需品的支出是刚性的,可以做出选择的是其他两类支出。

在抚养孩子支出和维持家庭地位支出之间,不同社会地位的人会有不同的决定与选择。社会由不同层次的"社会地位群体"或者说"社会地位集团"所组成,处于不同社会地位群体中的人,对各种消费品及孩子有不同的爱好以及不同的支出。市场经济中社会地位的主要标志一般是经济地位,较高社会地位的群体其收入水平较高,为了保持已有的社会地位,通常偏向维持社会地位的费用支出,而相对较少的偏向抚养孩子的费用支出,因此收入高的家庭总比收入低的家庭偏向少生孩子。此外,面对不同层次社会地位,人们总是期望由低向高移动,当人们"沿等级制承认的社会集团阶梯向上移动时,人们的趣味发生变化,对孩子的偏好减少,对物品的偏好则增加了"。因此,人们选择边际孩子的位次必然低。

莱宾斯坦发现,处于同一社会地位群体中的人,在生育行为上是互相影响的,这就是人际互动变量的作用。同一社会地位群体里存在一个代表这一层次的人的平均消费水平,称为"目标消费水平"或"一般消费水平"。在达到一般消费水平之前,家庭购买物品得到物质和精神上的满足,以及"出人头地"等心理上的满足,收入用于物品支出所带来的边际收益递增。这样,人们对于物品的偏好自然大于对孩子的偏好。一旦达到该社会地位群体的平均消费水平,其社会地位已经被认可时,对孩子数量的需求有可能高于那些尚未达到目标消费水平的家庭。但是,人们的欲望是没有止境的,在达到了一个社会地位之后,还渴望着更高层次的社会地位,于是为实现更高的目标消费水平,又开始了对物品的偏好选择。

不难发现,在人们的消费行为中,当某种物品达到一定量之前,不仅购买物品(特别是维持家庭社会地位的高级消费品)的边际效用递增,而且收入边际效用(家庭每增加一美元的效用)也上升,这更提高了家庭把增加的收入用于购买地位商品的积极性。"只要存在支出的边际效用递增,而不是相反,高收入家庭组比低收入家庭组就可能只要较少的孩子。"[1]

莱宾斯坦的边际孩子合理选择理论,从一个全新的角度考察了家庭生育问题,特别是关于孩子的成本-效用分析,很有创见,也符合市场经济条件下家庭选择孩子数量的心理和实际情况。尽管他当时的分析主要针对发达国家情况,但就其基本内容而言,也适合发展中国家。关于孩子的成本-效用分析,奠定了微观家庭人口学以及生育率经济学的理论基础,促进了人口经济学的形成和发展,对微观人口学研究做出了重大贡献。

三、孩子数量-质量替代理论

1960 年,美国芝加哥大学教授 G. 贝克尔发表《生育率的经济分析》,此后 20 多年先后发表《时间分配理论》(1965)、《人力资本:理论和实证分析,特别关注于教育》(1966)、《家庭论》(1981)和《家庭经济学和宏观行为》(1988)等论著。他分析家庭人口的生育行为和决策,创建了孩子数量-质量替代理论。在西方生育行为和生育率研究中,他的理论模型影响巨大。由于拓展了经济学的研究领域,贝克尔独自获得了 1992 年诺贝尔经济学奖。

(一)理论依据

1. 消费行为和消费需求理论

贝克尔最先明确地将消费行为和消费需求理论引入家庭微观人口学研究当中。他指出:"对孩子'需求'的理论很可能是对经济理论体系的很大发展。我将试图阐明:在分析对孩子的需求时,耐用消费品的理论是一个很有用的结构。"[2]他以新的视角考察家庭生育行为和生育需求,形成了独特的生育理论。在分析中,他主要运用了以下微观经济学的有关理论。

第一,商品的多样性,互补性,替代性。消费者生活消费的商品是多种多样的,这些消费品以不同的品种、型号、规格、颜色、功能、款式、用途等来满足人们多样化的需求。有的满足人们衣食住行等基本日常生活需要,有的是提供娱乐和教育,有的则是供人们享受和维持社会地位。商品的互补性,是指不同的商品在共同满足人们的某种特定需求时,在用

---

① 引自莱宾斯坦《行为效率的一般原理和经济发展问题》一书第 7 章"人口增长和人口出生率经济学理论"。

② 贝克尔.生育率的经济分析:控制人口与经济发展[M].北京:北京大学出版社,1985:170.

途上的相互补充。互补商品的价格与其需求量呈反方向变化。商品的替代性是指商品可以相互替代，来满足同一种需求。两种替代品，如果其中一种的价格升高，对该种商品的需求会减少，而相对应的另一种商品的需求量就会上升。

第二，两种商品替代的比例关系。西方经济学以边际替代率来表示这种比例关系，即假定消费者对消费的满意程度不变，增加一单位商品的需求，而必须减少另一种商品数量的比率，边际替代率＝$\Delta y / \Delta x$。Δx 表示对 X 商品需求增加量，Δy 表示对 Y 商品需求的减少量。

由于消费商品具有多样性、互补性、可替代性，因此人们往往为了获取某种商品的效用，愿意放弃另一种商品。这一原理成为贝克尔学派关于家庭生育决策的依据。

第三，消费者均衡。这是表明消费者消费行为的概念。消费者均衡就是指在收入一定并且价格水平不变的条件下，消费者根据自己的收入和商品的价格来购买商品而获得最大满足的状态。这时，消费者的消费行为是最佳消费行为和适度消费行为。在贝克尔的生育理论中，孩子是被看作一种耐用消费品予以考虑的。

第四，价格效应。价格效应有两种：①在消费者偏好不变的情况下，价格下降实际等于收入增加，从而实际购买力上升，因而可以获得更多的效用；②为保持效用水平不变，即使价格下降，人们也不会去购买劣质商品，他们宁愿购买高质量的替代商品，这种现象就是由价格变动引起的替代效应。贝克尔正是将消费行为理论的这一重要概念引入孩子数量质量替代模型之中，并由此作为解释发达国家生育率普遍下降的理论依据。

2. 对孩子的需求理论

借用西方经济学消费理论，贝克尔探讨家庭对孩子的需求，建立了对孩子的需求理论。他阐述了对孩子需求的概念以及主要影响因素，为孩子数量—质量替代模型提供了依据。

第一，家庭对孩子的需求。贝克尔认为，孩子是家庭生产出来的产品，家庭对孩子的需求有可塑性。"孩子不可能在市场上购买到必须在家里生产"，是真正自给自足的家庭品，而且除孩子以外绝大多数家庭再没有其他重要商品是自给自足的。由此可以得出：①家庭自身存在一种生育力，"可要孩子的数量不仅由收入和价格决定，而且也由生育孩子的能力所决定"。根据贝克尔的分析，在缺乏避孕知识的以往社会里，人们往往通过晚婚、流产、节欲、减少性交次数等方法节育；到了现代社会，避孕知识和科技广为传播，人们可以直接控制出生人数。据此，他"首先假设每个家庭对出生人数和出生的间隔完全可以控制"。[①]这一假设是对孩子需求的前提条件。如果没有它，对孩子的需求理论乃至整个孩子数量-质量替代理论均不成立。②生育孩子是婚姻和家庭的主要目的之一，在结婚组成家庭时就对生育孩子和家庭规模做出决策。③既然孩子是父母在非市场活动时间里生产的家庭品，那么生育、抚养、培养孩子就必须花费家庭一定的物质资源和时间资源，构成孩子的成本。

第二，孩子的净成本。在莱宾斯坦的基础上，贝克尔进一步提出了孩子的净成本概念。他认为："孩子的净成本可能容易计算，它等于预期支付的现值加上父母劳动投入的现值，减去孩子的预期货币收入现值与孩子劳务投入的现值之和。"[②]如果净成本为正值，说明父

---

① 贝克尔. 生育率的经济分析：控制人口与经济发展[M]. 北京：北京大学出版社，1985：170.

② 同上：173.

母投入的抚育费用大于孩子可能提供的收益,此时孩子相当于耐用消费品,父母从他们身上得到的是心理的满足和效用。如果净成本是负值,则说明父母的投入小于孩子可能提供的收益,这时"孩子将是一种耐用的生产品并将从他们那里得到现金收入"。所以,净成本既反映孩子的成本费用,又反映家庭可能从孩子身上获得的收益,是家庭生育决策重点考虑的衡量指标。

第三,偏好。偏好是指人们对物品的嗜好或喜好。由于贝克尔把孩子视为耐用消费品,孩子能够提供某种效用,"通过一个效用函数或者一组无差异曲线,以便对孩子的效用和其他物品的效用进行比较",从而产生对孩子的偏好。贝克尔认为,对孩子有关的偏好"依次由家庭的宗教信仰、民族、年龄等决定",并形成差别生育率。

第四,家庭收入影响对孩子的需求。①收入增加会导致花费在孩子身上的费用增加。因为收入增加意味着平均花在每个商品上的费用增加;但也并不是花在每个商品上的费用都增加,比方说购买低档商品的费用就不会增加;但"由于从任何更大的范围来看,孩子不是被当成低档商品,所以从长远来看,收入的增加很可能使花在孩子们身上的费用增加"。②收入增加会使孩子数量和质量都增加。一般来说,收入越高,家庭购买耐用消费品的数量越多,质量越高,"但数量收入弹性通常比质量收入弹性要小",这也适用于孩子这一商品,"在孩子身上增加的大部分支付与孩子质量的提高相关"。③收入增加并非一定导致家庭规模相应扩大。即使孩子随收入增加而增加,但其数量弹性小于质量弹性。此外,婴儿死亡率下降会带动出生率的相应下降;而且在现代社会里人们可以通过节育控制出生人数,"人类本性"不再允许随收入增加而使生育率随意增长。总之,家庭收入和生育率之间是负相关关系。

第五,孩子价格影响对孩子的需求。贝克尔把孩子的总成本看作孩子价格,包括抚育孩子的生活资料的市场商品价格,加上父母的非市场活动时间的"影子价格"。所谓影子价格,就是指非市场活动时间按市场活动时间应付报酬比拟的价格,这里是用来表示孩子生产的机会成本。每个家庭生产孩子的价格不同,但对一个家庭来说,孩子价格又是一定的,因此孩子数量要受家庭预算的限制。在家庭收入既定的条件下,孩子数量受制于家庭预算和孩子的边际效用。父母是在预期增加一个孩子所要支付的费用里,每美元的预期效用大于将这些钱用于别处所得效用,从而对孩子需求增加而对其他商品需求相对下降时,才会增加孩子;反之,对孩子需求减少而对其他商品需求增加时,是不愿增加孩子的。

(二)理论模型

贝克尔首先提出孩子"质量"概念。他说我把"花费昂贵的孩子称为高质量的孩子"。父母之所以在孩子身上自愿支出更多费用,"是因为父母可以从追加的支付费用中得到追加的效用,我们就把这种追加的效用称为'质量'"。可见,在他看来,所谓高质量孩子也就是效用更大的孩子。问题是家庭如何进行孩子数量、质量的替代选择?简单地说,孩子数量质量替代关系理论的基本观点是:育龄夫妇以提高孩子质量替代增加孩子的数量。一般说来,这种替代选择是基于下列准则。

第一,家庭效用最大化(包括生育行为)准则。莱宾斯坦关注的是孩子的边际效用,而贝克尔关注的是孩子效用最大化。在家庭收入一定的情况下,父母将收入用于购买各种市场商品和抚育孩子；在孩子和市场一般商品之间父母必须做出收入使用的分配选择，而能使父母获得最大限度满足时的家庭效用就是最大化效用。

基于贝克尔的研究，罗伯特·威利斯提出了一个与以往不同的家庭效用函数，威利斯认为，关于 n 项商品 Z 提供的家庭效用函数 U，可以表示为

$$U = U(Z_1, Z_2, \cdots, Z_n)$$

$Z_1, \cdots, Z_n$ 可以用 Z_i 表示，所以上述公式又可以写成

$$U = U(Z_i)$$

Z_i 又被称为"基本商品""内在商品"或"精神商品"。这个效用函数有两个特点：①进入家庭效用函数的商品 Z_i 不是在市场购买的物品和服务本身，而是这些物品或服务给家庭带来满足的属性，这种属性既给家庭成员带来物质生活的便利，又使家庭成员获得心理上的快乐和满足。②每个商品 Z_i 都是在家庭中生产的。$Z_i = f_i(t_i, x_i)$，其中 f_i 为家庭生产函数，x_i 为生产 Z_i 所需的市场物品，t_i 为家庭成员消费 x_i 所需时间。家庭生产函数通过把市场商品与家庭的时间相结合，生产出精神产品。

威利斯将家庭效用函数用于分析对孩子的需求，得出新的家庭效用函数表达式：家庭效用函数 $U = (N, Q, S)$。其中，N 表示孩子数量，Q 表示孩子质量，S 表示其他物品给家庭带来的满足。按照上述模型，家庭效用最大化依赖于 N、Q、S 三者在家庭中的分配，而妇女生育率直接和 N、Q、S 相关。在现代社会，家庭可支配的时间有限，并且家庭收入既定的条件下，按照家庭效用最大化的基本原则，人们往往倾向于求质量而不是求数量，因此在生育行为上，家庭更多地注重孩子的质量而不是数量，以获得孩子效用最大化。

第二，孩子数量-质量替代的相互关系使家庭对其生育行为可以做出有利选择。1973年，贝克尔和刘易斯发表了《论孩子的数量和质量之间的相互作用》。他们认为，孩子数量与质量之间存在着某种特殊关系，两者是相互作用的，并共同对生育率产生重要影响。二者的相互作用首先表现在它们具有相互替代性质。孩子既然被看作一种耐用消费品，随着收入增加花费在孩子数量和质量上的支出也会增加，但其数量弹性小于质量弹性，即对孩子数量需求的上升程度小于对孩子质量需求的上升，和质量需求相比，其数量需求相对下降。在一定条件下，这种相对替代关系可以转化为绝对替代关系，转变机制主要是避孕知识变量的加入。贝克尔指出："有超额孩子的家庭减少了对其他商品的消费，特别是孩子数量的直接替代商品。因为质量似乎与数量的直接替代商品有关，有超额孩子的家庭比其他有同等收入和偏好的家庭在每个孩子身上花费得更少。以此为据，增加避孕知识将可提高孩子的质量同时减少他们的数量。"

威利斯主要从以下三点进一步补充了贝克尔的替代理论：①更加强调父母本身生活水平对孩子数量的替代关系，认为数量需求收入弹性（Y_n）和质量需求收入弹性（Y_q）的正负，取决于 N 和 Q 的关系。如果 N 和 Q 是互补关系，$Y_n < 0$，$Y_q < 0$，$Y_n + Y_q < 0$，则表示收入提高，对孩子数量和质量需求都下降，市场商品 S 对孩子总效用 $U(N, Q)$ 发生替代，这时父母将倾向于提高自身生活水平而不是多抚育孩子。此外，如果 N 与 Q 是替代关系，$Y_n < 0$，而 $Y_q > 0$，$Y_n + Y_q > 0$，则表示收入提高以后对孩子数量需求绝对下降，而对质量需求相对稳定，市场商品 S 只对孩子数量 N 发生替代。②在家庭中有些精神商品是"时间密集型商品"，如果孩子比其他精神商品所费时间更密集，那么随着收入提高，对生育孩子的

替代肯定发生。③在丈夫收入提高的条件下，妻子是否进入劳动市场，对生育孩子产生的替代效应不同。若妻子不参加工作，对生育孩子的替代效应将会发生；若妻子参加工作，但边际工资率固定，对生育孩子的替代效应将不会发生；若妻子参加工作，并有上升的工资率，对生育孩子的替代效应和财富效应都将增加。

孩子数量和质量之间除互相替代关系外，还会呈现一种负相关关系。在家庭收入一定和父母时间有限的条件下，对孩子质量需求增加，相应地一定会减少对孩子数量的需求；反之，则对孩子数量需求增加，而对孩子质量需求减少。同样的道理，如果家庭里孩子数量多，那平均分配到每个孩子身上的教育与医疗保障费用就自然较少，孩子质量就自然降低。正是因为孩子数量和质量之间存在着替代关系，又存在着负相关关系，当家庭追求效益最大化时，在对两者进行抉择时，就很容易做出以质量替代数量的有利选择。

第三，时间价值上升是家庭在选择孩子时以质量代替数量的主要原因。"时间价值"是就孩子生产而言的，是一种"影子价格"，一种机会成本。随着现代经济的发展，社会劳动生产率普遍得到提高，工资率也随之上升，单位时间的工作可以带来更多的收入，于是时间价值或时间的机会成本上升。同时，贝克尔认为，孩子是一种"时间密集型商品"，在现代社会抚养孩子要花费父母大量的时间；当时间价值上升时，父母就会认为若要数量多的孩子，家庭收入损失会比较大，这样自身的生活水平也难以提高。于是，父母（特别是母亲）宁愿在劳动市场上获取更多的收入，也不愿花费更多时间照顾孩子。所以，时间价值上升会导致家庭对孩子这类"时间密集型商品"做出替代选择。

芝加哥学派关于生育的理论，注重孩子质量和时间稀缺资源的分析，用需求理论研讨家庭生育行为，具有重要的学术价值和启迪，对于研究发达经济条件下的人口生育有借鉴意义。但其理论对解释发展中国家有明显局限。此外，该理论虽注重需求分析和消费者选择，却忽视了生育的供给方面。

四、生育率决定的供给-需求理论

美国人口经济学家伊斯特林①（Richard A. Easterlin）是这一理论的创立者和主要代表人物。1985 年，他和老年医学助理教授克里明斯（Eileen Crimmins）出版了《生育率革命：供给-需求分析》一书，该书用新的方法、新的视角，研究了生育率革命和人口转变，系统阐述了生育率决定的供给-需求理论。

（一）模型建立的理论背景

伊斯特林对生育问题的研究已经突破微观分析的范畴，进入到宏观分析。他不仅注意到西方发达国家生育率长期下降的事实，更关注发展中国家生育率居高不下的现实及其原因。伊斯特林的供给-需求理论模型，实际上是其生育率革命理论体系的基础，其理论贡献

---

① 美国著名经济学家，对主观幸福论进行开创性研究。1978 年担任美国人口学会（PAA）主席，获得多项奖项和荣誉，包括 PAA 的 Irene B. Taeuber 奖、美国经济史协会主席、美国国家科学院成员、美国经济协会杰出研究员、美国艺术与科学院院士、古根海姆基金会院士。1974 年，他在《经济增长可以在多大程度上提高人们的幸福》中发现，收入增加并不一定导致快乐增加。他提出随着收入提高人们的幸福感为什么没有提高的著名的伊斯特林悖论（Easterlin paradox），又称"收入-幸福之谜""幸福悖论"。

主要表现在三个方面：

第一，伊斯特林说明了生育率革命是人口转变的实质。他明确提出"生育率革命"的概念，以表达生育率由高到低的革命性转变。尽管他接受了西方关于人口转变的传统观点，承认人口转变是死亡率下降和生育率下降共同作用的结果，但他更倾向于认为生育率下降在人口转变中的关键作用，认为只有生育率的巨大变化才最终体现和反映人类生育行为的重大变革，以及人口转变的真正涵义。也就是说，如果没有实现生育率现代化的革命性转变，就不可能实现以人口现代化为实质的人口转变。

第二，从整个社会现代化的高度来认识生育率革命的意义。伊斯特林把生育率革命置于社会经济现代化的大背景之下，他认为生育率革命是伴随着经济与社会的现代化过程而发生的。全世界生育率由高到低转变，之所以被称为"生育率革命"，是因为生育行为的这一变化在人类历史上最富戏剧性，他始终伴随着经济和社会现代化的过程。而现代化是社会生活方面最深刻的变革，现代化导致人们观念发生巨大变化，其中包括人们生育观念的巨大变化，从而导致人们生育行为的重大变化，这本身就是社会进化的过程。因此，生育率革命理论应当被看作社会变迁理论，或者被看作现代化理论的重要组成部分，其涵义远比它在人口学当中的意义更加广泛和深远。

第三，关于"生育率调节模式"。"生育率调节模式"转变，是指通过社会各种因素和生理机制控制生育率，到通过各个家庭有意识地选择家庭规模的转变。在此，他强调了三点：①生育率革命、人口转变并不单纯是生育水平、生育数量的转变，更是生育观念、生育行为的根本转变；②当生育孩子数量减少的根本原因，由社会及生理机制强制性的限制转变为父母自觉、自由的选择时，生育率下降就变成了自我意识控制的结果；③生育率革命的实质，在于个人生育理念以及生育行为的根本转变。20世纪中叶以前的西方生育率转变理论，绝大多数注重生育率下降的宏观描述，以及下降的结果会导致不同社会、不同国家、不同历史时期的人口再生产类型的产生与转变。即那时的研究主要是注重结果，即人口数量规模的变化、人口再生产类型的转变等等。只是表面的论述，而没有深入到实质。而人口革命、生育率革命的实质，不仅是人口总量或者家庭规模的变化，更重要的是人们生育观念、生育行为以现代化为目标的转变，只有这种实质性的转变才称得上是具有历史意义的革命。

（二）模型的理论分析

生育率决定的供给-需求理论模型，可以说是伊斯特林全部生育率转变理论的基础。他提出影响生育行为的三个核心变量：孩子需求（C_d）、孩子供给（C_n）和调节生育成本（R_c）。

孩子需求，即"当生育控制的成本几乎为零时父母想要的能存活的孩子数"[①]。即在不考虑控制生育的经济、心理成本时，一对夫妻所希望有的存活孩子数。它取决于家庭嗜好、收入和孩子成本。

孩子供给，"在不存在故意限制家庭规模的情况下，一对夫妇会有的存活孩子数"。孩子供给取决于夫妇的自然生育率和孩子的存活机会，亦即孩子的存活率。

---

① 伊斯特林，克里明斯.生育率革命：供给-需求分析[M].芝加哥：芝加哥大学出版社，1985：14.

伊斯特林的供给-需求理论,强调了三个方面的选择与平衡关系:C_d 与 C_n;夫妇的生育控制动机与生育控制成本 R_c;自然生育率与有意识地控制(家庭计划下)的生育率。

孩子供给 C_n 与孩子需求 C_d 之间的比较决定着"生育控制动机"。当 $C_n < C_d$ 时,不存在生育控制动机,伊斯特林认为农业社会大多是这种情况。而当 $C_n > C_d$ 时,一定会有生育控制动机,这是因为在孩子供给大于孩子需求时,人们会产生不想生育(相对于父母期望孩子数而言)多余孩子的需求;C_n 与 C_d 之差越大,生育控制动机强度越大。

生育控制动机和生育控制成本之间的比较决定着生育控制要求的实现程度。生育控制动机被伊斯特林视为生育率革命的主要动因。但是,动机仅仅表明生育控制的必要,或者仅仅是一种控制生育的要求,能否真正实现生育控制,还要受生育控制成本高低的制约。只有在生育控制成本 R_c 低的条件下才有可能降低生育率。当 $C_n > C_d$ 时,存在一定的生育控制动机,这时生育控制成本费用越低,则控制生育就越积极,生育率自然越低。所以,动机和耗费之间的反比大,生育革命才有可能。

伊斯特林并不是单纯孤立地分析供给-需求理论模型三个核心变量的关系,而是多层次、多因素地全面考察。他认为,在现代化发展的初步阶段,存活子女供给常常不能满足人们自身对孩子的需求(即 $C_n < C_d$),因此生育控制动机几乎为零;即使是在 $C_n > C_d$ 的情况下,如果生育控制费用 R_c 大于生育控制动机,生育控制动机难以实现,人们的生育会接近潜在的自然生育率。但随着社会进步和现代化发展,子女再生产必然会由供不应求转变为供过于求。这一部分是由于对孩子需求的下降,更重要的是(相对于父母对孩子数量的期望而言)供给增大。由于人们的生育机能增进,特别是孩子存活率上升而使得潜在的孩子供给能力大大增强,从而引发了生育控制动机增强;同时,在经济发展和现代化过程中控制生育的成本下降,先进的避孕手段得到推广,从而使自然生育率受到抑制,有意识地控制生育则成为现实。他指出,现代发达国家控制生育动机强烈而生育控制成本相当低,因此,生育率一直很低;但是一些发展中国家的情况不一样,生育控制的成本(相对于动机而言)依然很高,这便成为它们生育率持高不下的一个主要原因。他设计的综合的理论框架,如图 11-5 所示。

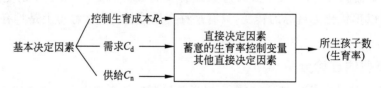

图 11-5　供给-需求理论模型综合分析的理论框架

图 11-5 表明,伊斯特林的综合分析框架将促进生育率转变机制和现代化发展过程相联系。同时,这个框架是一个分析现代化对生育率影响的理论框架,"基本决定因素"包括现代化的变量(如教育水平、城市化等),还有各种文化因素(如宗教、种族等),以及如遗传因素等其他决定因素。其后,他还列举了现代化的其他重要因素,包括:①社会保障的改进;②公共环境卫生;③新产品的传播;④家庭计划的制定与实施等。

"基本决定因素"随着现代化而来,通常通过"直接决定因素"间接地作用于生育率。至于"直接决定因素",主要指婚配率、婚配年数、受孕机遇(包括交配机率)、产后不孕期(包括哺乳期）、婴儿死亡率、避孕手段（避孕成功率）和流产等与人口再生产直接相关的变量。伊斯特林的这一理论框架表明，供给、需求和控制生育成本是模型的核心变量与中心环节，社会现代化作为基本决定因素，通过三个核心变量而作用于直接决定因素，从而决定现实的生育状况。与边际孩子合理选择理论、孩子数量-质量替代理论相比，供给-需求理论更加全面，而且基本上综合了现代化理论和"中介变量论"等现代西方生育理论的观点。

第三节　收入分配对生育率的影响

生育率转变是一个复杂的过程。它是经济、政治、社会、文化、心理等多种因素综合作用的结果。但所有这些因素必须通过影响家庭的生育决策和生育行为，才能发挥作用。在传统计划经济体制下，我国曾经把公民的生育行为直接纳入国家计划管理体系，像安排物质生产活动一样，安排家庭的生育活动，致使已婚妇女的总和生育率在较短的时间内下降到更替水平。这使得许多人把我国的生育率转变主要归功于计划生育政策，从而在不同程度上忽视了经济因素，特别是收入因素对生育率下降所起的作用。较为一致的认识是，尽管计划生育政策可以迅速降低一定时期内的实际生育水平，但仅有生育政策是远远不够的，归根结底还要靠在经济和社会发展的基础上，改变人们的生活方式和生活质量，从而降低家庭的意愿生育率。从这个意义上讲，以经济发展、收入增加为主要解释变量的西方微观人口转变理论及其蕴含的收入分配以及再分配机制，可以启迪我国生育问题的分析。

一、收入对生育率影响的简要分析

人口增长和经济增长是相互作用和相互影响的，两者之间的关系也可以说是现代西方人口经济学的主要组成部分。但是，基于不同视角的研究，大体上可以分为两大类：一类主要关注人口增长对经济增长的影响，主要从投入要素角度关注资本和劳动的相互关系对经济增长的影响；另一类主要关注经济增长对人口增长的影响，主要从产出角度关注经济增长的结果对人口增长的影响。最集中反映经济增长的产出结果的无疑是收入状况（数量与水平）。其中最受关注的是收入水平对生育率的影响。

在经济变量群中，收入是最重要的变量，它是经济增长和发展最重要的衡量指标。不少西方学者认为人均收入水平是最能反映经济发展水平的综合指标。经济对人口的作用与影响，往往首先通过收入对生育率的影响而发生。如前所述，莱宾斯坦和贝克尔等人的研究已经注意到收入这一影响生育率变动的因素，特别是所谓"收入效应"的作用；伊斯特林将微观分析和宏观分析相结合，也着意考察收入对生育率的影响。作为收入对生育率影响理论的主要代表人物之一，20世纪70年代，J.L.西蒙先后发表了《收入对生育率的影响》《收入、财富及其分配作为生育控制的政策工具》《人口增长经济学》（1977）等系列成果，比较系统地论述了收入等经济因素对生育率的影响。他从微观到宏观、从静态到动态、从短期到长期、从发达国家到发展中国家等比较广阔的视角，深入考察了收入对生育率的影响,对深刻认识中国生育问题及其背后的复杂因素、实施"三孩"生育政策及其配套支持措施仍然有现实意义。

(一)收入对生育率的短期影响和长期影响

在这一分析层面上最有影响的代表人物是西蒙。他把因家庭收入变化而产生的对家庭生育决策的影响力量,理解为"由家庭当前收入机会的变化而直接产生的各种力量组成的。这些力量直接影响家庭的时间和金钱来源,包括丈夫工资的增加(假定他每年继续工作同样长久的时间),家庭用增加的收入增购其他商品,妻子赚取工资机会的变化,以及因丈夫的工资增加而使她感到需要获得收入的变化等"。这些影响可能发生在比如一两年的短时间内,所以称为'短期'。短期影响对发展中国家同样重要,但是已经成为"发达国家生育率决策的经济推理的特殊焦点"。如何把握这种短期影响呢? 西蒙认为"当重要的结构力量保持不变的时候,可以大体上通过丈夫的收入这一单项变量来根据经验把握这些力量"。[①]

国民收入变化产生另一种对生育影响的力量,即那些影响人民生活状况的"结构方面的力量。重要的例子包括教育的提高,人口从农村迁往城市以及健康条件的改善"。这些影响是关于结构方面的,所以需要长时期才发生作用,"例如儿童教育的增长,只有在十年至二十年后才影响时间和金钱的来源。这些力量则称之为'长期的'和'全部的'力量"。

(二)收入对生育率影响的宏观分析与微观分析

在宏观方面,无论是发达国家还是发展中国家,在人均收入刚开始提高的时候,生育率呈现上升倾向;而当人均收入提高到一定水平之后,经过若干中介环节的作用,人均收入继续提高则生育率呈现下降趋势。

但在现代西方人口学中,收入对生育率影响的微观分析,特别是微观生育经济学更关注收入。第一,家庭收入提高,在一定条件下会增加对孩子(作为消费品)以及孩子之外其他不同商品的需求;第二,在家庭收入上升的情况下,家庭越发重视"购买"孩子的质量而非孩子的数量;第三,随家庭收入的增加,孩子生产的经济成本和机会成本都会增加,而生育率则相应下降;在其他条件不变的情况下,生育率的变动受绝对收入水平的影响。在收入水平一定时,生育率和期望的消费水平呈逆向变动。

(三)发达国家和发展中国家的收入对生育率的影响

收入对生育率的影响,在发达国家和发展中国家是不一样的。这在西方经济学者的相关研究中多有体现,如西蒙曾分别研究了经济发达程度不同的国家收入和生育率的关系。

(1)发达国家收入对生育率的影响可以分为短期和长期影响。短期影响有三种情况:第一,收入与生育率相同方向变化;第二,妇女文化程度不同,丈夫收入增加对生育率的影响不同;第三,收入对逐次出生顺序的影响不同。长期影响中,西蒙认为收入对生育率的长期直接影响不大,而长期间接影响则主要表现在这几个方面:第一,妻子的文化程度。"丈夫的文化程度保持不变,妻子有较高的文化程度,则一般就有较低的生育率。"第二,避孕和流产。"社会上平均收入增加促使居民更多地采取避孕和流产,从而减少高生育率的

---

① J.L.西蒙.人口增长经济学[M].北京:北京大学出版社,1984:383.

家庭数目。"第三,经济状况。"增加收入对居民实际的和期望的经济状况也会产生一些其他的影响,而经济状况又以复杂的形式影响生育率。"[①]

(2) 发展中国家收入增加对生育率的影响。"一是非线性的,对于最穷的国家来说,人口随着最初的收入增加而上升,并随着收入的再增加而下降;二是短期内增长,从长远看是下降的。"[②]

二、改变生育率的收入再分配分析

(一) 对收入分配定义的解释

一些西方学者在研究经济条件对生育率的影响时,提出了收入再分配对生育率影响的理论。他们认为收入分配有三种意义:第一,相对收入分配。在存在收入效应的情况下,"某些职业或某些范围内的收入分配,而不是指整个国家的收入分配";第二,绝对收入的收入再分配,对生育率变动有绝对影响。西蒙认为"这种绝对影响大概比相对收入影响更重要"[③];第三,单个人的收入分配。即以户人均收入表示的而不是用户的总收入表示的收入分配。

在我国,收入再分配就是在初次分配的基础上,通过税收、银行信贷、国家预算和转移支付等手段参与收入二次分配的过程,是最终实现共同富裕的一个重要环节。实行收入再分配的目的在于:缓解初次分配造成的地区、企业和部门之间收入差距问题,在教育、医疗、养老、住房等人民群众最关心的领域精准提供基本公共服务。

(二) 影响生育率的收入再分配措施

收入再分配对生育率的影响,主要是就发展中国家而言的,因为发展中国家的收入分配问题与生育率更有关系。比如,一些发展中国家人均国民收入或国民生产总值相近,然而,它们在收入分配上却差异巨大,并由此造成生育率差异。1991 年,中国人均GDP 为 370 美元,与中国相当的有苏丹(400 美元)、贝宁(380 美元)、加纳(400 美元)、巴基斯坦(400 美元)、斯里兰卡(500 美元)和海地(370 美元)等等,然而,总和生育率差别很大。当时中国总和生育率已低至更替水平,而上述国家在 6.0 左右。中国的总和生育率同人均 GDP 20 000 美元左右的欧美发达国家相当。既然收入再分配影响生育率,那么对生育率不满意的国家,可以考虑收入再分配机制。

1. 土地再分配

西蒙认为,"土地再分配政策对贫穷的发展中国家最初的影响很可能是,在短期内引起生育率的增加",从长期看则可能是,"由于收入增加普遍引起受教育机会、迁移率、都市化和现代化进程的增长,以致土地改革的长期影响是,因小土地拥有者增加收入而减少他们的生育率"。虽然土地改革因此有利于经济发展,但总的说来,"土地改革远远不是用以减少生育率的一种可靠的、快速见效的政策手段"。

[①] L. J. 西蒙. 人口增长经济学[M]. 北京:北京大学出版社,1984:423~424.

[②] 同上,446.

[③] 同上,448.

2. 受教育机会的再分配

西蒙认为,"教育与生育率之间的关系比生育率与任何其他单一变量的关系更稳固也更协调"。[①] 受教育机会再分配对生育率的影响表现在:第一,发展中国家受教育机会增加,则生育率就下降。第二,受教育机会均等有利于生育率下降,"更切合再分配的是:受教育年限的增加,在教育水平低的时候比在教育水平较高的时候对生育率更有(否定)作用……这意味着教育均等的方向转变将减少总生育率,而且这种影响的量级大概不小"。

3. 医疗卫生条件的再分配

医疗卫生条件改善与提高的直接效果就是减少婴儿死亡率,提高成活率,延长寿命,增加总人口。根据贝克尔的孩子数量-质量替代理论,人们在社会保障制度趋向完善的时候,更愿意选择质量好的孩子,而会较少地注意对孩子数量的追求。只要社会能提供足够的保障,人们就会选择较低的生育率。所以,医疗卫生条件再分配对生育率影响的结果是使之下降。

4. 就业机会的再分配

"发展中国家可以进行再分配的就业数量未必能大到足以对总和生育率产生较大的影响。"因而,这种再分配对生育率的影响是不明显的。

5. 通过税收的货币收入再分配

在发达国家,改变收入分配的传统方法是对富人的收入比对穷人按更高的比例征税。可是现代发达国家家庭规模的分散度太小,以至于看不出这种再分配对生育率的影响。至于发展中国家,因为税收制度不健全或未行之有效,或缺乏实施有效的累进税的先决条件,或者社会意识不适应所得税等原因,这种再分配的影响尚无法估量。对那些实行市场经济的国家,通过税收方式来推行自己的人口政策、提高(或降低)生育率的方法,应加以探索。

6. 改变工农业贸易条件,进行各经济部门间消费量的再分配

西蒙指出,再分配影响农民和城市居民两类收入。"在短期内,农村收入提高的结果是生育率的提高数大于城市生育率的下降数。但是,从长远来看,可以指望农村生育率的下降数大于城市在消费再分配后可能出现的生育率上升数。"

7. 国家投资再分配

西蒙认为,国家通过将投资预算中的一部分用于和生育率密切相关的医疗卫生、社会保障、就业安置、教育条件、政策宣传与执行等方面,对生育率所起的作用与上述各项再分配措施相同。

收入影响生育率的理论,是生育经济学乃至人口经济学的一项重要内容。现代西方人口理论关于这方面研究及其主要理论观点,虽然未能形成高度综合性的理论体系,存在明显局限,但不能因此而忽视具有启迪和借鉴作用的合理成分。2021 年 7 月 20 日,《中共中央 国务院关于优化生育政策促进人口长期均衡发展的决定》(以下简称《决定》)正式发布,做出实施"三孩"政策及配套支持措施的重大决策。2022 年 8 月 16 日国家卫生健康委、国家发展改革委等 17 部门发布《关于进一步完善和落实积极生育支持措施的指导意见》,提出 7 个方面 20 条支持措施(见专栏 11-1)。

---

① J. L. 西蒙. 人口增长经济学[M]. 北京:北京大学出版社,1984:456、457.

专栏 11-1   完善和落实积极生育支持措施 20 条

为深入贯彻《中共中央 国务院关于优化生育政策促进人口长期均衡发展的决定》，落实人口与计划生育法，2022 年 7 月 25 日，国家卫生健康委、国家发展改革委等 17 个部门发布《关于进一步完善和落实积极生育支持措施的指导意见》（以下简称《指导意见》），要求深入实施一对夫妻可以生育三个子女政策及配套支持措施，将婚嫁、生育、养育、教育一体考虑，尽力而为、量力而行，综合施策、精准发力，完善和落实财政、税收、保险、教育、住房、就业等积极生育支持措施，落实政府、用人单位、个人等多方责任，持续优化服务供给，不断提升服务水平，积极营造婚育友好社会氛围，加快建立积极生育支持政策体系，健全服务管理制度，为推动实现适度生育水平、促进人口长期均衡发展提供有力支撑。

一、提高优生优育服务水平

（1）改善优生优育全程服务，（2）提高儿童健康服务质量，（3）加强生殖健康服务，（4）提高家庭婴幼儿照护能力。

二、发展普惠托育服务体系

（5）增加普惠托育服务供给，（6）降低托育机构运营成本，（7）提升托育服务质量。

三、完善生育休假和待遇保障机制

（8）优化生育休假制度，（9）完善生育保险等相关社会保险制度。

四、强化住房、税收等支持措施

（10）加快完善住房保障体系，（11）精准实施购房租房倾斜政策，（12）发挥好税收、金融等支持作用。

五、加强优质教育资源供给

（13）提高学前教育普及普惠水平，（14）提高义务教育均衡发展水平，（15）加强生理卫生等健康教育。

六、构建生育友好的就业环境

（16）鼓励实行灵活的工作方式，（17）推动创建家庭友好型工作场所，（18）切实维护劳动就业合法权益。

七、加强宣传引导和服务管理

（19）积极营造生育友好社会氛围，（20）建立健全人口服务体系。

资料来源：关于进一步完善和落实积极生育支持措施的指导意见 http://www.nhc.gov.cn/rkjcyjtfzs/s7785/202208/9247dd64744c42df9522c4fa2cb78e42.shtml 国卫人口发〔2022〕26 号

第四节   中国人口生育政策的演变

本节拟结合经济条件和人口自然变动关系的理论，对人口生育政策的形成与演变进行梳理，进而对这一演变的政策含义进行讨论。

一、中国人口生育政策的演变历程

人口政策本质上是人口均衡发展路径的概要表征和信息浓缩。人口生育政策的演变是人口发展状况、原有人口政策、制度结构中的其他制度安排、经济发展及其战略、人口与资源及环境关系、参与人因素博弈的结果。1949年后，人口生育政策的演变大致分为六个阶段，呈现出均衡、非均衡交替发展的态势。[①]

（一）无生育政策阶段（20世纪50年代）

这是新中国成立后最早形成的人口政策均衡。其主要原因在于中国历史上传统人口再生产类型所形成的路径依赖，而打破这种路径依赖和制度锁定的力量还不够强大。一方面，新中国刚刚成立，人民政权立足未稳，再加上人口迅速增长给社会经济发展造成的严重后果尚未充分显现。另一方面，虽然大规模战争结束、生活安定和医疗卫生、营养条件改善导致死亡率下降，但人们对战争导致的大规模人口减损仍然心有余悸。所以，原有的无生育政策同当时人口再生产和社会经济系统仍然保持着暂时均衡，没有改变无生育政策的强大动机，也没有强大力量打破这种均衡。

（二）城市有规定、农村无政策，实施局部的制度改良阶段（1963—1972年）

20世纪50年代中期，人口迅速增长给社会经济带来的严重后果逐步显现，节制生育的思想开始形成。1962年12月，中共中央、国务院要求在城市和人口稠密的农村"提倡节制生育，适当控制人口自然增长率"。由此形成了城市有规定、农村无政策的"二元结构"。形成这种政策格局的原因有二：一是城市人口不均衡发展态势尤为突出。首先，城市人口的死亡率下降幅度大于全国和农村水平。除三年困难时期外，1954—1962年，我国城市人口的死亡率已经稳定在10‰以下，农村人口的死亡率1966年首次下降到10‰以下，城市的自然增长率则远远高于全国平均水平。如1954—1960年的多数年份，市的自然增长率高出县10个千分点以上。[②] 其次，城市人口的快速增长同经济社会系统的矛盾日益突出，如住房和其他公共资源变得异常紧张。二是以马寅初为代表的人口学家、经济学家发现原有制度的低效率以及新制度在科技发展和资金积累方面可能的收益。由于马寅初等社会有识之士的强烈呼吁，原有制度已经造成和可能造成的危机引起了社会决策层的关注，旧制度的非均衡愈益凸现，人们对旧制度的不满意、不满足逐渐转化为对节制生育（计划生育）的需求，并极大提高了新制度的供给能力。

（三）"晚、稀、少"生育政策阶段（1973—1980年秋）

20世纪70年代初到1980年，是我国形成以"晚、稀、少"为中心的计划生育具体政策、全面推行计划生育工作的全新的制度安排时期。1973年，国务院成立了计划生育领导小组，各省、市、自治区成立了相应机构，计划生育全面展开。1975年提出，按"晚（晚婚晚育）、稀（生育间隔）、少（少生）"的要求，把计划生育落实到人。1978年和1979年，提倡一

① 李通屏.有效人口政策命题与中国生育政策演变[J].社会科学,2013(3).
② 刘洪康、吴忠观主编.人口手册[M].成都：西南财经大学出版社,1988：326.

对夫妇生育子女最好一个、最多两个……对三胎及其以上的要从经济上加以限制。其后，人口政策表述为：控制人口的数量，提高人口的素质。相应地，计划生育中的"晚、稀、少"，发展成为"晚婚、晚育、少生、优生"。这一明确而全面的人口政策和计划生育具体政策一直执行到1980年秋，取得了显著成效。全国总和生育率由1970年的5.81下降到1980年的2.23，年净增人口数由2321万降至1163万，自然增长率由25.83‰下降到11.87‰。成绩的取得固然有社会经济发展和人口年龄结构的因素，但主要归功于计划生育的开展和生育政策的合理性。

这个时期形成的控制人口增长的政策主要基于三个事实：第一，人口内部不均衡发展已经有了长期积累。到1972年，中国人口已经由1949年的5.4亿人增加到8.7亿人，净增人口数量是新中国成立前100余年（1840—1948年）的2倍多。第二，人口系统与其他系统的不均衡已经达到了非常严重的地步。与1957年比较，中国社会经济发展几乎停滞，人均收入没有增加，城镇居民人均居住面积显著下降，短缺向社会发展的各个方面蔓延。可以说，到1970年，生育控制政策已成为举国上下纠正人口发展非均衡的空前共识。第三，控制人口、节制生育知识的进一步积累和领导人认知的改变。如人口科学与人口理论逐步建立起来，提出人口再生产要适应物质再生产的理论，对马寅初新人口论开始重新认识。1970年周恩来总理提出了计划生育问题，1971年国务院下发《关于做好计划生育工作的报告》，强调贯彻落实毛主席"人类要控制自己，做到有计划地增长"的指示。

整个说来，20世纪70年代的人口生育政策是一种"渐进决策"模式，而正是这种模式，大大加快了我国人口转变的进程，缓解了人口对社会经济发展的巨大压力。主要体现在：①生育政策对生育行为的调控比较全面。如从"要搞好计划生育"到"晚、稀、少"，再到"最好一个，最多两个，生育间隔三年以上"，对婚育时间、生育间隔和生育数量都做了一定的要求。②生育政策对生育行为的调控具有一定的弹性。如生育调控没有硬性指标、没有"全国'一刀切'"的要求。生育政策目标没有与生育群众的根本利益发生较大冲突，国家政策要求虽然低于一部分人特别是农民的生育意愿，但并没有突破这部分人的最大承受力。

（四）打破均衡、严格推行"一孩"政策阶段（1980年秋—1992年）

"晚、稀、少"政策的实施，在恢复人口系统内部均衡方面取得了显著成效，但在恢复人口外部系统的均衡方面，由于"文化大革命"和时滞效应而效果不彰，由此导致这种合理的、均衡的生育政策向内在不稳定的"一孩"政策发展。1980年9月，国务院正式宣布：在今后二三十年内，"除了在人口稀少的少数民族地区以外，要普遍提倡一对夫妇只生育一个孩子"。其后不久，中共中央发出《关于控制人口增长问题致全体共产党员、共青团员的公开信》，强调"普遍提倡一对夫妇只生一个"的政策。1982年把计划生育明确为基本国策："农村普遍提倡一对夫妇只生一个孩子，某些群众确实有实际困难要求生二胎的，经过审批可以有计划地安排。不论哪种情况都不能生三胎。"20世纪80年代末至90年代初，许多省份相继出台了《计划生育条例》。1991年5月，中共中央、国务院《关于加强计划生育工作，严格控制人口增长的决定》指出，计划生育"已经到了刻不容缓、非抓紧不可的地步……"同时，计划生育的地方性法规进一步完善，对已出台的《计划生育条例》制定了更加严厉的《实施细则》，对完不成人口计划生育的单位及其党政领导在评先、提拔等方面实行一票否决,对主要领导直至降职使用、就地免职。这种背景下,一些县、乡几乎取消了"计划内二胎"。所以直到1990年全国人口普查以后的几年,严厉的生育政策并未有实质松动。与80年代后期生育率的反弹相比,1990年以后,生育率迅速下降;1992年国家计生委38万人调查,总和生育率仅为1.52,低于更替水平的省份达到21个,覆盖了总人口的81.62%,而高于更替水平的只有9个,占总人口的18.38%。

严厉人口控制政策是高人口增长和国民经济长期停滞、近乎崩溃边缘,同时又想迅速改变这种状况的产物。它是在新制度的收益已经显现的基础上实施的。这种更加严厉的政策措施,反映出对人口政策的过分崇拜和治理人口膨胀的急躁情绪,以至于形成越来越偏离人口规律的不稳定、不均衡的生育政策。

(五)严厉生育政策的运行及调整(1993—2013年10月)

努力消除严格生育政策的内在不稳定性,其实施有以下特征:①在原有政策框架内,力求通过总结新经验,形成新思路,强化对育龄夫妇的服务意识,在"抓紧"的前提下,在"抓好"上下功夫。②加强计划生育的组织领导,强化法制建设。从1991年4月开始,中共中央、国务院连续15年召开了一年一度的计划生育工作座谈会,强调一把手亲自抓、负总责。2001年12月,全国人民代表大会通过《中华人民共和国人口与计划生育法》。重申实行计划生育是基本国策,稳定现行生育政策,提倡一对夫妻生育一个子女;符合法律、法规规定条件的,可以要求安排生育第二个子女。但具体办法由省级人民代表大会或者其常务委员会规定。2003年,国家计划生育委员会更名为人口和计划生育委员会。2013年3月,正式组建卫生和计划生育委员会。③探索计划生育与发展市场经济、勤劳致富奔小康、建设幸福文明家庭相结合的经验,推进计划生育工作机制实现"两个转变",即由抓计划生育向与社会经济发展密切结合和采取综合措施解决人口问题转变;由以社会制约为主向逐步建立利益导向与社会制约相结合和宣传教育、综合服务、科学管理相统一的机制转变。进入21世纪,先后实施了"农村计划生育家庭奖励扶助制度""少生快富工程""计划生育家庭特别扶助制度"三项制度。2005年以后的《十一五规划纲要》《十二五规划纲要》强调"全面做好人口工作"。包括稳定低生育水平、改善出生人口素质和结构、积极应对人口老龄化等等,而不是以前单单强调"计划生育"或"人口数量"。这种调整和努力对实现人口目标虽然颇有成效,但并不能从根本上消除人口政策的内在矛盾,无法消除与人口经济形势根本性变化的冲突,更不能适应新时代我国社会基本矛盾的变化和人民对美好生活的向往。

(六)从生育控制的适度放松到"三孩"政策及配套支持(2013年11月至今)

党的十八大以来,以习近平同志为核心的党中央明确指出,人民对美好生活的向往就是我们的奋斗目标,根据我国人口发展变化形势,党中央先后作出实施"单独两孩"、"全面两孩"和"三孩"生育政策及配套支持措施优化生育政策、促进人口长期均衡发展的重大决策。2013年11月,党中央决定启动实施"单独二孩"政策(夫妻双方一人为独生子女,第一胎非多胞胎,即可生二胎)。2015年10月,十八届五中全会决定,全面实施一对夫妇生育两个孩子政策。2021年7月《中共中央 国务院关于优化生育政策促进人口长期均衡发展的决定》正式发布,实施一对夫妻可以生育三个子女政策,配套实施积极生育支持措施。2021年8月,全国人大常委会修改人口与计划生育法,规定"国家采取财政、税收、保险、教育、住房、就业等支持措施,减轻家庭生育、养育、教育负担"。2022 年政府工作报告提出"完善三孩生育政策配套措施"。2022 年 8 月,国家卫生健康委、国家发展改革委会同相关部门发布《关于进一步完善和落实积极生育支持措施的指导意见》。这标志着在不到 9 年的时间里,中国实现了从世界上最严格的生育控制向依法实施"三孩"生育政策、营造生育友好型社会氛围的制度性转变。

二、人口生育政策演变的原因分析

不难发现,中国严格的人口生育政策向"三孩"政策的转变是新中国成立以来生育政策的重大转变。这种转变是多种因素促成的,但最根本的原因在于社会经济的发展。

(一)严格的生育政策与其他社会经济政策不均衡、不兼容

1. 普惠制惠民政策与计划生育基本国策之间形成的导向冲突

十六届四中全会以来,中国实行了一些惠民政策,分别覆盖了农民增收、改善公共服务和社会管理等方面。由于这些政策基本不考虑受益人是否实行计划生育而进行资格认定或区别待遇,由此导致了与计划生育基本国策导向上的不一致。[①] 促进农民增收政策的一视同仁,使得刚刚推行的计划生育奖励扶助制度相形见绌;按人头计算的占地补偿政策、教育方面的"两免一补"政策、农村最低生活保障政策等都变相地提高了多生孩子者的收益;人为设定了不利于执行计划生育政策的障碍,如农村合作医疗政策明确规定计划生育手术后遗症不属于其覆盖范围。

2. 一些政治、经济、社会管理政策与计划生育基本国策不兼容

如"一票否决落实"不到位,湖南省反映,大部分地区只是对乡镇科级干部的评先评优和提拔调动征求过人口计生部门的意见,而对副处以上干部以及人大代表、政协委员的推荐选拔基本没有计划生育方面的审查。再如,违法生育处理偏轻,对违反计划生育的特权人物不敢处罚或从轻处罚。还有,户籍改革、户口登记、变更和户籍迁移等方面不需提供计划生育方面的证明等。

3. 计生家庭的"先富后穷"与超生家庭的"先穷后富"形成强烈反差

2009 年 7 月,我们对湖北省阳新县、武汉市、安陆市和应城市 270 户非农业居民的调查显示,年龄 50 岁以上的独生子女父母,月收入 1 500 元以下的户占 47.8%,2 000 元以下的为 68.4%。从人均消费看,半数的家庭月人均消费为 415 元,500 元以下的占62.7%,600 元以下的为 77.7%,700 元及以下的为 85%,人均超过 1 000 元的仅为2.6%。由此估算,50% 的家庭年人均消费不足 5 000 元。人均可支配收入和人均消费性支出,远低于当时全国平均水平和当地城镇居民的平均水平。从收支平衡看,40% 的家庭收不抵支。认为自己是高收入和中等收入户的比例,不到全部样本量的三分之一,而认为自己是低收入和困难户的比重高达 68.2%。在农村,这种情况也成为计划生育政策与相关政策面临的困境之一。[②]

---

① 崔丽、苏杨、杨文庄.惠民政策背景下计划生育政策面临的挑战和对策[J].中国发展观察,2007(9).
② 陈建先.计生政策与农村相关政策的反思[J].重庆行政,2007(3).

4. 严格的生育政策存在制度以外的净收益

制度均衡意味着"现存制度安排的任何改变都不能给经济中的任何个人或任何个人的团体带来额外收入"。[①] 如果至少一个人从政策改变中得到了好处而其他人的福利不降低，那就意味着制度安排不是帕累托最优。"花费金钱买着生、利用关系骗着生、跑到外地躲着生、无视法规强行生"的问题在一些地方愈演愈烈。据湖南省不完全统计，2000—2005年，共发现1968名党员干部(包括农村党员干部)、40多名在社会上有影响的公众人物、112名企业主、6名高级知识分子违法生育。[②] 这种情况表明，严格生育政策存在严重的非均衡。

(二)严格生育政策非均衡的原因分析

严格生育政策的困境具有一定程度的必然性，中国社会经济的迅猛发展，极大地改变了制度的净收益，使它不再是制度结构、制度选择集合中最有效的一个。

1. 严格生育政策的实施机制与市场配置资源的基础性、决定性作用有冲突

资源配置的计划方式的主要特点是，根据国家、政府或计划者的意志对稀缺资源进行配置，在生产、消费和分配的决策上是一种自上而下的决策结构。严格的生育政策实际上沿用了计划经济的资源配置模式。这种资源配置模式如图11-6所示。

图11-6 计划经济的资源配置模式

资源配置的计划方式只承认政府理性，而无视个人理性，或者把个人理性和社会理性完全对立起来，或者把个人的自利行为看成是社会利益的对立面。反映在生育政策上，就是通过严厉的控制约束非理性的个人。否则，个人就会充分发挥生育潜能，从而既违背自身利益，又违背社会利益。由此，实行严厉的人口控制政策，才能实现社会福利的最大化。生多生少、何年何月生育，需要政府发证安排，否则，个人利益、社会利益都无法保证。而市场机制理论认为，个人理性和社会理性不存在根本冲突。个人追求自身利益最大化是社会发展的动力，并最终导致社会利益的增进。市场经济实质上是需求导向，根据需求状况配置稀缺资源。在生育问题上，个人从自身利益出发决定生多生少、何时生育，让个人拥有一定的生育自主权，不仅不会危害社会，反而有利于资源的最优配置，政府要尽可能少干预。

2. 鼓励消费、扩大内需与严格控制人口增长不协调

在短缺经济下，"人口"消耗掉国民收入的大部分，制约人脑和人手的发挥，严格控制"人口"是人口与经济协调发展的必然要求。短缺经济下的经济失衡，表现为社会总供给小于社会总需求。恢复平衡的基本方法只能是扩大总供给、控制总需求。总需求包括投资需求和消费需求，而限制消费需求是控制总需求的首选。由此衍生出这样的制度需求：少消费和降低出生率。而在过剩经济下，需求低于预期是一种常态，实现经济均衡的途径就是扩大需求，特别是扩大消费需求。而人口增长的下降最直接的后果是消费者人数的减少。

① Davis, Lance, and Douglass C. North, 1970, "Institutional Change and American Economic Growth: A First Step Toward a Theory of Institutional Innovation". *Journal of Economic History*, 30. pp. 131~149.

② 李万郴. 其他社会政策与计划生育政策不兼容的现状及对策建议[J]. 人口研究, 2007(4).

3. 以人为本的科学发展观与严厉生育政策

人的生育是人本的一种要求,这个本应当重视,尽可能地给予满足。适当放开生育限制,让人民的选择余地更大一些,本身就是发展的应有之意。科学执政、民主执政、依法执政是科学发展观对执政的要求。对计划生育政策来说,科学执政,要求在尊重人口发展规律的基础上,根据变化了的环境决策,充分研究、悉心论证,而不能简单化;民主执政,要求制定的生育政策应当充分尊重人民的意愿,更大程度地考虑人民的利益;依法执政,要求生育政策合法,首先是符合《宪法》。总之,以人为本的科学发展观成为各项工作的指导思想,社会主义市场经济体制的基本形成,扩大内需成为中国经济发展的基本立足点和长期战略方针,改变了严格生育政策实施的制度环境和人口政策的均衡点,这是其他社会政策与计划生育政策不兼容的根本原因。

三、完善和落实积极生育支持措施

(一)实施"三孩"生育政策及配套支持措施意义重大

党的十八大以来,党中央高度重视人口问题,根据我国人口发展变化形势,做出逐步调整完善生育政策、促进人口长期均衡发展的重大决策。当前,进一步适应人口形势新变化和推动高质量发展新要求,实施"三孩"政策及配套支持措施,具有重大意义。一是有利于改善人口结构,落实积极应对人口老龄化国家战略。预计"十四五"期间我国人口将进入中度老龄化阶段,2035年前后进入重度老龄化阶段,将对经济运行全领域、社会建设各环节、社会文化多方面产生深远影响。"三孩"政策及配套支持措施的实施,有利于释放生育潜能,减缓人口老龄化进程,促进代际和谐,增强社会整体活力。二是有利于保持人力资源禀赋优势,应对世界百年未有之大变局。实施"三孩"政策及配套支持措施,有利于未来保持适度人口总量和劳动力规模,更好发挥人口因素的基础性、全局性、战略性作用,为高质量发展提供有效人力资本支撑和内需支撑。三是有利于平缓总和生育率下降趋势,推动实现适度生育水平。通过"三孩"政策及配套支持措施的实施,促进生育政策与相关经济社会政策同向发力,有利于满足更多家庭的生育意愿,有利于提振生育水平。四是有利于巩固全面建成小康社会成果,促进人与自然和谐共生。我国人口众多的基本国情不会改变,人口与资源环境承载力仍然处于紧平衡状态,脱贫地区以及一些生态脆弱、资源匮乏地区人口与发展矛盾仍然比较突出。进一步巩固脱贫攻坚和全面建成小康社会成果,引导人口区域合理分布,促进人口与经济、社会、资源、环境协调可持续发展,必须促进新的生育政策落地见效。

(二)若干经济社会配套支持措施

根据《中共中央 国务院关于优化生育政策促进人口长期均衡发展的决定》精神,主要原则是,以人民为中心,以均衡为主线,以改革为动力和以法治为保障。包括组织实施好"三孩"政策,发展普惠托育体系,降低生育、养育、教育成本,加强政策调整有序衔接等四个方面的经济社会支持措施。主要内容有:依法实施好"三孩"政策;取消社会抚养费等制约措施;建立健全人口服务体系;加强人口监测和形势研判;建立健全支持政策和标准规范体系;大力发展多种形式的普惠服务;加强综合监管;完善生育休假与生育保险制度;加强税收、住房等支持政策;推进教育公平与优质教育资源供给;保障女性就业合法权益;维护好计划生育家庭合法权益;建立健全计划生育特殊家庭全方位帮扶保障制度;建立健全政府主导、社会组织参与的扶助关怀工作机制。

四、本章总结

本章从经济条件对死亡率变动的影响、西方生育率经济理论、收入再分配的生育率效应和经济发展的人口生育政策效应四个方面,分析了经济条件对人口自然变动的影响。

(1)人口自然变动是由出生和死亡引起的人口数量的增减变化,是人口作为一个生物群体所必然引起的变动。死亡率是反映一定时期、一定地域范围内人口死亡强度的统计指标。死亡率的高低,与经济条件有密切关系。影响死亡率的社会经济因素主要有经济生活水平、社会职业分工、城市化水平、文化教育水平、婚姻家庭状况、医疗卫生及保健事业的发展等。

(2)生育率表示一定时期内(通常为1年)育龄妇女生育活婴数的比率。总和生育率是最常用的生育率指标。西方生育率经济学的主要理论模型有莱宾斯坦的边际孩子合理选择理论、贝克尔家庭生产和孩子数量-质量替代理论、伊斯特林的生育率供求分析模型以及西蒙的收入再分配影响生育率的理论等。这些理论模型的局限性不可避免,但对我国过去的控制生育以及今天的支持生育都有一定的启迪。可以从孩子成本-效用分析、改变生育率的收入再分配、孩子质量替代数量、生育率的供给需求分析框架中获得启示,比如,如何降低生育养育教育成本? 如何瞄准痛点难点破解"养育难题"? 如何推动新的生育政策落地见效? 以及这些政策将来的效果如何? 等等。我们或许能从这些理论当中读出某种暗示。当前背景下,满足人民日益增长的美好生活需要和提高生育水平之间有复杂的关系,研读这些理论对坚持人口与发展综合决策、把握人口发展规律仍然有趣而有益。

(3)人口政策是人口均衡发展路径的概要表征和信息浓缩。人口均衡点随着人口系统、自然系统和社会经济系统的改变而改变。由此形成的人口政策需求不可能一成不变。不限制生育不是永恒的,严格限制生育的政策也不是永恒的。人口转变、社会转型、经济转轨已颠覆严厉生育政策的基石,不再是现有制度集合中最有效、不得已的选择了。

(4)我国生育政策近10年来的根本性变化是经济条件影响人口政策的生动写照。党的十八大以来,党中央做出调整完善生育政策、促进人口长期均衡发展的重大决策。进一步适应人口形势新变化和推动高质量发展的新要求,实施"三孩"政策及配套支持措施,十分重要和紧迫。

 **主要概念**

人口自然变动　死亡率　一般生育率　总和生育率　更替水平　净再生产率　孩子的成本与效用　防止生育的成本与效用　合理选择　孩子质量　家庭效用函数　生育率调节模式　孩子供给　孩子需求　调节生育成本　收入再分配　人口政策

 思考题

1. 如何理解经济条件与死亡率的关系及经济条件对死亡率的影响？
2. 理解莱宾斯坦的边际孩子合理选择理论并概括其主要观点。
3. 理解并概括孩子数量-质量替代理论的主要内容。
4. 理解伊斯特林的生育率决定的供给-需求理论并概括其主要观点。
5. 比较贝克尔和伊斯特林的孩子需求理论。
6. 如何理解经济条件、收入与生育率的关系及其对生育率的影响？
7. 影响生育率的收入再分配措施有哪些？
8. 了解我国现行生育政策的内容及演变过程并分析其原因。
9. 结合我国实际和生育率的相关理论，提高生育水平的政策配套措施应如何落地见效？

参考读物

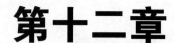

第十二章

经济条件对人口
社会变动的影响

　　人口是"一个具有许多规定和关系的丰富总体"。在物质资料生产过程中,人们一方面与自然发生关系,另一方面彼此之间结成一定的关系,即生产关系。同时在社会生活的其他领域中,人们彼此还形成各种不同的政治关系、文化关系、民族关系、家庭关系、宗教关系以及由此派生的其他关系。自然关系和社会关系成为人口存在和发展的基本关系和基本属性。其中,自然属性是人口存在和发展的基础,社会属性是人口的本质属性。反映人口本质属性变化的社会变动是人口变动的基本方面。本章旨在对这种变动进行经济分析,揭示人口社会变动的实质及其影响因素。

第一节　人口社会变动概述

一、人口社会变动

　　人口社会变动指人口从一个社会集团转入另一个社会集团的变动。不同的人口集团是根据一定社会的人口所具有的社会标志和经济标志而划分的。这些标志指阶级标志、民族标志、部门标志、职业标志和语言标志等。人口的阶级、行业、职业、受教育程度、宗教信仰、语言等的变动,引起人口社会构成发生变化。这些变化也是人口中最重要和最本质部分的改变,也是社会生活中最本质、最重要部分的改变。因此,把握人口社会变动的本质,还需了解社会变迁和人口社会构成的变化。

(一)社会变迁

　　一些关注社会变迁的文献重点强调的因素包括社会结构、社会的功能运行、社会关系、社会过程的形式以及时间等等(Steven Vago,2005)。汉斯·格兹和怀特·米尔斯(1953)把社会变迁看成一段时间内角色、制度或组成一个社会结构的执行的出现、发展和衰落方面所发生的事情。许多社会学家把社会变迁视为社会结构的变迁,如封闭的、未开化的小型社会的结构转型(Riches,1995);社会规模及其组成,或其中各部分的平衡,或其组织类型的变迁(Morris Ginsberg,1958);社会结构(即社会行动和互动模式)的重大改变,包括那些体现于规范(行为规则)、价值、文化产物和象征之中的这些结构的后果和表现(Moore,1968)。其他人则强调社会结构和功能运行中的变迁。艾伦认为,社会变迁包括社会系统或子系统在结构、功能运行或某段时间进程方面的变革。约翰逊(H. M. Johnson,1960)进一步指出社会变迁是一个社会系统结构中的变迁,本来是稳定的或相对不变的发生了变化。马克艾维尔和佩吉(MacIver& Page,1949)、加德森·兰蒂斯(Judson R. Landis,2000)把社会变迁归为社会关系中的变迁或社会关系的结构和功能运行中的变迁;史蒂文·瓦戈(2005)认为,社会变迁经常发生,可以通过很多方式来界定。社会变迁的普遍性会使得一些原来具有符号意义的变量随着时间的推移逐渐失去其原来的意义,对相关研究的解释力也会出现衰减的趋势,与此同时,又会出现一些新的变量,增强了相关研究的解释力(陈友华、蔡正广,2022)。出于现实应用的目的,它的含义是社会现象中有计划的或无计划的数量或性质的改变过程,它可以联系相互关联的诸如特征、水平、持续时间、程度以及变迁速度等组成因素加以分析。

社会中的变迁由许多因素导致,社会学认为重要的因素包括技术、意识形态、竞争、冲突、政治与经济因素,以及结构性张力。所有这些变化的来源以多种方式相互关联。重要的是不要孤立地赋予这些因素中的任何一个过度的重要性。

(二)人口社会构成

人口社会构成是人口的本质特征——社会属性的反映。它包含了人口作为社会活动主体的一切方面,体现了人口的社会特征及其量的变化。在形式上表现为按一定的社会经济标志将人口划分为各个组成部分而形成的人口在社会机体中的组合状况。如人口的阶级构成、民族构成、语言构成、部门构成、职业构成、教育构成等。人口社会构成是按某一时点的人口数计算的。对比不同时点的人口社会构成,可以反映人口社会构成的变动情况。人口社会构成的状态和变动既是一定时期人口社会变动的结果,又是人口社会变动的重要内容。[①]

由此我们可以对人口的社会变动做出总结:人口社会变动是作为社会群体的人口的社会属性方面的改变,也是人口的本质属性的变化,是人口从一个社会集团转入另一个社会集团的变动,是社会变迁的重要方面。

二、人口社会变动的表现形式——人口发展和社会发展

人口发展和社会发展是人口社会变动的两个基本方面,也是人口社会变动的两种基本表现形式。

(一)人口发展

人口发展是指人口随着社会生产方式的进步和社会经济条件的变化,其数量增长、质量、构成和各种外部关系不断地由低级向高级运动的过程;或者,人口发展是指一个社会

---

① 刘洪康、吴忠观认为,人口社会变动指人口社会构成的变动。见《人口手册》,西南财经大学出版社,1988年版,第31页。

的人口向着适度的人口规模、优良的人口素质、均衡的人口结构、合理的人口分布演进。人口转变是人口发展过程的特定历史阶段。[①]

人口发展是事关国家兴衰的基础性、全局性和战略性问题。从人口发展的历史看,人口发展具有很强的时代特征和内在演变规律。受战乱频发等因素制约,古代社会人口呈大幅度周期性波动发展。近代以来,受发展水平与社会保障程度提高影响,各国生育意愿都会发生转折性变化,总和生育率、出生率和人口增长率均呈先升后降的倒"U"形发展趋势。不同时期人口发展水平对经济社会影响有着本质差别:早期人口过快增长会导致中低收入国家陷入人均收入在低水平徘徊的"马尔萨斯陷阱";经济发展到一定阶段,各国突破"马尔萨斯陷阱"约束后,庞大的劳动年龄人口又会转化为促进经济社会快速发展的人口红利;进入高收入阶段后,人口增速均会大幅度下降,人口低增长会导致严重少子化与老龄化、老年抚养比大幅提高、劳动力短缺和社会创新发展活力下降等一系列问题。

(二)社会发展

社会发展是个很难把握的概念,几乎无所不包。根据不同角度和涉及内容的广泛程度对其内涵有不同层次的界定:①社会发展是社会的整体发展,包括经济发展、政治发展、文化发展和人的发展等各个方面在内的社会有机整体的发展与协调;②社会发展指的是社会有机整体中除经济发展之外的其他方面的发展,包括人民生活质量、城市化程度、教育水平、人口素质、社会保障和生态环境等方面;③社会发展归根到底是指人的发展,主要包括人的基本需求的满足、人的素质的提高、人的价值的实现等方面(李建民等,2007)。基于人口社会变动的角度,对社会发展的把握可关注以下领域的变化:

1. 人口社会关系

基于人口属性而产生的社会关系包括了非常广泛的内容,仅仅从基于人口自然属性而言所产生的社会关系,包括社会代际关系、婚姻关系、家庭关系和社会性别关系等。就婚姻家庭关系而言,家庭是社会的细胞,婚姻则是家庭关系形成的基础。社会发展必然在婚姻家庭方面有所表现,如婚姻状况、家庭规模、结构、功能和关系的变化等。

2. 阶层领域

阶层是一种把家庭和个体分成若干等级的体系,不同的等级所拥有的地位、财产和权利是不平等的。在所有的社会中,一些个体和其他个体之间,在很多方面都存在差异。韦伯从"经济、权力、声望"三个维度来划分社会阶层,即名-利-权。索罗金社会分层理论有三个基础:经济、政治、职业。社会分层有两个重要标准:横向标准和纵向标准。使用横向标准能判断个人在群体中的特点,使用纵向标准能判断个人在内部的位置。瓦戈(S. Vago,2005)列举了3种普遍形式的阶层体制。最极端的一种就是种姓制度。在这一制度中,阶层是世袭的、同族通婚(结婚对象必须在同等级中寻找和选择)、永久的。一个个体出生于

---

① 根据经典的人口转变理论,人口发展过程划分为三个主要阶段:(1)原始阶段,以高出生率、极高的死亡率和极低的自然增长率为特征;(2)中间阶段或过渡阶段,以死亡率先下降、出生率随后下降,自然增长率先提高后降低为特征;(3)现代阶段,以低死亡率、低出生率、低自然增长率为基本特征。人口转变是处于从第一阶段向第三阶段过渡的中间阶段。

某个阶层,就在这个阶层中成家,最后死在这个阶层。世界上最著名的种姓制度存在于传统的印度。另一种极端的制度就是开放社会的等级制度,在这个制度中唯一被尊崇的是个人成就,一个人在社会中的沉浮完全取决于他或她的成就。社会等级将个体从具有偶然性的出生中解放出来。虽然这一制度没有免除出生上的优势与劣势,但却为个人成就的取得提供了广阔的空间。第三种阶层体制是庄园制,阶层是由法律界定的,相对而言有些僵硬和具有永久性,但仍然存在改变地位的机会。中国社会科学院社会学所课题组列举了当代中国形成的十大社会阶层:①国家与社会管理阶层;②经理人员阶层;③私营企业主阶层;④专业技术人员阶层;⑤办事人员阶层;⑥个体工商户阶层;⑦商业服务人员阶层;⑧产业工人阶层;⑨农业劳动者阶层;⑩城市失业半失业人员阶层。在有关阶层的文献中,普遍的共识是职业是最好的衡量整体阶层地位的单一指标。阶层位置中的变化由垂直流动产生。而且,流动可以通过跨越时间中不同的时期来标出,这一事件包括两种可能的形式:代际与代内。代际间的流动(intergenerational mobility)关注代际间的职业优势,并特别包括子女相对于父母的流动。代内流动(intragenerational mobility)主要关注的是跟随一个人第一个主要职业后单个一代人内的流动。这样的流动模式包括从体力劳动到脑力劳动职业的变化,或者是进入或退出一些最上层精英群体的运动。

3. 教育领域

在传统社会中,个体无需正式教育就可获得成人角色所必需的知识与技能。在稍微复杂一些的社会中,做父母的已经不能传递给孩子成人时所需的技能与知识。当社会逐渐工业化以后,对一般技能——读、写、算术——和对某些具体的工作角色专门化的职业技术培训的需求日益持续增长。教育现在已从家庭和在更大程度上从社区生活中分化出来。中小学校和大学的发展把受教育的权利从少数人垄断转移为大众所有。伴随这一趋势而来的是,为越来越多的学生而设置的课程与受教育时间长度上的变化。此外,基础教育及义务教育的迅速发展降低了教育成本和失业风险。与义务教育不同,高等教育准入门槛下移让富人家庭子女更容易占据顶部教育资源和优势专业,并积极鼓励子女寻求更高级别学位,同时,精英学校为富人家庭子女传递特权和社会关系,以教育程度与所毕业学校为基础的职业筛选机制维持了新一代富人阶级的优势资源再生产。当高等教育过度扩张甚至是全面普及时,精英学校的比较优势将倒逼中等教育增负,并可能因此而陷入教育内卷化与囚徒博弈的困境,无疑增加了新一代教育的沉没成本。在以上背景下,社会地位的教育纵向差异不断缩小,而横向分层越发明显。

4. 收入分配

收入分配是一定时期内社会各个集团及其成员对于社会经济活动的最终成果的占有方式及占有数量。社会经济活动的最终成果从其严格意义上讲就是这一时期的国民收入,因此收入分配又常常叫作国民收入的分配。就中国而言,收入分配包括初次分配、再分配和最终分配三个过程。从静态意义层面观察,人们直接看到和感受到的收入分配是不同个人和群体的收入水平状况。据此,按照不同的收入水平把社会成员划分为不同的群体,例如,按照绝对收入水平并结合当时的物价及生活方式评判收入分配对人们社会生活的影响;又如,按照五等分法以反映各层次收入水平的人群占有社会总收入的百分比情况,并以此为基础做出洛伦兹曲线,通过计算基尼系数来分析和考察社会收入分配的差距程度。

同时,由于收入水平与社会成员的职业、社会地位等存在着比较紧密的联系,因此通过对社会成员收入的分析和归纳研究,也可以透视出形成这一分配格局的社会行业、职业等方面的原因。可以说,收入分配关系是人类社会一切生产关系的集中点,一切社会制度变革总是从收入分配关系的变革开始的。

第二节　中国人口的社会变动

一、人口转变与社会发展

(一)中国人口发展的历史性转变

改革开放以来,在经济持续高速增长的同时,中国人口的发展和社会的发展也取得了划时代的巨大成就。七普数据显示,2020年我国总人口为14.1亿人,2010—2020年我国人口年平均增长率为0.53%,人口由高生育率、高增长率向低生育率、低增长率转变,形成低出生、低死亡和低增长模式。20世纪90年代初期,全国妇女总和生育率降至更替水平。在一个农业人口占主导的社会中,这一低生育水平很大程度上是计划生育政策推动的,1980年政府鼓励一对夫妇只生育一个孩子的政策所起作用最大。独生子女政策推行期间,城市多数在正规单位就业的夫妇只生育了一个子女,由此形成了规模巨大的独生子女家庭。此外,从1996年开始中国人口出生时平均预期寿命已经超过70岁,2015年提高到76.34岁,人口自然增长率自1998年开始降到10‰以下,从2012年的5‰下降到2020年的1.45‰。世纪之交,中国已跨入低生育、低增长、高寿命国家行列(见表12-1、表12-2)。

表12-1　2000年中国人口发展水平在世界中的位置

	出生率/‰	人口自然增长率/%	总和生育率1995—2000	婴儿死亡率/‰	5岁以下儿童死亡率/‰	65岁及以上人口比例/%	城市人口比例/%
中国	13	0.7	1.8	32	40	6.9	35.8
发展中国家	24[a]	1.6[a]	3.1	61	89	5.1	40.0
中东欧和独联体	9	−0.5[b]	1.5	20	25	11.6	63.4
OECD国家	11[c]	0.1[c]	1.8	12	14	13.0	76.9
高人类发展水平	—	—	1.7	7	7	13.9	78.5
中人类发展水平	—	—	2.6	46	62	5.9	42.6
低人类发展水平	—	—	5.6	99	154	3.1	29.7
高收入经济体	—	—	1.7	6	6	14.7	79.1
中等收入经济体	—	—	2.2	31	38	6.6	51.2
低收入经济体	—	—	4.0	80	120	4.5	31.0
全世界	21	1.3	2.8	56	81	6.9	47.2

注:a,b和c的统计口径分别为不发达地区、东欧和较发达地区。

资料来源:转引自李建民等.中国人口与社会发展关系:现状、趋势与问题[J].人口研究,2007(1).

表 12-2 2020 年中国人口发展水平在世界中的位置

	出生率/‰	人口自然增长率/%	总和生育率1995—2000	婴儿死亡率/‰	65 岁及以上人口比例/%	城市人口比例/%
中国	8	0.145	1.5	9	14	64
较发达国家	9	−0.2	1.6	4	19	79
欠发达国家	20	1.3	2.6	33	8	52
最不发达国家	32	2.5	4.4	48	4	34
高收入经济体	10	0.0	1.7	4	19	82
中等收入经济体	18	1.1	2.2	29	8	54
低收入经济体	35	2.8	4.0	51	3	33
全世界	18	1.0	2.5	31	10	56

资料来源：World Population Data Sheet 2021，Population Reference Bureau.

（二）中国社会发展的水平

中国社会发展已在各个领域全面展开，稳定、繁荣和进步已经成为当今中国社会发展的标志。根据联合国开发计划署发表的《人类发展报告 2002》《人类发展报告 2013》和《人类发展报告 2020》，1975 年中国人类发展指数为 0.523，1980 年为 0.554，处于中等人类发展水平国家的低线水平（0.500 以下为低人类发展水平，0.500～0.699 为中等人类发展水平，0.700～0.799 为高人类发展水平，0.800 以上为极高人类发展水平）；2000 年提高到 0.726，在世界 173 个国家中列第 96 位，在 83 个中等人类发展水平国家中列第 42 位；2012 年，由于受国际金融危机、国内收入不平等加剧、自然环境破坏等因素的影响，中国人类发展指数下降为 0.699，但人类发展基本方面的指标数值都超过了中等人类发展国家的平均水平，人类发展指数等一些社会发展指标已经接近甚至超过中等收入国家水平；2019 年中国的人类发展指数提高至 0.761，步入高人类发展水平行列（见表 12-3）。

表 12-3 2019 年中国人类发展水平在世界中的位置

	人类发展指数（HDI）	出生时预期寿命	预期受教育年限	平均受教育年限	人均 GNI（2017 PPP $）
中国	0.761	76.9	14	8.1	16 057
阿拉伯国家	0.705	72.1	12.1	7.3	14 869
东亚和太平洋地区	0.747	75.4	13.6	8.1	14 710
欧洲和中亚	0.791	74.4	14.7	10.4	17 939
拉美和加勒比地区	0.766	75.6	14.6	8.7	14 812
南亚	0.641	69.9	11.7	6.5	6 532
撒哈拉以南非洲	0.547	61.5	10.1	5.8	3 686
极高人类发展水平	0.898	79.6	16.3	12.2	44 566
高人类发展水平	0.753	75.3	14.0	8.4	14 255
中等人类发展水平	0.631	69.3	11.5	6.3	6 153
低人类发展水平	0.513	61.4	9.4	4.9	2 745
全世界	0.737	72.8	12.7	8.5	16 734

资料来源：Human Development Report 2020.

二、变迁中的人口社会关系

（一）代际关系变动

代际关系是最主要的家庭关系，其中包含着诸多具体功能，支撑着不同代际成员的抚幼、养老、生活互助、情感沟通等行为。一般来说，由于家境和成员认识有别，亲子之间代际关系的履行也有质量高低之分。纵观古今历史发现，大的社会变革会导致思想观念、政治结构发生改变，与代际关系相关的法律、政策等制度会被调整，维系原有代际关系的规则被新的规定替代。中华人民共和国的成立是中国历史上重要的社会变革事件，政府和相关机构必然会制定新的制度替代旧有规则。此后，一系列涉及代际关系的法律和政策陆续出台，代际关系因此出现变化。

由于 20 世纪 70 年代以来实行计划生育政策，中国各世代人口的相对规模相差很大，在总人口中，0～19 岁人口的比重直线下降，20～39 岁人口比重在 20 世纪 80 年代显著上升，90 年代略有提高，2020 年这一比例为 27.67%。40 岁以上人口的比重在 90 年代以后上升很快，2000 年已达总人口的 33.3%，2010 年上升至 43.6%，2020 年高达 49.21%。40 岁以上人口比重上升意味着，中老年人口在中国未来社会的资源分配和利益表达方面会显示出越来越大的影响。相反，40 岁以下人口比重持续降低。这种反向变动预示着世代间在公共资源分配和发挥社会影响力方面的关系将会面临新的调整。

（二）婚姻、家庭关系及其变化

1. 家庭关系的变化

20 世纪 90 年代以来，中国的家庭关系正经历着深刻的变革，展现出以下趋势：

第一，家庭规模小型化。中国 20 世纪 90 年代以来家庭规模变化主要有三个特点：一是家庭人口数在继续下降，由 1990 年的 3.96 人缩小到 2000 年的 3.44 人，2005 年的 3.13 人，2010 年的 3.09 人，2020 年的 2.62 人；二是城镇家庭规模下降的速度大于农村；三是家庭户人口数有向 2～4 人集中的趋势。

第二，家庭户结构简化。尽管人们的寿命不断延长，但人们观念的变革、生活水平的提高、住房条件改善和生育水平的下降，使家庭的世代数减少，结构简化，多代同堂的现象越来越少。2000 年中国家庭户中一代户（包括单身户）的比例为 21.0%，两代户的比例为 59.3%，三代户的比例为 18.0%；2010 年，全国一代户（包括单身户）的比例为 34.2%，两代户的比例为 47.8%，三代户的比例为 17.3%；2020 年，全国一代户（包括单身户）的比例为 49.5%，两代户的比例为 36.72%，三代户的比例为 13.26%。就城乡而言，2010 年，城市一代户的比重为 41.2%，城镇为 33.7%，农村则为 29.8%，而 2020 年，城市一代户的比重为 52.17%，城镇为 46.1%，农村则为 48.56%。一代户和单身户的比重显著增加，是 20 世纪 90 年代以来中国家庭结构发生的重大变化，它将对家庭关系产生深远影响。中国传统家庭以亲子关系为核心，而在一代户中，不论是尚未生育，还是子女已成年离家，夫妇关系将成为核心。

第三，家庭养老压力日渐突出。2010 年，全国有一个 60 岁及以上老年人家庭户（含单身老人户）的比例为 58.91%；有两个 60 岁及以上老年人家庭户（含只有一对老夫妇的家庭户)比例为40.1%;有三个60岁及以上老年人家庭户的比例为1.0%。2020年,全国有一个60岁及以上老年人家庭户(含单身老人户)的比例为54.8%;有两个60岁及以上老年人家庭户(含只有一对老夫妇的家庭户)的比例为44.1%;有三个60岁及以上老年人家庭户的比例为1.12%。随着人口老龄化趋势的发展,老年人口规模持续增大,高龄老人、丧偶老人、生活不能自理的老人人数会快速增加,8:4:2:1的家庭结构导致传统的家庭养老面临严峻挑战,家庭可以为老年人提供照料的资源越来越少,家庭养老的经济负担和生活照料负担会日益加重。

第四,老年抚养比超过少儿抚养比的局面已经出现。"七普"数据显示,2020年0~14岁少年儿童人口为2.53亿人,60岁及以上老年人口为2.64亿人,老年人口数量超过少年儿童人口数量,少儿抚养比为28.3(将15~59岁劳动年龄人口设为基数100,下同),老年抚养比为29.5,这标志着我国社会养"老"的负担反超养"幼"的负担,家庭和社会由传统的养幼为主转为养老为主,且养老压力不断增加。

2. 婚姻状况的变化

在特定的时空范围内,婚姻状况受社会、经济、文化等因素的多重影响,对于任何国家和地区而言,人口婚姻状况如何,不仅直接影响到众多个体及其家庭生活状态,而且关系到社会的稳定与秩序。20世纪90年代以来,中国人口的婚姻关系变化具有以下特点:

第一,未婚人口比例呈现出先上升后下降的趋势,已婚人口比例变化则相反。15岁及以上未婚人口比例2020年为19.21%,比2010年的21.60%下降了2.39个百分点,比2000年的20.25%下降了1.04个百分点。已婚人口比例由2000年的79.75%、下降至2010年的71.33%,而2020年该比例提升为80.79%。

第二,早婚人口比例呈现出先大幅下降后缓慢上升再下降的趋势,平均初婚年龄持续提高。2020年,早婚人口(女性15~19岁、男性15~21岁年龄组中的已婚人口)占同龄人口的0.6%,占已婚人口的0.06%,分别比2010年下降了1.72和0.24个百分点。比2000年分别下降0.56和0.14个百分点,比1990年分别下降5.2和1.33个百分点。人口平均初婚年龄,从1990年的22.79岁提高到2000年的24.14岁和2010年的24.85岁,2020年则高达28.67岁,其中女性平均初婚年龄从22.02岁提高到2000年的23.17岁、2010年的23.89岁和2020年的27.95岁。

第三,离婚人数增长较快,离婚人口比例稳步上升。据民政部门统计,20世纪90年代以来,中国离婚率持续攀升,1990年为1.38‰,1995年为1.75‰,2003年2.1‰,2010年2‰,到2020年,已经高达3.1‰。从普查数据看,15岁以上男、女离婚人口比例分别从1990年的0.83%和0.34%,提高到2000年的1.12%和0.68%,2010年的1.54%和1.22%,2020年有小幅度的下降,男女离婚比例分别为1.28%和1.10%

第四,丧偶人口比例有所上升,但老年丧偶人口比例明显降低。2020年全国15岁及以上人口中,丧偶人口比例为5.74%,比2010年上升0.05个百分点,比2000上升0.11个百分点,比1990年上升0.63个百分点。其中65岁以上丧偶人口占同龄人口比例为27.15%,男性、女性丧偶老人占同龄人口比重分别为7.3%和19.85%,同2010年的34.46%、11.80%和24.36%相比分别下降了7.31、4.5和4.51个百分点,同2000年的37.67%、23.35%和50.50%相比分别下降10.52、16.05和30.65个百分点。

第五，婚姻挤压十分明显。从婚龄内单身（未婚、离婚、丧偶）人口性别比看，1990年、2000年、2010年及2020年54岁及以下同龄与对应人口的性别比基本上都大于100或远大于100，表明婚龄女性人口的择偶机会大于男性，婚姻市场存在男性婚姻挤压。2020年我国男性人口为72 334万人，占51.24％；女性人口为68 844万人，占48.76％。总人口性别比（以女性为100所对应的男性人数）为105.07，与2010年相比略有降低。而出生人口中，性别比为111.3，较2010年下降6.8。由于70年代以来出生率下降与80年代以来出生性别比持续升高，1980年后出生的男性人口将面临严峻的婚姻市场形势，虽2020年有所下降，但中国男性婚姻挤压现象依然存在。

（三）人口增长变化

在总量超过1亿人的人口大国中，中国是全球人口负增长国家中人口规模最大的国家，人口负增长将是中国未来经济社会发展必须直面的基本人口国情。从城乡层面看，农村人口数量已经负增长26年，从1949年48 402万人增至1995年达到峰值85 947万人，1996年以来转为持续减少，2021年为48 935万人，回到新中国成立初期的规模。这主要是改革开放以来与日俱增的人口流动迁移所致。

人口负增长呈现巨大的地区差异性。省级常住人口负增长受人口自然变动和人口流动迁移的双重影响。长期以来，省级生育率的下降时间和水平具有显著的差异，东北三省及大城市的生育率下降早，低生育率时代维持时间长且生育率水平低，西部地区和少数民族地区的生育率下降晚且生育率水平相对较高。2021年，16个省份的常住人口出现负增长，合计负增长总量为−272.4万人，人口负增长刚刚起步，规模尚小。人口负增长省份中排位前六的分别是河南−58.0万人、黑龙江−46.0万人、云南−32.0万人、辽宁−25.6万人、吉林−24.1万人和湖南−23.1万人，累计占全国负增长人口总量的76.6％。

（四）人力资源大国转向人力资本大国

我国劳动年龄人口负增长超前于总人口负增长，2011年15～59岁劳动年龄人口达到峰值9.4亿人之后步入下降通道，2020年减为8.9亿人。在人力资源优势逐渐弱化的同时，人力资本积淀日渐深厚。一方面，健康人力资本改善显著，居民健康水平进一步提高，在儿童健康方面，妇幼保健水平明显提高，2020年婴儿死亡率、5岁以下儿童死亡率和孕产妇死亡率分别下降至5.4‰、7.5‰和16.9/10万，2019年平均出生预期寿命升至77.3岁，趋近发达国家平均水平。另一方面，教育人力资本大幅提升，九年义务教育巩固率、高中阶段毛入学率分别达到95.2％、91.2％，超过中高收入国家平均水平；15岁及以上人口平均受教育年限为9.91年；大专及以上受教育人口累计2.2亿人，占全国总人口15.5％；高等教育毛入学率达到54.4％，稳步迈入高等教育普及化阶段。综合人力资本水平的大幅改善，不仅是延续中国经济奇迹的关键动力，更是人口负增长时代经济社会发展的重要机遇。

三、社会阶层分化

中国社会分层结构的巨大变迁表现出新的特征与趋势。城乡人口结构发生根本变化，居民的生产方式和生活方式发生巨大变迁；职业结构出现重大变化；大城市、超大城市与小城市人口社会地位出现分化；中产阶层和中等收入群体发生重要变化；绝对贫困治理取得重大成就，相对贫困治理的任务凸显出来。

（一）社会整体结构变化

改革开放后，社会主义市场经济体制逐步确立，社会生活面貌焕然一新，但贫富差距也在不断拉大。中国社科院"当代中国社会结构变迁研究"课题组提出了"十大阶层模型"，提出阶层划分的三种资源：组织资源、经济资源、文化（技术）资源，从而把中国社会划分为十个阶层，如表 12-4 所示。

表 12-4　中国社会十大阶层

阶　层	分　类	资　源
第一阶层	国家与社会管理者阶层	拥有组织资源
第二阶层	经理人员阶层	拥有文化资源或组织资源
第三阶层	私营企业主阶层	拥有经济资源
第四阶层	专业技术人员阶层	拥有文化资源
第五阶层	办事人员阶层	拥有少量文化资源或组织资源
第六阶层	个体工商户阶层	拥有少量经济资源
第七阶层	商业服务业员工阶层	拥有很少量的三种资源
第八阶层	产业工人阶层	拥有很少量的三种资源
第九阶层	农业劳动者阶层	拥有很少量的三种资源
第十阶层	城乡无业、失业、半失业者阶层	基本没有三种资源

资料来源：中国社科院"当代中国社会结构变迁研究"课题组

第一，中国城乡人口结构发生重大变化，从以农村人口为主体变为以城市常住人口为主体的社会。2001 年，中国城镇人口 48 064 万，占总人口 37.7%；乡村人口 79 563 万，占62.3%。而 2020 年"七普"数据显示，城镇人口为 90 199 万，占 63.89%；乡村人口为50 979 万，占 36.11%。可以看出，21 世纪初中国居住在农村的人口占 6 成以上，而至 2020年居住在城镇的人口则占 6 成以上。这种城乡人口结构的巨大变化，是社会的重大变迁。

第二，职业结构发生巨大变迁，职业声望等级排列反映出工业化社会的普遍特征。职业结构的改变催生了新的职业群体。例如快递员、外卖员，根据《2020—2025 年中国快递行业市场前瞻与未来投资战略分析报告》，目前中国外卖员、快递员总数达到 1000 万人，且增速惊人，2018 年该职业群体人数仅有 300 万；例如网约车司机，根据 2019 年 10 月的报道，中国网约车司机从业人数达到 3000 万。上述庞大的从业群体，大多数为兼业劳动者，有多数人兼职几份工作。所以，这种新的从业方式，是中国职业结构的巨大革新。此外，齐明珠和王亚（2021）遵循不交叉、全覆盖原则，将全国流动人口动态监测调查数据中的十九类职业与 ISEI 的职业编码对应，得到从 22 分到 67 分的职业声望分值表。每类职业对应的声望得分及流动人口中各职业类型占比如表 12-5 所示。对职业占比进行加权平均后，得到流动人口职业声望平均得分为 43.3 分。

表 12-5   流动人口各类职业声望得分及占比

职 业 分 类	声望得分	占比/%	职 业 分 类	声望得分	占比/%
国家机关、党群组织、企事业单位负责人	67	0.5	快递	25	1.0
专业技术人员	67	11.1	其他商业、服务业人员	48	13.7
公务员、办事人员和有关人员	49	1.8	农林牧渔水利业生产人员	25	0.9
经商	54	21.3	生产	36	19.8
商贩	35	1.7	运输	34	2.7
餐饮	33	6.6	建筑	32	3.6
家政	24	0.5	其他生产、运输设备操作人员及有关人员	29	4.7
保洁	22	1.9	无固定职业	22	1.6
保安	26	1.5	其他	26	2.2
装修	32	3.0	(加权平均)	43.3	100.0

资料来源:齐明珠和干亚. 中国流动人口社会经济结构分层研究[J]. 中国人口科学,2021(6).

从表 12-5 可以看出,当前中国社会职业声望等级排列呈现出的基本特征是:白领职业声望高于蓝领;在白领中,具有较多专业性和技术性的高层白领的声望高于中低层白领,技术工人的声望高于非技术工人。这种职业声望排列更加接近崔曼(Treiman,1977)的"国际标准职业声望"排列。如高级干部的声望地位高于高级知识分子;功能性知识分子的职业声望高于传统知识分子;农业劳动者属于最低声望群体,他们虽然处于较低声望,但并不是最低的;企业主和企业经理人员的声望地位明显提高。

第三,大城市、超大城市人口与小城市、小城镇人口社会经济地位的巨大分化。由于持续多方位的政策调整,城乡差异出现明显变化,体现在很多农民开始在家乡附近的城市或城镇买房,从乡村生活转变为城市生活。与此同时,大城市、特大城市、超大城市与中小城市也存在巨大的分化。这种分化主要体现在城市之间职业地位的分化与房价等方面。

(二)中产阶层变化

21 世纪以来,中国财富总量急剧扩张,这是中产阶层增长的经济基础。在中国经济迅速攀升的时期,较为乐观的估计为中国每年有 800 万人进入中产阶层,认为中国现代社会结构初步形成。然而,这种较为乐观的估计,近来受到重大冲击。在中美冲突、产业升级、人口老龄化、新型冠状病毒感染疫情等不确定因素下,未来中等收入群体能否持续扩大,面临一系列挑战。2020 年初突发新冠肺炎疫情后,以实体服务业为主体的大量中小微企业受到重大冲击,破产倒闭,城市白领群体感受到前所未有的生活压力。由于城市白领群体大多是到城市就业的大学毕业生,首先,他们遇到的是房贷或房租的压力,在经济增长的情况下,收入稳定,也可有能力偿还房贷,若收入下降或失业,便会面临无法偿还房贷与离开城市返乡的风险;其次,人工智能作为一种新型技术,正对该群体形成影响。当引入 AI 技术后,计算机和人工智能对非体力劳动的替代,使劳动市场出现两极分化现象,产生"就业极化效应",即高技能工作(脑力劳动)的就业比重增加显著,低技能工作(体力劳动)的就业比重也有少量增加,但中等技能工作(事务性劳动)的就业比重却在减少,由此,大量中产阶层将会被科技取而代之。麦肯锡全球研究院预计,2016—2030 年,中国被替代的全职员工的规模大约在 4 000 万～4 500 万人;如果自动化进程加速,到 2030 年将有近 1 亿名劳动者需要更换职业类型。

此外,城市白领阶层面临维持中产生活水平压力。中产生活方式意味着日常消费、子女教育、社会交往等都处于明显高于低收入者的水平,一旦遇到突如其来的经济打击,就不得不退出中产的生活方式。例如因病返贫,从"中层"重回"底层",在折射微观层面中产阶层脆弱的同时,更在宏观层面揭示着整个社会的"脆弱",这种脆弱是社会风险的一种显现方式。由于教育、医疗、住房等刚性支出较快增长,部分中产阶层抗御风险能力变弱,出现中等收入群体难以承担的现象。

(三)中国人口社会分层的特点

改革开放以来,中国在经济、政治社会各个领域发生了剧烈变化,进而引发了社会阶层结构的迅速分化和重构。

第一,人口社会分层精细化。从社会十大阶层模型可以看出,之前经常出现的知识分子、工人、农民这些笼统的字眼不再出现了,取而代之的是更加具体的分层。例如,占人口总数较多的"农民",如今再提到"农民"一词时,会有东部、中部还是西部,是在外打工还是在乡村务农的区别;此外,一部分农民具有双重身份,农民在农闲时间会到当地厂矿单位打工,这些人在一定意义上具有了工人身份。在提到"工人"概念时,会在其前面加上具体的修饰词:国企、乡镇企业、外企、下岗、失业等,这其中的各类工人会分属为不同的社会阶层,甚至有很大的差别,不会再像以前一样是个无差别的统一体。除此之外,以前经常使用的"知识分子"这个名词如今也有了是否在市场经济体制中的差别。此外,阶层之间的壁垒依然存在,农村和城镇在总体上仍然是两个世界。在旧体制松动和解体之后,由旧体制塑造的"二元结构"并未随之消失,城乡社会不平等依旧存在,甚至表现得更为严重,新的不平等不断产生。

第二,社会流动的闸门被打开,上行社会流动趋于活跃,代表社会稳定力量的社会中间阶层开始出现。进入 20 世纪 90 年代中期之后,一个由民营企业家、新经济组织中的管理人员、专业技术知识分子等所组成的受过良好教育、职业声望高的"新中产阶级"正逐渐取代"旧中产阶级"。另一方面,随着教育的下移与逐渐普及、义务教育年限的延长、中等教育的普及和高等教育的持续扩张,大众接受高等教育的机会大幅增加,进一步缩小了穷人和富人教育水平之间的差距。学历纵向分层日渐模糊化,来自不同阶层的学生分配到普通职业学校和精英学校两条不同的轨道,学校之间的隔离越大,横向分层作用越大。尽管高等教育扩张给大众提供更多学历提升的机会,但新增学额主要来自普通职业学校,精英学校新增学额在全部新增学额中占比很小。职业教育接受者大多来自于底层弱势群体家庭,如农村家庭、贫困家庭、工薪家庭、边远地区家庭等,社会地位普遍不高。由于缺乏来自父辈的先赋性优势,只能依靠自致性因素改变不利的社会地位,职业教育为其提供了生存的基础与向上流动发展的可能性。但随着新型城镇化进程的推进,以及中考分流政策的普及,受制于家庭经济条件等因素,使得通过接受高等教育以实现阶层跨越的作用逐渐减小。

第三,阶层的分化越来越趋向于职业的分化。职业因素对社会阶层分化的影响主要表现在两个方面：一是体力与非体力劳动者之间的社会经济差异扩大,二是管理者与非管理者之间的社会经济差异扩大。这两个方面的表现都是工业化社会的技术进步和科层组织发展所导致的必然结果。

第四,社会下行流动同样被强化,在社会转型中被边缘化的城镇社会的失败者与留在农村的农民一起构成社会的底层。20世纪80年代以来的社会流动基本上是一种向上流动,即由低社会地位向高社会地位阶层的流动。20世纪90年代以来,社会的下行流动却日益突出,并出现了城市贫民阶层。中国先富阶层和城乡贫困阶层的日益分化,已经积聚起强烈的不满情绪,并给社会稳定带来威胁(见专栏12-1)。

专栏12-1 阶层固化:人口社会流动中的"二代现象"

中国社会科学院"当代中国社会阶层结构变迁"课题组研究认为:(1)国家和社会管理者阶层表现出一定的代际继承性。如父亲职业为干部、企业管理人员和企业主的人,最可能成为国家和社会管理者,每100个大约有7个成为国家和社会管理者(6.6%),专业技术人员和办事人员家庭出身的人也具有一定的优势,这个比例分别为3.1%和2.7%。(2)专业技术人员的阶层地位的代际传递性较强,现有的专业技术人员中,父亲职业为专业技术人员的比例(19.8%),是其平均分布比例(3.3%)的5.6倍。(3)财富和职业具有较高的代际继承率。私营企业主和经理人员具有经济资本优势,但是对于第一代私营企业主和经理人员来说,他们基本未表现出代际继承性,更多凭借于自身的禀赋和努力,但由于财富代际继承的合法性,导致他们后代的社会流动体现出较高的财富和职业代际继承率。(4)农业劳动者阶层是一个代际继承性最强的阶层。92.8%的农业劳动者出身于农民家庭,同时,超过半数的农民家庭子女(54.9%)仍然是农业劳动者。

社会流动主要有先赋性和后致性两种主导机制。在现代社会,人力资本等后致性因素是社会流动的主导因素,体现了社会公平原则。但"二代"的出现,也说明出身背景等先赋性因素的作用虽然减弱但并未消失,政治资本作为体制性因素依然发挥着巨大的影响力。但不可否认的是,这种社会阶层的固化现象仅仅是中国社会发展进程中的一个片段,完全可以通过制度的不断改革和利益格局的重构,实现资源分配的均衡性和共享性,进而实现社会流动的现代化和正常化。

资料来源:摘自顾辉:社会流动中的"二代"现象--理论-人民网 http://theory. people.com.cn/n/2015/0126/c49154-26449330.html

---

四、受教育程度大幅度提高,但出现新的教育问题

教育是影响职业结构、职业声望的重要因素,也是人口分层的重要标识,受教育程度的变化也从一个侧面反映出人口社会变动。由于社会经济的发展和计划生育的推行,个人、社会和组织用于人力资本的投资大幅度增加,人口素质显著改善。2020年,我国15岁及以上人口的人均受教育年限(15岁及以上人口平均在学校接受教育的年数)已达9.91年,比2010年的9.08年提高了0.83年,表明我国人口平均受教育水平已经完成了从初中程度迈入高中程度的转变,人口的文化素质有了相当大的提高。同世界水平比较,1982年

我国 25 岁及以上人口人均受教育年限为 4.3 年,比当时世界平均水平 4.9 年(1980 年)低 0.6 年;1990 年为 5.8 年,与当时世界平均水平基本持平;2000 年为 6.2 年,比当时世界平均水平 6.8 年低 0.6 年;2010 年为 7.3 年,略低于当时世界 7.4 年的平均水平;2019 年平均受教育年限为 8.1 年,略低于当前世界 8.5 年的平均水平。由此可见,随着改革开放的深入和教育事业的蓬勃发展,我国人均受教育水平逐年提高,但仍然低于世界平均水平。

1978 年改革开放之后,尤其是 20 世纪 90 年代后期以来,伴随着高等教育规模的扩大、质量的提高,以及高等教育改革的不断深入,高等教育学研究生招生人数快速增长。2020 年,我国高等教育毛入学率达到 54.4%。随着高等教育扩张和毛入学率的提升,专科教育占比也会出现阶段性增加。与此同时,人口受教育结构正在实现向更高水平发展。

在我国教育事业规模不断扩大,各级各类教育取得显著进展的同时,教育深层次的矛盾——教育不公平现象也随之而来,突出表现在:①城乡公平缺失。长期以来,城乡二元结构下的教育政策逐步形成了"城市中心"的价值取向,城乡之间教育经费、教育设施、师资等教育资源存在巨大差异且相互隔绝,不能共享。高等教育收费制度改革后,大学学费已成为普通收入家庭每年的主要支出项目,对于农村家庭来说,子女多不但造成家庭贫困,教育投入少,高额的学费更使许多家庭主动放弃了子女接受高等教育的机会,因此,生育水平的城乡差异有可能间接造成高等教育的城乡不平衡。②区域之间的教育不公平。区域经济发展之间的巨大差异使得各区域在经费投入、办学条件、师资水平、课程设置、高考录取等诸多方面存在较大差异,教育存在着严重的区域不公平现象。③阶层公平缺失。20 世纪 90 年代以来,由于社会贫富差距拉大,家庭背景强烈地影响着学生的受教育机会和教育过程,家庭社会地位较高或经济状况较好的学生与毫无背景的学生相比,往往能够获得比较多的求学、上学、继续深造的机会和优质教育。④性别之间的教育不公平。女性教育问题集中在农村的边远贫困地区,主要表现在女童教育不足;性别差别在城市和高层次的教育中,主要表现为女大学生、女研究生在择业过程中遭遇的歧视和不公平的待遇。⑤学校之间的教育不公平。比较突出的是"重点学校制度"带来的教育不公平,重点学校的教育和一般学校的教育在经费投入上存在很大差别。教育公平是促进社会公平的基础,教育公平的缺失或受到损害,将会极大地影响到其他领域的社会公平,进而影响或放大整个社会的不公平。⑥应届大学生就业困难,也在一定程度上加重了教育负担,尤其不利于中低收入家庭。学历快速贬值,还会使应试教育从中学蔓延到考研、考博的大学时代。原来普通本科,甚至专科生就能获得的岗位,如今需要"985""211"重点大学本科生,甚至要求硕士学历。如此一来,普通本科生、专科生要想获得合适的工作岗位,往往就不得不考研、考博,加剧中高考的激烈竞争。以往考上本科或许就是成功而学历快速贬值会使考上重点大学、名牌大学才算成功。

五、收入分配差距迅速扩大,收入分配不平等程度加深

收入分配是社会经济关系中重要的一环,居民收入分配关系的变动也是社会结构变动的基础和重要反映。合理的收入分配格局是经济良性运行的一个显著特征,也是社会关系

稳定的基础。改革开放以来,我国收入分配状况发生重大变化,主要特征如下:①由基尼系数所反映出来的收入分配差距呈现出上升趋势。基尼系数是判断收入分配公平程度的重要指标,基尼系数越大说明贫富差距越大,一般视 0.4 为警戒线。据世界银行的统计,我国的基尼系数在改革开放前为 0.16,20 世纪 80 年代为 0.21~0.27,从 2000 年开始,我国基尼系数越过 0.4 的警戒线,2003 年已上升至 0.458,2008 年是 0.491,在已公布的 135 个国家(地区)中名列第 36 位。另据国家统计局数据显示,2012 年基尼系数为 0.474,2020 年基尼系数为 0.468,说明我国的收入分配状况经历了一个由过于平均走向收入差距相对合理,又由相对合理迅速滑向收入差距十分显著的演变历程,贫富分化问题十分严峻。②我国居民收入分配差距主要体现在城乡居民之间、地区居民之间、行业居民之间、不同经济性质单位居民之间,不同阶层收入分配变动较快,差距迅速扩大。③改革开放以来,尤其是近年来,中国在贫困治理方面取得了巨大的成就。贫困人口从 2012 年年底的 9 899 万名减到 2019 年年底的 551 万名,到 2020 年年底,我国政府宣布,中国现行标准下农村贫困人口已全部脱贫、贫困县已经全部摘帽,消除了绝对贫困。从理论上看,贫困可区分为"绝对贫困"和"相对贫困"两种不同情况。目前,中国不同地区、不同阶层、不同社会群体之间的财富和收入差距问题还比较突出,所以需要从资源配置体系和制度、收入分配、社会保障体制等诸多方面推进改革,与相对贫困进行长期斗争。

第三节　人口社会变动和经济发展的关系

人口社会变动既是经济发展的结果,又对社会经济发展产生重大影响。人口变动对社会经济发展的影响,本书中篇已有详细分析,这里主要分析经济发展因素对人口社会变动的影响。马克思曾经指出,一切历史事件的真正动力和伟大原因是社会的经济发展。

一、人口发展随着社会经济条件的变化而变化

新中国成立以来,特别是改革开放以来我国人口再生产类型已经实现了从"高出生—高死亡—低增长"到"高出生—低死亡—高增长"再到"低出生—低死亡—低增长"的历史性转变,人口预期寿命比中华人民共和国成立时提高了 1 倍,目前已超过 77 岁。除了社会主义制度优越性和 20 世纪 70 年代初期计划生育的大力开展以外,与我国社会经济又好又快的发展有密切关系。马克思曾经指出,"历史的每一阶段都遇到有一定的物质结果、一定数量的生产力总和""都遇到有前一代传给后一代的生产力、资金和环境",这些生产力、资金和环境预先规定新一代的生活条件,使它得到一定的发展和具有特殊的性质。在《政治经济学批判 1857—1858》中,马克思指出:"一定形式的生产资料的扩展能力所设定的人口限制,随着生产条件而变化,收缩或扩大……人口的绝对增长率,从而过剩人口率和人口率也会随生产条件发生变化。"

二、经济发展对社会发展和社会变迁的影响

（一）经济条件对教育地位获得的影响

受教育程度是人口是否属于某一社会集团的重要标志，教育不仅赋予个人人力资本，而且具有信号功能，成为职业选择、职业声望的重要依据，也是社会学家研究社会结构与社会分层常用的指标。人们在接受教育阶段所取得的教育地位（学历、文凭等），影响到未来的职业地位及其他社会经济地位，即教育地位获得影响或决定以后的社会经济地位状况。然而人们教育机会获得和高教育地位获得的过程受多种因素影响，既包括个人能力因素（如先天禀赋和个人努力），也包括很多非个人能力因素，如社会结构、社会制度、社会政策以及文化传统等方面。1949 年以来的中国社会，教育对于阶层分化的影响作用非常特殊，改革前后，个人的教育地位获得模式也极为不同。改革以前，中国是一个社会经济差异比较小，具有均等化特征的社会。一些跨文化的比较研究认为，社会主义国家或前社会主义国家的教育机会的分配以及对社会经济分化的影响，与西方工业化社会有所不同。辛库斯和安多卡（Simkus and Andorka，1982）等人的研究指出，社会主义国家通过迅速提高就业机会的供给量（尤其在基础教育方面）、减少或减免各级教育的学费、向较高等级教育的学生提供奖学金和生活津贴等，极大减弱了出生背景与教育获得之间的联系。尽管如此，但很少有资料能够证明东欧和苏联这类社会主义国家和西方国家在教育地位获得上的不同。例如，夏维特和布卢斯菲尔德（Shavit and Blossfeld，1993）比较研究了 13 个国家的教育获得情况，并没有发现 3 个东欧国家与 10 个市场取向的工业化国家之间存在系统差异。邓中和崔曼（Deng and Treiman，1997）对中国 1982 年人口普查数据分析的结果表明，中国教育机会分配极其平等，家庭背景与教育机会之间的关联微弱。而且随着时间的延续，平等化程度日益增强，并在"文化大革命"时期达到顶点。在"文化大革命"前和"文化大革命"期间，中国政府主要通过三种手段来促进教育机会的平等化并向工农子弟提供更多的受教育机会。首先是扩大教育系统；其次是实施大众教育（成人教育）规划；最后是采取一些特殊的行政手段来增加工农子弟入学的机会。中国政府的这些干预政策，极为成功地阻断了父亲社会经济地位与子女教育获得之间的联系。通过这种方式，父母的职业及社会经济地位与子女的职业及社会经济地位的联系也极大程度地减弱。

改革以来尤其是 20 世纪 90 年代以来，教育对社会资源分配的影响发生了根本性变化，个人教育地位获得模式也随之改变。这个时期，中国社会从一个较为均等化的社会向着社会经济差异不断扩大的方向发展。人们之间的社会经济差异不再是不可容忍的现象，而成为经济增长的一种激励机制，教育的主要功能之一不再是消除阶级差异及向工农出身的人提供上行流动的机会，而是为经济增长（或实现四化）选拔培养人才。在这样的背景下，1978 年以来的教育改革可以概括为两个方面的转变。第一个是大众化教育模式向精英化教育模式转变，1977 年恢复高考标志着这种转变的开始，随后逐步建立一套系统的、严格的逐级升学考试制度。与此同时，对学校进行重点与非重点的等级划分，重点学校又分为全国重点、省重点和市重点、县区重点等。由此逐渐形成一个精英等

级化的教育体系。教育改革的第二个方向是由计划体制向市场体制转变(教育产业化)。这种转变的内容之一就是投资的多元化。原来基本由中央财政负担的教育经费,转变为多渠道投资。中央财政提供一些重点院校的经费,而大部分学校则由地方财政负担。此外,还有一部分教育经费由学校自己解决,学校可以"创收办学"。这部分经费实际上通过学校的各种收费转嫁到学生家长身上,从而导致学费和其他各种教育费用不断上涨,使经济条件较差的家庭难以负担。教育的产业化、市场化导致了地区间和不同家庭经济背景学生之间的教育机会分配的不平等。一些典型资料和研究报告曾指出,家庭经济背景、权力背景及文化资本的拥有量,越来越强烈地影响到子女的受教育机会。在中观层次上,经济发展水平越高的地区,越容易获得较高级别的教育机会,从而该地区受过高级别教育的人口比重就越高。不难发现,教育机会获得和经济条件存在正的关系。这种正关系在本书关于人口质量的经济学特征里边已经有所分析或暗示,即提高人口质量必须花费一定的费用,而这种费用的花费和经济条件是密切相关的(本书第八章)。图 12-1～图 12-4 反映了 1990 年、2000 年、2010 年及 2020 年四次全国人口普查我国各省市自治区经济条件(人均国民收入或人均 GDP)对高等教育人口比重的影响。不难发现,经济条件越好的地区,受过高等教育人口的比重越高,而经济条件越差的地区,接受高等教育人口的比重相应越低。

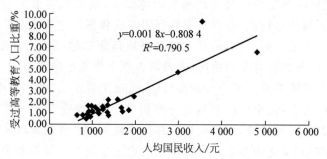

$$y=0.001\,8x-0.808\,4$$
$$R^2=0.790\,5$$

图 12-1　1990 年受过高等教育人口比重与人均国民收入

资料来源:《中国统计年鉴 1992 年》,第 37 页、87 页和 91 页,中国统计出版社,1992 年。

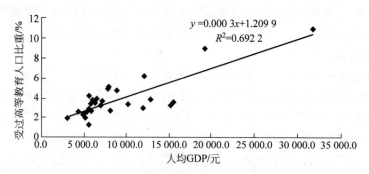

$$y=0.000\,3x+1.209\,9$$
$$R^2=0.692\,2$$

图 12-2　2000 年受过高等教育人口比重与人均 GDP

资料来源:受过高等教育人口比重来自于 2000 年人口普查,人均 GDP 根据 2001 年各地区地区生产总值和 2000 年人口普查数进行计算得到,《中国统计年鉴 2001》第 63 页,中国统计出版社,2001 年。

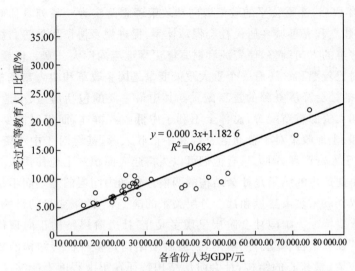

图 12-3　2010 年各省份受过高等教育人口比重与人均 GDP

资料来源：各地区受过高等教育人口比重根据 2010 年第六次人口普查资料计算得到，人均 GDP 根据 2011 年各地区地区生产总值和 2010 年第六次人口普查资料进行计算得到，《中国统计年鉴 2011》，中国统计出版社，2011 年。

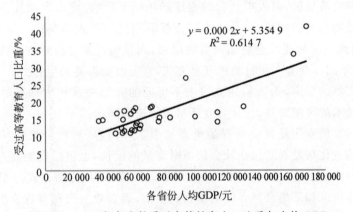

图 12-4　2020 年各省份受过高等教育人口比重与人均 GDP

资料来源：各地区受过高等教育人口比重根据 2020 年第七次人口普查资料计算得到，人均 GDP 根据 2020 年各地区地区生产总值和 2020 年第七次人口普查资料进行计算得到，《中国统计年鉴 2021》，中国统计出版社，2021 年。

（二）政策变量对社会分层结构的重大影响

1950 年，中国实行土地改革，没收了地主土地，把土地无偿分给无地和少地的农民，真正做到了"耕者有其田"。1956 年，国家通过公私合营等形式对私营工商业和个体手工业进行改造，通过农业合作化实现对个体小农的改造，在全国实行生产资料公有制。社会主义改造完成以后，形成了工人、农民和知识分子的社会阶层结构，与此同时，民族资产阶级在中国大陆消失。1966—1976 年的"文化大革命"使中国社会阶层结构骤变，财富和收入明显快速向社会下层转移，社会结构剧烈变化。1978 年以后到 20 世纪 80 年代末期，中央提出一系列政策，知识分子的地位和待遇得到了根本性改变，社会地位和社会声望有了全面提升。2003 年以后,注重公平的政策取向和政策理念落实为一系列具体政策,如社会主义新农村建设,建立和完善城乡居民社会保障体系,促进城乡协调发展等,这些政策使社会资源的配置向普惠的方向调整,使资源和财富能更多地流向广大公众。但政策调整对社会分层的影响相对比较温和。还有一个重大政策变量是国企改革和引入市场机制,由此导致多方面、多层次的社会经济资源的重新配置。其中最主要的包括房屋、土地、国有资产、矿产资源等。这四大资源重新配置,总体上不利于中低收入群体,而仅对极少数巨额资本所有者有利。例如,土地政策对于普通老百姓和中低收入者,甚至对于中小资产者都是不利的,而十分有利于大资产者,因为只有他们可以买得起大面积的土地使用权,从而获得土地批租的利益。由此产生的结果是社会结构的两极分化和中间层的缩小而不是扩大。

从新中国成立以来政策变量和社会分层关系的演变看,政策变量的影响是当代中国社会分层演变的重要特征。中国社会阶层呈现多元化,社会阶层结构正向现代的中间大、两头小的"橄榄型"社会结构转变。一般地,社会阶层结构是多种社会结构的集中反映,也是社会结构中最重要、最核心的结构,社会阶层结构特征在很大程度上能够反映社会发展水平的高低。分析表明,中国社会结构正向现代化社会转变。

(三) 技术进步、经济发展和社会变迁的连锁反应

科学技术和经济发展,对人类社会的变迁产生巨大影响,成为推动社会变迁的主要力量。科学技术发明创造的增长,科学技术研究规模和组织形式的变化,不仅扩大了人类生活的范围,带动或直接造成社会物质财富的增加,而且通过新的科学技术成果及其所要求的组织和制度,不断改变着人类社会的互动方式,直至改变人类的生存方式。例如,现代通信技术和交通工具的发展,为人们建立过去不可能的互动关系和增加互动频率提供了条件。现代科学技术的飞速发展,使社会变迁呈现加速趋势。

社会经济的发展变化是社会变迁最重要的因素和内容,对社会变迁具有决定性的作用。社会经济的变化与发展既包括社会物质财富量的增加,也包括质的提高;既包括不同社会形态生产方式的更替,也包括同一社会形态内经济结构、劳动方式的变化。从原始社会人类完全依靠猎取和采集自然界的动植物而生活,到农业生产和畜牧业生产的出现;从18 世纪大机器工业的产生,到现代以信息技术和信息产业为先导的新技术群和新产业群的出现,人类社会经历了巨大的经济变迁,从而最终改变了人类的社会活动和社会生活。

在经济结构调整过程中,产业的变化必然导致行业和职业的变化,一方面表现在传统的行业和职业,为适应技术进步逐步调整或转化,另一方面,则表现为一些新兴行业和职业在调整中大量涌现。新职业是经济社会发展的一面"镜子",映照出人们日益增长的美好生活需要,也折射出高质量发展的新动能。在新职业中,既有科学技术发展带来的专业化水平较高、处于生产领域的职业,也有生活消费观念迭代催生的服务类职业。"双碳"经济快速增长,相关新职业也由此诞生,如碳排放管理员、节能评估师、垃圾分类工程师等。2021年3月人社部公布的18 个新职业中,碳排放管理员就位列其中。2021 年,节能评估师职业需求同比增长 214.8%,循环经济管理师、能源审计员、垃圾分类工程师、电气电子产品环保检测员等"绿色新职业"乘势而来,"双碳"相关企业数量三年平均增长率达 45.8%。自2019 年以来,人社部已发布 56 个新职业。互联网营销师、电子数据取证分析师、无人机驾

驶员等新职业形态为求职者提供了更广阔的就业空间。这些新职业的产生,得益于新经济、新业态的培育和壮大。

(四)经济体制变迁和新经济发展对收入分配格局的影响

作为一国经济运行的组织形式和协调方式,经济体制也是一国经济运行——生产、交换、分配和消费的制度性框架。经济体制的性质、特点决定一国经济运行的特点,从而决定一国经济运行中的收入分配状况,因此,经济体制变动是影响和决定居民收入分配变化的基本因素。随着经济体制改革的深入,一方面,国有经济体制改革和合资合营、个体私营经济蓬勃发展,资产收益在个人收入中的比重越来越大,人力资本对收入的贡献将发挥着越来越重要的作用,这种变化将导致居民收入差距扩大。另一方面,在体制转型过程中,失业人员和低收入群体将会持续存在,一部分人的收入甚至会绝对减少,进而落入贫困阶层。

改革开放以来,中国收入差距逐步拉大,基尼系数最高达到 0.491(2008 年),2009 年至今呈现波动下降态势,2020 年降至 0.468,但仍然超过国际警戒线。随着数字化、智能化时代的到来,新经济、新就业形态蓬勃发展,灵活就业、自由职业被不断催生,这不仅有利于盘活人力资源,推进劳动力要素市场化和提升劳动生产率,还有利于提高劳动者收入水平、增加弱势群体就业机会、激发劳动者技能发展,进而稳定和促进就业,推动劳动力高质量就业。新经济的发展在为劳动力市场注入新动能的同时,也拓展了劳动者保就业、增收入的渠道,能够在很大程度上有效改善低收入者的收入水平,进而缩小社会收入分配差距。

三、本章总结

人口社会变动是人口自然变动、人口经济变动的最终体现,也是人口变动的最基本表达。我国人口的社会变动具有以下特征:

(1)人口发展和社会发展是人口社会变动的基本方面和基本表现形式。人口发展发生历史性转变,人口由高生育率、高增长率向低生育率、低增长率转变,形成低出生、低死亡和低增长模式。中国社会发展已在各个领域全面展开,稳定、繁荣和进步已经成为当今中国社会发展的标志。2019 年,中国已步入高人类发展水平行列。

(2)社会阶层变动是人口社会变动的主要方面。中国社会分层结构变迁出现新特征和新趋势:中国社会阶层分化日益精细化;社会阶层的双向流动和固化现象同时存在;中产阶层人口规模不断扩大,但脆弱性特征突出;教育对社会阶层的上向流动作用在减弱。

(3)经济发展对人口社会变动具有重要作用。其中经济条件、经济政策、技术进步和经济体制变迁是推动人口社会变动的主要动力和原因。

主要概念

人口社会变动　社会变迁　人口发展　社会发展　阶层　权力关系　代际关系　就业极化效应

思考题

1. 简述人口社会变动的内涵。
2. 简述社会变动与社会变迁的区别与联系。
3. 简述中国人口社会变动的特征及其表现。
4. 简述人口变动的经济条件及其影响机理。

参考读物

第十三章

经济条件对人口迁移的影响

　　20 世纪 50 年代以来,随着生产力的发展和交通手段的进步,人口迁移的地域跨度、发生频度呈不断增强趋势,不仅国内迁移呈现出多样化的趋势,而且国际迁移也越来越成为一种普遍的现象,关于人口迁移尤其是国内人口与劳动力迁移的研究也不断深入,出现了一些较为成熟的理论模型。本章中,我们将首先对人口迁移的相关概念与国内外研究进展进行简要介绍,然后在梳理几种具有代表性的人口迁移理论模型的基础上探讨经济条件对人口迁移的影响,最后就中国人口迁移问题进行具体讨论。

第一节　人口迁移概述

一、人口迁移的相关概念

　　人口迁移是人口变动的一种重要形式。国际上一般将人口迁移定义为改变常住地超过半年或一年的人口移动,它和临时性的人口移动,特别是旅游、商务、通勤等类型的人口移动有明显差别。美国人口普查局(2004)使用与人口迁移相关的概念包括 movement、migration、mobility 等。Movement 是指人口在 1 年内改变了住所的行为,可能是在当地(本乡、镇、街道)改变住所,也可能是到外地(其他乡、镇、街道,或其他市、县、区乃至其他省、州、市等)去居住,因此是一个较为宽泛的概念。Migration 通常被定义为跨越一定辖区(县以上)边界的人口迁移,主是是指州际人口迁移和国际人口迁移。国际人口科学研究联盟(IUSSP,1982)则将人口迁移(migration)定义为人口在两个地区之间的地理流动或者空间流动,这种流动通常会涉及永久性居住地由迁出地到迁入地的变化。可以看出,国外关于人口移动的概念主要涉及的是空间属性尤其是居住地的变化,只是由于跨越地理边界以及时间的长短而在概念上有所区别,但空间移动的本质属性是一致的。也正因如此,迁移(migration)、流动(mobility,或者 flow/float)和移动(movement)常常被当作同义词而替代使用。

在国内,由于特定户籍制度的存在,还有一个"人口流动"的概念,其特点是"不改变户籍"的"跨地域流动"。由此,对于人口迁移的定义主要有三类:第一类是将"人口流动"与"人口迁移"进行区分(孙敬之,1996),两者的区别在于公民是否依法办理了户口迁移手续,是否改变了本人常住户口的住所地。第二类是将空间和时间作为区分人口流动和人口迁移的条件,认为人口流动是按迁移的空间界定划分的临时性人口移动或短期人口移动,在满足一定的空间标准后,两者是非此即彼的关系(杨云彦,1994)。第三类将人口流动定义为人口在不同地区之间的流转和移动(辜胜阻,简新华,2000)。人口迁移是指改变居住地的、地区间的人口流动,可分为短期内改变居住地的暂时性人口流动和长时期改变居住地的长期性或永久性人口迁移。实质上这些定义都与我国特定的户籍制度有关,但显然仅仅按户籍变动来定义人口迁移是无法全面反映真实情况的,尤其是,在不伴随户籍变动的人口迁移流动在总迁移人口中所占比重迅速提高的情况下更是如此。因此,为了更准确地反映人口迁移的本质属性和提供更为真实的统计信息,基于户籍制度对人口迁移进行更为细致的定义非常必要,目前国内学者一般也是在自行界定时空标准的情况下进行相关研究。在本章中,除非特殊说明,我们所指的"人口迁移"既包括涉及户籍变动的迁移,也包括不涉及户籍变动的迁移,而且与"人口流动"的概念作为同一语来使用。

判断人口迁移有三个标准:①空间位移。空间位移是人口迁移的首要条件,但不是必要条件,如人口的流动体现了人口的空间位移,但不是人口迁移。②居住地的变更。人口迁移必须以居住地的改变为条件,通常以是否跨越某种特定的行政区域界线作为判断某一人口移动现象是否为人口迁移的标准。③时间限度。只有那些居住地发生"永久性"或"长期性"变化的人口移动才能构成人口迁移。虽然迁移时间限度目前尚无统一标准,但人们在工作地与居住地之间的通勤往返、外出购物、旅游、出差、游牧民的迁徙、季节性流动、拥有两处或两处以上居住地的人在不同住所间的流动等都不属于人口迁移。这三个标准只有同时满足才能称为人口迁移。

二、人口迁移的研究进展

(一)国外人口迁移的研究

古典经济学的创始人威廉·配第可能是最早从经济发展的角度揭示人口迁移原因的学者。他指出比较经济利益的存在,会促使社会劳动力从农业部门流向工业部门和商业部门,后来者对于人口迁移的研究均在不同程度上受到了配第的影响。从人口学角度最早研究迁移现象的学者一般认为是英国人口学家 E. G. 莱文斯坦(E. G. Ravenstein)。1885 年、1889 年他先后发表两篇"人口迁移的规律"的同题文章,首次探索了人口迁移的推拉力规律,其中在论及"经济目的的支配"时,雷氏特别强调拉力或引力的主导作用,并且认为拉力强于推力是迁移的基本动因,并根据 1871 年和 1881 年英国人口普查的经验规律提出了 11 条移民法则(表 13-1 所示)。直到 20 世纪 50 年代之前,这一关于人口迁移的研究仍处于主导地位。

表 13-1　莱文斯坦移民法则

1. 大多数迁移者都是短距离迁移
2. 迁移是个循序渐进的过程
3. 长距离迁移主要流向重要工商业中心
4. 大多数迁移是从农业地区流向工业地区
5. 出生在城市地区的人比出生在农村地区的人更不可能迁移
6. 迁移对大城市人口增长拉动大于人口自然增长
7. 迁移流动的规模随工业、商业和交通的发展而增长
8. 每个迁移流都有一个反向流
9. 大多数移民是独立的成年人，尤其是长距离迁移的移民
10. 女性在国内的迁移多于男性，但在国际迁移中较少
11. 移民的主要原因是经济原因

资料来源：Ravenstein E. G. The Laws of Migration[J]. Journal of the Statistical Society of London,1885,48(2).

20 世纪五六十年代的计量革命使人口流动研究的出发点转移到空间特征和数量模型上。赫伯尔(R. Herberle)早在 1938 年就指出人口迁移是由一系列"力"引起的,这些"力"包括促使一个人离开一个地方的"推力"和吸引他到另一个地方的"拉力",从而将莱文斯坦(E. G. Ravenstein)提出的吸引力(拉力)扩展为"拉力"和"推力"。一部分为推力,另一部分为拉力。1959 年,博格(D. J. Burge)将其进一步概括为人口迁移的推拉模型,到了 20 世纪 60 年代,李(E. S. Lee)也将莱文斯坦的迁移规律修正,并提出了迁出地与迁入地相关的正负因素、介入障碍因素和个人因素。随着推拉力理论研究的深入,博格进一步发展了推拉力理论,他较全面又简明概括地排列出了 12 个方面的推力因素和 6 个方面的拉力因素。第二次世界大战后,发展中国家的人口迁移引起了西方学者的关注,以发展经济学为基础的相关研究也不断出现,其中最著名的代表人物是刘易斯、拉尼斯、费景汉、托达罗等,他们分别提出了发展中国家人口迁移尤其是农村劳动力向城市流动的理论模型。在下文中我们将对其模型进行更加详尽的解释。

20 世纪 70 年代,行为科学革命的影响也使人口迁移的研究从空间和数量模型转向人的行为研究,并从理论的兴趣转向实证研究,出现了一系列从个人或家庭户层次对迁移动机和决策的微观理论研究,比较典型的是新家庭经济迁移理论,该理论的第一个要点是接受了人们集体行动会使预期收入最大化和风险最小化的思想,认为家庭净收益而不是个人净收益是家庭迁移的动力,如果家庭收益超过费用就产生迁移。迁移被看作是对人力资本的一次家庭投资,不仅使个人利益最大化,而且是家庭收入来源多元化的途径,可以减轻家庭在制度不完善的社会中所面临的风险,尤其是在没有失业保险、没有福利、不能从银行贷款投资的情况下,在外家庭成员的汇款可能是家庭经济财富的基础。但在 1996 年,伯格斯特罗姆(Bergstrom)提出了基于博弈论的家庭谈判模型,在这个模型中,由于迁移可能会改变未来家庭夫妻之间的谈判地位,即使迁移给家庭带来的净收益为正,配偶也可能会阻止迁移(Bergstrom,1996)。另外,伊斯特林(Easterlin)提出"相对经济地位变化"假说,即农村劳动力是否迁移,不仅取决于城乡之间存在的预期收入差距,还取决于他们在家乡感受到的相对经济地位变化,以及按照迁入地的期望生活标准感受到的相对经济地位变化(Stark & Taylor,1991)。

1979年,迈克尔·皮奥里(Michael Piore)提出了具有深远影响的"二元劳动力市场理论"。与传统迁移理论和新经济迁移理论不同,二元劳动力市场理论假设迁移的动机来自城市经济的二元结构及其内生的劳动力需求。在城市经济或发达国家的经济中存在工资待遇、条件优越的主导部门和工资待遇差、条件不好的辅助部门,这两个部门的劳动力市场供求是不一样的。本地居民一般在主导部门工作,而次要部门由于条件差对本地居民没有吸引力,劳动力供给长期不足,需要吸引外地劳动力补充,由此产生了迁移动机。本地劳动力不愿在辅助部门工作主要有四方面原因:一是工资结构上涨的刚性,在工会组织的压力下,主导部门的工资只能上涨,不能下降,如果低级部门的工资上涨,主导部门的工资相应上涨,因此为了解决工资通胀问题,有必要引入低成本的劳动力;二是动机问题,本地劳动力不仅追求高工资,而且追求名声和社会地位,不屑干辅助部门的工作;三是经济二元性,主导部门技术密集,要求劳动力就业相对稳定,而辅助部门劳动就业不稳定;四是劳动力供给结构的问题,在城市或发达地区的辅助部门劳动力原来主要依靠妇女和年轻人,现在这些人口也已转到主导部门工作,需要由迁移劳动力来补充。这一理论对于理解为什么在一些发达国家存在看似不可理喻的现象有所助益,即一方面对外来劳力的需求年复一年,另一方面本国的失业率又居高不下。但该理论只是从劳动力需求角度分析而缺乏从供给方看待人口迁移。

20世纪80年代以来,人口迁移研究又开始与新劳动地域分工、经济全球化和资本全球流动相联系。克拉克和葛特勒(Clark,G. H.,Meric Gertler)对美国1958—1975年间资本与移民关系的分析显示:资本增长导致移民向经济增长快的地区迁移。波罗斯顿和哈利森也曾经认为在新劳动地域分工过程中分散的生产可能需要一些外地劳动力。资本增长肯定会刺激劳动力迁移。劳动力迁移总是与资本增长相伴随,外国直接投资(FDI)导致劳动密集型制造业转移更是如此。克拉克和巴拉德运用新古典主义和凯恩斯方法对劳动力市场进行了深入的研究,其结论是劳动力流动与工资、就业机会的地理差异相一致。

张文新(2002)总结了1990年代以来美国关于人口迁移研究的特点,指出由于美国社会经济结构发生较大调整,同时经济全球化使国际移民不断增加,人口迁移研究日益受到重视。一是研究内容的拓展与深化,传统的人口迁移与经济发展的关系研究进一步拓展到社会经济结构调整与人口迁移的关系,经济全球化、信息化与人口迁移的关系,人口周期与人口迁移的关系,生命过程与人口迁移的关系,以及国际移民的调整、适应,国际移民对美国的影响等。二是人口迁移研究理论的社会化趋势明显,一些传统的人口迁移研究理论,如新古典均衡理论、行为主义理论等并未被取而代之,仍然在人口迁移研究中占有一席之地,但人口迁移理论的社会化趋势十分明显,一些社会学理论被广泛运用到研究中来。一些学者对传统的新古典均衡理论提出了挑战,认为其适用性已有所下降。三是人口迁移研究手段、研究方法日趋多样化。传统的人口迁移研究手段与方法如抽样调查、访问、统计分析等仍然在使用,而一些新的定性与定量分析方法,如人类学方法、跨时间纵向分析法、地理信息系统等方法已被广泛运用。

Bell,Bernard,Charles-Edwards & Zhu(2020)编著了《亚洲国家的人口内部迁移》一书,从微观和宏观两方面总结了人口迁移研究,指出微观层面表现在两个方面的进展:(1)数据搜集和可获得性上得到提升。具体为人口普查微观数据的公开和跟踪调查的普及。(2)研究方法的发展。具体包括历史事实分析、基于代理模拟和序列分析等。宏观层面则随着地理信息技术应用普及,使得人口迁移过程包含在空间环境中,多层级建模和地理加权回归模型可以考虑更广泛的社会经济影响因素。[①]

(二)国内人口迁移的研究

改革开放以来,随着农村联产承包责任制的推进,农村剩余劳动力转移的规模越来越大,吸引了经济学、社会学、人口学、地理学等学科众多学者的关注。

杨云彦(1998)、周皓(2002)等对我国 20 世纪 80 到 90 年代的人口迁移的研究状况进行了回顾与总结。杨云彦认为,1978 年以来关于中国人口迁移的研究经历了起步、迅速扩散和稳定发展三个阶段,研究的内容主要分为三个方面:第一,综合性研究,主要包括全国或地区性人口迁移的状况、过程、流向及其结构特征,迁移的一般理论与方法等内容;第二,对人口流动、暂住人口、民工潮等课题的研究;第三,专题研究,包括环境移民、开发移民、库区移民、婚姻迁移、跨国迁移和流动等。周皓结合自 1978 年以来的有关文献,基于量化分析,指出我国人口迁移研究的重点主要有以下几个方面:第一,农村剩余劳动力转移。主要分析由农村向城镇流动的农村劳动力的各种特征及其转移之后诸如对城市化的影响(即城市化道路的选择问题)等方面的后果,有关这部分内容的讨论主要是在 80 年代中期。第二,流动人口问题。如流动人口的定义、人口学及社会特征、对流入地与流出地社会经济发展的影响以及对流动人口的管理对策等。第三,迁移人口特征及其对地区社会经济发展的影响。这方面的研究成果既包括全国层面,也包括地区层面;既有针对社会经济发展某一方面的(例如城市化水平、区域差距等),也有针对于地区社会经济发展的;同时,部分研究还讨论了永久性迁移与暂时性迁移之间的特征差异。第四,政策性移民正确性的讨论。如 1980 年代对向西北地区移民的讨论,1990 年代以来对三峡工程性移民的讨论。第五,人口迁移与流动的政策研究。主要是讨论迁移与相关制度如户籍制度改革关系等问题。第六,历史上迁移人口的状况以及国外华人的研究。国外华人作为中国人口在国际人口迁移中的一部分,正逐步引起国内外学者的广泛重视。

21 世纪以来,在人口分布及其影响因素的研究上,影响最大的是对"胡焕庸线"[②]应不应该破、能不能破和怎样破的讨论。孟广文(2016)认为技术进步能减弱自然条件对人类发展的限制,这可能使西北地区获得优先发展机会,殷德生(2018)认为可以借力"一带一路"和新型城镇化打破胡焕庸线;另一种观点认为突破胡焕庸线不应该是两侧人口和经济总

---

① Martin Bell,Aude Bemard,Elin Charles-Edwards,Yu Zhu. Internal Migration in the Countries of Asia: A Cross-national Comparison[M]. Switzerland: Springer,2020.
② 胡焕庸线是中国地理学家胡焕庸(1901—1998)在 1935 年提出的划分我国人口密度的对比线,最初称"瑷珲—腾冲一线",后改称"爱辉—腾冲一线""黑河—腾冲一线"。"胡焕庸线"是我国人口发展水平和经济社会格局的分界线,其东侧分布着我国 96% 的人口,西侧只分布着 4% 的人口。随着时间的推移,人们逐渐发现,这条人口分割线与气象上的降雨线、地貌区域分割线、文化转换的分割线以及民族界线均存在某种程度的重合。在 21 世纪,胡焕庸线所揭示的人口分布规律依然没有被打破。

量的破局，而应该是两侧发展水平和福利的相对均衡，让西部地区分享到经济发展的成果。关于人口迁移的影响因素，张善余（2004）研究发现，远距离迁移，即1 200公里以上的迁移，受地理距离和气候条件影响比较大，中近距离迁移受人口规模和经济距离影响较大；王桂新（2012）研究发现，迁入地收入水平等经济因素的作用加强，而空间距离等恒定因素的作用相对减弱。关于户籍制度改革和迁入人口的社会融合的研究，沈建法（2018）发现，随着我国城市化进程加快，农民工大量进城，改革开放前的城乡不平等关系已经转化成了本地户口居民与非户口迁移人口的不平等关系，这造成了我国城市化的不完全和不包容性。实现完全的城市化，必须要关注城市对流动人口的社会融合和城市边缘的城乡一体化。基于福建省的调查，朱宇发现，流动人口的目的地选择已经呈现定居城市、循环流动和回迁家乡"三维分化"并建议政府在户籍改革时考虑流动人口的多样化需求（Zhu，2009）。关于人口应该往哪儿迁的问题，王桂新（2009）提出应该促进人口迁移到大城市，加快我国世界城市建设；祁新华和朱宇（2011）强调就地城镇化和发展小城镇的必然性。

随着我国高学历人口的增加，中国受教育人口的迁移受到了学者的关注。沈建法（2016）研究发现大学毕业生的迁移主要受地区经济不平等驱动，因为大学毕业生的迁移决策是由市场机制和个人效用最大化决定的，而大学进入者的迁移则受到国家干预的强烈影响，因为国家仍然控制着中国高等教育资源的空间分布。有效遏制高学历人才流失，提高劳动市场的回报可能更加重要。基于2000—2015年高端人才的空间分布格局及变化趋势，丁金宏（2018）发现，高端人才呈现向中西部流动态势，并且分布极化状态逐渐加大，在局部地区高度集聚。

周皓认为，以往国内人口迁移研究的主要内容集中于迁移人口的个人特征及其与社会经济之间的关系，缺乏系统数量模型的构建；即使是在进行定量分析时，主要采用的方法也是简单的相关与回归分析等，所得到的结果仅仅只能说明我国的人口迁移与其他的社会经济条件之间的一种关系。尽管这些研究对于认识人口迁移与社会经济发展之间的关系有着十分重要的意义，但未能创建出一套结合中国国情的自成体系的迁移理论，同时对于未来迁移方向与流量大小的预测与估计方面也不能够为政府有关部门提供有力的决策支持。因此，未来人口迁移研究应高度重视和着力解决以下问题：第一，迁移定义的统一；第二，如何在不增加普查项目，只改变问题的方法情况下获得更多、更准确的信息；第三，方法论问题；第四，模型与方法的运用问题；第五，迁移的前瞻性研究即预测性研究；第六，迁移理论的提炼和构建以及多学科、多视角、全程性的人口迁移研究。

根据翟振武教授对第七次人口普查中人口迁移的解读：近10年间，中国常住人口城镇化率在突破50%后仍保持快速增长趋势，我们还将延续大规模的乡城迁移流动。2020年，大陆地区常住人口城镇化率达63.9%，相较于2010年"六普"时的49.7%，上升了14.2个百分点。人口迁移流动是城镇化率从2010年"六普"到2020年"七普"相继冲上50%、60%大关的主推进力，广东省也由此继续成为人口数量第一大的省份。从发达国家城镇化的一般规律看，中国当前仍然处于城镇化率有潜力以较快速度提升的发展机遇期，"十四五"时期可突破65%的城镇化率，乡城之间因此还将呈现出大迁移大流动的基本格局。历史上形成的"乡土中国"正日益发展为"城镇中国"，这可成为实现高质量发展的重要力量"源泉"。

第二节　人口迁移的理论模型

一、推拉理论

1959 年,博格(D. J. Burge)发表了"人口推拉理论"(push-pull theory),认为人口迁移之所以发生,是因为迁移者受到原住地的推力或排斥力(push force)以及迁入地的拉力或吸引力(pull force)交互作用而成的,将迁移的结果视为原住地推力和目的地拉力相互作用后的结果。"推力"主要指原住地不好的条件,包括人口过多、气候条件恶劣、居住条件不好、缺乏机会、宗教迫害等。"拉力"主要是指吸引移民迁居别地的因素,包括丰富的就业机会、适宜的气候、吸引人的生活方式、廉价的土地和政治自由等。许多别的因素可以调节这些推和拉的力量,距离、搬家的费用、欲迁居的人的身体状况、家庭纽带的强弱等都会最终影响迁居的决策;法律及物质的因素也会起作用。李(E. S. Lee,1966)对推拉理论做了更有系统且详细的分类。他认为,迁移者由"想要迁移"到"决定迁移"之间存在着许多障碍,这些障碍可以归为四类因素,即原居地相关因素、目的地相关因素、迁移过程的中间障碍、个人因素。这些因素的吸引或排斥作用可能会随着时间发生变化,而且原居地并非只有推力因素也会存在反推力因素,同样目的地也不只有拉力因素也有反拉力因素。

这一理论模型是研究人口迁移最为重要的经典理论之一,其逻辑是,人口迁移或移民搬迁的原因是人们可以通过搬迁改善生活条件,并提出了涵盖各个环节的、较为全面的影响迁移的诸多因素。该理论隐含着两项假设:第一个假设认为人的迁移行为是经过了理性的选择;第二个假设认为迁移者对原住地及目的地的资讯有某种程度的了解。人在对客观环境认识与信息筛选的基础上加上主观感受与判断,最后决定是否迁移。只有迁移动力强并能够克服迁移阻力的人才能最终完成迁移过程。不过由于这一理论是建立在经验观察基础上的,缺乏科学推断和假设检验,因而具有一定的历史局限性。

从上述对于人口迁移理论模型的介绍可以看出,影响人口迁移的因素是多重的且存在着交互作用。在人类发展早期,人类以采集和狩猎为主,他们的生存和发展直接受到环境的制约,特别是植物果实和猎物分布的制约,原始人以群体为单位过着"流浪"生活,当一个地区的食物不足以养活群体时,他们就迁移到另一个地区。气候、土壤、水等与生存具有直接关联的自然因素对于人口迁移起着决定性作用,这也是四大文明古国均发源于水土丰饶的平原地区的主要原因。进入工业化社会,自然因素仍然通过对生产力布局的影响等间接影响人口迁移,例如像大庆、攀枝花等由于资源开发而兴建城市从而导致了人口的迁入,三峡库区的开发导致人口的迁出等,但是总体来说经济、社会、政治等人文性因素对于人口迁移具有了更为重要的影响。经济发展、交通和通信、文化教育、婚姻家庭、政治变革、战争等成为主要影响因素,而经济因素或者说经济条件又是最为重要的、经常起作用的因素。

尽管我们也越来越希望通过多学科、多视角的交叉性、综合性研究,更为深刻地揭示人口迁移的内在机理,但是经济因素在上述各个模型中仍然被视作最为重要的变量。从宏观层面看,经济布局的改变被视作导致人口迁移的主导性力量;从微观层面看,地区间就业机会与工资收入的差别是影响迁移决策最为重要的因素。这一点在诸多实证研究中得到了有力证明,即在多数情况下人们迁移是为了追求更好的就业机会和更高的经济收入,从而能有更高的生活水平。

除了提出经济因素或经济条件是人口迁移的主要动力这一观点外,在此值得一提的是,人口迁移也会引起多种经济后果进而改变经济条件反过来又影响到人口迁移。其基本的传导机制是通过人口分布和人口结构的改变对生产和消费等经济条件产生多方面的影响,既包括正面的影响,也包括负面的影响。正面的观点是:人口迁移会给迁入地带来更为充足的劳动力,并有可能降低地区的劳动力平均成本;会刺激迁入地的消费,进而刺激商业活动和城市发展;会减轻迁出地的就业压力,促进地区间经济、技术、文化交流,缩小地区间差距。负面的观点是:人口迁移会加大迁入地基础设施建设的压力,导致环境污染加剧,以及带来严重的社会治安问题;会增大迁入地的就业压力和构成对城市原有管理体系的挑战,产生一系列社会问题;会导致迁出地的人才流失,加大迁入地内部的收入差距。人口迁移与经济发展的关系,在关于城市化的章节中已经讨论得比较充分,应当说人口迁移涉及迁入地、迁出地、迁移者、迁移的中间地带等诸多环节,其对经济发展的影响是复杂的而非一元的,只有将各环节作为一个有机联系的整体加以系统的分析和研究,才能得出更为科学的结论。

二、刘易斯和费景汉-拉尼斯的两部门人口迁移模型

如果说推拉理论属于一个一般性理论,那么刘易斯和费景汉-拉尼斯的两部门人口迁移模型,则属于专门针对于发展中国家乡城人口迁移的宏观模型。

(一)刘易斯模型

1954年,刘易斯(W. Arthur Lewis)在"无限劳动供给下的经济发展"一文中提出二元经济结构发展理论,论证了发展中国家农业劳动力向城镇工业部门流动的两部门人口迁移模型。刘易斯认为发展中国家一般存在着二元经济结构,一是农村中以传统方式进行生产、劳动生产率很低的传统部门,二是城市中以现代化方法进行生产、劳动生产率和工资水平较高的现代部门。在传统部门中边际生产率为零或为负,劳动者在最低工资水平提供劳动,因此相对于有限的土地而言存在着大量农村剩余劳动力,他们从传统部门中转移出来不会减少农业生产。而两部门存在的工资差异,导致了农村剩余劳动力向现代部门转移。由于农村剩余劳动力近似于无限供给,因此这种转移不会导致传统部门工资提高,反而起到了抑制现代部门工资增长的作用,并使现代部门能够获得更多的超额利润。如果所得的利润全部用于投资,则现代部门的资本量相应增加,为进一步吸纳农村剩余劳动力转移创造了更大空间,从而形成了农村剩余劳动力源源不断向城市现代部门转移的趋势。当农村剩余劳动力全部转移到城市现代部门以后,农村劳动力的边际生产率由零转变为正值,当城乡边际劳动生产率相同时,二元结构逐步走向趋同,从而实现了向现代经济结构的转型(见图13-1)。实际上,这一模型从本质上看是对人口城市化伴生于工业化的一种解释。

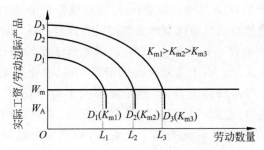

图 13-1　刘易斯两部门人口迁移模型

资料来源：转引自李仲生.人口经济学[M].北京：清华大学出版社,2006：176.

　　但是,刘易斯的模型由于与很多发展中国家的经济现实并不一致而饱受批评。批评主要集中于其假设前提：第一,农村剩余劳动力向城市现代部门转移过程中,城乡工资及其差异基本保持不变。但在现实世界中,即使存在失业的情况下,由于工会等各种因素的影响,城市工资一般呈上升趋势。第二,劳动力市场是完备的,不存在进出障碍。但现实世界中,很多发展中国家的劳动力市场是分割的,存在着明显的或隐蔽的制度性或社会性障碍阻碍农村剩余劳动力转移。第三,对城市失业问题的忽视。当然这个问题主要与刘易斯将农村劳动力看作无限供给的条件是分不开的,事实上,大多数发展中国家的农业部门确实拥有数量众多的边际生产率较低的劳动力,但是对于大多数发展中国家来说更普遍的情况是,城市工业部门由于经济发展的局限性,其本身对已有的城市劳动力就业就已经很难保障,对农业劳动力的吸纳更是能力有限,而且正是由于这种城乡二元经济劳动力市场分割的存在,导致了相当多数量的农业劳动力很难进入到城市现代工业部门就业。因此,忽视城市工业部门的失业现状,一方面很难对劳动力无限供给进入工业部门就业的经济现象找到合理的解释,另一方面,还忽视了人口迁移对迁入地区的就业市场和经济增长的影响。

　　总体来看,刘易斯模型在总结发达国家经验的基础上将劳动力迁移与经济增长有机地结合,反映了在当时社会背景条件下劳动力由农业部门向工业部门转移的必然性,尽管发展中国家的情况与发达国家的情况不尽相同,但是对发展中国家而言,经济增长过程必然会面对日益增长的劳动力需求,从而必然会带来相应的人口迁移增长特别是跨区域的人口迁移增长,当然,迁移人口的增长最终还会影响到经济的增长,这是一个循环。从这个意义上来说,刘易斯模型符合大多数发展中国家的实际情况。

（二）费景汉-拉尼斯模型

　　基于刘易斯模型,在肯定劳动力无限供给的前提条件下,费景汉和拉尼斯对工业发展和农业发展之间的关系进行了更进一步的细化。他们抛弃了刘易斯模型中有关农业劳动力边际生产率为零的假设条件,指出只有在农业生产率提高和劳动力的转移速度超过人口增长率的条件下,城市工业部门需求的劳动力才会真正进入市场,并进而变成经济增长的稀缺资源。

　　费景汉和拉尼斯认为,由于刘易斯模型忽视了农业劳动生产率提高和农业剩余产品增加是农业劳动力转入现代工业部门的先决条件。因此,对该理论加以修改和补充非常必要。他们的改进之处是,将传统农业部门与现代工业部门的发展联系起来,并加入了时间概念,从而使刘易斯模型更具动态性。费景汉-拉尼斯模型将劳动力转移过程分为三个阶段:第一阶段,基本沿袭的是刘易斯模型的主要假设及内容;第二阶段,随着农业劳动力的减少,农业部门的边际产出提高并逐渐大于零,但仍然低于平均产出,这时传统部门不存在显性剩余但存在隐性失业。由于边际产出大于零,所以农业劳动力的流失会引起农业总产量减少从而导致农产品价格上升,迫使工业部门不得不提高工资;第三阶段,农业部门已不存在剩余劳动力,边际产出已经高于平均产出,农业部门劳动力的收入由农业劳动的边际产品决定,传统农业转化为商业化农业,由此整个经济由传统经济转变为现代经济(见图 13-2)。

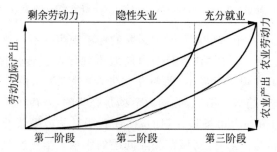

图 13-2　费景汉-拉尼斯两部门人口迁移模型

费景汉-拉尼斯模型的重要启示在于,农业发展与农业劳动生产率提高对于劳动力乡城流动的重要作用。当然该模型与刘易斯模型一样,也无法解释很多发展中国家在工业化过程中城市存在非充分就业和缺乏吸纳农村剩余劳动力能力的现实。但是作为一种理论模型,其对农业剩余劳动力向城市转移的过程与机制的揭示仍然具有非常高的学术价值。刘易斯模型和费景汉-拉尼斯模型均指出,现代部门的边际生产力高于传统部门以及工资水平上的相同趋势,是导致传统部门劳动力向现代部门迁移的主要原因。

实际上,费景汉-拉尼斯模型的三阶段已经指出了农业劳动力的流动对工业部门以及整体经济增长的促进作用,但刘易斯模型却将城市工业扩张的动力归于资本的积累效应,排除了劳动力增长对经济增长的能动作用。现实的情况是,大部分发展中国家在发展的过程中引进的生产技术是资本密集型的,对本国劳动力就业问题的贡献程度极低。因此,费景汉-拉尼斯模型认为,大部分发展中国家更丰富的还是本国的劳动力资源,在引进技术的同时,适当考虑到本国的劳动力优势资源也许对经济增长和工业扩张具有更好的效果。另外,刘易斯模型的显著特点是将经济增长与人口迁移结合起来,但是在他的模型中却很少考虑到人口的增长因素对工业扩张的影响。他认为资本的积累才是工业扩张的唯一动力,因而人口增长不会对工业的扩张或者经济增长产生丝毫影响。但是,费景汉-拉尼斯模型明确指出,无视人口增长对经济增长的阻碍作用必然会误导人们的视线,从而将发展中国家的经济增长路线引向歧途,他们认为,过快的人口增长必然会阻碍劳动力的有效转移,而缺乏劳动力供给想仅仅依靠资本积累进行工业扩张简直无从谈起。

费景汉-拉尼斯模型首次在经济增长中将农业部门发展的重要性体现了出来(张培刚,2001)。农业部门的重要性不仅仅在于为工业提供充足的廉价劳动力,更重要的体现在为工业发展提供劳动剩余。事实上,农业中的劳动剩余构成了整个工业体系发展赖以持续进行的基石,一旦有了农业剩余,农业劳动力就开始向工业部门转移(谭崇台,1999),如果剩余农产品无法满足工业继续扩张的需求,工业对农业劳动力的吸纳能力就会大打折扣,农业劳动力的转移肯定会停滞不前,此外,决定农业剩余大小的一个很重要的因素就是农业部门的劳动力总量,随着工业的进步,这部分总量的劳动力会逐渐从农业部门中转移出去,当然首先转移的应该是那些劳动边际生产率为零的部分,然后才是那些边际生产率大于零但是小于平均收入的部分,最后是边际生产率大于平均收入的部分。按照这个逻辑,如果不考虑技术进步,一个很显然的情况就会出现:农业劳动力的这种转移方式肯定会对农业总产出造成影响,从而导致农业剩余的下降和工业部门增长乏力,并最终会影响到整体经济的增长。

总体来看,与刘易斯模型一样,它们都只关注工业部门发展以及经济增长如何对劳动力的流动产生影响作用,却没有探讨这些劳动力迁移到工业部门以后如何影响经济增长。相比较而言,刘易斯更注重资本积累对劳动力转移的作用,而费景汉-拉尼斯模型更关注农业部门的发展对劳动力转移的作用,刘易斯认为资本积累是经济增长的唯一动力来源,而完全忽视了劳动力迁移对经济增长的促进作用,而费景汉-拉尼斯模型虽然指出了劳动力迁移对农业总产出的影响作用,并强调农业生产率的增长是保证农业劳动力顺利转移的前提条件,但问题的关键是,对大多数发展中国家来说,农业的发展与工业的发展是不平衡的,在这种情况下,农业劳动力的转移对经济增长的影响效果肯定是一方面扩大了城乡的经济发展差距,另一方面扩大了地区的经济发展差距。

三、哈里斯-托达罗的城乡人口迁移模型

相对于刘易斯和费景汉-拉尼斯模型,哈里斯-托达罗模型则是从个体微观角度探讨发展中国家乡城人口迁移的理论模型。正如巴德汉和尤迪(Bardhan, P. & Udry C., 1999)所指出的,在发展经济学中,很少有理论能够像哈里斯-托达罗模型一样统治某一领域如此之久。主要原因在于这一模型对于移民行为做出了合理假设,即潜在的移民将在比较迁移的预期效用和留在农村的预期效用后再决定是否迁移。同时,这个模型还对农村和城市劳动力市场结构做出了与一些发展中国家实际情况相符的假设:①农村劳动力市场是完全竞争的;②现代企业在城市雇用劳动力,所付的工资高于市场的出清水平;③只有城市居民能在现代企业里申请工作,如果申请工作的人比工作要多,企业要通过抽签方式分配工作;④存在一个"非正式部门",如果城市居民没有在现代部门找到工作,他们可以使用自己的劳力在非正式部门维持生计。

在上述假设下,设 L_r 为农村人口,农业产出函数由 $g(L_r)$ 决定,农村的劳动力市场是完全竞争的,W_r 为农村工资;城市劳动力或者在制造业部门就业(L_m),或者是失业(也可认为是在非正式部门工作)L_u,W_m 是制度外生规定的制造业工资,由此我们得到:

$$W_r = g'(L_r) \tag{13-1}$$

$$W_m = f'(L_m) \tag{13-2}$$

方程(13-2)决定制造业对劳动力的需求,而假设中规定只有在城市居住的人才能够在制造业部门申请工作,他们得到工作的概率是工作的数量除以城市居民的总数,因此城市

居民的期望工资就是 $P \times W_m$，即找到工作的概率乘以城市部门的工资，其中找到工作的概率：

$$P = \frac{L_m}{L_m + L_u}$$

人口迁移能够使城市居民的期望工资高于该居民在农村中能挣得的工资：

$$W_r = \frac{L_m(W_m)}{L_m(W_m) + L_u} \times W_m \tag{13-3}$$

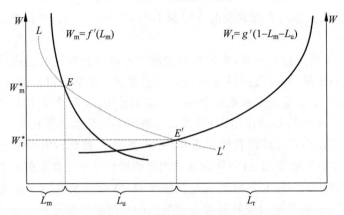

图 13-3　哈里斯-托达罗模型

资料来源：[美]普兰纳布·巴德汉，克利斯托弗·尤迪.发展微观经济学[M].北京：北京大学出版社，2002.

从图 13-3 可以看出，外生工资水平 W_m 所对应的是制造业的就业水平 L_m，通过将方程(13-3)转换可得，$W_r(L_u + L_m) = W_m L_m$，曲线 LL' 是工资乘以劳动数量等于 $W_m^* L_m^*$ 的所有点的集合，在 E 与 E' 点之间对应着一个规模为 L_u 的城市非正式部门。城市非正式部门生活水平非常低，其作用是使人口迁移过程比较均衡。如果外生给定的制造业工资 W_m 很高，那么在制造业部门中雇用的数量就比较少；在城市非正式部门不存在的情况下($L_u = 0$)，所有其他人就只能在农业中就业，农业中劳动力的边际生产力以及农业的工资就会非常低。而同时就业的概率 $P = 1$，因此预期的城市工资将会很高。当人们从农业中迁移出来（提高了农村工资）并转入城市，劳动力市场的均衡就通过人口迁移达到了，但这会导致城市非正式部门集中大量失业人口，降低城市中移民找到工作的概率，因而也降低了城市的期望工资。当农村工资只是城市制造业部门工资的一部分，人口迁移就停止了，对应于均衡点 E'。因此，这个模型能够说明城市正式部门所雇用的劳动力生活水平要高于农村居民，同时也与非正式部门的现实存在相一致。

事实上，哈里斯-托达罗模型的一个重要的关键词就是城乡收入预期，因此，决定乡-城潜在迁移者迁移决策的主要动力来自于对城市收入预期的估计，而这样一个对未来收入的预期折算用数学表达式表示就是：

$$V_0 = \int_0^\infty [PW_u - W_r] e^{-rt} dt - C = \frac{1}{r}[PW_u - W_r] - C \tag{13-4}$$

式中 W_u 和 W_r 分别表示 t 期内城市正规部门的实际工资率和 t 期内农业部门的实际工资率，r 为贴现率，P 为一个迁移者 t 期中在城市现代部门中获得工作的概率，C 为迁移成本。

显然,理性的潜在迁移者只有在 $V_0>0$ 的情况下才会发生迁移,这就要求以下的数学表达式成立:

$$\frac{1}{r}[PW_u-W_r]-C>0 \Leftrightarrow PW_u-W_r>rC \tag{13-5}$$

显然,迁移所需要的平衡条件为

$$\frac{1}{r}[PW_u-W_r]-C=0 \Leftrightarrow PW_u-W_r=rC \tag{13-6}$$

如果我们用 M 来代表乡城迁移率,用 N_r 表示农村总人口数,并假设城市中的就业概率 P 等于城市就业岗位的数量 L_u 与在迁移发生后的城市劳动年龄人口总数 L_u+MN_r 之比,则

$$P=\frac{L_u}{L_u+MN_r} \tag{13-7}$$

进一步假设 L_u 是由不依赖于迁移的外部因素所决定的,并假设农村人口的基数足够大,以至于迁移率 M 对农村人口规模的影响可以忽略不计,则我们可以有:$L_u=\bar{L}_u$,$N_r=\bar{N}_r$,因此,

$$P=\frac{\bar{L}_u}{\bar{L}_u+M\bar{N}_r} \tag{13-8}$$

将式(13-8)代入前面的平衡条件式(13-6),则得到平衡点的迁移率为

$$M^*=\left[\frac{W_u-W_r-rC}{rC+W_r}\right]\frac{\bar{L}_u}{\bar{N}_r} \tag{13-9}$$

此时,如果考虑到城市非正规部门的存在,则城市的预期收入就等于正规部门预期收入与非正规部门预期收入的加权平均 $PW_u+(1-P)W_b$,此时,平衡点的迁移率变成

$$M_b^*=\left[\frac{W_u-W_r-rC}{rC-(W_b-W_r)}\right]\frac{\bar{L}_u}{\bar{N}_r} \tag{13-10}$$

不难发现:$M_b^*>M^*$,即城市非正规部门的存在扩大了城市对劳动力的吸纳能力,同时,它还可以缓解由于劳动力迁移压力过大所造成的对城市正规部门就业的压力。而以下几个伴生的数学表达式也可以让我们更清楚地了解到相关因素的变化对潜在迁移者迁移决策的影响:

$$\frac{\partial M^*}{\partial W_u}>0; \quad \frac{\partial M^*}{\partial W_r}<0; \quad \frac{\partial M^*}{\partial L_u}>0; \quad \frac{\partial M^*}{\partial C}<0 \tag{13-11}$$

显然,城市正规部门工资水平的增长必然会加剧劳动力的乡-城转移,而农业工资收入水平的提高将肯定延缓乡-城迁移的步伐,更多劳动者愿意留在农业部门工作;另外,在城市正规部门就业的劳动者数量越多,越会吸引更多的劳动力选择乡-城转移,但是,随着迁移成本增加,一部分潜在的迁移者将不会选择迁移,而更愿意留在农业部门。

哈里斯-托达罗模型区别于其他模型的一个最显著的特点是:承认城市存在失业,并且认为农村中不存在剩余劳动力,因此,哈里斯-托达罗模型并不认为劳动力迁移会对经济增长产生决定性的促进作用,反而更加注重研究如何放慢乡-城迁移的步伐,以缓解城市的就

业压力,这为决策者提供了诸多积极的政策依据:

(1) 城市工资水平的边际增长或者农村收入水平的边际下降都会刺激人口乡-城转移大规模出现,因此,那些人为地扩大城乡之间收入差距的各种政策措施都应该被尽早取消,以免引起难以控制的乡-城人口转移。托达罗还为决策者拟定了一些降低城市失业率的方法,比如主张城市工资不设下限、适当限制工会力量等,但是这些措施都因为工资水平的刚性特征而很难执行,因此,改善农村的生活条件和工资待遇可能是更好的办法。

(2) 城市就业岗位越多,在城市找到工作的几率越大,越会带动农业人口向城市的迁移。因为在城市中能够找到工作的概率是随着就业岗位数量的增长而上升的,因此,如果城乡的实际收入差距保持不变,城市的就业概率越高,城乡之间的预期收入差距就会越大,从而劳动力的迁移倾向就越强烈。因此,试图用在城市设置更多就业岗位的方式来解决城市的失业问题并不是一个好方法,反而会因为拥有更多的就业岗位吸引来更多的乡-城迁移者,这客观上又会造成新一轮的城市失业问题。

(3) 迁移成本的任何降低都将促进乡-城人口迁移的推进。如果需要降低乡-城迁移倾向,适当提高迁移的机会成本不失为一有效的方法。

(4) 切实减轻农村人口的负担和实施促进农村长远发展的政策也是有效降低乡-城迁移倾向和解决城市失业问题最有效的方法之一。对经济增长而言,托达罗模型已经将农业与工业的地位视为等同,将乡村和城市的发展看作同等重要,从这一点来看,哈里斯-托达罗模型看得更长远一些。

哈里斯-托达罗模型提出以后,许多经济学家用发展中国家的实际人口迁移资料对其进行验证,得出了一些具有支持性的共同结论。①城乡收入差距的确是影响人口迁移的最重要因素之一;②在城市里成功地获得就业机会的概率和城市的失业率水平在解释城乡人口迁移中是非常重要的变量。当然该模型也遭到一些质疑,尤其是在制度性假设方面,有关非正式部门内劳动力的生产力和工资假设为零,基本上是不现实的;其次,经济因素在人口迁移中作用的确很重要但并不是全部,该模型对于非经济因素的关注似乎有所欠缺,后来的很多学者如保尔森(Paulson,1992)等提出应重视人口迁移中的社会网络关系或社会资本,它们对提高向城市流动的人口在城市的正式部门找到工作的概率会有所帮助,并可能使城市化的过程更加顺利一些。

哈里斯-托达罗模型来源于实实在在的经济生活,它为乡-城迁移和城市失业问题提供了一个简洁而清楚的解释:增加城市就业机会必须与控制城市收入上升结合起来,否则,城市失业率很难下降,这种解释符合大多数发展中国家劳动力市场的现状。同时,由于该模型的基本出发点是城市失业问题,但实际上探讨的是一种人口迁移的决策机制。而在现实经济生活中,人口向城市的集中不仅没有促进经济的发展,反而因为人口向城市的过度流动影响了经济发展的速度,但是对"预期收入差距"改变的期望决定了人口迁移最优先的前提条件,这说明城乡收入差距能够引导人们在流动和不流动之间做出选择,如果不改变城乡收入差距扩大的现状,人口就会不断地向城市聚集,这种聚集的后果就是造成城市更严重的失业问题,从而对经济增长造成难以挽回的损失。一般来说,哈里斯-托达罗模型更关注城乡收入差距对人口迁移的影响。

四、卡林顿的人口迁移过程模型[①]

人口迁移是一个复杂多变的动态过程,例如,移民在城市中的工作搜寻、做出移民决策时的一些前瞻性考虑以及移民过程中的区位与社区选择,将贯穿于迁移的过程之中。卡林顿(Carrington et al,1996)模型由于包容了这些问题,因而得出更具启发意义的结论。

卡林顿假设个人能够选择在城市还是在农村居住,将某一区域初始人口定为 1,在 t 时期居住在城市的(原有)农村人口数量是 M_t,则农村的人口是 $1-M_t$。设 π_t 为 t 时期农村生产的利润,它取决于农村人口:

$$\pi_t = Y^Y(M_t) \tag{13-12}$$

假设 E_t 为时期 t 工业部门雇用的流动人口数($E_t \leqslant M_t$),W_t 为工业工资。制造业部门的反劳动力需求函数为

$$W_t = Y^m(E_t) \tag{13-13}$$

Y^Y 随 M_t 递增,Y^m 随 E_t 递减,$Y^m(0) > Y^Y(0)$,即人口迁移发生前,制造业部门的工资高于农村工资。假设时期 t 从农村到城市的人口迁移成本为 $c(M_{t-1}, h)$。因此,移动成本取决于城市原有移民的数量和 h,h 是关于潜在移民个人特点的指标(比如年龄和教育)。我们假设 $\partial c/\partial M < 0, \partial c/\partial h > 0$(为了简化问题,同时也假设 $\partial^2 c/\partial M \partial h = 0$)。设 $F(h)$ 为低于或等于 h 的农村工人的指标函数。假设工人可以永远活下去,且他们在选择居住地点时最大化未来收入的预期贴现值(迁移成本净值)。

向城市迁移不一定能保证找到工作。新的移民必须去寻找工作,在寻找工作的过程中,他们能够得到先来的、已经找到工作的移民的帮助。设 $p(E_{t-1})$ 是 t 期新移民找到工作的概率。先来的、已经找到工作的移民在帮助后来的移民找工作时就存在着外部效应,这反映在 $p' > 0$ 的假设上,当然我们也假设 $p > 0$。为了简化问题,假设任何在城市出生的人或已经找到工作的人终生被雇用。

设 $V^m(M_t, E_{t-1}, h, u)$ 是 t 时期一个类型为 h 的(原来在农村的,在城市也没工作)工人未来收入的预期贴现值,$V^m(M_t, E_{t-1}, h, e)$ 是一个已就业工人的相应值,$V^Y(M_t, E_{t-1}, h)$ 是时期 t 一个留在农村者的相应值。卡林顿 1991 年曾经证明永远不会有从城市到农村的反向迁移的情况,在没有反向迁移情况下,个人在城市的预期收入就与他们的类型(h)无关,因为 h 只影响从农村向城市迁移的成本。因此,如果一个无工作的人流向城市,他的预期收入的贴现值就是(假设无工作时工资为 0):

$$V^m(M_t, E_{t-1}, h, u) = p(E_{t-1})V^m(M_t, E_{t-1}, e) + \partial[1 - p(E_{t-1})]V^mD(M_{t+1}, E_t, u) \tag{13-14}$$

找到工作的城市居民的预期收入是

$$V^m(M_t, E_{t-1}, e) = Y^m(E_t) + \delta V^m(M_{t+1}, E_t, e) \tag{13-15}$$

而留在农村的人口的预期收入是

$$V^Y(M_t, E_{t-1}, h) = Y^Y(M_t) + \delta \max[V^m(M_{t+1}, E_t, h, u)$$

① [美]普兰纳布·巴德汉,克利斯托弗·尤迪.发展微观经济[M].北京:北京大学出版社,2002:53-56.

$$-c(M_t,h),V^Y(M_{t+1},E_t,h)] \tag{13-16}$$

现在考虑类型 h,但现居住在农村的某人的移民决策。只有在下述不等式成立时,他才会向城市流动:

$$V^m(M_t,E_{t-1},u) \geqslant V^Y(M_t,E_{t-1},h)+c(M_{t-1},h) \tag{13-17}$$

不等式(13-17)的右边部分随 h 严格上升。所以,如果类型为 h 的人在时期 t 愿意迁移,那么所有 $h' \leqslant h$ 的类型都愿意迁移。当人口迁移持续进行、移民数量越来越多的时候,迁移的成本就会下降。同时,找到工作的移民数目也会上升,这样新移民找到工作的概率也就会上升。由于上述两个原因,更多农村居民就愿意迁移。这个过程将会一直持续,直到工资差距足够小,以致无法带来更多的迁移激励为止。在这种稳定状态下,$M_t=M_{t-1}=M$,因而不会再有更多的人口迁移。从长远看所有迁移的人都找到了工作,所以 $M=E$。设 $H \equiv F^{-1}(M)$ 为边际的农村工人,在迁移与不迁移选择之间的无差异者。在稳定状态下,城市的工人不会有激励回流到农村,因此也不会有激励使人们从农村移向城市。

$$V^m(M,M,e)=Y^Y(M)/(1-\delta) \geqslant V^r(M,M,h), \quad \forall h \leqslant H \tag{13-18}$$

$$V^r(M,M,h) \geqslant V^m(M,M,u)-c(M,h)$$

$$=\frac{p(M)V^m(M,M,e)}{1-\delta[1-p(M)]}-c(M,h) \quad \forall h \leqslant H \tag{13-19}$$

对于边际 H 而言,稳定均衡状态下人口迁移的水平满足式(13-19),并使它取等号。因此,依据方程(13-16),$V^Y(M,M,h)=Y^m(M)/(1-\delta)$。将 $V^m(M,M,e) \geqslant Y^m(M)/(1-\delta)$ 代入式(13-19),并使得 $h=H$,可以看到:

$$\frac{r^m(M)-r^r(M)}{1-\delta}=c(M,H)+\frac{r^m(M)(1-p(M))}{1-\delta(1-p(m))} \tag{13-20}$$

对于均衡下那些农村潜在的边际移民来说,城市与农村工资差距的贴现值正好先于迁移的成本(c)加在他在城市寻找工作时所损失收入的预期贴现值。

这个模型具有三个方面的特点:①人口迁移牵涉到前瞻性行为,人们在做出迁移决定时,往往要考虑他们在城市和农村居住时对未来前景的预期。这与哈里斯-托达罗模型有相近的描述,但不同的是前瞻性行为以及预期决定机制在此模型中有更清晰的描述。②人口迁移与人们的选择有关,而选择取决于贴现率的高低。因此年轻人和受教育程度比较高的人首先从农村迁向城市能够得到较好的解释,因为这些人在城市和乡村之间的预期工资差别的贴现值特别高,而且迁移成本相对较低。③人口迁移必然涉及工作搜寻。如果城市中已经有了很多移民,后来者迁移成本和找工作的难度都会因此而下降,因为以前的移民是潜在移民寻找住房和得到工作机会的主要信息来源,而且这些先行的移民者所组成的社区往往能够为新移民介绍潜在的雇主和放贷人,并使后来者较容易地适应新的城市生活环境。由此能够解释为什么从特定农村地区来的移民往往集中在特定的城市或城市的几个特定区域,该模型所揭示的原因是,他们能够充分利用先来移民所提供的好处,先来的移民能够帮助后来者从低效率的农村部门转移到高效率的工作部门,即人口迁移具有外部效应。

五、经济地理学的人口迁移模型

在新古典经济学的框架下,人口与劳动力被视作生产要素或外生变量来对待。在新古典增长理论中,其基本假说是,区域之间要素报酬的差别将会通过要素流动趋向均衡,也就是说,人口与劳动力的迁移将通过市场机制的作用在消除区域之间人均收入的差别的过程中得以实现,最终导致区域间收入增长率趋同,长期后果为各区域的资本收益率和工资率也趋同。在新古典贸易理论中,所假设的是一个规模报酬不变的世界,比较利益决定国际贸易模式,而人口增长等外部因素则决定经济的增长水平,尽管这种传统在原则上不必排除报酬递增、不完全市场竞争以及历史至关重要的可能性,但实质上却是使贸易理论偏向静态、完全竞争和不变报酬的研究。

无论是以索洛等人为代表的新古典经济增长理论,还是以萨缪尔森为代表的新古典贸易理论,均承袭了古典经济学的斯密传统,从人的决策自由出发并承认人的行为遵从于他们的主观目标,其贡献在于运用现代经济学的分析方法建立了一个严密的逻辑体系,对于人口与劳动力流动的作用从经济要素的角度予以阐释。其政策含义在于,政府的任务就是为商品与包括劳动力在内的要素流动创造充分的条件,而不涉入到经济活动的过程之中,如此区域经济将进入一个均衡增长的路径并趋向于帕累托最优。由于其假设为无摩擦、无运输成本、信息充分等的理想世界,因而与国际贸易和长期经济增长现实所表现出来的经济图景并不一致。

在人口迁移决策中,距离实际上起着重要作用。基于 19 世纪中期英国迁移运动的经验研究,莱文斯坦(E. G. Rawenstein)得出了如下结论:两个区域之间的迁移强度(M_{12})同距离(D_{12})成反比,同区域 1 的人口数量(P_1)和区域 2 的人口数量(P_2)成正比,公式表示为 $M_{12} = K \times \dfrac{P_1 \times P_2}{D_{12}}$。艾萨德(W. Isard)进一步扩展了这一模型,得出了公式 $M_{12} = K \times$ $\dfrac{W_1(P_1)^{a1} \times W_2(P_2)^{a2}}{D_{12}^b}$,其中,$K$ 为引力常数,W_1 和 W_2 为权重系数,a_1、a_2 为人口系数,b 为距离系数。但是,这两个模型更类似于对于经济事实观察后的经验总结,并没有从根本上解释人口迁移的原因。洛克加入了经济变量,进一步完善了包含空间要素的人口迁移理论。其关系式可表示为:$M_{12} = f\left(\dfrac{U_1}{U_2}, \dfrac{W_2}{W_1}, \dfrac{L_1 L_2}{D_{12}}\right)$,其中,$M_{12}$ 代表区域 1 和区域 2 之间的劳动力流动,U 代表非农业部门中失业劳动力的比例,W 代表加工工业的工资水平,L 代表非农业部门中具有就业能力者的数量,D 代表空间直线距离。这一模型被后来一些学者的经验研究所证实。但也存在不足:一是对于距离的测试一般为空中直线距离,但是对于不同的地形来说即使是相同的空中直线距离,其对迁移的影响肯定会有所不同,甚至是本质性的差异;二是除空间距离的经济性考虑之外,距离增大会在信息获取、迁移的社会成本、文化差异与地区障碍等多个社会文化角度影响人口迁移,因而实际中对于迁移的反向影响将远远大于模型所概括和测量的影响。

对于人口迁移的后果,即人口及经济活动的空间集聚机制及其原因的探讨,也是经济地理学中的传统研究主题,并形成了一套比较完整的区位理论。古典区位理论集中关注了单个决策主体基于自身经济利益的区位选择原则。其中,杜能(Thunen)的"农业区位"理论以及在此基础上发展而来的阿隆索(Alonso)的"土地竞租"理论直接将城市(中心商务区)的存在作为先验的前提条件,考察城市的土地利用模式;韦伯(Weber)则提出了"工业区位"理论,系统阐述了决定厂商选址的劳动力费用、运输费用等区位因子,但他将集聚视为不同经济主体分散决策的偶然结果;克里斯泰勒(Christaller)的"中心地"理论则分析了中心地规模等级、职能类型与人口的关系,以及在三原则基础上中心地的空间系统,建立了系统的城市区位理论,把区位理论的研究对象从农业、工业扩大到城市;廖什(Losch)的"市场区位"理论则以最大利润原则代替韦伯的最低费用原则为特点,为区位论研究从古典发展为近代区位论奠定了基础。但是,这些传统的区位理论由于时代背景的原因,均存在着较大的局限。例如,过于关注运输成本等直接效应对人口与经济活动迁移和集聚的影响,而不太重视规模经济、范围经济等间接效应的影响,对于商业区为什么能够发展成为有价值的城市核心区域也缺乏基本的描述和阐明,因此也就必然无法更好地解释工业化与城市化成熟阶段的人口迁移现象及其原因和后果。

20世纪80年代末期以来,经济全球化趋势使一些杰出的经济学家似乎突然发现经济地理学的价值。克鲁格曼在《地理和贸易》一书中写道,"我突然觉得自己一生都在作为一个国际经济学家,对经济地理学进行研究和写作,而且期间并没有意识到这一点"。克鲁格曼首先提出"新经济地理学"这个存在争议的新科学名词的基本含义。此后,他又在《发展、地理学和经济理论》(1995),《自组织经济学》(1996)和与藤田(Fujita)、维纳布尔斯(Venables)合作的《空间经济学》(1999)中以及大量的文章中致力于创建"新经济地理学",对于人口与劳动力迁移和经济活动的集聚给予了更为合理的解释。

新经济地理学主要借鉴了狄克希特-斯蒂格利茨(Dixit-Stiglitz,D-S)的垄断竞争模型和萨缪尔森的"冰山交易"形式的运输成本,在不完全竞争、报酬递增和市场外部性(主要从金钱外部性角度)的框架下,通过模拟集聚经济的形成过程,建立一般均衡模型来考察产业集聚、城市集聚以及国际贸易的形成机理。与采用报酬不变与完全竞争假设的传统经济理论和经济地理研究不同,新经济地理学研究以报酬递增和不完全竞争理论假设为理论基础。按照D-S模型的假设,消费种类和生产分工程度内生于市场规模。一方面,一个经济中的消费者喜好多样化消费,因而消费品种类越多,效用水平越高;另一方面,消费品的生产具有厂商层次上的规模经济,而资源的有限性导致规模经济和多样化消费之间的两难冲突。如果人口规模或可用资源增加,则有更大市场空间来平衡上述冲突,厂商为满足消费需求实行进一步分工既能实现规模经济,消费者又能有更多的品种选择,效用亦随之上升。假定存在足够强的规模经济,任何厂商都会选择一个单个的区位来为一国的市场提供服务。为使运输成本最小,他无疑会选择一个当地需求较大的区位。然而,恰恰只有大多数厂商都在那儿选址经营的某个区位才会有大的当地需求。因此,一个产业带一旦建立,在没有外部扰动的情况下,这一循环将会长期持续下去,形成集聚的路径依赖(path-dependent)。从某种意义上来说,产业集聚很可能始于一种历史偶然。如果专业化生产和贸易是由报酬递增而非比较利益所驱动,则什么样的产业在什么样的区位形成集聚一般来说是不确定的,而是"历史依赖"(history-dependent)的。但是,不管属于什么样的原因,某种专业化生产与贸易格局一旦建立,从贸易获得的好处将累积循环,从而使得这一格局因进一步强化而被锁定(locked-in),也就是说报酬递增和不完全竞争的假设是成立的。

新经济地理学中最有代表性的是克鲁格曼的"核心-周边"模型。该模型展示外部条件原本相同的两个区域是如何在报酬递增、人口流动与运输成本交互作用的情况下最终演变出完全不同的生产结构。该模型假设世界经济中仅存在两个区域和两个部门——报酬不变的农业部门和报酬递增的制造业部门。农业工人在这两个区域均匀分布,农业工资处处相同;制造业工资的名义值和实际值则存在地区差异,因而制造业工人视实际工资的高低从低工资区域向高工资区域流动。它通过将报酬递增条件下的制造业份额与流动工人的份额加以内生,得出区域生产结构随运输成本变化而呈现出非线性关系的规律。模型显示,在中等水平的运输成本下前向与后向联系的效应最强:一个区域的制造业份额越大,价格指数越低,厂商能够支付的工资越高,越能吸引更多的制造业工人。在这种情况下,经济的对称结构变得不可持续,从制造业原本均匀分布的经济中将逐渐演化出一种核心—周边结构。核心占世界产业的份额大于其占世界要素禀赋的份额,由于制造业报酬递增的缘故,它将成为制成品的净出口者。在这里,区域(或国家)的大小及其演变都是内生的,由此得出的结论比一开始就假定国家大小是外生给定的新贸易模型大大前进了一步,因而更加具有说服力。

新经济地理学研究表明,由于集聚所特有的路径依赖性(或累积循环因果关系),一体化市场的产业积聚程度将越来越高,本地要素和商品的价格将趋于上升。如果要素和商品可以从其他区域大量进口,外部移民将促成更大程度的积聚;如果某些对生产特别重要的要素(如劳动力)不能流动,或者某些对于消费特别重要的商品(如住房)为不可贸易品,则进一步的一体化将减轻市场外部性的重要程度,不流动商品和要素的价格差异将驱使厂商转移投资、驱使劳动者转向别的区域就业,从而启动产业从核心发达地区向周边不发达地区扩散的全球性工业化进程。不难看出,通过影响发散和集聚力量之间的平衡,经济全球化反过来可以决定性地影响经济活动的空间区位,国际劳动分工将通过一个非平衡发展过程自发地出现,世界经济将在相当长的时间内维持一个"核心-周边"结构模式,不平衡发展可能是经济全球化可预见的后果。

这一理论具有更好的解释力。首先,它不仅考虑了工资差异对于人口迁移的影响,更进一步揭示了初始产业结构、区位选择以及遵循路径依赖的产业集聚带来的边际报酬递增(而不是交通成本)是导致工资差异及其人口迁移的关键因素,这与传统的强调劳动力成本低廉能够成为吸引产业集聚重要原因的比较优势理论形成了互补,在一定程度上能够更好地解释我国东部沿海地区为什么能够持续地吸引大量外来人口的进入,而中西部地区却迟迟无法发挥劳动力低廉优势这一现实现象。其次,国际劳动分工是一个非平衡发展的过程,经济自由化与全球化可能会加剧地区间的不均衡,进而导致地区差距的加大和人口迁移在一定时期内具有单向性的特点。最后,劳动力流动可能并不会使真实工资差异缩小,人口迁移转变的经济临界条件,是当本地的某些生产要素和商品的价格上升到一定程度,且无法通过流动和进口来降低生产和商务成本时,路径依赖性与边际报酬递增性将减弱乃至消失,从而产业扩散并带动人口迁移方向的改变。

总之,新经济地理理论考虑了不完全竞争、差别化产品和报酬递增等更为符合现实的情况,突破了传统经济地理学只考虑运输成本的局限,更为本质地揭示了工资存在持续差异的原因,更为深入地揭示了为什么经济活动与人口会向部分地域集聚以及导致集聚的机理是什么,对于解释经济全球化、贸易自由化、市场一体化等发展背景下经济条件对于人口迁移的影响具有重要意义。

六、人口流动迁移的其他模型

国内外人口迁移模型不断完善。基于重力模型,利用流入地、流出地的人口分布数据,模拟城际或地(市)间人口迁移流动特征,成为相关研究的常用手段;Chun Y W利用空间滤波网络自相关模型,模拟了美国人口迁移流(Chun,2008);Simini 等在指出重力模型的缺陷的同时提出了对人口迁移流拟合效果更优的"辐射模型"(Simini,González,Maritan,et al.,2012),Li 等运用"辐射模型"模拟了中国地(市)间人口迁移流(Li,Feng & Li You,2017);Abel 等提出了利用国际移民存量变化估测国际人口迁移流的定量方法,该算法的核心是基于估算时点的存量数据来推算该时点的人口迁移流量,其优势是可进行趋势外推,且不同时期的计算结果具有可比性(Abel & Sander,2014)。

1971 年,泽林斯基发表了《人口迁移转变假说》的经典文章,他认为"个人在时空中的流动性增长中存在着明确的、模式化的规律,这些规律构成了现代化进程的一个重要组成部分"(Zelinsky,1971)。泽林斯基将人类的迁移分为五种形式、五个阶段,并论证了不同形式的迁移在迁移转变不同阶段的演变过程、演变轨迹(表 13-2)。

表 13-2 泽林斯基的人口迁移转变阶段

阶　　段	模　式　规　律
第一阶段:前现代传统社会	1. 与传统做法相关的有限移动
第二阶段:早期过渡社会	1. 从农村地区向城市的大规模迁移和往返迁移的增长; 2. 国内的边境迁移; 3. 迁移到有吸引力的外国目的地和专业工人的小规模迁入
第三阶段:后期过渡阶段	1. 农村人口继续向城市迁移但速度下降; 2. 迁出和向边疆迁移的人数在减少; 3. 往返迁移的增长和复杂化
第四阶段:先进社会	1. 从农村到城市的人口迁移进一步减少; 2. 城市间和城市群内人口迁移增加; 3. 来自欠发达国家大量无技能和低技能工人移民; 4. 显著的国际迁移或技术移民和专业人员的往返迁移
第五阶段:超级先进的社会	1. 更好的交流有助于减少居住迁移; 2. 大多数国内迁移是城市间或城市内的; 3. 来自欠发达国家的非熟练劳动力移民仍在继续,但受到严格的政治管控; 4. 增加了一些新形式的往返迁移

资料来源:Zelinsky,W. 1971:The hypothesis of the mobility transition. Geographical Review 61,219-249.

人口迁移转变假说在很大程度上得到了发达国家的经验支持,被誉为迁移研究最重要的概念和理论框架之一,尽管该理论模型很少考虑世界各地的异质性和缺乏与发展中国家的相关性。但将亚洲内部的人口迁移纳入人口迁移转变理论框架是必要的、可能的(朱宇,2017)。一是亚洲的巨大人口规模和巨大的社会经济变化构成了一个坚实的背景,以检验人口迁移转变理论对发展中国家的相关性;二是亚洲的经济发展和社会转型非常不平衡,导致了显著的人口和社会经济多样性。因此,我们可以在亚洲找到几乎处于人口迁移转变所有阶段的国家,这使得亚洲的案例更适合检验和修正人口迁移转变假说,并将其推广到更多的发展中国家。三是对亚洲内部人口迁移新现象的系统考察,也将极大地丰富人口迁移转变假说的理论框架。

　　近期也有学者探究用更普适性的理论框架概括以上人口迁移理论或模型。德哈斯提出了一个新的迁移理论——愿望-能力框架,该框架试图弥合学科和范式分歧,将迁移视为更广泛社会转型过程的内在组成部分(专栏 13-1)。

专栏 13-1　愿望-能力框架

　　愿望-能力框架的核心论点是,将来自不同学科理论的零散见解整合到一个单一的元理论框架,该框架将几乎所有形式的迁移概念化为在给定的感知地理机会结构集内迁移的愿望和能力的函数。具体包括:

　　(1) 迁移愿望是人们普遍的生活愿望和感知的地理机会结构的函数。

　　(2) 迁移能力取决于"迁移目的地自由"和"迁移来源地自由"。

　　迁移愿望的概念将迁移中介的概念扩展到主观领域。这解决了功能主义和历史结构理论的核心缺陷,这些理论隐含地假设人们以非常一致的——因此是可预测的方式对外部"刺激"做出反应。这种观点认为,迁移意愿反映了人们的一般生活偏好以及他们对其他地方的机会和生活的主观看法。因此,一般生活和更具体的迁移愿望都会受到文化、教育、个人性格、身份认同、人口所获得的信息和图景的影响。

　　愿望在概念上是不同的,尽管在经验上并不独立于能力。一个很好的例子是农村地区的教育,它不仅扩大了人们的技能和知识,而且扩大了人们对另类、消费主义、城市或外地生活方式的认识。这往往会改变人们对"美好生活"的观念,他们可能随后开始渴望迁移,部分独立于家庭的"客观"物质条件。然而,教育也可能以不同的方式增加抱负,因为它可能促使青少年和年轻人开始认为这些新的物质和文化生活方式实际上触手可及——这反映了"渴望的能力"。通过这种方式,增加能力可以增加愿望。一般而言,偏好倾向于改变,物质和消费欲望随着通常与资本主义发展和现代化相关的更广泛的社会转型过程增加。然而,不断变化的偏好转化为移民愿望的程度取决于人们认为他们的主观需求和愿望可以在当地得到满足的程度。然而,总的来说,通过教育和媒体更多地获得新思想往往会改变人们对"美好生活"的看法,从而增加他们探索新视野和离开农村地区前往外地的城镇或城市的愿望。

　　资料来源:De Haas, H. A theory of migration: the aspirations-capabilities framework. *CMS* 9,8 (2021). https://doi.org/10.1186/s40878-020-00210-4

第三节 中国的人口迁移

一、新中国人口迁移历史的简要回顾

(一)改革开放前的人口迁移

根据人口迁移强度的变化趋势,改革开放前的人口迁移可以分为三个时期。

1. 活跃时期(1949—1957 年)

新中国成立之初,百废待兴,国家需要大量的人力去建设已经被战争毁坏的各项基础设施,加上我国的第一个五年计划的实施,从而开始了大规模的以重工业为中心的经济发展模式,这需要大量的人力物力特别是农村劳动力补充到社会主义工业化的建设中来,因此,这一阶段可以称得上是农业人口自由流动的黄金时期。广大的农村地区由于农业生产得以有效和及时的恢复并很快发展起来,已经能够很快适应和满足当时条件下国家重工业优先发展战略的劳动力需求。据估计,这一阶段平均每年进入城市的农村人口有 165 万人左右。该时期主要的迁移有:①华北和东部沿海人口稠密地区的大批农民沿着传统的迁移路线往东北、内蒙、西北边疆诸省区开垦拓荒。②由政府引导和推动的大规模工业移民。随着"一五计划"的实施,一方面通过有组织地把沿海城市的工厂企业迁往内地和边疆,导致了大批职工和家属的随迁,另一方面是国家组织了一批工厂企业管理干部、技术人员志愿前往新兴工业城市和重点建设地区。③因新建、扩建工矿企业,国家从农村招收大批农民进入城镇,并吸收大量自发进入城镇的农民就业。④国家有计划有组织地从东部人口稠密地区向地广人稀的黑龙江、新疆、内蒙古等省区进行集体移民(包括城镇青年、复员转业军人以及城市闲散人员等),以开垦荒地。

这个阶段人口迁移的特点是:政府实行自由迁移政策,允许城乡居民在城乡之间或城镇之间随意迁移,一般不受限制。在迁移流向上是内地农村人口迁往边疆地区与农村迁往城镇两种路线兼而有之,在迁移形式上是自发性迁移和有计划有组织的迁移两种形式并存。

2. 大起大落时期(1958—1962 年)

新中国成立以来,我国曾经有几次农村人口大量迁入城市,一次是 1953 年大规模经济建设开始时期,一次是 1958 年"大跃进"时期,一次是"文化大革命"时期人口大流动,结果影响都不是很好。如 1953 年的粮食定量供应,1960 年的饥荒,返回农村的人口大约有1400 万~1600 万人。该时期由于 1958 年"大跃进"的影响,农村劳动力的转移先是表现为由农村非正常地向城市急剧转移,后来又因为遭受到历史上最严重的自然灾害,农业很难为城市的发展提供实质上的后备力量,导致整个城市工业的不景气,进而出现了城市人口向农村转移的回流现象。1958—1960 年,由农村转移到城市的新增劳动力数量达到 2 914万人,1960 年全国的城市劳动力数量更是进一步增加到 6 119 万人,与 1957 年相比,增长率高达 90.9%。应该说这一阶段出现的农村劳动力转移是"非正常的",并不是经济学理论所蕴含的那样,是由于农业劳动生产率的提高和剩余农产品供给增长的最终结果,其主要原因是"大跃进"造成的工业冒进从而产生的对农业劳动力的非正常的"虚假需求"。与此同时,在广大的农村,一股农业"浮夸风"的流行又使得人们对农业的产量做出了过高估计,认为"剩余的"农业劳动力必须转移到工业部门,过多的"农业剩余劳动力"挤进城市造成了城市难以为继,迫使国家不得不做出调整,精简大批的城市工人返回农村,1961—1963年,从城市精简回到农村的劳动力达到1 300多万人。

3. 低潮时期(1963—1978年)

由于前一段时期,农村劳动力非正常的混乱流动,导致城乡分割的招工制度与户籍制度的形成,这客观上限制了农村劳动力向城市的转移步伐,因此这一阶段的劳动力迁移相当缓慢,基本上处于停滞阶段。这一状况一直持续到1970年前后,1978年,全国城市劳动力总数占全社会劳动力的23.9%,仅比1969年提高5.4个百分点,城市化水平仅从1963年的16.83%上升到1978年的17.92%,农业劳动力转移极其缓慢。

这一阶段的突出变化是"自由迁移"政策的终止而代之以"控制户口迁移"政策,"户口"成为限制人口迁移尤其是农村人口向城镇迁移的政策工具和有效壁垒。在经历大跃进、城镇人口迅速膨胀和三年困难时期的教训后,1958年1月9日,国务院公布的《中华人民共和国户口登记条例》规定:"公民由农村迁往城市,必须持有城市劳动部门的录用证明,学校的录取证明,或城市户口登记机关准予迁入的证明,向常住地户口登记机关申请办理迁出手续。"后来,关于户口迁移的政策规定对迁入城市的人口实行了严格控制。至此,农村人口除了招工、提干、升学、军队复员等有限途径,基本上已无法向城市迁移,从而也堵塞了人口迁移的主要渠道。除"文革"期间具有政治色彩的"红卫兵"大串联形成的大约1 300万人以上的人口流动和知识青年"上山下乡"形成的大约1 700万的人口流动外,整个社会的人口流动明显降低,大致相当于第一时期水平的一半。

(二)改革开放后的人口迁移

根据迁移规模、增长速度、时空距离、对社会的影响以及管理制度、调控措施的发展变化等,可将改革开放以来人口迁移流动历程大体分为4个阶段。

1. 恢复启动阶段(1978—1983年)

20世纪70年代末,1000多万名知青返城引起了规模较大的人口迁移,但因是政策性返城不具备一般人口迁移的属性和特征。1978年后,逐渐推广的农村联产承包责任制使长期存在且日益沉重的剩余劳动力压力开始释放,人口流动开始少量地出现,但由于自由流动的意识还未充分觉醒,城市体制变动晚于农村,吸纳就业的空间有限,因此人口迁移流动规模小、增速慢,以短期、短距离迁移为主。

2. 政策放松阶段(1984—1988年)

1984年国家开始放宽对人口迁移的制度限制,允许农民自理口粮在小城镇落户,鼓励乡镇企业发展,城市经济体制改革也逐步展开,迁移流动规模迅速扩大,远距离迁移大范围展开。1985年,北京市首次进行流动人口综合调查,1986年,全国各大城市建立了流动人口日常统计制度。同时,家庭联产承包责任制的成功推广为农村劳动力向城市转移打开了新的大门,农民的生产积极性空前爆发并由此促进了农业劳动生产率的提高。全国农林牧渔业总产值由 1978 年的 1 397 亿元猛增到 1988 年的 5 865.27 亿元，年均增幅高达 8.38％。农业劳动生产率的提高扩大了农业剩余劳动力的产生范围和规模，国家自 1984 年以来积极鼓励发展乡镇企业，这为从农业中剩余出来的劳动力找到了最好的出路。1984 年，仅乡镇企业吸纳的劳动力人数就达到 5 208 万人，1988 年达到 9 545 万人，平均每年增加吸收农村劳动力 1 084 万人，年均增长 16.4％（陈晓华，2005）。

3. 迅速发展阶段(1989—1995 年)

流动人口规模迅速增长，年均增幅 10％以上，高时达 20％以上。其中前 3 年，宏观经济治理整顿抑制了城乡就业增长，农民工辗转其他地区，特别是珠江三角洲地区寻求就业机会。远距离迁移规模迅速扩张，并与交通运输能力及流入地的吸纳能力间产生了强烈的不协调，1989 年首次爆发"民工潮"，使社会受到强烈的多方位冲击。1992—1993 年，改革开放步伐和经济市场化进程骤然加快，就业需求大增，拉动了大量农村劳动力外出。针对高涨的民工潮，潮头涌入的闸口部位率先采取措施规范引导潮涌。如广东 1991 年开始实施"治潮工程"，先后与 8 个民工主要来源省区建立劳务协作关系，建立了华南劳动力市场信息网，实行对外来工管理的"证卡合一"制度，1994 年年底，一系列抑制劳动力盲目外出的全国性规定和措施相继出台。

4. 平稳发展阶段(1996 年至今)

改革开放向内地的扩展和开发西部地区等，促进了东部地区产业结构的调整，部分劳动密集型企业向内地转移。对外开放、与沿海地区企业合作、部分早期外出务工经商者的返乡创业等，也增加了内地经济发展的机遇和就业市场的容量。同时，在现有城市经济结构中，外来人口经过十几年的拼搏，其可开辟并占领的剩余就业空间日趋减小，加上国际国内宏观经济环境发生变化，城市经济运营难度增加、企业效益下降，特别是国有企业改制等，使城市下岗人员增加、失业率上升，为保证城市"再就业工程"实施，一些大中城市先后实施招收外来工的职业或工种准入制，抑制对外来劳动力的吸纳。1996 年开始实施"农村劳动力有序化转移工程"，建立了以京、沪、粤为中心，联结 21 省市区的华南、华东、华北三大区域劳动力市场信息网，此后又与其他省先后连通，并在城市中落实流动人口就业登记管理制度和农村就业培训，加强对流动人口的调控管理。城市的就业限制、外来工按就业登记管理要求办理各种证件所需的费用，以及伴随铁路提速的票价上调等，使外出成本增加，也起到了减少农村劳动力流动的作用。

二、当前人口迁移的基本特征

(一)人口迁移规模庞大

尽管存在着户籍因素等客观条件的限制以及人口迁移统计口径的不一致[1]，但依然呈现出迁移规模庞大的基本趋势。2010 年"六普"数据显示，"人户分离"[2]人口为 26 093 万。

---

[1] 第 5 次全国人口普查规定常住时间是"半年以上"，第 4 次全国人口普查规定时间是"1 年以上"，居住时间达不到这个标准的，叫"暂住"；公安部门的规定是"3 日以上"为暂住，也包括居住 1 年以上。

[2] 人户分离人口是指居住地与户口登记地所在的乡镇街道不一致且离开户口登记地半年以上的人口，包括市内人户分离人口和流动人口。

其中省内 17 506 万,占 67%,市辖区内的人户分离人口为 3 990.68 万;跨省的有 8 587 万,占 33%。2020 年"七普"数据显示,我国总人口中人户分离人口已达到 49 276 万,与 2010 年第六次人口普查相比增加了 23 183 万,增幅达到 88.85%。市辖区内的人户分离人口为 11 694.57 万,比"六普"增长了 7 703.89 万,增长率为 193.04%。流动人口与市内人户分离人口两者在年龄结构、受教育程度、婚姻状况等多方面存在很大差别。

"七普"数据显示,2020 年,我国流动人口(人户分离人口减去市内人户分离人口)为 37 581 万,比 2010 年增加了 15 439 万,增长了 0.69 倍。2020 年流动人口占总人口的比例为 26.03%,比 2010 年上升 9.50 个百分点。部分省份的跨省流动人口如表 13-3 所示。

表 13-3 部分地区跨省流动人口状况

地区	2020 外省流动人口 /万人	2010 外省流动人口 /万人	外省流动人口增加数 /万人	流动人口增长率 /%
广东	2 962.21	2 149.78	812.43	37.79
浙江	1 618.64	1 182.40	436.24	36.89
江苏	1 030.86	737.93	292.93	39.69
山东	412.90	211.56	201.34	95.17
河北	315.52	140.46	175.06	124.62
西藏	40.71	16.54	24.17	146.11

资料来源:各省 2020 年第七次人口普查主要数据公报。

表 13-3 显示,广东是跨省流动人口增长最多的省份,其规模从 2010 年的 2 149.78 万增加到 2 962.21 万,增加了 812.43 万;浙江、江苏、山东和河北紧随其后。跨省流动人口增长速度最快的是西藏,从 2010 年的 16.54 万增加到 2020 年的 40.71 万,增长 1.46 倍,年均增长 9.42%。流动人口数据表明我国近十年流动人口规模增长迅速,同时流动人口增长最快的地区也是我国劳动密集型产业发展最活跃的地区,也能凸显出京津冀协同、长三角一体化和新旧动能转换为吸引的各类人才提供了良好的机会和广阔的平台。

(二)迁移主体已经由单纯的"农民工"转移到新生代农民工

2021 年,我国流动人口总量已经接近 3.8 亿,占全国总人口数量的 27%。不仅人口迁移规模庞大,而且迁移主体也在发生悄然变化,迁移人口的平均年龄已经上升至约 34 岁,1980 年以后出生的新生代流动人口已占劳动年龄流动人口的 64.16%。与他们的父辈相比,新生代流动人口比较看重自己未来的发展,注重体面就业和发展机会。其中占据主体的新生代农村户籍流动人口,大多数在城市成长,基本不懂农业生产,即使经济形势波动、城市就业形势不好,他们也不大可能返乡务农。

(三)人口流向由东南沿海单向集中向多向集中转变

改革开放以来的五次全国人口普查数据显示,东部地区的人口比重延续稳步上升的势头。2020 年,东部地区占全国总人口的比重达到 39.95%,与 2010 年"六普"相比上升了 1.95 个百分点。西部地区占全国总人口的比重 27.23%,比"六普"上升了 4.85 个百分点,是从 1982 年"三普"以来首次上升的十年。中部和东北地区人口比重继续下降,中部地区人口比重下降幅度最大,下降 5.59 个百分点(见表 13-4)。区域人口分布的变化同样反映了人口从中部和东北部地区向东部发达地区迁移和聚集的趋势。随着我国一体化和专业化水平提高,迁入地的工业品可获得性及其周边地区工业品的供给规模对劳动力迁移决策影响日益提高(敖荣军,2014),规模庞大的流动人口群体主要集中流向东部地区,广东、浙江、上海、北京、江苏和福建等六省市集中了全国八成以上跨省流入人口。但是,这种总体的人口迁移流向趋势正在由单向集中向多向集中的态势转变。这主要是由于东部地区劳动力、土地等要素成本上升的结果,随着资源加工型和劳动密集型产业向中西部转移加快,中西部劳务输出大省人口回流的现象将逐渐显现出来。

表 13-4　五次人口普查的人口区域分布情况　　　　　　　　　　　　　%

地　　区	2020 年	2010 年	2000 年	1990 年	1982 年
东部地区	39.95	37.98	35.57	34.18	33.96
中部地区	25.83	31.42	32.58	33.36	33.12
西部地区	27.23	22.38	23.41	23.68	23.86
东北地区	6.99	8.22	8.44	8.79	9.06

资料来源:1982 年、1990 年、2000 年、2010 年、2020 年全国人口普查。

(四)人口迁移的增长空间仍然较大

改革开放以来,中国人口迁移强度不断提高,2000 年人口迁移率达到 4.99%。但与世界其他国家相比,中国人口迁移强度仍然偏低。尽管迁移率的国际比较受迁移统计口径、地理位置、国土面积大小等多种因素影响,但经济发展水平与人口迁移的活跃程度有密切关系,发达国家年度人口迁移一般都比较活跃。对 20 世纪 80 年代初若干发达国家的研究表明,美国的年度人口迁移率为 17.5%,加拿大为 18.0%,英国为 9.6%,最低的爱尔兰也有 6.1%。目前中国的迁移人群,主要还是以农村劳动力向城市转移为主,可以预期,受经济全球化不断深化、城市化推进以及乡村振兴带动的本地城镇发展等多种因素的共同影响,我国城市人口的内部迁移以及城镇之间的迁移也将迅速加强,且仍将是今后一段时期我国人口发展的大趋势。

(五)迁移流向比较集中,跨省迁移的时间逐渐加长

"七普"查数据显示,除了从农村向城市迁移这一总体趋向外,从经济欠发达地区向经济发达地区迁移是主要趋向。在跨省迁移的 12 483.7 万人口中,四川、安徽、湖南、江西、河南、湖北 6 省流出人口占全国跨省迁移人口的 46.7%;而广东、浙江、上海、江苏、北京、福建 6 省市流入人口占全国跨省迁移人口的 64%。此外,跨省迁移的时间逐渐加长。多数跨省流动人口在流入地居住的时间在 1 年以上,5 年以上的达 37.54%,仅有 19.72% 在流入地居住不满一年。这说明随着市场化进程的推进,户籍制度对于人口迁移的影响在削弱,很多不具备户口迁移条件却具有谋生技能和较高收入的迁移人口已经不再频繁流动,而是通过购房或投资定居以及与城市青年结婚定居等形式逐步融入居住地,成为现居住地常住人口。

(六)转型期劳动力市场分割下的二元化迁移特征明显

中国人口迁移与一般国家工业化与城市化进程中的迁移基本一致,即以由农村向城市

的经济性迁移为主,但不同的是中国人口迁移带有明显的转型时期特征,即由于户籍的存在,以农民工为代表的"非户口迁移人口"数量众多,大约占迁移人口的 2/3 以上,这些非户口迁移人口,即使其在城镇居住时间再长,也只能是"暂住人口"或"外来人口",无法享受和有户口的城镇居民同样的取得生活资料和生产资料的机会和权利,导致了在就业机会、行业和职业流向、福利与社会保障等方面与户口迁移人口的多方面差异,形成了劳动力市场上的多层次分割,并由此加剧了季节性乡城迁移和使众多的农民工长期处于不稳定的"候鸟式"流动就业状态,许多农民工居住在城中村和城市边缘地带形成了社会和空间分隔。这种状态将城乡不平等关系演变成了本地居民和流动人口的不平等关系,造成我国城镇化的不完全性和非包容性。杨云彦(1994,2004)等将这种由于户口性质所导致的迁移过程及后果的不同总结为"二元迁移模型"(Chan,1994;Yang,2004)。近年来尽管在工作获取、劳动报酬、住房等方面发生了诸多市场化取向的改变,户口迁移者凭借"户口"所获得的优越地位或福利有所减弱,但整体格局与总体特征并未发生实质性改变。

三、迁移者的人口经济学特征

中国正在经历着人类历史上最大规模的人口迁移,成为未来很长一段时期的重大宏观问题,但迁移行为的发生却不仅仅与宏观背景有关,在市场经济条件下,更多的迁移决策是由迁移者本人做出的。因此,从微观角度分析迁移者的人口经济学特征,将有助于更好地理解和把握中国的人口迁移。

(一)以青壮年男性为主

我国跨区域(包括省内、省外)迁移人口中的劳动力大多是青壮年劳动力。20 世纪 90 年代,仅安徽一省的外出劳动力中 19~45 岁的青壮年就占 84%。而据时金芝(2004)对河北省农村劳动力跨地区流动的调查,跨地区外出劳动力的年龄大多数集中在 18~35 岁之间。而一项针对吉林省农民工流动的调查资料显示,吉林省转移出去的农民 90% 以上是青年农民(刘怀廉,2004)。对我国迁移人口数据的统计分析表明,劳动力流动人口中大多数为年轻人,20~24 岁的外出人口在各个时期都占大多数,1982—1987 年,占总外出人口数量的 35.59%,1988 年、1992 年、2000 年和 2010 年分别占 12.07%、25.23%、22.94% 和 19.07%;其次才是 25~29 岁和 30~34 岁的外出人口(见图 13-4)。基于这部分人口的年龄特征,我们认为,外出人口中的绝大多数都是以工作为目的的流动,因此,绝大多数可以算是劳动力的流动。根据"七普"数据,2020 年我国 30~34 岁迁移人口占比最多,45~60 岁迁移人口较 2010 年增加了 11.73%,这一方面反映出我国正面临劳动人口老龄化,另一方面表明新型冠状病毒疫情对人口迁移有很大影响。

表 13-5 显示,人口迁移的性别差异,不同时期呈现不同特征。1992 年,各年龄段男性略多于女性;2010 年,15~29 岁迁移人口性别差异不大,30~59 岁男性迁移人口略多于女性。2020 年所有年龄组都是男性迁移人口略多于女性。一方面体现了近年来流动人口市民化成效,并出现家庭化迁移;另一方面仍然体现女性因家庭照料和生育而存在迁移的惰性。

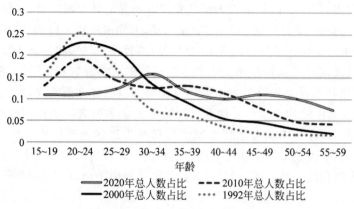

图 13-4　我国迁移人口年龄分布图

资料来源：由表 13-5 计算所得。

表 13-5　我国迁移人口的年龄分布　　　　　　　　　　　　　　%

时间 年龄段	2020 年			2010 年			1992 年		
	合计	男	女	合计	男	女	合计	男	女
15～19	10.89	5.72	5.18	13.04	6.55	6.49	15.43	8.35	7.08
20～24	10.96	5.65	5.32	19.07	9.45	9.63	25.23	12.99	12.25
25～29	12.27	6.32	5.95	14.25	7.18	7.07	16.91	9	7.91
30～34	15.74	8.13	7.61	12.52	6.59	5.94	7.34	4.41	2.93
35～39	11.59	6.08	5.51	13.02	7.07	5.94	6.21	4.04	2.17
40～44	10.02	5.27	4.75	11.3	6.22	5.09	3.6	2.45	1.15
45～49	11.03	5.84	5.19	7.9	4.41	3.49	2.04	1.31	0.73
50～54	10.04	5.27	4.77	4.72	2.61	2.11	1.76	1.01	0.75
55～59	7.45	3.81	3.64	4.17	2.21	1.97	1.73	1.02	0.71

资料来源：1982—1987 年数据来源于国家统计局人口统计司《中国 1987 年 1‰人口抽样调查资料(全国分册)》,北京：中国统计出版社,1988；1988 年数据来源于梁济民、陈胜利主编《全国生育节育抽样调查分析数据卷(四)》,1988；1992 年数据来源于国家计划生育委员会编《1992 年中国生育率抽样调查》；2010 年数据来于《中国 2010 年人口普查资料》；2020 年数据来自于《2020 中国人口普查年鉴》。

（二）学历层次显著提升,但文化程度差异明显

2010—2020 年,流动人口学历在提升。2010 年以来,中部、西部、东北都在大力引进高学历人才；2020 年中部地区流入人口学历最高,其次是东北、西部(见表 13-6)。

表 13-6　2010—2020 年外省人口中的劳动力文化程度构成　　　　　　%

文 化 程 度	东部各省外省人口		中部各省外省人口		西部各省外省人口		东北部各省外省人口	
	2020 年	2010 年	2020 年	2010 年	2020 年	2010 年	2020 年	2010 年
文盲	1.31	1.29	1.04	1.75	1.86	2.76	1.31	1.55
学前教育	2.21	—	2.40	—	2.70	—	1.74	—
小学	16.40	16.67	13.62	15.61	18.61	21.98	15.93	18.68

续表

文 化 程 度	东部各省外省人口		中部各省外省人口		西部各省外省人口		东北部各省外省人口	
	2020 年	2010 年	2020 年	2010 年	2020 年	2010 年	2020 年	2010 年
初中	44.10	55.02	33.01	42.16	35.74	44.13	37.09	49.13
高中	17.40	17.01	18.05	17.23	17.16	16.07	14.17	12.59
大学专科	8.67	5.54	11.86	10.82	10.86	7.41	8.53	6.24
大学本科	8.50	4.05	17.80	11.66	11.42	7.09	18.59	11.02
研究生	1.42	0.42	2.23	0.77	1.64	0.56	2.64	0.79
加权平均(1)	4.41	4.21	4.84	4.56	4.50	4.24	4.74	4.38
加权平均(2)	10.03	9.55	11.07	10.43	10.24	9.57	10.80	9.90

注:(1)杨云彦(1999),(2)陆根尧(2004)。杨云彦计算加权平均结果的方法是:从"文盲"到"大学本科"分别赋以权数1到7,将各自的比重作加权平均,然后将结果作为衡量平均文化程度的指标;而陆根尧是按照通行的计算方法来计算的:文盲0年,小学6年,初中9年,高中和中专12年,专科15年,本科16年。其中(1)学历延伸至研究生,权值为8;(2)学历增加学前教育,权值为3,研究生,权值为19。

外出劳动力的文化程度较高,明显高于劳动力总体水平(时金芝,2004;刘怀廉,2004)。这可能是因为劳动力自主流动已经成为主流,在就业竞争十分激烈的情况下,文化水平较低的劳动力对收入水平的预期处于次要地位(马寿海,2002)。相比较而言,由于教育在人口迁移中具有显著的贡献作用,因此,文化水平较高的迁移人口肯定比文化水平较低的人口具有更强的竞争力,并因此限制了文化水平较低人口的流动积极性。我国迁移人口因为文化层次差别而体现出不同的流动特征。在劳动力市场上,文盲劳动力的流动性最小,具有小学和初中文化程度的劳动力在农业转移劳动力中占绝大多数,而具有高中及以上文化程度的劳动力迁移由于受技术性障碍和心理满足程度的影响,其流动意识不足,再加上农业中的人力资本存量本身就低,因此这部分劳动力在流动劳动力中所占比例较小。段平忠(2013)发现,1985—1990年,具有初中文化程度的人具有最高的流动性,其次是小学文化程度人口,以下依次为:高中、大学及以上、文盲、中专以及大专。值得注意的是,具有中专或大专文化水平的劳动力相对于其他文化水平的劳动力来说其流动性最差,这是与李玲的结论不同的地方。

此外,具有不同文化程度的迁移人口对迁入地区的选择是不同的,而且不同迁出地具有相同文化程度的迁移人口对迁入地的选择也是有差别的。东部地区迁入劳动力在低层次文化水平(小学及以下)和高文化层次(大专及以上)都多于迁出劳动力;中部地区迁入劳动力中低文化层次比重较大,但迁出劳动力则以高文化层次居多;西部地区与中部相反,迁入劳动力以中、高文化层次居多,而迁出劳动力以低文化层次居多(杨云彦,1999)。中西部人才流失普遍,国家对中西部地区以及中西部地区自身对教育的投入以人力资本形式经由人才流动转移到沿海地区和非国有部门,扩大了地区差距。无论是高级人才还是普通员工,其共同点都是由后进地区承担人力资本投资,而由发达地区获取人力资本投资的收益,这种结果肯定会加剧地区差异。

(三)"链式"特征

这是我国农村劳动力迁移的最明显现象。事实上,这不仅是迁移者有效降低迁移风险、增加找工作概率的手段，而且也是交易成本和制度成本最低的一种招工方式。统计显示，56.8%的农村劳动力是通过这种途径发生迁移的。这可能是因为我国的人口迁移大多数都是家庭集体决策的结果(Stark & Bloom,1985)，尽管托达罗模型指出了人口迁移受预期收入的影响，但预期收入也许并不是迁移的必要条件，对我国的迁移人口来说，家庭收入变动的风险最小才是最重要的影响因素。这不仅对发生户口迁移的迁移人口较为实用，对那些非户口迁移的迁移人口同样重要，因为这会节约很多机会成本。

（四）就近迁移

居住地与就业目的地之间的距离是迁移成本函数的一个影响变量(亚尔·蒙德拉克,2004)，这在很大程度上会影响迁移决策。刘怀廉(2004)发现，我国的城乡劳动力在流动初期主要是在城乡内部就近进行的，这种"离土不离乡"的转移大约占到流动总量的80%左右。基于河北省农业劳动力外出就业状况的调查，时金芝(2004)认为，与全国农村劳动力外出大省相比，河北省外出劳动力跨省流动的比例偏低，仅为32.67%，省内县外流动37.90%，县内流动则比其他省份高出很多，达29.34%。但是，对一些传统的人口输出大省来说，情况又完全相反，杜鹰(1997)在对四川、安徽等省的相关调查中发现，1994年，四川省长距离流动到省外的迁移人口数量占全部迁移人口总量的比例高达67.20%，但其县内短距离流动的比例仅占5.36%。我们认为，这仅是一个特例，如果综合地、历史地看待我国的人口迁移，四川省这种长距离迁移人口数量比短距离迁移人口数量多的情况就毫不奇怪。从20世纪90年代开始，大批农民工开始跨省流动，其中跨省流动数量最大的地带是中部地区，据1995年1%人口抽样调查，当年全国跨省迁移人口1 769.5万人，占全国5 349.7万人"人户分离"迁移人口的33%，其中农业人口迁移大省四川、安徽两省的跨省流动比例都超过50%。

（五）"二代"迁移

这是我国迁移人口的新特征。由于第二代移民已经成为现在中国迁移人口的主流群体，这一代迁移人口已经不再像第一代迁移人口那样愿意"离土不离乡"，他们更年轻，因而更愿意，也更容易融入为他们带来实惠的城市。同时他们有着较高的受教育程度，迁移过程中更注重个人发展，而不是像第一代那样倾向于经济驱动和家庭导向(Zhu,2014)。因此，他们也迁移得更远。

四、影响人口迁移的经济因素与非经济因素

（一）影响人口迁移行为的经济因素

(1) 成本因素。赛尔和琼认为，人口迁移动机的决策机制主要受4个因素的影响：可采用性、价值、预期以及诱因。新经济地理学强调聚集经济对人口迁移的作用，认为人口迁移通过扩大迁入地区对最终产品和中间投入品的需求及市场规模而降低生产成本，提高真实工资，使人口迁移成为一个自我加强、自我实现的过程。人口是否迁入某一城市，不仅由该城市的聚集经济和聚集不经济所决定，同时还取决于人口在迁入和迁出地区的收益与成本，在人口迁移没有成本的情况下，人口向真实工资高的地区流动；在人口迁移存在成本

的情况下,地区间真实工资的差异必须大于人口迁移成本,才会发生人口迁移(范红忠,2003)。这个结论与克拉克和巴拉德(Clark & Ballard,1981)的"劳动力的流动与工资、就业机会的地理差异高度相关"的观点是一致的。

(2) 收入因素。就我国的情况来看,由于影响我国人口迁移的因素较多,因此,尽管巨大的城乡收入差距和大量的农村剩余劳动力是造成人口迁移迅速增长的原因,但这仅仅是宏观实证的结果。如果从经济发展实际以及现有的地区分布的微观方面看,个人选择迁移动机的影响因素与收入有更大的关系,是个人收入的净收益决定了人口迁移的动力。当然,由于我国户口迁移的途径还主要受计划调节,从而表现出一定的特殊性,但是几乎所有的非户口迁移主要还是因为经济因素而自发迁移(何英华,2004),即大多数迁移人口为了更高的收入发生地理位置上的转移。张晓辉等(X. H. Zhang, et al., 1995)的调查证明,65%的迁移人口选择流动与他能够获得更高的收入有关。基于2005—2015年我国高端人才分布数据的回归分析,丁金宏等(2019)发现:工资水平差异已经成为高端人才空间迁移的最主要驱动因素。

(3) 地区差别。我国的迁移人口在选择更高收入的同时,会首先考虑选择迁入地区,他们首先考虑迁移到城市,然后才会考虑迁移到能够提供给自己工作岗位的地区,城乡收入差距越大,迁移人口迁移到城市的激励就越大(Knight & Song,1995;Dong,1998;吴忠民,2004)。而经济越发达的地区就业水平通常越高,这样,收入差别及就业水平就构成了我国迁移人口发生流动的根本原因(马寿海,2002)。当然,由于改革开放以来国家政策的导向作用,使得更多的资本投入东部沿海地区,这实际上为地区经济发展注入了强大动力,同时还创造了大量的就业机会,从而吸引中西部地区大量的劳动适龄人口迁入东部地区(杨云彦,1999),因此,资本投资倾斜也可以成为影响我国劳动力跨区域流动行为的一个重要的经济因素。随着高等教育的普及,高学历人才越来越多,除了预期收益外,追求事业成功也成为其迁移的一个驱动力,而在经济实力雄厚、科技投入大的地区,他们拥有更好的成功机会(魏浩,2009)。而且一个地区的自然环境、城市公共设施对人才的吸引发挥着重要作用。

此外,刘怀廉(2004)还将我国劳动力转移行为的动力归因为外动力和自发动力两个方面,并认为是这两种动力的共同作用才引致劳动力制定迁移决策,从而可以使外出劳动力在外工作的周期较长。不难发现,自发动力应该仅限于经济因素的范围,但外动力所包含的内容可能更为广泛。

(二) 教育对迁移人口行为的影响

在城乡劳动力市场,教育的信号效应非常明显。农村劳动力进入城市劳动力市场就业的主要条件之一是他受过中等专业以上的教育(赖德胜,1998)。张林秀等(2002)证明,教育水平在决定劳动力转移到工业部门方面发挥着越来越重要的作用。另据估计,农村劳动力的教育每增加一年,他到工业部门工作的机会增加2.2%~3.2%。除了可以增加被雇佣的可能性外,教育还可以为迁移者减少迁移成本。但教育水平对迁入空间的选择具有负面影响,迁入地人口受教育水平,可能对迁移者选择迁入地具有一定排斥性和不相容性(郭永昌,2014)。

(三)影响我国迁移人口行为的其他因素

我国迁移人口发生流动的主要原因是,经济快速发展以及由此给迁移者带来较高的收入和就业机会。可以说,这在改革开放以来就一直没有改变过。但是必须看到,一些因素也会随着社会经济发展条件的变化而变化。我国早期的农业人口迁移行为表现最为明显的是家庭团聚式的迁移,这可能是当时条件下我国农民进城最重要的途径,当然,这种方式包含婚姻迁入、工作调动、随迁家属以及退休退职等,其次城市招工和上大学也是农业人口的两个主要的迁移方式,而务工经商在早期人口迁移过程中并不占主要位置(赵耀辉,1997)。

表 13-7　我国人口迁移行为的影响因素

迁移原因	迁移原因构成/%									
	1986 年		1990 年		2000 年		2010 年		2020 年	
	男	女	男	女	男	女	男	女	男	女
总计	100	100	100	100	100	100	100	100	100	100
务工经商	2.2	0.9	31.4	17.3	36.7	25.3	50.5	39.1	44.0	32.9
婚姻迁入	1.7	17.0	2.3	28.3	2.8	20.4	1.6	8.4	1.2	6.0
学习培训	3.6	2.5	13.9	10.0	12.9	10.6	10.9	12.0	11.3	11.8
工作调动	23.9	12.9	15.7	7.2	6.1	2.6	4.7	3.0	—	—
随迁家属	17.5	31.6	7.5	14.0	10.7	14.8	11.8	16.8	—	—
投亲靠友	5.7	12.1	7.7	12.5	4.8	5.3	3.8	4.7	11.2	13.4
分配录用	9.8	4.7	7.7	3.9	3.8	2.5	—	—	—	—
拆迁搬家	—	—	—	—	15.9	13.3	9.4	9.2	19.7	20.3
退休退职	1.3	0.5	2.4	0.5	—	—	—	—	—	—
寄挂户口	—	—	—	—	—	—	0.7	0.7	1.5	1.4
照料孙子女	—	—	—	—	—	—	—	—	1.4	3.2
为子女就学	—	—	—	—	—	—	—	—	1.3	2.0
养老	—	—	—	—	—	—	—	—	1.3	1.7
其他	34.3	17.8	11.5	6.2	6.4	5.2	6.6	6.1	7.1	7.3

资料来源:中国社会科学院人口研究所"中国 1986 年 74 城镇人口迁移抽样调查资料",《中国人口科学》专刊",1988 年 6 月。需要特别说明的是,数据是将迁入城镇的人口数据加总得来的,而没有考虑迁移到城镇以外地方的人口;1990 和 2000 年数据来源于国家人口和计划生育委员会发展规划司、中国人口与发展研究中心编《人口和计划生育常用数据手册》,中国人口出版社,2004:102;2010 年数据来于《中国 2010 年人口普查资料》;2020 年数据来于《2020 中国人口普查年鉴》。

如表 13-7,1986 年,工作调动和家属随迁是人口迁移最主要的形式,而且对女性来说,家属随迁和婚姻迁入是她们发生迁移的最重要的途径和方式,实际上构成了家庭团聚最基本要求。这反映出户籍制度限制对人口迁移的阻碍作用巨大,人口流动行为基本被限制住了,从而使得人口的流动方式过于单一。而在 1990 和 2000 年,随着户籍制度的松动,人们迁移的意识更强了,迁移的方式也更加灵活多样。若把"工作调动"和"分配录用"归于政府计划型迁移(王桂新,2004),在此期间,政府计划型迁移迅速下降,务工经商的市场自发性迁移成为最主要的方式。"五普"和抽样调查的数据表明:约 70%的人口因"务工经商"等经济理由迁移或迁入城市(王红霞,2004;叶裕民,2004)。而学习培训也已经成为人们发生流动行为的重要选择。随着社会经济发展和文明的进步,人们对知识的渴求逐渐成为一种时尚,当然对大多数人来讲,特别是迁移人口,对知识的追求可能成为一种谋生的手段。尽管女性仍然是婚姻迁入的主要贡献者,但是应该注意到男性和女性的迁移方式都发生了巨大改变,他们已经不再仅仅依靠调动工作发生迁移,相反,他们更加看重的是这种流动行为能否给个人或者家庭带来更高的经济收入。

毋庸置疑,改革开放以来客观存在并正在加大的地区经济差距与生活水平差距,是人口大规模流动的重要导向因素。而市场化改革和多元的经济成分,城市劳动人事制度改革的深化以及户籍制度、社会管理体系等方面的变化,也逐步削弱了抑制人口迁移的政策性壁垒,进一步促进了人口迁移。从微观层面看,尽管人口迁移的形态自上世纪80年代以来在规模、距离、时间等方面发生了诸多变化,但寻找就业机会和较高期望收入等经济性因素仍然是个体迁移的主要动因和进行迁移决策的主要考虑,人口迁移已经转变为以受经济原因影响为主导的经济型迁移。但从表13-7数据来看,2000年以来,"拆迁搬家"占比较大,原因尽管多种多样,但主要还是政府主导(如生态环境保护、城市扩张等)。

经济动因对流动迁移极为重要,但迁移能否实现或者说迁移决策必须作为非常重要因素予以考虑的还有社会关系网络与社会资本。有迁移传统的社区,家庭有劳动力省际迁移的概率高于没有迁移传统的社区(庞丽华,2001)。社区迁移传统对家庭迁移决策的影响主要表现在:①存在较好的迁移网络,有助于迁移者减少迁移风险和降低迁移成本,从而家庭容易做出迁移决定;②移民通过汇款和返乡探亲等方式对社区内的其他人员产生示范效应,使非移民对迁移有较高的期望值;③对迁移行为较为认同,迁移者在收入和阅历等方面的收获往往赢得大家的尊敬,甚至成为年轻人所追求的经历,在这样的社区中,如果有年轻人不想外出,则被认为是懒惰、不上进。与此形成鲜明对比的是,在没有迁移传统的社区,村里人没有外出习惯是人们不愿做出迁移决定的重要影响因素。

以墨西哥劳动力迁移到美国为参照,基于40多年来这一迁移过程的变化特点与趋势,Kenneth Roberts(2005)认为,未来中国的人口迁移可能会出现如下变化:①向沿海城市的迁移更多,原因是目前的输出地中迁移会进一步强化,而且迁移向新的区域扩散;②目标地内部的职业更加多元化,将导致技术和教育水平更高的迁移者增加;③在迁移流中出现更多的妇女和家人,以及更多的定居。

从近几年人口迁移趋势来看,全国人口迁移表现出了向东部城市群及中西部核心城市聚集的特征。东部沿海地区经济发达,粤港澳、长三角城市群内部均有多个大城市引领区域经济发展,这些大城市的就业机会、收入水平、配套设施等对人口具有较强的吸引力,同时大城市开放程度高、包容性强,工作、生活氛围以及相对公平的竞争环境都对年轻人口具有明显的吸引力。此外,伴随着产业转移,中西部核心城市的优势不断凸显,逐渐成为新的人口增长高地。未来,产业基础强、高等教育资源丰富的城市群及中西部核心城市将可能继续吸引人口流入。未来的人口迁移尽管面临多重挑战,但胡焕庸线仍然控制着中国人口的分布和迁移格局。

主要概念

胡焕庸线　人口迁移　推拉理论　刘易斯模型　二元结构　费景汉-拉尼斯人口迁移模型　新经济地理学

思考题

1. 简要叙述有关人口迁移的理论模型。
2. 新中国经历了哪几个人口迁移阶段，对我国经济有怎样的影响？
3. 改革开放以来，人口迁移有哪些新特征？
4. 迁移者本身具有哪些特征？促使他们迁移的动因又有哪些？
5. 结合我国户籍制度变迁，说明户籍制度对人口迁移的影响。

参考读物

参 考 文 献

[1] 《发展经济学》编写组.发展经济学[M].北京：高等教育出版社,2019.

[2] 国务院发展研究中心课题组.认识人口基本演变规律促进我国人口长期均衡发展[J].管理世界, 2022(1).

[3] 凯恩斯.就业、利息和货币通论[M].北京：商务印书馆,1981.

[4] 科斯等.财产权利与制度变迁[M].上海：上海人民出版社、上海三联书店,1994.

[5] 李竞能.现代西方人口理论[M].上海：复旦大学出版社,2004.

[6] 李通屏.人口·经济·发展——人口经济学探索[M].北京：中国人口出版社,1998.

[7] 李通屏.扩大内需的人口经济学——人口转变、人口政策影响经济增长可持续性研究[M].北京：商务印书馆,2012.

[8] 李仲生.人口经济学[M].2版.北京：清华大学出版社,2009.

[9] 刘家强.人口经济学新论[M].成都：西南财经大学出版社,2004.

[10] 彭松建.西方人口经济学概论[M].北京大学出版社,1987.

[11] 《人口、资源与环境经济学》编写组.人口、资源与环境经济学[M].北京：高等教育出版社,2019.

[12] 魏下海.人口经济学[M].北京：科学出版社,2015.

[13] 吴忠观.人口科学辞典[M].成都：西南财经大学出版社,1997.

[14] 吴忠观.人口经济学概说[M].成都：四川人民出版社,1985.

[15] 朱利安·西蒙.人口增长经济学[M].北京：北京大学出版社,1984.

[16] 约翰·伊特维尔,默里·米尔盖特,彼得·纽曼.新帕尔格雷夫经济学大辞典[M].北京：经济科学出版社,1996.

[17] 张纯元.人口经济学[M].北京：北京大学出版社,1983.

[18] Mankiw,Gregory. Macroeconomics[M]. 9th edition. New York：Macmillan Education,2015.

[19] United Nations. World Population Prospects 2019. The 2019 Revision.

[20] United Nations. World Population Prospects 2022. The 2022 Revision.

教师服务

感谢您选用清华大学出版社的教材！为了更好地服务教学，我们为授课教师提供本书的教学辅助资源，以及本学科重点教材信息。请您扫码获取。

≫ 教辅获取

本书教辅资源，授课教师扫码获取

≫ 样书赠送

经济学类重点教材，教师扫码获取样书

 清华大学出版社

E-mail: tupfuwu@163.com
电话：010-83470332 / 83470142
地址：北京市海淀区双清路学研大厦 B 座 509

网址：http://www.tup.com.cn/
传真：8610-83470107
邮编：100084